ÉLÉMENS

DU

DROIT CIVIL FRANÇAIS

OU

EXPLICATION MÉTHODIQUE ET RAISONNÉE

DU CODE CIVIL.

SE TROUVE AUSSI

Corbeil, imprimerie de CRÉTÉ.

ÉLÉMENS

DU

DROIT CIVIL FRANÇAIS

OU

EXPLICATION MÉTHODIQUE ET RAISONNÉE

DU CODE CIVIL

ACCOMPAGNÉE DE LA CRITIQUE DES AUTEURS ET DE LA JURISPRUDENCE

ET SUIVIE D'UN

RÉSUMÉ A LA FIN DE CHAQUE TITRE.

Par V. Marcadé,

AVOCAT A LA COUR ROYALE DE PARIS.

DEUXIÈME ÉDITION, REVUE ET CORRIGÉE.

TOME PREMIER.

PARIS,

LIBRAIRIE DE JURISPRUDENCE DE COTILLON,

Rue des Grès, 16, près de l'École de Droit.

1844

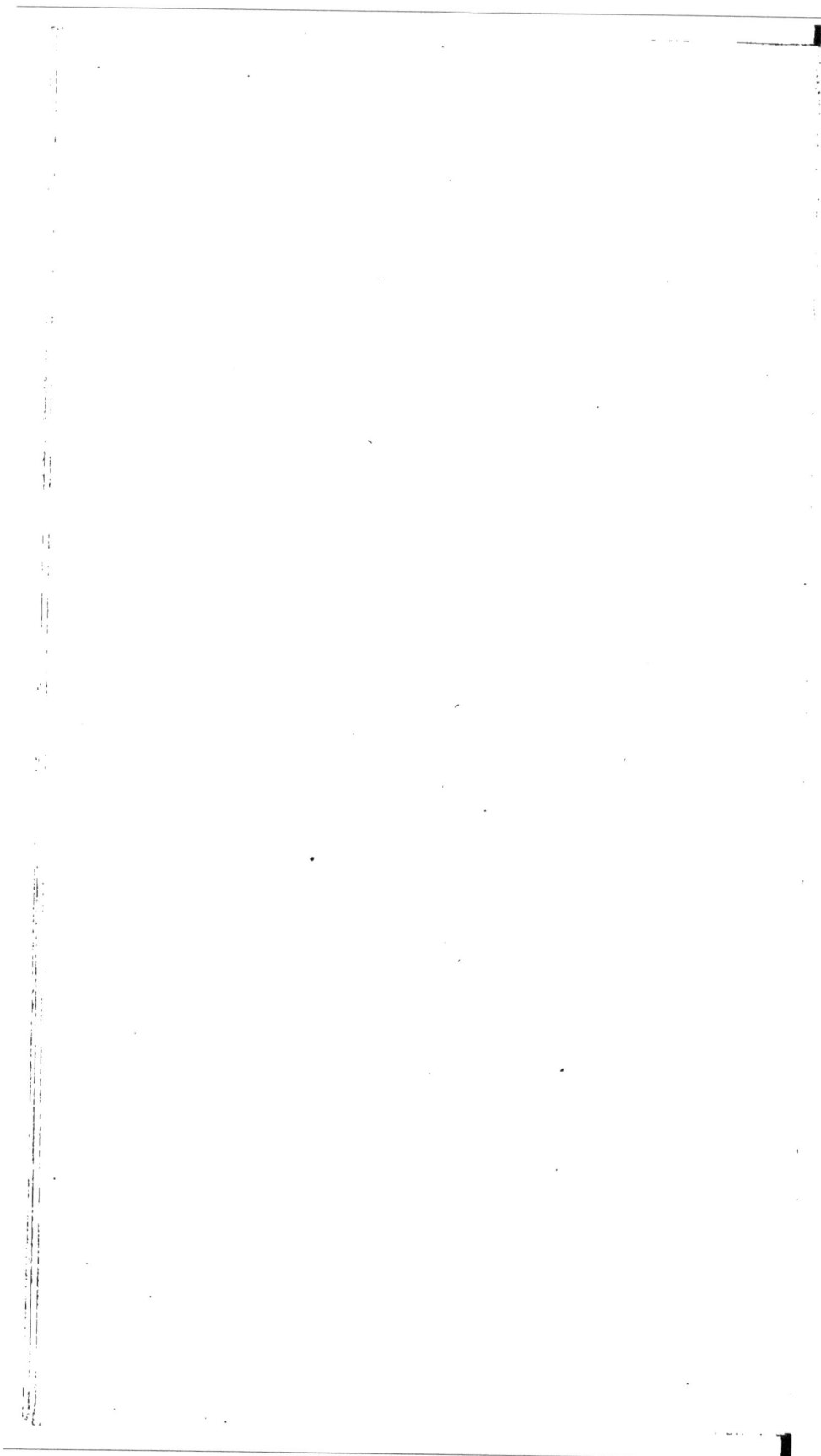

PRÉFACE.

L'extrême faveur avec laquelle on a accueilli la première édition de ce livre; l'honneur d'une seconde édition avant deux années d'existence, avant même que l'ouvrage soit terminé; les éloges qui lui ont été donnés par les sommités de l'école et du palais, par des hommes tels que MM. Demante, Troplong, Dalloz, Devilleneuve, Chassan, Coin-Delisle, etc., c'est là, pour un jeune auteur, une large compensation à ses veilles.

Mais si je trouve, dans ces témoignages de bienveillance et d'encouragement une récompense pour le passé, j'ai su comprendre aussi qu'ils m'imposaient un devoir pour l'avenir; et j'ai dû m'efforcer de faire disparaître de cette seconde édition les défauts que la critique avait signalés dans la première.

Ainsi, on avait remarqué dans plusieurs discussions une allure trop absolue, un ton parfois un peu âpre. Il est vrai que ce défaut pouvait avoir son excuse dans sa cause même, dans un vif et profond amour du vrai; mais il serait devenu plus grave en se perpétuant, et j'ai dû, tout en conservant mes convictions, donner souvent à ma pensée une expression moins rigide.

Les longueurs qu'on avait remarquées dans quelques passages ont été supprimées; et les notes qui, selon l'expression de M. Dalloz, syncopaient l'exposition théorique du tome 3, ont été refondues dans le corps de l'ouvrage. D'un autre côté, les trois premiers volumes ont été réduits à deux, au moyen d'un caractère plus compacte.

Tels sont, avec quelques corrections de détail, les seuls changemens que présente cette seconde édition; sauf encore, dans le titre, une modification dont je donnerai la raison plus loin.

Pour ce qui est du but de l'ouvrage et de la méthode qui a présidé à sa confection, il me suffira de répéter ici ce que je disais dans ma précédente préface.

« D'abord, malgré les centaines de volumes qu'on a écrits sur le Code, malgré les nombreux ouvrages dont nous ont dotés de savans jurisconsultes, l'immense terrain que l'œuvre des législateurs de 1804 offrait à défricher est loin encore de l'avoir été complétement. »

« Mais c'est surtout sous un autre point de vue que j'ai envisagé les choses, et en supposant pour un instant qu'il ne restât rien à faire sous ce premier rapport, je dirais néanmoins qu'il est un ouvrage vraiment utile, vraiment important, qui a manqué jusqu'ici : *un bon ouvrage* ÉLÉMENTAIRE, dans le sens que j'attache à ce mot, et que l'on va comprendre bientôt .... »

« Ou bien le mot *élémens* n'a pas de sens, ou bien il signifie les commencemens d'une chose, ses parties premières, essentielles, constitutives. Les élémens d'une science sont les idées-mères, les principes premiers de cette science. Le livre élémentaire (qu'on me laisse parler en figures pour frapper davantage) est celui qui réalise, sur le terrain des intelligences, les premiers travaux de la construction scientifique à élever; c'est lui qui doit creuser le sol, asseoir solidement les fondemens, assembler fortement la charpente, faire tout ce qui constitue l'édifice; quant à tout le reste, quant aux sculptures, quant aux mille travaux d'achèvement qui donneront de la commodité, de la beauté, du luxe même, ils sortent de ses limites.

« C'est-à-dire qu'entre un livre élémentaire et un ouvrage approfondi, il doit y avoir deux différences, dont la première est pour l'auteur élémentaire une peine de moins, mais dont la seconde est une peine de plus.

« La première différence consiste en ce que le livre élémentaire n'environnera pas l'exposé d'un principe d'autant de circonstances historiques, philosophiques ou autres; remontera moins haut dans la recherche de son origine et de sa filiation ; descendra moins bas dans la déduction de ses conséquences, que sa mission n'est pas de développer jusque dans leurs derniers détails. C'est là un travail en moins.

« Mais les principes (et c'est là la seconde différence), avec quel soin minutieux il doit s'occuper de les rendre saisissables et de les graver profondément dans l'esprit ! Ces principes, que l'ouvrage approfondi se contentera souvent d'indiquer comme des points déjà connus, avec quelle attention il doit les mettre en relief et les sculpter en bosse, pour ainsi dire ! Comme il doit poursuivre sans relâche, et combattre sans se fatiguer jamais, toutes les propositions qui ont porté atteinte à l'un de ces *élémens*, à l'une de ces bases de la science ! Comme il doit montrer ces principes sous toutes leurs faces, et préciser tous leurs caractères, et analyser leur physionomie, pour qu'on les reconnaisse plus tard, partout et toujours, dans quelques circonstances et sous quelque forme qu'on puisse les rencontrer ! Or c'est là un travail en plus.

« Et ce travail est long et pénible. Il est pénible : car c'est là une lutte presque continuelle contre de nombreux adversaires dont l'un va au delà du vrai, quand l'autre reste en deçà, et à chacun desquels il faut prouver, non pas seulement dire, mais prouver, qu'il se trompe. Voyez-vous comme il faudra combattre à chaque pas ! C'est une

route à parcourir tout entière le glaive au poing. Ce travail
sera long aussi; car, l'erreur présentée en une seule ligne,
il faudra parfois toute une page pour la faire bien comprendre, puis toute une page encore pour la combattre et
la renverser.

«Mais aussi, qu'on ne s'y trompe pas, l'importance d'un
tel livre est grande. Les élémens! les principes! est-ce
donc peu de chose que cela?.... Eh! mon Dieu, si les principes étaient moins incompris, est-ce que nos tribunaux,
nos auteurs les plus consultés, nos jurisconsultes les plus
renommés seraient si souvent en désaccord?... Il faudrait
le dire et le crier bien haut : les principes sont trop oubliés,
trop peu étudiés. On ne lit pas assez, on ne fait pas assez
de livres élémentaires...

« Ce qui caractérise un livre élémentaire, ce n'est pas la
réduction de l'ouvrage à un cadre très-resserré, ce n'est
pas l'omission des questions importantes, beaucoup moins
encore leur solution par *oui* et *non*. — Avec un tel système, on ne fait point un livre élémentaire, on ne pose
point les fondemens de la science; loin de là, on rend cette
science beaucoup plus difficile à atteindre, je dirais volontiers impossible.

« Ce qu'il faut, dans un livre élémentaire, c'est d'une
part la proscription de ces longues excursions historiques,
de ces hautes considérations de législation, de ces compa-
raisons approfondies avec le droit ancien, de ces savantes
dissertations sur les lois romaines, de ces analyses détaillées d'arrêts, lesquelles ne sont point indispensables
pour la parfaite intelligence de notre Code civil; puis, d'un
autre côté, la méthode plus claire, le soin plus scrupuleux,
les précautions plus grandes avec lesquels les principes
seront établis, et les questions discutées et résolues.

« Dans un tel livre, on posera nettement et sous un
grand jour les principes premiers, fondemens nécessaires

de toute étude profitable; on les développera, longuement s'il le faut, pour les faire bien saisir, alors surtout qu'ils auront été méconnus dans des ouvrages faisant autorité; puis, en ne partant ainsi que d'un point bien connu et qui soit parfaitement compris, on devra ne jamais descendre d'une première idée à une idée plus éloignée, qu'en s'arrêtant sur chacune des idées intermédiaires.

« Présenter clairement les principes, les reproduire sous diverses formes, y revenir toujours et les rappeler dans toutes les circonstances; en un mot, les principes et le raisonnement, toujours les principes et le raisonnement, telle est, selon moi, la loi d'un livre élémentaire.

« Je suis donc loin, on le voit, de partager l'opinion assez répandue, qu'un ouvrage approfondi doit être très-long et un livre élémentaire très-court. Selon moi, ils seront forcément longs l'un et l'autre; le premier, parce qu'il doit dire plus de choses; le second parce qu'il doit dire les choses plus longuement....

« Est-ce à dire qu'un ouvrage de très-peu d'étendue ne puisse jamais servir à rien ? Telle n'est pas mon idée. Cet ouvrage peut être utile, très-utile; mais c'est seulement pour présenter une seconde fois et dans un tableau plus resserré, les choses précédemment étudiées avec le développement nécessaire : il doit avoir pour objet, non pas *d'expliquer*, mais de *rappeler* ce qu'une explication antérieure a fait comprendre... vouloir se contenter de lui, ce serait, ni plus ni moins, prétendre *se ressouvenir* de ce qu'on n'a jamais su. — C'est parce que venant après une explication suffisante ce travail me paraît fort utile, que j'ai donné à la fin de chaque titre, un résumé, aussi succinct mais aussi complet que possible, de tous les développemens que ce titre contient. »

Malgré le soin que j'avais pris d'expliquer ainsi le sens large dans lequel j'entendais le livre élémentaire, tout le monde n'a pas saisi mon idée. Mon savant confrère,

M. Coin-Delisle, a cru devoir signaler (1), comme une chose
à laquelle on pouvait ne pas s'attendre, que mes explication *ne sont pas copiées par ci, imitées par là*, et que *l'on sent
en les lisant que M. Marcadé est auteur;* il a ajouté que les résumés qui suivent chaque titre et qui présentent un ensemble de doctrine *sans discussion et sans controverse*, forment
la partie du livre la plus utile *et tendant le plus directement à
mon but.* Comme si mon but formellement proclamé n'avait
pas été de combattre les erreurs qui obscurcissent les principes; comme s'il était possible de faire triompher une doctrine sur une doctrine contraire, *sans discussion ni controverse;* comme si je n'avais pas annoncé *dans mon titre même*
la critique des auteurs et de la jurisprudence; comme si un
exposé succinct et laconique pouvait être utile, quand il
n'est pas précédé de la discussion et du développement qui
justifient et font comprendre les idées qu'il résume.

Toutefois, l'idée de M. Coin-Delisle devient très-vraie si
l'on ne considère que le résultat dernier. Je m'explique par
une comparaison qui va rendre ma pensée très-saisissable.

Quand une maison est une fois construite, il est clair
qu'elle seule est d'une utilité *immédiate* pour la personne qui
l'habite; ses fondemens ne sont pas dans le même cas, quoique leur confection ait peut-être coûté plus de temps et plus
d'argent que la construction de la maison même. Mais est-ce
à dire qu'on pourrait blâmer l'architecte pour les énormes
pierres de taille et les pilotis considérables qu'un terrain ma-
récageux et peu consistant rendait nécessaires?... Il est vrai
qu'aujourd'hui, immédiatement et en résultat dernier, la
maison seule est utile; mais les fondemens étaient et continuent d'être d'une utilité, ou plutôt d'une nécessité, de
moyen. — Ainsi en est-il de ce livre : le petit traité qui termine chaque titre est, *en définitive*, la partie principale et essentielle, la partie la plus utile et même la seule utile; c'est

---

(1) Voir la *Gazette des Tribunaux* du 21 mai 1842.

l'édifice construit. Mais les longs développemens donnés sous les articles, et qui sont les fondemens de ce traité; les discussions que nécessitent, soit les contradictions des auteurs, soit les rédactions obscures et incomplètes de la loi, et qui sont comme le pilotis d'un terrain mouvant et mal assis, tout cela était assurément indispensable. Donc, il est bien vrai que le Résumé est la partie vraiment utile en résultat dernier, et pour laquelle le Commentaire a été fait; mais ce commentaire est d'une absolue nécessité, comme le sont les fondemens faits dans le but de supporter la maison.

Si telle a été l'idée de M. Coin-Delisle, je suis parfaitement d'accord avec l'honorable critique.

Quoi qu'il en soit, pour éviter à l'avenir des méprises uniquement dues au mot d'*Elémens*, que j'avais eu le tort d'employer même en l'expliquant, j'ai substitué au titre ELÉMENS *de droit civil*, celui de COURS *de droit civil*.

Quant à la méthode que j'ai suivie, c'est une fusion, telle que me la permettaient les circonstances, entre les deux modes exégétique et dogmatique, entre lesquels se partagent les meilleurs esprits. Cette dissidence des hommes supérieurs suffirait, en effet, pour prouver qu'aucun des deux systèmes ne doit être employé exclusivement; et quand on descend ensuite à l'examen des faits, et surtout à l'observation des opérations de notre intelligence, on en acquiert bientôt la conviction.

« Dans la méthode dogmatique, dans le traité, l'auteur met ses divisions, ses classifications, à la place de celles du Code; il substitue à la marche suivie par le législateur une marche différente, qui peut bien être plus simple, plus logique, meilleure enfin, mais qui, par cela seul qu'elle n'est pas celle de la loi, présente deux graves inconvéniens.

« Le premier consiste en ce que, souvent, on saisira mal le sens d'un article, dont on aurait parfaitement compris la pensée, si l'on avait examiné la place qu'il occupe, l'ordre et la liaison des autres articles au milieu desquels il se trouve, et la suite d'idées par laquelle le rédacteur est arrivé à lui.

« Le second, c'est qu'après de longues études et quand on sera arrivé à connaître très-bien, je le suppose, les résultats divers de tous les articles du Code, on n'aura pas fait connaissance avec ces articles eux-mêmes. On saura que telle chose est ordonnée et que telle chose est défendue; mais on ignorera quelle est la place, quel est le numéro, de l'article qui ordonne l'une et défend l'autre; quelquefois même on ne saura pas si l'ordre ou la prohibition résultent d'une disposition explicite, écrite tout exprès, ou bien de la combinaison de plusieurs articles épars dans le Code, ou enfin, si ce sont seulement des conséquences médiates et éloignées du texte de la loi. On possèdera très-bien, je le suppose, les principes et leurs conséquences; mais on ne saura pas à quelle place ces principes et ces conséquences sont écrits dans les textes, ni même s'ils y sont écrits. C'est-à-dire, en deux mots, qu'on saura tout et qu'on sera cependant embarrassé pour démontrer quoi que ce soit, même le Code à la main. L'expérience de tous les jours démontre la vérité de ces assertions, que le raisonnement, d'ailleurs, fait suffisamment comprendre *à priori*.

« Dans la méthode exégétique, au contraire, on suit le texte pas à pas; on dissèque chacun des articles pour l'expliquer phrase par phrase, mot par mot; on précise, par ce qui précède et par ce qui suit, le sens et la portée de chaque proposition, de chaque terme, et l'on en fait remarquer la justesse ou l'inexactitude, l'utilité ou l'insignifiance; puis, quand on a compris cet article en lui-même, on étudie son harmonie ou sa discordance avec les autres articles qui s'y réfèrent, on en déduit les conséquences, on en signale les lacunes.

« Quand on a ainsi marché avec le législateur, qu'on l'a suivi partout pas à pas, lors même qu'il prenait une route mauvaise, c'est alors, mais alors seulement, qu'on peut espérer avoir bien saisi sa pensée ; puis, de cette manière, ce n'est plus seulement le résultat du Code, c'est le Code lui-même qu'on étudie et qu'on se rend familier.....

« Toutefois, et quelque certaine que me paraisse l'excellence de la méthode exégétique, je ne crois pas qu'elle suffise seule pour conduire à bien savoir. Chacune des deux méthodes a, comme toute chose humaine, son bon et son mauvais côté.... Dans l'étude du Droit, comme dans celle des autres branches de nos connaissances, l'homme, alors même qu'il ne s'en aperçoit pas, n'arrive à une compréhension complète que par la double opération de l'*analyse*, qui divise l'objet pour l'examiner séparément dans chacune de ses parties, et de la *synthèse*, qui réunit ces parties divisées pour en faire un tout logiquement coordonné et ramené à un cadre étroit que l'esprit puisse facilement embrasser.

« C'est pour cela qu'après avoir analysé les diverses dispositions d'un titre par la méthode exégétique, j'ai cru nécessaire de les synthétiser par la méthode dogmatique dans les résumés dont j'ai parlé plus haut, et dont l'ensemble forme comme un second ouvrage dans le premier. »

C'est pour indiquer cette combinaison des deux méthodes, que j'ai ajouté dans mon titre au nom de *cours*, les épithètes *exégétique* et *dogmatique,* qui ont en outre l'avantage de distinguer ce titre nouveau de ceux que portent les ouvrages de MM. Delvincourt, Cotelle, Duranton et Zachariæ.

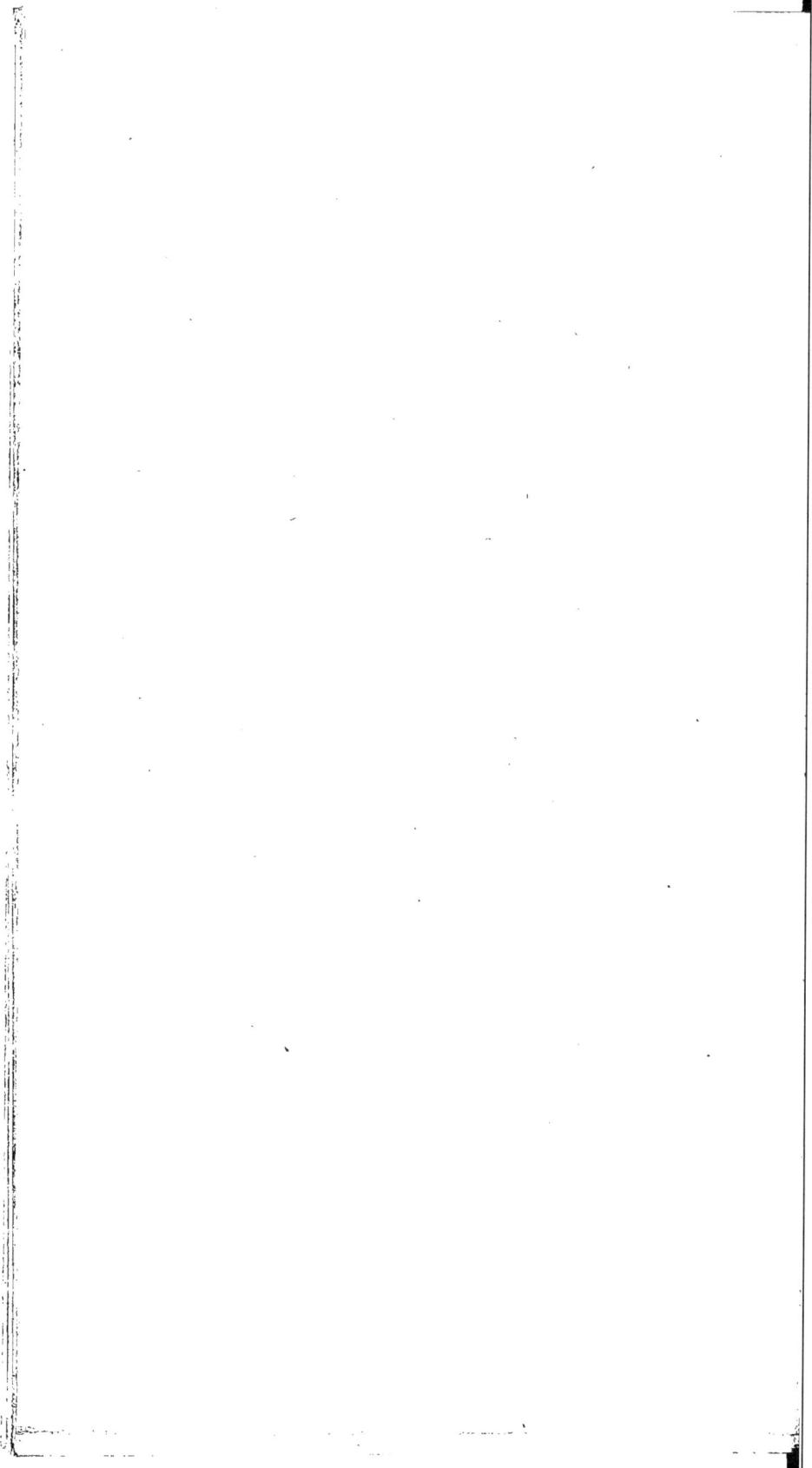

INTRODUCTION.

NOTIONS PRÉLIMINAIRES

Sur le Droit et les Lois en général, et sur le Droit français en particulier.

CHAPITRE PREMIER.

Du Droit et des Lois en général.

SOMMAIRE.

I. Définition du Droit : — C'est un art et non une science. — Deux
sens du mot *Droit*.

II. Division du Droit, d'après son origine, en naturel et positif. —
Le droit naturel est divin ; le droit positif est divin ou humain.
— C'est une partie du droit naturel qu'on appelle droit des gens.
— Distinction de la Morale et du Droit proprement dit.— Théorie
inexacte de Justinien.

III. Subdivision du droit proprement dit en droit écrit et Droit non
écrit. — Erreur de Justinien. — Jurisprudence.

IV. Division du Droit, d'après son objet, en international, public et
privé.

V. Les lois sont impératives, prohibitives ou facultatives. — Cette division embrasse les lois pénales.

EXPLICATION.

I. — On appelle *droit*, l'ensemble, non pas de *toutes* les lois imposées à l'homme, mais de celles auxquelles il est soumis avec
faculté de les suivre ou de les violer. En effet, l'idée de droit présente l'objet d'une étude dans laquelle on examine si et comment
telle règle devra s'appliquer ; or, il est clair que cet examen n'est
pas possible pour les lois dont l'accomplissement est fatal et indépendant de la volonté humaine. — D'un autre côté, le droit

étant compris par l'esprit comme quelque chose d'unique et d'indivisible, il est moins encore *l'ensemble* des lois dont nous parlons que *le résultat général* de ces mêmes lois. Il nous paraît donc exact de dire que le Droit, dans l'acception la plus large de ce mot, est le résultat général des dispositions de toutes les lois susceptibles de violation par l'homme.

Or, ces lois sont des règles de conduite posées par une autorité compétente; en sorte que tout ce qui est conforme à la loi est bien, tandis que ce qui s'en écarte est mal. Donc, quand on considère le droit comme objet d'étude, on doit le définir : *L'art de distinguer le juste de l'injuste, de discerner le bien du mal.*

J'appelle le Droit, considéré comme objet d'étude, un art et non pas une science; car, à parler proprement, il ne peut pas recevoir ce dernier nom.

En effet, on appelle *science* la collection et l'enchaînement des vérités relatives à une même matière. Telles sont la *Théodicée*, qui indique les attributs de Dieu et les rapports de l'homme avec lui; l'*Histoire*, qui, avec ses deux accessoires, la chronologie et la géographie, présente le tableau des événemens passés avec leurs circonstances de temps et de lieux; la *Physique* et la *Chimie*, qui font connaître les propriétés que présentent les substances matérielles, en les considérant, la première dans leur action externe, la seconde dans leur composition même; la *Géologie*, l'*Anatomie*, la *Psycologie*, etc.

Un *art*, au contraire, est la collection et le système des règles et des préceptes conduisant à un but déterminé. Telles sont la *Logique*, qui donne les règles pour découvrir la vérité par le raisonnement; la *Rhétorique*, les règles pour convaincre et persuader par le moyen de la parole; l'*Écriture*, la *Peinture*, la *Musique*, etc.

Or, le Droit n'a pas pour objet d'enseigner des vérités; son étude ne procure à notre esprit aucune découverte dans quelque partie que ce soit de la nature, soit matérielle, soit spirituelle; ce n'est donc pas une science. Le Droit offre des règles, présente des préceptes devant conduire l'homme à un but, qui est la pratique du bien ; c'est donc un art.

La loi romaine disait aussi : *Jus est ars boni et æqui.* (Dig., liv. 1, t. 1. 1. pr.)

Quelques-uns ont cru trouver un autre sens du mot Droit dans les expressions *faire droit à une demande, avant faire droit;* c'est une erreur. *Faire droit* n'est qu'un gallicisme, dans lequel le mot *droit* conserve le sens propre que nous venons d'indiquer; *faire droit* est synonyme de *appliquer le droit, juger,* comme à Rome, *jus dicere* signifiait indiquer les points de droit, préciser lesdispositions de loi qui sont en jeu dans une affaire.

Il est clair encore que le mot Droit n'est pas pris dans une acception différente de celle ci-dessus, quand, en considérant le Droit, non plus dans son ensemble, mais par parties, soit quant à son origine, soit quant à son objet, soit sous tout autre rapport, on parle de *droit naturel,* de *droit romain,* de *droit commercial,* etc. Le *droit,* naturel, romain, commercial, est toujours *le résultat des lois,* naturelles, romaines, commerciales, etc. Le mot Droit est donc toujours employé ici avec sa signification propre, et il n'eût pas été utile de s'arrêter à de telles remarques, si des auteurs graves n'avaient écrit le contraire.

Jusqu'ici donc, nous n'avons qu'une seule acception du mot Droit; mais il en est une seconde qui découle de la première par une figure du langage.

En appliquant à l'effet le nom de sa cause, on s'est servi du mot Droit pour exprimer un bénéfice, une faculté que procure le droit. Ainsi, on dit : l'homme a toujours *le droit* de défendre sa vie; personne n'a *le droit* de se tuer; j'ai sur cet immeuble *un droit* d'hypothèque; les Romains reconnaissaient au chef de famille *le droit* de vie et de mort sur ses enfans comme sur ses esclaves.... On ne pourrait pas dire assurément : l'homme a toujours *le résultat des lois* de défendre sa vie; on n'a pas *le résultat des lois* de se tuer. *Droit* est mis ici pour indiquer, non pas précisément le résultat général des lois, mais une conséquence particulière et plus éloignée de ce résultat, un effet dont le Droit est la cause. C'est donc vraiment une seconde signification, distincte de la première.

Voyons maintenant comment le droit se divise, et sous le rapport de son origine, et sous le rapport de son objet.

II. — Sous le rapport de son origine, le droit se divise d'abord en *droit naturel* et en *droit positif.*

Le droit naturel est le résultat des lois naturelles, c'est-à-dire de celles que le Créateur a attachées à notre nature et gravées au fond de tous les cœurs. Ces lois venant directement de Dieu, auteur de notre nature, le droit naturel s'appelle *droit divin.*

Le droit positif résulte de lois non gravées dans notre nature, mais posées en dehors de nous et qui nous viennent par une voie extérieure. Il est ou divin ou humain.

Le droit positif divin résulte des lois que Dieu nous a manifestées par la révélation extraordinaire qu'il a donnée aux hommes il y a dix-huit siècles (1). Le droit positif humain est celui

_____

(1) Tout ce qui se rattache à cette idée sera expliqué et démontré

qui résulte des lois créées ou consacrées par l'autorité humaine.

Je dis créées *ou consacrées* ; car, parmi les lois posées par l'homme, il en est qui ne sont que la reproduction et la consécration de lois naturelles préexistantes. Telles sont la plupart des lois qui défendent les différens crimes ou délits ; telles sont encore, dans le Code civil, les dispositions des art. 371, qui proclame le devoir pour l'enfant de respecter, à tout âge, ses père et mère ; 203, qui consacre, pour les père et mère, l'obligation de nourrir, entretenir et élever leurs enfans ; 212, qui sanctionne l'obligation, pour les époux, de se donner et garder mutuellement fidélité, secours et assistance ; et d'une foule d'autres.

Les préceptes qui composent tout le droit divin, c'est-à-dire tant ceux du droit naturel que ceux de la partie du droit positif venant de Dieu par la révélation, forment ce qu'on appelle *la morale*.

Cette double source de la morale nous explique la division qu'on en fait quelquefois en deux parties. La partie découlant des enseignemens intérieurs de notre nature se nomme alors *morale naturelle* ; celle résultant de la révélation prend le nom de *morale évangélique*.

La morale embrasse nos devoirs envers Dieu, nos devoirs envers nous-mêmes, et, pour partie seulement, nos devoirs envers nos semblables. Je dis *pour partie*, puisqu'un grand nombre des devoirs de cette dernière classe sont réglés par le droit positif humain.

La partie du droit naturel, qui s'occupe de nos devoirs vis-à-vis de nos semblables, a reçu le nom de *droit des gens*. Mais il ne faut pas confondre cette partie du droit avec le *droit international*, dont nous parlerons plus loin, et qu'on a aussi appelé droit des gens, mais improprement.

Il serait très-inexact de donner, comme le fait Justinien dans les Institutes, liv. 1, tit. 2, le nom de droit naturel aux lois qui sont communes à l'homme et aux autres animaux. L'idée de Droit suppose un ensemble de principes en conformité ou en contrariété desquels un acte peut s'accomplir ; on ne peut faire rentrer sous le nom de Droit que des lois susceptibles de violation comme d'exécution ; en sorte que ce mot ne peut comprendre que les lois s'adressant à un être intelligent et libre. Or cette prérogative précieuse de la liberté, cette faculté magnifique de

---

dans un ouvrage, à peu près terminé, que nous nous proposons de publier après celui-ci, sous ce titre :

Cours de Théodicée, ou Principes de science religieuse démontrée par l'examen de la nature de l'homme.

raisonner ses actes et de les accomplir volontairement, est un privilége exclusif à l'homme. Il n'y a donc de droit que pour l'homme; le droit naturel est l'ensemble des préceptes que la nature prescrit à l'homme, et, dès lors, ce droit comprend le droit des gens, qui n'en saurait être distingué que comme une partie l'est de son tout.

Que si, pour justifier la théorie de Justinien, on prétendait qu'il a voulu présenter la classification absolue de toutes les lois, cette théorie ne serait pas moins vicieuse sous ce second point de vue. En effet, les animaux ne sont pas les seuls êtres soumis à des lois qu'ils suivent aveuglément. C'est aussi d'après des lois posées par la suprême Intelligence, que les arbres, les plantes, tous les végétaux se développent, croissent, se reproduisent et meurent ; que les astres se meuvent dans l'espace; que le froid, la chaleur, la pluie, les vents, la foudre présentent ces phénomènes dont la science humaine ne s'explique encore qu'une faible partie. Toute chose créée a ses lois, et non pas seulement dans le monde physique, mais aussi dans le monde moral et immatériel. Sous ce second rapport donc, la théorie de Justinien pècherait par restriction, comme elle pèche par extension sous le premier.

C'est à cette dernière idée qu'il faut s'en tenir. C'est par extension que pèchent ici les Institutes. C'est du Droit, que Justinien voulait et devait parler ; or, les lois relatives à l'homme, et susceptibles d'être violées par l'homme, sont les seules qu'il faille comprendre sous ce mot; on n'y doit point faire rentrer celles dont l'accomplissement est fatal, alors même qu'elles ont l'homme pour sujet, comme sont les lois de la gestation, du développement physique et intellectuel, des maladies, de la mort, etc.

Le droit des gens fait donc partie du droit naturel, il se confond avec lui, et Justinien lui-même le proclame dans de nombreux passages qui réfutent son idée première. Nous citerons, entre autres, ces mots du liv. 2, t. 1, 41 : *rectè dicitur* JURE GENTIUM, ID EST JURE NATURALI, *id effici.* On voit ici Justinien enseigner que Droit naturel et Droit des gens sont synonymes.

Ainsi, comme nous le disions en commençant, le Droit, pris dans son sens le plus étendu, est le résultat des dispositions de tous les préceptes imposés à l'homme, et il se divise en deux branches : 1° le droit divin, qui s'appelle aussi morale, et qui comprend tout le droit naturel, puis une partie du droit positif; 2° le droit humain, qui forme la seconde partie du droit positif.

Mais, dans l'usage, le mot Droit, quand il est employé seul, se prend dans un sens plus restreint, et signifie seulement, par opposition à la morale, cette partie du droit que nous venons d'appeler droit positif humain. C'est ce droit positif humain, ou simplement *le droit*, qui est étudié dans nos écoles; c'est lui seul qui fait l'objet de ce qu'on appelle un Cours de droit; c'est lui seul enfin qui est appliqué par les tribunaux; de telle sorte, qu'un principe de morale ne peut être la base d'un jugement, qu'autant qu'il est formellement reproduit ou tacitement consacré par le législateur. (*Voy.* ci-dessous, art. 4, nos I et II.)

III. — Le Droit, pris dans le sens restreint que nous venons d'indiquer et en continuant de le considérer sous le rapport de son origine, se subdivise en *droit écrit*, c'est-à-dire, qui a été promulgué, qui a un auteur déterminé; et *droit non écrit* ou *coutumier*, qui s'est établi par l'usage des peuples et le consentement tacite seulement du législateur.

C'est simplement la manière dont le Droit a pris son origine qu'il faut examiner, pour distinguer le droit écrit du droit non écrit, et l'on conçoit que le premier pourrait n'avoir jamais été rédigé, ce qui ne l'empêcherait pas de mériter le nom de *droit écrit*; de même que le second pourrait avoir été l'objet d'une rédaction, ayant pour but de le constater, mais qui lui laisserait toujours son caractère de *droit non écrit* ou *coutumier* (1).

En un mot, les expressions droit écrit, droit non écrit, signifient droit promulgué, droit non promulgué.

Justinien, dans ses Institutes, liv. 1, t. 2, 10, commet donc une grave erreur, quand, après avoir dit que le droit *constat ex scripto aut ex non scripto*, il ajoute que cette division doit son origine aux institutions d'Athènes et de Lacédémone, attendu qu'à Athènes *on confiait les lois à la mémoire*, tandis qu'à Lacédémone on avait soin *de les rédiger par écrit*.

— Le Droit, pris dans la signification restreinte et toute spéciale que nous lui donnerons toujours maintenant, se confond avec la *jurisprudence*. On dit, pour exprimer une même idée : *étudier le droit, étudier la jurisprudence; ouvrage de droit, ouvrage de jurisprudence*.

Mais *jurisprudence* présente un autre sens, qui est tout différent, et qui donne la signification propre que ce mot a en France.

---

(1) C'est ainsi que la Coutume de Paris fut rédigée pour la première fois en 1510, en vertu de lettres patentes délivrées à Blois par Louis XII, puis réformée en 1580, en vertu de celles données par Henri III.

La première rédaction de la Coutume de Normandie remonte à une époque très-reculée, sur la fixation de laquelle on n'est pas d'accord; la révision et une rédaction nouvelle en eurent lieu, sous Henri III également, en 1583.

Il signifie *l'habitude prise par les tribunaux d'interpréter et d'appliquer la loi dans tel sens plutôt que dans tel autre*, ou bien le résultat de cette habitude, c'est-à-dire *l'uniformité de plusieurs décisions successives sur des questions semblables*. C'est ainsi qu'on dirait : La jurisprudence de la Cour de Rouen est contraire, sur cette question, à celle de la Cour de Bordeaux; la Cour de Cassation n'a pas sur ce point de jurisprudence bien arrêtée; pour devenir bon jurisconsulte, il faut joindre à l'étude des textes celle des auteurs et de la jurisprudence.

On appelle *Recueil de jurisprudence* la collection des divers arrêts et jugemens rendus par les Cours et Tribunaux.

A Rome, le mot *jurisprudentia* avait une signification différente des deux sens que *jurisprudence* présente chez nous. Il signifiait, comme sa composition même l'indique (*prudentia juris*), la connaissance acquise du droit, la science des lois.

IV. — Sous le rapport de son objet, le Droit se divise en *international*, *public* ou *politique*, et *privé*.

Le *droit international* est celui qui fixe et détermine les rapports de nation à nation. Il résulte des traités de paix, d'alliance, de commerce, etc. Nous avons dit qu'on a donné souvent aussi à cette partie du Droit le nom de droit des gens, mais improprement. Le droit des gens est la partie du droit naturel qui fixe nos devoirs vis-à-vis de tous les hommes, à quelque pays qu'ils appartiennent, il est vrai, mais toujours comme hommes privés. Le droit international, au contraire, fixe les rapports des peuples, en tant que corps de nation.

Le *droit public* ou *droit politique* règle les rapports d'un gouvernement avec ses gouvernés; détermine la division des pouvoirs, la forme de l'administration, les moyens d'assurer la police et la sûreté des citoyens.

Enfin, le *droit privé* comprend les lois qui règlent les rapports de particulier à particulier.

V. — Les lois, avons-nous dit plus haut, sont des règles de conduite auxquelles on est tenu d'obéir. Mais pour imposer à l'homme, à un être libre par sa nature, des règles obligatoires, il faut avoir sur lui une autorité qui, en principe, ne peut appartenir qu'à Dieu. Un ordre donné à l'homme, une règle quelconque à lui prescrite, ne mérite donc le nom de *loi* qu'autant qu'elle émane soit immédiatement de Dieu, comme celles de la morale, soit d'un pouvoir humain légitimement constitué, parce qu'alors c'est encore de Dieu qu'elle vient, puisque *omnis potestas à Deo ordinata est.*

Dès qu'elles sont dans l'une de ces deux conditions, les Lois obligent à faire ce qu'elles *commandent*, ou à s'abstenir de ce qu'elles *défendent ;* quant à ce qu'elles *permettent* seulement, il est clair qu'on peut le faire ou ne le faire pas.

Les Lois, en effet, se divisent en : 1° *impératives* ou *préceptives ;* 2° *prohibitives* ou *défensives ;* 3° *facultatives* ou *permissives.*

Quant à la quatrième classe, qu'on ajoute ordinairement à ces trois premières, celle des *lois pénales,* elle n'existe pas comme distincte des trois autres.

D'abord, le raisonnement fait comprendre *à priori* qu'après les trois classes indiquées, une quatrième est impossible ; puisque la loi, étant *une règle de conduite,* elle ne peut pas avoir d'autre objet que de commander, défendre ou permettre. Punir, de quelle que manière et dans quelle que circonstance que ce soit : par exemple, ôter la vie à un coupable ou l'emprisonner, frapper d'une amende ou annuler un acte, etc.; punir, c'est accomplir un fait, ce n'est pas tracer une règle de conduite ; punir, donc, ne peut pas être l'objet immédiat d'une loi.

Une loi pénale n'est rien autre chose que le commandement qui est enjoint aux fonctionnaires du pouvoir judiciaire, de prononcer, et à ceux du pouvoir exécutif d'infliger, telle peine, quand telle violation de loi sera légalement constatée ; mais si c'est un commandement, c'est donc une loi impérative.

Sans doute les lois pénales peuvent être distinguées des autres ; mais c'est sous un rapport tout autre que celui qui amène la division tripartite qui nous occupe ici. On les distingue alors comme on distingue les lois commerciales, les lois forestières, les lois hypothécaires, etc. La division se fait alors sous le rapport *du but* que la loi se propose d'atteindre, et non plus sous le rapport *du mode* suivant lequel elle procède.

Du reste, les lois pénales ont ceci de particulier, qu'elles sont la sanction des autres lois ; mais elles n'en sont pas moins des lois impératives, et quand on veut les indiquer à part et en former une classe distincte des autres, il ne faut pas le faire après avoir énuméré trois classes, dont la première les comprend nécessairement.

Il y a donc défaut de méthode, d'exactitude, dans ce texte de la loi romaine, dont on a eu tort de reproduire l'idée : *Legis virtus hæc est imperare, vetare, permittere,* PUNIRE. *Imperare* embrasse *punire ;* car la loi ne punit point, n'inflige point la peine, elle *commande* de l'infliger. Il y a ici une faute de logique du genre de celles que l'on commettrait en disant : Il faut distinguer trois grandes classes d'êtres : 1° les êtres animés ; 2° les êtres inanimés ; 3° les hommes. Il est clair que les hommes sont compris dans les êtres animés.

CHAPITRE II.

Du droit français.

SOMMAIRE.

VI. Droit ancien. — Droit intermédiaire. — Droit nouveau.

VII. Droit ancien, jusqu'en 1789. — Deux sources de ce droit. — Ni l'une ni l'autre ne pouvait produire une législation uniforme.— Pays de droit écrit; pays coutumiers.

VIII. Droit intermédiaire, de 1789 à 1804. — Mélange temporaire de plusieurs lois nouvelles avec les restes du droit ancien.

IX. Droit nouveau, depuis 1804. — Code civil ordonné depuis 12 ans par l'Assemblée constituante.— Le travail de sa confection dure un an.

X. Où se trouvent le droit privé, le droit public et le droit international des Français. — Cet ouvrage n'a pour objet que le droit civil proprement dit.— Observation sur les mots *droit civil.*

EXPLICATION.

VI. — Nous distinguons en France le droit ancien, le droit intermédiaire et le droit nouveau.

Le droit ancien comprend les lois qui ont régi notre pays jusqu'à la Déclaration de l'Assemblée constituante du 17 juin 1789.

Les lois qui suivirent cette Déclaration, et qui ont été rendues depuis cette époque de juin 1789, jusqu'à la promulgation du Code civil, ont tellement modifié le droit ancien, sans l'abroger en entier, qu'on les regarde comme formant un droit à part, qu'on appelle droit intermédiaire.

Enfin, ce droit intermédiaire, ainsi que le droit ancien, ont été abrogés, en règle générale du moins, et sauf quelques exceptions, par la loi du 21 mars 1804 (30 ventôse an XII), époque à laquelle commence le droit actuel.

VII. — Avant la Révolution qui est venue nous apporter, à la fin du siècle dernier, tant et de si graves changemens, le royaume de France, composé de diverses provinces qui formaient comme autant de nations distinctes, n'offrait pas, ne pouvait pas offrir cette uniformité de législation qu'on y admire aujourd'hui.

On distinguait alors deux sources du droit : l'autorité du prince, et la coutume. Or, ni l'une ni l'autre ne pouvait produire l'unité de législation.

Les lois promulguées par le Roi, sous le nom d'ordonnances,

d'édits, de lettres patentes, étaient bien, en soi, obligatoires pour tout le royaume ; mais leur exécution dans le ressort de chaque parlement se trouvant subordonnée à leur enregistrement, et les parlemens refusant quelquefois d'enregistrer, il en résultait que plusieurs lois royales appliquées dans certains pays, ne l'étaient pas dans certains autres qui, à leur tour, avaient pu recevoir des lois rejetées par les premiers. Sous ce premier rapport, donc, il n'y avait pas uniformité.

D'un autre côté, c'était dans les coutumes que se trouvait le complément, disons mieux, la principale partie de la législation, dont les lois émanées du prince ne formaient qu'une faible fraction; et là, le défaut d'uniformité se faisait sentir bien davantage encore.

On distinguait alors les coutumes *générales* et les coutumes *locales*. Les premières, au nombre d'environ soixante, étaient celles suivies par toute une province ou une portion considérable de province; on appelait locales celles qui ne s'appliquaient que dans une seule localité, une ville, un bourg, quelquefois un seul hameau. Les coutumes locales d'une certaine importance dépassaient le chiffre de trois cents.

Dans certaines provinces, le droit romain tenait lieu de coutume générale; il en était d'autres qui avaient une coutume générale propre, mais dans lesquelles les cas non prévus par cette coutume devaient être décidés d'après le droit romain. On appelait les unes et les autres *pays de droit écrit*.

On appelait *pays coutumiers* les pays où le droit romain, sans avoir force de loi, était seulement regardé comme raison écrite, ainsi qu'il l'est encore aujourd'hui.

VIII. — Il ne fallait rien moins qu'une commotion aussi forte que celle de 1789 pour rendre possible la réforme que demandait notre ancienne législation française. Les changemens que subit, à cette époque, l'organisation politique du pays, ayant fait disparaître les obstacles qui s'étaient opposés jusqu'alors à l'uniformité de cette législation, l'Assemblée constituante ordonna qu'il serait fait un corps de lois civiles communes à tout le royaume. (*Constitution du 3 septembre* 1791, *tit.* 1er, *in fine*.) Mais avant la réalisation de ce projet, il fut rendu par les diverses assemblées législatives un grand nombre de lois qui ont apporté de graves dérogations aux lois royales, au droit romain et aux coutumes. Ce sont ces lois qui, avec la partie du droit ancien qu'elles n'avaient point abrogée, forment *le droit intermédiaire*.

IX. — Douze années s'étaient écoulées depuis que l'Assemblée constituante avait ordonné la confection d'un corps de lois civiles, lorsque du 5 mars 1803 au 20 mars 1804 (du 14 ventôse an XI au 29 ventôse an XII), fut enfin décrétée une série de lois dont la réunion, sous le titre de *Code civil des Français*, fut ordonnée par la loi du 21 du même mois de mars 1804 (30 ventôse an XII).

Il n'est pas inutile de savoir par quels travaux on arriva à la rédaction de ces lois.

Dès l'année 1800, plusieurs projets de Code civil avaient été publiés. Le 12 août de cette année, un arrêté des Consuls désigna les citoyens *Tronchet, Portalis, Bigot de Préameneu et Maleville* pour examiner ces projets divers, et de tous en former un seul. Celui qu'ils rédigèrent fut imprimé en janvier 1801, et envoyé au tribunal de cassation et aux tribunaux d'appel (aujourd'hui Cour de cassation et Cours royales), qui l'examinèrent et y joignirent leurs observations. Sept mois plus tard, au mois de juillet, sa discussion commença au Conseil-d'État. Voici par quel mode elle eut lieu :

Chacun des projets de loi dont se composait l'œuvre des quatre jurisconsultes indiqués plus haut était d'abord examiné par la section de législation, puis distribué à tous les conseillers qui le discutaient en assemblée générale. Une fois arrêté, le projet était communiqué officieusement au Tribunat, qui le discutait à son tour et y joignait ses observations. Les modifications qu'appelaient les observations du Tribunat étaient, comme l'avait été le projet lui-même, examinées d'abord par la section de législation, ensuite par le Conseil-d'État tout entier.

C'est après ces travaux divers que fut arrêtée définitivement la rédaction de chacun des projets de loi destinés à composer le Code. Tous furent ensuite successivement proposés par le Gouvernement, votés par le Tribunat, puis décrétés par le Corps-législatif, comme le voulait la Constitution du 13 décembre 1799 (22 frimaire an VIII). Le projet décrété le dernier, celui sur *les transactions*, le fut le 20 mars 1804; puis, dès le lendemain 21, vint la loi dont nous avons parlé plus haut, qui ordonna :

1° La réunion de toutes les lois décrétées en un seul corps, sous le titre de *Code civil des Français*, dans l'ordre où elles se trouvent au Code, lequel est un peu différent de celui dans lequel elles avaient été décrétées;

2° La division de ce Code en un *titre préliminaire* et en trois *livres*, dont chacun serait partagé en autant de *titres* qu'il comprendrait de lois;

3° Enfin, une série unique de numéros pour tous les articles du Code.

Du reste, la même loi déclare que cette opération nouvelle n'empêche pas chacune des lois réunies pour former le Code, de rester exécutoire à partir de sa promulgation particulière. Enfin, elle prononce l'abrogation des lois romaines, des ordonnances et des coutumes.

Ainsi donc, à partir du 21 mars 1804, la France eut enfin un corps de lois uniforme, vraiment national, lequel, malgré les obscurités, les lacunes, les vices de rédaction et quelquefois même de fond qu'on y trouve, sera toujours regardé, et avec raison, comme un des plus beaux ouvrages sortis de la main des hommes.

X. — Du reste, ce n'est pas dans notre Code civil seul que se trouve tout notre droit privé actuel. Il est écrit 1° dans le *Code civil* et dans plusieurs lois postérieures, qui ont complété ou modifié quelques-unes de ses dispositions; 2° dans le *Code de commerce*, qui règle les rapports des commerçans, en tant que commerçans, soit entre eux, soit à l'égard des non-commerçans; 3° enfin, dans le *Code de procédure civile*, qui règle le mode d'exercice des facultés que le droit privé nous confère.

Quant à notre droit public, il est écrit dans la Charte, dans les lois administratives dont la collection se nomme *droit administratif*, et enfin, pour le droit criminel, qui est également une partie du droit public, dans le *Code d'instruction criminelle* et le *Code pénal*.

Il est inutile de dire que notre droit international se trouve dans les traités passés entre la France et les puissances étrangères.

Le titre de notre ouvrage indique assez que nous ne nous proposons d'y étudier que le droit civil proprement dit et distinct, dès lors, du droit commercial et de la procédure; c'est-à-dire, celui qui résulte du Code civil et des lois postérieures relatives aux matières dont ce Code s'occupe.

— *N. B. Les mots Code* civil (*comme ceux de Droit* civil, *Lois* civiles) *conservés par la routine pour signifier Code privé, sont on ne peut plus inexacts : ils sembleraient signifier le Code des citoyens; or il est clair que les femmes et les mineurs, qui ne sont pas citoyens, peuvent également invoquer notre Code... Que si par citoyens on veut entendre ici tous les Français, nos divers autres Codes seraient alors des Codes* civils *aussi bien que celui-ci. — En définitive,* Code civil *signifie chez nous, Code de la théorie du droit privé général.*

Tout ceci du reste se comprendra mieux plus tard. (*Voy. le n° III de l'art. 727, en note.*)

EXPLICATION
DU CODE CIVIL.

TITRE PRÉLIMINAIRE.

DE LA PUBLICATION, DES EFFETS ET DE L'APPLICATION DES LOIS EN GÉNÉRAL.

(Décrété le 5 avril 1803. — Promulgué le 15.)

Ce titre ne se compose que de six articles ; mais presque tous demanderont de longs développemens.

L'art. 1er s'occupe de la *publication* des lois ;

Les art. 2 et 3 parlent de leurs *effets ;*

Les art. 4, 5 et 6 traitent de leur *application.*

La plupart des règles que le législateur pose dans ce titre sont des principes généraux, applicables aussi bien aux autres lois qu'aux lois civiles. S'il les a placées en tête du Code civil, c'est parce que ce Code a été la première de ses œuvres et qu'il est d'ailleurs la partie la plus importante de notre droit français.

ARTICLE 1.

Les lois sont exécutoires dans tout le territoire français, en vertu de la promulgation qui en est faite par le Roi.

Elles seront exécutées dans chaque partie du royaume du moment où la promulgation en pourra être connue.

La promulgation faite par le Roi sera réputée connue dans le département de la résidence royale, un jour après celui de la promulgation, et dans chacun des autres départemens, après l'expiration du même délai augmenté d'autant de jours qu'il y aura de fois dix myriamètres (environ

20 lieues) entre la ville où la promulgation en aura été faite et le chef-lieu de chaque département.

SOMMAIRE.

I. Confection de la loi. — Pouvoirs législatif et exécutif. — Droit d'initiative. — Date de la loi.

II. Promulgation. — Son effet. — Comment elle s'accomplit. — Vice du mode actuel.

III. Publication. — Son effet. — Comment elle s'accomplit. — *Quid* des unités de myriamètres dans le calcul des distances ? — Quand la publication est retardée. — Moyen (illégal) de la hâter.

IV. Actes qui, sans être des lois, sont obligatoires comme la loi même, mais sous deux conditions.

EXPLICATION.

I. — Nous avons dit que c'est cet art. 1er qui s'occupe, et s'occupe seul, de la *publication* des lois ; or, il n'en prononce pas même le nom et semble ne s'occuper que de la *promulgation*. Il parle aussi cependant de la publication, par périphrase, comme nous le verrons. Mais avant d'arriver à l'explication de l'article, nous devons dire un mot de la *confection* des lois, laquelle appartient au pouvoir législatif ; tandis que la *promulgation* et la *publication* sont confiées au pouvoir exécutif.

Le pouvoir législatif est exercé collectivement par le Roi, la Chambre des pairs et la Chambre des députés (*Charte*, art. 14). Le pouvoir exécutif, au contraire, appartient au Roi seul (*Charte*, art. 12).

Pour qu'un projet devienne loi, il faut 1° qu'il soit proposé par le Roi ou par l'une des deux Chambres (d'après la Charte de 1814, le Roi seul avait l'importante prérogative de l'initiative, mais ce principe a été changé par la Charte de 1830, art. 15) ; 2° qu'il soit voté par la majorité de chacune des deux Chambres (*Ch.* art. 16), et 3° qu'il soit sanctionné, c'est-à-dire approuvé, par le Roi. (*Ch.* art. 18.)

La sanction étant le dernier acte qui concourt à la formation de la loi, c'est du jour où elle est donnée que la loi prend date. (*Ordonnance du 27 nov. 1836.*)

Ainsi, par l'accomplissement de ces trois conditions, la loi est parfaite ; mais elle est encore sans force, et il faut qu'avant d'être mise à exécution, elle soit promulguée et publiée ; or, comme du moment de sa perfection elle sort du domaine du pouvoir législatif, c'est donc au pouvoir exécutif à la promulguer et à la publier. (*Ch.* art. 18.)

II. — La *promulgation* est l'attestation donnée par le chef de l'État, au corps social, de l'existence de la loi, et l'ordre intimé par lui aux citoyens et aux diverses autorités de l'observer et faire observer. Elle consiste, en réalité, dans l'apposition, faite par le chef de l'État, de la formule qui ordonne l'exécution de la loi, et qui est la même que celle qui contient la sanction. Le Roi, en effet, écrit au bas de chaque loi : « La présente loi, sanction-« née par nous, le…, sera exécutée, etc. » Or, ces derniers mots, *sera exécutée*, sont précisément la promulgation. Mais comme l'apposition de cette formule n'a rien de public, la promulgation, légalement, n'est réputée s'accomplir que par un mode extérieur et plus saisissable, qui a varié selon les époques, et qui se trouve ramené aujourd'hui à un acte matériel qu'il est important de connaître, puisqu'il sert de point de départ au délai par le moyen duquel la loi se trouve publiée.

D'après la Constitution du 22 frimaire an VIII (13 décembre 1799) sous l'empire de laquelle le Code a été fait, la promulgation s'accomplissait, sans aucun acte matériel, par l'échéance du dixième jour après la confection définitive de la loi, c'est-à-dire, après qu'elle avait été décrétée par le Corps législatif; de sorte qu'alors la promulgation consistait uniquement en un délai, comme il en est encore aujourd'hui de la publication. Pendant ces dix jours, la loi pouvait être attaquée par le Sénat, pour cause d'inconstitutionnalité.

Ainsi, dès qu'une loi était décrétée, tout le monde savait à l'avance qu'elle serait promulguée dix jours après. On peut voir, en regardant les dates placées en tête de chaque titre du Code, que tous ont effectivement été promulgués dix jours après qu'ils avaient été décrétés.

Mais la Constitution de l'an VIII ayant été abrogée, sous ce rapport du moins, par la Charte de 1814, on resta sans mode déterminé de promulgation jusqu'au 27 mars 1816. A cette époque, une ordonnance royale décida que la promulgation ne serait réputée accomplie que par la remise à la grande chancellerie (ministère de la Justice) du Bulletin apporté de l'Imprimerie Royale.

Il faut bien le dire, ce mode de promulgation est extrêmement vicieux. D'abord, il laisse au pouvoir exécutif la faculté de promulguer une loi dès le lendemain de sa confection, ou de ne le faire qu'après deux mois, trois mois ou plus, et à un moment où personne n'y pensera plus. Il soumet même la puissance législative à la puissance exécutive, en ce sens qu'il permet à celle-ci de ne promulguer jamais la loi qu'il lui plairait de laisser dormir dans les cartons. Enfin, il a le défaut bien grave encore de n'offrir aucun caractère de publicité ; les commis de l'Imprimerie et ceux du ministère de la Justice seront souvent les seuls de qui sera connue cette promulgation quasi-clandestine. On ne comprend vraiment pas comment, en 1830 et dans les années suivantes, où l'on a fait tant de choses, où l'on a apporté tant de modifications à la législation antérieure, il ne s'est trouvé personne qui pensât à insérer dans la nouvelle Charte quelques mots sur un point aussi important.

C'est la promulgation, comme le dit l'alinéa 1er de notre article, qui rend la loi exécutoire ; mais elle ne la rend pas encore obligatoire. C'est-à-dire que par l'effet de la promulgation, la loi se trouve avoir *en elle-même* la puissance d'être exécutée, réunir les conditions *exigées d'elle* pour cet effet ; mais il lui manque encore une condition extrinsèque, la publication.

III. — La *publication*, en effet, n'est que le moyen par lequel la loi et sa promulgation sont portées, ou réputées portées à la connaissance des citoyens. C'est d'elle que parlent les alinéas 2 et 3 de notre article. En effet, l'alinéa 2 dit : « elles (les lois) seront *exécutées* du moment où la « *promulgation* en pourra être « *connue*, » et le 3e : « *La promulgation* sera *réputée connue*, » etc. ; or la connaissance donnée ou réputée donnée de la promulgation, c'est précisément la publication.

« La promulgation, disait M. Portalis au Conseil d'État, com-« plète le caractère de la loi ; la publication est la conséquence « de la promulgation et a pour objet de faire connaître la loi. » (Fenet, *Travaux préparat. du C. civ.*, t. VI, p. 12.)

D'après le 3e alinéa, la publication s'accomplit, 1° pour le département de la résidence royale, par le laps d'un jour depuis la promulgation ; et 2° pour chaque département de province, par ce même délai, plus un jour par chaque distance de 10 myriamètres entre le lieu où la promulgation s'est faite et le chef-lieu de ce département. Ainsi, la publication, qui a consisté, selon les époques diverses, soit en une lecture de la loi à l'audience des tribunaux, soit en l'apposition d'affiches, soit en une lecture faite sur la voie publique à son de trompe ou de tambour, etc., consiste tout simplement aujourd'hui en un délai partant de la promulgation ; de sorte que ce n'est plus un moyen opérant véritablement la connaissance de la loi, mais seulement un laps de temps après lequel il est probable que cette connaissance existe. Ce n'est point une réalité, mais une simple présomption légale.

C'est seulement par sa publication que la loi devient obligatoire et susceptible d'être exécutée, parce qu'en effet, on ne peut imposer à une personne l'obligation d'obéir à une loi qu'elle ne connaît pas ou n'est pas légalement réputée connaître.

Comme c'est par la distance entre les différens chefs-lieux de département et la ville où se fait la promulgation, que se mesure le délai produisant la publication légale, et qu'ordinairement c'est à Paris que cette promulgation se fait, la distance de cette ville à chaque chef-lieu a été fixée officiellement par un arrêté du 25 thermidor an XI. (13 août 1803.) (1)

Quand la distance de Paris au chef-lieu d'un département est d'une ou plusieurs fois 10 myriamètres, plus quelques myriamètres passant, que doit-on faire pour ces unités? — Trois opinions partagent ici les jurisconsultes. Dans l'une, on veut que pour un seul myriamètre passant, on ajoute un jour, de sorte que 31 myriamètres donneraient 4 jours comme 40 myriamètres; dans la seconde, on décide que quand il y a moins de 5 myriamètres passant, on doit les négliger, et quand il y en a 5 ou plus, on doit mettre un jour comme pour dix; enfin, dans la troisième, on veut qu'on fasse toujours abstraction des unités pour ne compter que les dizaines.

C'est cette dernière idée que nous adoptons, 1° parce qu'elle a pour elle le texte de la loi qui accorde *autant de jours* qu'il y aura *de fois dix myriamètres;* or dans 19, par exemple, il n'y a qu'une fois 10; 2° parce qu'elle est appuyée sur l'autorité d'un sénatus-consulte du 15 brumaire an XIII (6 novembre 1804), qui, bien qu'il n'ait pas force de loi, est néanmoins d'un poids grave.

L'ordonnance du 27 novembre 1816, dont nous avons parlé un peu plus haut, et une autre du 18 janvier 1817, présentent un moyen de hâter l'exécution des lois et ordonnances, lorsque le Roi le jugera nécessaire. Le Roi, aussitôt la sanction et la promulgation accomplies, envoie la loi aux préfets, qui la font afficher de suite; et dès l'instant, la loi est obligatoire, quelque court que soit le délai écoulé depuis la promulgation. C'est, comme on le voit, une dérogation à notre article; ces ordonnances sont donc, ainsi que va l'expliquer le n° IV, véritablement illégales, et les tribunaux devront refuser de les mettre à exécution.

En sens contraire, la loi ne serait pas obligatoire, même après un délai beaucoup plus long que celui marqué par notre article, si un empêchement de force majeure, la peste ou une

---

(1) La distance et le délai qu'elle donne ne se calculent que pour le chef-lieu de chaque département; en sorte que ce délai sera toujours le même pour un département entier. Ainsi, quoique le Havre soit distant de Paris de dix myriamètres de plus que Rouen, la première de ces villes faisant partie du département dont la seconde est le chef-lieu, elle aura seulement le même délai que celle-ci.

inondation par exemple, arrêtaient toute communication d'un pays avec Paris. Le législateur, en effet, dispose pour les cas ordinaires et son intention n'est pas et ne peut pas être que la loi soit réputée connue, alors qu'il est de toute impossibilité qu'elle le soit. Aussi, le deuxième aliéna dit-il que les lois seront exécutées quand la promulgation *en pourra* être connue, et dans la séance du Conseil-d'État du 24 brumaire an x, le Premier Consul ayant dit qu'il fallait rédiger un article particulier pour les empéchemens de force majeure, le ministre de la Justice, M. Tronchet, et M. Berlier lui firent remarquer que toute exception était inutile et que l'article répondait par son texte même à la difficulté. (Fenet, t. VI, p. 32.)

IV. — Notre article ne parle, et nous n'avons parlé jusqu'ici, que des lois; mais les lois proprement dites ne sont pas les seuls actes qui aient force obligatoire pour les citoyens. Le Roi, comme chef suprême des pouvoirs exécutif et administratif, puis au-dessous de lui et en son nom, les ministres et d'autres agens, rendent sous le titre d'*ordonnances, décisions, règlemens, arrêtés,* etc., des actes qui, comme les lois, commandent obéissance vis-à-vis de tous, pourvu qu'ils soient faits 1° en conformité de la loi, et 2° dans les limites des attributions des fonctionnaires dont ils émanent.

C'est au Roi d'abord, disons-nous, qu'appartient, aux termes de l'art. 12 de la Charte, le pouvoir exécutif. Or, la loi ne fait ordinairement que poser les principes, sans s'occuper de régler les détails. C'est donc au Roi, chargé par la constitution même de l'exécution de la loi, de prendre ce soin. Il doit, en outre, prendre toutes les mesures propres à conserver et faire respecter la loi à lui confiée.

Le Roi est aussi, d'après l'art. 13 de la Charte, le chef unique de l'administration; il peut donc, ou plutôt il doit, soit par lui-même, soit par les différens fonctionnaires institués par lui, prendre toutes les mesures que réclame une sage administration.

Enfin, les maires des communes, que l'on peut regarder comme n'appartenant plus au pouvoir administratif proprement dit, parce que le Roi, qui les choisit, il est vrai, ne peut cependant le faire que parmi les citoyens désignés par le peuple par la voie de l'élection, les maires, disons-nous, peuvent aussi arrêter des mesures obligatoires pour tout ce qui intéresse la sûreté des habitans, la salubrité publique, la libre circulation dans les rues, etc.

Aussi, l'art. 471 du Code pénal, par son n° 15, punit toute contravention aux règlemens légalement faits par l'autorité administrative et à ceux publiés par l'autorité municipale dans les limites tracées par la loi.

Ces actes divers, émanés, soit du Roi, soit des agens de l'autorité administrative ou de l'autorité municipale, tant qu'ils sont dans les deux conditions indiquées ci-dessus, ne sont, on le comprend bien, que le développement, le complément et l'accessoire de la loi; ils se confondent dès lors avec elle et participent à son autorité; ils ont la même force qu'elle.

Que si, au contraire, un de ces actes se trouvait en opposition de vues avec la loi, ou qu'il émanât d'un agent n'ayant pas qualité pour le rendre, il se trouverait nécessairement sans force obligatoire.

Il suit de là que, quand la violation d'un des actes dont il s'agit est déférée à un tribunal, la première chose que ce tribunal doit faire, c'est d'examiner si cet acte réunit bien les deux conditions voulues pour lier les citoyens, afin d'en refuser l'application, s'il lui apparaît que l'acte ne présente pas ces conditions. C'est ainsi que plusieurs arrêts ont refusé d'appliquer des actes de différens agens administratifs, quelquefois même des ordonnances royales. On peut citer entre autres, les arrêts de la Cour royale de Paris du 4 décembre 1827; de la Cour royale de Metz, du 25 février 1829; de la Cour royale de Nîmes du 28 janvier 1834, et plusieurs arrêts de la Cour suprême, spécialement le fameux arrêt de cassation du 29 juin 1832, proclamant illégale l'ordonnance du 6 du même mois, par laquelle Paris avait été déclaré en état de siége.

Article 2.

La loi ne dispose que pour l'avenir, elle n'a point d'effet rétroactif.

SOMMAIRE.

I. Évidence et simplicité du principe de la non-rétroactivité des lois. — Difficultés que présente néanmoins son application. — Examen de ces difficultés dans cinq paragraphes.

1o Lois interprétatives. — Observations sur l'interprétation des lois.

II. Impossibilité d'éviter les interprétations contradictoires. — Le pouvoir législatif peut seul forcer d'accepter une interprétation, et ramener ainsi à l'uniformité. Il peut le faire par divers moyens. Qu'appelle-t-on *Interprétation par voie de doctrine, Interprétation par voie d'autorité, Interprétation judiciaire, Loi interprétative*. Prudence à mettre dans l'emploi de ces termes. — Si le pouvoir législatif peut seul légaliser une interprétation, l'interprétation peut venir, elle, de toute autre source. — L'acte appelé Loi interprétative n'est rien qu'une interprétation; donc il peut et doit rétroagir.

III. Quand la loi obscure, au lieu d'être interprétée, est remplacée par une autre loi, cette loi nouvelle ne rétrogit point.

2° Lois sur la capacité des personnes.

IV. Ces lois changent notre capacité au moment de leur publication, mais elles respectent notre capacité antérieure et ses effets. Exemples.

3° Lois sur la quotité disponible des biens.

V. Qu'appelle-t-on *Quotité disponible?* — Pour les donations entre-vifs, il faut s'en tenir toujours à la quotité fixée par la loi du jour de la donation.

VI. Pour les testamens, il faut prendre la quotité fixée par la loi du jour du décès.

VII. Pour les donations appelées *Institutions contractuelles*, on applique la loi du jour du contrat.

4° Lois pénales.

VIII. On doit appliquer ici la plus douce des deux lois. — Erreur de Delvincourt.

5° Lois sur la forme, l'interprétation, la preuve et le mode d'exécution des actes, et lois sur la prescription.

IX. C'est la loi du jour du contrat qui en règle les formes.

X. C'est aussi d'après elle qu'il faut y suppléer les clauses non exprimées.

XI. C'est elle encore qui règle le genre de preuves à admettre.

XII. C'est au contraire la loi du jour de l'exécution qui détermine les formalités de cette exécution.

XIII. La prescription se règle d'après la loi nouvelle. Erreur de M. Bigot et de la Cour de cassation.

XIV. Exception de fait au principe de la non-rétroactivité.

EXPLICATION.

I. —Une loi étant une règle obligatoire de conduite, il est de son essence de commander, de défendre ou de permettre, et elle ne peut pas avoir d'autre objet. Or, il serait absurde de commander, de défendre ou de permettre ce qui serait fait déjà; une loi ne peut donc pas avoir pour objet des actes antérieurement accomplis, elle ne peut pas agir sur le passé, en d'autres termes, avoir des *effets rétroactifs*.

Comme on le voit, la proposition exprimée par notre art. 2 est impérieusement demandée par la logique, elle est écrite dans la nature même des choses : c'est là une vérité mathématique, laquelle n'est susceptible d'aucune espèce d'exception, en théorie du moins : car nous verrons, au n° XIV et dernier de cet article, qu'il en peut être autrement en fait.

Et pourtant, ce principe si clair, si facile à comprendre, présente néanmoins d'assez graves difficultés, alors qu'on veut en bien saisir la portée, en mesurer exactement toutes les conséquences.

Faire produire, à la loi qui vient d'être rendue, tel ou tel résultat, en tirer telle ou telle conséquence, serait-ce, ou non, la faire rétroagir? C'est là une question qui se présente souvent et qui peut embarrasser parfois. Il nous faut donc entrer dans quelques explications sur le principe, si simple en lui-même, de la non-rétroactivité.

Pour exposer plus méthodiquement ce que nous avons à dire, nous examinerons ce principe sous cinq rapports et dans cinq paragraphes différens.

§ 1er. Des lois interprétatives. — Observations sur l'interprétation des lois.

II. — Aucune œuvre de l'homme n'est parfaite; il sera donc bien rare qu'une loi soit rédigée avec assez de clarté, et prévoie les diverses hypothèses possibles avec assez de précision, pour n'avoir besoin d'aucun commentaire, d'aucune *interprétation*.

L'interprétation des lois, comme toute autre, comme toute explication quelle qu'elle soit, est permise à tous les citoyens, et si, presque toujours, elle émane exclusivement des magistrats et des jurisconsultes, c'est que les études spéciales de ceux-ci les mettent en état de donner une interprétation plus saine des textes faisant difficulté. Mais l'interprétation du magistrat ou du jurisconsulte, pas plus que celle du simple citoyen, ne saurait faire loi, ni être imposée à tous; elle n'a qu'une autorité de raison et de logique. Malgré elle, les tribunaux restent toujours libres d'appliquer la loi dans un sens différent : en sorte qu'on peut avoir, et l'on a souvent en effet, une foule de décisions contradictoires, quoique rendues en vertu d'une même loi.

Sous ce rapport, disons-nous, l'interprétation appelée *judiciaire*, celle émanée des magistrats, des cours et tribunaux, n'a pas plus de force que celle du jurisconsulte ou de tout autre citoyen. Sans doute, le jugement n'est pas, comme la consultation de l'avocat, comme la décision d'un auteur, un pur acte doctrinal; c'est un acte d'autorité, un acte de puissance, emportant *obligation* et produisant *lien*. Mais, qu'on ne s'y trompe pas, cette obligation, ce lien, n'existent pas pour l'avenir et comme un règlement devant régir les cas futurs; il tombe uniquement sur un fait passé, accompli, il a pour but de terminer la contestation née entre telle et telle partie; le jugement n'a d'effet que pour ces parties et n'en a, entre ces mêmes parties, que pour le débat qui existait entre elles. Donc, tandis que la puissance législative ne régit que l'avenir, la puissance judiciaire ne régit que le passé; et tandis que le caractère de la première est *la généralité*, celui de la seconde est *la spécialité*.

Ainsi, quand tel notaire intente un procès à tel huissier qu'il prétend ne pas avoir eu le droit de procéder à telle vente publique, le tribunal saisi de la question ne pourra pas, en donnant gain de cause au notaire, juger que tous les huissiers en général, ni même les huissiers de son arrondissement, n'ont pas le droit de faire cette espèce de ventes, ni même encore que l'huissier aujourd'hui en cause ne peut et ne pourra désormais faire de telles ventes; il jugera seulement que cet huissier a eu tort de faire telle vente déterminée; de sorte que, si le même huissier procédait plus tard à une vente semblable, le même notaire, voulant obtenir de nouveaux dommages-intérêts, devrait demander un nouveau jugement.

Quelquefois, à la vérité, le juge pose et proclame des principes *généraux;* il examine les textes de loi, les explique, les commente et en tire des conséquences dont le caractère est encore la *généralité*. Mais ces opérations ne sont que les préliminaires de sa sentence; il indique là les raisons de la décision et non pas la décision même, les *motifs* du jugement et non pas le jugement, qui ne se trouve, lui, que dans la partie qu'on appelle, en termes de procédure, le *dispositif*. Le magistrat, en rendant un jugement, fait donc deux choses bien distinctes : 1° quand il prononce le dispositif, alors il agit par voie d'autorité, il commande, défend, condamne, etc.; il est homme public; mais aussi, il ne peut alors s'occuper que d'une affaire particulière; 2° quand au contraire il prononce les motifs par ces mots, *attendu que..*, *considérant que..*, il déduit, de principes généraux, des conséquences également générales; mais alors il ne juge pas encore, il dit seulement pourquoi il va juger de telle manière, il ne fait que de la doctrine; c'est encore un homme privé interprétant la loi comme le ferait l'avocat, l'écrivain, le premier citoyen venu.

Ces idées, sur lesquelles repose l'importante démarcation entre le pouvoir judiciaire et le pouvoir législatif, sont écrites dans la nature même des choses et formellement consacrées d'ailleurs par les art. 5 et 1351 du Code civil. C'est pour n'avoir pas saisi ces principes, et d'autres qui leur sont analogues et qui s'y rattachent, que la Chambre des Députés nous a donné, sur l'interprétation des lois, la déplorable loi du 1er avril 1837, dont nous parlerons plus loin. (Art. 5, n° VI.)

Ainsi, l'interprétation *judiciaire* n'est comme celle de l'avocat ou de l'écrivain, qu'une interprétation *par voie de doctrine*, et les tribunaux ne peuvent pas plus que les jurisconsultes ramener à l'unité de jurisprudence, quand des dissidences s'élèvent sur le sens d'un texte de loi. Ces dissidences ne pourront cesser que quand un ordre, émané du pouvoir compétent pour commander à tous, aura enjoint d'accepter partout telle interprétation déterminée.

Or, le pouvoir législatif seul peut porter des règles obligatoires pour tous; lui seul, donc, peut enjoindre d'accepter telle interprétation d'une loi antérieure.

A côté de cette première vérité, que personne ne conteste, il faut en placer une autre qui ne paraît pas aussi généralement comprise et qu'il est important de bien saisir. C'est que le pouvoir législatif, qui seul peut ramener à l'unité, peut le faire par différens moyens.

Il peut ou 1° imposer une interprétation qu'il donne lui-même; ou 2° commander d'accepter telle interprétation antérieurement donnée, soit par un tribunal, soit par un auteur, ou émanée de toute autre source que ce soit; ou 3° enjoindre *à priori*, et une fois pour toutes, d'accepter les interprétations émanées de telle source indiquée à l'avance; enfin, il pourrait encore 4° abroger la loi obscure et la remplacer par une loi nouvelle; mais, bien entendu, ce ne serait plus là un cas d'interprétation (1).

Dans tous les cas, et quel que soit le mode suivi par le pouvoir législatif, les docteurs, dès qu'il y a commandement de respecter telle interprétation, ont accoutumé de dire qu'il y a là une *interprétation authentique*, une *interprétation par voie d'autorité*, qu'ils opposent à l'*interprétation doctrinale* et à l'*interprétation judiciaire*; puis, quand c'est le pouvoir législatif qui donne lui-même l'interprétation authentique, l'acte par lequel il la donne a été appelé, par ces mêmes docteurs, *loi interprétative*.

Ainsi, d'après le langage reçu, on doit distinguer trois espèces d'interprétation : 1° L'interprétation *doctrinale*, ne produisant aucune obligation; 2° l'interprétation *judiciaire*, produisant obligation entre telles parties et pour telle affaire déterminée;

---

(1) Depuis 1790 jusqu'en 1807, conformément à la loi du 1er décembre 1790, art. 91, l'interprétation d'une loi dut, pour faire autorité, être donnée par le pouvoir législatif lui-même. En 1807, une loi du 16 septembre, art. 2, donna, une fois pour toutes, force obligatoire aux interprétations que le chef de l'État, alors l'empereur, rendrait en Conseil d'État. En 1828, une loi du 30 juillet, abrogée aujourd'hui par celle du 1er avril 1837, mais dont le principe est reproduit par celle-ci, a reporté au pouvoir législatif le droit de donner des interprétations faisant autorité pour l'avenir.

1.

3

3° l'interprétation *législative*, produisant obligation générale et se présentant sous diverses formes, dans l'une desquelles elle prend le nom de *Loi interprétative*.

Eh bien, tout ceci est peu exact. Il n'y a pas plus d'interprétation produisant obligation générale, que d'interprétation produisant obligation particulière. L'idée illogique de l'interprétation législative et de ses effets provient, nous allons le voir, de la confusion faite entre l'interprétation et la loi qui commande de l'accepter; de même que l'idée, également illogique, de l'interprétation judiciaire et de ses effets, provient, comme on vient de le voir, de la confusion faite entre l'interprétation qui motive un jugement, et ce jugement lui-même.

Entrons un peu plus avant dans les choses, pour nous faire des idées vraies sur l'interprétation législative.

Il n'y a pas, il ne peut pas y avoir, plusieurs espèces d'interprétation. Une interprétation, c'est une explication : or, expliquer un texte, l'éclaircir, en faire saisir le sens, c'est évidemment *faire de la doctrine*, et ce n'est rien de plus. Donc, une interprétation, de quelque source qu'elle émane, et encore bien qu'elle vienne du pouvoir législatif lui-même, est toujours et nécessairement doctrinale, et elle n'est jamais que doctrinale. Une interprétation, par elle-même, ne peut pas être *obligatoire*, elle ne peut pas être une *loi*, une *règle*. Tracer une règle, faire une loi, c'est commander, défendre ou permettre; mais il n'y a rien de commun entre permettre, défendre ou commander, puis interpréter, expliquer, faire comprendre. Le commandement, la défense ou la permission supposent essentiellement une autorité, une puissance, une relation de supérieur à inférieur, que l'interprétation, l'explication ne suppose en aucune sorte.

Que si l'on veut maintenant que cette interprétation, qui par elle-même ne saurait lier personne, soit cependant admise forcément par tout le monde, il faudra évidemment ajouter à cette interprétation un élément nouveau; il faudra un ordre, une *loi* qui commande à tous de l'accepter, et cette loi ne pourra émaner, elle, que du pouvoir législatif. Du reste, que cette loi, cet ordre d'accepter telle interprétation, précède ou accompagne l'interprétation; que le pouvoir législatif ordonne une fois pour toutes de respecter les interprétations de loi qui émaneront de telle source déterminée, ou bien qu'il ordonne, à chaque fois que besoin sera, de prendre telle interprétation émanée soit de lui, soit d'ailleurs, tout cela est indifférent, le résultat sera toujours le même; toujours il y aura les deux élémens qui constituent ce qu'on a appelé l'*interprétation par voie d'autorité législative*, savoir : 1° une interprétation ; 2° un ordre d'accepter cette interprétation.

Ces deux élémens, qu'on le remarque bien, se retrouvent *toujours* et nécessairement dans l'interprétation législative, sous quelque forme qu'elle soit donnée; ils existent forcément, quoique d'une manière cachée, dans l'acte appelé si improprement *Loi interprétative*. En effet, quand le pouvoir législatif veut interpréter lui-même une loi, pour faire cesser les dissidences qu'elle fait naître, il est bien vrai qu'il se contente de donner une disposition reproduisant plus clairement l'idée de la loi obscure, sans prendre la peine d'ajouter qu'il commande de recevoir cette interprétation ; de sorte que, dans la forme, on n'a jamais que le premier élément, *l'interprétation ;* mais le second, *l'ordre d'accepter l'interprétation donnée,* existe virtuellement : il est sous-entendu, mais il est là par la force même des choses, et par cela seul que c'est le pouvoir législatif qui a parlé.

S'il en est ainsi, si l'acte législativement interprétatif contient nécessairement tout ensemble une interprétation et une loi, il s'en suit que cet acte est tout à la fois explicatif sous un rapport, et impératif sous un autre ; mais en tant qu'il est explicatif, il n'est pas et ne peut pas être loi, parce qu'encore une fois, il n'y a rien de commun entre *commander*, qui est l'objet de la loi, et *expliquer*, qui est l'objet de l'interprétation. Pour celui donc qui recherche le vrai sens des mots, une *loi interprétative*, proprement parlant, n'est pas plus possible qu'un *cercle triangulaire*. Accolez à une loi sous-entendue ou explicite, peu importe, l'interprétation d'une loi antérieure ; confondez dans une seule disposition l'interprétation et la loi qui enjoint de l'accepter, vous ne ferez pas que votre disposition, simple en apparence et quant à sa forme, ne soit complexe au fond ; vous ne ferez pas que la loi soit l'interprétation.

Qu'on ne se fatigue pas de ces observations ; car elles sont de la plus haute importance, et l'on verra, sous l'art. 5, que leurs conséquences touchent, dans la pratique, aux intérêts les plus graves des citoyens.

Au moyen de ces développemens, on comprend qu'au lieu de parler de *l'interprétation doctrinale* et de *l'interprétation obligatoire* qu'on oppose l'une à l'autre, il faudrait placer en regard *l'interprétation pure et simple*, doctrinale assurément (mais cette qualité ne doit pas être indiquée comme caractéristique, puisqu'elle convient à toute interprétation); puis *l'interprétation légalisée*, doctrinale comme la première, mais qu'une loi (accolée à l'interprétation même ou donnée séparément, peu importe) a commandé d'accepter partout.

On comprend encore, et ceci est capital à retenir, que si la *légalisation* d'une interprétation, c'est-à-dire l'ordre de la respecter, ne peut émaner que du pouvoir législatif, l'*interprétation*, elle, peut fort bien émaner de toute autre source. Il faut donc entendre avec beaucoup de prudence cette maxime romaine, *ejus est interpretari legem cujus est condere*, qui se trouve fausse quand on la prend à la lettre, ainsi que le font plusieurs auteurs.

Après cette analyse de principes trop généralement incompris, et dont nous déduirons plus tard les conséquences pratiques, terminons ce n° II en recherchant si l'acte appelé Loi interprétative est soumis à la règle de non-rétroactivité posée par notre article.

Il est évident que non; il est évident que la loi interprétative rétroagira. En effet, dans ce qu'on appelle bien improprement loi interprétative, il y a, comme on l'a vu, deux choses : 1° l'interprétation donnée sur un texte difficile; 2° une loi commandant d'accepter cette interprétation. Or, par un étrange abus des mots, c'est précisément à la première de ces deux idées qu'on applique l'expression de *loi interprétative* : le mot *loi interprétative*, dans le langage reçu, ne signifie pas, comme cela devrait être, la *loi* contenant une interprétation; mais bien l'*interprétation* imposée par une loi. S'il en est ainsi, notre question se résout en même temps qu'elle se pose.

Soit une loi de 1820 ayant donné lieu à de longues dissidences, et dont une loi interprétative est venue fixer le sens en 1835, faudra-t-il appliquer cette loi de 1835, interprétative d'une loi de 1820, à un fait accompli en 1830? La question n'en est vraiment pas une; car elle revient à celle-ci : *Faut-il appliquer à un fait de* 1830 *l'interprétation* (législativement donnée en 1835) *d'une loi de* 1820? Mais l'interprétation d'une loi, c'est la loi elle-même interprétée, expliquée; c'est la loi elle-même devenue plus claire, plus intelligible et prise dans un sens qu'elle a toujours eu, quoiqu'on ne l'ait pas toujours saisi. La question se réduit donc définitivement à ces termes : *Est-ce faire rétroagir une loi de* 1820 (*expliquée en* 1835), *que de l'appliquer à des actes de* 1830? c'est-à-dire que la question n'en est plus une.

Donc, l'acte qualifié *loi interprétative* rétroagira nécessairement et toujours; et comme on le voit, ce ne sera point parce qu'il y a une exception à notre article pour les lois interprétatives, ainsi qu'on le dit ordinairement, mais tout simplement parce que les prétendues lois interprétatives ne sont point des lois.

III. — Au reste, il ne faudrait pas regarder un acte législatif comme étant une interprétation, par cela seul que son but aurait été de faire cesser les obscurités d'une loi antérieure. Car, ainsi que nous l'avons dit, le pouvoir législatif peut faire cesser les doutes qui s'élèvent sur le sens d'une loi, soit en expliquant cette loi, soit *en lui substituant une loi nouvelle.*

Or, lorsque le pouvoir législatif, au lieu d'expliquer seulement le texte difficile par des termes qui reproduisent plus clairement la même idée, porte au contraire une disposition nouvelle que ne contenait pas l'ancien texte, il n'y a pas là *interprétation* de la loi antérieure, il y a abrogation de cette loi et création d'une loi nouvelle.

Ainsi, en 1835, une dissidence s'étant élevée entre la Cour de cassation et les Cours royales, sur le point de savoir si, dans le cas dont il s'agissait, une assignation devait être donnée dans le délai de huitaine, ou si elle pouvait l'être dans le délai de trois ans, une interprétation fut demandée au pouvoir législatif. Celui-ci, trouvant le délai de huitaine trop court et celui de trois ans trop long, porta une loi qui fixa ce délai à trois mois. Il est bien évident que ce n'était pas là une interprétation de la loi antérieure; c'était une loi nouvelle, soumise, comme toutes les lois, au principe de notre article, et qu'on n'a pas pu appliquer à des actes antérieurs à sa publication.

§ 2. Des lois réglant la capacité des personnes.

IV. — La capacité des personnes, comme tout le reste, est pour l'avenir dans le domaine de la loi. Celle-ci peut donc, à chaque instant, l'augmenter, la diminuer ou l'enlever pour l'avenir et à partir du moment actuel. La non rétroactivité de la loi consiste en ce qu'elle ne peut nous enlever les droits qui nous sont déjà acquis, qui nous appartiennent irrévocablement au moment qu'elle est portée; or, l'individu capable n'a jamais un droit acquis à conserver ultérieurement la capacité dont il jouit aujourd'hui. Le seul droit qui lui soit acquis, c'est de pouvoir, tant qu'il est capable, faire valables, et valables à toujours, les actes que sa capacité lui permet; c'est donc à respecter cette capacité passée et tout ce qui en a été la suite, que se réduit la non rétroactivité des lois dont nous parlons ici.

Ainsi, Pierre a vingt-un ans et demi; aux termes du Code civil, il est majeur depuis six mois; vienne une loi qui recule la majorité jusqu'à vingt-trois ans, Pierre redeviendra mineur pour un an et demi; mais il n'en sera pas moins vrai qu'il a été majeur pendant six mois, et que tous les actes exigeant majorité, faits par lui pendant ces six mois, l'ayant été par une personne majeure, sont et restent valables.

§ 3. Des lois déterminant la quotité disponible.

V. -- On appelle *Quotité disponible* la partie de notre patrimoine que la loi nous permet de donner, par opposition à la *Réserve* ou portion réservée, dont elle défend de disposer gratuitement quand on laisse des héritiers d'une qualité déterminée, afin d'en assurer la transmission à ces héritiers.

Il faut voir à ce sujet les art. 913, 914, 915, 916 et 920.

Eh bien, quand une donation est faite sous l'empire de telle loi et qu'une loi nouvelle vient, avant la mort du donateur, augmenter ou diminuer sa quotité disponible, est-ce la première loi ou la seconde qu'il faut appliquer à cette donation?

Il faut distinguer ici 1° les *Donations entre-vifs* ou *Donations* proprement dites; 2° les *Donations testamentaires* ou *Legs*; 3° certaines dispositions tenant le milieu entre les donations et les legs, et qu'on appelle *Institutions contractuelles*.

1° Pour les donations, c'est toujours et uniquement la première loi, celle en vigueur au jour de la donation, qu'il faut appliquer.

En effet, la donation, lorsqu'elle est régulièrement faite, a pour résultat d'attribuer actuellement, immédiatement et irrévocablement, au donataire, la propriété des biens donnés, comme on le voit par l'art. 894. Donc, quand les biens donnés l'ont été régulièrement, dans les limites de ce dont la loi permettait de disposer, ils ont cessé, du moment même de la donation, d'être dans le patrimoine du donateur, et par conséquent, une loi postérieure restreignant davantage la quotité disponible, n'a pu imposer à ce donateur aucune prohibition relativement à ces biens qui ne lui appartenaient plus. Décider le contraire, ce serait reporter jusqu'au temps de la donation une défense qui n'existait pas encore, et enlever au donataire un bien qui lui était acquis irrévocablement. Ce serait donc donner à la nouvelle loi un effet rétroactif.

Si nous supposons maintenant que la loi nouvelle, au lieu de diminuer la quotité disponible, l'a au contraire augmentée, nous verrons que c'est encore la loi du jour de la donation qu'il faut appliquer.

Un père qui avait deux enfans et qui dès lors, aux termes de l'art. 913, ne pouvait disposer que du tiers de ses biens, en a donné la moitié. Supposons qu'avant sa mort, mais postérieurement à la donation, l'art. 913 est abrogé et remplacé par un autre qui permet à l'individu ayant deux enfans de donner la moitié de son patrimoine, cette seconde loi n'empêchera pas les enfans de faire réduire la donation au tiers, en vertu des art. 913 et 920. En effet, quand cette donation a été faite, le donateur ne pouvait, d'après la loi alors existante, disposer que d'un tiers; la donation a donc été valable pour ce tiers seulement, et l'excédant, c'est-à-dire la différence du tiers à la moitié, n'a pu être légalement acquis au donataire. Donc, valider la donation pour cet excédant, parce qu'une loi postérieure est venue permettre de donner cet excédant, ce serait faire rétroagir cette loi postérieure jusqu'au moment de la donation. Si donc, dans ce cas, le père voulait user de la faculté que lui donne la seconde loi, il lui faudrait faire une donation nouvelle.

VI. — Il en sera autrement pour les donations testamentaires; c'est la loi du jour du décès qu'il faudra leur appliquer.

Par testament, en effet, on ne dispose pas actuellement, mais pour le temps où l'on cessera d'exister : le testament est tout simplement *le projet* d'une aliénation qui ne se réalise que *par la mort* du disposant; en sorte qu'après avoir testé, il reste toujours propriétaire et libre de révoquer (art. 895).

Dans notre première édition nous avions enseigné qu'il fallait appliquer ici tout à la fois, et la loi du jour de la confection de l'acte, et celle du jour du décès du testateur, pour restreindre l'effet du testament à la mesure de celle qui fixe la quotité disponible la plus étroite: attendu, disions-nous, que le testateur a besoin de la capacité légale et le jour qu'il écrit sa disposition, et le jour qu'il réalise l'aliénation par sa mort.

C'était une grave erreur : le testament n'étant qu'un projet quand on l'écrit, il suffit d'avoir alors la capacité de disposer *en général*, la capacité d'avoir un testament; c'est seulement au jour du décès, au jour que l'aliénation s'accomplit, qu'il faut rechercher *de quoi* on a pu disposer. Au reste, cette erreur, que nous avions signalée dès la fin du 1er volume, a été réfutée plus tard par les explications des art. 895 et 920, et nous renvoyons de nouveau à ces articles où la question sera mieux comprise.

VII. — 3° L'*institution contractuelle* est un acte de libéralité qui participe tout à la fois de la nature des donations et de celle des testamens. Comme la donation, elle est irrévocable et ne permet point au disposant de donner à d'autres les biens qu'il a donnés ainsi; mais d'un autre côté, elle n'a d'effet, comme le testament, qu'à la mort du disposant qui continue d'être, pendant toute sa vie, propriétaire des biens donnés. Cette disposition a été appelée *Institution* parce que c'est une espèce d'institution d'héritier, et Institution *contractuelle* parce qu'elle ne peut pas avoir lieu par testament, mais seulement en contrat de mariage. (*Voy.* art. 1082 et 1083.)

De ce que ces dispositions sont irrévocables, il suit qu'elles donnent à l'institué, ou donataire, un droit acquis qu'une loi postérieure ne pourrait lui enlever sans avoir un effet rétroactif. On réglera donc la quotité disponible, dans ce cas, d'après la loi du jour du contrat.

§ 4. Des lois pénales.

VIII. — Lorsqu'une loi vient prononcer, pour tel délit, une peine différente de celle que prononçait une loi antérieure, on doit appliquer au délit commis avant la promulgation de cette seconde loi, celle des deux lois qui est la moins sévère.

Si c'est la première loi qui est moins sévère que la seconde, son application n'est que le résultat des principes, puisque ce serait faire rétroagir la seconde que de l'appliquer à un fait accompli avant sa promulgation. Que si c'est la seconde loi qui est la plus douce, c'est elle qu'on devra appliquer (quoiqu'il y ait en cela rétroactivité), parce que le législateur, en portant cette loi plus douce, a prouvé qu'il trouvait la première non proportionnée au délit, et que, dès lors, il y aurait injustice et inhumanité à l'appliquer plus longtemps. Cette doctrine a été consacrée par des arrêts de cassation du 19 février 1813, du 1er octobre même année, et du 13 février 1814.

La Cour suprême a aussi jugé, par arrêt de cassation également, le 15 mars 1810, que quand un procès criminel est successivement soumis à deux juridictions, si dans l'intervalle des deux jugemens une loi plus douce est portée, c'est elle, et non pas celle existante lors du jugement de première instance, que doit appliquer le tribunal qui juge en dernier ressort, et cette décision, comme on le voit, est conforme au principe de justice que nous avons indiqué plus haut.

Il est donc étonnant, après cela, de voir un auteur aussi judicieux, aussi exact que l'est généralement Delvincourt, donner pour toute explication sur la rétroactivité des lois pénales, cette phrase unique :

*C'est un principe incontestable, qu'il ne peut jamais y avoir lieu à d'*AUTRE PEINE *que celle qui était établie par la loi en vigueur à l'époque à laquelle le délit a été commis.* (T. I, note 2 de la page 7.)

Si par *autre peine*, Delvincourt entendait une peine plus sévère, sa proposition deviendrait vraie; mais prise dans son acception naturelle, elle est on ne peut plus fausse.

§ 5. Formes des actes. — Clauses à y suppléer. — Preuves à admettre pour leur constatation. — Formalités à suivre pour leur exécution. — Enfin, lois sur la prescription.

IX. — C'est toujours la loi du jour de la confection de l'acte qu'il faut appliquer pour les trois premiers objets; pour le quatrième, au contraire, c'est la loi nouvelle, et c'est elle également qu'on doit appliquer quand il s'agit de prescription.

En effet, *quant aux formes* d'abord, tant qu'une loi n'exige pas pour un acte telles formes spéciales, je puis le faire valablement dans telles formes qu'il me plaît, et quand cet acte est fait, j'ai un droit acquis à sa validité. Une loi postérieure, exigeant des formes nouvelles, ne pourrait donc détruire la validité de cet acte qu'en réagissant sur le passé. C'est là, comme on voit, une raison générale, qui résout la question aussi bien pour les testamens que pour les actes entre-vifs.

Il n'en est pas des formes à suivre comme de la quotité dont on peut disposer. Après mon testament fait, une loi postérieure diminuant ma capacité de disposer, peut bien faire que mon légataire n'ait qu'un quart au lieu de la moitié que je lui avais donnée; mais remarquons bien comment. On ne dit pas que par l'effet de la loi nouvelle je me trouve avoir donné plus que je ne pouvais donner, ce serait faire rétroagir cette loi; on dit que la moitié dont j'ai disposé a été valablement donnée à la vérité, mais qu'il ne suffit pas que je l'aie valablement donnée au jour de la confection, qu'il faut encore qu'au jour du décès je puisse valablement la transmettre, et que c'est là ce qui est empêché par la seconde loi.

Mais pour attaquer mon testament, fait en 1800, pour défaut des formes exigées en 1804, il faudrait dire, en reportant la règle tracée par la dernière loi, sur un acte accompli quatre ans auparavant, que ce testament n'est pas régulier. Il faudrait donc faire faire à cette loi un retour sur le passé, la faire rétroagir.

Cette doctrine, que nous avons vu contredire, mais qui ne saurait être douteuse pour de bons esprits, est celle de Furgole, de Merlin, de M. Grenier, et elle a été consacrée par plusieurs arrêts, notamment un de la Cour de Bruxelles, du 15 frimaire an XII, et un de la Cour de cassation, du 3 janvier 1810.

X. — Pour *suppléer les clauses* non exprimées dans un contrat, il est clair qu'on ne peut se reporter qu'à la loi qui existait au jour où il a été passé. Dans ce cas, en effet, c'est l'intention des parties qu'il s'agit de rechercher; or, ce n'est pas à une loi qui n'existait pas encore, que la pensée de ces parties s'est reportée pour régler ce qu'elles laissaient inexpliqué dans leur acte. Compléter cet acte par les règles de la loi nouvelle, ce serait donc la faire rétroagir.

XI. — C'est également par la loi du jour du contrat qu'il faut déterminer *quel genre de preuves on doit admettre* pour établir les conventions des parties. C'est cette loi, en effet, que les parties avaient en vue, c'est sur le genre de preuves alors admis qu'elles ont dû compter, et sur celui-là seulement. C'est parce que la loi du jour leur disait que tel point pouvait se prouver par témoins qu'elles ne s'en sont point procuré une preuve écrite, et si l'on prétendait, par l'effet d'une loi postérieure, leur défendre ce que la loi précédente permettait, ce serait faire rétroagir cette loi postérieure. Il en serait de même, si on leur permettait ce que défendait la loi antérieure.

XII. — Quant au *mode* à suivre, aux *formalités de procédure* à prendre pour l'exercice d'un droit, c'est toujours la loi actuelle qu'il faut appliquer.

En effet, on n'a jamais un droit acquis à faire exécuter, à se faire juger, à faire procéder, en un mot, suivant telles règles plutôt que suivant telles autres, à réclamer et poursuivre l'exercice d'un droit dans telles formes plutôt que dans telles autres; les formalités à accomplir sont toujours et nécessairement dans le domaine de la loi, et nous ne saurions jamais avoir un droit acquis à leur maintien ultérieur. Ce sur quoi nous comptons en contractant, ce sur quoi nous avons un droit que la loi ne peut pas venir révoquer sans rétroagir, c'est l'exécution de notre contrat, l'accomplissement de nos stipulations; mais non pas le *mode* par lequel la loi nous permettra d'arriver à ce résultat.

Le mode de procéder est donc toujours réglé par la loi du jour où l'on agit; mais remarquons bien que c'est seulement du mode qu'il s'agit, et non du fond du droit.

Appliquons cette distinction à un cas sur lequel la Cour de cassation et Delvincourt nous paraissent s'être égarés, quoique la jurisprudence les ait suivis depuis.

D'après l'art. 1912, quand le débiteur d'une rente constituée au moyen d'un capital que le créancier ne peut exiger, cesse, pendant deux années consécutives, d'en payer les arrérages, le créancier peut exiger le remboursement de ce capital, tandis qu'avant le Code civil, le non paiement des arrérages ne conduisait point à ce remboursement forcé. Or, Delvincourt professe (à la note déjà indiquée ci-dessus) et la Cour de cassation a jugé, par arrêt du 6 juillet 1812, que, dans les rentes constituées avant le Code, le remboursement peut être exigé pour cette cause, pourvu que les deux années de non paiement se soient écoulées sous le Code, *attendu qu'il est toujours dans la puissance du législateur de régler pour l'avenir le mode d'exécution des contrats.*

Mais ce motif, présenté depuis par d'autres arrêts de la Cour suprême et de nombreux arrêts de Cours royales, tombe évidemment à faux dans l'espèce. Il ne s'agit pas là d'un *mode* d'exécution, mais du fond du droit; il ne s'agit pas de savoir quelles *formes* on suivra pour faire résoudre, mais de savoir si on a le *droit* de faire résoudre ; ce ne sont pas *les formalités* de la résolution qui sont en discussion, mais *ses causes*, lesquelles ne peuvent exister que suivant l'intention qu'ont eue les parties en contractant.

Nous traiterons plus tard, en expliquant l'art. 1912, cette question de la résolution des constitutions de rentes antérieures au Code pour défaut de paiement d'arrérages, et nous pouvons dire de suite que nous la déciderons dans le même sens que les arrêts que nous critiquons ici, mais par d'autres principes. Ce que nous voulons, quant à présent, c'est qu'il soit bien compris que si la loi ne rétroagit point quand elle change pour l'avenir *le mode d'exercice*, *la forme d'exécution* d'un droit préexistant, elle rétroagit évidemment quand elle touche au droit lui-même.

XIII. — Tout ce qui concerne la *prescription* peut, à partir de la publication d'une loi nouvelle, être régi par cette loi sans qu'il y ait en cela rétroactivité.

La prescription est un moyen d'acquérir une chose ou de se libérer d'une obligation par un certain laps de temps. C'est, ainsi que nous le ferons voir plus loin, en expliquant l'art. 2219, une institution dont les divers législateurs ont trouvé le principe dans la nature même, dans la raison humaine, dans les règles de la plus saine morale, quoiqu'elle puisse souvent blesser l'équité dans ses applications de détail; c'est une institution que le droit civil n'a pas créée, mais empruntée au droit naturel, pour l'organiser selon les besoins des temps et des mœurs. Enlevez toute prescription, et dites-nous ce que va devenir la possession actuelle des territoires par les différens peuples; ce que vont devenir, dans chaque État, les fortunes particulières les mieux assises?.... La prescription est une des bases fondamentales de tout ordre international, comme de tout ordre social.

Donc, la prescription est, essentiellement et au plus haut degré, un principe d'ordre public, un moyen toujours disponible aux mains du législateur, qui peut à chaque instant et à son gré en changer le système, en modifier les règles, pourvu que ce soit seulement pour l'avenir. Jamais le citoyen ne peut avoir un droit actuellement irrévocable, un droit dès à présent acquis, au maintien des règles aujourd'hui existantes sur une pareille matière.

Ainsi, je possède depuis douze ans un immeuble dotal, et aux termes de l'art. 1561, les immeubles dotaux sont imprescriptibles pendant le mariage: eh bien, s'il vient demain une loi qui en permette la prescription, mes douze ans de possession antérieure ne me serviront à rien, bien entendu; mais à partir de demain ma possession ultérieure me conduira, après le temps voulu, à la propriété de l'immeuble.

Réciproquement, si je possède depuis dix-neuf ans une maison appartenant à une femme mariée en communauté, maison que, d'après la loi actuelle, je puis prescrire par vingt ans, que demain une loi soit publiée qui déclare imprescriptibles les immeubles de toute femme mariée, ma prescription, pour laquelle il ne fallait plus qu'un an de possession, ne s'accomplira pas, quelque longue que puisse être ma possession ultérieure.

Il en sera de même quant aux délais de la prescription, en ayant soin d'observer que c'est seulement pour l'avenir que le délai de la nouvelle loi s'applique, quand il est plus court que le précédent.

Ainsi, Pierre possédait depuis vingt-cinq ans, lors de la publication du Code civil, un immeuble qu'on ne pouvait prescrire auparavant que par une possession de cent ans, et qui, d'après le Code, peut être prescrit par trente. Ce n'est pas après cinq ans depuis la promulgation du Code, qu'il est devenu propriétaire, quoiqu'il ait eu alors trente ans de possession; mais seulement après un délai de trente ans écoulé tout entier sous le Code, ce qui a fait au total une possession de cinquante-cinq ans.

La raison de cette décision est que si on appliquait autrement la loi nouvelle, on lui donnerait une véritable rétroactivité. Supposons, en effet, pour rendre ceci sensible, que la possession de Pierre, antérieure au Code, ait été de trente-un ou trente-deux ans, au lieu de vingt-cinq. Si l'on partait alors de cette idée que le Code ne demandant qu'une possession de trente ans, *il suffit d'avoir possédé trente ans, à quelque époque et sous quelque loi que ce soit*, il faudrait dire que la prescription a été accomplie et la propriété acquise à Pierre dès l'instant même de la publication du Code. En sorte que le véritable maître se serait vu immédiatement privé et de l'ancien délai et du délai nouveau, et par là dépouillé de sa propriété sans avis préalable. Il dirait, et avec raison : « Ce n'est pas la loi ancienne que vous m'appliquez, puisqu'elle me donnait cent ans pour revendiquer; c'est donc la loi nouvelle. Mais cette loi nouvelle, vous faites ici tomber son effet sur un laps de temps qui était écoulé déjà quand elle est arrivée; donc par ce système, elle exerce son action sur le passé, elle rétroagit. » Et ce raisonnement serait vrai, quelque court que fût le temps, antérieur au Code, qu'on prendrait pour parfaire les trente ans.

Il faut donc, quand la seconde loi fixe un délai plus court que la précédente, ou bien s'en tenir à l'ancien délai, si on veut ar-

gumenter de la possession entière; ou bien, si l'on veut invoquer le délai nouveau et moins long, ne compter jamais ce délai qu'à partir de la loi nouvelle.

On conçoit qu'il en serait autrement si la loi nouvelle fixait un
délai plus long que l'ancienne. Alors, évidemment, on ne demanderait pas que la possession plus longue, voulue par la loi
nouvelle, recommençât pour courir tout entière sous cette loi
nouvelle, il faudrait seulement qu'on ajoutât au délai antérieurement exigé et dont les quelques années déjà écoulées compteraient toujours, le délai qui fait la différence en plus, d'après la
dernière loi.

Ainsi, quand je possède depuis vingt-quatre ans un immeuble
prescriptible par 25, et qu'une loi, arrivant aujourd'hui, n'en
permet désormais la prescription que par 30 ans, ce n'est pas
dans 30 ans, mais dans 6 ans, que la propriété m'en sera acquise. L'ancien maître ne peut pas prétendre ici que ses droits
soient en rien lésés. Il ne pourrait pas dire qu'on n'obéit pas en
entier à la dernière loi; ce serait très-faux; car cette dernière loi
n'apporte quelque chose de nouveau, ne trace une règle vraiment
nouvelle, que quant aux cinq années qu'elle demande en plus.

Aussi, la décision deviendrait différente, si cette loi nouvelle
exigeait que les trente ans de possession fussent accompagnés
d'une circonstance que ne demandait pas la loi précédente, et
que ma possession antérieure de vingt-quatre années ne présentait pas. Ce ne serait alors que par une nouvelle possession de
trente ans, accompagnée de la circonstance voulue, que la
prescription pourrait s'accomplir à mon profit.

Ces diverses explications, données dans l'hypothèse de prescriptions à l'effet d'acquérir une chose, seraient absolument applicables, on le conçoit, aux prescriptions à l'effet de se libérer
d'une obligation.

On comprend donc que ce n'est point donner à une loi nouvelle un effet rétroactif que de régler par elle toutes les prescriptions qui, lors de sa promulgation, sont encore, ou non, commencées, ou seulement en cours de s'accomplir, et que celles
accomplies déjà sont seules à l'abri de son influence.

Il suit de là que l'art. 2281 du Code civil (article nécessairement
transitoire) n'a pas présenté une simple application des principes généraux du droit, mais bien une disposition exceptionnelle
et toute de faveur, quand il a voulu que les prescriptions commencées lors de sa publication fussent réglées par les lois anciennes, sauf cette seule restriction, que celles pour lesquelles il aurait fallu plus de trente ans encore, fussent accomplies par ce
aps de trente ans. Si cet article, de pure tolérance, jusque dans

sa restriction même, n'avait point été écrit, et qu'on eût fait l'application des principes, les régles nouvelles du Code auraient saisi à l'instant toutes les prescriptions commencées : en sorte que telle prescription, sur le point de s'accomplir, aurait pu devenir impossible; et telle autre, pour laquelle quarante ou cinquante ans restaient à courir, se serait accomplie, non pas par trente ans, mais, selon les circonstances, par trente, vingt ou même dix années.

Cette doctrine, dont la vérité est certaine, a cependant été méconnue par de graves autorités. M. Bigot, en présentant au Corps-législatif le titre de la Prescription, indiquait l'art. 2281 comme une consécration pure et simple du principe de la non rétroactivité : « C'est surtout, disait-il, en matière de propriété « que l'on doit éviter tout effet rétroactif... Il suffit qu'un droit « éventuel soit attaché à la prescription commencée, pour que « ce droit doive dépendre de l'ancienne loi. » (Fenet, t. XV, p. 601.) La Cour de cassation a de même jugé plusieurs fois, notamment par arrêt du 20 avril 1830, que ce serait violer notre art. 2, que de régler par les lois nouvelles les prescriptions commencées sous les lois anciennes.

C'est là une erreur. Comme nous l'avons vu, le droit éventuel attaché à une prescription commencée n'est point, comme celui résultant d'une prescription accomplie, un droit acquis; c'est une simple espérance, dépendant, pour sa réalisation, de conditions qui sont toujours et nécessairement dans le domaine du législateur, espérance que ce législateur, dès lors, peut toujours modifier ou faire disparaître.

Notre doctrine, au reste, est celle de Delvincourt, de Merlin, vº *prescrip.*, de M. Troplong (art. 2281), de M. Blondeau (*Dissertat. sur l'effet rétroactif, Rec. de Sirey*, t. IX, p. 283), de M. Demante (1); et elle a été consacrée par plusieurs arrêts de Cours royales, notamment un de la Cour de Rouen du 31 septembre 1813, et deux de la Cour de Paris des 21 février et 2 mai 1816.

XIV. — Nous avons dit, en commençant les longues expli-

_____

(1) Dans notre première édition, nous avions d'abord cité M. Demante comme partageant une opinion contraire, parce qu'en effet il dit, au t. III de son Programme (nº 1156), que la disposition de l'art. 2281 a été dictée *par le respect des droits acquis.*

Mais, dans les *additions et corrections* de notre premier volume, nous avertissions que, dans une entrevue avec l'honorable professeur, il nous avait dit qu'il voyait dans l'art. 2281 une faveur, et non une application des principes, et que c'était *à tort* que les rédacteurs avaient vu là des droits acquis.

cations données sur cet article, que la non rétroactivité des lois est un principe qui n'admet aucune exception *en logique;* puisqu'il est de l'essence d'une loi de commander, de défendre ou de permettre, et qu'on ne peut ni permettre, ni défendre, ni commander, ce qui est accompli déjà. Une loi rétroactive est donc impossible en raison; mais il en est autrement *en fait.* C'est-à-dire qu'une loi ne devrait jamais rétroagir, mais qu'en fait, il se peut, et il arrive quelquefois, qu'une loi rétroagisse.

Une loi, en effet, peut fort bien, sous ce rapport de la rétroactivité comme sous d'autres, être illogique, mauvaise, et elle n'en sera pas moins une loi; il n'y en aura pas moins, pour les tribunaux, obligation de l'appliquer. Le législateur, soit que ce nom indique un seul homme, soit qu'il représente, comme aujourd'hui en France, la collection de personnes nombreuses et de différens pouvoirs, le législateur peut se tromper, ou même se laisser entraîner à des passions mauvaises. Mais alors même qu'il fait mal, le législateur est tout-puissant : maître, dans l'état social, de modifier, créer ou briser à son gré les autres autorités, il ne saurait y avoir une seule autorité supérieure à la sienne. Il est bien vrai qu'en examinant d'un point de vue plus élevé et sur une base plus large l'organisation des choses humaines, l'esprit découvre bientôt une autorité nouvelle, à laquelle est soumise l'autorité même de la loi de l'homme. C'est la loi de Dieu, la justice, la raison, qui constituent le véritable droit, et qui, se manifestant ici-bas par l'opinion publique, la conscience des masses, opèrent plus ou moins promptement, tantôt par l'action normale des mœurs sur la législation, tantôt par le moyen violent des commotions sociales, le renversement des lois mauvaises et la substitution du vrai droit au droit apparent et arbitraire; car, selon l'idée de Bossuet, *il n'y a pas de droit possible contre le droit.* Mais enfin, tant qu'une loi existe, si mauvaise, si peu logique qu'elle puisse être sous tel ou tel rapport, le pouvoir judiciaire ne peut pas ne point l'appliquer : *Dura lex ; sed est lex.*

En fait, donc, le législateur peut porter une disposition rétroactive; et tout irrationnelle que sera cette disposition, elle n'en devra pas moins s'appliquer.....

Une loi peut rétroagir de deux manières : on conçoit deux espèces, ou plutôt deux degrés de rétroactivité.

L'une consiste à enlever des droits déjà certains, fixés, irrévocables, mais avant que leur exécution ait eu lieu. C'est ainsi que la loi du 8 mai 1816, abolitive du divorce, déclare, art. 2 et 3, que les jugemens et arrêts rendus en cette matière, mais sur lesquels la prononciation du divorce par l'officier de l'état civil n'avait pas encore suivi, sont restreints aux effets de la séparation de corps, quoique le Code civil accordât aux époux, pour se présenter devant cet officier, *vingt jours* dans les divorces par consentement mutuel (art. 294), *et deux mois* dans les autres (art. 266).

La seconde rétroactivité, ou mieux, la rétroactivité du second degré, plus énergique et aussi plus rare que la première, est celle qui va jusqu'à anéantir les droits qui sont déjà, non-seulement acquis, mais même exécutés. On en trouve des exemples dans la loi du 17 nivôse an II (6 janvier 1794). Ainsi, l'art. 1 déclare nulles toutes les donations entre-vifs faites depuis le 14 juillet 1789, c'est-à-dire *pendant quatre ans et demi en remontant*, à partir de sa promulgation, *aussi bien celles exécutées depuis long-temps*, que celles dont l'exécution pouvait n'avoir pas encore eu lieu. Il annulle également les institutions contractuelles remontant à une époque quelconque, mais dont l'auteur était mort (et par conséquent *l'exécution réalisée*) depuis cette même date du 14 juillet 1789. L'art. 3 appelle à recueillir les successions ouvertes depuis cette même époque, les religieux qui, lors de leur ouverture, étaient incapables de succéder, et l'art. 9 veut que toutes les successions ouvertes depuis ce même temps soient prises en portions égales par les divers héritiers, nonobstant toutes lois, coutumes et donations contraires, *et malgré les partages déjà accomplis.*

Il ne faut pas croire, au reste, qu'une loi, parce qu'elle sera rétroactive, soit, par cela seul, contraire à l'équité. Il se peut, en effet, qu'elle ait pour but d'arrêter le plus promptement possible l'application d'une loi antérieure, reconnue mauvaise. Il en est ainsi, par exemple, de la rétroactivité que l'on donne à une loi pénale plus douce que celle qui la précédait. La contradiction aux vrais principes du droit découle alors de la loi ancienne, bien plutôt que de la nouvelle, dont la rétroactivité n'est qu'un retour, aussi prompt que possible, à ces mêmes principes.

ARTICLE 3.

Les lois de police et de sûreté obligent tous ceux qui habitent le territoire.

Les immeubles, même ceux possédés par des étrangers, sont régis par la loi française.

Les lois concernant l'état et la capacité des personnes régissent les personnes même résidant en pays étranger.

SOMMAIRE.

I. Division nouvelle et tripartite des lois. — Trois sens du mot *loi personnelle.*

II . es lois de police.—Elles obligent tous ceux qui habitent le territoire français, à l'exception des agens diplomatiques des puissances.

III. Des lois réelles et des lois personnelles. — Difficulté d'en bien saisir la distinction. — Moyen d'y arriver.

IV. Exemples de statuts réels et de statuts personnels.

V. Haute importance de cette distinction. — Il faut admettre des choses françaises soumises aux lois réelles françaises, comme il y a des personnes françaises soumises aux lois personnelles françaises. — Conséquences. — Le mot *résidant* du 3e alinéa n'est pas mis par opposition à *domiciliés*.

VI. Les meubles doivent être régis par la loi du pays où ils se trouvent actuellement. — Dissidence avec la généralité des auteurs.

VII. Il y a exception à la règle de l'article pour les lois qui déterminent la forme des actes. C'est toujours la loi du pays où l'acte est passé qu'il faut suivre sur ce point.

EXPLICATION.

1. — Cet article nous présente une nouvelle classification des lois, laquelle les divise, sous le rapport de leur objet, en trois espèces :

1° Les lois de police ;

2° Celles s'occupant particulièrement des biens, et qu'on appelle *lois réelles* ou *statuts réels ;*

3° Celles déterminant l'état et la capacité des personnes, et qu'on appelle *lois personnelles* ou *statuts personnels.*

Sous un premier point de vue, toutes les lois, sans exception, sont personnelles. Toutes, en effet, s'adressent aux personnes, attendu qu'il est impossible, en fait comme en théorie, de commander, défendre ou permettre quoi que ce soit à des choses ; puis, les diverses lois posées par l'autorité humaine, le sont toutes dans l'intérêt unique des personnes, *quarum causâ jus cons-titutum est*, dit avec raison Justinien au commencement du livre premier de ses *Institutes.*

Mais si toutes les lois civiles sont nécessairement personnelles quand on considère les êtres auxquels elles s'adressent et pour lesquels elles sont portées, on conçoit que quand on les envisage sous le rapport de l'objet qu'elles veulent régler, elles peuvent se diviser et se divisent tout naturellement en deux classes, selon qu'elles s'occupent des personnes elles-mêmes exclusivement, ou au contraire des choses avec lesquelles ces personnes sont en relation. Sous ce rapport, il y a donc les *lois des choses* en face des *lois des personnes*, les lois *réelles* à côté des lois *personnelles*, cette dernière expression présentant alors une seconde signification plus restreinte que celle qu'elle avait dans l'alinéa précédent.

Maintenant, les lois personnelles, ainsi opposées aux lois

1.   4

réelles, se subdivisent encore en deux classes, selon qu'elles s'occupent des personnes en tant seulement qu'elles habitent le territoire, ou qu'elles s'y attachent pour les suivre en quelque lieu
qu'elles aillent. Dans le premier cas, on les appelle *lois de police ;*
dans le second, elles conservent dans un sens tout spécial le nom
de *lois personnelles*, pris alors dans une troisième et dernière acception. C'est ainsi qu'on a la division tripartite des lois *de police, réelles, et personnelles.*

II. — Les lois de police et de sûreté sont celles qui ont pour
objet le maintien du bon ordre et de la tranquillité publique.
Elles obligent tous ceux, sans exception, qui habitent le territoire, même les étrangers. Il est juste, en effet, que protégés eux-
mêmes par ces lois, ils les respectent à leur tour et n'aient pas le
privilége absurde de venir impunément jeter le trouble dans le
pays qui leur donne l'hospitalité. L'étranger, donc, en mettant
le pied sur le sol d'une nation, doit comprendre qu'il s'oblige
ipso facto à respecter toutes les lois de police qui y sont en vigueur.

Toutefois, les envoyés d'un gouvernement, revêtus d'un caractère représentatif, tels que sont les ambassadeurs, ne sont pas
justiciables des tribunaux français. Ce n'est pas de simples particuliers qu'on voit en eux ; mais bien le peuple même qu'ils représentent. Les plaintes qui pourraient s'élever contre eux doivent donc être portées au gouvernement, qui prendra les mesures convenables vis-à-vis de la nation à laquelle ils appartiennent. (Loi du 13 ventôse an II.) Dans son exposé de motifs, du
4 ventôse an XI, M. Portalis disait, en parlant de la règle que
porte le 1er alinéa de notre article : « Nous ne parlons pas des
« ambassadeurs ; ce qui les concerne est réglé par le droit des
« gens et par les traités. » (Fenet, t. VI, p. 356.)

III. — Comme on l'a dit déjà, les lois personnelles sont celles
qui s'occupent tout particulièrement des personnes et dans lesquelles le législateur a pour but principal de régler leur état et
de préciser la capacité plus ou moins grande qui en est la suite.
Les lois réelles sont celles qui ont principalement en vue les
biens, leur conservation entre les mains ou dans la famille de
l'individu, les modes de leur transmission, etc.

Ainsi, les articles du Code civil qui déterminent à quelles conditions on est Français, par quelles causes on perd cette qualité,
à quel âge et avec le consentement de quelles personnes on peut
se marier, quels enfans sont légitimes, quelle est la puissance
des parens sur leurs enfans, à quel âge on est majeur, dans
quelles circonstances une personne peut être interdite, quels sont

les effets de l'interdiction et de la minorité, etc., etc., sont autant de statuts personnels.

Au contraire, les dispositions par lesquelles le législateur nous indique quels biens doivent être regardés comme meubles, quels autres sont réputés immeubles ; quels droits et obligations peuvent exister d'un héritage à un autre, à raison de leur voisinage; par qui et d'après quelles règles sont recueillis les biens laissés par un défunt, etc., forment des statuts réels.

Dans les lois que nous venons de citer, la distinction des statuts réels et personnels apparaît clairement ; mais il s'en faut de beaucoup qu'il en soit toujours ainsi, et dans bien des cas, cette distinction, toujours importante à connaître, est fort difficile à saisir. Telle loi, qui, au premier coup d'œil, paraîtra toute personnelle, sera, après mûr examen, rangée dans les statuts réels, ou réciproquement.

Et il n'en peut pas être autrement. Le législateur, pour régler, dans tous ses effets, *la capacité des personnes*, doit évidemment parler des biens, objet principal de cette capacité ; réciproquement, dans les lois où il n'a en vue que *les biens*, leur conservation dans la famille, leur transmission, etc., il lui faut nécessairement parler des personnes qui pourront ou ne pourront pas recevoir ou transmettre, acquérir ou aliéner ces mêmes biens. Il devra donc arriver souvent qu'une loi ait simultanément pour objet et la personne et le bien, et que dès lors il y ait difficulté à décider si elle est réelle ou personnelle.

Le moyen de saisir alors la distinction, ce sera de faire abstraction complète de la manière dont la loi peut être rédigée, pour rechercher *le but définitif et dernier* qu'on a voulu atteindre en portant cette loi, et la pensée principale qui préoccupait le législateur alors qu'il l'a écrite.

Quand c'est la capacité de la personne que la loi a principalement en vue ; quand c'est cette capacité qu'elle veut régler ou qu'elle entend expliquer, en indiquant ses résultats; quand la disposition qu'elle porte sur le bien n'est que la conséquence de cette capacité, alors la loi est personnelle. Quand, au contraire, c'est le bien, ses modes de transmission, les moyens de le conserver, etc., que le législateur veut surtout atteindre; quand il n'établit l'incapacité de la personne que comme une voie pour arriver à ce but, alors, quels que soient les termes de la disposition, le statut est réel.

IV. — D'après cette règle, on comprendra que les art. 913, 914, 915, etc., dont nous avons parlé sous l'article précédent, et qui fixent la quotité disponible des biens, forment des statuts réels.

En faisant défense à un père de disposer de telle partie de son patrimoine, ce n'est pas la capacité du père que le législateur veut régler. Cette défense, en effet, devient plus rigoureuse à mesure que le nombre des enfans augmente; or, pourquoi serait-on plus *incapable* quand on a deux enfans que quand on n'en a qu'un, quand on en a trois que quand on en a deux?..... Ici, évidemment, en modifiant, selon les circonstances, la capacité de la personne, le législateur a en vue un résultat ultérieur; c'est là un moyen et non son but. Son but, c'est d'assurer aux enfans la transmission d'une portion des biens de leur père. C'est pour cela que l'impossibilité de donner frappe sur une fraction plus considérable, à mesure qu'augmente le nombre des enfans. Donc, l'*incapacité* du père (si l'on peut employer ici ce mot) n'est point le but définitif et dernier du législateur; elle n'est établie que comme *moyen* d'arriver à la conservation du bien; le point réglé par ces articles est, on le voit, un des élémens constitutifs de notre système de succession ; ils sont donc des statuts réels.

Par ces mêmes raisons, il faudra voir encore un statut réel dans la disposition de l'art. 908 du Code civil.

Dans cet article, le législateur, après avoir fixé dans l'art. 757 la fraction de biens que l'enfant naturel pourra réclamer dans la succession du père qui l'a reconnu, défend rigoureusement de faire jamais arriver à cet enfant, ni par donation, ni par testament, une portion plus forte que celle indiquée; en sorte que, souvent, le père ne pourra pas même donner à son enfant naturel ce qu'il donnerait très-valablement à un étranger.

On pourrait tout d'abord être porté à croire que cet art. 908 est un statut personnel. On dirait :

L'art. 908 n'a pas pour but d'assurer aux héritiers légitimes la transmission de la portion de biens qu'il défend de donner à l'enfant naturel, puisqu'il permet de donner cette même portion à toute autre personne. Ce que le législateur a principalement en vue dans cet article, c'est l'enfant naturel lui-même, puisque *lui seul au monde* est déclaré incapable de recevoir cette fraction, sans doute à cause de sa qualité de bâtard, qui le fait regarder d'un œil défavorable. De la transmission du bien, du point de savoir à qui il passera, la loi ne s'en inquiète guère ; puisqu'elle permet de le donner *à qui l'on voudra*, à l'exception de l'enfant naturel seulement. Celui-ci est donc le seul objet que le législateur envisage, et l'unique but de l'art. 908 est d'établir une incapacité en sa personne à cause de sa bâtardise. Cet article est donc un statut personnel.

Quelque spécieuse que soit cette argumentation , ce serait

cependant mal saisir la pensée du législateur que d'en adopter la conclusion.

Quand le législateur, après avoir fixé les proportions dans lesquelles il veut faire passer les biens d'un défunt à tels héritiers légitimes ou aux enfans naturels, porte une prohibition sévère de faire arriver à ces derniers une fraction plus grande que celle limitée par lui, quel est son but définitif? C'est uniquement de confirmer, quant à ces enfans naturels, et de rendre vis-à-vis d'eux, stable et indépendant de la volonté contraire de l'homme, le système de succession par lui adopté. Son idée *principale* est si peu d'établir une incapacité en la personne de l'enfant naturel, que celui-ci, quand il ne se rencontrera plus avec des parens légitimes, aura *la totalité* des biens d'après l'art. 758; l'incapacité écrite contre lui n'est donc que momentanée et relative, elle n'existe qu'en tant qu'il y aura des parens légitimes; elle est donc là, non pas comme *but définitif et dernier* de cet art. 908, mais comme *moyen* de conserver le bien dans la famille légitime. Que si l'on a sévérement défendu vis-à-vis de cet enfant ce qu'on laissait cependant facultatif vis-à-vis de tous autres individus, c'est uniquement parce que le législateur a bien senti qu'une donation faite en dehors des règles de la succession légitime était beaucoup plus à craindre et tendrait à se réaliser bien plus fréquemment au profit d'un enfant naturel, qu'au profit d'un étranger. L'art. 908 n'est donc vraiment qu'un moyen de confirmer le système des successions, c'est le complément nécessaire d'une partie de ce système; il est là pour corroborer l'article 757 et servir de contre-fort à ce côté faible de l'édifice. C'est donc un statut réel.

C'est encore un statut réel, évidemment, que celui qui déclare inaliénables les immeubles que les époux, en se mariant, ont soumis au régime dotal (art. 1554). Ce n'est pas assurément dans le but *principal* d'établir une incapacité en la personne de la femme et du mari qu'est portée cette prohibition. Cette incapacité n'est qu'un moyen et non un but; elle est écrite pour empêcher ces immeubles de sortir de la famille et en assurer la conservation à la femme et à ses enfans.

Au contraire, l'art. 905, qui défend à la femme mariée de faire une donation sans le consentement de son mari; l'art. 934, qui lui défend de recevoir par donation sans ce même consentement; l'art. 1549, qui lui défend de vendre un seul immeuble que sous cette même condition, sont des statuts personnels. Ils ne sont en effet que les conséquences de l'art. 217, qui, d'une manière générale, déclare la femme mariée incapable de contracter sans l'assentiment de son mari. Dans ces cas et autres semblables, si le bien se trouve soumis à la prohibition, ce n'est qu'accessoirement, accidentellement et par la conséquence de fait d'un principe dont le but est de maintenir la femme dans la dépendance qu'elle doit au mari, comme chef de la société conjugale. Cette dépendance, le législateur la regarde tellement comme exigée par l'ordre public, qu'on ne pourrait s'y soustraire par des clauses expresses du contrat de mariage, comme on le voit par l'art. 1388. Les articles précités forment donc des statuts personnels. Il en est de même des textes qui déclarent nulles la vente consentie par un interdit, la donation faite par un mineur; car ils ne sont que la conséquence de l'incapacité générale d'aliéner et de contracter dont la loi frappe ce mineur et cet interdit.

En un mot, toutes les fois qu'une loi s'occupera simultanément, dans ses termes, de la personne et du bien ; toutes les fois qu'elle semblera avoir pour objet, tout ensemble, et la capacité de cette personne, et la conservation, la transmission du bien, il faudra appliquer cette règle :

Si la défense d'aliéner ou d'acquérir, de transmettre ou de recevoir, est la conséquence et l'un des effets d'une incapacité générale de la personne, la loi est personnelle; dans le cas contraire, comme ce n'est plus l'état de la personne qu'on a voulu régler, il y a statut réel.

V. — Recherchons maintenant l'importance, la portée, les conséquences de cette distinction des lois en réelles et personnelles.

Il résulte des termes de notre article que les lois qui s'appliquent aux immeubles régissent ceux-là même qui appartiennent à des étrangers; et que les lois personnelles ne s'appliquent qu'aux personnes françaises, mais les suivent jusqu'en pays étranger.

Ceci fait comprendre qu'il faut rejeter au loin cette idée, dont il serait assez naturel d'être préoccupé, qu'une personne ne peut jamais rien avoir à démêler avec d'autres lois que celles de son pays. On conçoit, en effet, que l'application de tel ou tel statut, faite à un bien, réfléchit forcément sur les personnes, lesquelles se trouvent, par l'effet de ce statut, pouvoir ou ne pouvoir pas transmettre ou recevoir ce bien. Cette action des lois françaises sur des biens appartenant à des étrangers, et par contre-coup sur ces étrangers eux-mêmes, peut étonner au premier coup d'œil; elle n'a cependant rien que de très-naturel et de très-logique.

Le souverain a puissance autant sur les biens qui constituent son territoire que sur les personnes qui forment son peuple, et de même qu'aucune de ces personnes ne peut être soustraite à sa surveillance; de même aucun de ces biens ne peut être soustrait à son administration. Son action sur ces biens est même plus stable, plus complète que celle qu'il exerce sur les personnes; puisque ces personnes peuvent échapper à cette action, soit en fait, soit même en droit, en renonçant à la qualité de françaises. En outre, permettre qu'un territoire soit fractionné juridiquement pour que ses parties diverses soient régies par des lois émanées de législateurs divers, ce serait briser l'indivisibilité de la souveraineté. Il est donc de l'essence des choses que tous les immeubles formant le territoire d'une nation soient régis par les lois de cette nation, et l'on est conduit logiquement à reconnaître *des choses françaises, anglaises, allemandes,* etc.; soumises aux *lois réelles françaises, anglaises, allemandes,* etc.; comme on reconnaît des *personnes françaises* ou *étrangères* soumises aux *lois personnelles françaises* ou *étrangères.*

Ainsi, il y a les lois des choses comme il y a les lois des personnes; et de même que le résultat de nos lois personnelles peut se formuler en disant : *Les personnes françaises peuvent ou ne peuvent pas...* (se marier avant tel âge, disposer de leurs biens dans telles circonstances), *et ce, dans quelque lieu qu'elles se trouvent;* de même on pourrait formuler le résultat des lois réelles en disant : *Les choses françaises peuvent ou ne peuvent pas...* (par exemple; sortir de la famille pour plus de moitié, quand il y a un enfant légitime de cette famille), *et ce, à quelque propriétaire qu'elles appartiennent.*

Ainsi, la loi qui fixe l'âge compétent pour le mariage étant un statut personnel, *les personnes françaises ne pourront pas se marier* avant l'âge voulu par la loi française, c'est-à-dire, d'après l'art. 144, dix-huit ans pour les hommes, et quinze ans pour les femmes. Si donc une femme française allait se marier à quatorze ans, dans un pays dont la loi permit le mariage à cet âge, son mariage n'en serait pas moins nul.

De même, la loi qui fixe la majorité étant personnelle, *une personne française,* aux termes de l'art. 488, *ne peut être majeure* qu'à vingt-un ans et elle le sera toujours à vingt-un ans, en quelque lieu qu'elle aille et encore que la loi du pays où elle se trouverait fixât la majorité à un âge plus avancé ou plus reculé. Réciproquement (car la loi personnelle étrangère suit aussi les étrangers en France) des Allemands qui viendraient demeurer en France n'en resteraient pas moins mineurs jusqu'à vingt-cinq ans, parce que c'est à cet âge qu'on est majeur d'après les lois allemandes.

De même encore, la loi qui détermine si et comment un enfant naturel peut être légitimé étant un statut personnel, il s'en suit qu'*une personne française peut* être légitimée partout, d'après l'art. 331, par le mariage subséquent de ses père et mère. Donc, l'enfant naturel français serait légitimé par le mariage que contracteraient ses père et mère, même en Angleterre, où cependant la légitimation par mariage subséquent n'est pas admise; réciproquement, un bâtard anglais resterait bâtard, malgré le mariage que ses père et mère viendraient contracter en France.

C'est, on le comprend de reste, parce que les lois qui règlent l'état et la capacité des personnes suivent ces personnes partout, qu'on les a appelées tout spécialement *lois personnelles*. Les lois de police, elles, ne régissent les personnes qu'accidentellement et en tant qu'elles habitent le territoire, tandis que les autres ne quittent jamais les personnes françaises (tant qu'elles continuent d'être françaises); elles les suivent en tout pays étranger, non pas seulement lorsqu'elles y ont une simple *résidence*, comme pourrait le faire croire le 3e alinéa de notre article, mais même quand elles y sont domiciliées. Elles sont donc *personnelles* par excellence.

L'effet différent des lois réelles est tout aussi facile à saisir....

Ainsi, les articles qui fixent la quotité disponible des biens étant des statuts réels, c'est-à-dire, des lois qui régissent non plus les personnes, mais les choses, il s'en suit que quand une personne (française ou étrangère, peu importe) a un enfant légitime, *ses biens ne peuvent pas* échapper à cet enfant légitime pour plus de moitié (art. 913). Si donc un étranger qui possède des immeubles en France, et qui a un enfant légitime, a disposé de tous ses biens au profit d'un tiers, la disposition sera réduite, quant aux immeubles de France, et l'enfant prendra la moitié de ces immeubles.

Supposons maintenant que cet étranger ait, outre son enfant légitime, un enfant naturel et qu'il ait donné à ce dernier la moitié de ses biens français, l'art. 908 étant un statut réel qui revient à dire : *Les biens français ne peuvent jamais passer à un enfant naturel, que dans les proportions de l'art.* 757, on appliquera cet art. 908 ; et comme cet article, combiné avec l'art. 757, réduit dans ce cas l'enfant naturel au tiers de la moitié, c'est-à-dire au sixième, l'enfant légitime prendra les autres cinq-sixièmes des biens français, nonobstant la disposition par laquelle le père attribuait à l'enfant naturel la moitié de ces mêmes biens.

VI. — Notre article ne parle, et nous n'avons parlé jusqu'ici, que des immeubles; que faut-il décider pour les meubles?

Les meubles, tant qu'ils se trouvent en France, nous paraissent soumis, absolument comme les immeubles, à la loi française ; ce sont des choses, ils doivent être régis par la *loi des choses*, par la loi réelle du pays. Ainsi, les meubles d'un étranger résidant en France, n'y pourraient être saisis et vendus que conformément à la loi française ; que si ces mêmes meubles tombaient en la possession d'une personne qui, par erreur, s'en croirait propriétaire, cette personne en serait par là même propriétaire aux termes de l'art. 2279, qui veut qu'en fait de meubles, la possession, même instantanée, rende propriétaire par prescription (pourvu qu'elle soit de bonne foi et que le meuble n'ait été ni perdu ni volé). On n'aurait point à consulter là-dessus la loi du pays de l'étranger.

Toutefois, ce principe que les meubles doivent suivre, comme les immeubles, la loi du pays où ils se trouvent, est loin d'être admis par tous les jurisconsultes ; et tout en accordant les derniers points que nous venons d'indiquer, la plupart rejettent le premier, dont ils ne sont cependant que des conséquences.

On tient généralement que les meubles sont régis, non pas par la loi du pays où ils se trouvent, non pas non plus par celle du pays auquel appartient leur propriétaire ; mais bien par celle du pays où ce propriétaire a son domicile. Ainsi, qu'un Anglais qui a en France une grande fortune mobilière, soit en capitaux placés, soit en rentes sur particuliers ou sur l'État, aille établir son domicile en Espagne, ce ne serait ni la loi française, ni la loi anglaise qu'on devrait, d'après cette doctrine, appliquer à ces biens meubles ; mais la loi espagnole. C'est cette loi espagnole qu'il faudrait suivre, pour décider à qui ces biens meubles devraient passer à la mort de leur propriétaire, et pour régler les dispositions entre-vifs ou testamentaires qu'il en pourrait faire. La raison qu'on donne de cette décision, c'est que les meubles sont ambulatoires comme la personne même, et qu'ils doivent, à cause de cela, être réputés n'avoir point de situation particulière et à eux propre.

Nous l'avouons, quelque accréditée que puisse être cette doctrine, nous ne saurions l'accepter ; elle nous paraît illogique et sans aucun fondement légal.

Sans doute, l'action de la loi sur les meubles n'a pas une grande force et peut être facilement éludée ; puisque, soumis aujourd'hui à la loi française, ils le seront demain à la loi anglaise, à laquelle ils pourront être soustraits encore quand le propriétaire le voudra. C'est là probablement le motif pour lequel le législateur n'en a point parlé ; les objets susceptibles d'une soumission constante à la loi ont seuls appelé son attention. Les immeubles, ne pouvant être déplacés, resteront toujours sous le coup de la loi réelle ; les personnes, bien que voyageant d'un pays à l'autre, sont suivies partout par la loi personnelle , tant qu'elles consentent à rester françaises ; il y a donc pour les premiers un lien de fait qui ne peut pas être brisé, et pour les secondes , un lien moral qui subsiste malgré le passage de la personne d'un territoire à un autre. Pour les meubles, au contraire, ni ce lien de fait, ni ce lien moral ne sauraient exister ; eux donc, et eux seuls , échappent à l'action constante de la loi, et, je le répète, c'est pour cela sans doute que le législateur n'en a pas parlé.

Mais enfin , dans ce silence du Code, il faut bien que les meubles soient soumis à une loi quelconque. Eh bien, n'est-ce pas tout naturellement à celle du souverain sous la puissance duquel ils se trouvent actuellement ? Ils sont ambulatoires, dit-on , et dès lors réputés n'avoir point de situation particulière. Mais pourquoi donc *réputés n'avoir point de situation*, quand par le fait ils en ont une ? C'est , nous répond-on, parce qu'ils sont ambulatoires, parce qu'aujourd'hui en France, ils peuvent être bientôt en Angleterre. Mais le domicile, par la loi duquel vous voulez les régler, n'est-il pas ambulatoire lui-même ? Aujourd'hui en Espagne, ne peut-il pas être en Russie dans un mois ? Comment donc rejeter la réalité pour admettre une fiction, alors que cette fiction ne se fonde sur rien , et de plus, ne sert à rien ? Et non-seulement elle ne sert à rien, mais elle est même plus incommode que la réalité même, et elle jette dans des impossibilités qui forcent souvent ses partisans de reculer devant elle. Et en effet, comment le souverain du pays du domicile, de la France , par exemple , fera-t-il respecter ses lois sur des meubles qui se trouvent hors des pays soumis à sa puissance, en Perse, par exemple ?..... Est-ce que, logiquement, un législateur peut commander ce qu'il sait n'avoir pas le pouvoir de faire exécuter ? Puisque la soumission des meubles à telle ou telle loi ne peut jamais être que précaire et instable, on doit reconnaître la soumission instable à la loi du pays où ils sont , plutôt que la soumission, instable également, à la loi du domicile. C'est avec le souverain du pays où ils se trouvent qu'ils sont *réellement* en relation, c'est à sa puissance que *réellement et par le fait* ils sont soumis ; on ne peut donc pas , à moins de règles formelles posées à cet égard par les divers législateurs, les déclarer soumis , par fiction , à l'autorité d'un autre.

La Cour royale de Rouen a donc bien jugé , selon nous, quand elle a décidé, par arrêt du 25 mai 1813 , que des biens, meubles comme immeubles, qui se trouvaient en Russie, étaient tous valablement acquis à la personne envoyée en possession de ces biens, en vertu des lois et des jugemens russes, encore bien que le sieur Cardon, de la succession duquel il s'agissait , fût , lors de son décès, domicilié en France et n'eût qu'une résidence à Saint-Pétersbourg.

VII. — Au principe développé ci-dessus, que les lois réelles régissent tous les biens qui sont en France, et que les lois personnelles suivent les personnes françaises partout, il faut apporter une exception pour une certaine classe de lois.

En effet, les lois qui déterminent la forme à suivre pour la rédaction d'un acte, pour la passation d'un contrat, sont bien aussi réelles ou personnelles, selon que l'acte pour lequel on les applique est relatif à la propriété des biens ou à l'état des personnes; mais comme il y a nécessité, lorsque la validité de l'acte est soumise à l'emploi de telle ou telle forme, de s'adresser aux fonctionnaires du pays où l'on se trouve, et que ceux-ci ne peuvent instrumenter que conformément aux règles tracées par le pouvoir qui les a institués, il s'en suit que, par la force même des choses, on doit tenir partout pour régulier l'acte pour lequel on aura suivi les lois du pays où il a été passé. Aussi a-t-on toujours admis universellement cette maxime : « *Locus regit actum* » (c'est la loi du pays qui détermine la forme d'un acte); maxime dont nous verrons notre législateur faire l'application dans les art. 47, 170 et 999.

Dans le projet de notre titre préliminaire se trouvait un article qui disait formellement : « La forme des actes est réglée par « les lois du pays dans lequel ils sont passés. » Cet article fut rejeté comme indiquant une vérité tellement incontestable, qu'il était inutile de l'écrire dans le Code. (*Rapport* du tribun Andrieux, Fenet; t. VI, p. 66.)

Si donc un Français et une Française se marient en Russie, quoique les lois réglant les formes suivant lesquelles on doit se marier soient des statuts personnels, et que dès lors on devrait, d'après les principes exposés, appliquer ici les lois françaises, le mariage sera très-valablement célébré dans les formes indiquées par la loi russe. On suivra également la loi russe quant aux formes d'un acte de donation qu'une personne, étrangère ou française, ferait en Russie, pour ses biens situés en France, quoique, d'après la règle de notre article, on dût appliquer la loi réelle française, puisqu'il s'agit de biens français.

ARTICLE 4.

Le juge qui refusera de juger sous prétexte du silence, de l'obscurité ou de l'insuffisance de la loi, pourra être poursuivi comme coupable de déni de justice.

SOMMAIRE.

I. Obligation pour le juge de toujours juger, même dans les cas non prévus par la loi, ce qui consacre implicitement tous les principes du droit naturel. — Exception à cette règle pour les matières criminelles.

II. Peines du déni de justice et moyen de le constater.

EXPLICATION.

I. — Après avoir étudié d'abord la *Confection*, la *Promulgation* et la *Publication* des lois sous l'art. 1er, puis leurs *Effets*, sous les art. 2 et 3, nous arrivons à leur *Application*, qui fait l'objet de cet art. 4 et des art. 5 et 6, les derniers du Titre préliminaire.

Il est impossible, on l'a dit déjà, que la loi prévoie tous les cas qui peuvent se présenter, et qu'elle soit toujours assez claire pour qu'il n'y ait pas lieu souvent à des doutes sur son vrai sens. Il faut bien néanmoins que justice soit rendue, et si le juge ne prononçait, en cas d'obscurité ou d'insuffisance de la loi, qu'après en avoir référé au législateur, la marche des affaires serait à chaque instant entravée; puis, on verrait bientôt s'accroître d'une manière vraiment effrayante le nombre de nos lois, tellement considérable déjà, que, comme l'a dit un auteur, celui-là mérite déjà le nom de savant qui sait seulement se reconnaître au milieu d'elles, et en trouver une quand il a besoin de la consulter.

Le juge devra donc prononcer toujours, en suppléant à la loi, soit par des inductions tirées de la loi elle-même, soit en recourant à la jurisprudence des tribunaux, à la doctrine des auteurs, aux décisions des jurisconsultes romains; soit enfin, en se décidant d'après ses propres lumières et les principes de la raison et de l'équité.

On voit donc que, par cet article, tous les principes du droit naturel sont tacitement consacrés, ce qui amène une différence profonde, capitale et d'une portée immense, entre la législation romaine et la nôtre.

Dans les principes du droit de Rome, le juge (*qui habet judicium*) ne pouvait prononcer sur une contestation, que quand il en avait reçu l'ordre écrit, dans la formule délivrée par le Magistrat (*qui habet jurisdictionem*); or, celui-ci ne devait délivrer cette formule, que quand un texte de loi avait formellement prévu le cas pour lequel on la lui demandait; hors de là, toute action était refusée. Ce n'est que plus tard, quand le progrès de la civilisation et des mœurs a donné aux Préteurs la force de créer un droit nouveau à côté du droit civil, que l'équité commence à être comptée pour quelque chose, et que le magistrat, en entrant en fonctions, promet, comme un bienfait extra-légal dont il prend sur lui la responsabilité, de donner le droit d'agir et d'aller se faire juger, dans quelques-unes des circonstances que la loi n'a point prévues (*actionem dabo, judicium dabo*). Chez nous, quel changement! La faculté de demander et d'obtenir jugement appartient à tous, et partout, et toujours, de la manière la plus illimitée, la plus absolue, sans exception ni restriction aucune. Il n'y a pas de contestation, pas de difficulté sur laquelle le juge ne puisse, et bien plus, ne doive prononcer à ma requisition. S'il refuse, pour quelque motif que ce puisse être, et même en alléguant le silence, quelquefois très-réel, de la loi, il devient *coupable*, et je puis *le poursuivre* pour *déni de justice.*

Toutefois, c'est seulement dans les matières civiles que notre article reçoit application; les matières criminelles sont dominées, et devaient l'être, par un principe tout contraire. Quand il s'agit de délits ou d'actes prétendus tels, la raison dit assez que le juge n'a plus, non pas seulement le devoir, mais la faculté de suppléer au silence de la loi; car tout ce que la loi ne me défend pas, m'est permis. Lors donc que le fait dont un accusé est prévenu et convaincu, n'est puni par aucun texte légal, cet accusé doit être absous. C'est ce que déclare l'art. 364 du Code d'instruction criminelle.

II. — Le refus de juger ou *Déni de justice* est puni, par l'art. 185 du Code pénal, d'une amende de 200 à 500 fr. et de l'interdiction de toutes fonctions publiques de cinq à vingt ans. Mais il est clair qu'un simple délai de juger ne constituerait pas un déni; nous avons au Code de procédure les moyens de mettre le juge en demeure et de constater le déni de justice. (Art. 506, 507 et 508.)

ARTICLE 5.

Il est défendu aux juges de prononcer par voie de disposition générale et réglementaire sur les causes qui leur sont soumises.

SOMMAIRE.

I. Séparation nécessaire des deux pouvoirs législatif et judiciaire.
II. Sens et portée de cet article; l'art. 1351 sur l'autorité de la chose jugée n'en est qu'une application.
III. Si, en fait, un jugement peut, par son exécution, nuire à un tiers, celui-ci peut l'attaquer par la tierce-opposition.
IV. Idée succincte de l'organisation judiciaire en France.
V. De la Cour de cassation. — Elle ne fait point, rigoureusement par-

lant, partie du pouvoir judiciaire et ne rend point de jugemens ; elle forme seulement une commission d'interprétation et de conservation des lois.

VI. C'est à cette cour que devrait être confié le soin de donner l'interprétation authentique des lois. — Critique et conséquences funestes de la loi du 1er avril 1837 sur l'autorité des arrêts de seconde cassation. — Réfutation des doctrines professées à la chambre par M. le garde des sceaux et M. de Bastard.

VII. Les membres du ministère public fonctionnant près des divers tribunaux font partie, non du pouvoir judiciaire, mais du pouvoir exécutif.

EXPLICATION.

I. — « Il n'y a point de liberté, a dit Montesquieu, si la puissance de juger n'est pas séparée de la puissance législative. » Et en effet, il est évident que si le même homme qui est chargé d'appliquer la loi pouvait en même temps la changer et la modifier à son gré, la fortune, la liberté et la vie des citoyens seraient à la merci du plus complet arbitraire.

Il est peu de principes, cependant, qui aient été aussi peu respectés que celui de la séparation des deux pouvoirs législatif et judiciaire. A Rome, il fut constamment violé ; les Préteurs, on le sait, arrivèrent peu à peu à changer complétement la loi dont l'application leur était confiée, et les Empereurs, après s'être attribué le pouvoir législatif, se firent juges plus d'une fois. En France, avant la révolution de 1789, la séparation de ces deux pouvoirs, quoique reconnue en théorie, était souvent violée par les Parlemens, qui, non contens d'accorder ou de refuser à leur guise l'enregistrement des lois, s'étaient arrogé le droit de faire, chacun dans sa province, des règlemens obligatoires.

C'est seulement par la Constitution de 1791 que cette séparation fut réalisée complète et entière ; et notre article, comme on le voit, reproduisant cette règle expresse de l'Assemblée constituante, adresse énergiquement aux juges la défense de s'immiscer dans les fonctions du législateur. Cette défense est sanctionnée au Code pénal par l'art. 127, qui déclare coupables de forfaiture et frappe de la dégradation civique les juges qui y contreviendraient.

II. — La disposition de notre article a une portée plus grande qu'elle ne parait au premier abord, mais qu'un peu de réflexion fait bientôt saisir.

Le but de cet article est d'enjoindre aux juges de se renfermer strictement dans leurs attributions. Or, les attributions du pouvoir judiciaire consistent, comme nous l'avons dit déjà sous l'art. 2, n° II, à appliquer la loi à chaque fait particulier, pour vider la contestation à laquelle ce fait donne lieu. Tandis que la loi ne dispose que pour l'avenir, et ne doit jamais agir sur le passé, le jugement, lui, ne s'occupe que du passé et ne peut jamais régler l'avenir. Il est de la nature d'une loi d'obliger tous les citoyens; il est de la nature d'un jugement de n'obliger que les parties en cause dans la contestation, et seulement quant à l'objet de cette contestation.

Ainsi, Pierre, dans un procès contre Paul, est déclaré par jugement avoir telle qualité que Paul lui contestait; il ne faut pas croire que par là cette qualité soit établie au profit de Pierre d'une manière absolue; elle ne l'est que *relativement* à Paul; parce que le jugement n'a eu, et n'a pu avoir pour objet, que de terminer le différend existant entre Pierre et Paul. Si donc Louis venait ensuite contester à Pierre cette même qualité, il faudrait un nouveau jugement pour vider cette contestation nouvelle. Et en effet, dire que la qualité attribuée à Pierre par un jugement est dès lors établie d'une manière absolue, ce serait dire que tous les citoyens sont désormais tenus de la lui reconnaître; que toutes les contestations qui pourraient s'élever sur ce point, plus tard, soit devant le même tribunal, soit devant d'autres tribunaux, devront forcément être décidées dans le même sens; ou plutôt qu'elles ne devront pas même être examinées; attendu qu'elles sont toutes résolues à l'avance par le premier jugement; ce serait donc donner à ce jugement l'effet d'une disposition générale et réglementaire.

Qu'on ne l'oublie donc pas, la force du jugement se restreint rigoureusement à la contestation spéciale dont il s'agit et aux personnes en cause dans cette contestation. Si le jugement présente des propositions générales, des indications de principes et des déductions formant des règles absolues, ce ne peut être, ainsi que nous l'avons expliqué encore sous l'art. 2, que dans ses *Motifs*, alors que le juge fait simplement de la doctrine et indique les raisons pour lesquelles il va juger de telle manière; mais non dans le *Dispositif*, où se trouve vraiment le jugement, et qui, pour cela, ne peut porter que sur une affaire spéciale.

Cet art. 5 consacre donc, implicitement et par voie de conséquence, ce principe qu'un jugement n'a d'autorité que pour les parties entre lesquelles il est rendu. Il nous prouve que si, pour le maintien de l'ordre et l'existence même de la société, il est indispensable d'accepter comme vraie toute chose définitivement jugée, en appliquant cette maxime, *res judicata pro veritate habetur*, il faut aussi ne pas oublier que la vérité judiciaire n'est qu'une vérité de convention, de fiction, une vérité essentiellement relative; en sorte qu'il faut placer à côté de cette première maxime, cette autre non moins importante, *res inter alios judicata, aliis nec nocet nec prodest.* L'art. 1351 ne fait donc qu'expliquer la pensée intime de notre art. 5, quand il dit que pour qu'il y ait chose jugée, c'est-à-dire pour qu'il n'y ait pas lieu à faire juger de nouveau une question, il faut *que la seconde demande ait le même objet que la première; qu'elle soit fondée sur la même cause; qu'elle se produise entre les mêmes parties; qu'enfin, ces parties agissent dans les mêmes qualités.*

III. — Toutefois, bien que le jugement auquel je n'ai pas été partie ne puisse pas, *en droit,* avoir effet contre moi et soit pour moi chose non avenue, il se peut cependant que ce jugement soit de nature à ne pouvoir, *dans le fait,* être exécuté sans blesser mes intérêts et me préjudicier. Dans ce cas, outre que je pourrais bien entendu, intenter directement une action principale pour faire juger le contraire de ce que décide le premier jugement, je puis aussi prévenir ou arrêter l'exécution de ce jugement, en y formant une *opposition* fondée sur ce que ce jugement est pour moi *res inter alios judicata,* que quant à lui je suis un *tiers.* Cette opposition s'appelle pour cela *tierce.* (*Voy.* art. 474 Cod. de proc.)

Du reste, on peut avoir été partie dans un procès et se trouver, par conséquent, dans l'impossibilité de former tierce-opposition au jugement, quoiqu'on n'y ait pas figuré en personne, ni même par un mandataire formel. Il suffit pour cela qu'il y ait eu dans ce procès une personne dont on est *l'ayant cause,* c'est-à-dire une personne que l'on représente, que l'on remplace, aux droits de laquelle on a succédé.

Ainsi, un héritier ne pourra pas se prétendre *tiers* quant au jugement dans lequel a figuré son auteur.

Nous reviendrons plus loin sur ces idées, que nous n'indiquons ici que sommairement, notamment en expliquant les articles 100 et 1166.

IV. — Avant de quitter cet article, nous croyons nécessaire de donner une idée de l'organisation du pouvoir judiciaire en France....

Nos tribunaux se divisent en ordinaires et extraordinaires.

On peut distinguer en France trois classes de tribunaux ordinaires :

1° Les tribunaux de canton ou *Justices de paix;*

2° Les tribunaux d'arrondissement, vulgairement appelés *Tribunaux civils* ou *Tribunaux de première instance;*

3° Les tribunaux d'appel ou *Cours royales.*

— 1° Il y a une justice de paix par chaque canton.

En matière civile, les juges de paix prononcent en dernier ressort, c'est-à-dire sans appel, jusqu'à la valeur de 100 fr., et à charge d'appel au tribunal d'arrondissement, jusqu'à la valeur de 200 fr. (L. du 25 mai 1838.)

En matière criminelle, ils connaissent, concurremment avec les maires, des faits qualifiés *contraventions de police*.

— 2° Il existe un tribunal de second ordre par chaque arrondissement.

En matière civile, il connaît, en dernier ressort : 1o des appels de justice de paix; 2° des demandes qui ne s'élèvent qu'à 1,500 fr. ou au-dessous; en premier ressort, et sauf appel à la Cour royale, de toute demande excédant 1,500 fr., à quelque valeur qu'elle s'élève. (L. du 11 avril 1838.)

En matière criminelle, il juge, sous le nom de *Tribunal correctionnel* : 1° en dernier ressort, les appels de simple police; 2° sauf appel, les faits qualifiés *délits*. (Art. 200 et 201 Cod. d'Inst. crim.)

On voit qu'il est inexact d'appeler ces tribunaux *Tribunaux civils*, puisqu'ils jugent également en matière criminelle; ou encore, *Tribunaux de première instance*, puisqu'ils jugent souvent en dernier ressort.

— 3° Les Cours royales, qui n'existent en France qu'au nombre de vingt-sept, ne jugent que sur appel et en dernier ressort.

Elles connaissent : 1° des appels des tribunaux d'arrondissement; 2° des appels des tribunaux de commerce (dont nous allons parler bientôt); 3° en matière criminelle, des appels de police correctionnelle.

Dans chaque département, ce sont trois conseillers de la Cour royale dans le ressort de laquelle ce département se trouve, qui, sous le nom de *Cour d'assises*, connaissent des faits qualifiés *crimes*. La Cour, du reste, n'est chargée que d'appliquer la peine, la question de culpabilité étant résolue par douze jurés.

Les jugemens que rendent les Cours prennent spécialement le nom d'*arrêts*.

—Les principaux tribunaux extraordinaires sont: 1° les Tribunaux de commerce, qui jugent les affaires commerciales, en dernier ressort jusqu'à 1,500 fr., et au-dessus de 1,500 fr., sauf appel à la Cour royale;

2° Les Tribunaux militaires, qui connaissent des délits militaires;

3° Les Tribunaux administratifs, qui jugent les contestations élevées entre les particuliers et l'administration. Ce sont, en première instance, les Conseils de préfecture; en dernier ressort, le Conseil d'État;

4° Enfin, la Chambre des Pairs, qui, se transformant alors en

Cour de justice, connaît des crimes de haute trahison et des attentats à la personne du Roi ou à la sûreté de l'État.

V. — En outre de ces Cours et Tribunaux divers, il existe un corps qui, sans faire précisément partie de l'ordre judiciaire, s'y rattache cependant d'une manière intime; c'est la *Cour de cassation*.

La Cour de cassation, qu'on appelle aussi *Cour suprême*, *Cour régulatrice*, a été instituée par la loi des 27 novembre-1er décembre 1790, dans le principal but de maintenir l'unité de législation et de fixer le vrai sens des lois, en annulant tout jugement qui contiendrait la violation de quelque disposition légale.

Un point fort important à comprendre, c'est que les décisions de la Cour de cassation, quoiqu'elles reçoivent le nom d'arrêts, comme les décisions des Cours royales, auxquelles on pourrait dès lors les croire analogues, ne sont point des jugemens dans le sens exact de ce mot; car elles ne terminent point le débat, elles ne vident point la contestation. Lorsqu'un arrêt, ou un jugement en dernier ressort, est déféré à la Cour suprême (on ne peut jamais former de pourvoi en cassation contre un jugement dont l'appel est possible), et qu'elle y reconnaît une fausse application, une interprétation erronée de la loi, elle le casse; mais elle ne le remplace pas par une autre décision: elle renvoie les parties à se faire juger par un tribunal du même rang que celui dont la sentence est ainsi annulée. Si la décision qui intervient sur ce renvoi n'est pas conforme à celle de la Cour suprême, on peut encore se pourvoir devant elle; mais son second arrêt doit être rendu toutes Chambres réunies. Après ce second arrêt, elle renvoie également l'affaire devant un autre tribunal, dont la sentence alors est définitive.

Cette Cour, donc, comme nous le disions, ne fait point partie de l'ordre judiciaire, elle ne forme point un nouveau degré de juridiction. Établie pour veiller à la saine interprétation, à la juste application des lois et annuler tout ce qui s'en écarte, elle *casse* des jugemens, mais jamais elle n'en *rend*.

Juger, avons-nous dit déjà, c'est appliquer la loi à un débat particulier, pour terminer ce débat; or, c'est là précisément ce que la Cour de cassation ne fait jamais et ne doit jamais faire; bien loin de vider le débat, elle n'en prend pas même connaissance. Aussi, qu'on remarque bien une chose... Nous avons dit, à l'art. 2, qu'il faut distinguer dans un jugement deux parties bien distinctes et fort différentes l'une de l'autre : les *Motifs*, qui ne sont que les préparatifs, les bases de la sentence; puis, le *Dispositif*, qui constitue cette sentence en réglant les intérêts contraires des parties. Eh bien! dans les arrêts de la Cour suprême, il n'y a point de dispositif; tout arrêt de cette Cour revient à ceci : *Le jugement attaqué a bien interprété la loi; donc, je le laisse subsister, je rejette le pourvoi formé contre lui; ou bien : Le jugement a mal interprété la loi, donc je l'annulle, les juges compétens en rendront un nouveau à sa place.*

La Cour de cassation n'est donc point une assemblée de juges, c'est une commission d'interprétation et de conservation des lois.

VI. — Ce que nous venons de dire sur la mission et les attributions de la Cour de cassation nous conduit à traiter ici un point qui divise les jurisconsultes et qui a certes la plus haute importance. Il s'agit de savoir à qui il serait bon de confier le soin de donner l'interprétation authentique des lois faisant difficulté, et quel est le mérite du parti qu'a pris à ce sujet la Chambre des Députés dans la loi du 1er avril 1837.

Nous avons vu sous l'art. 2, n° II, que, logiquement, il n'y a et ne peut y avoir qu'une espèce d'interprétation des lois; que cette interprétation peut venir d'une source quelconque, et que c'est seulement la *légalisation* de l'interprétation, c'est-à-dire l'ordre de l'accepter, qui ne peut émaner que du pouvoir législatif. Nous avons vu également que le pouvoir législatif peut bien, sans doute, légaliser séparément, et à chaque fois que besoin sera, une interprétation (qu'il donne lui-même ou qui viendra d'ailleurs), mais qu'il peut aussi légaliser, *à priori* et une fois pour toutes, les interprétations qui seront données par tel corps, avec la réunion de telles circonstances. Eh bien! convient-il de laisser au pouvoir législatif lui-même le soin de donner chaque fois l'interprétation nécessaire ; ou bien, une loi ne devrait-elle pas confier ce soin, une fois pour toutes, à la Cour de cassation ?

Pour notre part, nous ne croyons pas qu'il y ait lieu de balancer un instant ; et il suffit, selon nous, de jeter un coup d'œil sur l'organisation actuelle de notre pouvoir législatif, pour répondre que ce serait presque une dérision que de laisser à ce pouvoir le soin d'interpréter les lois difficiles. A lui, bien entendu, de légaliser l'interprétation; mais c'est tout naturellement à la Cour de cassation de la donner.

Le pouvoir législatif se compose aujourd'hui, en France, du Roi, de la Chambre des Pairs, et de la Chambre des Députés. Or, comment veut-on qu'une foule d'hommes qui, en grande partie, ont passé leur vie à commander les armées ou à faire le commerce, saisisse du premier coup d'œil, au moyen d'une discussion bruyante, la difficulté, l'harmonie ou la contradiction que le magistrat ou le jurisconsulte, après vingt années d'étude sur l'ensemble de la législation, ne comprennent que dans le silence du cabinet et à force de méditation?... C'est à la Cour de cassation, composée d'hommes éminens dans la science du droit, et qui ont tous blanchi dans l'étude des lois, à la Cour de cassation, instituée précisément pour maintenir l'unité de la jurisprudence, que tout naturellement doit appartenir d'interpréter les textes difficiles.

Aussi, voit-on peu d'exemples d'interprétations données par le pouvoir législatif lui-même. Lorsqu'on a demandé au pouvoir législatif l'interprétation d'une loi, au lieu de l'interpréter, il l'a presque toujours abrogée pour la remplacer par une loi nouvelle. Or, cette loi nouvelle n'atteint pas le but proposé ; car elle ne règle que l'avenir et ne peut pas s'appliquer aux actes accomplis sous la loi antérieure, actes pour lesquels dès lors la même difficulté continue d'exister.

Ainsi, dans le cas dont nous avons parlé au n° III de l'art. 2, quand la Cour de cassation et les Cours royales étaient en désaccord sur le point de savoir si une assignation devait être donnée dans le délai de *huit jours* ou dans le délai de *trois ans*, il est bien clair que la loi qui vint décider que le délai serait de *trois mois* ne pouvait servir en rien pour apprécier la validité des assignations antérieurement données...

En présentant à la Chambre des Députés son rapport sur la loi de 1837, dont nous allons parler bientôt, M. le Garde-des-sceaux, pour faire comprendre l'impossibilité de demander au pouvoir législatif l'interprétation des lois, disait avec raison : « L'homme de la révolution de Juillet serait obligé de se faire, « par la pensée du moins, l'homme de la Restauration, de l'Em- « pire, du Directoire, de la Convention, suivant la date de la loi « à interpréter. Cela se comprend dans un juge, de qui on « exige des études spéciales et dont la mission est de méditer la « loi, de la déclarer... cela serait impossible pour de grandes as- « semblées, pour un pouvoir législatif multiple. Pour faire une loi « nouvelle, il suffit de connaître les besoins et les exigences de « son temps ; pour prendre part à une loi d'interprétation, il « faudrait des connaissances historiques et judiciaires, des habi- « tudes de jurisprudence que la majorité des corps délibérans « ne peuvent posséder. »

Ces idées (à côté desquelles s'en trouvent malheureusement d'autres qui sont loin d'être aussi justes et que nous allons réfuter bientôt) étaient d'une vérité à frapper tous les yeux, et il doit rester évident pour tout esprit droit, que la seule mission qui puisse raisonnablement appartenir à un pouvoir législatif organisé comme l'est le nôtre, c'est de rendre, non pas des lois interprétatives de dispositions antérieures que l'on veut conserver, mais seulement des lois nouvelles et destinées à régler, pour l'avenir, les cas régis par des dispositions qu'il paraît utile de changer. C'est aussi la conclusion que tirait M. le Garde-des-sceaux (en ayant le tort de laisser à ces dernières lois le nom d'*interprétatives*).

« D'après le nouveau projet, disait-il, la puissance législa-
« tive conserverait le droit de faire des lois (*interprétatives*)
« *pour l'avenir seulement;* elle pourrait, elle devrait, quand l'ex-
« périence lui aurait révélé les difficultés qu'une loi rencontre
« dans son exécution, *la remplacer* par une loi plus claire,
« plus précise, plus intelligible. »

Donc, au pouvoir législatif la confection des lois nouvelles destinées à remplacer celles reconnues mauvaises; à la Cour de cassation l'interprétation des lois existantes.

Mais il y a plus, non-seulement l'interprétation authentique des lois doit appartenir à la Cour de cassation, mais c'est même la seule chose qui puisse lui appartenir; et quand cette attribution lui est refusée, elle n'a presque plus d'objet, elle manque son but, elle devient un rouage à peu près inutile dans le système de nos pouvoirs publics.

En effet, la Cour suprême a été créée pour ramener à l'uniformité de jurisprudence les différens tribunaux du royaume, et fixer ainsi d'une manière identique et stable le sens des lois. Mais, pour qu'elle atteigne ce but, il faut bien que les interprétations émanées d'elle soient acceptées par les autres tribunaux. Si vous laissez ceux-ci libres de juger toujours comme ils l'entendront, malgré les décisions contraires de la Cour régulatrice, vous n'avez pas l'uniformité. C'est évident.... Il est vrai qu'en établissant cette Cour, on avait pensé que son ascendant moral suffirait pour atteindre le but, et que les divers tribunaux respecteraient, sans avoir besoin d'y être contraints, les décisions données par elle. C'était peu connaître l'esprit humain. On ne devait pas espérer que les membres des tribunaux d'appel renonceraient ainsi à leur libre arbitre, à leurs convictions, et se soumettraient bénévolement à juger dans tel sens, par cela seul que la Cour de cassation avait ainsi jugé. Aussi, une longue expérience vint prouver que cet ascendant moral ne pouvait produire l'effet espéré, et l'on reconnut enfin, en 1837, qu'il y avait nécessité de *forcer* les tribunaux d'accepter les interprétations de la Cour suprême. Mais reconnaître cette nécessité, n'est-il pas palpable que c'était proclamer qu'il fallait confier à la Cour suprême l'interprétation authentique des lois, sous peine de lui faire manquer le but de son institution?.... En deux mots : On institue la Cour de cassation pour ramener à l'uniformité de jurisprudence et fixer le sens, d'abord douteux, d'un texte législatif; pour cela, il faut bien que ses interprétations soient acceptées par les autres tribunaux, et en même temps immuables pour elle-même. Cependant, on n'attache pas d'abord à ces interprétations une autorité de commandement, parce qu'on croit que leur autorité morale suffira. Mais on reconnaît enfin que cette autorité morale est inefficace; donc il faut pour l'avenir légaliser ces interprétations, les sanctionner par la puissance législative. C'est là une déduction si simple, si évidente, qu'elle devient presque niaise à force d'être claire.

Eh bien! le croirait-on? lorsqu'en 1837 on s'occupa de donner une loi sur l'autorité des arrêts rendus par la Cour de cassation après deux pourvois dans la même affaire, on rejeta cette idée comme inadmissible; et, pour la rejeter, on consacra une théorie fausse, tronquée, bâtarde, touchant à l'absurde par tous les points.

Voici l'analyse de cette loi : «*Quand la Cour suprême, après avoir cassé un arrêt (ou un jugement) et renvoyé à une autre cour (ou un autre tribunal), sera saisie d'un second pourvoi dans la même affaire, elle prononcera toutes chambres réunies ; et si elle casse de nouveau, la cour (ou le tribunal) à laquelle elle renverra sera tenue de juger dans le même sens.* »

« MAIS CETTE COUR, COMME TOUTES LES AUTRES COURS ET LA COUR DE CASSATION ELLE-MÊME, RESTERONT LIBRES DE JUGER DIFFÉREMMENT LA MÊME QUESTION, DANS TOUTES LES AUTRES AFFAIRES QUI SE PRÉSENTERONT. »

Et cela, ne l'oubliez pas, pour amener l'unité de jurisprudence et fixer le sens des lois!!!

C'est-à-dire qu'après avoir reconnu et proclamé la nécessité d'aller habiter de nouvelles terres, on s'est embarqué, pour s'arrêter à moitié route du point d'arrivée, au beau milieu des écueils de l'océan.

On s'est arrêté à moitié route du but que le bon sens indiquait, puisque, si l'on n'a plus à craindre le scandaleux et funeste abus de deux cours royales jugeant souverainement dans deux sens contraires, d'après une même loi, on pourra avoir celui d'une cour suprême jugeant, en 1845, le contraire de ce qu'elle a jugé en 1840, parce que les deux ou trois conseillers qui ont produit la majorité d'un premier arrêt solennel seront remplacés par d'autres, d'un sentiment opposé, et qui amèneront un second arrêt solennel contradictoire au premier. On a conservé, sous le rapport des temps, ce qu'on détruisait sous le rapport des lieux.

Et, pour éviter de faire le second pas après avoir fait le premier, il a fallu se jeter, s'enfoncer dans l'absurde, en accouplant les idées les plus contradictoires, en accumulant sophisme sur sophisme, hérésie sur hérésie.

Deux choses frappent, au premier coup d'œil, dans les résultats que consacre la loi du 1er avril 1837. C'est d'abord le rôle illogique que, par le renversement des principes les plus simples, on fait jouer à la Cour suprême et aux Cours royales dans les seconds arrêts de cassation ; puis (et ceci est de la plus haute gravité pour les citoyens) la suppression absolue, pour l'avenir, d'interprétation authentique, de fixation stable des lois obscures.

Ainsi d'abord, après deux cassations dans une même affaire, la cour royale à laquelle cette affaire est renvoyée de nouveau est forcée de décider comme la Cour suprême ; elle doit s'en tenir absolument à la formule toute dressée qu'on lui envoie, il y a pour elle *lien, obligation*. Or, pour qu'un tribunal soit forcé de prononcer de telle manière déterminée, il faut de deux choses l'une : ou l'*autorité de la loi*, résultant de ce qu'un texte législatif a prévu la question dont il s'agit et a enjoint de la décider ainsi partout et toujours ; ou l'*autorité de la chose jugée*, résultant de ce qu'un jugement antérieur, aujourd'hui inattaquable, a déjà décidé la question entre les mêmes parties et dans la même affaire.

Eh bien ! est-ce comme ayant l'autorité de la loi, que l'interprétation de la Cour suprême devra être respectée par la cour royale ? Non ; car l'autorité de la loi est générale et s'étend à tous les temps comme à tous les lieux, elle frappe tous les cas possibles ; tandis qu'ici, le lien, l'obligation n'existe que pour l'affaire qui se débat ; de telle sorte que les diverses cours, y compris la Cour de cassation et la Cour de renvoi elle-même, restent libres de juger différemment, dans les autres affaires où la même question se représentera. Cette *autorité de loi*, on eût dû la donner à l'arrêt de seconde cassation ; alors la Cour de renvoi eût été liée logiquement, comme l'eussent été les autres cours royales et la Cour de cassation elle-même : on eût dû le faire, mais on ne l'a pas voulu par des motifs que nous allons réfuter bientôt, et il reste évident, malgré les sophismes qu'on a imaginés pour échapper à cette vérité, que c'est l'autorité de la chose jugée, que la loi de 1837 est venue adapter aux seconds arrêts de cassation.

On a beau s'agiter et chercher des biais, on n'échappera pas à cette argumentation bien simple :

La Cour de renvoi est liée après la seconde cassation ; or, le juge ne peut être lié que : 1° par l'*efficace législative*, venant *immédiatement* de la loi qui a prévu le cas à juger, ou 2° par l'*efficace judiciaire*, venant encore de la loi, bien entendu, mais *médiatement* et par le moyen d'*un jugement* antérieurement rendu sur le même débat. Maintenant, l'efficace législative se reconnaît à son *universalité*, qui lui fait régir tous les cas possibles ; et l'efficace judiciaire se reconnaît à sa *spécialité*, qui la restreint à une affaire unique ; or, après la seconde cassation, la Cour de renvoi est liée seule et pour la seule affaire dont il s'agit ; donc, il y a là une efficace judiciaire.

Qu'on l'avoue donc, le second arrêt de cassation est aujourd'hui un véritable jugement, quoique la Cour suprême ne doive pas rendre de jugemens, ainsi qu'on l'a vu au n° V ; seulement, par le respect apparent d'un principe que l'on brisait en réalité, ce jugement, pour produire ses effets ordinaires, a été soumis à la formalité ridicule d'une espèce d'enregistrement à faire par une Cour royale. Oui, la Cour de cassation rend maintenant des jugemens, et si l'on en veut l'aveu, échappé à M. le Garde-des-sceaux lui-même, le voici :

« *Jamais il n'y a pour les magistrats*, a-t-il dit à la Chambre des Députés, *faculté de juger selon leur volonté ; ils sont toujours astreints à prononcer suivant une règle préexistante.* (C'est vrai, et cette règle, est ou une loi, ou un jugement antérieur.) *Cette règle est ordinairement placée dans la loi ; ici elle se trouve dans l'arrêt de la Cour de cassation.* (Or, l'arrêt de cassation n'est pas loi ; donc, il est jugement... Mais l'aveu va se préciser davantage.) *Fréquemment il arrive que l'une des parties excipe de jugemens passés en force de chose jugée, et lorsqu'il est ainsi intervenu déjà dans la contestation une décision définitive et irrévocable, les juges sont obligés de maintenir la décision antérieure. Les Cours de renvoi se trouveront* DANS UNE POSITION ANALOGUE *en présence de l'arrêt rendu par la Cour de cassation chambres réunies.* « (Est-ce assez clair ? est-ce là l'autorité de la chose jugée, la force judiciaire) ?

Et ceci était si évident pour M. le Garde-des-sceaux lui-même, que, tout en n'osant pas avouer franchement que sa loi ferait rendre des jugemens à la Cour suprême, il essaie cependant d'établir que ce résultat ne serait pas aussi contraire qu'on pourrait le croire d'abord, à l'institution de cette Cour. Il faut, selon lui, entendre avec réserve la maxime que la Cour suprême ne juge pas le fond du procès. « *D'abord*, dit-il, *son arrêt a une grande influence sur ce procès, puisqu'il remet en question ce qui était jugé souverainement.* (Sans doute il a une grande influence, puisqu'il peut casser l'arrêt, mais en le cassant, il n'en doit pas mettre un autre à la place.) *D'ailleurs*, continue-t-il, *il y a des occa-*

sions où par la force même des choses, les arrêts de la Cour de cassation se trouvent véritablement TERMINER LE LITIGE. (Ceci est faux, et l'on ne rend cette proposition spécieuse qu'en faisant sur les expressions *terminer le litige* un jeu de mots peu digne d'une discussion sérieuse.) *Par exemple lorsque l'arrêt d'une Cour est cassé comme contraire à un premier arrêt rendu par une autre Cour entre les mêmes parties et sur les mêmes moyens..»* — Si l'on entend, par *terminer le litige,* empêcher de plaider davantage, oui, c'est la Cour de cassation qui termine alors le litige ; mais si, comme on doit le faire ici, on entend par là, dire le droit respectif des parties, déclarer et fixer leurs intérêts réciproques, déterminer ce qu'il y a de juste dans leurs prétentions contraires, en un mot *leur donner jugement,* il est bien clair que cet office n'est pas rempli par la Cour suprême, mais par celui des deux arrêts qu'elle maintient. Quand on s'adresse, dans ce cas, à la Cour suprême, le litige est terminé définitivement et à toujours ; il y a déjà *trop de jugemens.* Ce n'est donc pas un jugement nouveau qu'on vient demander à la Cour suprême : celle-ci supprimera un des deux jugemens et laissera subsister l'autre ; elle cassera un jugement, mais elle n'en mettra point un autre à sa place ; elle est donc vraiment dans les limites de ses attributions, et il n'y a pas l'ombre d'une parité entre ce qui se passe alors et le résultat de la loi de 1837.

Ainsi, la Cour de cassation rendant des jugemens (quoique le renvoi, pour forme, à une Cour royale prouve qu'on savait bien qu'elle n'en doit pas rendre); puis, les Cours royales transformées en bureaux d'enregistrement, voilà, quant aux principes du droit, quant à la théorie juridique, le premier résultat que nous donne la loi de 1837. — Le second, l'absence absolue, pour l'avenir, de tout moyen d'interprétation authentique des lois, n'est pas moins clair ; il est d'ailleurs beaucoup plus simple à saisir, et nous l'avons déjà démontré en passant, au commencement de ce n° VI.

D'un côté, en effet, la loi de 1837 refuse à la Cour de cassation le droit de donner l'interprétation authentique des lois ; d'autre part, il est impossible (et c'est M. le Garde-des-sceaux lui-même qui s'est chargé de le démontrer à la Chambre) de demander cette interprétation au pouvoir législatif, qui, dans son organisation actuelle, ne peut donner que des lois nouvelles destinées, non pas à expliquer, mais à remplacer celles faisant difficulté. Or, ces lois nouvelles (que M. le Garde-des-sceaux appelait bien à tort *interprétatives pour l'avenir,* puisqu'elles n'interprètent rien) n'atteignent pas le but proposé ; elles ne disent pas dans quel sens il faudra désormais entendre ces lois antérieures qu'elles abrogent et remplacent; de sorte que, quand il s'agira d'actes qui se sont accomplis, de conventions qu'on a arrêtées, sous l'empire de la loi antérieure, la même difficulté, la même incertitude existeront toujours. Donc, absence totale d'interprétation légale des lois, voilà, pour la pratique et en ce qui touche l'intérêt quotidien des affaires, le second résultat que la loi de 1837 présente aux citoyens.

Apprécions maintenant les principaux motifs qui ont conduit à préférer ce système, absurde et funeste tout ensemble, à celui que les principes et l'intérêt général commandaient d'accepter.

Lors de la discussion de la loi à la Chambre des Députés, un de ses membres, M. de Cambon, demanda positivement que les arrêts de seconde cassation fussent légalisés une fois pour toutes par la loi qu'il s'agissait de faire, et déclarés ainsi obligatoires d'une manière générale pour tous les tribunaux et pour la Cour de cassation elle-même. Cette idée, pour l'admission de laquelle on ne devait pas balancer un instant, fut repoussée à cause de deux objections qui effrayèrent les esprits et dont on aurait fait bon marché si on les avait examinées d'un peu plus près.

La première objection fut développée par M. le Garde-des-sceaux. Elle consistait à dire que rendre les arrêts de seconde cassation obligatoires universellement, c'était en faire autant de lois, par conséquent faire participer la Cour régulatrice à la puissance législative et violer ainsi le grand principe de notre art. 5, qui demande la séparation profonde du pouvoir législatif et du pouvoir judiciaire.

Cette objection se basait sur une double erreur; car elle posait en principe 1° que c'est faire un acte législatif que de donner l'interprétation authentique des lois, et 2° que la Cour suprême fait partie du pouvoir judiciaire. Or, ces deux idées sont également fausses l'une et l'autre.

Il est faux que ce soit faire participer un corps quelconque à l'exercice de la puissance législative, que de rendre ses interprétations obligatoires pour l'avenir. Nous avons démontré, sous l'art. 2, suffisamment pour n'y pas revenir ici, que si la *légalisation* d'une interprétation est vraiment un acte législatif, il en est autrement de *l'interprétation* qui, elle, peut venir logiquement d'une source quelconque.

Mais alors même que cette première idée eût été vraie, il serait faux encore qu'il y eût eu ici confusion des deux pouvoirs judiciaire et législatif, puisqu'il est élémentaire que la Cour de cassation ne fait point proprement partie du pouvoir judiciaire;

attendu qu'il n'entre point dans ses attributions de rendre des jugemens.

On voit ici quelle est, même sur les hommes d'une intelligence distinguée, l'influence des mots et la force de la routine. Si le corps chargé de maintenir dans le pays l'unité de jurisprudence n'avait point été appelé *Cour*, que ses interprétations n'eussent point reçu le nom d'*arrêts*, et ses membres le nom de *conseillers*; si cette assimilation, quant aux mots, avec les *conseillers* et les *arrêts* des *Cours* royales n'eût point existé, et qu'on eût fait justice, d'un autre côté, de l'expression absurde de *lois interprétatives*, l'insignifiante objection de M. le Garde-des-sceaux n'aurait sans doute pas été faite, et nous n'aurions pas eu la loi de 1837.

La seconde objection, présentée par M. de Bastard, était tirée non plus du droit, mais de la philosophie. Malheureusement, les principes philosophiques de M. de Bastard n'étaient pas plus exacts que les principes juridiques de M. le Garde-des-sceaux.

Cette objection se résumait à dire que donner force de loi aux arrêts de seconde cassation, c'était empêcher la Cour suprême elle-même de revenir sur l'interprétation donnée, alors même qu'on verrait plus tard qu'elle était mauvaise; que c'était dès lors vouloir tenir notre droit stationnaire, et se priver des éclaircissemens subséquens qu'apporteraient, soit de nouveaux jugemens, soit les travaux des jurisconsultes.

Cette objection nous paraît inconcevable, vraiment. L'idée de M. le Garde-des-sceaux n'était contraire qu'à la logique, celle de M. de Bastard l'est en même temps aux intérêts les plus graves de toute société, aux droits les plus sacrés des citoyens.

Quoi! c'est dans l'*interprétation* des lois que vous demandez une perfectibilité indéfinie! Quoi! quand la Cour de cassation aura jugé pendant quinze ans que de tel article de loi résulte telle faculté, et que, sur la foi de cette interprétation, j'aurai passé tel ou tel acte, cette Cour pourra venir dire un beau jour que cette faculté n'existe pas, et m'enlever ainsi la moitié de ma fortune, en annulant l'acte que j'ai dû croire valable, d'après ses propres arrêts! Le tout pour perfectionner, me dit-on, l'intelligence de la loi. Merci d'un progrès pareil.

Eh! le premier besoin d'une loi, n'est-ce pas de pouvoir être comprise? N'est-ce pas une idée devenue banale, à force d'être vraie, qu'une loi vicieuse, mais dont le sens est certain et irrévocablement fixé, vaut incomparablement mieux qu'une loi bonne, mais à laquelle on peut toujours donner un nouveau sens, sous prétexte qu'elle sera meilleure encore?.... Quant aux lumières que des magistrats ou des jurisconsultes pourront jeter sur tel ou tel point, leur effet est marqué par la nature même des choses ; elles appelleront, non pas une nouvelle interprétation de la même loi, mais une loi nouvelle, par laquelle le législateur viendra remplacer l'ancienne. En vérité, le système de M. de Bastard ressemble par trop aux principes d'un médecin qui trouverait tout naturel de s'exposer à tuer les malades pour faire faire des progrès à l'art de guérir. Faites vos expériences sur les cadavres ; mais, de grâce, respectez les vivans.

Une distinction analogue se présente ici. Dans la *législation*, quant à la substitution de lois nouvelles à des lois anciennes, oh ! oui , perfectibilité indéfinie, progrès continu, c'est forcé , c'est providentiellement nécessaire. Les mœurs changent, il faut donc que les lois changent aussi ; et puis, ces changemens ne léseront personne : ils ne viendront point ENLEVER LA VIE à ce qui existait lors de leur arrivée, puisque les lois ne rétroagissent pas. Mais dans l'*interprétation* de la loi ! oh ! alors, immutabilité, stabilité irrévocable. L'interprétation, en effet, elle rétroagit ; donc, fixité, sans quoi la fortune et la liberté des citoyens peuvent, à chaque instant, être mises en question. Encore une fois, ne faites pas vos expériences législatives sur ce qui a vie ; les principes philosophiques et les principes juridiques s'y opposent également.

Qu'on descende aux faits, qu'on choisisse une hypothèse, et on va voir se mettre en relief le vice du système appuyé par M. de Bastard et adopté par la loi de 1837.

Une loi est rendue aujourd'hui ; on se demande si, dans tel cas donné , elle accorde telle faculté ? Des avocats répondent *oui*, les autres *non* ; des auteurs traitent la question, les uns disent *oui*, les autres *non* ; divers tribunaux ont à se prononcer sur ce point, ceux-ci jugent *oui*, ceux-là *non*. Après cinq ou six années de doutes et d'incertitudes, la Cour de cassation est enfin appelée à interpréter l'article faisant difficulté, et nous supposerons même qu'en deux ans elle a occasion de rendre quatre ou cinq arrêts qui tous répondent affirmativement. Mais ce ne sont encore que des arrêts de rejet ou de première cassation , qui dès lors, n'auront qu'une autorité purement doctrinale. C'est seulement après neuf ou dix ans depuis la promulgation de la loi , qu'un arrêt de seconde cassation interviendra enfin. Eh bien ! cet arrêt solennel déterminera-t-il enfin le sens de la loi ? sera-t-on désormais fixé ?... Depuis dix ans, on a le spectacle de jurisconsultes, d'auteurs et de tribunaux parlant , écrivant et jugeant sans pouvoir tomber d'accord, non pas sur les dispositions d'une loi à faire, mais *sur le sens d'une loi faite, et qui régit les citoyens, quoique les citoyens soient dans l'impossibilité de l'entendre;* depuis dix ans, le pays a une loi comme n'en ayant pas ; cet état de choses va-t-il cesser par l'arrêt que la Cour régulatrice vient de rendre toutes chambres réunies ? Ce devrait être sans doute, et c'est là ce que demandait M. de Cambon ; mais c'est là ce que ne voulait pas M. de Bastard, et ce que n'a pas voulu la loi de 1837. Non, l'arrêt solennel donnera une probabilité, mais pas de certitude ; et, après vingt, trente ou quarante ans de promulgation, après huit ou dix arrêts sur la foi desquels j'ai passé tel acte d'une haute importance pour moi, la Cour de cassation pourra changer sa jurisprudence et déclarer mon acte nul !

Et cela, nous dit-on, c'est afin qu'on puisse profiter des éclaircissemens postérieurs, des lumières nouvelles qui pourront être jetées plus tard sur la question !

Mais, n'oubliez donc pas que cet arrêt vient après qu'on a plaidé, écrit, consulté, jugé sur cette question, pendant dix ans ! N'oubliez donc pas que, sans compter les jugemens antérieurs, il est lui-même la *cinquième* décision rendue *dans le procès actuel*, après une *cinquième* discussion contradictoire ! Il y a eu plaidoiries et jugement devant un tribunal civil, une ; plaidoiries et jugement devant une Cour royale, deux ; plaidoiries et jugement devant la Cour suprême, trois ; plaidoiries et jugement devant la Cour de renvoi, quatre ; puis de nouveau, plaidoiries et jugement devant la Cour suprême toutes chambres réunies, cinq ! Et dans chacune de ces épreuves successives, d'habiles avocats, des membres désintéressés du ministère public, des magistrats nombreux et expérimentés, ont mis en commun leurs lumières, et toutes celles qu'on avait jetées antérieurement sur le point difficile ! Assurément, quand c'est dans de pareilles circonstances que les cinquante conseillers de la Cour régulatrice viendront donner une interprétation de votre loi, il y a bien toutes les garanties désirables, pour que l'interprétation qu'ils donneront soit exacte. Maintenez-la donc cette interprétation, et qu'après dix ans d'inquiétudes, on sache enfin ce que veut dire la loi à laquelle on est soumis ; ce n'est pas trop exiger apparemment.

Que si vous trouvez, vous, Pouvoir législatif, que le sens indiqué par la Cour suprême est mauvais, c'est de deux choses l'une, ou bien que la loi, bien interprétée, est mauvaise en soi, et alors, faites-en une autre ; ou bien que cette loi, bonne en soi, est d'une obscurité qui la rend inintelligible ; et alors encore, faites-en une autre. Donc, vous nous donnerez une loi nouvelle, et l'on aura alors le progrès, non pas dans l'*interprétation* des lois, ce qui est absurde et inique en même temps, mais dans leur *confection*, ce qui sera logique et juste.

On le voit, la théorie philosophique de M. de Bastard n'était pas plus heureuse que la théorie juridique de M. le Garde-des-sceaux. Ce sont elles cependant qui ont motivé le vote de la Chambre des Députés.

Ainsi, pour nous résumer sur tout ceci : confusion de l'interprétation des lois avec la légalisation de cette interprétation; conceptions fausses de ce qu'on a appelé interprétations authentiques, lois interprétatives ; idée erronée sur la nature des attributions de la Cour suprême; confusion de la perfectibilité dans la loi avec la perfectibilité dans l'interprétation de la loi, voici les causes génératrices de la loi du 1ᵉʳ avril 1837. Puis, une Cour suprême dénaturée dans ses attributions, et sciemment laissée sans moyen d'atteindre le but de son institution; des Cours royales transformées, pour tel cas donné, en bureaux d'enregistrement; des citoyens dépourvus de toute interprétation authentique des lois, et ne devant savoir jamais quel est le sens de telle partie de la loi, d'après laquelle, pourtant, ils doivent se conduire, tels sont ses résultats!

Espérons voir enfin une loi qui restitue et confirme à la Cour suprême ses véritables attributions, aux Cours royales leur dignité, et aux citoyens la garantie de leurs droits.

VII.— On a vu que la Cour de cassation, quoique organisée à la manière des Cours royales, et se rattachant intimement au pouvoir judiciaire, ne fait cependant pas partie de ce pouvoir. Il en est de même de certains magistrats que l'on s'accoutume facilement à regarder comme appartenant au pouvoir judiciaire, parce qu'ils fonctionnent auprès des divers tribunaux, mais qui cependant font partie du pouvoir exécutif.

L'ensemble de ces fonctionnaires, chargés de veiller au maintien de l'ordre public, de provoquer et d'éclairer l'action de la justice, puis de faire exécuter ses décisions, a reçu le nom de *ministère public*. On l'appelle aussi *parquet*, comme on appelle souvent *barreau*, l'ensemble des avocats; dans les deux cas, c'est le nom du *lieu* qui est appliqué figurativement aux *personnes* qui occupent ce lieu.

Ces magistrats sont : près la Cour de cassation, un procureur général aidé de six avocats généraux; près de chaque Cour royale, un procureur général, des avocats généraux, et des substituts du procureur général; près de chaque tribunal d'arrondissement, un procureur du roi et un ou plusieurs substituts. Les procureurs du roi sont surveillés par les procureurs généraux près les Cours royales, lesquels le sont à leur tour, par le procureur général près la Cour de cassation.

Ce que nous disons, que ces magistrats ne font point partie du pouvoir judiciaire, est évident, puisque jamais ils ne sont appelés à rendre la justice aux citoyens.

Article 6.

On ne peut déroger, par des conventions particulières, aux lois qui intéressent l'ordre public et les bonnes mœurs.

SOMMAIRE.

Les lois qui n'intéressent en rien l'ordre public ou les bonnes mœurs, et qui ne touchent dès lors qu'à l'intérêt privé, sont susceptibles de dérogation par convention particulière. — Contradiction apparente et conciliation de cet art. 6, avec l'art. 1133.

EXPLICATION.

Cet article, en nous disant qu'on ne peut par convention déroger aux lois dont il parle, nous indique assez qu'on pourra par ce moyen déroger aux autres.

Et en effet, quand le législateur s'occupe, non plus de l'ordre public et des bonnes mœurs, mais uniquement de l'intérêt privé des personnes; quand, par exemple, il trace avec détail les règles des contrats les plus fréquens, tels que la vente, le louage, etc., quel est son but? C'est de consacrer, une fois pour toutes, la volonté présumée des parties, afin de dispenser celles-ci d'entrer à chaque instant dans des explications qui seraient toujours les mêmes. Il est évident, dès lors, que quand ces parties auront formellement manifesté l'intention de s'écarter de ces règles, pour en suivre d'autres, cette intention expresse devra l'emporter sur l'intention présumée qui servait de base aux dispositions de la loi. Ces règles spéciales seront alors la loi des parties; car, comme le dit l'art. 1134, *les conventions légalement formées tiennent lieu de loi à ceux qui les ont faites*, or, la règle portée tout exprès pour un cas particulier, doit faire exception à la règle générale, conformément à la maxime *specialia generalibus derogant*.

Mais pour qu'elle tienne lieu de loi, il faut que la convention soit légalement formée. Or, elle ne l'est, aux termes de l'art. 1108, que quand l'obligation qu'on y contracte repose sur une cause licite; et la cause n'est licite, d'après l'art. 1133, que quand elle n'est ni contraire à l'ordre public, ni contraire aux bonnes mœurs, *ni prohibée par la loi*.

D'après cet art. 1133, on pourrait croire que notre article est incomplet et qu'il y a non pas seulement deux, mais trois circonstances qui s'opposent à ce qu'on déroge à une loi par con-

vention particulière ; on pourrait croire qu'il y a des lois auxquelles on ne peut pas déroger parce que le législateur l'a défendu,
sans que cependant elles touchent ni à l'ordre public, ni aux bonnes mœurs ; ce serait une erreur. C'est toujours parce qu'une disposition touche, de plus ou moins près, à la morale ou au bon
ordre, que le législateur défend d'y déroger ; ce n'est jamais par
caprice, et pour le plaisir d'entraver la liberté des conventions,
qu'il défend de stipuler sur telle ou telle matière. Seulement,
comme le rapport que le législateur aperçoit entre telle disposition et l'ordre public ou la morale, peut être assez éloigné et peu
saillant, il prend quelquefois la peine de dire expressément que
cette disposition ne pourra être changée par convention. C'est
pour cela que l'art. 1133, qui ne fait que reproduire l'idée de
notre article, nous présente comme cause illicite d'obligation
et celle contraire aux bonnes mœurs ou à l'ordre public, et celle
prohibée par la loi.

Mais, nous le répétons, le respect de l'ordre et de la morale est
toujours la cause qui fait prohiber telle ou telle stipulation. Par
exemple, si, dans l'art. 1130, le législateur défend toute convention sur la succession future d'une personne encore vivante, c'est
qu'il voit là un empressement peu décent et que réprouve une
saine morale ; si, dans l'art. 815, il déclare nulle l'obligation que
prendraient des copropriétaires de biens indivis de demeurer indéfiniment dans l'indivision, c'est qu'il voit là un obstacle à la
libre circulation et au bon entretien de ces biens, et dès lors préjudice à l'intérêt général. S'il s'est prononcé formellement sur la
nullité de pareils contrats, c'est qu'il craignait que tous n'aper-
çussent pas le rapport qu'il trouvait entre ces points et l'ordre
public ou la morale. Il en est de même des art. 1660, 1674, 530
et de beaucoup d'autres.

Au contraire, quand le législateur porte une disposition qui
touche à l'ordre public ou aux bonnes mœurs d'une manière
claire et facile à saisir, quand il est évident que le point dont il
s'agit ne peut pas faire l'objet d'un commerce, ni être réglé par la
volonté privée des personnes, alors le législateur ne prend pas
toujours le soin d'en avertir et d'ajouter qu'on n'y pourra pas
déroger ; il se contente de la prohibition générale posée dans
notre article. Ainsi, quoique la loi ne le dise pas spécialement,
deux époux ne pourraient pas convenir qu'ils ne resteront mariés que pendant un temps déterminé ; un père ne pourrait
pas souscrire une renonciation à sa puissance paternelle ; un
homme ne pourrait pas se vendre à un autre homme et se faire
son esclave ; on ne pourrait pas s'obliger à n'embrasser jamais
telle religion, etc.

RÉSUMÉ DU TITRE PRÉLIMINAIRE.

Pour résumer ce Titre nous avons à voir : 1° la Confection, la Promulgation et la Publication de la loi ; — 2° ses Effets ; — 3° son Application.

§ 1. Confection, promulgation et publication de la loi (art. 1).

I. — Il faut aujourd'hui, pour faire une loi : 1° la proposition du Roi ou de l'une des deux Chambres ; 2° le vote de la majorité de chacune de ces Chambres ; 3° la sanction, c'est-à-dire l'approbation du Roi.

Par l'accomplissement de ces trois conditions, la loi est parfaite et sort du domaine du pouvoir législatif pour tomber dans celui du pouvoir exécutif ; mais elle est encore sans force, et il faut, pour être mise à exécution, qu'elle soit *promulguée* et *publiée.*

La *Promulgation* est l'attestation donnée par le Roi, au corps social, de l'existence de la loi et le commandement adressé par lui aux magistrats de l'observer et faire observer. Elle consiste, en réalité, dans l'apposition, au bas de la loi, de la formule qui ordonne d'exécuter la loi ; mais elle n'est légalement réputée accomplie que par la remise au ministère de la Justice du bulletin apporté de l'Imprimerie Royale.

La *Publication,* qui n'est rien autre chose que le moyen par lequel la promulgation est mise, ou réputée mise, à la connaissance des citoyens, consiste aujourd'hui dans le délai d'un jour écoulé depuis la promulgation accomplie, plus un jour par chaque fois 10 myriamètres de distance entre la ville où a eu lieu la promulgation (ordinairement Paris) et le chef-lieu de chaque département. On doit ne compter que les dizaines de myriamètres et faire abstraction des unités passant.

C'est par l'effet de la publication que la loi devient obligatoire et peut être exécutée.

Du reste, cette publication n'est fondée que sur une présomption de connaissance qui s'évanouirait, non pas par toute preuve contraire, mais par la constatation d'un événement de force majeure rendant *impossible* la communication d'un pays avec la ville où la promulgation s'est faite.

II. — En outre des lois proprement dites, il est des actes qui ne portent point ce nom, mais qui sont comme le complément de la loi et en font en quelque sorte partie. Nous voulons parler des actes que le Roi, ou les agens de l'autorité administrative ou municipale, rendent sous le nom d'*ordonnances, règlemens, arrêtés,*

I.   6

etc. Ces actes, tant qu'ils sont rendus en conformité de la loi et dans les limites des attributions du fonctionnaire duquel ils émanent, ne sont que des développemens et des accessoires de la loi; commandés ou autorisés par la loi même, ils se confondent avec elle et participent à son autorité.

§ 2. Effets de la loi (art. 2 et 3).

III.—La loi étant une règle de conduite, par conséquent un acte de l'essence duquel il est de commander, de défendre ou de permettre, il s'en suit qu'elle ne peut obliger que pour l'avenir, et ne saurait avoir d'effet rétroactif. Ce principe, si simple en lui-même, présente cependant d'assez grandes difficultés dans son application; il a été examiné sous cinq rapports différens.

1° *Lois interprétatives.* — L'acte qu'on appelle ordinairement et bien improprement Loi interprétative, n'est point une loi; c'est tout simplement l'interprétation, donnée par le législateur, d'une loi faisant difficulté. Or, comme l'interprétation donnée à un texte, de quelque source qu'elle émane, n'est rien autre chose que ce texte même interprété, il s'en suit que la prétendue loi interprétative, c'est-à-dire l'interprétation, aura effet pour les actes antérieurs à elle, sans qu'il y ait en cela rétroactivité, puisque ce n'est pas l'interprétation qu'on appliquera, mais bien la loi qui a reçu cette interprétation, et qui, évidemment, conserve toujours sa même date.

2° *Les lois réglant la capacité des personnes,* changent notre capacité au moment même de leur publication; mais elles respectent notre capacité antérieure, et maintiennent tous les effets qu'elle a produits.

3° *Pour les lois déterminant la portion disponible des biens,* il faut distinguer entre les dispositions révocables (*testamens*), et celles irrévocables (*Donations et Institutions contractuelles*). La loi nouvelle s'applique aux premières sans qu'il y ait rétroactivité, parce que ces dispositions n'avaient pas donné un droit certain, mais seulement une espérance, une éventualité que la loi restait maitresse de modifier ou d'anéantir. Elle est sans effet vis-à-vis des secondes, parce que, dans celles-ci, tout a été accompli et parfait dès le moment même de leur confection.

4° *Dans le cas de deux lois pénales,* dont la seconde vient prononcer une peine différente de la première, on applique la moins sévère. Si c'est la première, son application n'est que le résultat des principes ordinaires; si c'est la seconde, on l'applique par une rétroactivité fondée sur ce qu'on doit cesser de faire une chose, dès que l'injustice en est reconnue.

5° *Pour la forme des actes, les clauses à y suppléer, les preuves à admettre pour leur constatation*, c'est toujours la loi première, celle du jour de la confection de l'acte qu'il faut appliquer; mais *pour les formes à suivre dans l'exécution*, c'est la dernière, celle actuellement en vigueur.

En effet, quant aux trois premiers objets, *la forme employée pour l'acte* est une chose accomplie au moment que la nouvelle loi arrive;... *les clauses à suppléer* doivent s'induire de l'intention des parties; or, cette intention n'a pu se référer à une loi qui n'existait pas encore;... enfin, la faculté d'invoquer *tel genre de preuves* que permettait la loi du jour de la confection, est un droit sur lequel les parties ont dû compter, et réciproquement elles n'ont dû compter que sur les preuves alors permises. Au contraire, *pour les formalités à suivre dans l'exécution*, les parties n'ont jamais droit acquis à leur maintien; ce sur quoi elles peuvent compter, c'est l'exécution de leur contrat, mais non pas le mode par lequel on arrivera à cette exécution.

Enfin, pour les lois réglant *la prescription;* c'est aussi la dernière qu'il faut appliquer à toutes les prescriptions non encore accomplies lors de sa promulgation. En effet, la prescription, empruntée au droit naturel par le législateur civil comme une des bases indispensables de toute organisation sociale, est donc au plus haut degré une institution d'ordre public, et ce législateur est dès-lors le maître, à chaque instant, d'adopter pour l'avenir et à partir de cet instant même, le système qu'il croit le plus utile à la société. Par conséquent, celui au profit duquel court la prescription n'a jamais qu'une espérance, et non un droit acquis, de prescrire par tel délai et sous telles conditions; en sorte que la loi peut changer ces conditions, alonger ce délai, ou même rendre la prescription impossible. Réciproquement, celui contre qui marche la prescription ne pouvant pas avoir le droit immuable, soit de conserver toujours comme imprescriptible la chose qui est telle aujourd'hui, soit de ne voir la prescription s'accomplir que par telles conditions, la loi peut déclarer prescriptible aujourd'hui ce qui ne l'était pas hier, ou fixer pour telle prescription un délai plus court et des moyens plus faciles que les précédens; pourvu, bien entendu, que ces effets ne commencent qu'à partir de la promulgation de la loi nouvelle.

Une remarque importante sur la rétroactivité des lois, c'est que si elle est impossible en logique, elle est au contraire très-possible en fait et se présente effectivement quelquefois. Sans doute, alors, il y a contradiction aux vrais principes du droit; mais l'organisation sociale, l'ordre politique ne comportant pas d'autorité supérieure à celle de la loi, il y a force majeure d'accepter toujours ses dispositions, toutes mauvaises qu'elles puissent être sous ce rapport comme sous tout autre.

IV. — En outre des divisions déjà indiquées dans l'introduction, les lois (qui toutes sont *personnelles*, en ce sens, que toutes s'adressent aux personnes et sont faites dans l'intérêt des personnes) se divisent en *personnelles* et *réelles*, selon qu'elles ont pour objet principal de régler les personnes ou les choses.

Les lois personnelles se subdivisent, en : 1° *Lois de police*, qui ont pour objet le bon ordre et la tranquillité publique. Elles n'obligent que les personnes qui se trouvent actuellement sur le territoire français, mais elles les obligent toutes (excepté cependant les agens diplomatiques des puissances) ; 2° *Lois personnelles* proprement dites, qui s'adressent aux Français seulement, pour régler leur état et leur capacité.

La nature différente et les effets, différens aussi par conséquent, des lois réelles et des lois personnelles, peuvent étonner au premier coup d'œil ; ils sont cependant très-logiques.

En effet, le souverain ayant puissance sur le territoire qui forme son empire, comme sur les personnes qui composent son peuple, il faut bien reconnaître des *choses françaises*, comme on reconnaît des personnes françaises, et dire que le souverain a le droit de porter des commandemens ou des prohibitions pour les unes comme pour les autres. On peut donc exprimer les résultats de ces deux espèces de lois, en disant : *Les personnes françaises, d'après telle loi à elles adressée, peuvent ou ne peuvent pas....* (absolument et en quelque lieu qu'elles soient) ; puis, *les choses françaises, d'après telle loi portée pour elles, peuvent ou ne peuvent pas....* (absolument, et quels que soient leurs propriétaires). En sorte que les lois réelles s'appliqueront à tous les biens de France, même à ceux appartenant à des étrangers ; les lois personnelles à toutes les personnes françaises, même résidant ou domiciliées en pays étranger (tant, bien entendu, qu'elles continueront d'être françaises).

Il est fort important, on le voit, mais il n'est pas toujours facile, d'arriver à distinguer les lois réelles des lois personnelles. Il faudra, pour cela, examiner, abstraction faite de la rédaction que la loi présente, quel a été le but définitif, le résultat dernier qu'a voulu atteindre le législateur, et voir si c'est le bien qu'il a eu principalement en vue, ne parlant de la personne qu'accidentellement et à propos de ce bien ; ou si c'est de la personne elle-même qu'il entendait particulièrement s'occuper. Une règle assez simple, et qui sera d'une fréquente application, c'est de voir si la prohibition portée contre une personne ; par exemple, celle de transmettre ou de recevoir, ne serait pas la conséquence et l'application à un cas particulier d'une incapacité générale de cette personne. S'il en est ainsi, c'est un statut personnel ; dans le cas contraire, il y a statut réel.

Le principe que la loi réelle française régit les choses françaises, alors même qu'elles appartiennent à des étrangers, doit s'appliquer aux meubles aussi bien qu'aux immeubles, tant que ces meubles se trouvent en France.

Mais la règle qui impose absolument la loi personnelle ou réelle française aux personnes et aux biens de France, reçoit exception lorsqu'il s'agit de la forme des actes. Dans ce cas, quoique l'acte (et par conséquent le texte légal qui en détermine la forme) soit relatif à des personnes ou à des choses françaises, on y appliquera cependant la loi du pays où l'acte est passé. On a toujours proclamé, comme un résultat de la force même des choses, et notre Code consacre aussi, cette maxime : *Locus regit actum.*

§ 3. Application de la loi (art. 4, 5 et 6).

V. — Le législateur pose ici trois règles importantes :

1º La loi ne pouvant pas tout prévoir, ni s'expliquer toujours assez clairement, et la justice, néanmoins, devant toujours être rendue, il est enjoint aux juges de toujours prononcer, en se décidant, en cas d'insuffisance ou d'obscurité de la loi, d'après les lumières de leur raison et les principes de l'équité. Cette injonction, qui n'est du reste d'aucune application en matière pénale, contient implicitement la consécration de tous les préceptes du droit naturel.

2º Le pouvoir judiciaire devant être complètement séparé du pouvoir législatif, il est expressément défendu aux juges de s'immiscer dans les fonctions du législateur en prononçant par voie de disposition générale et réglementaire. Il suit de là que les interprétations que les juges donnent de la loi, et les décisions qu'ils rendent sur les affaires à eux soumises, ne sont jamais obligatoires que quant à l'affaire dont il s'agit, et pour ou contre les parties qui ont figuré au procès, soit par elles-mêmes, soit par des personnes qu'elles représentent.

Le jugement, en effet, ne s'applique jamais qu'à tel fait déterminé ; la force judiciaire diffère de la force législative, d'abord en ce qu'elle ne régit que le passé, ensuite en ce qu'elle a pour caractère la spécialité, l'individualité. Si les tribunaux procèdent souvent par des propositions générales, par des principes et des considérations qui n'ont rien de particulier, ce n'est que dans les *motifs* du jugement qu'ils vont rendre, et pour descendre de là au fait précis qu'ils règlent dans le *dispositif*, qui seul constitue ce jugement.

N. B. — Ni la Cour de cassation, ni le Ministère public ne font partie de la puissance judiciaire. Le dernier rentre dans le pouvoir exécutif; la première est une commission d'interprétation des lois.

3º Enfin, une loi générale devant cesser de s'appliquer dans les cas particuliers prévus par une loi spéciale, et les conventions légalement formées tenant lieu de loi à ceux qui les font, le Code reconnaît que ces conventions pourront toujours déroger aux lois ordinaires, lorsque ces lois ont uniquement pour objet l'intérêt purement privé des personnes. Mais quand il s'agit de lois qui intéressent, de près ou de loin, l'ordre public ou les bonnes mœurs, aucune dérogation n'y est possible, sans qu'on ait besoin de rechercher si le législateur a pris ou non la peine de défendre expressément cette dérogation.

LIVRE PREMIER.

DES PERSONNES.

EXPLICATION.

I. — Le Code civil, ainsi que nous l'avons déjà dit, a été divisé en trois livres.

Le livre I s'occupe principalement des Personnes, des états divers dans lesquels elles peuvent se trouver, et de la capacité qui en résulte pour elles.

Le livre II traite des Choses ou Biens, de leurs espèces diverses, et des droits que les personnes peuvent avoir sur ces biens.

Il ne faudrait pas croire pour cela que le livre I ne contient que des lois personnelles, et le livre II des lois réelles seulement. Sans doute, on trouvera dans le livre I plus de statuts personnels que de statuts réels, et réciproquement : mais comme il n'est pas possible de traiter l'un de ces deux objets du droit en faisant abstraction complète de l'autre, on rencontrera nécessairement quelques lois réelles dans le premier livre, comme on en trouvera de personnelles dans le second.

Dans le livre III, le législateur, après avoir parlé des personnes et des biens, explique les différens moyens par lesquels les premières peuvent être mises en rapport avec ces derniers; c'est-à-dire qu'il établit les diverses manières d'acquérir les différens droits qu'on peut avoir sur les biens.

Ainsi : les Personnes, les Choses, les Rapports des personnes avec les choses.

II. — Maintenant, et avant d'entrer dans l'explication de ce livre, recherchons ce que signifie, dans notre Code, le mot *Personne*, sur le sens duquel tout le monde n'est pas d'accord.

Par *Personne* on entend ordinairement *un homme, un individu;* et, selon nous, c'est là aussi le sens que lui a donné notre législateur. Suivant Toullier, au contraire (t. 1er, n° 168), le mot *personne* aurait en droit un sens tout différent; il signifierait, non pas l'individu lui-même, mais bien le rôle que cet individu joue dans la société, à raison des différentes qualités civiles dont il jouit. Je m'explique :

La capacité d'un individu, ses droits et ses obligations doivent varier, on le conçoit, selon qu'il sera pubère ou impubère (c'est-à-dire, en âge de se marier ou non), mineur ou majeur, célibataire ou marié, qu'il aura encore ou n'aura plus d'ascendans, etc.; or l'ensemble de ces diverses qualités constitue son état au milieu de la société, son *état civil*. Eh bien! c'est le résultat de cet état que désignerait, selon Toullier, le mot *personne*, lequel se trouverait, ainsi, à peu près synonyme de *personnage*, et serait la traduction du *persona* des Latins.

Cette théorie, vraie en droit romain, n'a certainement point passé dans notre droit français.

Rappelons ici quel cachet tout particulier, quelle singulière physionomie présentait la législation romaine.

À Rome, l'état civil, la parenté et la famille civiles, la puissance paternelle, etc., étaient organisées avec une bien autre force que chez nous; le droit avait véritablement créé une seconde nature, une nature juridique, à côté de la vraie nature de l'homme. La personne civile n'était point la personne naturelle, la parenté et la famille civiles n'étaient point la parenté et la famille naturelles, le mariage du droit civil n'était point le mariage du droit naturel (bien que ce dernier fût aussi reconnu par la loi). Il y avait véritablement deux espèces de personnes, l'homme selon la nature et l'homme selon le droit, comme il y avait deux espèces de mariages, deux espèces de famille et de parenté.

Il ne sera pas sans utilité de donner ici, là-dessus, des notions plus explicites et qui fassent bien saisir, à ceux qui seraient complétement étrangers à ces matières, quelques idées capitales de cette législation vraiment étrange.

Chez nous, comme on le verra, les effets de la puissance paternelle sont tout simplement : 1o de donner, à celui qui l'exerce, l'administration de la personne de l'enfant et de ses biens, s'il en a, jusqu'à sa majorité ou son émancipation; 2° de lui attribuer l'usufruit de ces biens jusqu'à ce que l'enfant soit émancipé, ou ait accompli sa dix-huitième année. Après la majorité ou l'émancipation, la puissance paternelle n'a plus guère qu'une existence nominale, excepté quant au mariage de l'enfant, qui ne peut le contracter qu'en obtenant le consentement ou en demandant le conseil de ses ascendans. Du reste, le fils de famille en se mariant devient, lui aussi, père de famille, et quoique toujours soumis à la puissance paternelle, affaiblie comme on vient de le dire, il exercera lui-même cette puissance, dans son entier, sur les enfans qui naîtront de son mariage.

A Rome, c'est tout autre chose. Dans chaque maison un seul homme est *pater-familias*, maître de la *familia*; et la *familia*, qu'on le remarque bien, c'est l'ensemble de toutes les personnes et de tous les biens composant la maison. L'argent, les terres, les troupeaux, les maisons, les esclaves, les enfans, sont autant de choses formant la *famille*, c'est-à-dire une unité juridique, un patrimoine légal, dont la propriété intégrale et indivisible appartient au chef, nécessairement unique, à celui qui seul est *capax dominii*, susceptible d'être propriétaire, qui se trouve dans les conditions voulues pour s'appartenir à lui-même, *sui juris*, et avoir par suite des choses qui lui appartiennent. C'est ainsi que la loi des Douze-Tables dit qu'à la mort du chef d'une *famille*, son plus proche parent recueillera cette *famille*, *proxumus adgnatus familiam habeto*. Le mot *Pater-familias*, que ne rend nullement chez nous l'expression décolorée de *père de famille*, signifie donc exactement le propriétaire; mais encore, avec un sens plus large et plus sévère que chez nous : c'est celui *qui in domo dominium habet*, sur la tête duquel repose toute propriété, toute puissance, toute autorité, toute maîtrise, en un mot, toute *propriété*; car, pour le Romain, toutes les idées de supériorité se résument en celle-ci. Tout autre que l'homme *sui juris*, que le *pater-familias* est incapable de propriété, c'est-à-dire d'une supériorité ou puissance quelconque sur quoi que ce soit; car rien ne peut appartenir à celui qui ne s'appartient pas à lui-même, qui est *alieni juris*; donc, les enfans qui naissent des *filii-familias*, comme ceux qui naissent des *servi*, appartiennent tous au *pater-familias*, aussi bien que toutes les choses que ces fils ou ces esclaves peuvent acquérir, et qui arrivent par eux au propriétaire unique de la *familia*.

Cette puissance, cette propriété si énergique et si absolue du *pater-familias*, ne doit ni cesser ni se relâcher à aucune époque que ce soit, par aucun événement que ce soit, elle ne s'éteint qu'à la mort du chef, à moins, bien entendu, que celui-ci ne la brise volontairement en aliénant, en vendant les personnes ou les choses qui en font l'objet. Nous disons *en vendant*, car ainsi qu'on l'a dit, les divers caractères de cette autorité se résumant dans l'idée de propriété, c'est toujours, quant à la théorie juridique, par une vente que cette autorité se résout, alors même qu'il s'agit, ou de faire entrer un fils dans la famille d'un autre chef, ou de le rendre lui-même chef de famille, *sui juris*; l'émancipation comme l'adoption se font *per imaginarias venditiones*. Quels que soient donc l'âge d'un fils de famille et sa position dans la société, il reste toujours *alieni juris*, incapable de propriété, de maîtrise, ni sur lui-même, ni sur quelque chose que ce puisse être, soumis absolument à la toute-puissance de son *pater-familias*.

Pour ne plus parler que de ce qui touche les enfans, la *familia*, cette famille légale, juridique, ne se forme que de mâle en mâle. Le *pater-familias* a dans sa famille et sous sa puissance tous ses enfans, fils ou filles; puis tous les enfans de ses fils, tous les enfans des fils de ses fils, et ainsi de suite. Quant aux enfans de ses filles, ils ne sont ni dans sa *familia*, ni par conséquent sous sa puissance; ils sont dans la famille de leur père ou de l'ascendant auquel ce père est soumis lui-même. Ainsi, un individu peut avoir des enfans et des petits-enfans et n'être pas cependant *pater-familias*; réciproquement, un enfant peut être *père de famille* en naissant : il suffit pour cela que ses ascendans soient morts. En un mot, et pour le répéter encore, le *pater-familias* est celui *qui habet dominium*, qui est *sui juris*, qui a maîtrise et autorité, *droit de propriété* enfin, quand même rien ne serait actuellement soumis à ce droit, et que sa *familia* se composerait de lui seul.

Puisque la fille, comme le fils, est dans la famille de son père et y reste à toujours, après comme avant son mariage; et puisque, d'un autre côté, les enfans qui naissent d'elle se trouvent dans la famille de son mari, leur père, il s'en suit que l'enfant n'est jamais de la même famille que sa mère. Entre eux il n'y a point de parenté civile; ils sont parens selon la nature, *cognati*, mais non pas parens selon la loi, *adgnati*. Aussi, l'enfant n'hérite-t-il jamais de sa mère.

La loi, cependant, offre un moyen de faire entrer la femme, par exception aux principes, dans la famille et sous la puissance de son mari, *in manu mariti*, et de la rendre ainsi parente de ses enfans. Ce moyen produit le même effet qu'une adoption faite de la femme par le mari; la femme devient la fille de son époux, et se trouve par conséquent la sœur des enfans auxquels elle donne le jour et qui, sans cela, lui resteraient étrangers. Cette puissance du mari sur sa femme, cette *propriété* (car le génie romain nous ramène toujours à cette idée) s'acquiert d'ordinaire ou *coemptione*, par l'achat que le mari fait de sa femme au *pater-familias* de celle-ci; ou *usu*, par une prescription qui s'accomplit sur elle, comme sur toutes les choses mobilières, par un an de possession, conformément aux principes de l'*Usucapio* (de *usu-capere*, acquérir par l'usage). Il y avait un troisième et dernier mode plus noble que les deux autres, la *Confarreatio*, cérémonie sacrée où figurait un petit gâteau (*farreum*) et dans laquelle la puissance du mari se produisait par l'intervention des dieux ; mais ce mode n'était employé que par les familles patriciennes (1).

On voit, par ce qui précède, combien est vraie cette parole du jurisconsulte romain Gaïus (Comment. i, § 55) : *Ferè nulli alii sunt homines qui talem in liberos habeant potestatem, qualem nos habemus.* Il aurait certes bien pu supprimer la restriction *ferè*.

Nous avons en France, du reste, quelque chose qui reproduit une image parfaite de l'*Adgnatio* ou parenté civile des Romains, c'est la transmission du nom. Un père donne son nom à tous ses enfans fils et filles, à tous les enfans de ses fils, et ainsi de mâle en mâle ; mais jamais aux enfans de ses filles. La loi romaine dit des enfans : *Patris, non matris familiam sequuntur*; nous pourrions dire nous : *Patris, non matris nomen sequuntur.* Tous ceux des membres d'une famille qui chez nous portent le même nom, sont à Rome des agnats, des parens civils.

Pour qu'un enfant soit dans la famille et, par là, sous la puissance de son père, il faut à Rome, ou 1° qu'il ait été conçu *in justis nuptiis*, ou 2° qu'il ait été adopté.

1° On appelle *nuptiæ* ou *matrimonium* le mariage contracté selon les règles particulières du droit civil. Il existe une seconde espèce de mariage appelée *concubinatus*, union licite, mariage véritable qu'il ne faut pas confondre, dès-lors, avec ce qu'on nomme chez nous concubinage (le *stuprum* des Romains), mais qui, n'étant point accompagné des conditions voulues par la loi, ne rattache point l'enfant à son père, en sorte qu'il n'y a point de parenté civile entre eux.

2° L'adoption, dont on distingue deux espèces (l'*adoption* proprement dite et l'*adrogation*), est l'acte par lequel je fais entrer

_____

(1) Il y aurait de belles et nombreuses observations philosophiques à faire sur tout ceci ; il y aurait de graves et précieux enseignemens à tirer du rapprochement de la législation romaine avec notre législation française, du droit païen avec le droit chrétien. Aussi, notre intention avait été d'abord de donner là-dessus, en tête de ce premier volume de notre ouvrage, un travail précis, mais complet, sous cette rubrique : *Aperçu historique et philosophique sur les progrès du droit, depuis la fondation de Rome jusqu'à nos jours.* La nécessité que nous nous sommes imposée de resserrer cet ouvrage dans d'étroites limites, nous a forcé d'en retrancher ce travail, lequel, du reste, trouvera sa place dans nos *Principes de science religieuse.*

dans ma famille et sous ma puissance un enfant qui m'était
étranger. Il y a adoption proprement dite quand, pour entrer
sous ma puissance, l'enfant sort de la puissance d'un autre ; il
y a adrogation quand j'adopte un individu *sui juris*, père de
famille.

Voyons maintenant comment se constitue l'état civil.

A Rome, les qualités de père ou de fils de famille, de pubère
ou d'impubère, de célibataire ou de marié, sont indifférentes
et ne se prennent point en considération pour fixer l'état civil
de l'individu. Ce ne sont là que des qualités secondaires, trop
peu importantes pour qu'on y ait égard dans une législation où
tout est si fortement organisé.

L'état civil ne se forme que de trois élémens : la liberté, la cité,
la famille : *tria sunt quæ habemus*, dit le jurisconsulte Paul, *liber-
tatem, civitatem, familiam* (*l.* II. *Dig. de capite minutis*). La
perte d'un de ces trois élémens entraîne perte ou changement de
l'état civil.

Perte ou *changement ;* car quelquefois l'état antérieur n'est
perdu que pour être remplacé par un autre, quelquefois au
contraire il l'est absolument. La classe des hommes libres étant
une, et la classe des citoyens une également, celui qui perd la
liberté ou le droit de cité se trouve dépouillé définitivement d'un
des élémens du *status ;* au contraire, le nombre des familles
étant illimité, on ne sort jamais de l'une que pour entrer dans
une autre, et ce, quand même on serait seul de cette famille
nouvelle. Lors donc qu'on ne perd que le droit de famille, il
n'y a pas perte, mais simple changement de l'état civil ; aussi,
dit-on : *familia mutatur*, et au contraire, *libertas amittitur*,
civitas amittitur. (Paul. II. *D. de cap. min. ;* Ulp. reg., *t.* II. 13.)
Celui qui perd la liberté ou la cité est rayé de la liste des citoyens ; celui qui sort de sa famille est toujours inscrit sur cette
liste, seulement c'est à une autre place, comme appartenant à
une famille nouvelle.

La perte d'un des trois élémens qui constituent la famille se
nomme *capitis deminutio*, diminution de tête. En effet, quand
elle a lieu, la classe des hommes libres, ou celle des citoyens,
ou enfin la famille, compte une tête, un membre de moins. Par
inversion, on applique à l'individu la diminution subie par la
société dont il cesse de faire partie, et c'est lui qu'on dit *capite
minutus.*

L'état civil se constituant de trois élémens, il y a trois déchéances d'état, trois diminutions de tête. La perte de la liberté
entraîne celle de la cité et de la famille, c'est alors la grande diminution de tête, *maxima capitis deminutio ;* la perte de la cité

laisse la liberté, mais enlève le droit de famille, c'est *media capitis deminutio;* enfin la petite diminution de tête, *minima,* se réalise quand il y a seulement changement de famille.

Ainsi donc, la *personne*, naturellement parlant, c'est l'individu même; mais civilement parlant et en droit, c'est le *rôle* que joue cet individu, l'*état* qu'il occupe. Lors donc que cet individu subit une diminution de tête, on voit bien toujours en lui le *même homme*, mais le droit civil n'y voit plus la *même personne.*

C'est ainsi que les obligations civiles qui existaient contre lui avant la diminution de tête se trouvent éteintes, les obligations purement naturelles continuant seules d'exister; Gaïus dit: *Eas obligationes quæ naturalem præstationem habere intelliguntur, palam est capitis deminutione non perire; quia civilis ratio naturalia jura corrumpere non potest.* (L. 8, *De cap. min.*)

C'est ainsi que l'usufruit, qui est une servitude personnelle, c'est-à-dire établie seulement au profit de la personne, et qui doit par conséquent s'éteindre quand la personne cesse d'exister, s'éteint en effet par toute diminution de tête : *amittitur ususfructus capitis deminutione.* (Paul, lib. 3, t. 6, § 28.)

C'est ainsi encore qu'un testament ne pouvant pas avoir d'effet à la mort d'une personne, lorsque ce n'est pas cette personne qui l'a fait, tout testament se trouve annulé par chacune des trois diminutions de tête : *Testamenta jure facta infirmantur, cùm is qui fecerit testamentum capite deminutus sit.* (Gaïus, Comm. 2, § 143.)

Maintenant, ces théories ont-elles passé dans notre législation? Évidemment non. De toutes ces dispositions de la loi romaine, pas une n'est acceptée par notre droit français, tout simple, tout conforme à la nature. Il n'y a point, chez nous, deux espèces de personnes; pas plus qu'il n'y a deux espèces de mariages, deux espèces de parentés, deux espèces de familles. Pour nous la *personne*, c'est l'*homme*, et quand un changement d'état a lieu, la personne reste toujours la même; c'est seulement sa capacité qui est modifiée.

S'il en était autrement, s'il fallait dire, chez nous aussi, que la *personne* n'est pas l'individu, mais bien le *rôle*, le *personnage* que joue cet individu d'après son état civil, et que dès-lors toutes les fois qu'un événement apporte un changement à sa condition légale, à son état civil, et produit ainsi un rôle nouveau, cet événement opère *changement de personne;* s'il fallait admettre un pareil principe, on arriverait à une théorie beaucoup plus extraordinaire encore, beaucoup plus étrange que celle de la loi romaine.

En effet, chez nous, ce n'est pas seulement par trois élémens que se constitue l'état civil de chacun, il se compose d'une foule de qualités. Il y a, pour l'individu, changement d'état, quand il devient pubère d'impubère qu'il était, quand de mineur il devient majeur, quand il se trouve libéré de la puissance paternelle, quand il se marie, etc. Il faudrait donc dire que, dans tous ces cas, ce n'est plus la *même personne* qui subsiste, et que par conséquent l'usufruit qui appartenait à cette personne est éteint, que son testament sera nul, etc.!

Il ne faudrait pas voir dans la *mort civile*, organisée par notre Code dans les art. 22 à 33, la consécration, pour un cas particulier, de cette distinction absolue à Rome, entre la *personne* et *l'homme*, entre l'individu juridique et l'individu naturel.

La mort civile, institution aussi monstrueuse en morale qu'en logique et que nos législateurs, sans doute, se décideront quelque jour à faire disparaître de nos lois (il en a déjà été question en 1832), la mort civile n'a rien de commun avec les diminutions de tête ou *changemens de personnes* des Romains. A Rome, après une diminution de tête, la loi ne voit plus le même individu juridique, mais elle voit toujours le même individu naturel; ce n'est plus la même personne, mais c'est toujours le même homme; dans la grande, c'est le même homme devenu esclave, de libre qu'il était; dans la moyenne, c'est le même homme devenu étranger, de citoyen qu'il était; dans la petite, c'est le même homme appartenant à une famille différente. Chez nous, la mort civile n'éteint pas la personne pour laisser subsister l'homme; la mort civile est, comme son nom l'indique, une fiction opérant (autant que le permet la force des choses, car il a bien fallu rester dans les limites du possible) le décès légal, juridique, de *l'homme* lui-même; après la mort civile, la loi ne voit pas le même homme devenu esclave (car on ne connaît pas d'esclavage chez nous), elle ne voit pas le même homme devenu étranger (car le mort civilement ne jouit pas même des droits accordés aux étrangers), elle ne voit plus d'*homme*, elle ne voit plus rien; il n'y a plus, à ses yeux, qu'un cadavre, un mort. (Voir l'explication de l'art. 33, n° I.)

Non, il n'y a point chez nous de changement d'état qui puisse éteindre soit un droit, soit une obligation; ainsi, les servitudes personnelles, c'est-à-dire attachées et appartenant aux personnes, l'*usufruit*, l'*usage*, l'*habitation*, ne s'éteignent, aux termes des art. 617 et 625, que par la mort, soit naturelle, soit civile; parce que c'est seulement par la mort que la *personne* cesse d'exister, attendu que la *personne*, pour notre loi française, c'est l'*individu* même, c'est l'*homme*.

La subtile distinction entre l'homme et la personne ne doit pas plus se prendre à la lettre chez nous que ces *Pères de famille*, sans famille ni paternité, dont parlent les art. 450, 601, 692, etc.; que ces *Institutions d'héritier*, où l'on ne fait pas d'héritier (1002); que ces *Exceptions*, où il n'y a rien à excepter (1360, 1361); que ces *Prescriptions* (*præ-scripta verba*, *præ-scriptio*), où ne figure aucune écriture (2219), et toutes ces expressions romaines, dont la plupart étaient déjà vides de sens il y a treize cents ans, dans la législation justinienne, et que la puissance de la routine a seule conservées jusqu'à nous.

Qu'on se garde donc bien d'aller ainsi chercher à vingt siècles en arrière, pour les implanter dans notre législation, des idées, des théories, plus ou moins bizarres, plus ou moins éloignées de la nature, et qui sont en contradiction flagrante avec notre droit actuel. Sans doute, il faut étudier le droit romain et s'en nourrir; parce que c'est lui qui a engendré notre droit civil, lequel, quoi qu'on en dise, restera toujours une énigme pour ceux qui l'étudieraient seul. Sans doute, il faut étudier le droit romain et s'en nourrir; parce que c'est là le droit modèle, et que la méditation de cette œuvre admirable des Prudens peut seule inculquer les principes juridiques et former le jurisconsulte, comme l'étude des toiles et des statues des grands maîtres peut seule donner l'intelligence des règles de l'art et faire éclore le génie de l'artiste. Mais ce respect du droit romain, il ne doit pas être aveugle; cette influence qu'il est nécessaire d'avoir subie, il ne faut pas se laisser maîtriser par elle jusqu'à l'absurde; il faut étudier le droit romain, non pas pour en reproduire une copie et reculer jusqu'à lui; mais pour lui demander une méthode qui nous dirige en avant dans les voies nouvelles que nous ouvre la codification de 1804 (1).

_____

(1) L'erreur que nous venons de rencontrer chez Toullier, presque au début de son livre, nous donne l'occasion de présenter, sur ce jurisconsulte et sur son œuvre, quelques *réflexions* de nature à prémunir les commençans contre l'autorité trop absolue qu'on est enclin à lui donner. L'ouvrage de Toullier est excellent, il est au-dessus de nos éloges; mais il ne faut jamais, c'est lui-même qui nous le dit, jurer sur la parole du maître, quel que soit le maître. *Errare humanum est ;* et Toullier, d'ailleurs, se trouvait dans des circonstances particulières qui devaient être pour lui des causes inévitables d'erreur.

Docteur de l'ancienne école; professeur distingué à la faculté de Rennes, dès avant la révolution de 1789; nourri surtout du droit romain, objet de sa prédilection, et dont il désirait vivement la chaire, quand, en 1806, à la réouverture des Facultés, il obtint celle de Code civil; âgé de près de soixante ans déjà, quand ce Code vint régir la

TITRE PREMIER.

DE LA JOUISSANCE ET DE LA PRIVATION DES DROITS CIVILS.

(Décrété le 8 mars 1803. — Promulgué le 18.)

Ce titre est divisé en deux chapitres :

Dans le chapitre I : *De la jouissance des droits civils*, nous verrons, — 1° Que cette jouissance est attachée à la qualité de Français, à propos de quoi l'on dira comment on est *Français*, et comment on est *citoyen français;* — 2° sous quelles conditions cette jouissance est accordée aux étrangers.

Dans le chapitre II : *De la privation des droits civils*, le législa-

---

France, c'était pour lui chose impossible, surhumaine, de se familiariser tout à coup avec les idées nouvelles que ce Code consacrait : fortement imbu des anciens principes, à la méditation desquels il avait passé sa vie, il n'a pas su, et il ne pouvait pas, en vérité, rompre avec eux pour se plier tout à coup à l'esprit de la loi nouvelle. La preuve s'en trouve, bien frappante et bien saisissable, dans la comparaison des différentes parties de son ouvrage.

Dans les deux premiers volumes, il traite *des personnes;* là, nos législateurs ont souvent rompu avec le passé; aussi, Toullier est loin d'être ce qu'il sera plus tard. Il en est loin, surtout, dans la matière de la *Mort civile* et dans le titre de l'*Absence.* Là, les rédacteurs ont moins vécu d'emprunts et ont dû créer plus souvent; aussi, Toullier est vraiment faible, il est incomplet; c'est seulement dans le troisième volume, qui traite des *Choses,* qu'il commence à mériter réellement sa célébrité. Dans le tome quatrième, au titre *des Successions,* l'ancienne jurisprudence est abandonnée; aussi, Toullier, réalisant le désir de Chabot, qui craignait la concurrence pour son Commentaire, retombe un peu, pour ne se relever dignement qu'au sixième volume, au traité *des Obligations.* Là, nos rédacteurs n'avaient guère fait que numéroter en articles les alinéas de Pothier, et là aussi, Toullier devient admirable; il fait un chef-d'œuvre. Voyez comme il est à l'aise ! comme il s'étend ! *Six* volumes ne lui sont pas trop pour *moins de* 3oo *articles;* tandis qu'au livre des *Personnes, deux* lui ont suffi pour *plus de* 5oo ! Cette circonstance toute matérielle est, à elle seule, fort significative.

Au reste et somme toute, Toullier est un auteur trop haut placé pour que la critique, même la plus sévère, puisse nuire à sa célébrité; à lui restera toujours la gloire immense d'avoir, le premier, donné une digne interprétation de la plus grande partie de notre Code civil et posé des bases à la jurisprudence nouvelle. Les lumières qu'il a jetées, le premier, sur l'œuvre qui venait d'éclore, ses erreurs elles-mêmes, furent un profit offert à ceux qui, venus ensuite, ont été ou seront assez heureux pour réussir mieux que lui. Personne n'oubliera cette circonstance.

teur nous dira que le Français peut être privé des droits civils de deux manières : 1° par la perte de sa qualité de Français, laquelle peut se réaliser par cinq causes différentes; 2° par l'effet de condamnations judiciaires.

CHAPITRE PREMIER.

De la Jouissance des droits civils.

ARTICLE 7.

L'exercice des droits civils est indépendant de la qualité de citoyen, laquelle ne s'acquiert et ne se conserve que conformément à la loi constitutionnelle.

SOMMAIRE.

I. Différence entre les droits civils et les droits civiques ou politiques. — Pour jouir des premiers, il suffit d'être Français ; pour jouir des autres, il faut de plus être citoyen.
II. Nous n'avons plus de loi constitutionnelle qui fixe les conditions requises pour être citoyen. — Renvoi à l'art. 12 pour la détermination de ces conditions.

EXPLICATION.

I. — On appelle *droits civils* les facultés qui s'exercent dans les rapports des personnes privées entre elles, et que confère la loi civile, le *droit privé*, ainsi qu'il a été défini au dernier numéro de l'introduction. Telles sont les facultés de succéder, de disposer ou de recevoir par donation ou par testament, de contracter mariage et d'en réclamer les bénéfices, d'adopter ou d'être adopté et de recueillir les avantages de l'adoption, etc., etc.

Il ne faut pas confondre cette classe de droits avec les droits *civiques* ou *politiques*, lesquels découlent du *Droit public*, et qui sont la part attribuée aux divers membres de la société dans l'exercice de la puissance publique. Tels sont les droits d'être juré, électeur, député; de faire partie de la garde nationale, etc.

L'exercice des droits civils, nous dit notre article, est indépendant de la qualité de *citoyen*; il suffit, pour l'avoir, d'être *Français*, comme va le dire l'article suivant. C'est pour les droits civiques seulement qu'il faut avoir aussi le titre de citoyen.

II. — Ce titre de citoyen, d'après notre texte, s'acquiert et se conserve conformément aux règles établies par la loi constitutionnelle. La loi à laquelle l'article faisait allusion était la Constitution du 22 frimaire an VIII. Elle a été remplacée par la Charte de 1814, laquelle l'a été à son tour par celle de 1830, sans

7

que ni l'une ni l'autre de ces deux dernières se soient occupées de régler, comme le faisait la première, les conditions requises pour être citoyen. On ne tient plus aujourd'hui dans chaque arrondissement, comme le voulait l'art. 2 de cette Constitution, un registre sur lequel puissent se faire inscrire les Français majeurs pour arriver au titre de citoyens. Nous verrons sous l'art. 12, nos IV et V, que la conclusion à tirer de cette absence de conditions déterminées est celle-ci : qu'on est aujourd'hui citoyen, par cela seul qu'on est Français d'origine, mâle et majeur.

ARTICLE 8.

Tout Français jouira des droits civils.

SOMMAIRE.

I. Différence entre la jouissance et l'exercice d'un droit.
II. On est Français ou par la naissance ou par un bienfait postérieur de la loi. — Quand l'est-on par la naissance ? — En mariage, l'enfant suit la condition du père ; hors mariage, il la suit encore si le père l'a reconnu ; il suit celle de la mère, si elle l'a reconnu seule. — A défaut de mariage et de reconnaissance, l'enfant appartient au pays où il naît. — Quand l'enfant doit suivre la condition du père, c'est celle du moment de la conception ; s'il doit suivre celle de la mère, on prend le moment de la grossesse le plus avantageux pour l'enfant.
III. L'attribution de la qualité de Français par le bienfait de la loi se réalise de six manières.

EXPLICATION.

I. — La seule condition requise pour avoir la jouissance des droits civils, c'est, comme on le voit par notre article, d'être Français (pourvu, bien entendu, qu'on n'ait pas été privé de cette jouissance par l'effet d'une condamnation).

Mais il faut bien distinguer la *jouissance* des droits civils, de l'*exercice* de ces droits ; la jouissance des droits civils en est, pour ainsi dire, la propriété ; l'exercice en est l'usage. Or, il est possible qu'un droit nous appartienne, et que cependant il ne nous soit pas permis d'en user quant à présent : aussi, est-il beaucoup de Français qui n'ont pas l'exercice des droits civils, bien que par leur seule qualité ils en aient la jouissance. Ainsi, le mineur et la femme mariée jouissent de tous leurs droits civils, mais ils ne les exercent pas ; l'exercice de la plupart de ces droits est confié pour le mineur, au tuteur, pour la femme, au mari. Nous disons *de la plupart* et non pas de tous ; car il en est qui ne peuvent être exercés que par la personne elle-même : par exemple, le mari ne pourrait pas faire le testament de sa femme, et il est clair que le tuteur ne pourrait pas se marier pour son mineur.

Ceux à qui la loi refuse l'exercice des droits dont ils jouissent, reçoivent le nom générique d'*incapables*. Les principales dispositions relatives aux incapables se trouvent dans les art. 215 et suiv., au titre du Mariage, pour la femme mariée; 388, 389, 430, 481, au titre de la Tutelle, pour le mineur; 489, 509, pour l'interdit judiciaire; 29 du Code pénal, pour l'interdit légal; 1124 et 1125, au titre des Obligations, pour tous. C'est l'explication successive de ces différens textes qui fera comprendre la théorie des incapacités.

II. — Ainsi on a, sinon l'exercice, du moins la jouissance des droits civils, par cela seul qu'on est Français. Mais comment est-on Français? Le Code ne répond pas complétement, catégoriquement, à cette question.

On est Français, ou par la naissance même, ou par un événement postérieur auquel cet avantage a été attaché par la loi.

Pour déterminer quand l'enfant est Français par sa naissance même, il faut distinguer trois cas, selon qu'il s'agit ou 1° d'un enfant légitime; ou 2° d'un enfant naturel reconnu par ses père et mère, ou par l'un d'eux; ou 3° d'un enfant naturel non reconnu.

1° Est Français par sa naissance, l'enfant légitime né d'un père français, soit en France, soit en pays étranger, quelle que soit la condition de la mère; que si le père était étranger, l'enfant légitime serait étranger, quand même la mère serait Française. La raison de ces deux décisions est que, par l'effet du mariage, l'enfant suit toujours la condition de son père.

2° Que s'il n'y a pas de mariage, et que dès-lors il s'agisse d'un enfant naturel, né en France ou à l'étranger, peu importe encore, il faut voir si cet enfant a été ou non régulièrement reconnu. S'il l'a été, la reconnaissance faite d'après les règles voulues établissant encore un rapport légal entre l'enfant et celui qui le reconnaît, comme le prouve l'art. 756 au titre des Successions, l'enfant suivra la condition de celui de ses deux auteurs qui l'aura reconnu, et, s'il l'avait été par tous deux, la condition du père, parce que cet enfant se rattachant alors et au père et à la mère, l'effet est donc le même, sous ce rapport, que s'il y avait mariage.

3° Mais s'il n'y a eu reconnaissance ni du père ni de la mère, l'enfant ne se rattache alors à personne, il n'y a donc plus lieu de déterminer sa condition d'après celle de ses auteurs, qui, légalement parlant, sont inconnus.

Nous disons qu'en l'absence d'une reconnaissance régulière,

le père *et la mère même* restent légalement inconnus. En effet, il ne faudrait pas prendre à la lettre, chez nous, la maxime romaine, *partus ventrem sequitur*, *l'enfant suit sa mère*, et s'imaginer que pour se rattacher à sa mère l'enfant n'a besoin d'aucune formalité. Cette maxime, d'après laquelle, à Rome, l'enfant suivait toujours la condition de la mère dès qu'il n'y avait pas *justum matrimonium*, ne reçoit pas chez nous d'autre consécration que celle-ci, savoir : que la grossesse et l'accouchement étant des faits apparens, facilement saisissables, et qui établissent entre l'enfant et sa mère des rapports moins fugitifs, notre Code déclare toujours permises la recherche et la constatation judiciaires de la maternité, tandis que celles de la paternité sont généralement interdites. C'est ce qui se voit par les art. 340, alin. 1, et 341. (Nous disons *généralement*, parce qu'il est un cas exceptionnel dans lequel on permet aussi la recherche de la paternité, comme on le voit dans l'alin. 2 de l'art. 340.) Mais si la maternité offre pour l'enfant une constatation plus facile et toujours permise, cette constatation n'existe jamais de plein droit chez nous; elle ne résulte même pas, comme on le croit partout dans le monde, de l'indication de la mère dans l'acte de naissance, et il faut *toujours* à l'enfant né hors mariage, ou bien une reconnaissance *volontaire et expresse* de sa mère, ou bien un *jugement* qui déclare la maternité de celle-ci. Lors donc qu'il n'y aura eu ni reconnaissance ni jugement, l'enfant ne sera point rattaché légalement à sa mère, et par conséquent ne suivra point sa condition.

Comment déterminera-t-on alors la qualité de cet enfant?... On devra le réputer Français, par cela seul qu'il sera né en France. En effet, la qualité de Français est, en France, la condition générale, la règle; celle d'étranger est l'exception. Or, une exception ne peut s'admettre que sur preuve; quand on procède par présomption et dans le doute, c'est la règle qui s'applique.

Par la même raison, l'enfant né en pays étranger serait étranger dans ces mêmes circonstances.

— On s'est demandé si c'est la condition que le père (ou bien la mère, sous les distinctions ci-dessus) avait lors de la *conception* de l'enfant qu'il faut attribuer à cet enfant, ou bien celle qu'il avait lors de la *naissance*.

Des auteurs ont répondu que l'enfant ne commençant à former une personne, et ne pouvant être membre de telle ou telle corporation que par sa naissance, c'est toujours par la qualité qu'avaient le père ou la mère au moment de cette naissance qu'il faut déterminer la sienne.

Cette décision nous paraît mauvaise ; nous croyons qu'il faut se reporter au moment de la conception , quand c'est par la condition du père qu'on doit se déterminer , et que quand c'est au contraire par la condition de la mère , il faut s'attacher soit au moment de la conception , soit à celui de la naissance , soit à un moment intermédiaire de la grossesse, selon qu'il est plus avantageux pour l'enfant.

Et d'abord , quand c'est la condition du père qui détermine celle de l'enfant, c'est au moment de la conception qu'il faut se reporter nécessairement et toujours ; ainsi le veulent les principes, et des principes écrits dans la nature même des choses. En effet, par rapport à son père , l'enfant forme une personne distincte, un être à part, du moment même de sa conception. Dès ce moment , il n'y a aucune dépendance de lui à ce père ; celui-ci peut devenir malade, mourir même, sans que l'existence de l'enfant en soit affectée ni modifiée. Sans doute , cet enfant ne forme pas encore une personne complète , parfaite et qui puisse être dite, dès à présent , faire partie de telle ou telle corporation , puisqu'un accident postérieur peut faire qu'il ne naisse jamais et ne compte pas parmi les hommes; mais ceci n'empêche pas que la règle qui doit fixer plus tard sa condition ne soit dès à présent posée, et que le germe, pour ainsi dire , de sa qualité future ne repose déjà en lui. Eh! qu'importent, en effet , les résultats possibles de la dépendance intime dans laquelle il est vis-à-vis de sa mère, puisque nous sommes dans une hypothèse où la loi fait abstraction de cette mère pour considérer le père seul ?... Une observation bien simple suffit pour rendre palpable la justesse de notre décision. Supposons que le père d'un enfant conçu en mariage légitime, meure quelques jours après la conception ; quand naîtra l'enfant, son père n'aura plus de condition, il ne sera ni Français, ni Anglais, ni Espagnol, il ne sera rien , puisqu'il est mort; l'enfant dont vous voudriez déterminer la qualité par celle qu'a le père au moment de la naissance, ne serait donc rien non plus !... Vous voyez que vous touchez ici à l'absurde.

Que si on se trouve, maintenant, dans les circonstances où la loi commande de déterminer la condition de l'enfant par la condition de la mère, alors, nous en sommes d'accord, c'est au moment de la naissance qu'il faut se reporter, en principe, puisque jusque-là l'enfant, placé dans une dépendance absolue vis-à-vis de sa mère, malade par sa maladie, mourant par sa mort, ne forme, en quelque sorte, qu'un seul être avec elle. Mais c'est là un principe auquel il faut apporter une exception de faveur, quand l'enfant qu'on déclarerait étranger en s'arrêtant au moment de la naissance, devra se trouver Français au contraire, si l'on se reporte au temps de la conception.

En effet, d'après une fiction généralement admise en droit, et qui a passé de la législation romaine dans la nôtre, on répute né l'enfant qui n'est encore que conçu, quand le résultat en est plus avantageux pour lui : *Infans conceptus pro nato habetur quoties de commodis ejus agitur;* les art. 725 — 1° au titre des Successions, et 906 au titre des Donations, présentent des applications de cette fiction. Or, aux yeux de la loi, il vaut mieux être Français qu'étranger, et puisque le Code consacre la maxime *infans conceptus* dans les art. 725 et 906, où il s'agit seulement de questions de propriété, d'intérêts pécuniaires, à plus forte raison faut-il l'appliquer quand il s'agit d'une question d'état, bien autrement favorable aux yeux du législateur, comme on le verra sous l'art. 54. Lors donc que l'enfant qui serait étranger si l'on considérait le moment de sa naissance, se trouvera Français, au contraire, en considérant l'époque de sa conception, ce sera à cette dernière époque qu'il faudra s'en tenir.

Que si la mère, étrangère et au moment de la naissance et au moment de la conception, avait été Française à une époque quelconque de sa grossesse, on conçoit que ces raisons conduiraient à dire que l'enfant, ayant été réputé, à l'époque où sa mère était française, déjà né et Français, naîtrait dès-lors avec cette qualité de Français, sans que la qualité d'étrangère que la mère s'est retrouvée avoir ensuite, puisse nuire à cet enfant, attendu que, par l'effet de la fiction, l'enfant était déjà censé exister séparément d'elle. L'application de la maxime *infans conceptus* exige qu'on dise ici, de la qualité de Français, ce que Martianus disait, à Rome, de la qualité d'homme libre : *Sufficit ei qui in ventre est, liberam matrem, vel medio tempore habuisse.* (Instit. Justin., l. I, t. 4.)

Du reste, on conçoit que quand on a une fois déterminé quel est le moment auquel il faut se reporter pour prendre, chez le père ou chez la mère, la condition qui doit devenir celle de l'enfant, c'est *toujours* à la condition que l'auteur avait à ce moment qu'il faut s'en tenir, quand même cette condition aurait changé postérieurement et serait différente au moment, par exemple, où se fait la reconnaissance. Ainsi, supposons qu'un enfant, reconnu seulement d'abord par sa mère, étrangère à toutes les époques (enfant qui dès-lors serait étranger si les choses restaient ainsi), soit ensuite reconnu par son père, étranger aussi moment qu'il reconnaît, mais qui était Français au moment de la conception de l'enfant ; il est clair que cet enfant sera Français. En effet, quand l'enfant est ainsi reconnu et par le père et par la mère, c'est la condition du père qu'il suit. Or, quand l'enfant suit la condition du père, c'est celle que le père avait lors de la conception de cet enfant; puis donc que, dans notre espèce, le père était Français lors de la conception, l'enfant sera Français aussi.

III. — On est encore Français, avons-nous dit, par le bienfait de la loi. Nous verrons *in decursu*, que ce résultat peut se réaliser de six manières différentes; quoique le Code, dans les articles qui suivent, n'en indique que trois.

ARTICLE 9.

Tout individu né en France d'un étranger, pourra, dans l'année qui suivra l'époque de sa majorité, réclamer la qualité de Français; pourvu que dans le cas où il résiderait en France, il déclare que son intention est d'y fixer son domicile, et que dans le cas où il résiderait en pays étranger, il fasse sa soumission de fixer en France son domicile, et qu'il l'y établisse dans l'année, à compter de l'acte de soumission.

SOMMAIRE.

I. Dans l'ancien droit, l'enfant était Français par cela seul qu'il naissait en France. Il en est autrement aujourd'hui. Il ne jouit de la qualité de Français qu'à partir de sa réclamation et sans aucune rétroactivité. — Erreur de Toullier, laquelle est sans importance depuis la loi du 14 juillet 1819.

II. La majorité dont parle l'article est celle du pays de l'enfant, et non celle fixée par la loi française. — Erreur de Delvincourt et de M. Duranton.

III. L'article ne s'applique point à ceux qui ne sont que conçus en France.

EXPLICATION.

I. — D'après notre ancienne jurisprudence, il suffisait de naître en France pour être Français. « Pour que ceux, disait « Pothier, qui sont nés dans les pays de la domination fran- « çaise soient réputés Français, on ne considère pas s'ils sont « nés de parens français ou de parens étrangers; si les étran- « gers étaient domiciliés dans le royaume ou s'ils n'y étaient « que passagers. Toutes ces circonstances sont indifférentes « dans nos usages : la seule naissance dans ce royaume donne « des droits de naturalité, indépendamment de l'origine des « père et mère, et de leur demeure. » (*Traité des personnes*, tit. 2, sect. 1.)

Lors de la confection du Code civil, la majorité des rédacteurs s'était d'abord attachée à cette ancienne idée, et on avait dit dans notre article : *Tout individu né en France est Français.* Mais le Tribunat critiqua vivement, et avec raison, cette disposition illogique qui déterminait la condition d'un enfant sans tenir compte de la qualité de ses auteurs. On supprima donc cette proposition, et on ne vit plus, dans le fait d'être né en France, qu'une circonstance qui devait faire supposer chez l'étranger un plus vif désir de devenir Français, et à cause de laquelle, dès-lors, on devait faciliter pour lui l'obtention de cette qualité. C'est ce qu'on a fait dans notre article, qui lui permet de devenir Français, à la charge : 1° de réclamer cette qualité dans l'année de sa majorité ; 2° de déclarer en même temps qu'il entend fixer son domicile en France ; et 3° de l'y fixer effectivement dans l'année de sa déclaration, s'il n'y est déjà.

Puisque aujourd'hui l'enfant né en France, de parens étrangers, n'est pas Français par le fait de sa naissance, mais le devient seulement par l'accomplissement des formalités indiquées dans notre article, il ne jouira donc de cette qualité que pour l'avenir, et à partir de sa réclamation ; il ne pourrait pas prétendre à en faire remonter les effets rétroactivement jusqu'au jour même de sa naissance. Si on doutait de cette conséquence, la combinaison de notre art. 9 avec les art. 10 et 20 l'établirait suffisamment. En effet, nous allons voir, dans l'art. 10, que l'enfant né en pays étranger, d'un ancien Français, est traité plus favorablement que celui dont parle notre article, puisqu'il peut faire, *à quelque époque que ce soit,* la réclamation que notre article ne permet à l'autre que pendant une année. Eh bien ! aux termes de l'art. 20, cet enfant-là lui-même, malgré la faveur plus grande qu'on lui accorde, ne jouit de la qualité de Français que du jour où il accomplit ces formalités ; *à fortiori,* en doit-il être de même de l'enfant dont notre article s'occupe, puisqu'il est moins bien traité que l'autre, comme cela devait être en effet.

Toullier, cependant, donne sur ce point une décision contraire (t. I, n° 261). Suivant la doctrine de cet auteur, ce n'est point l'accomplissement des formalités de notre article qui confère à l'enfant la qualité de Français, c'est le fait même de sa naissance en France ; sa réclamation a pour objet, non pas d'obtenir ce titre, mais de le faire constater et reconnaître. Le principe du droit se trouvant ainsi dans la naissance même, l'ensemble des formalités exigées n'est plus qu'une condition suspensive dont dépend la perfection de ce droit ; en sorte que dès sa naissance, l'enfant est Français, il l'est conditionnellement : si la condition s'évanouit, il sera censé ne l'avoir jamais été ; mais si elle se réalise, il l'aura toujours été, depuis l'origine du droit, depuis sa naissance même. Telle est, en effet, la nature de toute condition, ainsi que nous l'expliquerons plus loin.

Mais c'est là certainement une erreur qu'a engendrée dans l'esprit de Toullier cette profonde habitude, déjà signalée par nous, des anciens principes, qu'il n'a pas toujours su repousser quand notre Code les repoussait. Non, il n'y a point ici de condition suspensive ; l'accomplissement des formalités demandées n'est point simplement la *condition* d'un droit dont la cause serait dans la naissance, il est la *cause efficiente* de ce droit, et le fait d'être né sur le sol français est tout simplement le *motif* qui a déterminé le législateur à offrir ce moyen de devenir Français. Donc, notre article, qui, d'après la théorie erronée de Toullier, présenterait un cas où l'on est Français par la naissance même, doit se ranger au contraire parmi les cas où l'on devient Français par un bienfait postérieur de la loi. Ici, l'enfant naît étranger et reste tel pendant toute sa minorité ; l'emploi du moyen présenté par l'article le fait *devenir* Français.

A l'appui de sa décision, Toullier présente deux argumens aussi insignifians l'un que l'autre. Ils se résument à ceci : 1° Notre article dit que l'individu pourra *réclamer* la qualité de Français ; or, on ne réclame que ce qui appartient ; aussi, dans les art. 10, 18 et 19, où l'on parle d'individus à qui cette qualité n'appartient pas, puisqu'ils l'ont perdue, la loi se garde bien de dire qu'ils pourront la réclamer, elle dit seulement qu'ils pourront la *recouvrer*. 2° L'art. 20 dit bien que les individus dont parlent ces art. 10, 18 et 19, ne recouvreront la qualité de Français *que pour l'avenir* et sans effet rétroactif ; mais il a soin de n'en pas dire autant de l'enfant dont s'occupe notre art. 9.

Il est fâcheux, en vérité, d'avoir à perdre son temps pour réfuter des objections aussi faibles ; il le faut, cependant.

1° Tout le monde sait que le verbe *réclamer* s'emploie très-bien et fréquemment comme synonyme de *demander*, et pour des choses qui n'appartiennent point et n'ont jamais appartenu.

Pour ce qui est de l'expression *recouvrer*, dont se servent les art. 10, 18 et 19, elle est toute naturelle, puisqu'il s'agit là de reprendre une qualité qui a été perdue ; et on ne pouvait pas, au contraire, l'employer dans notre article, attendu que l'individu dont il est question n'a pas *perdu* cette qualité, puisqu'il ne l'a jamais eue.

2° Quant au silence que garde l'art. 20 sur la non-rétroacti-

vité du droit conféré par notre article, alors qu'il proclame cette
non-rétroactivité pour les cas des trois art. 10, 18 et 19, il n'a
rien de remarquable; il est au contraire tout simple et parfaitement logique. En effet, dans les trois articles auxquels l'article 20 se réfère, il s'agit d'une qualité rendue après avoir
été enlevée; il aurait donc pu y avoir des doutes sur le point
de savoir si elle serait rendue rétroactivement et à partir du
moment même où elle avait été enlevée, en sorte qu'elle serait censée avoir toujours continué; ou bien, si elle ne serait
rendue que pour l'avenir : il était bon dès-lors que le Code s'expliquât là-dessus. C'était même d'autant plus important, qu'il y
avait eu effectivement controverse sur ce point dans l'ancien
droit. Dans le cas de notre article, au contraire, le Code, rejetant la règle illogique de l'ancienne jurisprudence et déclarant que l'enfant dont il s'agit est un *étranger* qui *devient* Français par l'accomplissement des formalités indiquées, il était bien
inutile d'expliquer que cette qualité ne lui appartiendrait qu'à
partir de cet accomplissement et pour l'avenir seulement. En
un mot, dans les art. 10, 18 et 19, on a conservé les trois
règles anciennes, et comme l'interprétation de ces trois règles
donnait lieu à une difficulté, on a voulu la faire disparaître :
tel est l'objet de l'art. 20. Dans le cas de notre art. 10, au
contraire, ni l'ancienne règle, ni la règle toute différente posée par le Code, ne pouvaient présenter d'embarras. Autrefois
l'enfant était Français par sa naissance même; aujourd'hui il
est étranger, et ne devient Français que par sa réclamation;
il n'y a donc pas lieu à discussion pour savoir s'il devra jouir
de cette qualité à partir de sa naissance : l'affirmative pour
l'ancien droit, la négative dans le droit nouveau, sont évi-
dentes l'une et l'autre. L'art. 20 n'avait donc rien à dire sur ce
point.

Il faut donc tenir pour certain que l'enfant dont parle notre
article naît étranger et reste étranger jusqu'à l'accomplissement
des formalités exigées de lui; que dès-lors il ne jouit de cette
qualité qu'à partir de cet accomplissement. Pour rejeter cette
conséquence, il faudrait rejeter d'abord le principe lui-même;
mais ce principe est trop clairement établi, les objections que
lui adresse Toullier sont trop dénuées de force pour qu'on soit
tenté de s'en écarter. Que si, sur ce principe, il restait encore
des doutes, après la remarque faite plus haut de la disposition
primitive de cet article supprimée sur les réclamations du Tribunat, et aussi malgré le résultat si décisif de sa combinaison
avec les art. 10 et 20, il suffirait, pour les dissiper, de rapporter ici
les paroles que prononça le conseiller d'État Treilhard, orateur

du Gouvernement, en présentant notre titre au décret du Corps-Législatif, lesquelles indiquent par conséquent le sens définitif dans lequel la loi a été votée. Il disait : *Quant au fils de l'étranger qui reçoit accidentellement le jour en France, on ne peut pas dire* QU'IL NE NAIT PAS ÉTRANGER. Puis, plus loin, sur l'art. 10 : *L'enfant né à l'étranger d'un ancien Français ne peut pas évidemment être traité avec plus de rigueur que* l'ÉTRANGER *né sur notre sol.* (Voir sur tout ceci, Fenet, t. VII, p. 166, 592, 628.)

Au reste, depuis la loi du 14 juillet 1819, cette erreur, que nous avons dû combattre, parce qu'il faut toujours fixer les principes d'une manière exacte, n'a plus l'importance pratique qu'elle présentait quand Toullier a écrit, ainsi que le fera comprendre l'explication de l'art. 11.

11. — Ce n'est pas à quelque époque que ce soit que l'enfant dont parle notre article peut réclamer la qualité de Français ; on lui assigne une année avant laquelle il ne pourrait pas encore, et après laquelle il ne pourrait plus, faire utilement sa réclamation. Cette année est celle qui suivra *sa majorité*. Or, comme l'enfant, tant qu'il n'a pas fait sa réclamation, reste étranger, et que les lois qui fixent la majorité sont des lois personnelles, auxquelles dès-lors il demeure soumis, alors même qu'il résiderait en France, il s'en suit incontestablement que c'est dans l'année qui suivra l'époque de la majorité fixée par les lois de son pays, que l'enfant pourra et devra faire sa réclamation.

Et la raison, en effet, demandait qu'il en fût ainsi. Puisqu'on voulait déterminer un délai fatal, un intervalle préfix, après lequel le jeune homme ne pourrait plus invoquer le bénéfice de notre article, il fallait bien reporter ce délai à une époque où il serait en état d'apprécier les circonstances et de prendre parti en connaissance de cause. Telle a été évidemment la pensée du législateur : s'il a fixé l'année qui suit la majorité, c'est que l'enfant, tant qu'il est mineur, voyant confié à un tuteur le double soin d'administrer ses biens et de conduire sa personne, ne s'occupera guère par lui-même de décider où ni comment il s'établira, de chercher une position sociale, de se choisir une patrie. Or, quelle majorité viendra le livrer à lui-même et lui faire sentir le besoin de prendre un parti ? C'est celle fixée par la loi du pays auquel il appartient. C'est donc de cette majorité, et non pas de la majorité fixée par la loi française, qu'il fallait faire le point de départ du délai qu'on lui accorde. Autrement, le bienfait de notre article aurait souvent pu être illusoire ; la majorité française ayant lieu dès l'âge de 21 ans, d'après l'art. 488, il aurait pu arriver qu'un Allemand, par exemple, né en France, et ayant droit, par conséquent, au bénéfice de l'art. 9, s'en trouvât privé sans aucune négligence de sa part. En effet, la majorité allemande est fixée à 25 ans. Lors donc que ce jeune étranger, une fois arrivé à sa majorité, livré à lui-même et devenu son maître, serait venu réclamer, même immédiatement, la faveur de notre article, on lui aurait répondu qu'il était trop tard! Un pareil résultat n'était pas admissible, et notre Code a sagement agi en décidant que l'année de réflexion, de délibération, serait, pour chaque individu, celle qui suivra l'époque de *sa majorité*.

Eh bien! le croirait-on? En présence d'un texte aussi précis et aussi rationnel tout en même temps, en présence d'une disposition qu'il faudrait demander si elle n'existait pas, mais qui existe claire et formelle; en présence d'un article où la lettre et l'esprit se réunissent pour ne laisser aucune place à la discussion, à l'ambiguité, au doute, il s'est trouvé des auteurs, notamment Delvincourt (t. I) et M. Duranton (t. I, n° 129), qui décident que c'est de la majorité fixée par la loi française que notre article entend parler; et la raison qu'ils donnent d'une aussi étrange doctrine, c'est que la Constitution de l'an VIII, sous l'empire de laquelle le Code a été fait, voulait que l'étranger, pour devenir citoyen, déclarât son intention après avoir atteint l'âge de 21 ans. De là ces auteurs se croient en droit de conclure que la même pensée a présidé à notre article et à l'art. 3 de la Constitution du 22 frimaire, et que le premier doit s'expliquer par le second.

D'abord, notre article est fort clair et n'a besoin de s'expliquer par aucun autre texte; mais, en tout cas, pour lui donner un sens différent de celui que présente sa rédaction, il faudrait au moins trouver un article qui prévît un cas analogue à celui dont il s'occupe, et tel n'est point l'art. 3 de la Constitution de frimaire. Dans cet art. 3, en effet, le législateur fixe un moment avant lequel on ne pourra pas faire la déclaration, mais *après lequel*, au contraire, il restera loisible de la faire *à toute époque qu'on voudra;* il ouvre une porte qui, une fois ouverte, ne doit plus se refermer; rien donc ne peut l'empêcher de l'ouvrir le plus tôt possible. Aussi, il permet aux étrangers de venir déclarer leur intention dès l'âge de 21 ans, dès l'âge où quelques-uns peuvent se trouver dans les conditions de maturité, d'indépendance et d'expérience nécessaires, pour accomplir un pareil acte; mais il ne pose pas de terme fatal : et si ceux qui, dès 21 ans, se trouveront en état de se prononcer, peuvent le faire, ceux aussi pour qui des circonstances indispensables ne se réaliseraient qu'à 25 pourront le faire à 25, comme ils le pourraient à 28, 30 et au delà. Dans notre art. 9, au contraire, il s'agit d'un délai rigoureux après lequel il y a déchéance, d'un intervalle d'un an après lequel on ne serait plus à temps pour agir ; il faut donc placer ce délai, pour chacun des divers intéressés, à un moment où il y a lieu de croire que celui-ci est en mesure de choisir et de se prononcer. C'est ce que fait le Code en appelant chaque étranger à faire sa réclamation *dans l'année qui suivra l'époque de sa majorité.* Si le législateur avait eu l'idée que lui prêtent bien gratuitement les auteurs que nous combattons, il n'eût pas manqué de dire, comme dans la Constitution de frimaire, l'année qui suivra *l'âge de 21 ans :* il a dit, au contraire, l'année qui suivra *sa majorité.* Cette différence de rédaction, loin de militer en faveur de ces auteurs, est déjà et par elle seule un argument contre eux.

III. — Il nous reste à nous demander, sur cet article, si l'on pourrait faire rentrer sous son application, et faire jouir du bénéfice qu'il accorde, l'enfant né d'un étranger en pays étranger, mais qui prouverait avoir été *conçu* en France.

Il faut répondre négativement. L'article dit : Tout individu *né en France,* et comme il s'agit d'une disposition exceptionnelle et dérogeant aux principes, on ne doit pas l'étendre au delà de ses termes. Et en effet, s'il est naturel à l'homme de nourrir un certain attachement pour le pays, la ville, la maison où il est né et d'en conserver le souvenir, il n'en est pas de même du lieu où il a été conçu, lequel ne lui sera pas même connu, la plupart du temps. Or, c'est sur l'attachement que le législateur suppose à l'étranger pour la France, qu'est fondée la disposition favorable de notre article. Ainsi donc, ni le texte ni l'esprit de la loi ne nous permettent d'appliquer ici la maxime *infans conceptus,* dont nous parlions à l'article précédent.

ARTICLE 10.

Tout enfant né d'un Français en pays étranger est Français.

Tout enfant né, en pays étranger, d'un Français qui aurait perdu la qualité de Français, pourra toujours recouvrer cette qualité, en remplissant les formalités prescrites par l'art. 9.

SOMMAIRE.

I. L'article entend parler d'un enfant légitime ou que son père a reconnu. — S'il n'y a ni mariage, ni reconnaissance du père, il faut dire de la mère française qui a reconnu, ce que l'article dit du père français. — Renvoi à l'art. 8.

II. L'enfant d'un ex-Français (ou d'une ex-Française, s'il n'y a ni mariage, ni reconnaissance du père), en quelque lieu qu'il soit né, peut user à toute époque de sa vie du bénéfice que l'étranger né en

France ne peut invoquer que pendant l'année qui suit sa majorité. — Justification du mot *recouvrer*. — Cet article indique la deuxième manière d'être Français par le bienfait de la loi.

EXPLICATION.

I. — La disposition du premier alinéa de notre article est évidente, et on l'eût certainement admise sans contestation alors même qu'elle n'aurait pas été écrite dans la loi : en quelque pays que naisse l'enfant, il suit la condition de son père. Toutefois, on le sait, il n'en est ainsi qu'autant que l'enfant se rattache à son père, c'est-à-dire quand le père était l'époux légitime de la mère, ou du moins que l'enfant a, vis-à-vis de ce père, une reconnaissance légale ou un jugement de paternité. Si l'enfant n'était ni légitime ni reconnu, soit volontairement, soit judiciairement, il n'y aurait aucune relation légale entre son père et lui, légalement son père serait inconnu. Ce serait alors par la condition de la mère qu'il faudrait déterminer la sienne, si cette mère l'avait reconnu ; et on dirait d'elle ce que notre article dit du père. Les explications données sur l'art. 8 nous dispensent de tous détails à cet égard.

On sait aussi que ce n'est pas au moment de la naissance de l'enfant que le père doit avoir été Français, mais au moment de la conception. Pour la mère, au contraire, il suffit qu'elle l'ait été à un moment quelconque de la grossesse.

On aurait dû supprimer ici ce premier alinéa et en ajouter un second à l'art. 8 en ces termes : *Est Français tout enfant né d'un père légitime ou qui l'a reconnu, et qui était Français au moment de la conception, et aussi tout enfant né hors mariage et sans reconnaissance de son père, d'une femme qui l'a reconnu et qui était française à un moment quelconque de sa gestation.*

II. — Il s'agit, dans le deuxième alinéa, de l'enfant d'un ex-Français, lequel enfant, par conséquent, est né étranger ; et nous devons étendre, pour embrasser tous les cas possibles, à l'enfant d'une ex-Française ce que l'article dit du premier. Seulement, nous savons que, relativement au père, il suffira, pour que l'enfant soit étranger, que ce père fût dépouillé de sa qualité de Français au moment de la conception, quand même il l'aurait recouvrée avant la naissance ; tandis que par rapport à la mère, il faudra qu'elle n'ait été Française ni à l'époque de la conception, ni à l'époque de la naissance, ni à aucun moment intermédiaire. Nous savons également qu'on ne considère la mère que sous ces deux conditions : 1° qu'il n'y ait ni mariage ni reconnaissance du père ; 2° qu'il y ait reconnaissance de la mère.

Cet enfant d'un ex-Français ou d'une ex-Française est traité, on le voit, plus favorablement que l'enfant d'origine étrangère né en France, et dont s'occupait l'article précédent. Celui-ci, en effet, ne peut acquérir la qualité de Français qu'en remplissant, *dans l'année de sa majorité*, les formalités prescrites ; tandis que l'autre le pourra en remplissant les mêmes formalités à quelque époque de sa vie que ce soit. Cette plus grande faveur est motivée par cette considération que l'enfant est d'origine française.

L'article ne parle que de l'enfant né de l'ex-Français *en pays étranger* ; mais il est clair qu'il s'appliquerait également à celui qui serait né en France. D'un côté, en effet, on ne pourrait pas traiter ce dernier *moins favorablement* que l'autre ; puisque, comme on l'a vu à l'article précédent, le seul fait d'être né en France est déjà une cause de faveur aux yeux de la loi. Mais on ne pourrait pas non plus le traiter *plus favorablement* ; car la seule faveur plus grande qui restât à lui accorder au-dessus de celle de notre article, ce ne pourrait être que de dire qu'il naît Français : or, il faudrait pour cela une disposition expresse de la loi, puisque son auteur étant étranger au moment où cet auteur lui imprime sa propre condition, les principes exigent impérieusement qu'il soit déclaré étranger lui-même. L'enfant né d'un ex-Français ou d'une ex-Française aura donc exactement le même sort, qu'il soit né en pays étranger ou qu'il soit né en France ; dès-lors les mots *né en pays étranger* doivent être effacés dans notre deuxième alinéa comme dans le premier ; ils ne sont exacts qu'autant qu'on les entendra dans ce sens : *même en pays étranger*.

Ce deuxième alinéa nous indique la seconde manière de devenir Français par le bienfait de la loi. Du reste, l'expression *recouvrer* qu'il emploie n'est pas absolument exacte, puisqu'on ne recouvre que ce qu'on a perdu, et que l'enfant, ici, n'a pas pu perdre la qualité de Français, ne l'ayant jamais eue ; mais elle s'explique en disant que le législateur regarde en quelque sorte cet enfant comme ne faisant qu'un avec son père, qui, lui, avait joui de cette qualité. L'enfant, personnellement, n'a jamais été français ; mais sa famille a été Française.

ARTICLE 11.

N. B. — Cet article devrait être à la place de l'art. 12, lequel, réciproquement, devrait se trouver ici. Nous allons passer de suite à ce dernier, pour expliquer les trois dernières manières de devenir Français ; et nous reprendrons ensuite l'explication de l'article 11, dans lequel le législateur commence à exposer les diverses distinctions d'après lesquelles les étrangers peuvent participer en France à l'exercice des droits civils.

ARTICLE 12.

L'étrangère qui aura épousé un Français suivra la condition de son mari.

SOMMAIRE.

I. L'article ne s'applique point à la femme dont le mari, étranger lors du mariage, devient Français ensuite.

II. A cette troisième manière de devenir Français il en faut ajouter trois autres non indiquées par le Code. La plus remarquable est la naturalisation.

III. Trois espèces de naturalisation. — Leurs conditions. — Leurs effets. Toutes trois donnent le titre de citoyen.

IV. Quant aux Français d'origine, ils sont citoyens par cela seul qu'ils sont mâles et majeurs.

V. Qui est Français d'origine.

EXPLICATION.

I. — Notre article déclare Française la femme étrangère qui épouse un Français ; mais il ne faudrait pas étendre sa disposition à celle qui aurait épousé un étranger devenu Français postérieurement à son mariage. La première, par le fait même de son mariage, manifeste efficacement le consentement de devenir Française ; mais, pour la seconde, on n'en peut pas dire autant, et il ne peut pas dépendre de la volonté de son mari de lui enlever la qualité de membre d'une corporation, d'une société à laquelle elle veut, peut-être, continuer d'appartenir. La femme alors ne deviendrait Française qu'en accomplissant de son côté les conditions imposées à un étranger pour devenir Français.

II. — La disposition de cet article nous indique la troisième manière de devenir Français, et c'est aussi la dernière dont parle le Code. Il en est encore trois autres cependant, ainsi que nous l'avons annoncé. Ces trois derniers modes sont :

1º L'adjonction à la France d'un territoire nouveau (Loi du 14 octobre 1814);

2º Un contrat tacite passé entre le Gouvernement et un individu, contrat que les circonstances peuvent faire apparaître, comme nous le dirons sous l'art. 13, nº V, et sous l'art. 17, nº IV ;

3º Enfin, la naturalisation. Ce dernier mode, qui est le principal et le plus régulier, demande ici quelques mots d'explication.

III. — Par l'effet de la naturalisation, on n'est pas seulement Français, mais citoyen français. Les conditions à accomplir pour la réaliser varient dans trois circonstances différentes.

1° Dans les cas ordinaires, les conditions nécessaires sont, d'après l'art. 3 de la Constitution de l'an VIII et le décret du 17 mars 1809, de déclarer, après avoir atteint l'âge de vingt-un ans accomplis, l'intention de se fixer en France ; d'y résider pendant dix années à partir de cette déclaration, et de faire ensuite prononcer la naturalisation par le Roi.

2° Les étrangers qui ont rendu d'importans services à la France ou qui apportent dans son sein des talens, des inventions, ou une industrie utiles, peuvent être admis par le Roi à jouir du droit de citoyens français, après *un an seulement* de domicile, d'après le sénatus-consulte du 19 fév. 1808.

3° Ces deux premières naturalisations, quoique donnant à l'étranger la qualité de citoyen, ne lui confèrent cependant pas la plénitude des droits résultant de ce titre. Elles ne lui donnent pas le droit de siéger dans les Chambres. Ce droit ne peut résulter que d'une troisième espèce de naturalisation, qu'on a appelée pour cela *Grande naturalisation*. Cette grande naturalisation est conférée par des lettres accordées par le Roi quand il le juge à propos, et vérifiées par les deux Chambres, sans que pour les obtenir il y ait d'autre condition que d'avoir rendu de grands services à l'État. Ceci résulte d'une ordonnance royale du 4 juin 1814.

Ainsi, l'individu qui n'est pas né Français, mais qui l'est seulement devenu par le bienfait de la loi, ne peut être citoyen que par l'obtention d'une des trois espèces de naturalisation ; et il ne peut acquérir *la plénitude* des droits civiques que par la grande naturalisation.

IV. — Quant aux Français d'origine, c'est-à-dire qui tiennent cette qualité de leur naissance, il en est autrement. Ceux-là, comme nous l'avons dit sous l'art. 7, sont citoyens par cela seul qu'ils sont mâles et majeurs.

En effet, il est évident, d'une part, que les Français d'origine peuvent devenir et deviennent citoyens ; or, d'un autre côté, ni l'art. 3 précité de la Constitution de frimaire an VIII, ni le décret de 1809, ni le sénatus-consulte de 1808, ni enfin l'ordonnance de 1814, ne leur sont applicables, puisque ces diverses dispositions, comme on peut le voir par leur texte même, ne s'occupent que des étrangers ; comme ensuite il n'existe aucune disposition législative qui impose aujourd'hui au Français telle ou telle condition pour devenir citoyen, force est bien de conclure que, tant que nous resterons dans cet état de choses, les seules conditions exigées de lui sont celles résultant de la nature même des choses. Or, les deux qualités de mâle et de majeur sont *essentielles* et *indispensables* pour le titre de citoyen. Quant à la qualité de mâle,

1.   8

on sait que de tout temps les femmes, en France, ont été exclues de toute participation à la chose publique, à tel point que d'après nos lois fondamentales, il n'y a pas même exception au principe pour celles qui se trouveraient appelées, par le droit du sang, à l'exercice de la puissance royale. Quant à la qualité de majeur, il est évident que celui que la loi déclare incapable d'exercer ses droits civils, ne peut pas participer à la puissance publique et exercer les droits politiques. On exigera donc ces deux qualités, mais on n'exigera qu'elles, pour les Français d'origine.

V. — Mais maintenant, qui sont ceux qu'on doit comprendre sous ce nom de *Français d'origine*? Est-ce seulement ceux qui, nés Français, n'ont jamais perdu cette qualité; ou bien doit-on comprendre aussi sous cette dénomination ceux qui, nés Français, ont perdu cette qualité, puis l'ont recouvrée conformément à l'art. 18, et ceux aussi qui, nés d'un ex-Français, sont devenus Français par application de l'art. 10 ?

Nous croyons que tous doivent être compris sous le nom de Français d'origine et que tous, en conséquence, sont citoyens dès qu'ils sont mâles et majeurs.

Le Français qui perd cette qualité n'est pas mis, par le législateur, sur la même ligne qu'un étranger. C'est un fils de famille qui a déserté, il est vrai, le toit paternel; mais que le père de famille voit toujours d'un œil favorable. Aussi, lui offre-t-il toujours un moyen facile de venir reprendre, dans la famille, les droits qu'il a perdus. Au moyen de formalités déterminées, il peut, d'après les art. 18 et 20, *recouvrer* ce qu'il avait perdu, c'est-à-dire, redevenir Français avec les prérogatives attachées à cette qualité pour celui qui la tient de sa naissance, et non pas seulement Français comme le devient l'étranger ordinaire. L'étranger, en effet, pour poursuivre notre comparaison, n'est jamais qu'un fils adoptif, et cependant, il peut, dans certains cas, avoir la plénitude des droits civiques; or, n'est-il pas bien naturel que l'enfant du sang, rentrant dans la famille, y soit traité aussi favorablement que celui des enfans adoptifs qui l'est le plus? Et c'est si bien là l'idée du législateur, qu'il a cru devoir écrire une disposition expresse, celle de l'art. 20, pour empêcher qu'on n'allât jusqu'à dire que ce Français reprendrait ses droits et prérogatives avec effet rétroactif, et de manière à être considéré comme ne les ayant jamais perdus. Ce qui prouve encore que, dans la pensée du législateur, ce Français, pour devenir citoyen, n'a point besoin d'être naturalisé, c'est que dans les différens textes relatifs aux trois espèces de naturalisation, il n'est jamais question que d'étrangers.

Nous en dirons autant de l'enfant dont parle l'art. 10, bien que lui ne soit pas même né Français. Le législateur le regarde aussi comme un enfant du sang, parce que c'est aussi du sang français qui coule dans ses veines. C'est pour cela qu'en parlant de lui, le législateur ne dit pas qu'*il acquerra,* mais bien qu'*il recouvrera* la qualité de Français, et que pour lui aussi il a cru utile de dire, dans l'art. 20, qu'il ne recouvrerait point *rétroactivement* les droits de son père.

Quant à celui qui a perdu la qualité de Français pour les causes exprimées à l'art. 21, c'est-à-dire pour avoir pris du service militaire à l'étranger sans autorisation, il en serait autrement. Il ne peut, aux termes de ce même article, redevenir Français qu'en remplissant les conditions imposées à l'étranger ordinaire; il est donc devenu étranger, aux yeux du législateur, d'où nous concluons que non-seulement il lui faudra subir, pour être citoyen, le stage de dix années auquel le soumet formellement cet art. 21; mais que de plus, il n'aurait pas encore après ce stage la plénitude des droits résultant de cette qualité. Il est totalement réputé étranger, il lui faudrait donc, pour cela, la grande naturalisation.

N. B. — Les explications auxquelles nous venons de nous livrer prouvent assez quel besoin on aurait d'une loi qui déterminât quelles prérogatives sont attachées au titre de citoyen, et par quelles conditions ce titre peut s'obtenir. Du reste, et fort heureusement, l'embarras est bien moindre dans la pratique que dans la théorie, parce que dans chacune des lois qui ont pour objet d'accorder certains droits politiques, le législateur a pris le soin de préciser les conditions spéciales qu'il faut remplir pour exercer les droits particuliers que cette loi confère.

Nous passons maintenant aux art. 11, 13 et suivans, qui vont nous dire sous quelles conditions et dans quelles limites les étrangers jouissent en France des droits civils.

ARTICLE 11.

L'étranger jouira en France des mêmes droits civils que ceux qui sont ou seront accordés aux Français par les traités de la nation à laquelle cet étranger appartiendra.

SOMMAIRE.

I. Ce qu'étaient le droit d'aubaine et le droit de détraction. — L'Assemblée constituante les abolit.

II. Le Code adopte, dans notre article, un système de réciprocité qui tient le milieu entre celui de l'ancien droit et celui de l'Assemblée constituante. — Il veut que cette réciprocité soit fondée sur un traité. Raison de ceci.

III. La loi de 1819 abroge les art. 726 et 912, et par là même une partie de notre article.

EXPLICATION.

I. — Autrefois, tout étranger était incapable soit de transmettre, soit de recueillir, ni par succession légitime, ni par testament, aucun bien situé en France. D'après ce principe, toutes les fois qu'un bien situé en France était laissé par un étranger (qu'il dût être recueilli par un autre étranger ou par un Français, peu importe), et toutes les fois qu'il devait être recueilli par un étranger (qu'il fût laissé par un autre étranger ou par un Français, peu importe), toutes les fois, en un mot, que ce n'était pas un Français qui le laissait et un Français qui devait le recueillir, ce bien passait au Gouvernement. Une règle semblable était suivie contre les Français dans les pays étrangers ; elle existait partout de nation à nation. Ce droit s'appelait *droit d'aubaine*, parce que les étrangers s'appelaient eux-mêmes *aubains* (*alibi nati*).

Sous Louis XVI, divers traités abolirent le droit d'aubaine, complétement vis-à-vis de quelques nations ; puis, vis-à-vis de quelques autres, pour partie seulement et sous la réserve, au profit du gouvernement, d'une certaine fraction des biens, un dixième ordinairement. Ce droit de retrancher un dixième pour le garder fut appelé *droit de détraction* (de *detrahere*).

Le droit d'aubaine et le droit de détraction furent entièrement abolis, sous l'Assemblée constituante, par le décret du 6 août 1790 ; de sorte que, sous l'empire du droit intermédiaire, les étrangers furent capables de transmettre et de recueillir en France comme les Français eux-mêmes.

II. — L'Assemblée constituante avait fait là un acte d'humanité et de vraie philosophie qu'elle espérait, sans doute, voir imiter par les autres peuples. *Considérant*, disait-elle dans le préambule du décret, *que le droit d'aubaine est contraire aux principes de fraternité qui doivent lier tous les hommes, quels que soient leur pays et leur gouvernement....* L'Assemblée constituante s'était trompée dans ses prévisions ; malgré son noble exemple, les autres nations maintinrent toujours le droit d'aubaine.

Aussi, lors de la rédaction du Code civil, le peu d'effet qu'avait produit la générosité de l'Assemblée constituante fit abandonner son système ; mais comme on ne voulait pas, non plus, consacrer le système tout contraire de l'ancien droit, on prit un sage milieu entre les extrêmes, et par une juste réciprocité on posa en principe, dans notre art. 11, non pas seulement pour le droit de transmettre et de recueillir, mais pour tous les droits civils en général, que chaque étranger jouirait en France de ceux de ces droits qui seraient accordés aux Français dans le pays de cet étranger, d'après un traité passé avec sa nation.

D'après cet article, comme on voit, il ne suffit pas pour qu'un étranger puisse exercer en France tel droit civil, que les Français puissent exercer ce même droit dans le pays de l'étranger en vertu des lois de ce pays; il faut de plus que cette faculté soit accordée aux Français *par un traité* fait entre ce pays et la France. Le motif en est facile à saisir : il se pourrait, en effet, qu'un pays au sein duquel la civilisation, l'industrie, les arts, etc., seraient peu avancés, accordât, sans traités à cet égard et dans son intérêt particulier, des priviléges exorbitans aux citoyens français qu'il aurait besoin d'attirer chez lui, tandis que la France devrait se bien garder d'offrir les mêmes avantages aux citoyens de ce pays.

III. — Les art. 726 et 912 du Code civil, faisant à un cas particulier l'application du principe général de notre article, disent aussi qu'un étranger ne pourra recueillir en France, soit par succession, soit par donation entre-vifs ou testamentaire, que dans les cas où un Français pourrait recueillir dans le pays de cet étranger, d'après un traité. Mais en 1819, une loi du 14 juillet est venue proclamer de nouveau le principe consacré par l'Assemblée constituante et dire que l'étranger pourra, dans tous les cas, recevoir en France comme le Français lui-même.

Cette loi, encore en vigueur aujourd'hui, abroge donc entièrement les art. 726 et 912, et par là même elle abroge aussi, mais en partie seulement, notre art. 11. En partie seulement; car cet article ne se trouve désormais sans application qu'en ce qui concerne les successions et les donations entre-vifs ou testamentaires; il reste toujours en vigueur pour tous les autres droits civils.

C'est cette loi de 1819 qui, ainsi qu'on l'a dit déjà, ôte quant à présent toute importance pratique à l'erreur que nous avons réfutée sous l'art. 9, n° I, et qui consiste à dire que l'enfant étranger né en France, lorsqu'il accomplit dans l'année de sa majorité les formalités voulues, se trouve Français *rétroactivement et à partir du jour même de sa naissance.* En effet, avant cette loi et sous l'empire des art. 11, 726 et 912 du Code, qui subordonnaient à la qualité de Français la faculté de recueillir des biens en France (excepté dans le cas spécial de traités relatifs à cet objet) il aurait fallu dire, si on avait admis la doctrine erronée de Toullier, que cet enfant se trouvant, par l'accomplissement des formalités de l'art. 9, Français *depuis sa naissance même,* pouvait, après cet accomplissement, recueillir les biens à lui laissés, pendant sa minorité, par succession, donation ou legs; tandis que, d'après les vrais principes, ces biens auraient été perdus pour lui, puis-que l'accomplissement de ces formalités ne lui confère la qualité, de Français que pour l'avenir. La question n'a plus d'intérêt, aujourd'hui que la loi de 1819 admet l'étranger à recueillir en France comme le Français lui-même; mais cet intérêt renaîtrait si cette loi venait à être abrogée, comme il pourrait bien arriver, attendu que c'était vraiment une loi de circonstance.

ARTICLE 13.

L'étranger qui aura été admis par l'autorisation du Roi à établir son domicile en France, y jouira de tous les droits civils, tant qu'il continuera d'y résider.

SOMMAIRE.

I. Notre article indique le seul cas où l'étranger ait en France la jouis-sance de tous les droits civils. — Il reste néanmoins, quant à cette jouissance, plusieurs différences entre lui et le Français.

II. L'autorisation demandée par un chef de famille ne produit d'effet pour sa femme et ses enfans qu'autant qu'ils y sont compris, for-mellement ou tacitement.

III. Ce n'est pas seulement la jouissance, c'est aussi l'exercice des droits civils qui est accordé à l'étranger; mais il n'a cet exercice qu'à la majorité fixée par la loi de son pays.

IV. Ce n'est pas en cessant de résider en France que l'étranger perdrait les droits civils, mais seulement en cessant d'y être domicilié.

V. Ni l'étranger ainsi autorisé, ni ses enfans, même nés en France, ne seront jamais Français de plein droit. — Erreur de Delvincourt.

EXPLICATION.

I. — Le cas que prévoit cet article est le seul dans lequel l'é-tranger puisse jouir de tous les droits civils en France, tout en conservant sa qualité d'étranger. Dans le cas de l'art. 11, comme on vient de le voir, il ne jouit que de quelques-uns de ces droits, de ceux qui sont accordés aux Français dans son pays par les trai-tés passés avec ce pays.

Toutefois, et quoique l'étranger dont parle notre article soit admis à la jouissance de tous les droits civils comme le Français lui-même, il ne faut pas croire que, même sous ce rapport, il se trouve absolument sur la même ligne que celui-ci.

En effet, le droit de se marier à tel âge ou avec une personne parente à tel degré, le droit de devenir majeur à telle époque, et autres semblables, sont bien aussi des droits civils, et pour-tant ces droits divers ne seront pas les mêmes pour l'étranger que pour le Français. Ces droits, en effet, constituent la capacité de l'individu, et comme celui dont nous parlons continue d'être étranger, il reste, quant à cette capacité, soumis aux lois personnelles de son pays.

Il existe entre eux une autre différence importante. En effet, le Français tenant la jouissance des droits civils de la loi seule, un acte du gouvernement ne saurait les lui enlever ; l'étranger au contraire, n'ayant cette jouissance qu'en vertu de l'autorisation du Roi, celui-ci peut toujours, en retirant l'autorisation, faire évanouir la condition sous laquelle cette jouissance existe, et par suite cette jouissance elle-même. Il est encore une troisième différence que nous verrons au n° IV.

II. — L'autorisation que l'étranger aurait demandée pour lui seul n'emporterait pas jouissance des droits civils pour sa femme et ses enfans ; il faut, pour qu'ils en jouissent tous, que l'autorisation soit demandée et obtenue pour tous. Mais il n'est pas nécessaire, cependant, que tous soient formellement désignés soit dans la demande d'autorisation, soit dans les lettres par lesquelles cette autorisation est accordée ; les circonstances dans lesquelles l'autorisation a été sollicitée et obtenue prouveront souvent qu'elle l'a été pour la famille entière. Ainsi, l'autorisation accordée à deux époux produirait certainement ses effets à l'égard des enfans qui naîtraient d'eux depuis leur résidence en France ; il est clair que ces enfans étaient tacitement compris dans l'intention et des époux qui demandaient l'autorisation, et du Roi qui l'accordait. Ces enfans, du reste, n'en resteraient pas moins étrangers comme leurs père et mère ; ils auraient seulement, pour devenir Français, le moyen offert par l'art. 9.

III. — Il est à remarquer que dans notre article (et la remarque s'applique aussi à l'art. 11) le mot jouir est pris dans un sens générique, pour signifier aussi bien l'exercice que la jouissance proprement dite des droits civils. Il est palpable que le législateur n'a pas eu l'intention d'accorder à l'étranger la jouissance de droits qu'il ne lui serait pas permis d'exercer.

Mais cet exercice, l'étranger ne peut l'avoir qu'à l'époque fixée pour la majorité par les lois de son pays. Il ne peut l'avoir, en effet, que comme le Français lui-même ; or, celui-ci ne l'a qu'à sa majorité. Il ne faudrait pas dire : le Français a cet exercice à vingt-un ans, donc l'étranger l'aura à vingt-un ans ; ce serait mal raisonner. Le Français a l'exercice de ses droits civils à vingt-un an, non pas parce qu'il a vingt-un ans, mais parce qu'à cet âge il est majeur ; or l'étranger restant, comme nous l'avons dit, soumis aux lois personnelles de son pays, ne sera majeur qu'à l'époque déterminée par ces lois.

IV. — Il nous parait certain que par les mots *tant qu'il continuera d'y résider*, le législateur a voulu dire tant qu'il continuera *d'y avoir son domicile*, ce qui est bien différent. La *résidence* est au lieu où l'on demeure actuellement et sans vouloir s'y fixer ; le *domicile* au contraire est au lieu du *principal établissement*, au lieu où l'on est toujours d'intention, en quelque sorte, alors même qu'on n'y est plus de fait. (Voir l'explication du titre du Domicile, art. 102 et suiv.) Or, dans le contrat intervenu entre le Gouvernement et l'étranger, l'intention commune a été certainement que le bénéfice accordé au dernier ne serait perdu qu'autant qu'il irait *s'établir* ailleurs. La pensée de la loi ne peut pas être qu'un Anglais, par exemple, qui vient s'établir en France avec autorisation et qui va plus tard passer deux ou trois mois en Allemagne dans le but de suivre un procès ou de liquider une succession, perde par cela seul le droit qu'on lui avait conféré. *Cessante causâ cessat effectus*, c'est seulement quand la cause cesse que l'effet doit cesser ; or, c'est quand il établit *son domicile* en France que l'étranger obtient la jouissance et l'exercice des droits civils ; c'est donc quand il établira ce *domicile* ailleurs qu'il les perdra.

Il y a ici une troisième différence entre cet étranger et le Français. Celui-ci, en effet, ne perd la jouissance des droits civils qu'en perdant sa qualité de Français ; or, il ne perdrait pas cette qualité par cela seul qu'il établirait son domicile à l'étranger, mais seulement s'il s'y établissait *sans aucun esprit de retour*, comme on le verra par l'art. 17.

V. — Quel que soit le temps écoulé depuis que l'étranger s'est ainsi fixé en France, il ne sera jamais Français par ce seul fait. Il faudrait, pour le devenir, qu'il demandât sa naturalisation après dix années depuis l'établissement autorisé, conformément à l'art. 3 de la Constitution du 22 frimaire an VIII ; ou bien qu'il y eût à cet égard, entre le gouvernement et lui, un contrat tacite qui s'induirait de ce qu'il a été appelé à s'acquitter des charges qui ne s'imposent qu'aux Français, le service militaire, par exemple, et qu'il a répondu à cet appel.

Les enfans de cet étranger, nés en France, auraient, en outre, pour devenir Français, le moyen offert par l'art. 9, ainsi qu'on vient de le dire au n° II. Mais eux non plus ne seraient pas Français de plein droit, quoi que dise Delvincourt.

« Je pense, dit cet auteur (t. I), qu'ils sont Français du « moment de leur naissance. En effet, tout individu né en « France est Français, sauf l'enfant de l'*étranger proprement* « *dit* et du Français qui a perdu cette qualité. Or, ici, on ne « peut pas dire que le père soit *tout à fait étranger*, puisqu'il « jouit de tous les droits du Français. »

Mais quel est donc cet état amphibie et monstrueux, dans

lequel l'individu sera déjà un peu Français, mais pas entièrement Français : encore un peu étranger, mais *pas étranger tout à fait !* Dans quel texte légal trouvera-t-on les élémens d'une théorie pareille? Cette doctrine est d'autant plus étrange chez Delvincourt, que lui-même rejette, et avec raison, comme arbitraire et sans base dans la loi, la décision par laquelle Proudhon attribue à l'étranger, établi en France sans autorisation, la jouissance, non de la totalité, mais d'une partie des droits civils. *Je ne vois dans le Code,* dit-il, *aucune trace de cet état mitoyen imaginé par M. Proudhon.* Il n'y en a pas en effet, et Delvincourt fait bien de repousser cette doctrine que nous combattrons sous l'art. 17. Mais où a-t-il donc trouvé des traces de l'état bien autrement inadmissible qu'il imagine lui-même? L'idée de Proudhon, si elle est arbitraire, n'est pas absurde du moins. On conçoit très-bien une jouissance partielle des droits civils, et cette jouissance partielle est organisée par la loi, non pas à la vérité, dans le cas dont parle Proudhon, mais dans plusieurs autres circonstances, notamment dans l'art. 18 du Code pénal, pour les condamnés à la déportation. Mais qui donc conçoit un état où l'on est en partie Français et en partie étranger? Certes, s'il faut dire avec Delvincourt, non pas absolument, mais pour le cas dont parle Proudhon, *un individu jouit en France de tous les droits civils, on ne jouit d'aucun,* à plus forte raison, doit-on lui dire à lui-même : *Un individu, en France, est totalement Français, ou il ne l'est aucunement.* La jouissance des droits civils est parfaitement divisible ; la qualité de Français ne saurait l'être.

Du reste, Delvincourt nous présente, dans la même note précisément, la réfutation de sa propre erreur. En effet, dans l'alinéa précédent, il vient de dire : *A quelles lois personnelles est soumis l'étranger jouissant des droits civils en France.....? Aux lois personnelles de son pays. En effet,* UN ÉTRANGER N'EST PAS FRANÇAIS; *il jouit des droits civils; c'est-à-dire, qu'au droit qu'il avait de faire certains actes comme étranger, le gouvernement ajoute celui de faire tous les autres ; mais le gouvernement* NE LUI DONNE PAS LA QUALITÉ DE FRANÇAIS.

Ainsi, il est bien entendu avec Delvincourt que cet individu reste étranger ; mais s'il en est ainsi, ses enfans naissent donc étrangers, sauf à devenir Français par l'un des moyens qu'offre la loi.

ARTICLE 14.

L'étranger, même non résidant en France, pourra être cité devant les tribunaux français, pour l'exécution des obligations par lui contractées en France avec un Fran-

çais; il pourra être traduit devant les tribunaux de France,
pour les obligations par lui contractées en pays étranger
envers des Français.

SOMMAIRE.

I. Rédaction vicieuse de l'article. — Sa première disposition est con-.
    forme aux principes; mais la seconde ne l'est pas.
II. Devant quel tribunal de France l'étranger devra être cité..
III. L'article ne parle que des obligations conventionnelles; il s'applique
    également, néanmoins, aux engagemens formés sans convention;
    mais non aux matières réelles.
IV. La loi, en outre de la règle de cet article, permet contre l'étranger
    diverses mesures rigoureuses, qu'elle n'autorise pas contre les
    Français.

EXPLICATION.

I. – Cet article, qui prévoit deux cas tout différens l'un de l'autre et qui cependant donne pour tous deux une même décision,
aurait dû dès-lors le faire par une disposition unique, au lieu
de présenter deux phrases distinctes. Nous allons voir tout à
l'heure la cause de cette rédaction bizarre; disons auparavant
que si la décision portée successivement dans les deux parties de
l'article, est, dans le premier cas, logique et conforme aux vrais
principes du droit, il est loin d'en être de même dans le second.

Deux causes peuvent attribuer à l'homme le pouvoir de juger
ses semblables et de déclarer leurs droits: 1° la mission donnée
par le gouvernement auquel sont soumises ou *les personnes* qu'il
s'agit de juger, ou *les choses* sur lesquelles il y a contestation;
2° le consentement de ceux qu'on juge.

Pour le premier cas, prévu par notre article, celui d'obligations contractées par l'étranger *en France*, la seconde cause que
nous venons d'indiquer existe. L'étranger consent tacitement à
être jugé par un tribunal de France, lorsqu'il se dérange pour
venir contracter en France avec un Français. Mais il est clair
qu'on n'en peut pas dire autant du second cas. Un étranger qui
demeure à cinq cents lieues de la France, que le Français a été
trouver dans son pays pour contracter avec lui et qui, peut-être,
n'est jamais sorti et pensait ne jamais sortir de sa province, ne
peut pas être réputé avoir consenti à être jugé en France. Aussi,
dans le projet de ce titre, on avait donné pour ce second cas une
décision différente. Ceci explique pourquoi notre article dispose
séparément pour deux cas qui devraient être réunis en une seule
disposition, puisqu'ils reçoivent la même solution : en rejetant la
décision que présentait le projet dans la seconde partie, on s'est
contenté de mettre une affirmation à la place d'une négation, au

lieu de refondre tout l'article, comme on eût dû le faire.

II. — Cette faculté, toute d'exception et de faveur pour le Français, de traduire toujours devant les tribunaux de France l'étranger avec lequel il a contracté, fait naître une question dont nous chercherions en vain la solution dans le Code. C'est celle de savoir quel sera celui des tribunaux français devant lequel il faudra traduire l'étranger. Ordinairement, en matière personnelle, c'est-à-dire, quand il s'agit d'obligation (et c'est là le cas de notre article), il faut assigner au tribunal du domicile du défendeur; *actor sequitur forum rei.* (Art. 59 C. proc.) Mais cette règle est inapplicable ici, puisque le tribunal du domicile du défendeur serait un tribunal étranger, et que le Code permet d'assigner devant un tribunal français. Que doit-on décider?

Nous pensons qu'il faut distinguer. S'il s'agit d'une obligation contractée en France, puisqu'alors la compétence des tribunaux français est fondée sur ce que l'étranger a tacitement consenti à être jugé par le tribunal du pays où il venait contracter, il est tout naturel de dire que le tribunal compétent sera celui dans le ressort duquel a été contractée l'obligation. Que s'il s'agit d'obligations contractées à l'étranger, toute règle de compétence étant alors méconnue par la loi, il n'est guère possible d'assigner rigoureusement tel tribunal plutôt que tout autre. Toutefois, il paraît plus régulier d'aller alors au tribunal du Français demandeur, parce que ce tribunal est du moins celui d'un des deux plaideurs.

Notre article est fait pour tout étranger, *même* pour celui *non résidant en France;* or, s'il s'agissait d'un étranger qui y résidât, la question que nous venons d'examiner ne présenterait plus d'embarras. On serait alors dans la règle ordinaire de l'art. 59 du Code de procédure qui veut qu'en matière personnelle l'assignation soit donnée au tribunal du domicile du défendeur, et s'il n'a pas de domicile, *au tribunal de sa résidence.*

III. — L'article, du reste, parle seulement d'obligations *contractées*, il ne dit rien : 1° du cas d'obligations formées sans convention, sans contrat, art. 1370 et suivans; ni 2° du cas où il ne s'agit plus d'obligations, de créances, de droits existant contre la personne seulement; mais de *droits réels*, de droits existant contre et sur *la chose* même, lesquels seront expliqués dans notre second volume, au titre de la Propriété, art. 544 et suivans.

Ainsi, quand je vous intente un procès, en prétendant avoir ou la propriété, ou l'usufruit, ou une servitude de passage sur la ferme que vous possédez, j'argumente là d'un *droit réel*. Si je prétends, au contraire, que vous devez ou me payer une somme de, ou me fournir quelque chose, ou faire quelque chose pour moi, je réclame l'exécution d'un *droit personnel*, d'une *obligation*, et cette obligation peut venir d'un contrat, c'est-à-dire d'une convention arrêtée entre les parties, ou bien d'une cause différente. Si, par exemple, vous avez par imprudence incendié ma maison, vous devez m'indemniser, et votre dette, évidemment, ne nait pas d'un accord, d'une convention entre nous. Il y a donc les *droits réels*, *jura in re* et les *droits personnels*, ou obligations, lesquelles se subdivisent en *obligations conventionnelles* et *obligations non-conventionnelles*. Le Code donne tout spécialement à ces dernières le nom d'*engagemens*.

Or, notre article ne parle que des obligations conventionnelles; que décider pour les obligations non-conventionnelles, et aussi pour les droits réels? L'article s'applique-t-il également aux unes et aux autres?

Il s'applique aux premières; c'est pour tout droit personnel, pour toute obligation que cette règle est portée; si le législateur a parlé d'obligations *contractées*, c'est qu'il se préoccupe toujours *de eo quod plerumquè fit*, de ce qui arrive le plus souvent, et que le contrat est la source principale et la plus ordinaire des obligations. Pour tout engagement formé sans convention, comme pour toute obligation conventionnelle, l'étranger débiteur pourra toujours être traduit devant les tribunaux de France. Partout les règles de compétence sont les mêmes pour les diverses obligations de quelque cause qu'elles naissent. Mais il en sera autrement pour les droits réels. Ceux-ci sont soumis, sous bien des rapports, et notamment quant à la compétence du tribunal qui doit les déclarer, à des règles différentes de celles qui régissent les droits personnels. Ainsi, d'après l'art. 59 précité du Code de procédure, le défendeur *en matière réelle* doit être assigné devant le tribunal *de la situation de l'objet litigieux*. Pour décider une question réelle, il faudra la plupart du temps se rendre sur les lieux; c'est donc la force même des choses qui motive la règle de droit que nous rencontrons ici. Aussi, cette règle ne s'applique-t-elle pas seulement d'un tribunal français à un autre tribunal français; mais d'une nation à une autre nation. Les biens d'un pays restent soumis, comme on l'a vu sous l'art. 3, aux lois de ce pays; or, les tribunaux de chaque pays sont seuls compétens pour en appliquer les lois. Notre article est donc complétement étranger aux affaires réelles, et toutes les fois qu'il s'agira d'un droit réel, il n'y aura plus à considérer si le procès s'agite entre un Français et un étranger, ou entre deux Français, ou entre deux étrangers, ni à rechercher si c'est le Français qui est demandeur contre l'étranger, ou l'étranger contre le

Français; la règle unique et absolue, dans tous les cas, sera de porter l'action au tribunal dans le ressort duquel se trouve le bien dont il s'agit.

IV. — Au reste, la faculté exorbitante accordée par le Code dans la seconde partie de notre article n'est pas la seule disposition exceptionnelle que la loi porte contre l'étranger au profit des nationaux. Deux lois postérieures au Code, celle du 10 septembre 1807, et celle du 17 avril 1832, qui est venue remplacer la première, permettent, contre l'étranger qui se trouve en France, des mesures rigoureuses motivées par la crainte de le voir échapper aux poursuites du Français.

Ainsi, tandis que la contrainte par corps, la prison, ne peut jamais être prononcée contre un Français que dans certains cas tout spécialement déterminés, la loi de 1832, art. 14, veut que tout jugement rendu en faveur d'un Français contre un étranger qui n'a pas son domicile en France, emporte contrainte par corps, lorsque l'objet principal de la condamnation dépasse 150 fr. Bien plus, d'après les art. 15 et 16, l'étranger peut, avant toute condamnation, pourvu seulement que la dette soit exigible, être mis en état d'arrestation provisoire en vertu d'une simple ordonnance du président rendue sur la requête du Français créancier, à moins, 1° que l'étranger ne justifie qu'il possède en France des immeubles ou un établissement de commerce d'une valeur suffisante, ou 2° qu'il ne donne une caution valable domiciliée en France.

Nous donnerons de plus longs développemens sur cette matière en expliquant le titre de la Contrainte par corps, art. 2059 et suivans.

ARTICLE 15.

Un Français pourra être traduit devant un tribunal de France, pour des obligations par lui contractées en pays étranger, même avec un étranger.

SOMMAIRE.

I. Cet article n'est que l'application du droit commun.

II. Les art. 14 et 15 ne parlent que de contestations entre un Français et un étranger; si le débat existait entre deux étrangers, les tribunaux français seraient compétens dans trois cas.

III. Exécution, en pays étranger, du jugement français, et réciproquement. — Comment les jugemens étrangers doivent être déclarés exécutoires en France. Erreur de M. Duranton, M. Persil, etc., et de plusieurs Cours.

EXPLICATION.

I. — Il ne faudrait pas croire que notre article, qui permet à l'étranger de citer devant les tribunaux français, dans tous les cas, le Français qui a contracté avec lui, soit une disposition exceptionnelle portée en faveur de l'étranger comme une juste réciprocité de l'exception rigoureuse que consacre contre lui l'article précédent. Notre article n'est que l'application pure et simple du droit commun, des principes généraux, et sa disposition n'avait pas besoin d'être écrite dans la loi. Il est clair, en effet, qu'on ne peut jamais décliner la compétence de ses juges naturels.

II. — Les art. 14 et 15 ne parlent que des jugemens à intervenir entre un Français et un étranger; que déciderait-on, quant à la compétence des tribunaux français, s'il s'agissait de deux étrangers?

La contestation entre deux étrangers pourrait être jugée par un tribunal français dans trois cas : 1° lorsque tous deux consentent à être jugés par ce tribunal : c'est alors un arbitrage volontaire, et deux plaideurs sont bien libres de prendre tels arbitres qu'ils voudront; 2° lorsqu'il s'agit d'un acte de commerce passé en France, parce que, vu la célérité que demandent les affaires commerciales, les deux adversaires sont légalement présumés avoir eu l'intention d'être jugés, le cas échéant, par les tribunaux du pays; 3° dans le cas où la contestation est relative à des immeubles situés en France, ainsi qu'on l'a dit sous l'article précédent, n° III, *in fine.* Mais il y a cette remarque à faire, que dans les deux derniers cas les tribunaux français seraient tenus de juger, tandis que dans le premier ce ne serait pour eux qu'une faculté, attendu qu'on n'est jamais forcé d'accepter la fonction d'arbitre, et que le *devoir* de juger n'existe pour les tribunaux que dans les cas pour lesquels ils ont mission impérative de la loi.

III. — Aucun acte d'exécution ne pouvant se faire dans un pays que par l'autorité du gouvernement de ce pays, il s'en suit qu'en principe aucun jugement français ne peut s'exécuter à l'étranger, ni aucun jugement étranger s'exécuter en France, que quand il existe un traité qui permette dans chacun des deux pays l'exécution des jugemens rendus dans l'autre. Toutefois, le législateur français admet pour les jugemens étrangers une seconde cause d'exécution en France; c'est, en dehors du cas d'un traité, que ces jugemens aient été déclarés exécutoires par un tribunal français. En effet, l'art. 2123, dernier alinéa, déclare, d'une part, que l'hypothèque résultera en France des jugemens étrangers, 1° quand ils auront été *déclarés exécutoires* par un tribunal français; 2° quand des lois politiques ou des traités le permettront; puis, l'art. 546 du Code de procédure généralise cette disposition spéciale, en déclarant que *tous les jugemens étrangers* seront susceptibles d'exécution en France *de la manière prévue par cet art.* 2123.

Mais comment le tribunal français rendra-t-il exécutoire le jugement étranger? S'agit-il d'un simple *visa*, d'un ordre d'exécuter que mettra au bas du jugement le président du tribunal, comme cela se pratique pour rendre exécutoire une sentence arbitrale, d'après l'art. 1021 du Code de procédure; ou bien faudra-t-il de nouveau débattre la question et plaider l'affaire devant le tribunal français?

Nous n'hésitons pas à répondre que ni l'un ni l'autre de ces deux modes ne devra être suivi.

Et d'abord, tout le monde en convient, il ne s'agit point d'un simple *visa*, d'une simple ordonnance d'*exequatur;* parce que la pensée du législateur n'a pas pu être de faire du pouvoir judiciaire une machine imprimant aveuglément la force exécutoire aux jugemens étrangers; parce qu'il se pourrait que le jugement étranger présentât des dispositions incompatibles avec l'ordre public français, avec nos lois et nos mœurs, et que dès-lors l'exécution n'en pourrait pas être permise; parce qu'enfin, s'il s'agissait de donner un simple *visa*, s'il n'y avait pas de questions à examiner, ce serait le président seul qui en serait chargé, et on ne demanderait pas la réunion du *tribunal*, comme le fait l'art. 2123.

Mais il ne peut pas être question, non plus, d'examiner de nouveau le fond de l'affaire, de débattre une seconde fois la contestation.

C'est pourtant ce qu'enseignent la plupart des auteurs, notamment M. Duranton (t. I er, n° 155), et M. Persil (*Régime hypothéc.*, art. 2123, n° XVII), et c'est aussi ce qu'ont jugé diverses cours, et particulièrement la Cour de cassation, par arrêt du 19 avril 1819. Mais quels que soient le nombre et le poids de ces autorités, nous ne balançons pas à dire que c'est là une grave et évidente erreur.

En effet, dire qu'il faut de nouveau débattre le fond de l'affaire, pour que les juges français apprécient le mérite de la première décision et puissent à leur gré juger dans le même sens ou dans un sens contraire, c'est faire de ces juges un tribunal d'appel devant lequel la chose qui était jugée cesse de l'être et est remise en question; c'est dire que le jugement étranger est non avenu du moment qu'il entre en France, comme un jugement de première instance l'est du moment qu'il se trouve frappé d'appel. Or, qui osera prétendre que *rendre un jugement exécutoire*, c'est *prononcer sur l'appel de ce jugement ?*... Qui s'est jamais avisé de dire que nos Cours royales sont établies pour *rendre exécutoires* les jugemens de première instance?... Qui ne voit que ce serait là la violation la plus entière, la contradiction la plus complète des art. 2123 du Code civil et 546 du Code de procédure, puis-que ce serait dire qu'il faudra, sur la même question, rem-placer le jugement étranger par un jugement français; que dès-lors on n'exécutera toujours *que des jugemens français* et qu'*un jugement étranger ne s'exécutera* JAMAIS *en France;* tandis que la règle des art. 2123 et 546 est que les jugemens étrangers doi-vent s'exécuter chez nous !... Sans doute, ils ne doivent s'exécuter que sous une condition; mais cette condition ne peut pas être qu'*on les anéantira,* en remettant en question ce qu'ils ont jugé... Oui, il faut que préalablement ils soient *déclarés exé-cutoires,* il faut qu'un tribunal de France ait reconnu et proclamé qu'on peut les exécuter, que rien ne s'oppose à leur exécution; mais quels que soient les différens sens qu'on pourra être tenté de donner à ces expressions, il est clair qu'il en est un que la raison commande de rejeter au loin; il est clair que le législateur n'a pas voulu dire que *le jugement étranger s'exécutera* sous la condition *que ce n'est pas lui qu'on exécutera !*...

En vérité, rien n'est plus simple, plus élémentaire, plus facile à comprendre que la théorie du Code sur ce point. La voici en deux mots :

Les jugemens étrangers pourront s'exécuter en France. Voilà une première idée bien claire, une disposition que nous devons ac-cepter d'autant plus sûrement comme l'expression de la pensée principale du législateur, à laquelle le reste doit se subor-donner, que ce législateur, pour porter cette disposition, ren-versait l'idée contraire de l'ancien droit, qui disait positivement, dans l'art. 121 de l'ordonnance de 1629, que les jugemens étrangers seraient en France *nuls et non avenus.* Ainsi donc, les jugemens étrangers s'exécuteront en France; mais maintenant, comme, tout d'abord, un jugement, un acte d'autorité, ne doit jamais s'appliquer dans un pays que par l'ordre du souverain de ce pays, ordre émané soit de lui-même, soit des fonctionnaires qu'il délègue à ce sujet, il faudra donc l'intervention du pouvoir judiciaire français.

Jusque-là, et si l'on s'en tenait à cette première idée, il suffirait du simple *visa* d'un président de tribunal, ainsi que cela se pratique pour les jugemens arbitraux. Mais, en outre, le jugement dont il s'agit émanant de magistrats étrangers, de magistrats qui ne con-naissent pas les lois françaises, les principes qui sont considérés en France comme d'ordre public; de magistrats qui ne sont pas fa-miliers avec nos mœurs, nos idées religieuses, qui ignorent nos modes de poursuite et d'exécution, etc., etc., il s'en suit que le point de savoir si ce jugement peut ou non s'exécuter, si ses différentes prescriptions sont en harmonie ou en contradiction avec l'ensemble des règles en vigueur chez nous, peut offrir à juger de nombreuses et délicates questions, pour la décision desquelles il était indispensable de convoquer un tribunal entier, quoiqu'il ne s'agisse pas de débattre de nouveau la contestation, d'examiner de nouveau le fond de l'affaire.

Voilà toute la pensée du législateur. Elle est assurément bien simple et bien logique; et il est vraiment étrange qu'en présence de cette explication si naturelle, et que nous offre la nature même des choses, les auteurs et les tribunaux aient été choisir entre les deux idées, extrêmes toutes deux, inadmissibles toutes deux, d'un simple *visa*, ou d'un nouvel examen du fond du procès.

Pour soutenir la doctrine que nous combattons, et décider que l'affaire doit être examinée de nouveau, on invoque l'ordonnance de 1629, dans laquelle, d'après M. Persil, on doit aller chercher le commentaire des art. 2123 et 546. Mais, comme nous l'avons dit, ces articles sont précisément l'abrogation la plus parfaite de cette ordonnance.

En effet, l'ordonnance portait : « Aucun jugement rendu « ès-royaumes ou souverainetés étrangères ne peut aucune- « ment avoir *hypothèque ni exécution* en France, et celui contre « qui il a été rendu pourra, nonobstant la sentence, *débattre* « *ses droits comme entiers;* » seulement on ne s'entendait pas sur le point de savoir à quels jugemens devait s'appliquer l'ordonnance. Quelques commentateurs prétendaient que la règle n'avait lieu qu'au profit des Français, et que les jugemens rendus entre deux étrangers, ou contre un étranger au profit d'un Français, pouvaient s'exécuter au moyen d'un simple *visa;* mais le plus grand nombre enseignaient que l'impossibilité d'exécution, proclamée par l'ordonnance, s'appliquait à tous jugemens étrangers, sans distinction, c'est-à-dire, que la règle était très-claire quant à la *nature* de ses effets, et douteuse quant à l'*étendue* de ces mêmes effets. Ceci tenait à ce que l'art. 121 de l'ordonnance disait d'abord d'une manière générale : AUCUN JUGE-MENT *rendu ès-royaumes...;* tandis que la fin disait : NOS SUJETS *pourront débattre leurs droits comme entiers.* Mais quoi qu'il en soit de l'étendue de cette règle, toujours est-il que son sens était celui-ci : *Les jugemens étrangers ne peuvent s'exécuter en France, ils y sont complètement non-avenus;* tandis que la règle de nos articles 2123 et 546 est que *les jugemens étrangers s'exécutent en France, sous la condition d'être reconnus et déclarés exécutoires par un tribunal français.*

I.   9

On le voit donc, l'ordonnance de 1629 n'a plus rien à faire ici; ou plutôt, elle confirme notre doctrine et prouve clairement que le législateur a entendu changer l'ancienne règle en proclamant permise, sous une condition que commandait la nature même des choses, une exécution que cette ordonnance prohibait absolument.

Article 16.

En toutes matières, autres que celles de commerce, l'étranger, qui sera demandeur, sera tenu de donner caution pour le payement des frais et dommages-intérêts résultant du procès, à moins qu'il ne possède, en France, des immeubles d'une valeur suffisante pour assurer ce payement.

SOMMAIRE.

I. But de l'article. — Cette garantie se nomme Caution *judicatum solvi*. — Il suffit que la caution soit domiciliée en France.
II. La caution ne serait pas due à un défendeur qui serait lui-même étranger.
III. Il y a dispense de caution dans cinq cas.
IV. L'étranger est dispensé par cela seul qu'il possède des immeubles en France et sans être tenu de consentir hypothèque dessus. Erreur de Delvincourt.
V. En appel, il n'y a lieu à caution que dans un cas unique.
VI. L'étranger ne peut pas, comme le Français, faire cession judiciaire de ses biens. — Renvoi à l'art. 2219 pour la prescription entre Français et étrangers.
VII. Transition au chapitre II.

EXPLICATION.

I. — Cet article a eu pour but d'empêcher qu'un étranger ne vint intenter à un Français une action mal fondée et ne disparût ensuite, sans payer les frais que celui-ci aurait été obligé de faire pour se défendre, ni les dommages-intérêts du préjudice que cette action vexatoire aurait pu lui causer.

Ainsi, donc, l'étranger, demandeur contre un Français, doit, sauf les cas de dispense dont nous parlerons au n° III, lui donner caution. On appelle *Caution* une personne qui répond de l'obligation d'une autre. Dans notre espèce, la personne qui vient ainsi garantir l'obligation éventuelle de l'étranger demandeur se nomme *Caution* JUDICATUM SOLVI, caution pour le payement de ce qui sera jugé.

D'après l'art. 2018, au titre du Cautionnement, il faut que la personne donnée comme caution ait la capacité de contracter, et possède des biens suffisans pour répondre de l'objet de l'obligation. Mais où, dans le cas de notre article, la caution doit-elle être domiciliée?... D'après la règle générale de cet art. 2018, la caution doit être domiciliée dans le ressort de la Cour royale; mais nous croyons qu'on ne peut pas l'exiger ici. En effet, qu'a voulu le législateur?... Que l'étranger demandeur, qui ne possède pas en France d'immeubles suffisans, présente, pour répondre de lui, une personne qui en possède, et voilà tout; en quelque lieu que soit domiciliée la caution, pourvu, bien entendu, que ce soit en France, le Français défendeur est sûr d'avoir l'indemnité qui pourra lui être due. D'ailleurs, la disposition de notre article est de droit rigoureux et exceptionnel; il ne faut donc pas l'étendre au-delà de ses termes. Enfin, si l'on veut, pour arriver à un résultat plus sûr, combiner cette disposition avec quelqu'autre, c'est bien moins à l'art. 2018 qu'il faut se référer, qu'aux lois, déjà citées sous l'article précédent, des 10 septembre 1807 et 17 avril 1832, lesquelles s'occupent, comme notre article, d'une caution à donner par l'étranger, et pour des motifs tout-à-fait analogues : or, ces deux lois, la première par son art. 3, la seconde par son art. 14, demandent seulement une caution *domiciliée en France*.

II. — L'étranger, qui consent à défendre devant un tribunal français à la demande d'un autre étranger, ou encore, celui qui est contraint d'y défendre dans les deux cas que nous avons indiqués à l'article précédent, c'est-à-dire quand il s'agit d'affaires commerciales ou de matières réelles, n'a pas le droit d'exiger la caution dont parle notre article; car c'est là un bénéfice spécial de notre loi, un droit civil, lequel, dès-lors, n'appartient qu'aux Français (et aussi, bien entendu, aux étrangers jouissant des droits civils en France, d'après l'art. 13).

III. — L'étranger demandeur est dispensé de fournir la caution dont il s'agit dans cinq cas, savoir :

1° Quand il s'agit d'affaires commerciales, à cause de la promptitude avec laquelle il importe de les terminer (*texte même de notre article*);

2° Quand l'étranger possède en France des immeubles suffisans pour assurer le recours que le Français défendeur pourra avoir contre lui (*même texte*);

3° Lorsqu'il consigne la somme déterminée par le tribunal (*art. 167, C. pr.*);

4° Quand les traités passés entre la France et le pays de cet étranger dispensent de cette caution;

5° Enfin, quand ces traités permettent d'exécuter les jugemens français dans le pays de cet étranger.

Cette dernière cause de dispense peut paraître douteuse ; mais elle nous paraît devoir être admise également. Alors , en effet , le Français ne craint plus d'être mis, par la faute de l'étranger, dans l'impossibilité de faire exécuter le jugement ; le motif qui a dicté notre article n'existe donc plus, et c'est le cas de dire , ce nous semble, *cessante causâ* , *cessat effectus*.

IV. — Dans le cas de la seconde exception ci-dessus , c'est-à-dire quand l'étranger possède en France des immeubles suffisans, le Français peut-il obtenir hypothèque sur ces immeubles ?

Non ; nous sommes ici en droit rigoureux et exceptionnel, et dès-lors on ne doit pas sortir du texte de la disposition. Or, d'après ce texte , il y a dispense de caution , lorsque l'étranger *possède en France des immeubles*, et non pas *lorsqu'il donne hypothèque* sur ces immeubles.

Il est vrai que cet étranger pourrait, dans le cours du procès, vendre ces immeubles , puis disparaître , et que dès-lors il eût été plus prudent d'accorder hypothèque au Français ; il est vrai que, pour atteindre complètement le but qu'il se proposait, le législateur eût bien fait de forcer l'étranger de donner au Français l'assurance , non pas seulement que l'adversaire possède des immeubles au jour que ce Français intente l'action, mais aussi, et surtout, qu'on trouvera encore ces immeubles au jour qu'il s'agira d'exercer un recours sur eux. Or c'eût été là précisément l'effet de l'hypothèque, puisque cette hypothèque a pour unique résultat de donner, à celui à qui on la concède , le droit de suivre les biens en quelques mains qu'ils passent, pour se faire payer dessus. Tout cela est vrai ; mais enfin , ce que la loi eût pu et peut-être dû faire , elle ne l'a pas fait, et les tribunaux ne doivent pas refaire la loi , mais l'appliquer telle qu'elle est. L'opinion contraire de Delvincourt (t. I) nous paraît donc une erreur.

D'après cet auteur, cette hypothèque existerait même par la force des choses, par la raison qu'il faudra *un jugement* qui déclare et constate l'existence d'immeubles suffisans et que *tout jugement*, aux termes de l'art. 2123, 1er alin., emporte hypothèque ; mais c'est là une autre erreur ; nous verrons, sous cet art. 2123, que l'hypothèque ne résulte que des jugemens *prononçant une condamnation ;* or , il n'y a aucune condamnation au profit du Français contre l'étranger , dans un jugement qui déclare que *cet étranger n'est point tenu de donner caution au Français.*

V. — En appel, il n'y a qu'un seul cas où l'étranger demandeur puisse être astreint à fournir caution.

En effet, si en première instance cet étranger était défendeur pour le jugement dont il appelle aujourd'hui, il n'était pas tenu de donner caution, et l'appel qu'il interjette n'est au fond qu'un nouveau moyen de défense, une nouvelle voie pour repousser l'action qu'on lui a intentée.

Que si, en première instance, il était demandeur, la caution a dû lui être demandée et, si elle a été donnée, elle n'est pas déchargée encore, puisque l'affaire n'est pas terminée. S'il n'en a pas donné, c'est, ou que son demandeur pouvant en exiger une ne l'a pas fait, ou bien qu'il était dans un cas de dispense. Si c'est le défendeur qui n'en a pas exigé, il a donc renoncé à son droit, et c'est là un contrat tacite qu'il ne peut rompre aujourd'hui. Que si l'étranger se trouvait avoir une cause de dispense, ou bien cette cause dure encore, et alors on ne peut pas lui demander caution; ou bien elle a cessé, et alors la caution peut être exigée. C'est là le seul cas où elle puisse l'être.

VI. — Pour compléter le tableau des principales différences qui existent entre le Français et l'étranger, nous devons dire ici que ce dernier ne peut jamais faire une cession judiciaire de ses biens, c'est-à-dire forcer ses créanciers à lui laisser sa liberté, en prenant les biens qui lui restent. Ce bénéfice, accordé au Français par l'art. 1268 C. civ., est refusé formellement à l'étranger par l'art. 905 du Code de procédure.

Quant au point de savoir si et comment la prescription peut courir entre Français et étrangers, nous l'examinerons sous l'article 2219, au titre de la Prescription.

Du reste, ce que nous avons dit de l'étranger sous notre article et au n° II de l'art. 14, ne s'applique qu'à l'étranger ordinaire, et non point à l'étranger privilégié, c'est-à-dire admis par l'autorisation du Roi à établir son domicile en France. Ce dernier, en effet, est, quant à la jouissance des droits civils, assimilé au Français; excepté pour ce qui touche à sa capacité personnelle : par exemple, l'âge où il sera majeur, l'âge où il pourra se marier, etc., ainsi qu'on l'a expliqué sous l'art. 13. Ainsi, cet étranger privilégié ne sera point tenu de donner la caution exigée par notre article; il pourra être admis au bénéfice de cession; les jugemens rendus contre lui n'emporteront pas contrainte par corps, et il ne pourrait pas être arrêté provisoirement. (Il suffirait d'ailleurs, pour ces deux derniers points, qu'il fût domicilié en France, même sans autorisation du Roi; car ces rigueurs ne sont autorisées, par la loi du 17 avril 1832, que contre l'étranger non domicilié.) Les différens bénéfices, les facultés diverses dont l'étranger ordinaire est privé constituent des droits civils; or, l'étranger admis à s'établir en France, par autorisation du Roi, jouit de tous les droits civils.

VII. — Nous venons de voir, par les art. 11, 13, 14, 15 et 16, les principales différences qui existent, quant à la jouissance des droits civils, 1° entre les Français et les étrangers privilégiés ; 2° entre les Français et les étrangers ordinaires ; 3° entre les deux espèces d'étrangers. Nous allons voir, dans le chapitre II, par quelles causes les Français peuvent être privés des droits civils.

Quant à l'étranger admis à en jouir d'après l'art. 13, on sait déjà qu'il les perd, soit quand il cesse d'avoir son domicile en France, soit quand le Roi lui retire l'autorisation qu'il avait d'abord obtenue.

CHAPITRE II.

Dé la Privation des droits civils.

SECTION PREMIÈRE.

DE LA PRIVATION DES DROITS CIVILS PAR LA PERTE DE LA QUALITÉ DE FRANÇAIS.

ARTICLE 17.

La qualité de Français se perdra, 1° par la naturalisation acquise en pays étranger ; 2° par l'acceptation, non autorisée par le Roi, de fonctions publiques conférées par un gouvernement étranger ; 3° enfin, par tout établissement fait en pays étranger sans esprit de retour.

Les établissemens de commerce ne peuvent jamais être considérés comme ayant été faits sans esprit de retour.

SOMMAIRE.

I. La qualité de Français se perd par cinq causes, dont trois seulement sont indiquées dans notre article. — Elle ne se perdrait point par la naturalisation demandée, mais non obtenue. — Ni par la Denization.

II. Le deuxième alinéa signifie que l'établissement de commerce ne suffit jamais, par lui seul, pour prouver la perte de l'esprit de retour. — Du reste, cette perte ne se présume jamais.

III. Il ne faut pas conclure, par *à contrario* de cet article, que l'étranger devient Français en s'établissant en France sans esprit de retour dans son pays. — Il le deviendra, s'il y a contrat tacite, à ce sujet, entre lui et le gouvernement ; sinon, il restera étranger et ne jouira pas des droits civils. — Double erreur de Proudhon.

EXPLICATION.

I. — Cinq causes peuvent faire perdre la qualité de Français ; trois de ces causes sont indiquées par notre article, la quatrième l'est par l'art. 19, la cinquième par l'art. 21.

La première de ces cinq causes, c'est la naturalisation acquise en pays étranger. Il faut qu'elle soit acquise ; il ne suffirait pas qu'elle eût été demandée, il est nécessaire qu'elle ait été obtenue. Il ne suffirait pas non plus qu'il y eût *denization*.

La denization est, en Angleterre, une autorisation accordée par le Roi d'établir son domicile, et en vertu de laquelle on jouit des mêmes libertés, franchises et priviléges que les Anglais. Elle répond donc à l'autorisation que, chez nous, le Roi peut accorder d'après l'art. 13. La denization s'obtient par lettres patentes du Roi, tandis que la naturalisation ne peut être accordée que par un bill du parlement. Cette denization ne donne pas plus la qualité d'Anglais que, chez nous, l'autorisation de l'art. 13 ne donne la qualité de Français. Un arrêt de la Cour de Rouen, qui avait jugé que la denization fait perdre la qualité de Français, a été cassé, et avec raison, par la Cour suprême, le 19 janvier 1819.

II. -- La deuxième cause indiquée par notre article est suffisamment claire et ne demande pas d'explication. Remarquons seulement qu'ici, également, il faut que les fonctions aient été acceptées ; il ne suffirait pas qu'elles eussent été sollicitées et offertes. Mais il nous faut donner quelques mots de développement sur la règle que le second alinéa porte relativement à la troisième cause.

Cet alinéa nous dit qu'un établissement de commerce ne peut jamais être considéré comme fait sans esprit de retour. Or, il ne faudrait pas prendre ceci à la lettre ; la proposition deviendrait fausse, si on l'entendait dans un sens absolu.

Si, en effet, à cette circonstance qu'un Français a formé en pays étranger un établissement de commerce, venaient se joindre d'autres circonstances qui, réunies à la première, prouveraient la perte de l'esprit de retour, il est clair qu'on pourrait argumenter de cette première circonstance tout aussi bien que des autres. Ce qu'a voulu dire le législateur, et ce à quoi se réduit la différence qu'il signale ici entre l'établissement de commerce et tout autre établissement, c'est que l'établissement de commerce ne suffira jamais, *quand il sera seul*, pour prouver l'absence de l'esprit de retour, tandis qu'un autre établissement pourrait suffire par lui-même.

On a écrit que le sens de cette phrase était, qu'en cas d'établissement de commerce, la perte de l'esprit de retour ne pourrait pas se présumer, mais devrait être prouvée : ce n'est nullement là ce que l'alinéa veut dire ; car ce n'est pas seulement dans ce cas particulier, mais aussi dans toute autre circonstance, que la perte de l'esprit de retour doit être prouvée. C'est un principe général que la renonciation à un droit ne se présume jamais ; or, si c'est là une règle invariable et qu'on doive suivre partout, il est clair qu'on ne peut pas s'en écarter, alors surtout qu'il s'agit de la renonciation à une qualité aussi importante que celle de Français.

III. — Quelques jurisconsultes, raisonnant par argument *à contrario* du 3° de notre article, veulent qu'on regarde comme Français celui qui s'est établi définitivement en France sans esprit de retour dans son pays, et dont l'intention, sous ce rapport, est suffisamment manifeste. Il serait insoutenable, disent-ils, de prétendre que des individus qui sont venus s'établir en France, il y a cent ou deux cents ans, sont toujours étrangers, parce que ni eux ni leurs pères ne se sont fait naturaliser; on doit donc les reconnaître pour Français. Comme nous l'avons dit à l'art. 13, n° VII, les principes permettent et commandent même cette décision, pour ceux que le Gouvernement aura appelés à jouir des droits et à s'acquitter des charges réservés aux Français, parce qu'alors il est intervenu, entre eux et le Gouvernement, un contrat tacite par lequel celui-ci a donné, et l'étranger a accepté, la qualité de Français. Mais, quant aux autres, il nous paraît incontestable qu'ils resteraient étrangers; car il n'y a aucun principe, aucun élément d'où puisse se conclure, en leur faveur, la qualité de Français.

Notre doctrine, du reste, apporte une double contradiction à ce qu'enseigne sur ce point Proudhon. D'après cet auteur (t. I, p. 89, ch. 12), l'*incolat*, c'est-à-dire, le fait de l'établissement en France (de *incolare*, habiter), donnerait à l'étranger, non pas la totalité, mais une certaine partie des droits civils; c'est-à-dire que Proudhon donne toujours *une fraction* des droits civils à des personnes auxquelles les principes n'en attribuent *aucun* dans un cas, et au contraire, les attribuent *tous*, avec la qualité même de Français, dans le cas contraire. En effet, tant que l'étranger ne peut argumenter que de son établissement de domicile en France, il est clair qu'il ne peut réclamer aucuns droits civils, puisque leur jouissance ne résulte, d'après l'art. 13, que d'un établissement fait *d'après une autorisation du Roi;* il n'a alors qu'un seul des deux élémens indispensables l'un et l'autre. Mais si, au contraire, l'étranger a été appelé à partager les charges qu'on n'impose qu'aux Français, et qu'il les ait acceptées, il est clair qu'il y a alors autorisation, tacite, il est vrai, mais bien manifeste, et que dès-lors l'étranger peut réclamer, non pas une partie seulement, mais la totalité des droits civils.

Et ce n'est pas seulement la jouissance des droits civils, c'est aussi la qualité de Français, qu'on devra attribuer alors à l'étranger; car si cet appel à participer aux charges publiques contient virtuellement, de la part du gouvernement, l'autorisation et l'acceptation de l'établissement en France, et dès-lors la concession des droits civils, il est clair qu'il contient encore quelque chose de plus, puisque les charges auxquelles nous supposons l'étranger appelé, par exemple le service dans l'armée, constituent en même temps des droits civiques, des facultés politiques, lesquels ne découlent pas même de l'autorisation formelle d'établir le domicile en France.

ARTICLE 18.

Le Français qui aura perdu sa qualité de Français, pourra toujours la recouvrer, en rentrant en France avec l'autorisation du Roi, et en déclarant qu'il veut s'y fixer et qu'il renonce à toute distinction contraire à la loi française.

N. B. — Cet article ne demande pas de développement et se comprend suffisamment à la première lecture, sauf un seul point.

La renonciation, dont parle l'article, *à toute distinction contraire à la loi française*, est loin d'avoir maintenant un objet aussi étendu que lors de la confection du Code; c'était surtout sur les titres de noblesse, alors proscrits en France, que s'était portée la pensée du législateur, et ces titres ne sont point proscrits maintenant.

Aujourd'hui, il est bien vrai encore que, légalement parlant, il n'y a point de noblesse en France; mais pourtant chacun est libre de conserver ses noms et qualifications de famille. La préposition *de*, les titres de baron, de duc et tous autres sont, légalement, des mots insignifians, n'indiquant aucune cause de supériorité ni de préférence quelconque et déterminant la distinction des familles, de la même manière absolument que les mots *Langlois*, *Monnier*, *Lefebvre*, etc.; mais aussi, et par cette raison-là même, ils n'ont rien d'illégal, et l'on peut signer *de Raimbouville*, *Marquis de Fézensac*, ou *Comte de Vieux*, comme on peut signer *Berryer*, *Victor Hugo*, ou *Troplong*.

Mais ce n'est pas à dire, cependant, que cette renonciation soit désormais sans objet aucun, et se trouve complètement inutile à faire, comme l'ont écrit plusieurs auteurs.

Il est évident que des dignités, des qualités, des titres quelconques, acceptés d'une puissance étrangère et qui seraient incompatibles avec la qualité de Français, par exemple des titres héréditaires, forment *des distinctions contraires à la loi française* et auxquels il faudrait renoncer pour redevenir Français.

Il a été décidé, et avec raison, par un avis du Conseil d'État du 21 janvier 1812, que dès-là qu'un titre étranger est héréditaire, son acceptation, manifestant clairement la perte de l'esprit de retour, ne peut avoir lieu *même avec autorisation*, sans que la qualité de Français soit enlevée. S'il en est ainsi, cette qualité de Français ne peut donc être recouvrée sans renonciation à ce titre.

ARTICLE 19.

Une femme française qui épousera un étranger, suivra la condition de son mari; si elle devient veuve, elle recouvrera la qualité de Française, pourvu qu'elle réside en France ou qu'elle y rentre avec l'autorisation du Roi, et en déclarant qu'elle veut s'y fixer.

SOMMAIRE.

I. Quatrième manière de perdre la qualité de Français. — Il n'est pas exact de dire que la femme suivra alors la condition de son mari. — Il se peut qu'une femme ait deux patries ou qu'elle n'en ait aucune.

II. La femme ne perd point la qualité de Française par cela seul que son mari, Français lors du mariage, perd lui-même cette qualité.

EXPLICATION.

I. — Cet article nous indique la quatrième manière de perdre la qualité de Français, c'est pour la femme française, son mariage avec un étranger. Mais l'article va trop loin et se trouve inexact, quand il nous dit que ce mariage aura pour effet de faire suivre à la femme la condition de celui qu'elle épouse. Le législateur, en effet, peut bien enlever à un Français la qualité de membre de la société française; mais son pouvoir ne va pas jusqu'à lui conférer la qualité de membre de telle autre société. La première disposition de notre article signifie donc seulement que la femme française, qui épouse un étranger, perd sa qualité de Française.

D'après les lois anglaises, la femme étrangère qui épouse un Anglais ne devient point Anglaise, et réciproquement, l'Anglaise qui épouse un étranger n'en reste pas moins Anglaise. Ainsi, de la disposition de notre art. 19, rapprochée de la loi anglaise, il résulte que la femme française qui épouse un Anglais, cesse d'être Française, sans devenir Anglaise, et, par conséquent, n'appartient plus à aucune nation; tandis que, par le résultat de cette même loi anglaise combinée avec l'art. 12 ci-dessus, l'Anglaise qui épouse un Français se trouve rester Anglaise et devenir Française en même temps, en sorte qu'elle a deux patries.

Il est inutile de dire, que dans cette contradiction de vues entre la loi française et la loi anglaise, c'est la nôtre qui se montre la plus sage et la plus logique, puisqu'elle consacre ici cette idée du christianisme, idée si vraie et si naturelle, si belle et si profonde, que la femme est comme l'accessoire et le complément de l'homme, *adjutorium simile sibi*, destinée à former avec lui un seul tout, un seul être jusqu'alors incomplet, *duo in carne unâ*. Nous verrons notre Code, au titre du Contrat de mariage, art. 1382 et suiv., consacrer encore cette idée, quant aux biens des époux, en adoptant pour le droit commun le régime de la communauté.

II. — Faut-il aussi, d'après notre article, dire que la qualité de Française s'évanouit pour la femme dont le mari, Français lors de son mariage, perd ensuite cette qualité par l'une des causes indiquées en l'art. 17 ?

Non ; il n'y a pas parité de motifs. Dans le cas de notre article, il s'agit d'une femme qui épouse volontairement un étranger ; dans l'hypothèse proposée, au contraire, la femme a épousé un Français et en accompagnant plus tard son mari en pays étranger, elle n'a nullement prouvé qu'elle renonçât à sa patrie ; elle n'a fait qu'accomplir un devoir, devoir que lui impose la loi française elle-même, dans l'art. 214, en lui commandant *d'habiter avec son mari et de le suivre partout.*

ARTICLE 20.

Les individus qui recouvreront la qualité de Français, dans les cas prévus par les art. 10, 18 et 19, ne pourront s'en prévaloir qu'après avoir accompli les conditions qui leur sont imposées par ces articles, et seulement pour l'exercice des droits ouverts à leur profit depuis cette époque.

N. B. — On sait déjà que la disposition de cet article a été motivée par le désir de faire cesser la controverse qui existait autrefois sur le point de savoir si les individus dont il y est question, ne devraient pas recouvrer ce titre de Français rétroactivement et à partir du jour même où il avait été perdu.

On se rappelle également que notre article présente un argument décisif contre la doctrine de Toullier, qui attribue à l'enfant étranger né en France, et qui accomplit les formalités de l'art. 9, la qualité de Français à partir de sa naissance même. En effet, cet enfant étranger est vu par la loi moins favorablement que celui né d'un ex-Français et dont parle l'art. 10, puisqu'on ne lui permet que *dans l'année de sa majorité* ce qui est permis à celui-ci *à toute époque;* or, ce dernier lui-même ne devient Français, d'après notre article, que pour l'avenir ; donc, il en doit être de même de l'autre, à plus forte raison.

ARTICLE 21.

Le Français qui, sans autorisation du Roi, prendrait

du service militaire chez l'étranger, ou s'affilierait à une corporation militaire étrangère, perdra sa qualité de Français.

Il ne pourra rentrer en France qu'avec la permission du Roi, et recouvrer la qualité de Français qu'en remplissant les conditions imposées à l'étranger pour devenir citoyen; le tout sans préjudice des peines prononcées par la loi criminelle contre les Français qui ont porté ou porteront les armes contre leur patrie.

SOMMAIRE.

I. Cinquième et dernière manière de perdre la qualité de Français. — Dans ce cas, l'ex-Français est traité plus rigoureusement que l'étranger lui-même.
II. Il peut, pendant ses dix ans de stage, jouir des droits civils.
III. Analyse de deux décrets postérieurs au Code, portant, sur la matière qui nous occupe, des dispositions très-rigoureuses, et qu'on doit regarder aujourd'hui comme abrogés dans ce qu'ils ont de contraire au droit commun.

EXPLICATION.

I. — Le premier alinéa de cet article nous fait connaître la cinquième et dernière manière de perdre la qualité de Français. Cet article, on le voit, traite rigoureusement le Français qui a cessé de l'être par les causes qu'il prévoit. Il ne peut recouvrer son ancienne qualité que par le moyen offert à l'étranger pour l'acquérir, c'est-à-dire dix années de stage; il ne peut même, et sous ce rapport il est traité plus défavorablement que l'étranger, rentrer sur le territoire français qu'avec la *permission* du Roi.

II. — On s'est demandé si, pendant les dix années de stage, cet ancien Français pourrait, comme l'étranger, avoir au moins la jouissance des droits civils; et quelques jurisconsultes ont répondu que non, en se fondant sur ce qu'il est traité plus défavorablement que l'étranger, et se trouve réellement dans un état de punition.

Nous ne saurions adopter cette décision. Ce Français est traité, dit-on, plus défavorablement que l'étranger; c'est vrai, sous le rapport de sa rentrée en France, mais rien ne nous autorise à dire qu'il en doive être de même pour le moyen de redevenir Français. On ajoute qu'il est dans un état de punition; c'est vrai encore, mais c'est précisément parce qu'il s'agit d'une punition qu'il faut bien se garder de lui donner de l'extension. Or, notre texte ne dit nullement que pendant les dix années de stage il ne pourra pas jouir des droits civils; il paraît même vouloir faire entendre le contraire, puisqu'il dit qu'il deviendra Français par l'accomplissement des *conditions imposées à l'étranger*; or, ces conditions sont dix années de stage, avec possibilité de jouir des droits civils.

III. — Deux décrets, postérieurs au Code civil, sont venus apporter de graves modifications aux dispositions que nous venons d'expliquer dans cette section.

D'après le premier de ces décrets, en date du 6 avril 1809, tout Français ayant porté les armes contre sa patrie, est passible de la peine de mort, et celui, autorisé ou non à servir à l'étranger, qui ne serait pas rentré en France à l'ordre de rappel, est considéré comme ayant porté les armes contre sa patrie. Dans les cas même où ce dernier n'est pas considéré comme tel, il est encore passible de la *mort civile* dont les effets vont être expliqués ci-dessous, à l'art. 25.

Un second décret, du 26 août 1811, déclare mort civilement le Français qui, sans autorisation, se sera fait naturaliser à l'étranger, ou aura accepté des fonctions publiques étrangères.

Ces deux décrets sont-ils encore en vigueur pour toutes leurs dispositions? Nous croyons devoir répondre négativement et dire qu'ils sont abrogés pour celles de leurs dispositions qui se trouvent en désaccord avec les principes généraux du droit, et nous avons plusieurs raisons de le décider ainsi :

1° Un des articles du traité de paix de 1814 porte que les jugemens rendus en conformité de ces deux décrets seront annulés. Or, peut-on croire qu'en anéantissant ce qui avait été fait en vertu de ces décrets, on eût l'idée de les maintenir pour l'avenir?

2° Depuis 1814, plusieurs ordonnances ont rappelé en France des Français passés à l'étranger, en les menaçant de diverses peines pour le cas où ils n'obéiraient pas. Or, comme ces actes étaient purement comminatoires, on a dû y mentionner les peines les plus graves, et par là même les plus efficaces; eh bien! il n'y est pas question de celles portées par ces deux décrets.

3° Depuis la même époque, on ne rencontre aucune trace de mise à exécution de ces décrets;

4° Enfin, il est évident que c'étaient là des dispositions de circonstances, faites *ab irato*, et dont l'application doit cesser à la cessation des causes qui les avaient fait porter.

Et en effet, des lois ne peuvent être obligatoires que pour celui qui consent à rester membre de la corporation pour laquelle elles sont faites. L'homme a toujours, de par le droit naturel, la faculté d'abandonner sa patrie pour entrer dans telle autre

société qu'il veut choisir ; à moins, bien entendu, que les circonstances ne changent sa transmigration en désertion ou en
félonie. C'est là ce que dit la raison, et c'est là aussi le sentiment de tous les publicistes. (*Voy.* Grotius, *de la Guerre
et de la paix*, liv. 2, ch. 5 ; Wolf, part. 7 ; Puffendorf, liv. 8,
ch. 11.)

SECTION II.

PRIVATION DES DROITS CIVILS PAR SUITE DE CONDAMNATIONS JUDICIAIRES.

On peut, par l'effet de condamnations, être privé ou de la totalité ou d'une partie seulement des droits civils. La privation
totale des droits civils s'appelle *Mort civile*, c'est la seule dont
s'occupe notre section. A la fin de cette section, nous ajoute-
rons quelques mots sur la privation partielle.

ARTICLE 22.

Les condamnations à des peines dont l'effet est de
priver celui qui est condamné de toute participation aux
droits civils ci-après exprimés, emporteront la mort civile.

SOMMAIRE.

I. D'où résulte la mort civile.
II. La mauvaise rédaction de l'article nous révèle encore une idée importante.
III. La mort civile n'est qu'une peine accessoire. — Réflexion sur le
jugement des ministres de Charles X.

EXPLICATION.

1. — Cet article nous apprend que la mort civile n'a lieu que
dans le cas d'une condamnation à telle ou telle peine, et comme
conséquence de cette condamnation; que, dès-lors, elle ne peut
pas faire elle-même l'objet direct d'une condamnation et être
prononcée comme peine principale. L'article nous dit en effet :
Les condamnations à des peines dont.... *emporteront la mort civile.*
Effectivement, on ne condamne pas à la mort civile, on condamne à telle ou telle peine, et c'est la condamnation à telle
peine déterminée qui emporte ultérieurement la mort civile.

L'article a encore pour but de nous apprendre quelles sont
les condamnations qui doivent emporter mort civile. Mais ce
qu'il nous dit sous ce rapport est tout à fait insignifiant. Car
sa réponse ne peut se comprendre que par la combinaison de
notre article avec l'art. 25, auquel il renvoie implicitement par
les mots *ci-après exprimés ;* or, la combinaison de ces deux articles conduit à une proposition niaise !

En effet, notre article revient à dire : *Une condamnation emportera mort civile quand.... elle aura pour effet la privation dont parle l'art.* 25. Or, cet art. 25, lui, ne fait qu'expliquer quelle est la privation qui résulte de la mort civile, puisqu'il nous dit : *par la mort civile, le condamné perd....* En d'autres termes : *Les effets de la mort civile sont.....* C'est donc comme si notre article nous disait : *Une condamnation emportera la mort civile, quand.... elle aura pour effet la privation qui est l'effet de la mort civile.* C'est-à-dire, qu'il y aura mort civile, quand il y aura mort civile.

Heureusement, la rédaction seule est embrouillée, et l'idée du législateur apparaît clairement. Ce vice grossier ne nous empêchera pas de bien savoir, au moyen des art. 22, 23, 24 et 25, ce que c'est que la mort civile, quand elle a lieu, et quels effets elle produit.

II. — Du reste, la rédaction de cet article nous révèle, par son vice même, une idée qui est souvent restée incomprise et qu'il est cependant important de saisir, comme nous le verrons sous l'art. 25. C'est que la mort civile n'emporte point privation absolue de tous les droits civils. Si, dans la pensée du législateur, la mort civile avait été une privation totale des droits civils, il n'aurait pas commis le vice de rédaction que nous venons de signaler et qui résulte du renvoi à l'art. 25, car il n'aurait pas eu à faire ce renvoi ; il nous aurait dit, en supprimant les mots ci-après exprimés : *Les condamnations dont l'effet est de priver* DE TOUTE PARTICIPATION AUX DROITS CIVILS, *emporteront mort civile.* Mais le législateur ne pouvait pas s'exprimer ainsi. Un condamné n'est jamais, et dans aucun cas que ce soit, privé de *tous* les droits civils ; en cas de mort civile, il l'est de *presque tous*, mais non pas de tous absolument ; il lui reste ceux de ces droits civils qui sont relatifs à son existence naturelle.

Voilà pourquoi le législateur a parlé, non pas absolument *de la privation des droits civils*, mais avec restriction, de la privation *des droits civils ci-après exprimés.*

Ainsi, cette proposition généralement usitée et que nous emploierons nous-mêmes, que *la mort civile est la privation totale des droits civils*, ne doit pas être prise à la lettre, elle n'est pas rigoureusement exacte.

III. — Il faut également entendre avec prudence cette autre proposition, reproduite partout, que *la mort civile n'est point une peine.* Ce n'est point, et nous venons de le dire nous-mêmes, une peine principale, une peine qui puisse se prononcer et faire l'objet direct d'une condamnation. C'est l'accessoire légal d'une peine, ou plutôt de la condamnaiton à une peine ; un état résultant, secondairement et de plein droit, de telle ou telle condamnation criminelle. Mais cet état n'en est pas moins une punition, cet accessoire n'en est pas moins une peine et une énorme peine, ainsi que nous le verrons sous l'art. 25.

Au reste, c'est seulement dans les principes de notre législation actuelle que la mort civile n'est qu'une peine accessoire; rien n'empêcherait qu'une loi vînt la ranger au nombre des peines principales. C'est ce qu'ont déjà fait, depuis le Code, les deux décrets de 1809 et 1811, dont nous avons parlé sous l'article précédent.

N. B. — On a vu la Cour des pairs, notamment dans le procès des ministres de Charles X, prononcer la mort civile directement et comme peine principale. Cette anomalie tient à ce que cette Cour, par un fait qui est vraiment déplorable et qu'on ne devrait pas laisser subsister plus longtemps, se trouve en dehors de tous les principes et de toutes les règles, soit pour déterminer les crimes dont elle doit connaître, soit pour les formes de procédure qu'elle doit suivre, soit pour les peines qu'elle doit appliquer.

ARTICLE 23.

La condamnation à la mort naturelle emportera la mort civile.

N. B. — On ne voit guère, au premier coup d'œil, quelle peut être l'utilité de cet article. A quoi bon dire qu'on regardera comme mort, sous le rapport légal et civilement parlant, celui qui l'est réellement, naturellement? On pourrait, tout d'abord, croire que c'est là une idée de pure théorie sans aucune efficacité pratique.

Ce serait une erreur. La mort civile qu'entraîne alors la condamnation n'est pas une addition inutile faite à celui-ci.

En effet, 1° il est bien vrai que, d'après les art. 26 et 27, la mort civile n'est jamais encourue avant l'exécution de la condamnation; mais elle l'est, dans les condamnations contradictoires, par le seul fait de l'exécution fictive, d'après l'art. 26; de sorte que, si l'individu condamné contradictoirement (c'est-à-dire, lui présent et pouvant contredire l'accusation, *reo contradicente*) vient à s'échapper après la condamnation, il se trouvera frappé de mort civile alors qu'il est encore vivant naturellement;

2° Dans les condamnations par contumace, c'est-à-dire prononcées en l'absence de l'accusé, la mort civile étant encourue après l'expiration de cinq ans depuis l'exécution par effigie, d'après l'art. 27, là encore, le condamné pourra être frappé de mort civile pendant son existence naturelle;

3° Enfin, même dans le cas d'une exécution réelle, la mort civile qui frappera le condamné en même temps que la mort naturelle produira encore un effet important, puisqu'aux termes de l'alinéa 1 de l'art. 25, elle l'empêchera de laisser un testament valable.

ARTICLE 24.

Les autres peines afflictives perpétuelles n'emporteront la mort civile qu'autant que la loi y aurait attaché cet effet.

SOMMAIRE.

I. Il y a aujourd'hui trois peines afflictives perpétuelles; toutes trois emportent mort civile.

II. La détention que subissent provisoirement les condamnés à la déportation produit également la mort civile, depuis 1832.

III. Ce n'est pas dans la peine, c'est dans la condamnation à la peine, que se trouve la cause de la mort civile. — Erreur de Delvincourt.

EXPLICATION.

I. — La mort civile ayant pour résultat de faire considérer celui qui en est frappé, comme mort aux yeux de la loi, et produisant, par conséquent, des effets irrévocables, elle ne devait pas être attachée à une peine temporaire.

Or, en 1804, lorsque notre Code civil a été rédigé, il n'existait pas, en France, d'autre peine perpétuelle que la mort; le législateur ne pouvait donc attacher la mort civile qu'à la peine de mort naturelle, sauf à dire que pour l'avenir elle pourrait être attachée à d'autres peines, pourvu qu'elles fussent aussi afflictives et perpétuelles.

En 1810, en effet, lors de la confection du Code pénal, on créa deux nouvelles peines perpétuelles, les travaux forcés à perpétuité et la déportation, et on déclara que chacune d'elles emporterait la mort civile, comme on le voit par l'art. 18 du Code pénal. Nous avons donc, en tout, trois peines dont la condamnation emporte la mort civile.

Quant à la qualité d'*afflictive*, que notre article exige également, on n'aurait guère pu la définir avant la révision qui, en 1832, a été faite du Code pénal de 1810. On ne peut, en effet, définir et distinguer les peines afflictives qu'en disant que ce sont *celles qui affectent le corps, le physique du condamné*, telles que : *la mort, les travaux forcés, la déportation* dans un lieu dont on ne peut sortir, *la réclusion*, etc., à la différence du *bannissement* et de la *dégradation civique*, dans lesquelles aucune rigueur n'est exercée sur le corps. Or, avant 1832, cette définition n'aurait pas été

I.   10

d'accord avec la théorie du Code pénal, dont l'art. 8 présentait comme peine non afflictive le *carcan*, quoique le carcan atteignît le physique du condamné. Il fallait donc alors se contenter, comme le faisait le Code pénal, d'*énumérer* les peines afflictives, au lieu de les définir. Aujourd'hui, rien n'empêche plus de prendre la définition donnée plus haut, attendu que, depuis 1832, le carcan a été supprimé comme peine proprement dite; le carcan n'existe plus maintenant que comme accessoire de certaines peines, sous le nom d'*exposition*.

II. — D'après l'art. 17 du Code pénal, la déportation consiste à être transporté et à demeurer à perpétuité dans un lieu déterminé, hors du territoire continental du royaume, mais, comme la France n'a pas eu jusqu'à présent un lieu de déportation, les condamnés à cette peine, tant qu'un lieu n'aura pas été désigné, devront, d'après ce même article, subir une détention perpétuelle. Or, on s'est demandé si cette substitution de peine empêcherait la mort civile d'être encourue... La négative ne saurait être douteuse. Il en était autrement avant 1832; pendant tout le temps qui s'est écoulé depuis la promulgation du Code pénal, en 1810, jusqu'à sa révision en 1832, aucun condamné à la déportation n'a pu être frappé de mort civile; mais depuis cette révision, toute condamnation à la déportation emporte la mort civile, au moyen de la détention dont parle l'art. 17 du Code pénal.

En effet, avant 1832, la loi n'avait point obvié à l'impossibilité d'exécuter réellement la déportation; elle n'avait point pensé, dans la prévoyance du temps fort long qui pouvait s'écouler avant qu'un lieu de déportation fût établi, à organiser un autre mode, provisoire mais légal, d'exécution. Donc, la détention provisoire que le gouvernement faisait subir aux condamnés n'était nullement, alors, une exécution de la condamnation; c'était un état d'attente, comme celui du condamné aux travaux forcés depuis le jour de sa condamnation jusqu'au jour où il part pour le bagne. Ainsi, avant 1832, il n'y avait jamais exécution de la condamnation à la déportation, et dès-lors, jamais de mort civile pour cette cause, puisqu'aux termes des art. 26 et 27, c'est par l'exécution, soit réelle soit fictive, que la mort civile est encourue.

Mais, ce que n'avait pas fait le législateur de 1810, le législateur de 1832 l'a fait; aujourd'hui, cette détention du condamné est, d'après le dernier alinéa de l'art. 17 du Code pénal, le mode légal d'exécuter la déportation, tout comme d'après l'art. 16, c'est une espèce d'emprisonnement qui est, pour les femmes, le mode légal d'exécuter la condamnation aux travaux forcés. Aussi, l'ancien art. 18 Cod. pén., en déclarant que la déportation entraînerait la mort civile, permettait au Gouvernement d'accorder au condamné l'exercice des droits civils, *dans le lieu de la déportation*, parce que c'était seulement par la translation dans ce lieu que la mort civile était encourue; mais dans l'article actuel, on a eu soin de supprimer ces mots pour autoriser le Gouvernement à accorder cet exercice absolument, et sans qu'il y ait eu déportation réalisée.

Cette suppression indique assez que, dans la pensée des rédacteurs, la déportation réelle, la translation dans un lieu *ad hoc*, n'est plus nécessaire pour que la mort civile soit encourue. Et non-seulement cette détention perpétuelle est bien le mode légal d'exécution de la déportation, mais même *elle n'est que cela*. En effet on chercherait en vain la détention perpétuelle comme peine ordinaire; le Code pénal ne présente dans la classe des peines que la détention *temporaire*. (*Voy*. art. 7 Cod. pén.)

III. — Et en effet, quand notre art. 24 parle de *peines* emportant la mort civile, il se sert d'une expression inexacte, ainsi que les art. 29 et 30, qui répètent cette même expression après lui. Ce n'est pas dans la peine, c'est dans la *condamnation* à la peine que se trouve la cause de la mort civile. Pour que la mort civile soit encourue il n'est pas nécessaire que la peine prononcée soit réalisée, qu'elle soit vraiment subie par le condamné; il suffit qu'il y ait condamnation et que cette condamnation soit exécutée *d'une manière quelconque*.

En effet, d'après l'art. 27, la mort civile est encourue, dans les condamnations par contumace, après cinq ans depuis l'exécution fictive, et, par conséquent, sans qu'aucune peine ait été subie par le condamné; d'après l'art. 26, elle est encourue, dans les condamnations contradictoires, à l'instant même de cette exécution fictive, et encore, par conséquent, sans que la peine soit subie. Aussi, les art. 22, 23, 26, 27, Cod. civ., et 18 Cod. pén., nous disent-ils que c'est la *condamnation* à telle peine qui produit la mort civile; si, dans d'autres textes, on a parlé de *peines emportant mort civile*, c'était pour éviter cette locution plus longue et plus embarrassée : *peines dont la condamnation* ou même *peines auxquelles la condamnation* (ce qui serait plus régulier, mais assez bizarre) *emporte la mort civile*. Le principal texte, sur ce point, est celui de l'art. 22, rédigé tout exprès pour nous indiquer les causes de la mort civile; or, cet article nous dit que ce sont les *condamnations* à telle ou telle peine qui emportent mort civile. La rubrique de notre section est rédigée dans le même sens.

Et l'on ne concevrait pas qu'il en fût autrement. Le législateur, prévoyant l'impossibilité dans laquelle il pouvait se trouver d'appliquer la peine, soit par la fuite du condamné, soit par toute autre cause, devait bien se garder de placer dans l'application de cette peine la cause de la mort civile. Il devait, s'il ne voulait pas que sa volonté devînt souvent illusoire, la placer dans la condamnation elle-même. C'est aussi ce qu'il a fait.

Delvincourt donne donc une définition erronée, quand il dit : que « *la mort civile est l'état d'un individu* QUI A SUBI UNE PEINE « *ayant pour effet de le retrancher de la société.* » On vient de voir que très-souvent la mort civile est encourue sans qu'aucune peine ait été subie.

Article 25.

Par la mort civile, le condamné perd la propriété de tous les biens qu'il possédait; sa succession est ouverte au profit de ses héritiers, auxquels ses biens sont dévolus de la même manière que s'il était mort naturellement et sans testament.

Il ne peut plus recueillir aucune succession, ni transmettre, à ce titre, les biens qu'il a acquis par la suite.

Il ne peut ni disposer de ses biens, en tout ou en partie, soit par donation entre-vifs, soit par testament, ni recevoir à ce titre, si ce n'est pour cause d'alimens.

Il ne peut être nommé tuteur, ni concourir aux opérations relatives à la tutelle.

Il ne peut être témoin dans un acte solennel ou authentique, ni être admis à porter témoignage en justice.

Il ne peut procéder en justice, ni en défendant, ni en demandant, que sous le nom et par le ministère d'un curateur spécial, qui lui est nommé par le tribunal où l'action est portée.

Il est incapable de contracter un mariage qui produise aucun effet civil.

Le mariage qu'il avait contracté précédemment, est dissous, quant à tous ses effets civils.

Son époux et ses héritiers peuvent exercer respectivement les droits et les actions auxquels sa mort naturelle donnerait ouverture.

SOMMAIRE.

1. Cet article se réduit à ces deux idées : que 1° en principe, le condamné est mort aux yeux de la loi; mais que cependant 2° il

conserve encore ceux des droits civils relatifs à son existence naturelle.

II. Le condamné perd beaucoup d'autres droits que ceux indiqués par l'article.

III. Mais il conserve, entre autres droits, celui d'agir en justice pour exiger des alimens des personnes qui lui en doivent. — Il peut aussi faire des actes authentiques et prendre ou donner hypothèque. Dissentiment avec M. Troplong.

IV. Le mort civilement, encore mineur, ne recevrait pas de tuteur.

V. Celui que la mort civile a trouvé célibataire ne peut plus se marier civilement. Celui qui était marié voit son mariage civilement brisé, et son conjoint peut contracter une nouvelle union civile. Erreur de Toullier. — En morale et en religion, au contraire, le mariage antérieur à la mort civile reste valable, et réciproquement le mort civilement célibataire peut toujours se marier.

VI. Les art. 199 et 200 du Code pénal sont inapplicables au prêtre qui procèderait au mariage religieux d'un mort civilement.

VII. Si, dans le mariage contracté par un mort civilement, le conjoint était de bonne foi, le mariage produirait ses effets civils pour ce conjoint et pour les enfans.

VIII. Toutefois, ni le conjoint ni les enfans ne pourraient succéder au mort civilement; mais c'est seulement parce que lui est incapable de transmettre, et non parce qu'eux seraient incapables de recevoir.

IX. Ces enfans succèderaient donc aux parens du mort civilement. Erreur de Merlin.

X. Erreur contraire de Delvincourt, qui prétend qu'ils succèderaient, non pas seulement aux parens de leur auteur mort civilement, mais à cet auteur lui-même.

XI. Ce n'est point pour incapacité, mais pour indignité, que notre article déclare nul le testament que laisse le condamné en mourant civilement. Erreur de Delvincourt, Toullier et de MM. Duranton, Dalloz, etc. — Si, au lieu d'un testament, c'était une institution contractuelle qui existât quand arrive la mort civile, l'acte resterait valable. — A plus forte raison, la mort civile n'influerait en rien sur une donation entre-vifs.

XII. La mort civile est un état, une manière d'être du condamné; elle le suit donc partout, et le met dans une position pire que celle d'un étranger. Mais c'est seulement dans les rapports du condamné avec la société française ou l'un de ses membres.

EXPLICATION.

1. — Cet article, dont la portée est fort importante à saisir, ne donne point, comme nous allons le voir, l'énumération complète des divers droits dont prive la mort civile; mais, pourtant, il en dit assez pour que l'on puisse apercevoir très-bien la pensée du législateur, comprendre parfaitement ce que c'est que la

mort civile, et, par suite, compléter ce qui manque dans l'article au moyen même de ce qu'il dit.

Cet article, en effet, se réduit à deux idées principales, savoir :

1° Que par la mort civile le condamné est réellement retranché de la société et réputé mort. C'est bien ce qui résulte de ce que son mariage est dissous et sa succession ouverte ; c'est ce qui, d'ailleurs, nous est donné à entendre par l'expression même de *mort civile ;*

2° Que la vie naturelle, cependant, lui étant conservée, la loi veut bien encore la protéger et continuer de s'occuper de lui sous ce rapport, mais sous ce rapport seulement. C'est ce qui résulte de la faculté qu'on lui reconnaît de recevoir les donations qui lui seraient faites à titre d'alimens, et de se faire rendre justice (sous le nom d'un curateur, il est vrai, mais peu importe) sur les contestations qui pourraient s'élever quant aux biens qu'il acquiert pendant la mort civile.

Il suit de là que, quand on voudra savoir si telle ou telle faculté, accordée par la loi civile, appartient ou non au mort civilement, il suffira de rechercher si cette faculté est ou n'est pas nécessaire au maintien de son existence naturelle.

Je dis telle ou telle faculté *accordée par la loi civile ;* car s'il s'agissait de facultés ne résultant pas du droit civil, mais qui sont garanties par le droit naturel, il est clair qu'il n'y aurait pas de question, et qu'elles appartiendraient toutes au condamné. Mais quant aux droits que la loi civile seule nous a donnés, soit en créant des principes qui n'étaient pas dans la loi naturelle, soit en élargissant ceux qui s'y trouvaient déjà, soit enfin en tirant de ces principes des conséquences que la loi naturelle n'en tirait pas ; quant à tous ces droits, le mort civilement n'en aura la jouissance qu'autant qu'ils seraient relatifs à son existence naturelle.

II. — C'est en partant de ce principe, que nous fournit notre article lui-même, que nous arrivons à dire que cet article ne nous offre pas le tableau complet des droits dont prive la mort civile.

Ainsi, quoique la puissance paternelle ne soit pas formellement enlevée au condamné par notre article, comme l'est la puissance maritale et le titre même de mari, il est clair cependant qu'il perdra aussi cette puissance et le titre de père. Car la puissance paternelle, telle qu'elle est organisée, est un bénéfice de la loi civile ; elle a donc été brisée du jour que le condamné a été frappé de mort aux yeux de cette loi ; d'un autre côté, il n'y a là rien de nécessaire à la conservation de son existence. Son consentement ne serait donc pas requis pour le mariage de ses enfans mineurs; car, en outre de ce qu'il n'a plus la puissance paternelle, il ne peut pas donner un consentement légal, puisque légalement il est mort et n'a plus de volonté. Il ne pourrait pas non plus émanciper ses enfans; puisque l'émancipation n'est que l'abdication de la puissance paternelle, et qu'il n'a plus cette puissance.

Il perdra aussi, évidemment, le droit d'être électeur, juré, et tous les droits politiques; celui d'exercer aucune fonction, aucun office, aucun emploi public, comme ceux de notaire, d'avoué, d'huissier; il ne pourrait non plus être ni avocat ni médecin, ni exercer toute autre profession pour laquelle il est nécessaire d'avoir un grade dans une des Facultés, ou d'être membre de l'Université. En effet, ce sont là des bénéfices accordés par la loi civile, et non des conséquences du droit naturel; le condamné ne pourrait donc en jouir qu'autant qu'ils seraient indispensables au maintien de son existence; or, il n'est pas essentiel au maintien de son existence d'obtenir tel ou tel grade, ni d'exercer telle profession plutôt que telle autre.

III. — Mais, toujours d'après le même principe, il faudra décider le contraire, quand il s'agira de droits qui, bien qu'organisés par la loi civile, sont cependant relatifs à l'existence naturelle du condamné. Ainsi, le mort civilement pourrait *ester* en justice (sous le nom d'un curateur, bien entendu, car la loi ne lui permet pas de s'y présenter en son nom propre) pour exiger des alimens, aux termes et dans les cas des art. 205, 206 et 207.

Cependant, quelques jurisconsultes prétendent le contraire. « D'abord, dit-on, quoique la faculté de demander des alimens à ses proches soit fondée sur la nature, l'action pour les exiger en justice appartient au droit civil, et, par conséquent, ne peut pas compéter à celui qui est mort aux yeux de la loi civile; en outre, de qui exigerait-il ces alimens, puisqu'aux yeux de la loi il est mort, et par conséquent n'a plus de parens?

Ces deux raisons, comme on voit, sont fondées sur ce principe, que le mort civilement est *complètement* mort aux yeux de la loi et ne peut plus exercer *aucun* droit civil. Or, nous avons vu que ce principe est faux quand il est pris ainsi sans restriction, et qu'à la règle que le condamné est mort légalement parlant, il y a exception pour tout ce qui touche à sa vie naturelle.

Est-il besoin d'insister là-dessus et d'administrer une preuve formelle de cette exception? Elle ressort, claire et manifeste, des alinéas 3 et 6 de notre article. En effet, d'après l'alinéa 3, le mort civilement peut, pour cause d'alimens, recevoir par donation entre-vifs et par testament; or, quoique la faculté de donner et de recevoir soit du droit naturel, celle d'agir en justice et de ré-

clamer, si besoin est, l'intervention de la force publique pour
faire exécuter une donation en bonne forme ou un testament déclaré valable, est, bien évidemment, un bienfait de la loi civile ;
ce sont bien là des droits civils assurément. Eh bien ! ces droits,
le condamné en jouit, la loi civile nous dit qu'il pourra les exercer ; il n'est donc pas mort sous tous rapports aux yeux de cette
loi civile. Du sixième alinéa, un argument semblable se produit.
C'est bien un droit civil, apparemment, que celui d'intenter une
action en justice ; eh bien ! le condamné peut le faire sous le nom
d'un curateur.

Et il y avait nécessité qu'il en fût ainsi. Qui veut la fin, veut
les moyens, et dès-lors que la loi laisse à un individu la vie naturelle, il faut bien qu'elle lui laisse aussi ceux des droits civils
sans lesquels il ne pourrait conserver cette vie naturelle ; il faut
bien qu'il puisse recevoir valablement le don qu'on lui fait d'une
pension alimentaire ; qu'il puisse se faire payer, par les moyens
qu'offre la loi civile, de ceux qui, dans son trafic, sont devenus
ses débiteurs, etc.... Aussi, il est à remarquer qu'il n'est aucun
texte de loi qui dise, que la mort civile emporte privation de
tous les droits civils. L'art. 22 dit précisément le contraire, en ne
parlant que *des droits civils ci-après exprimés*, c'est-à-dire, exprimés par notre art. 25 qui, lui, en laisse formellement plusieurs au condamné ; c'est précisément parce que l'art. 22 ne
voulait pas dire *privation de tous les droits civils*, qu'il présente la
rédaction vicieuse et embarrassée que nous lui avons reprochée
en l'expliquant.

Dans son rapport au Tribunat (27 frim. an X), le tribun
Thiessé, critiquant l'institution de la mort civile, disait : « Si la
mort naturelle est la perte des biens et des maux attachés à la vie,
la *mort civile* devrait être aussi la perte de tous les biens et de
tous les maux qui résultent des lois civiles. Or, cela n'est pas,
cela n'a jamais été. Un homme auquel on laisse la vie conserve,
par cela seul, les moyens de vivre, par conséquent la faculté de
travailler, d'acheter, de vendre, d'être contraint en justice, de
contraindre à son tour, etc., etc. La *mort civile* ne privant pas de
tous les droits résultant de la loi civile, mais seulement de quelques-uns, on doit se garder de l'emploi d'une expression sans
limites, quand il s'agit d'une privation limitée. »

Que devient donc la règle, prétendue absolue : *Il est mort,
donc.....?* Il faut bien qu'on accorde qu'elle est inexacte ; que le
condamné, même civilement parlant, n'est pas mort absolument
et sans restriction, et qu'il y a exception à cette règle pour les
droits civils dont son existence naturelle réclame la jouissance.

Nous ne connaissons pas de monument de jurisprudence contraire à notre doctrine, et nous pouvons en citer deux conformes, un arrêt de la Cour royale de Paris, du 18 août 1808 ; un de la Cour royale de Riom, du 18 février 1809.

Une erreur semblable à celle que nous venons de relever est enseignée par M. Troplong, qui prétend que le mort civilement ne peut ni acheter ou vendre par acte public (*Vente*, t. I, n° 175), ni prendre ou donner hypothèque (*Hypothèque*, t. II, n° 463 *ter*), attendu qu'il y aurait en cela participation au droit civil et que le condamné en est absolument incapable. Mais, comme on vient de le voir, notre art. 25 prouve matériellement, pour ainsi dire, que cette prétendue incapacité absolue n'existe pas. Et en effet, comment pourrait-on soutenir que si le mort civilement vend un immeuble il ne pourra pas même faire transcrire, pour conserver son privilège de vendeur? qu'il ne pourra pas faire un acte de bail notarié, pour s'assurer les garanties nécessaires vis-à-vis de son fermier? qu'il ne pourra jamais donner un mandat authentique, et devra se contenter d'un pouvoir sous seing privé, toujours contestable?...... Évidemment, ces diverses facultés sont de la classe de celles nécessaires pour exercer un commerce quelconque et faire des affaires; donc, elles restent au mort civilement.

Continuons, maintenant, de faire, aux principales questions qui peuvent se présenter, l'application de notre principe, mieux établi et devenu plus clair par cette première discussion.

IV. — Le mort civilement étant réellement mort, aux yeux de la loi, pour tout ce qui n'est pas relatif à son existence naturelle, il est clair que s'il était mineur on ne pourrait pas lui nommer de tuteur. Car la tutelle et ses dispositions diverses ne sont point du droit naturel, elles appartiennent uniquement au droit civil, et le condamné n'a pas besoin d'en jouir pour conserver son existence.

V. — En suivant toujours notre principe, voyons quel sera le sort du mariage que contracterait un mort civilement, et aussi de celui contracté déjà avant la mort civile encourue.

On considère, et il faut en effet considérer, dans le mariage, trois élémens distincts :

1° Le contrat naturel qui se forme par le nu consentement des parties et d'où résultent le lien naturel et les autres effets naturels ;

2° Le Sacrement, ou mariage religieux, institué par le divin réparateur de l'humanité, lequel n'est que la consécration et la sanctification du contrat naturel, et d'où résultent le lien spirituel, ou religieux, et les autres effets religieux ;

3° Enfin, le contrat civil, qui se forme par l'accomplissement des formalités et conditions exigées par le droit civil, et d'où découlent le lien civil et les autres effets civils.

Maintenant, un législateur étant tout-puissant pour organiser comme il l'entend le système de ses lois civiles, il pourra donc, à son gré, ou bien confondre le contrat civil de mariage avec le contrat naturel, pour qu'il en suive en tout le sort; ou bien l'en séparer, en considérant le mariage comme contrat civil uniquement, sans s'inquiéter du contrat naturel et de ses effets. Dans le premier cas, le contrat civil devant suivre en tout le sort du contrat naturel, et celui-ci ne pouvant être rompu que par la mort, il s'en suit que le mariage, même civil, ne pourra être dissous, ni par le divorce, ni par la mort civile. Dans le second cas, au contraire, le mariage civil étant organisé à part du contrat naturel, il pourra être brisé par toute cause que le législateur voudra.

Sous la législation qui aurait adopté le premier parti, le mariage du mort civilement, contracté soit avant, soit depuis la mort civile, serait toujours valable; on pourrait bien le priver de tels ou tels effets civils, mais on ne pourrait les lui enlever tous; il conserverait nécessairement cet important effet de lier validement les deux parties et d'empêcher le conjoint du mort civilement d'aller se marier avec un autre. Au contraire, sous la législation qui embrasserait le second système, la mort civile anéantirait tous les effets civils du mariage, le lien lui-même comme tous les autres; en sorte que le mariage existant lors de la mort civile encourue, serait dissous civilement et laisserait le conjoint du condamné libre d'en contracter un autre, civilement aussi seulement, bien entendu.

Voyons, maintenant, quel est l'esprit du Code civil sur ce point.

Dans l'ancienne jurisprudence, on avait suivi le premier système. Le contrat civil était uni au contrat naturel et subissait les mêmes principes; aussi, dans cette ancienne jurisprudence, le divorce n'était point admis, et la mort civile ne dissolvait point le mariage même civil (nous ne parlons que de lui). Celui que le condamné contractait postérieurement à la mort civile ne produisait pas, il est vrai, tous les effets civils; mais il produisait l'effet le plus important, le *lien;* quant à celui contracté antérieurement, il conservait tous ses effets. (*Voy.* Pothier, *Tr. des success.*, ch. 1, art. 3 et 4 *in fine.*)

Dans notre loi actuelle, le système contraire a prévalu. La Constitution du 3 septembre 1791 est venue dire, dans son titre 2, art. 7 : « *La loi ne considère le mariage que comme* «*contrat civil,*» et en 1804, le législateur du Code, conséquent avec ce principe nouveau, admit le divorce (tit. 6, art. 229 et suiv.) et déclara, dans notre art. 25, que le mariage existant lors de la mort civile encourue, serait dissous, quant aux effets *civils* seulement, bien entendu, mais quant à *tous* ces effets, et que celui que le condamné contracterait postérieurement ne produirait *aucun* effet civil (alin. 7 et 8 de notre art. 25). Dans son *Exposé* de motifs au Corps-législatif, sur le titre préliminaire et sur tout l'ensemble du Code, M. Portalis disait : « De « droit commun, la mort peut seule dissoudre le mariage; mais « nous avons cru que la loi civile ne pouvait être aussi inflexi- « ble que la religion et la morale. » (Fenet, t. VI, p. 46.)

Aujourd'hui donc, par l'effet de la mort civile, il y a pour le condamné impossibilité de contracter mariage civilement, dissolution, civilement parlant toujours, du mariage antérieurement contracté, et dès-lors, liberté pour son conjoint de former un nouveau mariage civil.

C'est *civilement seulement*, disons-nous, que le mariage postérieur du condamné est impossible, son mariage antérieur dissous, et son conjoint libre de se remarier ailleurs.

Il n'en serait pas de même, en effet, aux yeux de la loi naturelle et aux yeux de la religion, qui n'est que le complément de la première. La loi civile peut bien briser un lien civil ; mais non pas un lien naturel, une obligation de conscience : *Civilis ratio*, disait le jurisconsulte romain, *civilia jura corrumpere potest, naturalia verò non utiquè.*

En morale, le mariage que le conjoint du condamné irait contracter avec un autre, serait un véritable adultère.

Du reste, ces deux idées, 1° que, civilement, le mariage postérieur du condamné est impossible et celui déjà contracté dissous ; 2° qu'en religion, au contraire, le mariage postérieur reste possible et celui antérieur toujours existant, en sorte que le conjoint ne peut se remarier sans crime ; ces deux idées, dis-je, résultent bien de ce qui a été dit, au Conseil d'État, par les rédacteurs du Code eux-mêmes.

Dans la séance du Conseil d'État du 6 thermidor an IX, lorsqu'on en vint à notre article portant alors le n° 19 et rédigé en ces termes : *Les effets de la mort civile seront la dissolution du contrat civil du mariage; l'incapacité d'en contracter un nouveau,* le premier Consul, le Ministre de la justice et M. Maleville prétendirent que la mort civile ne pouvait pas dissoudre le mariage; mais il leur fut dit par MM. Boulay, Tronchet et Portalis, *que la loi ne s'occupait pas du contrat naturel et ne réglait que le contrat civil ; que dès lors les enfans qui naîtraient d'une union purement naturelle ne seraient, sous le rapport du droit civil, que des bâtards, dont on ne reconnaîtrait que la mère ; — Que lorsqu'en France la loi réunissait dans le mariage le contrat et le sacrement, le principe religieux de l'indissolubilité entraînait la continuation du mariage malgré la mort civile, et qu'en conséquence, les enfans étaient réputés légitimes ; mais qu'aujourd'hui il impliquerait contradiction que le contrat civil pût survivre à la mort civile de l'un des époux.*

Un peu plus loin, le premier Consul demandant pourquoi donc on s'était servi de ces expressions, *dissolution du contrat civil du mariage*, lesquelles feraient supposer qu'il reste encore quelque chose, M. Rœderer lui répond qu'*il reste le contrat naturel et le lien religieux.* (Fenet, t. VII, p. 47 et suivantes.)

Dans la séance du 24 thermidor, notre article, devenu l'article 21, est présenté en ces termes : *Le condamné est incapable de contracter un mariage légal et qui produise aucun effet civil ; le mariage qu'il avait précédemment contracté est dissous quant à tous ses effets civils, et l'autre époux est libre de contracter un nouveau mariage.* M. Boulay dit que, si l'on ne déclare le mariage dissous *que quant à ses effets civils,* et non absolument, on ne peut plus déclarer l'autre époux libre de se remarier ; mais M. Tronchet, rédacteur de l'article, lui fait comprendre que *la loi ne voyant dans le mariage qu'un contrat civil, elle doit le déclarer complètement dissous et permettre au conjoint de se remarier ;* que si l'article dit dissous *quant à ses effets civils,* c'est pour faire saisir la distinction entre le lien civil et le lien religieux et laisser à l'époux du condamné, libre civilement, *le soin de juger, dans sa conscience, s'il se croit dégagé sous d'autres rapports.* Enfin, M. Regnier fait observer qu'*on a tout dit quand on a déclaré le mariage dissous civilement,* que la liberté de l'autre époux s'en suit nécessairement ; mais que pour ne pas faire croire aux consciences timorées que la loi a voulu rompre aussi le lien religieux, il vaut mieux retrancher cette phrase : *l'autre époux est libre de contracter un nouveau mariage,* pour laisser cet époux tirer les conséquences suivant ses opinions. Sur cette remarque, M. Tronchet consentit à retirer cette phrase, dont cependant, comme on le voit, on entendait conserver l'idée. (Fenet, t. VII, p. 81.)

Et il est si vrai que l'article était bien entendu dans ce sens, que quand le projet de notre titre, après avoir d'abord été rejeté (le 11 nivôse an X), fut ensuite communiqué officieusement au Tribunat, le rapport qui fut fait sur cette communication critiquait le projet en ce qu'*il dissolvait le mariage et déclarait les enfans bâtards,* et l'on proposait de rejeter cette disposition et de dire que *le mariage serait dissous, si le conjoint du condamné le demandait.* (Ibid., p. 600 et 603.)

Plus tard, après la dernière rédaction de notre titre, quand M. Treilhard vint, au nom du Gouvernement, en exposer les motifs au Corps-législatif, il disait que *l'une des conséquences de la mort civile était la dissolution du mariage du condamné; mais bien entendu quant aux effets civils seulement, parce qu'on n'avait dû considérer le mariage que comme un acte civil, et dans ses rapports civils, abstraction faite de toute idée religieuse. (Ibid., 638.)*

Enfin, et c'est là ce qui tranche toute discussion, présenté par le Gouvernement dans le sens de la dissolution (civile seulement) du mariage, c'est aussi dans ce sens que l'article a été voté par le Tribunat et décrété par le Corps-législatif. Le tribun Gary, sur le rapport duquel ce vote et ce décret ont eu lieu, disait, dans son discours:

« On a dit contre cette disposition (celle qui déclare le mariage dissous légalement), qu'elle ajoute à la sévérité de l'ancienne loi française, qui avait cru devoir conserver l'engagement qui subsistait entre les époux; on a ajouté qu'en faisant même abstraction des idées religieuses, le mariage ne doit pas être considéré comme une chose purement civile; que c'est un contrat naturel et réglé par la loi civile, une union dont la perpétuité est le vœu. »

Et il répondait: « Sous l'empire des lois de la monarchie, le mariage était tout à la fois un engagement religieux et civil, et la loi seule ne pouvait rompre des nœuds qu'elle seule n'avait pas tissus. Aujourd'hui, la célébration du mariage et tous ses effets appartiennent à la loi civile. Je conviens que, dans le mariage, le contrat naturel a précédé le contrat civil; qu'en faut-il conclure? C'est que cet engagement est sous la double autorité de la loi naturelle et de la loi civile. Si l'un des époux vit encore aux yeux de la nature, le lien reste sous l'empire de la loi naturelle; mais si cet époux est hors de la société, les lois que cette société n'a faites que pour elle et qui n'existent que par sa volonté, ne peuvent plus reconnaître la durée de l'engagement, quant aux effets qu'elle y avait attachés. *La rupture d'un lien purement légal* (ET IL N'EST QUE CELA AUX YEUX DU LÉGISLATEUR) *est la suite nécessaire de la perte des droits légaux.* Peut-on reconnaître comme époux celui qui n'existe plus?... Si l'on reconnaît la nécessité du principe, il faut bien en adopter les conséquences. » *(Ibid., p. 658 et 659.)*

Que s'il était possible qu'il restât encore quelque doute, il disparaîtrait devant une dernière observation; car sur cette question les lumières sont vraiment surabondantes.

Nous avons vu qu'on avait demandé que la mort civile, au lieu d'opérer par elle-même la dissolution du mariage civil, permît seulement au conjoint de faire prononcer cette dissolution en demandant le divorce; eh bien ! cette idée fut-elle adoptée? Non; car il n'est nullement question de la mort civile dans le titre du divorce, mais au contraire, lorsque, dans le titre du Mariage, on arriva aux causes de sa dissolution, on écrivit dans l'art. 227 : « Le mariage se dissout, 1° par la mort ; 2° par « le divorce ; 3° par la condamnation à une peine emportant « mort civile. »

Il reste donc parfaitement établi 1° qu'en droit naturel et aux yeux de la religion, la mort civile ne touche nullement au marige; mais 2° qu'aux yeux de la loi civile, elle le dissout en entier.

Il s'est trouvé cependant un jurisconsulte justement célèbre, qui est venu combattre le sens si manifeste des alinéas 7 et 8 de notre article.

Toullier, qui, ainsi que nous l'avons dit en commençant ce livre, a été trop souvent préoccupé des idées de l'ancienne jurisprudence et n'a pas toujours bien saisi la véritable pensée de notre législateur de 1804, a prétendu (t. I, n° 285), que, malgré la mort civile, le mariage même civil reste toujours existant ; qu'à la vérité, il ne produit plus d'effets civils, mais qu'il n'est pas vraiment dissous ; qu'il y a dissolution *quant aux effets*, mais nullement *quant au lien*, même civil.

Il affirme que le *droit intermédiaire* et le *droit nouveau* ont respecté sur ce point le principe de *l'ancienne jurisprudence*.

Cette opinion erronée, ces assertions fausses sont trop complètement réfutées par tout ce qui vient d'être dit, pour que nous y revenions de nouveau. Seulement, pour répondre à la distinction que fait Toullier, entre les *effets civils* et le *lien civil*, qui assurément n'est que l'un de ces effets, nous rappellerons ces paroles du tribun Gary : *la rupture d'un* LIEN *purement légal (et il n'est que cela aux yeux du législateur) est la suite nécessaire de la perte des droits légaux.*

Au reste, cette doctrine de Toullier, développée par lui et cinq autres avocats de Rennes, dans une consultation délibérée pour une famille de ses amis, n'a pás eu jusqu'ici et n'aura probablement jamais beaucoup de partisans. Tous les auteurs, notamment Merlin, Locré, Delvincourt, Proudhon, Guichard, MM. Duranton, Vazeille, Dalloz aîné, Dalloz jeune, ont enseigné les idées que nous venons d'établir, et les quelques arrêts rendus sur cette question, notamment un de la Cour de cassation du 16 mai 1808, ont également jugé dans ce sens.

VI. — Nous avons dit plus haut qu'un mariage non civil reste toujours possible à contracter, pour le mort civilement ; la loi civile, en effet, ne peut pas défendre à un individu de former une union (que cette loi, il est vrai, ne reconnaîtra pas comme mariage) avec une femme qui veut bien partager son sort, et elle ne saurait, non plus, lui défendre de faire bénir, par le ministre de son culte, l'union qu'il contracte ainsi. Le droit d'association de l'homme et de la femme, et la faculté d'appeler sur cette association telles prières, telles bénédictions, ne sont point des bienfaits du droit civil. C'est précisément pour cela, comme nous l'avons fait remarquer, que l'art. 25 dit, non pas que le condamné ne pourra pas *contracter mariage*, mais qu'il ne pourra contracter un *mariage qui produise aucun effet civil.*

Il est bien évident, dès-lors, que dans le cas d'un mariage purement religieux, contracté par un mort civilement, il ne pourrait y avoir lieu à l'application des art. 199 et 200 du Code pénal, punissant le ministre du culte qui procède aux cérémonies d'un mariage, avant qu'il lui soit justifié d'un acte de mariage, préalablement reçu par l'officier de l'état civil. Autrefois, comme nous le verrons sous l'art. 35, c'était aux curés qu'étaient confiées les fonctions d'officier de l'état civil, lesquelles sont aujourd'hui remplies par les maires; c'était donc devant les curés que se contractaient, tout à la fois, et le mariage civil et le mariage religieux, lesquels étaient alors unis l'un à l'autre, comme nous l'avons vu. Eh bien! le but des deux articles précités du Code pénal a été d'empêcher qu'une foule de citoyens ne fussent conduits par un reste d'habitude à aller directement à l'église, à ne pas contracter de mariage civil, et à se priver ainsi, par ignorance, des droits qui en résultent; il est donc clair que ces articles n'ont pas été faits pour le cas qui nous occupe, cas où le mariage civil est devenu impossible et où il s'agit d'un homme qui n'existe plus aux yeux de la loi.

VII. — Nous avons vu, en étudiant l'esprit de notre législation actuelle, en nous reportant à la discussion qui a eu lieu lors de la rédaction de notre article, et surtout en rapprochant cet article du texte de l'art. 227, que (civilement parlant) le mariage d'un condamné, contracté lors de la mort civile, est annulé et que celui qu'il contracterait, postérieurement à la mort civile, serait nul aussi.

Or, sur ce dernier mariage, on s'est demandé s'il pouvait être considéré comme tout autre mariage nul et recevoir l'application des art. 201 et 202, d'après lesquels un mariage qu'on reconnaît être nul, produit cependant les effets civils d'un mariage valable, pour tous les intéressés, si les deux époux sont de bonne foi; ou encore, si l'un d'eux seulement l'est, pour lui et les enfans.

Ce point ne nous paraît pas même devoir faire question : seulement, il est clair qu'on ne pourra appliquer que le second de ces articles, attendu que le premier est relatif au cas de bonne foi des *deux époux*, et que dans notre espèce, celui des époux qui était mort civilement n'a pas pu être de bonne foi. Mais quant à l'art. 202, relatif au cas de bonne foi d'un seul des époux, c'est-à-dire de l'ignorance où était cet époux de la cause de nullité, la possibilité de l'appliquer ne saurait être douteuse.

Lors de la discussion de notre article au Conseil d'État, sur le dire de M. Tronchet, que le mariage contracté par le mort civilement ne pourrait produire aucun effet vis-à-vis de qui que ce soit, M. Réal fit observer « que l'état des enfans pourrait « cependant être assuré par la bonne foi de l'autre époux; » à quoi M. Tronchet répliqua : « que les effets de cette bonne « foi étaient une exception à la règle générale, et qu'au surplus, « ils seraient bornés à celui des époux qui a été trompé et aux « enfans. »

VIII. — Mais ce mariage, contracté par le mort civilement avec une personne qu'il a trompée, ne donnerait cependant ni à ces enfans, ni au conjoint de bonne foi, le droit de succéder aux biens que ce mort civilement laissera lors de sa mort naturelle.

En effet, la faveur accordée par l'art. 202 donne bien au conjoint et aux enfans le titre d'époux et d'enfans légitimes, mais elle ne produit aucun effet relativement au mort civilement et ne change pas son état; en sorte que, si cette disposition exceptionnelle fait disparaître l'incapacité de *recevoir* dont les premiers auraient été frappés d'après les principes, elle ne fait pas disparaître également l'incapacité de *transmettre* dont reste frappé le mort civilement. Il n'y a pas d'autre ressource, dans ce cas, pour les enfans et la veuve, que la disposition de l'art. 33, deuxième alinéa, qui permet au Roi de faire des biens du mort civilement telle disposition que l'humanité lui suggèrera.

Qu'on remarque bien, au reste, sur quelle raison nous appuyons cette décision. C'est uniquement sur ce qu'il y a, de la part du père, *incapacité de transmettre;* nous ne disons pas que les enfans ne peuvent pas se rattacher à leur père, qu'il n'y a pas de lien civil, de relation légale entre eux et lui. C'est là une erreur qui conduit à un résultat que nous allons combattre bientôt.

Les enfans que le mort civilement a eus d'un mariage *putatif* (on appelle ainsi le mariage nul en principe, mais que la loi veut bien *réputer valable* à cause de la bonne foi des époux ou de l'un d'eux) se rattachent à leur père.

En effet, ils sont réputés enfans légitimes ; or, on appelle enfant légitime celui, précisément, qui a un père certain, auquel il se rattache par le lien légitime ; tandis que celui qui ne se rattache pas à son père, ou même qui s'y rattache autrement que par le lien légitime proprement dit, c'est-à-dire par une simple reconnaissance, est un bâtard. Dans notre espèce, donc, l'enfant se rattache légitimement à son père, bien que celui-ci ne puisse pas, de son côté, se dire père légitime de cet enfant ; parce que la bonne foi, n'existant que chez l'un des époux, ne produit les effets civils du mariage, d'après l'art. 202, que pour cet époux et les enfans, et non pour le père.

IX. — L'effet de cette différence de principes est important.

En effet, dans le système que nous combattons, on dirait : L'enfant ne se rattache pas à son père, par conséquent il ne peut pas passer par lui pour se rattacher aux parens de celui-ci ; il y a un anneau de la chaîne de brisé ; il ne pourra donc pas plus succéder aux parens de son père, qu'il ne pourrait succéder à son père lui-même. C'est en effet ce que dit Merlin au mot *Légitimité*, § 5.

Eh bien ! ce résultat, nous le repoussons comme tout-à-fait contraire aux vrais principes. Nous disons, la loi à la main et à vue de l'art. 202 :

Cet enfant peut réclamer tous les effets civils du mariage ; quoiqu'il ne soit pas légitime en réalité, il est censé l'être par la fiction de la loi ; le mariage, nul dans la réalité, nul vis-à-vis du père, est réputé valable quant à l'enfant ; cet enfant se rattache donc à son père, et par lui à tous les parens de ce père, quoique le père ne se rattache ni à lui, ni à ces parens, puisqu'il est censé mort.

On nous dit qu'il y a un anneau de brisé dans la chaîne et que, par conséquent, il ne peut plus y avoir continuité. Ceci est vrai pour le père ; mais cet anneau, qui continue de manquer pour le père, est rétabli pour l'enfant par l'effet de la volonté toute-puissante du législateur, qui crée à son gré des fictions, qui peut efficacement supposer exister ce qui dans la réalité n'existe pas, et qui déclare ici valable, au respect de l'enfant, un mariage qui par rapport au père est nul. Nous dira-t-on, enfin, qu'il y a contradiction à ce qu'un enfant se rattache à un oncle, par exemple, en passant par son père, qui lui-même ne s'y rattache pas ? Eh bien ! oui, c'est vrai ; mais cette contradiction est dans la loi elle-même qui *rétablit* d'une part, pour l'enfant, l'anneau qu'elle *laisse anéanti* pour le père, et qui ordonne qu'on reconnaisse l'existence et la filiation *légales* d'un enfant procréé par un individu qui *légalement* EST MORT. Notre doctrine est la conséquence immédiate de ce principe du Code, que le mariage, alors, est tout ensemble *nul et valable*.

Donc, en résumé, bien que le père mort civilement ne se rattache ni à ses parens ni à ses enfans, ces enfans se rattacheront et au père et aux parens de ce père, et ils auront vis-à-vis de l'un, comme vis-à-vis des autres, capacité de succéder. Si, malgré leur capacité pour recueillir, ils ne succèdent pas à leur père parce qu'il n'a pas, lui, capacité pour transmettre, ils succéderont très-bien à ses parens, chez qui cette capacité de transmettre existera.

Cette doctrine, du reste, n'est pas nouvelle ; elle était admise dans l'ancienne jurisprudence. Pothier, après avoir dit (*Traité des success.*, ch. I, sect. 2, art. 3, § 4, alin. 19), que la bonne foi du conjoint du mort civilement donnerait les effets civils aux enfans, ajoute que *s'ils ne peuvent succéder à celui qui a été condamné, par la raison particulière qu'il est incapable de transmettre sa succession, ils pourraient succéder et à l'autre conjoint et à tous leurs parens, même à ceux du condamné.*

Un arrêt de la Cour de Douai, qui avait jugé contrairement à ces principes, a été cassé par la Cour suprême, le 15 janvier 1816, et sur le renvoi de l'affaire, la Cour de Rouen a proclamé les principes que nous venons d'établir.

X. — Un extrême appelle souvent un extrême. A côté des jurisconsultes qui sont venus prétendre que les enfans d'un mort civilement, nés en mariage putatif, ne peuvent succéder ni à leur père, ce qui est vrai, ni aux parens de leur père, ce qui est faux, on en a vu d'autres se jeter dans l'erreur contraire et soutenir que ces enfans pourraient succéder et aux parens de leur père, et *à leur père lui-même.*

Delvincourt (t. I, note I de la p. 24) cherche à établir cette doctrine, et pour cela, il essaie de renverser ce principe, qu'une succession ne peut passer d'un individu à un autre qu'autant qu'il y a d'abord capacité de recueillir chez l'héritier, puis, chez celui qui laisse cette succession, capacité pour transmettre. Selon lui, la capacité de transmettre n'est pas nécessaire. Dans les successions *ab intestat*, dit-il, ce n'est pas le défunt, *c'est la loi qui transmet.*

C'est la loi qui transmet ! La proposition est vraiment étrange quand elle est prise ainsi à la lettre et avec le sens que Delvincourt lui donne ici. C'est la loi qui transmet ! Mais on ne peut transmettre ce qui n'appartient pas ; est-ce que les biens d'un défunt appartiennent à la loi ?.... Quand on dit que, dans les successions *ad intestat*, c'est la loi qui transmet, cela signifie que c'est la loi qui désigne elle-même l'héritier qui doit prendre les biens, que c'est elle qui l'appelle à les recueillir ; mais cela ne signifie pas que c'est elle qui les lui donne. C'est toujours le défunt qui est censé avoir donné ces biens ; l'idée du législateur, alors qu'il trace les règles des successions pour le cas où il n'y a pas de testament, est de consacrer la volonté probable du défunt et d'indiquer quels héritiers il pense que ce défunt, dans son silence, a voulu avoir. Le conseiller d'État *Treilhard*, en présentant le titre des Successions, disait que la loi sur les successions était *le testament présumé* de toute personne qui décéderait sans avoir valablement exprimé une volonté différente. (Fenet, t. I, p. 136.) C'est donc, même en cas de succession *ab intestat*, l'homme qui donne, qui transmet ses biens, et il faut, dans ce cas tout comme en cas de testament, qu'il ait capacité pour cette transmission, comme il faut que l'héritier, ou le légataire, ait capacité pour recueillir.

Ces principes sont et ont été reconnus de tout temps, et, comme on l'a vu, Pothier les professe formellement dans le passage que nous avons rapporté en terminant le numéro précédent. S'il faut d'ailleurs un texte formel, il est écrit dans notre article lui-même. En effet, le deuxième alinéa nous dit :

Il (le mort civilement) ne peut plus *ni recueillir* par succession, *ni transmettre* à ce titre les biens, etc. ; il y a donc une incapacité de transmettre comme il y a une incapacité de recueillir.

Aussi, le tribun Gary, développant devant le Tribunat et devant le Corps-législatif les motifs de l'art. 33, qui attribue à l'État, par droit de déshérence, les biens que le condamné laisse, lors de sa mort naturelle, partait de ce principe, universellement établi, que pour qu'il y ait transmission de succession, il faut qu'il y ait capacité *dans la personne de celui qui transmet*, comme dans la personne de celui qui recueille. *Sans le concours de ces deux capacités*, disait-il, il n'y a pas de succession. Or, dans l'espèce qui nous occupe, il y a incapacité dans la personne du condamné. (Fenet, t. VII, p. 657.)

Delvincourt, pourtant, tient fort à sa doctrine, et il va jusqu'à dire qu'elle doit être regardée comme *constante* depuis que la loi a dit, dans notre art. 25, alinéa 1, que les biens qu'un individu laisse, quand la mort civile le frappe, passeraient aux héritiers de cet individu.

Pour bien comprendre cet argument, il faut savoir que, d'après Delvincourt, l'individu que la mort civile vient frapper se trouve atteint d'une incapacité qu'il faudrait appeler rétroactive, et que c'est à cause de cette incapacité que son testament ne peut pas avoir d'effet, aux termes du premier alinéa de notre article. Si ce principe était vrai, si c'était nonobstant l'*incapacité* de la personne frappée de mort civile, que ses biens fussent transmis à ses héritiers légitimes, il faudrait bien reconnaître que c'est en effet la loi elle-même, et non cette personne, qui transmet ces biens. Mais nous allons voir, au numéro suivant, que c'est là une erreur grossière, une absurdité palpable, et que, si celui que la mort civile vient frapper ne peut pas laisser de testament valable, ce n'est nullement pour incapacité.

Enfin, Delvincourt cite, à l'appui de sa doctrine, l'arrêt de cassation, ci-dessus relaté, du 15 janvier 1816; mais cet arrêt n'a aucun trait à la question actuelle, car il juge seulement que l'enfant d'un mort civilement, né en mariage putatif, peut succéder *aux parens* de son père, comme nous l'avons démontré nous-même; mais il ne dit, en aucune façon, qu'il puisse succéder à *son père*. Il s'agissait, dans l'espèce, de la grande-tante paternelle de l'enfant. L'arrêt de la Cour de cassation et celui de la Cour de Rouen, à laquelle l'affaire fut renvoyée, proclament que l'enfant conçu en mariage putatif est considéré comme légitime vis-à-vis des deux époux et de tous leurs parens, et que, dès lors, il a capacité pour succéder à tous. C'est aussi ce que nous avons dit; mais nous disons qu'outre la capacité de recueillir, chez l'héritier, il faut encore capacité de transmettre, chez le défunt, et les deux arrêts ne disent rien de contraire.

C'est donc un point qui reste certain; pour qu'une succession soit recueillie, il faut et capacité de recevoir, d'un côté, et de l'autre, capacité de transmettre, et dès-lors, les enfans qu'un mort civilement aurait eus d'un mariage contracté de bonne foi par l'autre époux, quoiqu'ils eussent les effets civils d'un mariage légitime, ne pourraient cependant pas, à cause de l'incapacité du père, recueillir les biens que ce père laisserait lors de sa mort naturelle.

XI. — Comme on l'a dû comprendre, nous n'avons parlé, dans le numéro précédent, que des biens que le mort civilement aurait acquis après la mort civile encourue; car, pour ceux qu'il possédait au moment que la mort civile l'a frappé, ils ont passé dès ce moment même, conformément au premier alinéa de notre article, aux héritiers légitimes, enfans ou autres, qu'il avait alors.

Et en effet, au moment que *la mort civile* frappe un individu, il est clair qu'elle le trouve *vivant civilement*; à ce moment, par conséquent, il est capable; il peut donc transmettre ses biens comme s'il mourait naturellement, et il les transmet en effet, comme on le voit par le texte de notre article. Mais il n'en est plus de même pour les biens qu'il acquiert postérieurement et qu'il laissera lors de sa mort naturelle ; car , lors de cette mort naturelle, il sera, depuis longtemps peut-être, mort civilement, et par conséquent incapable de transmettre ; ses biens ne pourront donc passer ni à ses héritiers légitimes (art. 25 , alin. 2), ni à des donataires ou légataires (*idem*, alin. 3), ils appartiendront à l'État, conformément à l'art. 33.

Mais , puisque la personne est nécessairement *vivante civilement*, quand la mort civile vient la frapper, et que, par conséquent, elle est alors capable de transmettre, pourquoi donc le testament qu'elle laisse alors ne produit-il pas d'effet?

Plusieurs auteurs se sont arrêtés , sur cette question , à une doctrine tellement bizarre, tellement absurde, qu'on aurait vraiment peine à concevoir qu'elle fût seulement entrée dans la tête de l'un d'eux.

Delvincourt , t. I , Toullier , I - 281 , M. Duranton, I - 248 , M. A. Dalloz, *Diction.*, vº *Mort civile*, 47 et 48, M. Coin-Delisle nº 17, disent tous que le testament de celui dont la succession s'ouvre par la mort civile ne peut valoir, *parce que la mort civile produit incapacité d'avoir une volonté, incapacité de transmettre*. Peu importent, on le conçoit, les expressions diverses qu'ont employées ces différens auteurs, toujours est-il que le fond de leur idée revient à ceci : « Il faut, pour qu'un testament soit valable , que le testateur ait eu capacité de disposer au moment de la confection, et capacité de transmettre au moment de son décès; *or, celui que la mort civile vient frapper ne peut pas avoir cette seconde capacité.*

Nous avons déjà prouvé la fausseté de cette dernière proposition, qu'on n'a pu avancer que par une inconcevable confusion des idées les plus simples; mais nous devons insister de nouveau là-dessus.

Quels sont les biens relativement auxquels notre premier alinéa déclare nul le testament du mort civilement? Sont-ce ceux qu'il acquerra après la mort civile et qu'il laissera lors de sa mort naturelle? Non; la loi ne s'occupe de ceux-ci qu'un peu plus bas, dans les alinéas 2 et 3, et, pour eux, la non-validité du testament n'est , ainsi que nous l'avons vu au numéro précédent, qu'une conséquence des principes généraux. Mais notre premier alinéa, lui, parle des biens que l'individu possède alors que la mort civile vient le frapper; or, à ce moment, il est clair qu'il a la vie civile, car il n'y a, je crois, que les vivans qui puissent mourir. Il a donc sa vie civile, et par conséquent sa capacité entière. Un exemple fera ressortir ceci plus clairement.

Pierre et Paul ont fait leur testament il y a deux ans; aujourd'hui, Pierre est malade dans son lit; Paul, sous le coup d'une accusation criminelle, est assis au banc de la Cour d'assises. Pierre rend le dernier soupir dans sa demeure, pendant que Paul, condamné aux travaux forcés à perpétuité, entre au bagne; l'un est mort naturellement, l'autre est mort civilement, et les successions de tous deux sont ouvertes; mais le testament de Pierre est valable, celui de Paul est nul : pourquoi cela ?

Les auteurs que nous combattons répondent, probablement sans trop se comprendre eux-mêmes : *Paul est mort civilement; or, la mort civile empêche d'avoir légalement une volonté, et rend incapable.*

Très-bien; mais est-ce que la *mort naturelle* n'empêche point aussi d'avoir une volonté et ne rend point incapable ? Comment donc Pierre, qui est mort *naturellement*, lui, a-t-il un testament valable; tandis que celui de Paul, qui n'est mort que civilement, est nul ?...

Comment! pour savoir si un individu est mort capable ou incapable, c'est le moment *qui a suivi* sa mort et l'état dans lequel cette mort l'a placé que vous considérez!!! Mais nécessairement, forcément, d'après ce principe, vous le trouveriez *toujours* incapable; car, dès qu'on est mort naturellement ou civilement, on n'a plus de capacité; en sorte que vous n'auriez *jamais* un testament, *un seul testament* qui pût avoir effet ! Quelle curieuse doctrine !

Les auteurs que nous combattons auraient bien dû apercevoir qu'en regardant un individu comme déjà incapable par l'effet de la mort civile, au moment que cette mort civile vient l'atteindre, ils mettaient l'effet avant la cause, la conséquence avant le principe. Quand on veut savoir si un individu est mort capable ou incapable, il est clair qu'il faut considérer, non pas le moment qui a suivi sa mort, mais celui qui l'a précédée, l'état dans lequel il était quand cette mort l'a atteint. De cette manière, nous dirons : Celui qui est aujourd'hui mort civilement avait la vie civile, quand la mort civile l'a frappé; cette mort civile l'a donc trouvé capable, il est mort capable, il peut donc avoir un testament.

Ce n'est donc pas par une conséquence des principes généraux, que l'individu dont la succession s'ouvre par la mort civile est réputé mort *ab intestat;* c'est, au contraire, par une exception à ces principes, et la cause de cette exception est facile à donner.

Quand la loi vient nous dire : «Exprimez votre volonté quant à la transmission de vos biens, et je me charge de faire respecter cette volonté, après votre mort, » c'est assurément un grand bienfait qu'elle nous offre; eh bien! elle a jugé indigne de ce bienfait celui qui s'est mis dans le cas d'être retranché du sein de la société. Ce n'est donc pas pour incapacité, mais bien *pour indignité*, que le testament de celui dont la succession s'ouvre par la mort civile reste sans effet.

Que si, au lieu d'un testament, c'était une donation de biens à venir, une *institution contractuelle* qui eût été faite par celui que la mort civile vient de frapper ensuite, cette donation serait valable. En effet, d'abord, puisque c'est pour indignité et par exception aux principes que le mort civilement ne peut pas laisser de testament lors de sa mort civile, c'est donc là une disposition tout à la fois exceptionnelle et pénale; cette disposition doit donc, par cette double raison, être restreinte au cas formellement prévu par son texte; or, notre article, dans l'alinéa 1er, ne parle que du testament; d'ailleurs, comme nous l'avons déjà dit sous l'art. 2, n° VIII, il y a, dans ce cas, pour le donataire, un droit irrévocablement acquis du jour même de la donation; ce droit doit donc être respecté.

A plus forte raison, la mort civile serait sans influence sur la donation entre vifs que l'individu aurait faite pendant sa vie civile, puisque, comme on l'a dit également sous l'art. 2, le donataire est devenu, le jour même de la donation, propriétaire des biens donnés, lesquels, dès lors, ne sont plus dans le patrimoine du donateur, au moment que la mort civile le frappe.

XII. — Il nous reste une dernière remarque à faire sur cet art. 25.

La mort civile étant un état, une qualité personnelle de l'individu, elle l'accompagnera partout; en quelque lieu qu'il aille, le mort civilement sera traité comme mort civilement dans ses rapports avec la société française, ou avec des individus français.

Il ne pourrait donc pas prétendre à une succession ouverte en France, en vertu de la loi du 14 juillet 1819, qui, cependant, accorde le droit de succession à tous les étrangers; car cette faculté de succéder, bien que donnée aux étrangers, n'en est pas moins un droit civil conféré par la loi française; or, le mort civilement ne peut jouir que de ceux de ces droits qui sont relatifs à son existence naturelle.

Mais il est clair qu'il pourrait jouir des droits civils dans un autre État; car le jugement d'où résulte contre lui la mort civile est, vis-à-vis des nations étrangères, *res inter alios judicata*, et jamais, sans doute, on n'aura l'idée de prétendre qu'un jugement, rendu en France, soit obligatoire pour tous les peuples de la terre. Ainsi, le mariage qu'il contracterait en pays étranger serait valable, autant, bien entendu, qu'il n'en invoquerait pas les effets en France, ou contre des Français. Ainsi encore, les divers actes par lui faits dans ce pays étranger, où la jouissance des droits civils lui aurait été accordée, ne pourraient pas être argués de nullité par les citoyens de ce pays, sur le fondement qu'il est mort civilement ; car, nous le répétons, le jugement d'où résulte sa mort civile est *res inter alios judicata, quæ aliis nec nocet nec prodest*, et il ne peut être invoqué avec effet que par la société française, ou l'un de ses membres, parce que c'est cette société seulement qui a été partie au procès.

ARTICLE 26.

Les condamnations contradictoires n'emportent la mort civile qu'à compter du jour de leur exécution, soit réelle, soit par effigie.

SOMMAIRE.

I. Différence entre la condamnation contradictoire et la condamnation par contumace, entre l'exécution réelle et l'exécution fictive.

II. La mort civile, dans la condamnation contradictoire, frappe au moment même de l'exécution. — Erreur de Merlin, Toullier et Proudhon.

III. Dans les exécutions successives ; c'est au commencement de l'exécution que la mort civile est encourue. — L'exécution des travaux perpétuels ne commence que par l'entrée au bagne. Erreur de Toullier et de M. Duranton. — Dans l'intervalle entre la condamnation et la mort civile, le condamné conserve toute sa capacité.

EXPLICATION.

I. — Cet article et les six qui suivent vont nous dire comment les condamnations, soit contradictoires, soit par contumace, emportent mort civile, et quels sont les effets différens qu'elles produisent contre le condamné.

On sait déjà que la condamnation est dite contradictoire, ou par contumace, selon qu'elle est prononcée en la présence ou en l'absence de l'accusé.

Il y a aussi deux sortes d'exécution : l'exécution *réelle*, qui se fait sur la personne même du condamné, et l'exécution *fictive* ou *par effigie*, qui consiste tout simplement, aujourd'hui, aux termes de l'art. 472 du Code d'Instruction criminelle, dans l'apposition, faite par l'exécuteur des hautes œuvres, à un poteau planté sur une place publique, d'une affiche présentant l'extrait du jugement de condamnation. Cette dernière exécution a lieu quand le condamné n'est pas entre les mains de la justice. Autrefois, dans les condamnations à la peine de mort, l'exécution fictive s'opérait au moyen d'un tableau que l'on attachait à l'instrument du supplice... C'est de là qu'est venu le nom d'exécution *par effigie* (*per effigiem*).

II. — Quelques auteurs, notamment Toullier (t. I, n° 274) et Proudhon (t. I, p. 74), reproduisant en cela la doctrine de Merlin, prennent au pied de la lettre ces mots de notre article: *à compter* DU JOUR *de l'exécution*, et prétendent que la mort civile est encourue dès le commencement de ce jour. Ils se fondent, pour le décider ainsi, sur l'art. 2134, d'après lequel les hypothèques n'ont de rang que *du jour* de leur inscription; de sorte que les diverses hypothèques prises le même jour, quoiqu'à des heures différentes, ont le même rang; puis, sur l'art. 2260, qui dit que la prescription se compte *par jours* et non pas par heures. Mais, vraiment, quelle relation y a-t-il donc entre la mort civile et une hypothèque; entre la mort civile et la manière de compter la prescription ?

Il ne nous paraît pas douteux que par ces mots, *à compter du jour de l'exécution*, le législateur n'ait voulu dire, *à compter de l'exécution*, c'est-à-dire, à compter du *moment même* de l'exécution. La mort civile n'est que la conséquence de la condamnation *mise à exécution;* comment l'effet pourrait-il exister avant sa cause?

Merlin appuie sa doctrine sur ce que les mots *à compter du jour* étant inclusifs de ce jour, c'est nécessairement *ce jour*, le jour entier, et non une partie seulement de ce jour qu'il faut leur faire comprendre; mais il est évident que cette conséquence est illogique et dépasse les prémisses d'où l'on veut la déduire. Merlin lui-même avoue que, par exemple, dans l'art. 502, portant que *l'interdiction aura son effet* DU JOUR *du jugement*, le jour du jugement n'est compris que *partiellement*, parce que, décider autrement, ce serait, dit-il, faire rétroagir le jugement et placer les effets avant la cause.

Eh bien! il en est exactement de même ici, et il est vraiment étonnant que Merlin n'ait pas admis une chose si simple.

III. — Pour la peine de mort, ce n'est pas le moment où l'exécution commence; par exemple, celui où le condamné sort de la prison pour aller à l'échafaud, qu'il faut considérer, mais le moment où il est frappé du coup mortel. Car si, pendant le trajet, le condamné venait à mourir, on ne pourrait pas dire, assurément, que la condamnation à mort a été exécutée; et, par conséquent, la mort civile n'aurait pas été encourue.

Quant aux travaux perpétuels et à la déportation, il en est autrement. Comme toute la durée de la peine n'est alors qu'une continuation de l'exécution, et qu'on ne peut pas mourir civilement pendant six, dix années ou plus, il est clair que la mort civile sera encourue du commencement même de l'exécution.

Cette exécution commence, dans le cas des travaux perpétuels, au moment où le condamné entre au bagne; pour la déportation, il faut considérer le commencement de la détention, qui jusqu'à nouvel ordre remplace légalement la déportation réelle.

Plusieurs auteurs, cependant, notamment Toullier (t. I - 275) et M. Duranton (t. I - 222), enseignent que l'exécution, dans le cas de travaux perpétuels, commence par l'exposition. Nous n'admettons pas cette doctrine.

L'exposition du condamné, l'opération par laquelle on lui met les fers, son transport au bagne, ne sont, selon nous, que *les préliminaires* de l'exécution. Il nous paraît incontestable que si le condamné mourait avant d'être entré au bagne, on ne pourrait pas dire qu'il est mort aux travaux forcés.

La principale raison que l'on fait valoir et qu'on regarde comme péremptoire pour la doctrine contraire, c'est que l'exposition, d'après l'art. 22 du Code pénal, ayant lieu absolument et forcément dans tous les cas de travaux perpétuels, elle se trouve n'être qu'un mode d'exécution de cette peine. Mais c'est encore là une erreur. A la vérité, la peine accessoire de l'exposition est encourue forcément dès que l'est la peine principale des travaux perpétuels; mais il ne suit pas de là que l'exposition et les travaux perpétuels soient une seule et même peine. Il y a deux peines distinctes, dont la seconde, à la vérité, rend la première nécessaire, mais qui ne se confondent pas pour cela; et ce qui le prouve sans réplique, c'est que si les travaux perpétuels n'ont pas lieu sans l'exposition, l'exposition, elle, a bien lieu sans les travaux perpétuels, puisqu'elle est subie aussi, aux termes du même art. 22 du Code pénal, par les condamnés aux travaux temporaires, et même à la réclusion; or, l'exposition pour les travaux perpétuels est la même que pour les autres peines, elle ne change pas de nature d'un cas à l'autre.

Puisque la mort civile n'est encourue que par l'effet de l'exécution, il s'en suit que pendant l'intervalle de la condamnation à l'exécution, le condamné est capable; qu'il recueillerait les successions qui s'ouvriraient à son profit; et que, s'il mourait, son testament serait valable.

ARTICLE 27.

Les condamnations par contumace n'emporteront la mort civile qu'après les cinq années qui suivront l'exécution du jugement par effigie, et pendant lesquelles le condamné peut se représenter.

N. B. — Ce serait ici le cas d'invoquer la disposition de l'article 2260, pour décider, par analogie, que le délai de cinq ans se comptera par jours et non par heures; ici, en effet, c'est une véritable prescription qui commence à courir contre le condamné, ainsi que nous allons le voir par les articles suivans; mais nous ne ferons pas courir les cinq années du commencement du jour de l'exécution, nous les ferons courir, au contraire, de la fin de ce jour, parce que, d'abord, il est de règle que dans la prescription, on ne compte pas le jour d'où l'on part et que, d'ailleurs, la disposition de notre article est toute de faveur et qu'il est encore de principe qu'on doit étendre, autant que l'esprit du législateur le permet, les dispositions favorables, *favores ampliandi*, de même qu'on doit restreindre les dispositions rigoureuses. Ainsi, par exemple, si l'exécution fictive a eu lieu le 15 janvier 1838, les cinq années ont commencé à courir ce même jour à minuit, et expireront le 15 janvier 1843, à minuit; si donc le contumax mourait au milieu de ce jour 15 janvier 1843, il mourrait avec l'intégrité de ses droits civils, conformément à l'art. 31.

ARTICLE 28.

Les condamnés par contumace seront, pendant les cinq ans, ou jusqu'à ce qu'ils se représentent ou qu'ils soient arrêtés pendant ce délai, privés de l'exercice des droits civils.

Leurs biens seront administrés et leurs droits exercés de même que ceux des absens.

SOMMAIRE.

I. Dans le cas de contumace, il faut distinguer trois périodes. — Notre article se réfère à la première.

II. Pendant cette première période, le contumax est privé de l'exercice seulement des droits civils. L'empêchement qui existe alors à son mariage n'est que prohibitif.

III. C'est la régie des domaines qui administre ses biens pendant cette période. — Si le contumax reparaît dans les cinq ans, ses biens lui sont rendus; si les cinq ans expirent avant sa comparution, la régie les remet à ses héritiers, qui en deviennent alors propriétaires. — Erreur de Delvincourt, qui prétend que les héritiers n'ont droit à ces biens qu'après vingt ans depuis l'arrêt.

IV. Jusqu'à la restitution, la régie administre les biens comme biens d'absent, c'est-à-dire qu'en les restituant, elle garde les 4/5es des revenus.

EXPLICATION.

I. — Dans le cas d'une condamnation par contumace qui doit

emporter mort civile, il faut distinguer, avec la loi, trois périodes.

La première est celle de cinq ans à partir de l'exécution fictive du jugement.

La deuxième commence à l'expiration de ces cinq années et dure quinze ans (quinze ans moins quelques jours; car cette période expire, aux termes de l'art. 635 du Code d'Instruction criminelle, après vingt années de la *date de l'arrêt*, et elle commence, comme on le voit, après une première période de cinq années qui courent à partir *de l'exécution* par effigie; or, l'arrêt aura précédé de quelques jours, et peut-être de quelques semaines, cette exécution; il suit de là que quand cette deuxième période commence, l'arrêt, qui est son point de départ, a déjà un peu plus de cinq ans de date, et que par conséquent cette période a un peu moins de quinze ans à durer).

La troisième période comprend tout le temps qui s'écoule depuis l'expiration de la seconde, jusqu'à la mort du condamné.

Pendant la première période, le condamné conserve la vie civile.

Pendant la seconde, il est mort civilement; il peut seulement, par sa comparution, renaître à la vie civile *pour l'avenir*, ce premier jugement conservant tous les effets qu'il a produits.

Enfin, par l'arrivée de la troisième période, l'état de mort civile devient immuable : le condamné a prescrit alors, contre la société, le droit qu'elle avait de le poursuivre à raison de son crime; mais, réciproquement, la société a prescrit contre lui le droit de réclamer justice et de se faire juger contradictoirement, comme il le pouvait pendant la première et la deuxième période.

II. — Pendant la première période, qui est de cinq ans à partir de l'exécution par effigie, le condamné, aux termes de notre article, n'est privé que de l'exercice des droits civils; il en conserve la jouissance, mais cette simple privation de l'exercice l'empêche de faire aucun acte civil, puisque faire un acte civil, c'est exercer un droit civil; il ne ferait donc pas un testament valable; il ne pourrait ni faire ni recevoir une donation entre vifs; il est dans un état d'interdiction légale.

Mais pourrait-il se marier? Il existe pour le mariage, comme nous le verrons plus tard, deux espèces d'empêchemens; les empêchemens *prohibitifs*, et les empêchemens *dirimans*. L'empêchement dirimant est une cause de nullité pour le mariage contracté au mépris de son existence. L'empêchement qui n'est que prohibitif, au contraire, forme bien un obstacle à ce que le mariage soit célébré; mais si, par la négligence de l'officier de l'état civil, ou la fraude d'un individu, le mariage a été une fois célébré, l'existence de cet empêchement ne suffit pas pour le faire annuler; il reste valable.

Eh bien! nous croyons que la privation d'exercice des droits civils, dont parle notre article, ne forme qu'un empêchement prohibitif. En effet, la nullité d'un mariage est une chose extrêmement grave et qui ne peut être prononcée que pour les causes formellement indiquées par la loi; or, il n'existe aucun texte qui prononce la nullité pour cette cause. Si donc le mariage de ce contumax, tout défendu qu'il est, venait à être contracté en fait, il resterait valable.

III. — Si l'on prenait à la lettre et sans modification la disposition du second alinéa de notre article, on déciderait qu'il faut appliquer ici toutes les règles du titre *des Absens;* or, ce serait une erreur. En effet, d'après les règles de ce titre, quand une personne est déclarée absente, ses héritiers présomptifs peuvent se faire envoyer en possession provisoire de ses biens: tandis qu'ici, d'après les art. 466, alin. 2, 471, 472, et 475 du Code d'Inst. crim., c'est par la régie des domaines que les biens du condamné seront administrés, pour, le compte du séquestre, être rendu plus tard à qui il appartiendra. Quelques auteurs avaient d'abord douté que ce fût la régie qui dût administrer dans ce cas; mais alors pourquoi l'art. 472, Inst. crim., exigerait-il qu'on transmît l'arrêt, dans les trois jours, à l'administrateur des domaines? Pourquoi, d'après l'art. 475, serait-ce l'autorité *administrative* et non l'autorité judiciaire, le tribunal civil, qui déterminerait les secours à accorder à la famille du contumax? Il est évident, et personne ne nie aujourd'hui, que c'est bien la régie qui doit administrer.

Cette administration de la régie finira, soit par la comparution en justice du contumax, avant l'expiration de notre première période de cinq ans, parce qu'alors le contumax est remis en possession de ses biens, d'après l'art. 29, soit par l'expiration de cette période de cinq ans avant la comparution du contumax, parce que, par l'expiration de ces cinq ans, la mort civile est encourue, aux termes de l'art. 27, et que par conséquent les biens passent à ses héritiers en toute propriété, aux termes du premier alinéa de l'art. 25. Ainsi, l'administration de la régie ne durera jamais plus de cinq ans, et les biens seront toujours restitués par elle, soit avant les cinq ans, au condamné lui-même, soit à l'expiration de ces cinq ans, aux héritiers de ce condamné.

Ceci prouve que l'art. 471, précité, du Code d'Instruct. crim., ne doit pas, dans le cas de mort civile, être appliqué en entier, puisque, d'après cet article, le compte du séquestre ne serait rendu qu'après le délai donné pour purger la contumace, c'est-à-dire après 20 ans de la date de l'arrêt, aux termes de l'art. 635

C. Inst. crim., tandis que c'est toujours dans les cinq ans que la remise aura lieu ici.

Quelques auteurs cependant, notamment Delvincourt, enseignent que c'est cet art. 471 du Code d'Inst. crim., qu'il faut appliquer en entier, et la raison qu'ils en donnent, c'est qu'on ne peut admettre que l'individu frappé de mort civile à l'expiration des cinq ans depuis l'exécution fictive, mais qui, dans le cours de la deuxième période, reparaît et fait constater son innocence, fût réduit à la mendicité, pendant que ses héritiers jouiraient paisiblement de sa fortune.

L'argument, on le voit, n'a pas de force en droit; ce n'est pas par des considérations plus ou moins touchantes qu'on renverse des dispositions de loi. Delvincourt et ceux qui ont reproduit son idée n'avaient qu'une chose à faire, c'était de prouver que l'art. 471 du Code d'Inst. crim., déroge à nos art. 27 et 25, alinéa 1er. Mais il est vrai de dire qu'ils n'y seraient pas parvenus.

L'art. 471, *Inst. crim.*, est une disposition générale qui s'occupe de tous les cas de contumace, comme les articles qui le précèdent et qui le suivent, comme le chapitre tout entier auquel il appartient, lequel est intitulé : *Des Contumaces.* Au contraire, nos art. 25 et 27 sont tout-à-fait spéciaux pour la contumace en mort civile, et appartiennent à une section qui a pour objet particulier d'organiser la mort civile et d'en expliquer les effets; or, *Specialia generalibus derogant.*

Quiconque voudra, en se débarrassant de toute prévention, jeter un coup d'œil sur notre section, d'un côté, et de l'autre, sur le chapitre du Code d'Inst. crim. dont nous parlons, verra de suite que si le législateur, dans l'art. 471, *Inst. crim.*, a semblé se mettre, et s'est mis quant aux termes, en opposition avec ce qu'il avait dit au Code civil, c'est que, traçant des règles générales pour les diverses contumaces, il a perdu de vue le cas tout spécial et exceptionnel de contumace en mort civile.

Un article subséquent de ce même chapitre le lui prouvera clairement. Il verra, en effet, que dans l'art. 476 du même Code d'Inst. crim., le législateur, toujours préoccupé de ces règles générales, et de ce qui doit arriver le plus fréquemment, porte encore une disposition qui se trouverait fausse, si on l'appliquait en cas de mort civile; mais, qu'apercevant cette inexactitude, il la corrige par un second alinéa du même article, dans lequel il rappelle encore les principes consacrés dans notre section, et contredit même ce que vient de dire l'art. 471; car il déclare que dans le cas de comparution du contumax après les cinq ans de l'exécution fictive, la mort civile encourue conservera ses effets; or, un des effets de la mort civile, comme on l'a vu à l'article 25, c'est de dépouiller de tous ses biens celui qui en est frappé.

Il fallait vraiment être bien résolu de faire plier les textes à une idée arrêtée à l'avance, pour faire prévaloir un article qui ne parle de la mort civile qu'en passant et *implicitement seulement* (et qui, en outre, est contredit encore cinq articles plus loin) sur les dispositions formelles qui sont au siége de la matière.

Mais aussi, comment en pouvait-il être autrement? Comment Delvincourt aurait-il examiné la question sans prévention, lui qui avoue que, *même sous le Code civil seul*, avant qu'il eût cet art. 471, avant, par conséquent, qu'il pût trouver dans la loi aucune contradiction, *même apparente*, aux dispositions des art. 25 et 27, il avait déjà, (chose incroyable!) l'opinion que nous combattons, opinion dans laquelle l'art. 471, *Instr. crim.*, n'a fait, dit-il, que *le confirmer*.

Mais alors, Delvincourt devait, pour être conséquent, aller beaucoup plus loin qu'il n'a fait. En effet, il accorde que les successions ouvertes au profit du contumax depuis l'expiration des cinq ans, sont irrévocablement acquises à ceux qui les ont recueillies à sa place; mais c'est une contradiction avec son principe d'humanité. Supposons qu'un des enfans d'un père opulent soit l'objet d'une condamnation par contumace emportant mort civile, qu'à l'expiration des cinq ans depuis l'exécution il n'ait pas reparu, et que son père meure quelque temps après. Eh bien! si plus tard il revient et fait constater son innocence, d'après la doctrine du Code, doctrine que Delvincourt n'ose pas attaquer pour ce cas, cet enfant n'aura rien des biens de son père, dont ses frères jouiront exclusivement, et il lui faudra peut-être mendier son pain, en présence d'une immense fortune à laquelle il avait droit. Est-ce qu'une circonstance semblable ne méritait pas bien la sollicitude de Delvincourt? Et pourquoi donc donne-t-il une décision contraire pour ce cas?... La seule réponse à faire, c'est que, quand on se jette une fois dans l'arbitraire, il faut cependant bien s'arrêter quelque part, alors même qu'il n'y a pas de raison logique de le faire.

Delvincourt finit sa discussion en disant que quand même *il y aurait doute* (car son opinion est si fortement établie à ses yeux, que le doute ne lui parait guère possible), il faudrait encore s'en tenir à sa doctrine, comme plus favorable; puis il ajoute que pour lui faire embrasser l'opinion que nous soutenons, il faudrait lui montrer une *disposition formelle* et si *clairement rédigée* qu'elle fût exclusive de l'opinion contraire.

Mais qu'on lise donc la loi : « Par l'effet de la mort civile, (art. 25, alin. 1) la succession du condamné est ouverte, et il est dépouillé de tous ses biens, qui passent à ses héritiers. » Est-ce formel ? est-ce clairement rédigé ? Puis, « les condamnations par contumace (art. 27) emporteront la mort civile après les cinq années qui suivront l'exécution du jugement par effigie. » Est-ce formel ? est-ce clairement rédigé ? — Delvincourt, à ce qu'il paraît trouve que non.

Quant à nous, ces dispositions nous paraissent claires, très-claires et, tout en déplorant, aussi sincèrement que Delvincourt, les résultats pénibles et iniques qu'elles peuvent amener, nous sommes bien forcé d'en reconnaître la portée et de dire : *Dura lex; scripta tamen.*

IV. — Les biens du contumax seront donc rendus, ainsi que le compte du séquestre, ou à lui-même, lors de sa comparution, si elle a lieu pendant les cinq ans depuis l'exécution fictive ; ou, s'il n'a pas reparu à l'expiration de ces cinq ans, à ceux qui seront ses héritiers à cette époque. Du reste, ces biens, quoiqu'administrés par la régie des domaines, le seront cependant comme biens d'absent, aux termes de notre article et de l'art. 471 du Code d'Inst. crim. Il suit de là que la régie, sans pouvoir, bien entendu, administrer au profit de l'État, puisque c'est au contumax ou à ses héritiers que le compte doit être rendu, pourra cependant prendre la portion de fruits accordés par l'art. 127, sur les biens d'un absent, aux envoyés en possession provisoire, ou à l'administrateur légal.

Or, en combinant les dispositions de notre section avec cet art. 127, on voit que ce sera toujours les quatre-cinquièmes des revenus qui appartiendront à la régie, dans le cas qui nous occupe. Cet article, en effet, veut qu'on restitue un cinquième et qu'on garde les quatre autres, quand la reddition du compte se fait dans les quinze ans de la disparition de l'absent ; or, dans le cas de mort civile, cette reddition, comme nous venons de le voir, aura toujours lieu, au plus tard, à la fin de la cinquième année.

ARTICLE 29.

Lorsque le condamné par contumace se présentera volontairement dans les cinq années, à compter du jour de l'exécution, ou lorsqu'il aura été saisi et constitué prisonnier dans ce délai, le jugement sera anéanti de plein droit; l'accusé sera remis en possession de ses biens; il sera jugé de nouveau; et si, par ce nouveau jugement, il est condamné à la même peine ou à une peine différente emportant également la mort civile, elle n'aura lieu qu'à compter du jour de l'exécution du second jugement.

SOMMAIRE.

I. Par le fait même de la comparution dans les cinq ans et quelle que soit l'issue du second jugement, le premier est réputé n'avoir jamais existé. — Mais il en est autrement de l'interdiction des droits civils, laquelle ne cesse que pour l'avenir.

II. Le premier jugement lui-même conserverait toute sa force, si le contumax disparaissait de nouveau avant le second jugement. Erreur de M. Carnot.

EXPLICATION.

I. — L'équité demande, et c'est aussi un principe du droit civil, que l'individu jugé sans avoir été entendu puisse se faire juger de nouveau. Cette règle est ici appliquée au contumax, qui, par l'effet de sa comparution dans les cinq ans, redevient simple accusé, de condamné qu'il était. Le premier jugement est réputé non avenu, il est anéanti, même rétroactivement; tout le passé est oublié, et on recommence le procès comme si rien n'avait été fait. Si donc ce nouvel accusé est condamné à une peine emportant mort civile, il est clair que la mort civile ne sera encourue, conformément aux principes, que par l'exécution du nouveau jugement.

Toutefois, tout n'est pas anéanti, il est quelque chose dont les effets subsisteront; c'est l'interdiction, dont le contumax était frappé. Sans doute, cette interdiction cessera par l'effet de sa comparution, mais elle ne sera pas anéantie rétroactivement; de sorte que tous les actes qu'il aurait faits pendant cette interdiction seraient et resteraient nuls. Car la cessation de cette interdiction ne peut pas confirmer des actes qui légalement n'ont pas d'existence.

En vain dirait-on que le jugement étant anéanti par l'effet de sa comparution, le contumax est, jusqu'à preuve contraire, c'est-à-dire jusqu'à un nouveau jugement de condamnation, réputé innocent, par conséquent regardé comme ayant toujours eu la plénitude de ses droits, en telle sorte que les actes qu'il a faits n'étaient nuls qu'en apparence, et se trouvent, par l'événement avoir été valables.

Ceci serait vrai si la privation d'exercice des droits civils était une conséquence de la condamnation par contumace prononcée contre lui, et le châtiment du crime pour lequel ce jugement l'avait condamné; mais il n'en est pas ainsi; cette privation, comme on le voit par l'art. 465 du Code d'instruction criminelle, a été la conséquence de l'ordonnance rendue par le président de la Cour d'assises, conformément à ce même article; elle est la punition de ce qu'il s'est montré rebelle à la loi, en ne se présentant pas à la justice. C'est donc une erreur qu'on a commise quand on a écrit « que les actes qu'il a pu faire pendant la contumace qui le constituait en état d'interdiction légale, reprennent toute leur force. »

II. — Il est même un cas où le jugement de condamnation lui-même reprendrait sa force et continuerait de produire ses effets, c'est celui où le contumax, après s'être présenté, disparaîtrait de nouveau avant d'avoir été jugé.

En effet, se présenter pour s'échapper de suite après, ce n'est pas faire une comparution comme la loi l'entend ; ce que la loi demande, pour faire tomber l'effet de la première sentence, c'est évidemment une comparution à l'effet d'être jugé contradictoirement, et non des comparutions successives ayant pour but d'ajouter un second délai de cinq ans au premier, puis un troisième au second. Celui donc qui s'échappe ainsi avant d'être jugé, n'accomplit pas la condition sous laquelle la loi accorde l'anéantissement du premier jugement ; et, par conséquent, ce jugement n'est pas anéanti. Comparaître pour disparaître aussitôt, ce n'est faire qu'une comparution dérisoire; or, ce n'est pas par forme d'amusement et pour rire, qu'on me passe l'expression, que la loi porte des dispositions.

Nous insistons là-dessus parce qu'un criminaliste distingué, M. Carnot (sur l'art. 476 du Code d'inst. crim.), enseigne que, dans ce cas, le délai de cinq ans recommence à courir du jour de l'exécution par effigie du second jugement. Le contraire nous paraît incontestable, et c'est aussi le sentiment de M. Legraverend.

Du reste, notre doctrine a été consacrée par un arrêt de cassation du 18 vendémiaire an 14.

Il suit de là que, quand le contumax s'échappera ainsi, il n'y aura aucune utilité à prononcer le deuxième jugement, puisque c'est de l'exécution du premier que le délai de cinq ans continuera de courir.

Article 30.

Lorsque le condamné par contumace, qui ne se sera représenté ou qui n'aura été constitué prisonnier qu'après les cinq ans, sera absous par le nouveau jugement, ou n'aura été condamné qu'à une peine qui n'emportera pas la mort civile, il rentrera dans la plénitude de ses droits civils pour l'avenir, et à compter du jour où il aura reparu en justice ; mais le premier jugement conservera, pour le passé, les effets que la mort civile avait produits dans l'intervalle écoulé depuis l'époque de l'expiration des cinq ans jusqu'au jour de sa comparution en justice.

SOMMAIRE.

I. DEUXIÈME PÉRIODE. — Ce n'est pas seulement au cas d'absolution, c'est aussi et surtout au cas d'acquittement que s'applique l'article.

II. L'article, en maintenant, même dans le cas d'acquittement, les effets antérieurement produits par la mort civile, commet une iniquité que ne présentait pas l'ancien droit.

III. Même dans cette deuxième période, c'est le fait simple de la comparution qui rend la vie civile, et lors même que le deuxième jugement emporte mort civile, l'accusé jouit de la vie civile dans l'intervalle entre la comparution et le second jugement.

IV. La mort civile, une fois encourue, ne cesse jamais que pour l'avenir. — Critique de cette résurrection civile et de l'institution de la mort civile elle-même.

V. Cette résurrection civile ne rétablit point le mariage ; elle rend seulement possible un mariage nouveau avec la même personne.

VI. Mais elle rétablit tous les liens civils de parenté que la mort civile avait rompus.

VII. Elle permet aussi au condamné de se rattacher, par une légitimation ou une simple reconnaissance, les enfans qu'il a eus pendant sa mort civile ; mais ils ne se rattachent pas à lui de plein droit.

EXPLICATION.

1. — Cet article, comme on le voit, est relatif à la seconde période.

L'épithète *absous*, que cet article emploie, est inexacte aujourd'hui ; il est certain que le législateur a eu en vue tout aussi bien et même plutôt le cas d'acquittement, que celui, plus rare, d'absolution. Il y a, entre absous et acquitté, cette différence, très-grande, qu'un accusé est *acquitté* quand il est déclaré non coupable ; tandis qu'il n'est qu'*absous* quand il est déclaré coupable, mais coupable d'un fait qui n'est puni par aucun texte de loi (art. 364, *Inst. crim.*).

Le législateur, nous le répétons, et les mots qui suivent dans l'article le prouvent assez, a voulu parler, d'une manière générale, des cas où l'individu ne serait pas condamné, ou serait condamné à une peine n'emportant pas mort civile. Une simple remarque historique le prouve complètement : Dans l'ancienne jurisprudence le mot *absolution* était seul connu pour indiquer tous les cas dans lesquels l'accusé était renvoyé de l'accusation dirigée contre lui. En 1789, il disparut de la langue juridique, sans doute à cause de sa physionomie religieuse et fut remplacé par celui d'*acquittement*; ce n'est que postérieurement au Code civil, lors de la rédaction du Code d'inst. crim. en 1810, que cet ancien mot fut employé de nouveau, mais avec le sens tout spécial que nous venons d'indiquer; lors donc que le rédacteur du Code civil s'en est servi dans notre article, il est évident qu'il a entendu lui donner le sens générique qu'il avait autrefois, puisque le second sens, celui tout spécial indiqué plus haut, n'existait pas encore.

II. — Dans notre ancien droit (*Voy.* Pothier, *Traité des personnes*, t. III, sect. 2), la sentence d'acquittement, alors même qu'elle n'était rendue qu'après les cinq ans depuis l'exécution du jugement par contumace, anéantissait totalement les effets de ce jugement et faisait réputer non-avenue la mort civile encourue antérieurement. C'était juste et raisonnable; car, quoi de moins logique et de plus inique tout à la fois, que de maintenir les effets d'une condamnation criminelle portée contre un malheureux qui, plus tard, prouve et fait constater son innocence?

C'est pourtant pour renverser cette disposition de la législation ancienne qu'a été fait notre art. 30, qui décide qu'après les cinq ans, le contumax, même en obtenant un jugement d'acquittement, ne pourra rentrer dans la vie civile que pour l'avenir et à partir seulement du jour de sa comparution.

III. — Cet article, du reste, est incomplet; il nous dit bien ce qui arrivera si le contumax n'est pas condamné à une peine emportant mort civile; mais il ne dit rien du cas contraire. Que doit-on décider dans ce silence de la loi? Faut-il dire qu'il *continuera* d'être mort civilement et n'aura jamais cessé de l'être; ou bien dira-t-on qu'il a été rendu à la vie civile par l'effet de sa comparution et que la mort civile, résultant du second jugement, *recommence* pour lui à l'exécution de ce second jugement? En d'autres termes, est-ce par l'effet de la comparution elle-même que la vie civile est rendue, ou bien la loi n'attachera-t-elle cet effet qu'à une comparution suivie d'un acquittement?

On sent l'importance de cette question, 1° pour tous les actes faits par l'individu dans l'intervalle écoulé depuis sa comparution, jusqu'au jugement qui le condamnerait; 2° relativement à son testament, pour le cas où il décèderait dans cet intervalle.

La question nous paraît facile à résoudre.

En effet, 1° un individu qui n'est qu'accusé ne peut pas être déjà frappé de mort civile; or, par l'effet de sa comparution, le contumax, de condamné qu'il était, redevient simple accusé; on commence contre lui un nouveau jugement. Or, il y aurait, ce nous semble, absurdité à dire que c'est un mort contre qui on instruit un procès; un mort, *un mort civilement*, contre qui on sollicite une sentence dont l'effet serait de le faire *mourir civilement*.

2° Le résultat que la théorie de la loi nous semble appeler, par cela seul qu'elle veut qu'on instruise un nouveau procès lors de la comparution du contumax, peut encore s'induire de notre article par une autre voie. Cet article, en effet, veut que le contumax dont le jugement aura constaté l'innocence, soit rentré dans la vie civile à partir de sa comparution; mais si un contumax meurt dans le cours du procès et avant d'avoir prouvé son innocence, qu'il était cependant (nous le supposons) en état d'établir, n'est-il pas juste et conforme à l'esprit de la loi qu'il ne soit pas réputé mort coupable, puisqu'il n'était qu'accusé et que son innocence allait être reconnue bientôt? En tous cas, et même en dehors de l'hypothèse que l'accusé pouvait prouver son innocence, il est de principe que c'est l'innocence qui se présume et non la culpabilité, et par cela seul que le contumax acquiert, par l'effet de sa comparution, le droit de se faire juger, il doit être présumé innocent jusqu'à preuve contraire; si donc le texte de la loi garde le silence sur cette question „son esprit y répond suffisamment.

3° Enfin, si notre article ne donne pas cette solution textuellement, il est un autre article qui le fait. C'est l'art. 476 du Code d'instr. crim. Cet article, dont nous avons déjà parlé sous l'art. 28, nous donne d'abord une proposition générale et relative à tous les cas de contumace, pour nous apprendre que quand le condamné reparaîtra en justice dans les vingt années de la date de l'arrêt, le jugement par contumace sera anéanti; puis, comme cette proposition serait fausse pour le cas particulier de contumace en mort civile, il la restreint en disant que, pour ce cas de mort civile, le premier jugement conservera ses effets, mais qu'il ne les conservera *que jusqu'au jour de la comparution en justice*, et il porte cette proposition sans distinction, sans examen du point de savoir si le second jugement sera un jugement d'acquittement, ou un jugement de condamnation; enfin, ce qui est remarquable, c'est qu'en portant cette disposition, le législateur dit qu'il le fait *conformément à l'art. 3o du Code civil*, ce qui prouve, contrairement à la doctrine de quelques auteurs, que cet art. 476 n'est point une dérogation à notre article, et qu'en l'écrivant le législateur ne faisait que formuler une pensée qu'il avait déjà en rédigeant la section que nous expliquons.

Tous les auteurs, du reste, n'adoptent pas la décision que nous venons de donner. Mais ceux qui la repoussent se contentent, sans se donner la peine de répondre aux raisons que nous avons indiquées, de tirer de notre article un argument *à contrario* qui ne saurait avoir aucune espèce de valeur. Ils disent : « D'après « l'art. 3o, la vie civile sera rendue au contumax, *quand il y aura* « *jugement d'acquittement ;* donc elle ne le sera pas, *quand il y* « *aura jugement de condamnation.* »

Cet argument, sans être encore d'une grande force, aurait du moins une valeur quelconque, si notre article avait pour but de répondre à cette question : COMMENT *le contumax recouvrera-t-il la vie civile après l'expiration des cinq ans?* Mais, comme on l'a vu au n° II, l'article a été fait pour répondre à cette autre question toute différente : À PARTIR DE QUELLE ÉPOQUE *le contumax qui se fera juger innocent rentrera-t-il dans la vie civile? le premier jugement conservera-t-il ou non ses effets?* Le but de l'article a été de changer en ce point l'ancienne législation, qui déclarait le premier jugement non-avenu, tandis qu'aujourd'hui il conserve les effets qu'il avait produits jusqu'au jour de la comparution. Il n'y a donc aucune raison, même spécieuse, de rejeter la décision que nous avons donnée.

IV. — Nous venons de voir que par une dérogation vraiment déplorable aux anciens principes, le contumax, par l'effet de sa comparution, même suivie d'un acquittement, ne rentre dans la vie civile que pour l'avenir, par conséquent il est toujours vrai de dire qu'il a été mort aux yeux de la loi, depuis l'expiration des cinq ans jusqu'à cette comparution ; en sorte que c'est une véritable *résurrection civile* qui a lieu. Donc, ainsi que nous l'avons déjà démontré, dans le n° III de l'art. 28, ses biens, dès le moment de cette expiration des cinq ans, ont passé aux héritiers qu'il avait alors et continuent de leur appartenir, parce que, en conséquence de ce qu'il a été mort, s'il est vrai que la mort civile ne produira plus d'effets, puisqu'elle n'existe plus, ceux qu'elle a produits pendant qu'elle pesait sur le contumax continueront d'exister. En un mot, le premier jugement cesse bien de produire ses effets à partir de la comparution, mais il n'est pas anéanti et les effets antérieurement produits sont maintenus.

C'est, il faut le dire, une bien malheureuse innovation que celle qui résulte de la disposition de notre article sur ce point. Voyez... un innocent est accusé d'un crime capital, et les apparences lui sont tellement défavorables qu'il croit nécessaire de se soustraire aux recherches de la justice ; il est condamné par contumace, et à l'expiration des cinq années, la mort civile est encourue ; rien de mieux jusque-là. Mais il reparaît parce que les circonstances sont devenues meilleures, et en effet, son innocence est complètement établie. Eh bien ! n'importe, il subira les effets de la mort civile encourue ; ses biens resteront irrévocablement acquis à des héritiers qui, peut-être, par une infâme spéculation, étaient les premiers, pendant les cinq ans de grâce, à rendre sa justification impossible! Il faut bien l'avouer, c'est là une disposition monstrueuse et digne d'un code de barbares. Et pour porter une semblable disposition, on a dérogé aux vrais principes du droit, on a heurté les enseignemens du plus simple bon sens, en imaginant une résurrection civile qui fait naître d'inextricables difficultés.

En effet, que dire du mariage de cet homme civilement ressuscité? Se trouvera-t-il validé par son existence nouvelle?... Le lien de parenté qui l'unissait à ses enfans, aux divers membres de sa famille, et qui a été brisé lorsqu'il est mort, sera-t-il rétabli, maintenant qu'il est ressuscité?... Les enfans qu'il a eus pendant sa mort civile, et qui ne pouvaient avoir aucune relation légale avec lui tant qu'il était mort, se rattacheront-ils à lui par l'effet de sa résurrection?... Ce sont là des questions dont l'examen paraît presque une plaisanterie et qui ne se seraient pas présentées, si le législateur, au lieu de jeter dans la loi un miracle civil, avait déclaré que la rentrée dans la vie civile aurait toujours lieu avec un effet rétroactif qui fît réputer le passé non-avenu. Nous ne savons, vraiment, ce qui doit étonner le plus ou de l'inhumanité, ou du ridicule de notre art. 3o.

Et ce n'est pas seulement cette résurrection civile, ce miracle légal, c'est l'institution même de la mort civile qui devrait disparaître de nos lois; quelques observations suffiront pour en convaincre.

Remarquons d'abord que la mort civile, bien qu'organisée par le Code civil, est une institution purement pénale; elle ne se réalise jamais que par suite et comme châtiment d'un crime; c'est donc comme peine qu'il faut l'apprécier. Eh bien! nous n'hésitons pas à dire que la mort civile est une peine on ne peut plus vicieuse, et qui ne rachète par *aucune* utilité les inconvéniens *énormes* qu'elle présente.

Et d'abord, la mort civile offre, au suprême degré, l'un des plus grands vices qu'on puisse reprocher à une peine, celui d'être complètement inégale et inappréciable dans son action. De deux accusés *également coupables* et, dès lors, *également punissables*, que la loi frappe tous deux de mort civile pour le *même crime*, il en est un qui présente un caractère élevé, des sentimens généreux, une position honorable, une famille nombreuse et dévouée, des relations sociales distinguées, qui, en un mot, se trouve dans des conditions telles que le déclarer mort légalement, ouvrir sa succession, annuler son testament, dissoudre son mariage, briser ses liens de parenté, lui enlever toute faculté de donner ou recevoir, et l'entourer de toutes les incapacités résultant de notre article, c'est lui infliger le châtiment le plus cruel qu'il soit possible d'imaginer ; pour l'autre, au contraire, qui n'a rien à perdre, ni sous le rapport matériel, ni sous le rapport moral, qui ne connaît d'autre mariage, d'autre famille, que des relations cyniques et ignobles avec des femmes qui sont à d'autres autant qu'à lui, et aux enfans desquelles il ne veut, ni ne peut vraiment laisser son nom ; pour celui-là, les effets que nous venons d'indiquer ne formeront qu'une peine extrêmement douce, ou plutôt, parfaitement indifférente, laquelle, en effet, sera pour lui comme non-avenue, tellement qu'il la préférerait de beaucoup à un simple emprisonnement de six mois !

Et non-seulement la mort civile est une peine inégale, mais encore (et c'est là un second vice que les observations ci-dessus font aussi ressortir) elle agit en sens inverse de la moralité de l'accusé ; car, c'est précisément pour l'homme tombé dans le dernier degré de démoralisation et de scélératesse, pour l'homme auquel on pourrait, sans danger, appliquer la pénalité la plus rigoureuse, qu'elle est une peine vraiment insignifiante, tandis qu'elle devient un châtiment énorme pour celui chez qui se trouvent de la grandeur d'âme et de nobles sentimens. Supposez, par exemple, deux accusés politiques, l'un, animé d'un vif désir du bien général pour lequel il se dévouait, n'a été poussé à prendre les armes que par l'exagération d'idées admirables en soi ; l'autre, vil scélérat, ne voyait, dans le renversement social, qu'un moyen de pillage ; tous deux sont condamnés à la déportation, peine emportant mort civile, et par là, celui qui est *incomparablement moins coupable* sera frappé d'une manière *incomparablement plus terrible.*

Immorale sous ce rapport déjà, la mort civile l'est encore sous un autre point de vue. Voyez..... La mort civile ouvre la succession d'un père au profit de ses enfans ; eh bien ! de deux choses l'une, ou bien les enfans useront rigoureusement de leur droit, en se faisant certainement mépriser de tous les honnêtes gens, ou bien ils n'accepteront que pour la forme l'ignoble avantage que notre Code leur présente, et feront parvenir à leur père, en éludant cette loi, les revenus qu'un peu de délicatesse leur défend de garder.

Or, que dire d'une loi à la violation de laquelle applaudit la conscience publique, tandis que son exécution soulèverait l'indignation générale ? La même réflexion se présente, et avec plus de force, quant au mariage du condamné.

Qu'aurait-on dit, si, en 1830, l'épouse d'un des ministres du roi Charles X, oubliant ses devoirs au moment où ils devenaient plus sacrés, eût abandonné son époux pour aller former ailleurs une union adultère et méprisable, mais que le Code autorisait pourtant? Ici encore, comment la loi échapperait-elle au reproche d'immoralité?

Enfin, un autre vice de la mort civile, c'est qu'elle *est extra-personnelle*, c'est-à-dire, qu'elle atteint et frappe d'autres personnes que le coupable. Ainsi, ce n'est pas au mort civilement que nuit l'annulation de son testament, c'est à son légataire qui, lui, est parfaitement innocent et pour lequel ce testament pouvait bien être un acte de rigoureuse justice, la récompense de services rendus, la réparation de torts causés par le testateur. Ainsi encore, et ce second point est bien plus grave, ce n'est pas seulement le condamné, c'est aussi son conjoint qui subit la dissolution du mariage; or, de quel droit privez-vous une femme innocente de son titre d'épouse? Pourquoi lui enlevez-vous les droits civils de son union? Qu'a-t-elle fait pour que vous la réduisiez ainsi, ou à vivre dans un célibat forcé, ou à contracter ailleurs une union que sa conscience lui dit criminelle et adultère, ou enfin, si elle reste avec son époux, comme la morale le lui commande, à n'être qu'une concubine et moins qu'une concubine, puisqu'elle ne doit pas espérer pour ses enfans, tombés au-dessous des bâtards, la reconnaissance qu'un père naturel peut donner aux fruits d'un commerce illicite?... Qu'on eût fait de la mort civile une cause *de demande* en dissolution, que par l'effet de la mort civile le conjoint du condamné eût eu *la faculté* de faire dissoudre son mariage et de faire prononcer son divorce, on le concevrait; sans doute, c'eût été encore contraire aux vrais principes de la morale et du droit naturel, et le législateur l'a reconnu lui-même, puisque le divorce a été aboli en 1816 et n'a pas été rétabli depuis 1830; mais, du moins, il n'y aurait pas eu d'injustice contre l'époux du condamné. Mais faire de la mort civile une cause directe de dissolution forcée, frapper l'épouse innocente, en la déclarant concubine alors qu'elle veut et doit conserver son titre d'épouse, c'est vraiment du luxe d'immoralité et d'injustice. Qu'une loi se fasse quelque peu immorale pour frapper sévèrement un grand coupable, c'est une chose qui se comprend encore, sans pouvoir se justifier; mais que cette loi pousse l'immoralité jusqu'à l'iniquité, jusqu'à l'absurde, pour atteindre un innocent, en vérité c'est trop!

Mais sans doute, une peine qui présente tant et de si grands vices, n'a été consacrée par le législateur que pour sa haute utilité; sans doute, c'est là un de ces maux que l'on déplore, mais que l'intérêt social ne permet pas de supprimer?... Il n'en est rien, absolument rien, et si la mort civile est la plus illogique, la plus immorale et la plus inique des peines, elle en est en même temps la moins utile. Le seul résultat par lequel elle pourrait se recommander, celui de prévenir les crimes, est nul ou à peu près.

En effet, d'abord, celui qui ne sera point effrayé par la crainte de la mort, des travaux forcés à perpétuité ou de la détention perpétuelle, ne le sera certainement pas par la pensée de la mort civile, que ces peines entraînent après elles; ensuite, les hommes dont il faut surtout se préoccuper, sous ce rapport, ces êtres démoralisés, de la part desquels les crimes sont plus à craindre, sont précisément, comme nous l'avons fait remarquer, ceux pour qui la mort civile est complètement insignifiante; enfin, la mort civile étant une peine qui ne se prononce pas, qui n'a point d'exécution visible et ne s'annonce par aucun acte extérieur, elle est à peu près inconnue parmi les gens du monde, et ceux-là seuls en savent apprécier les effets, qui ont fait de la loi une étude spéciale. Comment, dès-lors, serait-elle une peine exemplaire?

Tout se réunit donc pour demander la suppression de la mort civile, et l'on ne s'étonnera pas qu'en 1832, lors de la révision du Code pénal, quand de nombreux députés demandèrent cette suppression, il ne se soit pas élevé une *seule voix* pour essayer de justifier une institution aussi déplorable. La seule raison qu'on donna pour ne pas l'abolir, c'est que la mort civile étant organisée par le Code civil, et appartenant dès lors au droit civil, ce n'était pas dans une révision du Code pénal qu'on devait en prononcer l'abolition.

Certes, la considération n'était pas d'un grand poids, et il est triste que l'on en ait tenu compte. Mais enfin, la nécessité de la suppression se trouve ainsi virtuellement reconnue et, désormais, l'aveu tacite du législateur est acquis à ceux qui répéteront, preuves en mains d'ailleurs, que la force de la routine est la seule cause qui maintienne la mort civile dans nos lois.

V. — Nous avons indiqué au numéro précédent plusieurs questions, vraiment délicates, qu'il nous faut résoudre maintenant.

Et d'abord, le mariage du contumax mort civilement par l'expiration des cinq ans de grâce, recouvre-t-il son existence légale par la vie civile que la comparution rend au condamné? La négative ne nous paraît point douteuse.

Il est vrai que si l'on adoptait la doctrine enseignée par quelques auteurs, notamment M. Duranton, il n'y aurait pas même lieu de poser cette question. En effet, ces auteurs, argumentant du 3° de l'art. 227, prétendent que dans le cas de mort civile résultant d'une condamnation par contumace, *ce n'est qu'après les vingt ans à partir de l'arrêt* que le mariage est dissous. Mais c'est là tout simplement une objection fondée, comme nous le verrons plus loin, sur un léger vice de rédaction de cet art. 227, et à laquelle nous répondrons sous ce même article ; quant à présent, il nous suffit de rappeler les principes déjà développés.

Par la mort civile, le mariage du condamné est dissous (art. 25, alinéa 8) ; or, dans les condamnations par contumace, la mort civile est encourue par l'expiration des cinq ans à partir de l'exécution par effigie (art. 27) ; donc, à l'expiration de ces cinq ans, il y a eu dissolution du mariage du contumax, et son conjoint a pu en contracter un nouveau. Maintenant, par sa comparution après ces cinq ans, le contumax ne recouvre la vie civile que pour l'avenir, et les effets qu'a produits la mort civile dans le passé ne sont pas rescindés (art. 30) ; donc, le mariage qui a été dissous reste dissous et ne redevient pas valable par la rentrée dans la vie civile. Ainsi, il faudrait une nouvelle célébration pour que ce mariage existât de nouveau ; ou plutôt, ce ne serait plus le même mariage, ce serait un mariage nouveau entre les mêmes personnes et, bien entendu, il faudrait, pour que cette célébration fût possible, que le conjoint du ressuscité fût libre ; car si ce conjoint avait contracté un nouveau mariage d'un autre côté, ce mariage serait et resterait valable.

Il est clair qu'en formant ainsi un mariage qui est vraiment un mariage nouveau, les époux devraient faire un nouveau contrat, l'ancien se trouvant irrévocablement anéanti. S'ils n'en faisaient pas, ils se trouveraient, comme tous ceux qui se marient sans contrat, mariés de plein droit sous le régime de la communauté légale, conformément à l'art. 1393.

VI. — Une seconde question est celle de savoir si le lien qui unissait le condamné à ses parens et qui a été brisé, sous le rapport légal, par la mort civile, sera rétabli.

Celle-ci doit, selon nous être résolue affirmativement. En effet, après sa rentrée dans la vie civile, cet individu n'est point un homme nouveau, comme des auteurs l'ont écrit ; c'est le même homme évidemment, seulement il était mort et il est ressuscité.

Or, le lien de la parenté a quelque chose de plus fort que le lien du mariage. Le lien de parenté est, pour ainsi dire, indestructible et survit, dans un sens, à la mort elle-même.

Lorsque mon père meurt, il est bien vrai que je n'ai plus de père, parce qu'on ne se dit pas parent avec les morts ; mais enfin, la place de mon père, bien que vacante, n'est cependant pas ouverte à un autre, et s'il revenait à la vie, il la remplirait encore, par le seul fait de son existence; il serait toujours mon père.

Au contraire, par la mort du conjoint, le lien conjugal est détruit à jamais, la place du défunt se trouve libre; un autre peut venir l'occuper, et alors même que par dérogation aux lois naturelles, le mari défunt ressusciterait, il ne serait plus qu'un étranger vis-à-vis de celle qui fut son épouse.

Ce n'est là, il est vrai, que le résultat de la déchéance de notre nature ; c'est une conséquence de ce que les seconds et subséquens mariages sont permis, tandis que d'après le droit naturel strict, ils devraient être défendus (1); mais enfin, il faut accepter notre nature telle qu'elle est.

Il y a donc une grande différence entre les deux cas, et lorsqu'un condamné ressuscitera à la vie civile, bien que son mariage ne redevienne pas valable, il se trouvera néanmoins légalement rattaché à tous ceux vis-à-vis desquels sa parenté avait été civilement brisée.

VII. — Il nous reste maintenant à voir ce qu'il faut décider relativement aux enfans que le condamné aurait eus pendant sa mort civile, et quel sera pour eux l'effet de la résurrection civile de leur père?

Il semble d'abord que, pour s'en tenir à la rigueur des principes, on devrait dire que *ces enfans, étant nés pendant que leur père était mort aux yeux de la loi* et, par conséquent, dans l'impossibilité d'avoir aucun enfant, ils sont et seront toujours censés ne point exister par rapport à lui et lui resteront toujours étrangers.

Cette proposition, cependant, ne nous paraît pas admissible; elle serait une conséquence outrée des dispositions de la loi, lesquelles, si on les entend bien, nous conduiront à un résultat plus humain.

En effet, qu'il n'y ait légalement aucun rapport possible entre un enfant et son père, tant que dure la mort civile de celui-ci, rien de mieux; car, si, en fait, cet enfant a bien son père, en droit et légalement parlant, il est vrai de dire que ce père n'existe pas. Mais, dès que ce père est rentré dans la vie civile, son existence légale concourant désormais avec son existence physique, l'enfant, dès ce moment, peut dire qu'il a un père vivant, vivant aux yeux de la loi; dès ce moment, donc, les rapports légaux de paternité et de filiation sont possibles entre eux, et cet enfant peut désormais être l'objet, soit d'une légitimation, soit d'une reconnaissance.

_____

(1) Cette idée sera démontrée et développée dans nos *Principes de science religieuse,* 12e leçon, no 6.

Nous disons qu'il pourra être légitimé ou reconnu ; car il ne sera pas légalement rattaché à son père par cela seul que celui-ci aura recouvré la vie civile ; cette recouvrance n'établit pas un rapport légal entre le père et l'enfant, elle rend seulement ce rapport possible.

En effet, comme on l'a dit déjà sous l'art. 8, n° II, et comme on le verra plus au long au titre *de la paternité et de la filiation*, un enfant ne peut se rattacher légalement à l'auteur de ses jours que de deux manières : 1° par le mariage de ses père et mère, qui le rattache à l'un et à l'autre (il est enfant *légitime* quand le mariage a précédé sa naissance ; il est *légitimé* quand le mariage n'a lieu que postérieurement) ; 2° par une reconnaissance formelle qui, laissant à l'enfant sa qualité de bâtard, le rattache cependant à celui qui l'a reconnu. Or, puisque la mort civile, dans notre droit actuel, ne cesse jamais que pour l'avenir, la reconnaissance ou le mariage qui serait intervenu pendant qu'elle durait, resterait nul, comme le mariage contracté avant la mort civile reste dissous. L'enfant, donc, ne se trouvera pas rattaché à son père par le seul effet de la rentrée de celui-ci dans la vie civile ; mais au moins le rapport légal de parenté devient possible, et si le père se marie avec la femme de laquelle il a eu cet enfant, celui-ci sera légitimé, que s'il ne se marie point avec elle, il pourra se rattacher par une reconnaissance simple.

On comprend combien le résultat serait différent s'il était permis de dire que la recouvrance de la vie civile fait réputer non-avenu l'état antérieur de mort civile. Supposons qu'un mort civilement ait un enfant de la femme avec laquelle il était marié avant sa mort civile, de la femme qui est restée son épouse aux yeux de la religion et de la morale, et que cet homme soit rendu ensuite à la vie civile, mais après la mort de cette femme ; si la mort civile était réputée non-avenue, le mariage se trouverait n'avoir point été dissous, et, par conséquent, l'enfant, avoir été légitime en naissant ; au contraire, la mort civile conservant les effets déjà produits, non-seulement l'enfant ne sera pas légitime, mais il ne pourra pas même être légitimé, puisque sa mère étant morte, un nouveau mariage avec elle est désormais impossible. Cet enfant ne pourra donc, dans ce cas, se rattacher à son père, qu'au moyen d'une reconnaissance et en restant bâtard.

ARTICLE 31.

Si le condamné par contumace meurt dans le délai de grâce des cinq années sans s'être représenté, ou sans avoir été saisi ou arrêté, il sera réputé mort dans l'intégrité de ses droits. Le jugement de contumace sera anéanti de plein droit, sans préjudice néanmoins de l'action de la partie civile, laquelle ne pourra être intentée contre les héritiers du condamné que par la voie civile.

SOMMAIRE.

I. Cet article revient à la première période et devrait, dès lors, se trouver avant le précédent. — Sa première partie n'est que la conséquence de l'art. 27.

II. Quelques auteurs enseignent, à tort, que le contumax meurt, dans ce cas, avec l'exercice même des droits civils.

III. Par la mort du contumax, le jugement est anéanti même pour les condamnations civiles; mais les personnes lésées par le délit conservent le droit d'agir en réparation, contre les héritiers, au tribunal civil.

EXPLICATION.

I. — Après que l'art. 30 a parlé de la seconde période, celui-ci s'occupe encore de la première. Ce n'était donc pas ici sa place; il devait se trouver de suite après l'art. 29, à la place de l'article que nous venons d'expliquer, lequel devrait être ici sous le n° 31.

La première proposition de notre article, celle qui veut que le contumax, mourant dans les cinq années de grâce, meure dans l'intégrité de ses droits, est toute simple et n'avait pas besoin d'être écrite dans la loi; elle n'est, en effet, qu'une conséquence directe et évidente du principe posé par l'art. 27, que dans les condamnations par contumace, la mort civile n'est encourue qu'à l'expiration des cinq années depuis l'exécution fictive. Il en est de même des premiers mots de la seconde phrase : *le jugement de contumace sera anéanti de plein droit.* Tout cela n'est que la conséquence immédiate et toute naturelle du principe de l'article 27.

II. — Toutefois, quelques auteurs entendent cet article autrement que nous; ils disent que le législateur n'a pas pu faire une disposition expresse pour nous apprendre une chose si simple, et que, par conséquent, il faut chercher à l'article un autre sens. Selon eux, ces mots : *il sera réputé mort dans l'intégrité de ses droits,* signifieraient qu'il est réputé avoir eu non-seulement la *jouissance,* mais aussi l'*exercice* de ses droits civils, exercice qui lui avait été enlevé par l'art. 28, alinéa 1ᵉʳ; d'où il suivrait que les actes par lui faits pendant sa contumace se trouveraient, par l'effet de sa mort arrivée avant l'expiration des cinq ans, vivifiés et devenus valables. Ils appuient cette décision sur l'expression *réputé* dont se sert l'article.

Si le législateur, disent-ils, par les mots *intégrité de ses droits*, n'avait entendu que la *jouissance* des droits civils, il n'aurait pas dit que le contumax serait *réputé* mort avec l'intégrité de ses droits; car cette jouissance, il l'avait en réalité. D'ailleurs, ajoutent-ils, le mot lui-même d'*intégrité* des droits civils indique qu'il ne s'agit pas d'une simple jouissance; en effet, celui à qui on enlève l'exercice de ses droits civils, tout en lui en laissant la jouissance, a certainement perdu quelque chose, on ne pourra pas dire de lui qu'il a encore l'intégrité de ses droits.

Ces raisons ont quelque chose de spécieux; mais nous croyons cependant que l'opinion à laquelle elles mènent est erronée, et nous n'hésitons pas à adopter le sentiment contraire.

D'abord, ce n'est pas une chose bien étonnante, sans doute, que de voir le législateur faire exprès une disposition pour nous indiquer une idée résultant déjà, il est vrai, mais par voie de conséquence seulement, d'une disposition antérieurement portée. On ne peut pas s'étonner beaucoup plus, ensuite, de ce que les mots *intégrité des droits civils* auraient été employés pour exprimer la jouissance seulement, mais la jouissance complète des droits civils; on conçoit que l'on peut distinguer l'intégrité de jouissance et l'intégrité d'exercice, c'est-à-dire la jouissance entière et l'exercice entier des droits civils; de sorte qu'on emploiera très-bien le mot *intégrité*, même quand il ne s'agira que de la jouissance.

Reste enfin le mot *réputé*; mais quel argument pourrait-on en tirer contre notre sentiment, sinon qu'il y aurait rédaction vicieuse dans notre article? Or, comme on l'a répété cent fois, si notre Code est un chef-d'œuvre, ce n'est pas assurément sous le rapport de sa rédaction. Ce vice de rédaction, d'ailleurs, est d'autant plus facile à admettre que sa source paraît se trouver dans les souvenirs que le législateur avait des anciens principes sur cette matière.

Dans ces anciens principes, la mort civile était encourue, en cas de condamnation contradictoire, du jour même du jugement, et dans les condamnations par contumace, du jour de l'exécution par effigie, mais avec cette distinction que si le contumax (sans avoir comparu en justice) ne mourait qu'après les cinq ans, la mort civile avait été définitivement encourue du jour de cette exécution, tandis que s'il mourait dans les cinq ans, *le jugement de contumace était anéanti et le condamné réputé mort* INTEGRI STATUS. (Pothier, *Tr. des pers.*, tit. 3, sect. 2.) Il ne serait pas surprenant que cette proposition, qui se trouvait vraie dans les anciens principes, se fût glissée dans notre Code, quoique le mot *réputé* n'y ait plus la même exactitude.

Les raisons qu'on nous oppose n'ont donc pas beaucoup de force, et l'on ne devra pas balancer, ce nous semble, à adopter notre sentiment, s'il se trouve conforme à l'esprit du législateur. Or, cet esprit du législateur nous paraît certain.

Nous avons vu, en effet, sous l'art. 29, que le contumax qui reparaît en justice dans les cinq ans de grâce et obtient un jugement d'acquittement ne recouvre pas l'exercice des droits civils rétroactivement, mais seulement à partir du jour de sa comparution ; en telle sorte que les actes par lui faits pendant qu'il était contumax resteront nuls ; eh bien ! il est clair que le législateur n'a pas pu avoir l'idée de faire, pour celui qui meurt dans les cinq ans, plus qu'il ne fait pour celui qui, pendant le même délai, reparaît et obtient un acquittement ; celui-ci, en effet, est proclamé innocent, et l'innocence de l'autre n'est que présumée.

III. — Quoique la condamnation par contumace soit, dans le cas de notre article, anéantie de plein droit, il est clair qu'il y a toujours lieu, comme l'article le dit lui-même, à l'action de la partie civile. Ceci demande quelques explications.

Tout délit peut donner lieu à une action criminelle et à une action civile. En effet, il donne lieu d'abord aux poursuites de la société blessée par l'attaque dirigée contre un de ses membres et par la violation des lois qu'elle a établies ; ces poursuites sont exercées par le ministère public.

Mais à côté de l'insulte faite à la société et dont la réparation est demandée par la partie publique, soit sur la plainte de ceux qui ont été victimes du délit, soit d'*office*, c'est-à-dire spontanément et *proprio motu*, vient se placer le dommage matériel ou moral, que le délit a pu causer à un ou plusieurs individus et dont ceux-ci peuvent demander la réparation en vertu de l'art. 1382, qui déclare que tout fait qui cause à autrui un dommage, oblige celui par la faute duquel il est arrivé à le réparer. Comme ils ne peuvent pas agir en vertu de la loi criminelle, dont le ministère public peut seul demander l'application, mais seulement en vertu de la loi civile, on les appelle *partie civile*, et l'action qu'ils intentent *action civile*.

Il suit de là qu'en principe, l'action civile devrait toujours être portée au tribunal civil, comme toutes les autres affaires civiles. Cependant, pour plus de simplicité et dans le but d'éviter des frais et des lenteurs, il est permis à la partie civile d'intenter son action devant les tribunaux criminels, concurremment avec le ministère public ; en telle sorte que, dans ces cas, l'accusé aura à répondre tout en même temps et à la partie publique et à la partie civile. Tout ceci est réglé par les trois premiers articles du Code d'instruction criminelle.

Une dernière observation : En principe, l'héritier est tenu de toutes les obligations de son auteur; car un héritier, c'est le successeur et le *continuateur de la personne*, de telle manière que c'est le défunt qui est réputé vivre toujours en son héritier. Telle est la conséquence de l'art. 724, qui ne saisit l'héritier de tous les droits du défunt qu'à la condition d'acquitter toutes ses charges. Mais ce principe cesse de recevoir son application en matière criminelle, parce qu'il eût été inique et par trop inhumain de frapper un individu pour le délit qu'a commis son auteur; les crimes sont personnels. Il suit de là que la mort de l'auteur d'un délit éteint l'action criminelle, mais qu'elle n'éteint pas l'action civile, qui peut être intentée contre les héritiers sur la tête desquels a passé l'obligation civile résultant du délit; seulement, comme il n'y a plus lieu de faire concourir cette action civile avec l'action criminelle, c'est uniquement devant les tribunaux civils qu'elle peut être intentée. C'est là aussi ce que dit notre art. 31.

Les parties intéressées devront donc, dans le cas de notre article, agir contre les héritiers par-devant le tribunal civil, et cela, soit qu'elles n'aient pas agi encore lors de la mort du contumax, soit qu'elles se soient portées parties civiles dans le procès criminel qui a conduit au jugement par contumace et que ce jugement ait prononcé des dommages-intérêts à leur profit.

Car ce jugement par contumace n'était, même pour les condamnations civiles, qu'un *jugement par défaut*, que le condamné pouvait, pendant cinq ans, faire tomber par sa comparution et que sa mort a complétement *anéanti*, comme le dit le texte de notre article. Il y a donc lieu à faire juger la question de nouveau.

On voit, d'après ce que nous venons de dire sur cet article, qu'il ne nous apporte aucune disposition spéciale et pourrait très-bien être retranché du Code, sans que son absence causât la moindre lacune. La disposition de la première partie résultait déjà de l'art. 27; celle de la seconde est proclamée par les art. 1382 et 724 du Code civil, 1, 2 et 3 du Code d'Instruction criminelle.

ARTICLE 32.

En aucun cas, la prescription de la peine ne réintégrera le condamné dans ses droits civils pour l'avenir.

N. B. — Cet article est relatif à la troisième et dernière période.

Après vingt ans de la date du jugement par contumace, il y a, aux termes de l'art. 635 du Code d'instruction criminelle, prescription de la peine prononcée par le jugement. Le condamné, comme nous l'avons déjà dit, a prescrit alors contre la société le droit d'être poursuivi ; mais, réciproquement, la société a prescrit contre lui le droit de se faire juger désormais contradictoirement, aux termes de l'art. 641 du même Code. Or, si le condamné a prescrit la peine prononcée contre lui, peine que dès lors on ne peut plus lui faire subir, il n'a pas prescrit la mort civile qui l'a frappé à l'expiration des cinq années ; cette mort civile ne pourrait cesser qu'autant qu'il redeviendrait simple accusé, pour être jugé de nouveau, et c'est ce qui ne se peut plus. La mort civile est donc désormais irrévocable et, dès lors, la prescription, comme le dit notre article, ne saurait avoir pour effet de réintégrer le condamné dans ses droits civils.

Bien qu'après la prescription de sa peine, le condamné reste libre, néanmoins, aux termes de l'art. 536 du Code d'instruction criminelle, il ne peut résider dans le département où demeurent, soit celui contre lequel ou contre la propriété duquel le crime a été commis, soit ses héritiers directs. Le gouvernement peut même lui assigner, où il voudra, le lieu de son domicile.

ARTICLE 33.

Les biens acquis par le condamné, depuis la mort civile encourue, et dont il se trouvera en possession au jour de sa mort naturelle, appartiendront à l'État par droit de déshérence.

Néanmoins, il est loisible au Roi de faire, au profit de la veuve, des enfans ou parens du condamné, telles dispositions que l'humanité lui suggèrera.

SOMMAIRE.

I. Le mort civilement n'ayant ni parens ni conjoints, et ne pouvant non plus faire un testament valable, sa succession est nécessairement en déshérence, ou plutôt, il n'y a pas même, à sa mort, une véritable ouverture de succession.

II. Le Roi peut disposer des biens au profit de la veuve et des enfans, même en dehors d'un mariage putatif. — Il en dispose seul et sans les formalités requises pour l'aliénation des biens de l'État.

III. Les condamnations émanées de tribunaux militaires n'emportent point la mort civile.

IV. Effets divers de la *grâce* et de la *commutation* quant à la mort civile, soit dans le cas de contumace, soit dans les condamnations contradictoires.

EXPLICATION.

I. — Une succession est *vacante*, quand on ne connaît pas les héritiers qui y sont appelés, quoiqu'il en existe probablement; elle est en déshérence, quand il est constant qu'il n'existe point d'héritiers. Il est clair que dans le cas de notre article, il y a déshérence, puisque celui de la succession duquel il s'agit, étant, aux yeux de la loi, mort depuis quelque temps déjà, ne peut plus avoir de parens ni de conjoint. Ces parens ou ce conjoint, les héritiers de l'individu, en un mot, ont dû venir, lorsque la mort civile l'a frappé, recueillir la succession qu'il laissait alors ; c'était alors leur parent, leur conjoint qui venait de mourir aux yeux de la loi. Aujourd'hui, il n'en est plus de même, l'individu qui vient de mourir naturellement n'était rien dans l'ordre civil, personne n'était son parent, et il n'était le parent de personne : la mort purement naturelle qui vient d'arriver est un événement nul aux yeux de la loi, en sorte que, légalement parlant, on ne peut pas dire qu'il y ait une personne de moins, puisque, depuis long-temps déjà, cette personne était morte. A proprement parler, donc, on ne peut pas dire qu'il y ait une succession d'ouverte ; il y a seulement des biens que l'État reprend, après les avoir laissés par commisération à un individu qui ne les avait que précairement.

C'est pour cela, c'est parce que, dans ce cas, il ne peut pas y avoir de succession qui s'ouvre, c'est parce que du moment de la mort civile encourue, le condamné, aux termes de l'alin. 2 de l'art. 25, s'est trouvé entièrement incapable de transmettre par succession comme à tout autre titre, que quand même ce condamné aurait contracté, avec une personne de bonne foi, un mariage postérieur, lequel, tout nul qu'il serait, produirait cependant tous les effets civils pour le conjoint et les enfans, ce conjoint ou ces enfans, bien qu'ayant capacité pour succéder, ne pourraient cependant rien prendre des biens laissés par le condamné. Ceci a été expliqué, du reste, sous l'art. 25, n° VII.

II. — Les dispositions que l'humanité peut suggérer au Roi et qui lui sont permises par le second alinéa de notre article, pourraient-elles avoir pour objet la veuve et les enfans d'un mariage contracté *de mauvaise foi* de part et d'autre, c'est-à-dire avec la connaissance acquise, à l'autre époux, de l'état de son conjoint? L'affirmative nous paraît certaine.

Cet article a voulu laisser au Roi toute latitude à cet égard: Le Roi peut disposer au profit *des parens* du condamné, nous dit a loi ; mais évidemment *de ses parens naturels*, puisqu'il n'a plus de parenté civile. Cette femme qui, bien qu'elle connût l'état de mort civile du condamné, l'a épousé (par mariage naturel et religieux seulement), ou bien qui, mariée avec lui avant la mort civile encourue, a continué d'habiter avec lui, de l'assister et de le secourir, par un sacrifice bien honorable et que d'ailleurs la religion lui commandait, n'était-elle pas sa femme aux yeux de la morale et de la loi naturelle ? Les enfans qu'il en a eus ne lui sont-ils pas liés par le sang ? Ne rentrent-ils pas, dès lors, dans la pensée du législateur, et ne serait-il pas contradictoire de raisonner d'après les principes rigoureux du droit, quand la loi parle des dispositions que l'*humanité* peut suggérer au Roi ? Ne serait-ce pas rentrer dans les règles, si sévères, de la mort civile, alors précisément que la loi veut s'en écarter pour sanctionner les inspirations de la conscience ?

Le Roi, pour disposer de ces biens, n'aurait pas besoin d'employer les formalités ordinairement réquises pour l'aliénation des biens de l'État, puisque notre article lui confère le droit d'en disposer seul, directement et immédiatement. Et en effet, il est vrai de dire que dans le cas de disposition par le Roi, ces biens n'ont jamais été *biens de l'Etat*; ils ne le deviennent, d'après l'idée du législateur, que sous la condition que le Roi n'en disposerait pas ; car l'attribution à l'État des biens du condamné ne pourrait avoir lieu que par un effet de la mort civile ; mais, précisément, la faculté accordée au Roi, par notre article, a pour but, nous le répétons, d'empêcher ces effets de s'accomplir.

Il nous reste à examiner ici deux questions qui ne se rattachaient directement à aucun des articles que nous avons expliqués.

III. — La première est celle de savoir si les condamnations à mort, aux travaux forcés à perpétuité ou à la déportation, emportent également mort civile quand elles sont prononcées par des conseils de guerre, ou si elles ne produisent cet effet qu'autant qu'elles émanent des tribunaux ordinaires.

Nous croyons devoir répondre dans ce dernier sens et dire que la mort civile ne doit pas résulter des condamnations prononcées par les tribunaux militaires.

Le législateur, en organisant la mort civile par des dispositions portées dans la loi civile, ne nous paraît pas avoir voulu l'appliquer à des lois exceptionnelles comme les lois militaires, qui sont, comme chacun sait, d'une rigueur, nécessaire peut-être, mais tout-à-fait exorbitante. Telle était, sur ce point, l'ancienne jurisprudence ; Pothier (*Traité des pers.*, tit 3, sect. 2, alinéa 28) nous dit : « Pour que les condamnations dont la mort

« civile est une suite, puissent y donner lieu, il faut qu'elles
« aient été prononcées en justice réglée; une condamnation à
« mort prononcée par un conseil de guerre pour délit militaire,
« n'empêcherait pas le condamné de mourir *intégri statûs*. »

A cela on nous répond qu'il n'y a pas deux législateurs, que
telle espèce de loi ne doit pas avoir plus ou moins de force que
telle autre espèce, et que le Code civil et le Code pénal, en prononçant la mort civile pour telle ou telle condamnation, n'ont point
distingué de quels tribunaux ces condamnations émaneraient.

Quant au principe de l'ancienne jurisprudence, proclamé par
Pothier, on veut le retourner contre notre sentiment, en disant
que puisque le législateur avait cette distinction sous les yeux,
il n'aurait pas manqué de l'écrire dans la loi, s'il avait entendu
la consacrer.

Sans répondre à chacune de ces raisons, nous allons tirer de
tout ceci un argument qui, selon nous, suffit pour trancher la
question.

En effet, ce n'est pas un argument sans force, assurément,
que celui sur lequel s'appuie notre sentiment. Dans l'ancien
droit, dirons-nous, il n'y avait pas non plus deux législateurs,
et cependant on tenait qu'une condamnation prononcée par tel
tribunal n'avait pas les mêmes effets que la même condamnation
prononcée par un autre tribunal, et notre législateur actuel, qui
avait sous les yeux cette distinction, n'a rien dit pour la faire
disparaître. Il savait qu'on ne voyait la mort civile que dans le
cas de condamnation prononcée en justice ordinaire, et il n'a rien
dit qui indiquât une volonté contraire chez lui ; cette contrariété
de principes sur une matière aussi grave, aussi rigoureuse, si elle
avait été dans son esprit, ne l'aurait-il pas exprimée ? Mais au
contraire, ne laisse-t-il pas apercevoir que son idée est celle de
l'ancien droit, en ne parlant nulle part de mort civile dans les
lois militaires, et ne l'écrivant que dans le Code pénal ordinaire?
Comment soutenir que les textes du Code pénal qui prononcent
la mort civile s'appliqueront même aux condamnations militaires, quand l'art. 12 de ce même Code qui déclare d'une manière si générale : *Tout condamné à mort aura la tête tranchée*,
ne s'y applique pas, puisque les condamnés à mort militaires
sont fusillés ? N'est-il pas évident que, dans ces cas divers, le
législateur a entendu laisser à part les condamnations prononcées
en vertu de lois exceptionnelles, ce dont il nous avertit, d'ailleurs, une fois pour toutes, dans l'art. 5 du Code pénal, qui dit :
*Les dispositions du présent Code ne s'appliquent pas aux con-
traventions, délits et crimes militaires ?*

Cette argumentation, si elle n'est pas péremptoire, n'est pas sans force, assurément ; par conséquent, après toutes les raisons apportées de part et d'autre, il y aurait *au moins* de graves motifs de douter et de rester indécis.

Eh bien ! c'est là précisément la décision de la question ; car, puisqu'il s'agit d'une pénalité extrêmement rigoureuse, on ne peut l'admettre que pour les cas où elle est incontestable, et dans lesquels on ne pourrait la rejeter qu'en violant la loi d'une manière évidente. Or, la discussion à laquelle nous venons de nous livrer suffit pour bien établir que, ni le texte, ni l'esprit de la loi ne demandent d'une manière évidente qu'on admette la mort civile pour les condamnations prononcées par des tribunaux exceptionnels.

IV. — La deuxième question est celle de savoir quels seront, dans le cas d'une condamnation emportant mort civile, les effets, soit de la grâce, soit de la commutation de peine accordée par le Roi.

La *grâce* est la remise faite au coupable de tout ou partie d'une peine ou des conséquences d'une peine à laquelle il a été condamné ; la *commutation* est l'acte qui modifie la nature de cette peine, ou, si l'on veut, c'est la substitution d'une peine moindre à celle qui avait été prononcée.

Ce droit de grâce et de commutation est aussi ancien que la monarchie ; il résulte aujourd'hui pour le Roi, de l'art. 58 de la Charte constitutionnelle.

Nous devons examiner l'effet : 1° pour les condamnations contradictoires ; 2° pour les condamnations par contumace.

1° *Pour les condamnations contradictoires.* — Si la grâce arrive avant l'exécution du jugement, la mort civile n'ayant pas encore été encourue, puisqu'elle ne l'est que par l'exécution, le condamné n'aura jamais été et ne sera jamais mort civilement. Mais si elle n'a lieu qu'après un commencement d'exécution, la mort civile ayant été encourue continuera, à moins que les lettres de grâce ne l'abolissent explicitement, ou virtuellement, mais d'une manière certaine. Dans ce cas d'abolition, les effets qu'elle aura produits par le passé continueront, puisque, d'après la manière dont la mort civile est organisée par nos lois, une fois qu'elle a existé, il n'y a plus lieu à la réputer non-avenue, et que la recouvrance de la vie civile est alors une véritable résurrection civile, laquelle n'empêche pas qu'on a véritablement été mort. Nous avons vu l'art. 3o appliquer ce principe au cas même le plus favorable, celui où le mort civilement vient ensuite prouver son innocence.

Quant à la commutation, si la nouvelle peine emporte également mort civile, il n'y a pas de difficulté. Si, quoiq n'emportant pas mort civile, elle n'est substituée à la première qu'après la mise à exécution de celle-ci, la mort civile ayant été encourue continuera, à moins de remise spéciale de la mort civile, comme nous avons dit ci-dessus. Enfin, si la nouvelle peine n'emporte pas mort civile et qu'elle soit substituée à la première avant l'exécution de celle-ci, cette exécution ne pouvant plus avoir lieu, la mort civile ne sera point encourue.

2° *Pour les condamnations par contumace.* — Il ne peut jamais être question de commutation, et la grâce ne peut avoir lieu que dans un cas, c'est lorsque la condamnation est devenue irrévocable par l'expiration du délai de la prescription.

En effet, tant que la prescription n'est pas accomplie, il n'y a lieu ni à commutation ni à grâce. Si le contumax reparaît, il devra être jugé de nouveau et redeviendra par conséquent simple accusé; or, ce ne sont pas *les accusés* mais seulement *les condamnés* qui peuvent recourir à la clémence du Roi : le contumax ne pourrait donc le faire qu'après le nouveau jugement; mais alors nous rentrons dans l'hypothèse, examinée plus haut, d'un jugement contradictoire.

Quand la prescription sera une fois accomplie, il n'y aura pas lieu davantage à commutation : car il n'existe plus de peine à laquelle on puisse en substituer une autre, puisque celle à laquelle le contumax avait été condamné est éteinte. Quant à la grâce, elle pourra très-bien avoir lieu, et, dans ce cas, elle aura nécessairement pour objet, et pour effet unique, de faire cesser la mort civile pour l'avenir.

§ 2. — Privation partielle des droits civils par suite de condamnations judiciaires.

SOMMAIRE.

I. La privation partielle des droits civils est tantôt peine principale et l'objet direct d'une condamnation, tantôt elle n'en est que la conséquence médiate.

II. La privation partielle se présente comme peine principale, 1° dans la dégradation civique; 2° dans l'interdiction.

III. Elle se présente comme conséquence médiate de la condamnation, 1° dans la dégradation civique encore, laquelle est l'accessoire des peines criminelles n'emportant pas la mort civile; 2° dans la déportation, quand le Gouvernement accorde au condamné une partie des droits civils.

IV. Il faut remarquer enfin la privation, non plus de la jouissance, mais de l'exercice des droits civils, qui a lieu, 1° pendant la première des trois périodes de la contumace; 2° pendant la durée de toute peine afflictive.

EXPLICATION.

I. — Dans la section qu'il consacre à la privation des droits civils résultant de condamnations judiciaires, le Code civil, comme on le voit, ne s'occupe de cette privation qu'en tant qu'elle est totale, c'est-à-dire qu'il n'y traite que de la mort civile.

Outre cette privation totale (ou plutôt *presque* totale , puisque nous avons vu qu'elle laisse toujours quelques droits civils au condamné), il peut résulter des condamnations judiciaires, dans certains cas, une privation partielle des droits civils ; nous devons examiner ici ces cas divers.

Cette privation partielle des droits civils est tantôt l'objet principal, tantôt la conséquence médiate seulement d'une condamnation.

II. — Nous trouvons la privation partielle des droits civils comme peine principale et pouvant faire l'objet direct d'une condamnation :

1º Dans la dégradation civique ; 2º dans l'interdiction.

1º La dégradation civique est une des peines infamantes non afflictives (C. pén., 8). Elle consiste, d'abord, dans la privation de tous les droits civiques ; puis, quant aux droits civils : 1º dans l'incapacité d'être expert ou témoin , ce qui n'empêche pas d'être appelé en justice pour y donner de simples renseignemens ; 2º dans l'incapacité de faire partie d'aucun conseil de famille et d'être tuteur, curateur, subrogé-tuteur ou conseil judiciaire, si ce n'est de ses propres enfans, et encore sur l'avis seulement de la famille (C. pén., art. 34).

La dégradation civique est toujours d'une durée illimitée, et ne peut cesser que par l'effet d'une réhabilitation légale. (Code d'Inst. crim., art. 619 et suiv.)

2º L'interdiction à temps de certains droits civiques, civils et de famille, est une peine correctionnelle (C. pén., art. 9) qui, dans certains cas, *peut,* dans d'autres, *doit* être prononcée par les tribunaux. (C. pén., art. 42 et 43.)

III. — La privation partielle des droits civils, comme conséquence d'une condamnation, peut se présenter dans deux cas.

1º La dégradation civique, que nous venons de voir être elle-même une des peines établies par le Code pénal en matière criminelle, est en outre l'accessoire nécessaire de toutes celles des peines criminelles qui n'emportent pas la mort civile (C. pén., art. 28), lesquelles sont au nombre de quatre : les travaux forcés à temps, la détention, la réclusion, le bannissement. (C. pén., art. 6, 7, 8.)

Dans ce cas, bien qu'elle soit l'accessoire d'une peine temporaire, puisque les quatre peines criminelles qui n'emportent pas mort civile sont toutes temporaires, comme on peut le voir par les art. 19, 20, 21 et 32 C. P, la dégradation civique, cependant, reste toujours d'une durée indéfinie, comme quand elle est peine principale.

2° Aux termes du dernier alinéa de l'art. 18 du Code pénal, le Gouvernement peut, dans le cas de déportation, accorder au condamné, l'exercice de tout *ou partie* des droits civils ; il pourra donc y avoir, dans ce cas, pour le condamné, privation partielle seulement des droits civils, laquelle ne sera encore qu'une conséquence médiate de la condamnation.

IV. — Nous devons faire remarquer, en terminant ce paragraphe, et pour compléter le tableau des dispositions relatives à la matière qui nous occupe, qu'il est une autre privation résultant de condamnations judiciaires. C'est celle non plus *de la jouissance* des droits civils, mais *de l'exercice* de ces droits.

Cette privation a lieu dans deux cas :

1°Elle est un des effets de toute peine afflictive ; mais elle cesse avec la peine qui lui a donné naissance.

Le condamné à une peine afflictive est donc, pendant la durée de cette peine, en état d'interdiction légale, et il est, pendant ce temps, pourvu d'un tuteur et d'un subrogé-tuteur. (C. pén., art. 29, 30, 31.)

2° Elle frappe, comme nous l'avons vu à l'art. 28, l'individu condamné, par contumace, à une peine emportant mort civile ; elle le frappe, disons-nous, pendant les cinq ans de grâce qui lui sont accordés, à partir de l'exécution fictive, et pendant lesquels la mort civile ne l'atteint pas encore. Ses biens sont administrés, pendant ce temps, comme nous l'avons vu également, par la régie des domaines.

RÉSUMÉ DU TITRE PREMIER.

Nous avons, pour résumer ce Titre premier du Code, à voir : 1° A qui est accordée la jouissance des droits civils en France ; 2° Comment ceux qui l'ont une fois, peuvent en être privés.

CHAPITRE PREMIER.

A QUI APPARTIENT LA JOUISSANCE DES DROITS CIVILS.

I. — Il faut distinguer la *jouissance* des droits civils, de *l'exercice* de ces droits. La jouissance est pour ainsi dire la propriété du droit, l'exercice est la faculté d'en user. L'exercice, donc, ne peut pas exister sans la jouissance ; mais la jouissance existe bien sans que l'exercice l'accompagne. Ainsi, cet exercice est refusé en tout ou partie 1° aux mineurs ; 2° aux femmes mariées ; 3° aux interdits ; 4° à quelques autres dans les cas déterminés par la loi.

La jouissance des droits civils appartient, 1° à tout individu ayant la qualité de Français, pourvu qu'il n'en soit pas privé par l'effet d'une condamnation ; 2° à l'étranger admis par autorisation du Roi à établir son domicile en France.

Nous verrons, dans une première section, à qui appartient la qualité de Français ; dans une deuxième, nous parlerons de l'étranger admis par le Roi à s'établir en France ; puis, dans une troisième, nous verrons dans quelles limites et sous quelles conditions les étrangers ordinaires peuvent jouir des droits civils.

SECTION PREMIÈRE.

A QUI APPARTIENT LA QUALITÉ DE FRANÇAIS,

II. — On est Français, ou par la naissance, ou par le bienfait de la loi.

Sont Français par leur naissance : 1° l'enfant légitime d'un père français, quelle que soit la qualité de sa mère ; 2° l'enfant naturel, reconnu, volontairement ou judiciairement, d'un père français, quelle que soit encore la qualité de la mère, et que celle-ci l'ait reconnu ou non ; 3° l'enfant naturel d'une femme française, non reconnu par son père, mais qui a été reconnu par cette femme, ou qui a prouvé judiciairement sa maternité ; 4° l'enfant né en France de père et mère *inconnus légalement*, c'est-à-dire, d'un père ou d'une mère vis-à-vis desquels il n'a ni reconnaissance volontaire, ni déclaration judiciaire de paternité ou de maternité.

Quand l'enfant doit suivre la condition de son père, c'est celle que ce père avait lors de la conception qu'il faut considérer. Quand il suit la condition de sa mère, on prend en principe le moment de la naissance ; mais si l'application du principe est défavorable à l'enfant, on s'arrête, par exception, au moment quelconque de la grossesse qui lui sera le plus avantageux.

III. — Deviennent Français par le bienfait de la loi :

1° L'enfant étranger, mais né en France, qui demande la qualité de Français dans l'année de la majorité telle qu'elle est fixée par les lois de son pays, pourvu qu'il déclare l'intention de rester en France ; et s'il n'y est pas, de venir s'y fixer dans l'année de sa déclaration, et qu'il y vienne en effet dans ce délai ;

2° L'enfant né en France ou à l'étranger, d'un Français qui a perdu cette qualité et auquel l'enfant se rattache, pourvu que cet enfant remplisse, à quelque âge que ce soit, les formalités qu'on vient d'indiquer ;

3° La femme étrangère qui épouse un Français ;

4° Les habitans d'une province, par le seul fait de l'adjonction de cette province au territoire de la France ;

5° Ceux avec qui le souverain a passé un contrat tacite, qui s'induit de ce qu'ils ont été appelés et se sont soumis à participer aux charges imposées aux seuls Français ;

6° Ceux qui ont obtenu une des trois espèces de naturalisation.

IV. — Ces derniers sont non-seulement Français, mais encore citoyens ; tous cependant n'ont pas la plénitude des droits civiques.

En effet, ni la naturalisation ordinaire, qui ne s'accorde qu'après dix ans de stage, ni celle extraordinaire que le Roi peut accorder après une année de domicile à ceux qui ont rendu des services à la France, ne donnent le droit de siéger dans les Chambres. Ce droit n'est conféré que par la *Grande naturalisation*, laquelle résulte de lettres vérifiées par les deux Chambres, et peut s'obtenir sans aucune autre condition que d'importans services rendus à l'État.

V. — Quant aux *Français d'origine*, ils sont cito yenspar cela seul qu'ils sont mâles et majeurs, et il faut comprendre sous ce nom de Français d'origine : 1° ceux qui, nés Français, n'ont jamais perdu cette qualité ; 2° ceux qui ont recouvré la qualité de Français, après l'avoir perdue par toute autre cause que le service militaire pris à l'étranger; 3° ceux, enfin, qui, nés d'un Français qui avait perdu cette qualité, sont devenus Français par le deuxième moyen indiqué plus haut.

SECTION II.

DES ÉTRANGERS ADMIS A S'ÉTABLIR EN FRANCE.

VI. — L'étranger admis par l'autorisation du Roi à établir son domicile en France y jouit des droits civils, comme le Français lui-même. Toutefois, il y a entre lui et le Français trois différences faciles à saisir.

1° Quelque temps qui s'écoule depuis son établissement en France, l'étranger reste toujours étranger, et par conséquent soumis aux lois personnelles de son pays; ses droits différeront donc de ceux du Français, quant à la capacité de se marier, de disposer au profit de telles ou telles personnes, etc.

2° La jouissance des droits civils, étant pour lui l'effet de l'autorisation du Roi, celui-ci peut faire cesser cette jouissance en retirant l'autorisation.

3° Il perdrait encore cette jouissance par cela seul qu'il irait s'établir en pays étranger, tandis que pour la faire perdre au Français, il faut un établissement fait à l'étranger *sans esprit de retour.*

Du reste, ce n'est pas seulement la jouissance, mais aussi l'exercice des droits civils que l'autorisation du Roi confère à l'étranger. Mais cet exercice ne peut, bien entendu, lui appartenir qu'autant qu'il est majeur, d'après les lois de son pays.

SECTION III.

COMMENT LA JOUISSANCE DES DROITS CIVILS EST ACCORDÉE AUX ÉTRANGERS ORDINAIRES.

VII. — Le législateur, établissant sous ce rapport une juste réciprocité, décide que les étrangers jouiront en France de ceux des droits civils dont le Français pourrait jouir dans leur pays, en vertu de traités passés entre ce pays et la France. Toutefois, il y a exception à cette règle générale quant à la faculté de transmettre et de recevoir soit par successions, soit par donations entre vifs ou testamentaires; sous ce rapport les étrangers jouissent, depuis la loi du 14 juillet 1819, des mêmes droits que les Français eux-mêmes.

VIII. — Puisque nous nous occupons des étrangers, voyons quand et comment ils deviennent justiciables des tribunaux de France.

Un étranger peut être traduit devant les tribunaux de France par tout Français vis-à-vis duquel il se trouve obligé, soit que l'obligation résulte ou non d'un contrat et soit que le contrat ait été formé en France ou à l'étranger; mais le jugement, bien entendu, ne pourra s'exécuter que sur les biens que cet étranger possède en France, à moins qu'un traité passé entre la France et son pays ne permette dans ce pays l'exécution des jugemens français.

Quand c'est un étranger qui traduit un autre étranger devant un tribunal français, ce tribunal n'est compétent que dans trois cas :

1° S'il y a consentement des deux parties;

2° En matière commerciale;

3° En matière réelle, pour des biens situés en France.

Dans les deux derniers cas, le tribunal est obligé de juger; dans le premier, ce n'est pour lui qu'une faculté.

IX. — Quant à l'étranger demandeur, il est clair qu'il peut toujours appeler le Français devant les tribunaux de France; mais il doit lui donner caution pour les frais et dommages-intérêts pouvant résulter du procès, excepté :

1° En matière de commerce;

2° Quand cet étranger possède en France des immeubles suffisans;

3° Quand il consigne une somme déterminée à cet effet par le tribunal;

4₀ Quand un traité passé entre son pays et la France dispense de cette caution;

5₀ Enfin, quand ce traité permet d'exécuter, dans ledit pays, les jugemens rendus en France.

L'étranger demandeur, qui n'a point donné caution en première instance, ne peut être contraint de la donner en appel que dans un cas, c'est lorsqu'il avait, d'abord, une cause de dispense, qui n'existe plus lors de l'appel.

Les autres différences principales qui existent entre l'étranger ordinaire d'une part, et d'autre part le Français et l'étranger jouissant des droits civils, consistent en ce que:

1° Le premier, par tout jugement de condamnation, se trouve soumis à la contrainte par corps;

2° Avant tout jugement, il peut, par cela seul qu'il est débiteur, et au moment de l'exigibilité, être arrêté en vertu d'ordonnance du juge;

3° Enfin, il ne peut jamais être admis au bénéfice de cession.

N. B.—Les jugemens étrangers, quand un traité n'en permet pas l'exécution en France, n'y peuvent être exécutés qu'après qu'un tribunal français les a déclarés exécutoires. Il ne suffirait pas, pour cela, d'un simple *visa* apposé par le président du tribunal; il faut que le tribunal entier se réunisse non pas pour débattre de nouveau le fond du procès, puisqu'il est jugé, mais pour examiner si le jugement ne contient point des dispositions qui soient en contradiction avec nos diverses règles d'ordre public.

CHAPITRE II.

DE LA PRIVATION DES DROITS CIVILS.

X. — On peut être privé des droits civils, ou 1° par la perte de la qualité de Français, ou 2° par suite de condamnations judiciaires.

SECTION PREMIÈRE.

PRIVATION DES DROITS CIVILS PAR LA PERTE DE LA QUALITÉ DE FRANÇAIS.

La qualité de Français se perd de cinq manières:

1° Par la naturalisation *acquise* en pays étrangers. La dénization ne suffirait pas;

2° Par l'acceptation non autorisée de fonctions publiques étrangères;

3° Par tout établissement fait en pays étranger sans esprit de retour;

L'absence de l'esprit de retour ne se présume jamais et doit toujours être prouvée; elle n'est même jamais prouvée par un établissement de commerce, lorsqu'il ne s'y joint point d'autre circonstance;

4° Pour la femme française, par son mariage avec un individu étranger au moment de ce mariage;

5° Par le service militaire pris à l'étranger.

XI. — La qualité de Français, une fois perdue, peut se recouvrer:

1° Dans les trois premiers cas ci-dessus, par la rentrée en France autorisée par le Roi, avec déclaration de la volonté de s'y fixer;

2° Pour le quatrième cas, c'est-à-dire pour la Française qui a épousé un étranger, par le seul fait de la mort de son mari, si lors de cette mort elle demeure en France; que si elle n'y demeure pas en ce moment, par l'accomplissement des formalités exigées dans les trois premiers cas;

3° Pour le cinquième et dernier cas, par la rentrée en France avec permission du Roi et un stage de dix années pendant lesquelles l'ex-Français aurait la jouissance des droits civils, comme l'a l'étranger admis à s'établir en France.

SECTION II.

PRIVATION DES DROITS CIVILS PAR SUITE DE CONDAMNATIONS JUDICIAIRES.

La privation des droits civils par suite de condamnations judiciaires peut être totale ou partielle.

§ 1er.— Privation totale ou Mort civile.

XII. — La privation totale des droits civils par suite d'une condamnation judiciaire prend le nom de *Mort civile*.

La mort civile peut être définie *un état de peine résultant accessoirement d'une condamnation, dans lequel l'individu est mort aux yeux de la loi et privé de tous les droits civils, excepté de ceux dont la jouissance est nécessaire à la conservation de son existence naturelle.*

Ainsi, la règle, c'est que le condamné est privé de tous les droits civils et réputé mort; s'il jouit encore de quelques-uns de ces droits, s'il est encore reconnu vivant sous quelques rapports, ce n'est que par exception.

Tirons les conséquences de ces deux idées.

Puisque l'individu tombant dans cet état est réputé mourir, il s'en suit:

1° Que sa succession s'ouvre à l'instant même, et il est à remarquer qu'elle s'ouvre toujours au profit de ses héritiers légitimes, attendu qu'il ne peut pas avoir de testament. Ce n'est pas qu'il soit *incapable* quand il meurt civilement, car on ne peut évidemment être frappé de la mort civile qu'autant qu'on a la vie civile; mais c'est que la loi le trouve *indigne* d'une telle faveur;

2° Que son mariage civil est dissous et que son conjoint peut en contracter un nouveau. Quant à lui, il est clair que quand même la mort civile le trouverait célibataire, il ne peut plus se marier (civilement bien entendu, car il pourrait contracter un mariage naturel et religieux); que si, par fraude, il contractait un mariage civil, ce mariage serait nul et ses enfans ne seraient que des bâtards auxquels il ne pourrait pas même donner, par une reconnaissance, le titre d'enfans naturels. Il faut cependant excepter le cas où le conjoint du mort civilement aurait été trompé; car la bonne foi de ce conjoint produirait les effets civils du mariage et pour lui et pour les enfans, qui alors seraient enfans légitimes et succéderaient, non pas à leur père, parce qu'il serait toujours, lui, incapable de transmettre, mais aux parens de ce père;

3° Qu'il ne peut plus transmettre ni recueillir, soit par succession, soit par testament, soit par donation entre vifs, et que tous les biens qu'il pourra laisser, lors de sa mort naturelle, appartiendront à l'État. Cependant, le Roi peut faire de ces biens telle disposition que l'humanité lui suggérera, au profit, soit de la veuve, soit des parens du mort civilement; et ce, quand même il s'agirait d'une femme ou d'enfans qui ne pourraient point invoquer les effets d'un mariage contracté de bonne foi;

4° Qu'il ne peut se présenter en justice, ni comme demandeur, ni comme défendeur, ni comme témoin, ni comme expert; qu'il ne peut remplir aucun emploi, aucune fonction publique, ni exercer aucun droit politique, quel qu'il soit; qu'il ne pourra ni rester, ni devenir membre de l'Université, ni exercer une profession qui exige un grade dans les facultés, etc., etc.

XIII). — Mais, d'un autre côté, et de ce que, par exception, il jouit de ceux des droits civils qui sont relatifs à son existence naturelle, il faut conclure :

1° Qu'il pourra passer tous les contrats qui ne sont que du droit des gens, et, dès lors, traduire, ou être traduit en justice, pour les contestations auxquelles ces contrats donneraient lieu. Seulement, comme il ne peut paraître en justice personnellement, il y sera représenté par un curateur spécial qui lui sera nommé par le tribunal, et sous le nom duquel il agira;

2° Qu'il pourra recevoir par donation, soit entre vifs, soit testamentaire, quand la donation lui sera faite pour alimens;

3° Qu'il pourrait exiger, par une action en justice, des alimens des personnes auxquelles la loi permet d'en demander.

4 Qu'il peut passer, même en la forme authentique, tous les

actes nécessaires pour le trafic qu'il exerce, et pour le cours ordinaire des affaires de la vie.

XIV. — Voyons maintenant quelles causes donnent lieu à la mort civile.

La mort civile ne peut pas faire l'objet direct d'une condamnation; car ce n'est point une peine proprement dite, une peine principale, mais l'accessoire d'une peine; elle n'est pas même, rigoureusement parlant, la conséquence de la peine, mais la conséquence *de la condamnation* à cette peine.

Elle résulte de toute condamnation à mort, aux travaux forcés à perpétuité ou à la déportation, pourvu que cette condamnation ne soit pas prononcée par un tribunal militaire.

Toutefois, elle n'est pas encourue par le fait seul de la condamnation, il faut, en outre, l'exécution, qui ne suffit même pas toujours.

En effet, pour les condamnations contradictoires, elle a bien lieu au moment même de l'exécution, soit réelle, soit fictive; mais, pour les condamnations par contumace, c'est seulement à l'expiration de cinq ans, depuis l'exécution par effigie.

XV. — Pour bien comprendre la théorie de la loi dans ce cas de contumace, il faut distinguer trois périodes.

La première commence à l'exécution par effigie et dure cinq ans. Le condamné y conserve toujours la jouissance des droits civils, mais il n'en a pas l'exercice. Si le condamné reparaît, soit volontairement, soit parce qu'il sera arrêté, le jugement qui le condamnait est complétement réputé non-avenu, et on le juge de nouveau; il recouvre l'exercice de ses droits civils, mais à partir seulement de sa comparution et non pas rétroactivement, parce que cette privation d'exercice n'était pas l'effet du jugement aujourd'hui anéanti; c'était l'effet de l'ordonnance rendue par le président de la Cour d'assises, laquelle l'a frappé de cette privation pour le punir de s'être montré rebelle à la loi.

Les actes par lui faits avant sa comparution seraient donc nuls, à l'exception pourtant de son mariage, auquel cette privation de l'exercice des droits civils ne formait qu'un empêchement prohibitif. Si, après avoir comparu, il disparaissait de nouveau, sa comparution serait non-avenue et le délai de cinq ans continuerait de courir de l'exécution du premier jugement.

La mort naturelle du condamné, arrivée pendant cette dernière période, ne changerait rien à son état; il sera donc mort avec la jouissance, mais sans l'exercice de ses droits civils.

XVI. — La deuxième période commence à l'expiration des cinq ans, depuis l'exécution fictive, et finit après vingt ans de la date de l'arrêt.

Ici, la mort civile a frappé le contumax. Toutefois, elle cesse par le seul effet de sa comparution, soit volontaire, soit forcée, mais seulement à partir de cette comparution et non rétroactivement; en telle sorte que c'est là une résurrection civile, et qu'il est toujours vrai de dire que l'individu a été mort civilement. Son ancien mariage reste donc dissous et doit être contracté de nouveau, pour produire des effets civils; les biens qu'il possédait lorsque la mort civile l'a frappé, restent acquis à ceux qui étaient alors ses héritiers. Mais le lien de parenté civile, qui avait été brisé, est rétabli, et cet individu se trouve, de plein droit, rattaché et à ses enfans et à ses autres parens. Quant aux enfans qu'il aurait eus pendant sa mort civile, ils ne se rattachent point à lui par le seul effet de sa rentrée dans la vie civile; seulement, il peut, soit les reconnaître, soit même les légitimer, en se mariant avec la femme de laquelle il les a eus.

XVII. — La troisième période commence après vingt ans de la date de l'arrêt et finit à la mort naturelle du condamné.

Dans cette dernière période, la mort civile est encourue irrévocablement, parce que, si le contumax a prescrit contre la société la peine à laquelle il était condamné, la société a prescrit contre lui la faculté qu'il avait de se faire juger et d'ester en justice pour cet effet. Il n'y aurait donc plus, pour lui, que le moyen extraordinaire de recours à la clémence du Roi.

XVIII. — Le Roi, en effet, a le droit de faire grâce et de commuer les peines.

La grâce, ainsi que la commutation en une peine n'emportant pas mort civile, empêchent la mort civile d'être encourue quand elles arrivent avant l'exécution du jugement; mais lorsqu'elles arrivent après la mort civile encourue, elles ne peuvent plus la faire cesser que pour l'avenir, et encore faut-il que les lettres du Roi aient ce point spécial pour objet; car la grâce de la peine, ou sa commutation, n'emporterait pas, par soi, remise de la mort civile.

Il est clair que dans la troisième période, dont nous parlions tout à l'heure, la peine étant prescrite, il n'y aurait plus lieu à commutation, mais seulement à une grâce, et que cette grâce aurait, pour seul et unique objet, la remise de la mort civile.

§ 2. — Privation partielle.

XIX. — Nous avons vu que la privation totale des droits civils, par suite de condamnations judiciaires, en d'autres termes, la mort civile, ne résulte jamais d'une condamnation qu'accessoirement et comme conséquence médiate. Il en est autrement de la privation partielle, qui est tantôt aussi le résultat accessoire d'une condamnation, mais tantôt une peine principale prononcée directement.

Comme peine principale, la privation partielle des droits civils se présente :

1° Dans la *dégradation civique*, que le Code pénal range au nombre des peines criminelles infamantes (non afflictives) et qui consiste dans la privation, pour un temps indéterminé, de tous les droits politiques et d'une partie des droits civils;

2° Dans l'*interdiction temporaire* de certains droits civiques et civils, que le même Code indique comme une des peines correctionnelles.

XX. — Comme résultat accessoire d'une condamnation, la privation partielle des droits civils apparaît :

1° Dans la dégradation civique, qui, en outre de ce qu'elle est elle-même une peine criminelle, accompagne encore, comme conséquence nécessaire, celles des peines criminelles qui n'emportent pas la mort civile;

2° Dans l'hypothèse d'un déporté à qui le gouvernement aurait accordé, comme la loi le lui permet, la jouissance d'une partie des droits civils que la mort civile lui avait enlevés.

Enfin, on se rappelle que la loi prononce privation, non plus de la *jouissance de tout ou partie* des droits civils, mais de l'*exercice de tous* ces droits :

1° Pour tout condamné à une peine afflictive, pendant le temps qu'il subit sa peine;

2° Pour le condamné par contumace à une peine emportant mort civile, pendant les cinq ans qui suivent l'exécution par effigie.

TITRE II.

DES ACTES DE L'ÉTAT CIVIL.

(Décrété le 11 mars 1803. — Promulgué le 21.)

Ainsi que nous l'avons déjà dit au commencement de ce livre I, les droits civils qui appartiennent à chaque personne, et la capacité dont elle jouit, varient nécessairement selon les différentes qualités qu'elle se trouve avoir au milieu de la société civile. Il importe donc de savoir si un individu est majeur ou mineur; s'il appartient à telle famille ou à telle autre, et s'il s'y rattache par un lien légitime ou seulement par le lien naturel; s'il a encore ou s'il n'a plus ses père et mère, ou d'autres ascendans; s'il est ou non marié, etc.

Or, c'est pour arriver à la constatation de ces diverses circonstances, que le législateur a ordonné la rédaction de procès-verbaux destinés à prouver la naissance et la filiation, le mariage et le décès de chaque individu.

L'ensemble des diverses qualités indiquées ci-dessus constituant pour chacun son *état civil*, on donne aux procès-verbaux destinés à les constater le nom d'*Actes de l'état civil*, et aux fonctionnaires publics chargés de leur rédaction, celui d'*Officiers de l'état civil*.

Parmi les règles relatives aux actes de l'état civil, les unes sont communes à tous ces actes, les autres sont particulières à chaque espèce. Le législateur s'occupe des premières dans le chapitre I, intitulé : *Dispositions générales* ; quant aux autres, il les trace séparément dans les chapitres II (Actes de naissance), III (Actes de mariage) et IV (Actes de décès). Le chapitre V indique des règles exceptionnelles à suivre dans un cas particulier où l'on ne pouvait plus exiger les formalités ordinaires. Enfin, un chapitre VI traite de la rectification des inexactitudes qui se seraient glissées dans les actes de l'état civil.

CHAPITRE PREMIER.

Dispositions générales.

ARTICLE 34.

Les actes de l'état civil énonceront l'année, le jour et l'heure où ils seront reçus ; les prénoms, nom, âge, profession et domicile de tous ceux qui y seront dénommés.

ARTICLE 35.

Les officiers de l'état civil ne pourront rien insérer dans les actes qu'ils recevront, soit par note, soit par énonciation quelconque, que ce qui doit être déclaré par les comparans.

SOMMAIRE.

I. Les officiers de l'état civil sont aujourd'hui les maires et adjoints, lesquels, sous ce rapport, sont sous la surveillance non pas des préfets, mais des procureurs du roi. — Pour les membres de la famille royale, c'est le ministre de la justice.

II. Les circonstances non exigées par la loi ne doivent pas être mentionnées, alors même que les parties les déclarent formellement.

EXPLICATION.

I. — A qui sont confiées en France les fonctions d'officiers de l'état civil ? Anciennement, comme on l'a dit déjà sous l'art. 25,

n. VI, ces fonctions étaient remplies par les curés des paroisses. L'Assemblée constituante, en proclamant la liberté des cultes, craignit que le mode suivi jusqu'alors ne laissât pas, quant à la rédaction des actes, une assez grande indépendance, et par sa Constitution du 3 septembre 1791, tit. II, art. 7, elle déclara que le pouvoir législatif aurait à établir, pour tous les habitans sans distinction, un mode unique de constatation des naissances, mariages et décès, et à désigner les officiers publics qui en recevraient et conserveraient les actes.

Ce ne fut qu'un an après, sous l'Assemblée législative, qu'il fut ordonné, par la loi du 20 septembre 1792, tit. 1er, art. 1 et 2, qu'à l'avenir, les municipalités recevraient et conserveraient ces actes, et que les conseils généraux des communes désigneraient parmi leurs membres, suivant la population des lieux, une ou plusieurs personnes chargées de ces fonctions.

D'après la loi du 19 décembre 1792, dans les villes de 50,000 âmes et au-dessus, les déclarations de naissances et de décès doivent, avant d'être faites à l'officier de l'état civil, l'être devant le commissaire de police du quartier, lequel, dans les huit premiers jours de chaque trimestre, dépose les registres du trimestre précédent à la maison commune. Cette loi est restée en vigueur et s'exécute encore aujourd'hui.

La loi du 19 vendémiaire an IV (11 octobre 1793), art. 12, ordonna que dans les communes au-dessous de 5,000 habitans, l'agent municipal, aujourd'hui le maire ou son adjoint, remplirait les fonctions d'officier de l'état civil; pour les autres communes, ce fut toujours un des membres de la municipalité, nommé par elle.

Enfin, aux termes de la loi du 28 pluviôse an VIII (17 février 1800), art. 13, ce sont aujourd'hui les maires et adjoints qui remplissent ces fonctions dans toutes les communes.

Sous ce rapport, les maires et adjoints ne sont point agens administratifs, mais fonctionnaires de l'ordre judiciaire; en conséquence, ils dépendent, non plus des préfets, mais des procureurs du roi.

Pour les membres de la famille royale, les fonctions d'officiers de l'état civil sont remplies par le ministre de la Justice, grand chancelier de France, et les registres contenant les actes qui les concernent, restent déposés aux archives de la Chambre des Pairs. (*Ord. roy. du 23 mars 1816.*)

II. — La disposition de notre article adresse aux officiers de l'état civil une injonction qui, au premier coup d'œil, paraît unique, mais qui, en réalité, est complexe. En effet, elle veut, 1° qu'ils n'énoncent rien dans l'acte, que ce qui sera déclaré par les comparans; 2° qu'ils n'énoncent pas même tout ce que ceux-ci pourraient déclarer, mais qu'ils retranchent de leurs déclarations les renseignemens qui ne sont point demandés par la loi.

« Les officiers rédacteurs, disait M. Siméon dans son *rapport au Tribunat*, ne peuvent ajouter ni diminuer aux déclarations qui *doivent* leur être faites; mais les parties ne doivent déclarer que ce que la loi demande. Si elles vont au delà, l'officier public peut et doit refuser ce qui, dans leurs déclarations, excède ou contrarie le désir de la loi. » (Fenet, t. VIII, p. 291.)

Ainsi, on ne doit pas déclarer, et si on le déclarait, l'officier ne devrait pas l'énoncer dans l'acte, qu'un individu est mort assassiné, ou dans une prison, ou sur l'échafaud; car l'art. 85 prohibe formellement la mention de ces circonstances. On ne pourrait pas non plus énoncer que tel enfant qui a pour mère Marie, épouse de Pierre, a pour père Paul, ou que cet enfant qui a pour mère Marie, femme non mariée, a pour père Victor, oncle de la mère; car il résulterait de là que l'enfant est adultérin ou incestueux, et dans ces cas, la reconnaissance même formelle du père ne saurait avoir lieu, aux termes de l'art. 335. Ainsi, encore, on ne pourrait pas énoncer que tel enfant naturel a tel individu pour père, à moins que la déclaration ne fût faite par le père lui-même ou son fondé de pouvoir spécial, attendu que la reconnaissance du père doit être volontaire, et qu'aux termes de l'art. 340, l'enfant naturel ne peut pas être admis à rechercher ni à prouver que tel individu est son père, alors même qu'il serait en état de le constater par écrit et d'une manière évidente.

Quant à la recherche de la maternité, elle est admise, comme nous le verrons par l'art. 341. Mais nous verrons aussi qu'il faut à l'enfant un commencement de preuve par écrit, et nous prouverons que l'acte de naissance n'en peut pas servir. Dès-lors, l'acte de naissance ne faisant pas preuve de l'énonciation par laquelle la mère est indiquée, cette énonciation se trouve ne pas rentrer dans ce qui *doit être déclaré par les comparans*. L'officier de l'état civil ne devrait donc pas l'admettre aux termes de notre article, ou s'il l'admet, lorsqu'on la lui fait bénévolement, parce qu'elle n'est pas précisément contraire au prescrit de la loi comme celles dont nous avons parlé plus haut, il ne doit pas au moins l'exiger, comme le font beaucoup d'officiers de l'état civil.

ARTICLE 36.

Dans les cas où les parties intéressées ne seront point

obligées de comparaître en personne, elles pourront se faire représenter par un fondé de procuration spéciale et authentique.

N. B. — Les actes de mariage sont les seuls pour lesquels la présence des parties soit nécessaire. Ce n'est pas qu'une loi formelle soit venue défendre les mariages par procureur qui étaient permis autrefois; mais cette défense résulte assez de l'esprit de la loi. En effet, on ne trouve, ni au titre du mariage, ni dans le chapitre III de notre titre, qui s'occupe des actes de mariage, aucun texte qui fasse allusion à l'hypothèse d'un mariage contracté par un fondé de pouvoir; au contraire, il y est toujours question des parties elles-mêmes, notamment dans l'art. 75. Notre article, d'ailleurs, prouve qu'il est au moins un cas où l'on est obligé de comparaître en personne, et ce cas ne peut être que celui de mariage; enfin, lors de la discussion de notre titre, Bonaparte dit formellement, dans une des conférences du Conseil d'Etat, que le mariage n'aurait plus lieu qu'entre personnes présentes.

Article 37.

Les témoins produits aux actes de l'état civil ne pourront être que du sexe masculin, âgés de vingt et un ans au moins, parens ou autres, et ils seront choisis par les personnes intéressées.

N. B. — Ainsi, les seules conditions exigées pour être témoin aux actes de l'état civil, c'est d'être mâle et âgé de vingt-un ans, de sorte qu'il n'est pas même nécessaire d'être Français. La loi est donc beaucoup plus facile ici que pour les actes ordinaires; car, aux termes des art. 9 et 10 de la loi du 25 ventôse an XI, organique du notariat, les témoins appelés pour la rédaction d'un acte devant notaire, doivent être citoyens français, sachant signer, et domiciliés dans l'arrondissement où l'acte est passé, et il faut de plus qu'ils ne soient ni parens, ni alliés, en ligne directe à l'infini, en ligne collatérale jusqu'au troisième degré, ni serviteurs, soit du notaire, soit de l'une des parties contractantes, ni enfin clercs de ces notaires.

Article 38.

L'officier de l'état civil donnera lecture des actes aux parties comparantes, ou à leur fondé de procuration, et aux témoins.

Il y sera fait mention de l'accomplissement de cette formalité.

ARTICLE 39.

Ces actes seront signés par l'officier de l'état civil, par les comparans et les témoins, ou mention sera faite de la cause qui empêchera les comparans et les témoins de signer.

ARTICLE 40.

Les actes de l'état civil seront inscrits dans chaque commune sur un ou plusieurs registres tenus doubles.

N. B.—On peut, suivant la population de la commune, avoir trois registres, un pour les actes de naissance, un pour ceux de mariage, un pour ceux de décès; ou n'en avoir qu'un seul pour tous ces actes; mais alors même qu'il n'y en aurait qu'un, il doit être *tenu double*.

L'idée de cette tenue double est due au chancelier d'Aguesseau.

ARTICLE 41.

Les registres seront cotés par première et dernière, et paraphés, sur chaque feuille, par le président du tribunal de première instance, ou par le juge qui le remplacera.

N. B. — Pour prévenir l'intercalation ou la suppression d'un ou de plusieurs feuillets, la loi exige que le président du tribunal indique, sur chaque feuillet, le rang qu'il tient dans les registres en y inscrivant ces mots : *premier feuillet, deuxième feuillet, troisième feuillet.... cinquantième et dernier feuillet,* et que sous ces mots ce magistrat mette son paraphe.

ARTICLE 42.

Les actes seront inscrits sur les registres de suite, sans aucun blanc; les ratures et les renvois seront approuvés et signés de la même manière que le corps de l'acte. Il n'y sera rien écrit par abréviation, et aucune date ne sera mise en chiffres.

ARTICLE 43.

Les registres seront clos et arrêtés par l'officier de l'état civil, à la fin de chaque année, et, dans le mois, l'un des doubles sera déposé aux archives de la commune, l'autre au greffe du tribunal de première instance.

N. B. — Les précautions prises par ces deux articles ont toujours pour but, comme on le voit, de mettre les actes de l'état civil à l'abri des faux de toute nature. Le double dépôt, en deux endroits différens, en même temps qu'il diminue les chances de destruction par incendie ou autre accident, rend encore la fraude plus difficile, puisqu'il faudrait que les deux dépositaires s'entendissent pour la commettre.

Article 44.

Les procurations et autres pièces qui doivent demeurer annexées aux actes de l'état civil, seront déposées, après qu'elles auront été paraphées par la personne qui les aura produites, et par l'officier de l'état civil, au greffe du tribunal avec le double des registres dont le dépôt doit avoir lieu audit greffe.

Article 45.

Toute personne pourra se faire délivrer, par les dépositaires des registres de l'état civil, des extraits de ces registres. Les extraits délivrés conformes aux registres, et légalisés par le président du tribunal de première instance, ou par le juge qui le remplacera, feront foi, jusqu'à inscription de faux.

SOMMAIRE.

I. Nécessité de l'obligation imposée aux dépositaires de délivrer des extraits à tous requérans. — Quels sont les dépositaires légaux. — Coût des extraits.

II. Qu'entend-on par *extrait délivré conforme* ? — Quand la légalisation est-elle nécessaire ? — Ce que c'est que l'inscription de faux.

III. Les extraits, soit que les registres existent encore ou n'existent plus, font toujours pleine foi par eux-mêmes. Dissentiment avec M. Duranton.

IV. La voie de l'inscription de faux n'est nécessaire que pour les mentions que l'officier de l'état civil peut attester *propriis sensibus*. — Dissentiment avec Toullier.

EXPLICATION.

I. — Les actes de l'état civil, constatant l'état, et par suite la capacité de chacun, n'intéressent pas seulement les individus qu'ils concernent, mais tous ceux qui peuvent contracter avec eux; il importe donc à tous d'en pouvoir prendre connaissance. Aussi, la loi veut-elle que toute personne puisse s'en faire délivrer des extraits par les dépositaires légaux, qui sont le maire ou l'adjoint de chaque commune, ou le greffier du tribunal civil.

Dans les premières années du Code, les secrétaires des mairies

avaient cru que c'étaient eux qui avaient le caractère de dépositaires légaux à partir du moment où les actes étaient déposés
aux archives de la commune ; c'était une erreur ; aussi, un avis
du Conseil-d'État, du 2 juillet 1807, tout en déclarant valables
les extraits délivrés par eux jusqu'alors, leur a fait défense d'en
délivrer à l'avenir, *attendu*, y est-il dit, *que les employés qui se
qualifient de secrétaires de mairie, n'ont point de caractère public,
et ne peuvent, dès-lors, rendre authentique aucun acte, aucune
expédition, ni aucun extrait.*

D'après un décret du 12 du même mois, les droits dus pour la
délivrance de ces extraits sont,

Pour un extrait d'acte de naissance ou de décès :

Au-dessous de 50,000 âmes.	Au-dessus de 50,000 âmes.	Paris.
o fr. 3o c.	o fr. 6o c.	o fr. 75 c.

Pour un extrait d'acte de mariage :

o fr. 6o c.	1 fr. oo c.	1 fr. 5o c.

Il doit être remboursé en outre, pour frais de timbre, d'après
l'art. 63 de la loi du 28 avril 1816, 1 fr. 25 cent.

II. — Notre article dit que l'extrait délivré conforme et légalisé par le président du tribunal, fera foi jusqu'à inscription
de faux.

On appelle délivré conforme l'extrait dont le dépositaire a
certifié la conformité avec l'original, par ces mots : *Certifié conforme*, ou *Délivré conforme à l'original, par nous, etc.*

La légalisation est l'attestation par laquelle le président cer-
tifie que la signature apposée à l'acte est bien celle du dépositaire.

Nous ne pensons pas que cette légalisation soit nécessaire
lorsque l'acte est produit dans l'arrondissement où il a été reçu.
La loi, précitée, du 25 ventôse an XI, art. 28, n'exige la légalisation, pour les actes notariés, qu'autant que l'acte, s'il s'agit d'un
notaire à la résidence d'une Cour royale, sera produit hors du
ressort de cette Cour, et hors du département pour les autres notaires. La loi répute donc la signature du notaire assez connue,
selon le cas, dans le département ou dans le ressort de la Cour
royale ; par égale raison, la signature de l'officier de l'état civil
doit être réputée connue suffisamment dans l'arrondissement
dont il dépend.

Cet extrait, ainsi délivré conforme, et légalisé, si besoin est,
fait foi jusqu'à inscription de faux, comme le registre lui-même.
On appelle *Inscription de faux* l'acte par lequel on soutient, en
justice, qu'une pièce produite dans un procès est fausse. L'inscription de faux, qui commence par une déclaration faite par le

demandeur en faux au greffe du tribunal, donne lieu à de longues formalités, détaillées aux art. 214 à 251 du Code de procédure civile; elle est, en outre des difficultés qu'elle présente, une voie périlleuse pour le demandeur, puisque s'il succombe, faute de preuves suffisantes, bien qu'au fond il ait peut-être raison, il sera condamné à des dommages-intérêts, s'il y a lieu, et dans tous les cas, à une amende qui ne peut être moindre de 300 fr.

III. — Des auteurs ont écrit, notamment M. Duranton (t. Ier, no 399), que ce moyen, de l'inscription de faux, n'était nécessaire a prendre, pour attaquer un extrait, qu'autant que le registre original n'existerait plus.

C'est heurter de front la disposition formelle de notre article; car c'est dire que ces extraits ne font foi jusqu'à inscription de faux que dans un cas particulier et assez rare, tandis que notre article nous dit, d'une manière absolue, que ces extraits font foi jusqu'à inscription de faux, sans apporter aucune restriction à cette proposition. L'idée du législateur ne pourra pas d'ailleurs paraître douteuse, si l'on rapproche notre article des art. 1334 et 1335, relatifs aux copies des actes authentiques ordinaires, c'est-à-dire des actes notariés.

Dans ces articles, en effet, le législateur nous dit tout au long et d'une manière précise :

Tant que le titre original subsistera, les copies ne feront pas foi jusqu'à inscription de faux, il suffira d'une simple dénégation de l'adversaire pour rendre nécessaire la présentation de l'original lui-même;

Que si l'original n'existe plus, il faudra distinguer : Les premières copies, ordinairement appelées grosses, puis, celles tirées par autorité du magistrat, les parties présentes ou dûment appelées; puis, enfin, celles tirées sans l'autorité du magistrat, mais en présence et du consentement de ces parties, feront foi jusqu'à inscription de faux, comme ferait l'original lui-même.

Quant à toutes autres copies, bien que délivrées et certifiées conformes par le notaire, elles ne font pas foi nécessairement, elles *peuvent* seulement *faire foi*, pourvu encore qu'elles aient plus de trente ans de date quand on les produit; que si elles n'ont pas trente ans de date, elles ne peuvent servir que de commencement de preuve par écrit. (*Voy.* les art. 1334 et 1335.)

Ainsi, les copies d'un acte notarié ne font pas foi jusqu'à inscription de faux, tant que l'original existe, et quand il n'existe plus, elles n'ont cet effet que sous certaines conditions et non pas toujours, tandis que, d'après notre article, les extraits des actes de l'état civil, délivrés conformes et légalisés, font foi jusqu'à inscription de faux, toujours, absolument et sans restriction. Il y a donc, d'après la volonté expresse du législateur, une énorme différence du rapport qui existe entre une copie d'acte notarié et son original, au rapport qui existe entre un extrait d'acte de l'état civil et son original. Il n'est donc pas étonnant que les auteurs dont nous combattons le sentiment soient arrivés à un résultat erroné, quand ils ont posé en principe et pris pour point de départ, cette proposition évidemment fausse: *Que les extraits des actes de l'état civil sont aux registres, ce que les expéditions des actes notariés sont aux originaux.* Nous venons de voir que la loi a mis une immense différence entre ces deux cas, et la raison de cette différence est palpable, elle résulte de la nature même des choses.

En effet, les notaires reçoivent, et doivent recevoir les minutes, c'est-à-dire les actes originaux, non pas sur des registres, mais sur des feuilles isolées. (*Voy.* Lett. minist. du 15 février 1809.) On pourra donc produire un original sans en déranger aucun autre; d'ailleurs, le jugement qui ordonnera la présentation de l'acte original pourra enjoindre au notaire d'en tirer une copie, les parties dûment appelées, avant de s'en dessaisir. Cette copie, si l'acte venait à être perdu, réunirait les conditions voulues par l'art. 1335 pour faire foi comme l'original lui-même, et le remplacerait. Au contraire, tout acte de l'état civil étant rédigé sur un registre qui contient tous ceux de la même année, si on contestait à Bordeaux, par exemple, la conformité de l'extrait d'un acte reçu à Rouen, il faudrait, dans l'opinion que nous combattons, envoyer, d'un bout de la France à l'autre, non pas seulement l'acte, mais le registre, et se mettre ainsi dans l'impossibilité de délivrer aucun extrait des actes qu'il contient, jusqu'à ce qu'il fût rendu au dépositaire. Le registre pourrait d'ailleurs se trouver perdu, et ici on ne peut pas demander que le dépositaire se mette à le copier en entier avant de s'en dessaisir.

Pour motiver la décision que nous combattons, M. Duranton, qui nous donne implicitement l'argument tiré de la prétendue parité existant entre les extraits d'actes de l'état civil et les copies d'actes notariés, en présente aussi un autre qui ne vaut pas mieux. Il le tire des termes mêmes de notre article. Cet argument revient à dire : Les extraits ne font foi qu'autant qu'ils sont délivrés conformes aux registres; donc, si je nie seulement leur conformité avec l'original, on ne pourra pas exiger que je prenne l'inscription de faux, puisqu'alors c'est précisément le point de savoir s'ils sont conformes, et par conséquent s'ils doivent faire foi, qui est mis en question.

Cette argumentation repose sur le sens inexact donné aux mots : *délivré conforme.* Par les mots *extrait délivré conforme* on n'entend pas un extrait *qui est* vraiment conforme à son original, mais seulement un extrait que l'officier public *a déclaré être conforme;* extrait délivré conforme est synonyme de extrait *certifié conforme* par le fonctionnaire duquel il émane. C'est uniquement à cause de l'authenticité qu'il faut donner à cette mention de conformité, que l'extrait ne peut être délivré que par un officier public; sans cela, en effet, et si l'extrait ne devait faire foi qu'autant qu'il serait constant, par la représentation du registre, qu'il est vraiment conforme, alors, il pourrait tout aussi bien être délivré par le premier venu des copistes ou des employés d'un bureau.

Les conséquences de la doctrine de M. Duranton sont vraiment étranges. Les extraits, selon lui, ne feraient foi qu'autant qu'il serait certain qu'ils sont conformes aux registres. Mais comment le saurait-on? Évidemment, ce ne pourrait jamais être que par la représentation des registres eux-mêmes. Ainsi, un extrait ferait foi quand?... Quand, en le présentant d'une main, on présenterait de l'autre le registre pour prouver qu'il lui est conforme! Mais alors ce seront les registres qui feront foi, et les extraits deviendront parfaitement inutiles. Quoi! un article nous dit : *Les extraits feront foi* sous telles conditions, et M. Duranton soutient que cela signifie : Les extraits ne feront jamais foi, les registres seulement auront cet effet; car, qu'on le remarque bien, M. Duranton, pour être conséquent, doit aller jusqu'à dire que, même après la perte des registres, les extraits ne feront pas foi, puisque la circonstance que les registres existent encore ou n'existent plus, est indifférente quant au point de savoir si ces extraits sont ou ne sont pas conformes.

Ce que veut le législateur, c'est que l'extrait présente cette mention : *Délivré conforme ou certifié conforme par nous,* etc., et que cette mention soit signée de l'officier ayant pour ce caractère compétent. C'est pour que l'on soit certain que cette attestation émane bien de l'officier et que la signature est bien la sienne, que notre article exige, comme seconde condition, que cette signature soit légalisée par le président du tribunal.

Ainsi, et pour nous résumer, les extraits feront foi jusqu'à inscription de faux, soit que l'original existe encore ou n'existe plus, et un tribunal ne sera jamais tenu de demander la présentation du registre lui même. Mais s'il n'est pas tenu de le faire, il ne nous paraît pas douteux qu'il le pourra, quand cette présentation n'offrira aucun inconvénient; c'est-à-dire quand il s'agira d'un registre qui se trouve sous sa main, à son greffe même. Dans le cas contraire, le tribunal pourra encore, sans violer la loi, demander un nouvel extrait. Nous ne croyons pas qu'un tribunal refuse jamais l'une ou l'autre demande, et force ainsi une partie qui ne conteste que la conformité de l'extrait avec l'original à prendre la voie périlleuse et difficile de l'inscription de faux. Mais il ne pourrait, nous le répétons, à moins que le registre ne soit déposé à son greffe même, ordonner la présentation de ce registre; s'il l'ordonnait, il violerait la loi, et sa décision devrait être cassée par la Cour suprême.

IV. — Les extraits d'actes de l'état civil font la même foi que les actes eux-mêmes; mais est-ce de tout leur contenu que les uns et les autres font foi jusqu'à inscription de faux? Ne faut-il pas plutôt distinguer entre les faits attestés par l'officier lui-même et ceux qui ne lui ont été que déclarés! Ce dernier sentiment nous paraît seul admissible, quoique la Cour de cassation ait jugé la question dans le premier sens.

En effet, c'est un principe incontesté que l'inscription de faux n'est nécessaire qu'autant qu'on prétend fausse la déclaration d'un officier public et qu'on attaque la véracité de cet officier. L'officier public, en effet, mérite plus de confiance qu'un simple individu ; son témoignage a plus de poids, d'abord parce que le premier est revêtu d'une autorité que n'a pas celui-ci, et ensuite parce que, en cas de prévarication, en cas de faux, il a à craindre des peines beaucoup plus sévères, et que, dès lors, il est à croire qu'il ne se portera pas aussi facilement au mensonge. Mais si la loi accorde au témoignage de l'officier public plus de confiance qu'à un autre, si elle le repute plus fort, elle ne doit donc pas permettre qu'on l'attaque par les mêmes moyens. Aussi, ne permet-elle d'en prouver la fausseté que par la voie difficile de l'inscription de faux.

Cela bien entendu, il est clair que parmi les faits mentionnés dans un acte de l'état civil, il en est qu'on peut prétendre faux sans attaquer le moins du monde la véracité de l'officier de l'état civil. Si je prétends que l'enfant qui est dit dans l'acte être né de Pierre et de Marie, est né au contraire de Paul et d'Adèle, est-ce que la conséquence de ma prétention serait que l'officier de l'état civil a menti? Non évidemment; car il n'a pas attesté, et n'a pas pu attester, que l'enfant était né de telles personnes; mais seulement *qu'on lui a déclaré qu'il était né* de telles personnes; or, je ne dis pas qu'on ne lui a pas fait cette déclaration, je dis seulement que cette déclaration qu'on lui a faite est fausse. Ce n'est donc pas la véracité de l'officier de l'état civil que j'attaque, mais celle des déclarans. Il suit de là, que pour prétendre que l'inscription de faux est nécessaire, quel que soit le fait qu'on veuille prouver faux, il faudra dire que les déclarans aussi sont officiers publics. C'est ce qu'ont fait, effectivement, plusieurs auteurs, notamment Toullier; mais c'est ce que nous ne saurions admettre.

Si ceux qui viennent déclarer, par exemple, la naissance d'un enfant, avaient réellement un caractère public, d'où le tireraient-ils ? Il est clair que ce serait de la mission que leur donne l'art. 56 pour faire cette déclaration ; or, à qui cet article donne-t-il cette mission ? Au père, ou à son défaut au médecin, à la sage-femme, ou à une personne qui aura assisté à l'accouchement. Si donc l'individu qui fait la déclaration n'était pas le père et n'avait pas assisté à l'accouchement, il n'aurait plus de caractère public. Il suit de là que, dans le système que nous combattons, il faudrait, pour qu'on pût dire que le déclarant était officier public, quant à la déclaration, constater et bien établir préalablement qu'il avait mission de la loi, c'est-à-dire qu'il était bien le père ou qu'il avait réellement assisté à l'accouchement ; or, c'est là un point que ni l'extrait, ni l'acte lui-même ne peuvent jamais établir. Ainsi, et quand même on déciderait que ceux à qui est imposée l'obligation de faire la déclaration, ont vraiment pour cette déclaration le caractère d'officiers publics, il ne serait pas prouvé que ceux qui sont venus faire telle déclaration avaient bien ce caractère, et, par conséquent, l'inscription de faux ne pourrait pas encore être exigée. Or, comme le législateur n'établit jamais ce qu'il saurait établir inefficacement, nous pouvons déjà conclure que son idée n'a point été de donner jamais aux déclarans le caractère d'officiers publics.

Le Code pénal, d'ailleurs, doit lever tout doute à cet égard. En effet, aux termes de l'art. 146 de ce Code, *tout fonctionnaire ou officier public* qui aura frauduleusement dénaturé la substance ou les circonstances des actes de son ministère, *en constatant comme vrais des faits faux*, sera puni des *travaux forcés à perpétuité*. Si donc l'individu qui vient déclarer que tel enfant est né de telle femme, était, quant à cette déclaration, un officier public, il se serait trouvé, en cas de fausse déclaration, forcément compris dans cet article. Or, il n'en est pas ainsi ; car, d'après l'art. 345 du même Code pénal, tout coupable de substitution d'un enfant à un autre, *ou de supposition d'un enfant à une femme qui ne sera pas accouchée*, n'est puni que de la *réclusion*, c'est-à-dire de la même peine précisément qui est portée par l'art. 363 contre celui qui vient en justice, en matière civile, mentir comme simple individu, comme témoin. Cette peine identique, prononcée dans les deux cas, établit clairement que, dans l'idée du législateur, l'individu qui vient déclarer à l'officier de l'état civil que tel enfant est né de telle femme, tel jour, à telle heure, dans tel endroit, n'a pas plus de caractère public qu'il n'en aurait eu s'il s'était agi d'un procès dans lequel il aurait fait la même déclaration comme témoin, pas plus enfin que n'en a le premier témoin venu.

Article 46.

Lorsqu'il n'aura pas existé de registres ou qu'ils seront perdus, la preuve en sera reçue tant par titres que par témoins ; et dans ces cas, les mariages, naissances et décès pourront être prouvés tant par les registres et papiers émanés des père et mère décédés que par témoins.

SOMMAIRE.

I. L'article permet de prouver, par simple témoignage, deux points successifs, 1° la non-tenue ou la destruction des registres ; 2° la naissance, le mariage ou le décès.

II. L'article s'appliquerait également, si un seul feuillet ou un seul acte était détruit ou s'il y avait interruption apparente dans la tenue des registres. — Mais non si l'on alléguait une interruption dont il n'y aurait pas de trace.

III. Quand il s'agit de la preuve d'un mariage, il y a exception aux principes si ce sont des enfans qui invoquent ce mariage après la mort de leurs père et mère ; ils n'ont alors rien à prouver, la possession d'état de leurs auteurs leur suffit.

IV. Notre article n'est relatif qu'au fait de la naissance ; il n'a aucun trait à la filiation.

EXPLICATION.

1. — Il peut arriver, dans des temps de troubles politiques, qu'on ne rédige point d'actes de l'état civil ; il peut arriver aussi, même dans les temps ordinaires, que des registres régulièrement tenus se trouvent égarés ou anéantis par l'effet d'un incendie, ou de quelque autre accident. Tel est le double cas que prévoit notre article, et pour lequel il porte deux dispositions.

Il permet d'abord de prouver, soit par titres, soit même par témoins, le fait qu'il n'a pas été tenu de registres à l'époque à laquelle remonte la naissance, le mariage ou le décès qu'on veut constater, ou bien cet autre fait, que le registre sur lequel l'acte pourrait se trouver est perdu ou anéanti ; puis, ce point une fois établi, il permet encore de prouver, et de la même manière, c'est-à-dire ou par titres ou par témoins, le fait de la naissance, du mariage ou du décès.

Notre article, comme on le voit, suppose que les père et mère de celui qui demande à faire la preuve sont morts, puisqu'il parle de *papiers émanés des père et mère décédés;* que si ces père et mère existaient encore, il est clair que, pour entrer dans l'esprit de notre article, ce seraient là les premières personnes à faire entendre. Il n'est pas douteux non plus, bien que l'article n'en parle pas, qu'on pourrait apporter, pour faire la preuve, d'autres titres que ceux émanés des père et mère; car, aux termes de l'article, on pourrait la faire par témoins seulement; or, la preuve par écrit est toujours plus favorable et mérite plus de confiance que celle par témoins.

II. — Si un seul feuillet du registre ou même un acte seulement était détruit, les intéressés pourraient invoquer notre article; car c'est pour eux comme si le registre avait disparu tout entier. Et qu'on ne dise pas que la position n'est plus la même; sans doute, de ce qu'un acte a été raturé, détruit d'une manière quelconque, il ne s'en suit pas que cet acte me concernait; mais dans le cas de la perte totale d'un registre, il ne suit pas non plus de ce que ce registre est perdu, anéanti, qu'il contenait un acte qui me concernât. Ce que le législateur a voulu, pour qu'on pût prouver la naissance, le décès ou le mariage autrement que par un acte, c'est qu'il y eût un fait matériel qui rendît déjà plus vraisemblable la prétention du réclamant. Or, ce fait matériel se trouve tout aussi bien dans la destruction d'un seul acte que dans celle d'un registre entier. Il y a même, dans ce cas, moins de chances de fraude; car il me faudra ici établir que la naissance, le mariage ou le décès dont il s'agit, coïncide avec l'époque précise de l'acte détruit, tandis que dans le cas de perte du registre, il me suffirait de pouvoir rattacher cette naissance, ce mariage, ou ce décès, à un moment quelconque de l'année à laquelle ce registre appartenait, ce qui serait beaucoup plus facile. Donc, ce que la loi décide pour le cas de perte du registre, il faut le décider, et *à fortiori,* pour le cas de perte ou destruction d'un seul feuillet ou d'un seul acte.

Nous donnerons une décision semblable pour le cas où la tenue des registres aurait été interrompue pendant un temps plus ou moins long. Ainsi, un registre a été régulièrement tenu jusqu'à la fin d'avril, et pendant les deux mois de mai et de juin, aucun acte n'a été inscrit; on voit, à la seule inspection du registre, que sa tenue a été interrompue de la fin d'avril au commencement de juillet.

Il y a là un fait matériel qui rend déjà vraisemblables les allégations du réclamant, et nous sommes d'ailleurs dans les termes mêmes de la loi, car il est vrai de dire que pendant ces deux mois *il n'a pas été tenu de registre.* Il en serait de même, si seulement une feuille, ou même la place d'un seul acte, étaient restées en blanc.

Une loi postérieure au Code civil, celle du 13 janvier 1817, relative aux militaires ayant disparu dans les guerres qui avaient eu lieu de 1792 à 1815, prouve sans réplique que telle est bien l'idée du législateur dans notre article. En effet, l'art. 5 de cette loi nous dit : que la preuve *testimoniale* du décès de ces militaires pourra être ordonnée *conformément à l'art. 46 du Code civil*, s'il est prouvé qu'il n'y a point eu de registres, ou qu'ils ont été perdus ou détruits en tout ou *en partie*, ou *que leur tenue a éprouvé des interruptions*.

Mais nous n'en dirons pas autant dans le cas où, les registres ayant été régulièrement tenus, et la destruction d'aucun feuillet ni d'aucun acte n'apparaissant, un individu prétendrait qu'il y a eu omission de l'acte qui devait constater la naissance, le mariage ou le décès. Il n'y a plus là, comme dans les cas ci-dessus, un fait matériel qui domine tout le reste et qui donne de la vraisemblance à la prétention soulevée. La loi ne pouvait pas accorder dans un cas pareil la faculté que donne notre article. C'eût été ouvrir un large accès à la fraude et déclarer inutiles, par une seule phrase, toutes les dispositions portées pour la rédaction des actes de l'état civil. En effet, si l'on pouvait être admis a la preuve testimoniale sur la seule prétention d'une omission dont il n'apparaît pas, comme on pourrait toujours prétendre qu'il y a eu omission, il serait vrai de dire alors, d'une manière absolue et sans aucune restriction, que les naissances, mariages et décès pourront toujours se prouver par témoins.

Ce n'est pas là ce qu'a voulu la loi. La loi, nous le répétons, n'a permis d'admettre la preuve testimoniale que quand il existe un fait, facile à constater et rendant déjà probable la prétention du réclamant. Ce fait, c'est la non-tenue, ou la tenue incomplète, ou enfin la destruction, soit totale, soit partielle, de ces mêmes registres. Cette idée du législateur résulte d'ailleurs des art. 70, 71 et 72 ci-après. En effet, ces articles, pour faciliter les mariages, indiquent au futur époux, qui serait dans l'impossibilité de rapporter son acte de naissance, un moyen de le suppléer. Ce moyen est un acte de notoriété signé par sept témoins et indiquant le lieu et l'époque de la naissance. Or, ce moyen admis exceptionnellement et en cas seulement de mariage, n'aurait pas été nécessaire s'il avait été permis en principe, par notre article, de prouver par témoins d'abord le fait de l'omission, puis le fait de la naissance. Car, si tel eût été l'esprit du législateur dans notre art. 46, le futur époux y aurait trouvé un moyen de suppléer son acte de naissance, et un moyen plus facile que

1.   15

celui offert par les art. 70, 71 et 72. En effet, d'après ces articles, il faut sept témoins, tandis que pour établir un point quelconque, devant un tribunal, par la preuve testimoniale, un nombre déterminé de témoins n'est pas nécessaire; les juges pourraient se décider d'après le témoignage d'un seul, si ce témoignage leur paraissait assez fort. Il n'est plus vrai de dire comme autrefois : *Testis unus, testis nullus.* Et qu'on ne dise pas que ces art. 70, 71 et 72 ne sont faits que pour le cas où l'omission n'est pas prouvée. Ce serait une erreur; car ils veulent que *le lieu* et *l'époque* de la naissance soient attestés par les sept témoins; et cependant ils supposent qu'il est impossible d'en rapporter l'acte. Or si on connaît et le lieu et l'époque de la naissance et que, malgré cela, l'acte ne puisse pas être rapporté, c'est donc que cet acte n'existe pas.

III. — Du reste, à cette proposition que les naissances, mariages ou décès ne peuvent se prouver par un moyen autre que les actes de l'état civil, qu'autant qu'il n'a pas été tenu de registres ou que les registres ont été perdus, détruits ou altérés, il faut apporter une restriction relative au cas où ce sont des enfans qui ont besoin de prouver le mariage de leurs père et mère.

Quand il s'agit de prouver la célébration d'un mariage, il faut distinguer si ce sont les époux eux-mêmes qui réclament l'effet de cette célébration, ou si ce sont leurs enfans qui viennent l'invoquer après leur mort. Si ce sont les époux, ils restent soumis aux règles que nous venons d'indiquer; mais si ce sont des enfans, venant réclamer, après la mort de leurs père et mère, la qualité d'enfans légitimes, il y a pour eux exception à ces règles. En effet, d'après les principes, pour établir leur légitimité, ils devraient tout d'abord, ou rapporter l'acte de mariage de leurs auteurs ou faire les deux preuves successives indiquées par notre article; or, il n'en sera pas ainsi : il suffira, d'après l'art. 197, que les père et mère décédés aient vécu publiquement comme mari et femme légitimes, et que les enfans aient une possession d'enfans légitimes, laquelle ne soit pas contredite par leur acte de naissance.

IV. — Maintenant, il ne faut pas se tromper sur la portée de notre article : il faut bien comprendre quel est le point qu'il permet de prouver par témoins, dans les cas dont il s'occupe. C'est le fait de la naissance, du mariage, ou du décès. C'est *le fait de la naissance* et non pas la *filiation*, comme l'ont dit plusieurs auteurs. La naissance et la filiation sont deux choses très-distinctes et qui ne s'établissent pas de la même manière. La naissance est toujours prouvée par l'acte de naissance; quant à la filiation, il n'en est pas ainsi. Elle s'établit par des moyens spéciaux dont le législateur ne s'occupe pas ici et qu'il a tracés dans le titre VII, sous la rubrique : *De la paternité et de la filiation.* Nous verrons dans ce titre VII, que s'il s'agit d'une filiation naturelle, la paternité ne peut se prouver que par une reconnaissance volontaire du père (*Voy.* art. 334 et 340); quant à la maternité, elle peut, à défaut d'une reconnaissance volontaire de la mère, s'établir par témoins, pourvu qu'on ait un commencement de preuve par écrit, que ne donnerait pas même l'acte de naissance (*Voy.* art. 341 et 324). Si c'est une filiation légitime qu'on invoque, la paternité et la maternité tout ensemble sont prouvées par l'acte de naissance (*Voy.* art. 319), à défaut d'acte de naissance par la possession d'état (320); enfin, à défaut et d'acte de naissance et de possession d'état, par témoins, mais encore avec un commencement de preuve par écrit (323). Ces simples notions, qui seront complétées quand nous arriverons au tit. VII, suffisent déjà pour faire comprendre qu'il ne s'agit pas ici de la filiation, puisque les règles relatives à la filiation sont exposées plus loin dans un titre exprès, et que, d'après ces règles, la preuve purement testimoniale n'est jamais admise, tandis que cette preuve suffit dans le cas de notre article. Cet article, donc, ne s'occupe que du fait de la naissance et même, quant à ce fait, il est clair que la preuve testimoniale, admise par notre article, n'aura pas la même force que l'acte de naissance; car celui-ci, comme on l'a vu, prouve quelques-unes de ses énonciations jusqu'à inscription de faux, tandis qu'une preuve par témoins n'a jamais cet effet.

ARTICLE 47.

Tout acte de l'état civil des Français et des étrangers fait en pays étranger, fera foi, s'il a été rédigé dans les formes usitées dans ledit pays.

N. B. — Cet article n'est qu'une application de la maxime *Locus regit actum,* de laquelle nous avons parlé sous l'art. 3, et qui proclame un principe en vertu duquel l'officier public d'un pays se trouve compétent pour recevoir les actes passés dans ce pays, non pas seulement par les citoyens de ce pays, mais aussi par les étrangers qui s'y trouvent en passant. Notre article suppose, en effet, bien qu'il ne le dise pas, que l'acte a été reçu par un officier du pays; car il n'y a que lui qui puisse employer les formes usitées dans ce pays, les agens du gouvernement français dans ce pays ne pourraient employer que celles réglées par les lois françaises. Il est clair, en effet, que tout officier public, pour instrumenter valablement, doit suivre les règles tracées par le pouvoir duquel il tient sa mission. C'est ce qui d'ailleurs résulte clairement de l'article suivant.

Article 48.

Tout acte de l'état civil des Français, en pays étranger, sera valable, s'il a été reçu conformément aux lois françaises par les agens diplomatiques, ou par les consuls.

N. B. — Il ne s'agit, dans cet article, que des actes relatifs à des Français seulement, tandis que l'article précédent s'appliquerait et à ceux relatifs à des Français seulement, et à ceux relatifs à un Français et à un étranger tout à la fois. Ainsi, un agent diplomatique de France, à l'étranger, ne peut pas marier un Français et une étrangère ; il est bien compétent quant au premier, mais il ne l'est plus pour la seconde. Au contraire, l'officier public du pays pourra très-bien faire ce mariage, parce que, s'il est compétent pour l'étrangère, soumise à l'autorité qui a institué cet officier, il l'est aussi relativement au Français, en vertu du principe *Locus regit actum.*

Aussi, notre article dit-il seulement *tout acte de l'état civil des Français,* tandis que l'article précédent disait *tout acte de l'état civil des Français et des étrangers.* Ici la compétence est toute personnelle ; dans le cas de l'article précédent, elle est pour ainsi dire *réelle, territoriale.*

Un arrêt de la cour suprême, du 10 août 1819, a consacré cette doctrine, incontestée d'ailleurs.

Article 49.

Dans tous les cas où la mention d'un acte relatif à l'état civil devra avoir lieu en marge d'un autre acte déjà inscrit, elle sera faite à la requête des parties intéressées par l'officier de l'état civil, sur les registres courans ou sur ceux qui auront été déposés aux archives de la commune, et par le greffier du tribunal de première instance sur les registres déposés au greffe ; à l'effet de quoi l'officier de l'état civil en donnera avis, dans les trois jours, au procureur du roi près ledit tribunal, qui veillera à ce que la mention soit faite d'une manière uniforme sur les deux registres.

N. B. — D'après l'art. 101, lorsqu'un jugement ordonne la rectification d'un acte de l'état civil, on ne change pas pour cela la teneur primitive de cet acte ; on inscrit sur les registres, à sa date, le jugement de rectification, et on en fait mention en marge de l'acte réformé. De même, d'après l'art. 62, lorsqu'un enfant naturel, non reconnu dans son acte de naissance, l'est postérieurement, l'acte de reconnaissance est également inscrit à sa date sur le registre, et mention en est faite en marge de l'acte de naissance. Ainsi encore, quand un enfant naturel est légitimé par le mariage subséquent de ses père et mère, l'acte de mariage doit, comme nous le verrons sous l'art. 331, être mentionné en marge de l'acte de naissance.

Dans ces différens cas, si l'acte en marge duquel la mention doit se faire se trouve sur les registres de l'année, l'officier de l'état civil seul fera la mention sur les deux registres ; car il les détient tous deux. Que si l'acte appartient à une autre année, comme alors un des deux registres sur lesquels il est inscrit est déposé au greffe du tribunal, l'officier de l'état civil et le greffier auront à faire cette mention, chacun sur le registre dont il est dépositaire. Mais, dans ce cas-là même, c'est à l'officier de l'état civil seulement que les parties devront s'adresser, puisque c'est lui qui doit, aux termes de notre article, avertir le procureur du roi ,pour que celui-ci fasse faire la mention sur le registre du greffe. Il était tout naturel de charger de ce soin cet officier de l'état civil, puisqu'il faut, dans tous les cas, s'adresser à lui pour l'inscription de l'acte ou du jugement dont mention doit se faire en marge d'un acte antérieur, inscription qui se fait nécessairement sur les registres de l'année courante dont cet officier est détenteur.

ARTICLE 50.

Toute contravention aux articles précédens, de la part des fonctionnaires y dénommés, sera poursuivie devant le tribunal de première instance et punie d'une amende qui ne pourra excéder cent francs.

N. B. — Ces contraventions ne donnent point lieu à des poursuites devant les tribunaux de police correctionnelle ; l'amende est prononcée par les tribunaux civils. Notre article le fait assez entendre ; car lorsque le législateur veut parler des tribunaux de police correctionnelle. aux mots : *Tribunal de première instance*, il ajoute : *jugeant correctionnellement*, ce qu'il n'a pas fait ici. Le point, d'ailleurs, a été décidé par un avis du Conseil-d'État du 4 pluviôse an XII. Le législateur n'a pas voulu, et avec raison, que des contraventions de cette nature fussent considérées comme rentrant. dans les matières criminelles.

Maintenant, à quels officiers s'applique cette disposition ? Qu'est-ce que le législateur a voulu désigner par ces *fonctionnaires dénommés aux articles précédens ?* Plusieurs auteurs, notamment Toullier (t. ?, n° 312) prétendent qu'il faut y comprendre les procureurs du roi, attendu qu'il a été question d'eux dans les articles qui précèdent. Nous rejetterons cette doctrine et déciderons que l'article ne s'applique qu'aux simples officiers de l'état civil : 1° parce que les membres du ministère public sont, comme on sait, indépendans des tribunaux près desquels ils exercent ; 2° parce que c'est précisément eux que la loi charge (art. 53) de faire les poursuites dont il s'agit ; 3° enfin, parce que les articles précédens parlent aussi du président, de sorte qu'il faudrait dire que lui aussi rentre dans notre disposition, ce qui nous donnerait un magistrat présidant le tribunal pour se juger lui-même !

ARTICLE 51.

Tout dépositaire des registres sera civilement responsable des altérations qui y surviendront, sauf son recours, s'il y a lieu, contre les auteurs desdites altérations.

N. B. — Si un ou plusieurs feuillets d'un registre sont déchirés, si un registre est enlevé, etc., le dépositaire, c'est-à-dire le maire ou le greffier, sera responsable de tous dommages-intérêts envers les parties intéressées, à l'effet de quoi il pourra être poursuivi par elles par-devant le tribunal civil. Quant à lui, il aura son recours contre les auteurs du délit, lesquels, en outre des dommages-intérêts auxquels ils devront être condamnés envers le dépositaire, devront encore être poursuivis criminellement par le procureur du roi.

ARTICLE 52.

Toute altération, tout faux dans les actes de l'état civil, toute inscription de ces actes faite sur une feuille volante et autrement que sur les registres à ce destinés, donneront lieu aux dommages-intérêts des parties, sans préjudice des peines portées au Code pénal.

(*Voy.* le C. pénal, art. 145, 146, 147, 192.)

ARTICLE 53.

Le procureur du roi au tribunal de première instance sera tenu de vérifier l'état des registres, lors du dépôt qui en sera fait au greffe ; il dressera un procès-verbal sommaire de la vérification, dénoncera les contraventions ou délits commis par les officiers de l'état civil, et requerra contre eux la condamnation aux amendes.

ARTICLE 54.

Dans tous les cas où un tribunal de première instance

connaîtra des actes relatifs à l'état civil, les parties intéressées pourront se pourvoir contre le jugement.

N. B. — Les tribunaux de première instance jugent en dernier ressort quand la contestation est relative à un objet d'une valeur de 1,500 fr. de capital, ou moins : quand l'affaire est de plus de 1,500 fr., ils ne jugent que sauf appel à la Cour royale. Le législateur, pensant que l'état civil d'une personne est d'un prix inestimable, a voulu que toutes les décisions qui s'y référeraient fussent susceptibles d'appel.

C'est par cette même raison de la haute importance que la loi attache aux questions d'état, qu'elle a ordonné, par le décret du 30 mars 1808. art. 22, qu'en appel, ces questions seraient jugées en audience solennelle, toutes chambres de la Cour royale réunies.

CHAPITRE II.
Des Actes de naissance.
ARTICLE 55.

Les déclarations de naissance seront faites, dans les trois jours de l'accouchement, à l'officier de l'état civil du lieu ; l'enfant lui sera présenté.

N. B. — Une fois le délai légal de trois jours expiré, il faudrait un jugement pour que l'officier de l'état civil pût recevoir une déclaration de naissance, puisqu'aux termes de l'art. 99 une simple rectification d'acte dans lequel se trouve quelqu'inexactitude ne peut se faire qu'en vertu d'un jugement. C'est ce que décide un avis du Conseil-d'État du 12 brum. an XII, qui veut que les jugemens, dans ce cas, ne soient rendus que contradictoirement avec les parties intéressées ou elles appelées, et sur les conclusions du ministère public.

L'enfant doit être présenté à l'officier de l'état civil ; mais peu importe où, la loi ne détermine pas le lieu. Si, donc, il y avait péril pour l'enfant à être transporté au bureau de cet officier, celui-ci pourrait aller dans la maison où se trouve l'enfant. La loi du 20 septembre 1792, que nous avons vue enlever les fonctions d'officier de l'état civil aux curés pour les confier à un des membres du conseil général de la commune, ordonnait aussi, par l'art. 6 du tit. 3, que l'enfant serait présenté à l'officier ; elle avait fait plus, elle avait dit qu'il devrait être à cet effet porté à la commune, mais elle ajoutait qu'en cas de péril imminent, l'officier serait tenu, sur la réquisition qui lui en serait faite, de se transporter dans la maison où serait le nouveau-né.

Remarquons que c'est vivant que l'enfant doit être présenté.

Le cas de mort de l'enfant, avant l'enregistrement de sa naissance, est réglé par un décret dont nous parlerons à la fin du chap. 4, sous l'art. 87.

ARTICLE 56.

La naissance de l'enfant sera déclarée par le père, ou à défaut du père, par les docteurs en médecine ou en chirurgie, sages-femmes, officiers de santé ou autres personnes qui auront assisté à l'accouchement; et lorsque la mère sera accouchée hors de son domicile, par la personne chez qui elle sera accouchée.

L'acte de naissance sera rédigé de suite en présence de deux témoins.

N. B. — L'art. 346 du Code pénal, prononce un emprisonnement de six jours à six mois et une amende de 16 fr. à 300 fr. contre celui qui aura contrevenu à la disposition de notre article.

— C'est au père, comme de raison, que la loi impose, avant tous autres, l'obligation de faire la déclaration, et il est clair que, pour qu'il y soit tenu, il n'est pas nécessaire qu'il ait assisté à l'accouchement, ni même qu'il ait été présent à son domicile au moment précis où cet accouchement a eu lieu; il faudrait, pour que l'obligation ne lui incombât pas, qu'il fût, lors de l'accouchement, absent pour quelques jours, en telle sorte qu'on ignorât s'il reviendra à temps pour faire la déclaration, ou encore qu'il fût empêché d'agir. C'est alors, et subsidiairement seulement, comme l'article le dit, que l'obligation est imposée aux personnes qui ont assisté à l'accouchement. On ne pouvait pas, en effet, imposer en première ligne cette obligation au médecin ou à la sage-femme, qui peuvent avoir un ou plusieurs accouchemens à faire chaque jour et qui, d'ailleurs, n'ont point d'intérêt personnel à ce que la déclaration soit faite.

Par cette même raison, nous déciderons que quand la mère n'est point accouchée dans son domicile, mais chez une autre personne, et que le père n'est pas là pour faire la déclaration, c'est la personne chez qui la mère est accouchée, que ce devoir regarde avant tous les autres. Elle a dû prévoir les conséquences de l'accouchement en permettant qu'il se fît chez elle; elle doit donc faire ce que ferait le mari, si cet accouchement avait eu lieu chez lui. Ici, donc, les médecins, sages-femmes, etc., ne seront tenus que subsidiairement, et dans le cas où cette personne ne pourrait s'acquitter de cette obligation. Le point a été décidé dans ce sens par un arrêt de la Cour de cassation du 7 septembre 1823, et un arrêt de la Cour royale de Lyon, du 19 juillet 1827.

On conçoit que cet article, pour imposer *à priori* une obligation au père, suppose que ce père est légalement connu à l'avance. Il ne dispose donc que pour l'hypothèse d'une femme mariée; hors ce cas, l'obligation ne tombera que sur les personnes qui ont assisté à l'accouchement, ou, quand la femme n'est pas accouchée chez elle, sur la personne chez laquelle cet accouchement à eu lieu.

Au reste, notre article s'appliquerait encore, même au cas d'une femme non mariée, si, comme, cela peut se faire, le père naturel avait reconnu l'enfant dès avant la naissance. En effet, ce n'est pas *au mari*, c'est *au père* que l'article impose tout d'abord l'obligation.

ARTICLE 57.

L'acte de naissance énoncera le jour, l'heure et le lieu de la naissance, le sexe de l'enfant et les prénoms qui lui seront donnés; les prénoms, noms, profession et domicile des père et mère, et ceux des témoins.

N. B. — Cet article, pris dans son ensemble, n'a été fait et ne doit s'appliquer, comme l'article précédent, que pour le cas où le père de l'enfant est légalement connu. M. Siméon disait dans son rapport au Tribunat : « De cette obligation de nommer le « père, on n'induirait pas qu'il doit être nommé s'il ne se déclare « pas, ou s'il n'est connu par son mariage avec la mère. Le « sens de l'article est qu'on n'énoncera que le père qui veut ou « qui doit être déclaré. » (Fenet, tom. VIII, pag. 294.)

Une loi du 11 germinal an XI (1er avril 1803), art. 1, défend aux officiers de l'état civil de recevoir à l'avenir aucun des prénoms ridicules que la démence révolutionnaire avait imaginés quelques années auparavant, et d'en admettre d'autres que ceux en usage dans les différens calendriers, ou ceux des personnages connus de l'histoire ancienne. Les art. 2 et 3 permettent à ceux qui porteraient ces prénoms bizarres de les changer au moyen d'un jugement de rectification de leurs actes d'état civil. Enfin, les art. 4 et suivans indiquent les formes à suivre pour obtenir du Gouvernement l'autorisation de changer de nom de famille.

ARTICLE 58.

Toute personne qui aura trouvé un enfant nouveau né sera tenue de le remettre à l'officier de l'état civil, ainsi que les vêtemens et autres effets trouvés avec l'enfant, et de déclarer toutes les circonstances du temps et du lieu où il aura été trouvé.

Il en sera dressé un procès-verbal détaillé qui énoncera en outre l'âge apparent de l'enfant, son sexe, les noms qui lui seront donnés, l'autorité civile à laquelle il sera remis. Ce procès-verbal sera inscrit sur les registres.

N. B. — La loi, comme on le voit, prend toutes les précautions possibles pour que plus tard les parens, s'ils le désirent, puissent retrouver leur enfant. « Un simple vêtement, un haillon, disait « M. Siméon, pourront quelquefois aider à un retour de ten- « dresse ou de remords; ici, la loi n'est pas seulement pré- « voyante, elle est affectueuse et paternelle. » (Fenet, tom. VIII, pag. 295.)

Article 59.

S'il naît un enfant pendant un voyage de mer, l'acte de naissance sera dressé dans les vingt-quatre heures, en présence du père, s'il est présent, et de deux témoins pris parmi les officiers du bâtiment, ou, à leur défaut, parmi les hommes de l'équipage.

Cet acte sera rédigé, savoir : sur les bâtimens du Roi, par l'officier d'administration de la marine, et sur les bâtimens appartenant à un armateur ou négociant, par le capitaine, maître ou patron du navire. L'acte de naissance sera inscrit à la suite du rôle d'équipage.

N. B. — On sait de reste que par les expressions *capitaine, maître ou patron*, notre article n'entend pas indiquer trois chefs, inférieurs l'un à l'autre, qui, sur le même bâtiment, pourraient se suppléer pour remplir les fonctions d'officier de l'état civil; il s'agit du commandant unique du bâtiment. En effet, sur les bâtimens marchands, celui qui commande, porte, selon l'usage différent des diverses contrées, ici le nom du capitaine, là celui de maître, ailleurs celui de patron.

Si pourtant, pendant le voyage, ce chef venait à mourir, ou se trouvait empêché, par maladie, par exemple, il est clair que les fonctions d'officier de l'état civil passeraient à celui qui le remplace pour le commandement, et qu'on appelle *second, second à bord*, c'est-à-dire *chef en second*. La loi, qui n'a pas pensé à s'en expliquer ici, le dit formellement dans l'art. 989, pour la réception des testamens.

Article 60.

Au premier port où le bâtiment abordera, soit de relâche, soit pour toute autre cause que celle de son désarmement, les officiers de la marine, capitaine, maître ou patron, seront tenus de déposer deux expéditions authentiques des actes de naissance qu'ils auront rédigés, savoir : dans un port français, au bureau du préposé à l'inscription maritime; et dans un port étranger, entre les mains du consul.

L'une de ces expéditions restera déposée au bureau de l'inscription maritime ou à la chancellerie du consulat; l'autre sera envoyée au ministre de la marine, qui fera parvenir une copie, de lui certifiée, de chacun desdits actes, à l'officier de l'état civil du domicile du père de l'enfant, ou de la mère, si le père est inconnu. Cette copie sera inscrite de suite sur les registres.

N. B. — Les expéditions authentiques, dont parle notre article, sont des copies délivrées et certifiées conformes à l'original par celui qui a reçu l'acte, et qui est, sous ce rapport, regardé comme officier public.

La loi a pris, comme on le voit, tous les moyens d'empêcher la perte de l'acte, et d'assurer l'état de l'enfant. Celui qui a dressé l'acte original en reste possesseur, et il en rédige, non pas une expédition, mais deux, dont l'une reste entre les mains du consul ou du préposé, pendant que l'autre est adressée au ministre. Celui-ci, enfin, reste saisi de cette expédition, et il en envoie seulement une copie à l'officier de l'état civil.

ARTICLE **61**.

A l'arrivée du bâtiment dans le port du désarmement, le rôle d'équipage sera déposé au bureau du préposé à l'inscription maritime qui enverra une expédition de l'acte de naissance, de lui signée, à l'officier de l'état civil du domicile du père de l'enfant, ou de la mère, si le père est inconnu. Cette expédition sera inscrite de suite sur les registres.

N. B. — Il serait assez naturel de penser que cet article ne devra recevoir son entière application, que quand il n'y aura pas eu lieu d'accomplir tout ce que prescrit l'article précédent. A quoi bon, dirait-on, si l'officier de l'état civil a déjà reçu et inscrit l'acte de naissance, par suite de l'art. 60, à quoi bon l'inscrire une seconde fois. Cependant, comme rien, ni dans la loi, ni dans les travaux préparatoires qui l'ont précédée, n'indique que l'un des articles ne doive s'appliquer qu'à défaut de l'autre; qu'au contraire, tous deux disposent en termes absolus et sans condition; comme d'ailleurs, si l'enfant avait, plus tard, des recherches à faire, des renseignemens à désirer, sur la filiation, par exemple, il lui serait avantageux de connaître le désarmement, dont le lieu est nécessairement en France (puisqu'il ne s'agit que de navires français), et dont l'époque sera mieux connue aussi que celle d'une relâche faite, peut-être, dans un pays fort éloigné; nous pensons que c'est le cas de dire: *Quod abundat non vitiat*, et que la pensée de la loi est bien que les deux articles s'appliqueront simultanément.

Ici, c'est directement, et sans l'intermédiaire du ministre de la marine, que la copie est envoyée à l'officier de l'état civil; cette copie, du reste, est la seule, dans ce cas; le préposé n'en garde point une seconde, parce qu'il conserve le rôle d'équipage lui-même.

ARTICLE 62.

L'acte de reconnaissance d'un enfant sera inscrit sur les registres, à sa date, et il en sera fait mention en marge de l'acte de naissance, s'il en existe un.

SOMMAIRE.

I. La reconnaissance peut être reçue, soit qu'il y ait un acte de naissance, soit qu'il n'y en ait pas; mais, dans ce dernier cas, elle n'y supplée point.

II. Elle peut se faire dans tout acte authentique; mais, dans tous les cas, elle doit être transcrite sur les registres de l'état civil.

III. Il n'y a jamais lieu à reconnaissance pour un enfant légitime.

EXPLICATION.

I. — Le contexte de notre article nous prouve que la reconnaissance pourrait avoir lieu, encore bien qu'il n'existât pas d'acte de naissance, soit qu'il n'en eût pas été rédigé, soit qu'il fût détruit; en effet, il nous dit d'abord que l'acte de reconnaissance sera inscrit à sa date; puis ensuite, il ajoute qu'il en sera fait mention en marge de l'acte de naissance, *s'il en existe un.*

Dans ce cas de non-existence de l'acte de naissance, l'acte de reconnaissance n'y suppléerait pas. Celui-ci, en effet, prouverait la filiation, mais il ne prouverait pas ce que l'acte de naissance a pour but principal de prouver, savoir, l'époque et le lieu de la naissance. Il faudrait donc, quant à ce défaut d'acte de naissance, répéter ici ce que nous avons dit sous l'art. 46.

II. — La reconnaissance, comme notre article le laisse apercevoir, peut avoir lieu par déclaration devant l'officier de l'état civil; mais elle peut aussi avoir lieu par d'autres moyens; l'art. 334 nous apprend qu'elle peut être faite dans tout acte authentique.

Un notaire pourrait donc la recevoir, un juge de paix assisté de son greffier le pourrait aussi. Dans ce cas, l'acte de reconnaissance devrait-il être transcrit sur les registres de l'état civil?

Aucun texte de loi ne l'exige, répond-on; on n'est donc pas forcé de le faire.

C'est une erreur; le texte de loi qu'on dit ne pas exister se trouve précisément dans notre article. Cet article, en effet, ne dit pas que l'acte devra être inscrit sur lles registres, lors seulement que la reconnaissance sera reçue par un officier de l'état civil, ce qui laisserait encore la question intacte pour la reconnaissance faite devant d'autres officiers publics; il nous dit, sans restriction, sans modification : *L'acte de reconnaissance d'un enfant devra être inscrit sur les registres.* Il y a plus; il faut remarquer que cette obligation imposée d'inscrire les actes de reconnaissance sur les registres, et d'en faire mention en marge de l'acte de naissance, *est le seul but* de cet article, qui ne s'occupe pas même de nous dire comment les reconnaissances pourront être faites, ni par qui les actes en pourront être reçus. C'est là un point que le législateur traite au titre VII; quant à présent, il ne s'occupe que des actes de naissance, comme l'indique la rubrique de notre chapitre. Il ne pense qu'aux registres qui contiennent ces actes, et c'est pour compléter ce qu'il a à dire sur la rédaction et la tenue des registres, qu'il ordonne que, quand une reconnaissance d'enfant aura lieu, l'acte en soit inscrit sur les registres des naissances.

Cet article, d'ailleurs, n'est que la conséquence d'un principe important posé par l'art. 45 et avec lequel le législateur se serait mis en contradiction, si son idée, quant aux actes de reconnaissance, avait été celle qu'on lui prête.

Nous avons dit sous cet art. 45, et il a été proclamé par les rédacteurs du Code eux-mêmes, que l'état de chaque individu n'intéresse pas seulement cet individu, mais la société toute entière, et qu'il importe à tous de le connaître. De là, la publicité établie par le Code pour tous les actes qui font connaître l'état civil de chacun. Et n'est-ce pas une nouvelle consécration de ce principe, que l'obligation, imposée par notre article, de mentionner en marge de l'acte de naissance, la reconnaissance qui sera faite d'un enfant, afin qu'à tous ceux qui se feront délivrer des extraits de l'acte de naissance de cet enfant, il soit, en même temps, donné avis de la reconnaissance qui est venue postérieurement changer son état?

Mais ce n'est pas tout encore; au texte formel de notre article, à la théorie générale du Code qui exigerait la décision que nous donnons, alors même que cet article n'existerait pas, viennent de plus se joindre les paroles prononcées à ce sujet au Tribunat, et qui montrent que telle a bien été la pensée des législateurs.

Dans son rapport, le tribun Duchesne disait : « L'art. 65 or- « donne l'inscription, sur les registres, de l'acte de reconnais- « sance d'un enfant, *dans les cas* où elle pourra avoir lieu selon « les règles qui seront établies au titre de la filiation ; CE QUI « NOUS A PARU INDISPENSABLE. » (Fenet, t. VIII, p. 113.)

III. — S'il arrivait qu'un enfant légitime n'eût pas sa filiation constatée par son acte de naissance (on l'aurait déclaré, par exemple, comme né de père et mère inconnus), cet enfant pour- rait-il être l'objet d'une reconnaissance faite devant l'officier de l'état civil, à l'effet de lui procurer une preuve de cette filiation ? La négative ne nous paraît pas douteuse, et nous l'établissons facilement.

Répétons d'abord que notre article n'a nullement pour objet de nous dire quels enfans on peut reconnaître, et que son but unique est de nous dire que toutes les fois qu'il sera fait une re- connaissance, elle devra être inscrite sur le registre de l'état civil. Quant au point de savoir quels enfans peuvent être re- connus, dans quelles formes on doit reconnaître, quels sont les effets de la reconnaissance, etc., le législateur ne s'en occupe qu'au titre de la paternité et de la filiation, art. 312 et suivans. Là, il expose longuement et séparément les règles de la filiation légitime et de la filiation naturelle.

Or, dans ce titre, le législateur nous dit que la filiation naturelle ne se prouve jamais par l'acte de naissance, mais seulement par une reconnaissance, qui peut à la vérité être faite dans l'acte de naissance lui-même (art. 334); qu'au contraire, la filiation légi- time se prouve par l'acte de naissance lui-même (art. 319). Il suit de là que l'acte de naissance de l'enfant naturel n'a qu'un but, c'est de prouver le fait de la naissance; de sorte que, quand on a indiqué l'époque et le lieu où l'enfant est né, son sexe, les prénoms qu'on lui donne, l'acte est complet ; que si on y ajoute une reconnaissance, c'est là un second acte qui se réunit au premier. Au contraire, l'acte de naissance de l'enfant légitime ayant pour but de prouver et la naissance et la filiation, il ne sera pas complet tant que cette filiation n'y sera pas indiquée. Lors donc qu'on demande à faire la reconnaissance d'un enfant naturel, cette demande ne tend point à changer l'acte de nais- sance qui reste toujours ce qu'il est; elle tend à faire un acte nouveau, qui a son effet particulier, et qui ne modifiera en rien l'acte de naissance qui est et demeure incomplet. Au contraire, demander à reconnaître un enfant légitime, en disant, que, par erreur, sa filiation n'a pas été indiquée dans l'acte de naissance, ce serait prétendre que cet acte de naissance n'est pas complet, ce serait évidemment demander à rectifier cet acte; or, une rectification d'acte de l'état civil ne peut avoir lieu qu'en vertu d'un jugement, aux termes des art. 99 et suivans.

Ce que nous venons de dire est pour le cas où il existe un acte de naissance dont les énonciations sont insuffisantes; mais le résultat serait le même s'il n'en existait pas, soit qu'il n'en eût pas été rédigé, soit que celui qui aurait été rédigé fût détruit. Il y aurait bien lieu encore à recevoir la reconnaissance d'un enfant naturel, puisque cette reconnaissance est une chose tout à fait distincte et indépendante de cet acte de naissance (nous avons même fait remarquer, sous le n° I, que ce cas est formellement prévu par notre article). Mais au contraire, le seul acte par lequel l'enfant légitime puisse prouver sa filiation étant un acte de naissance, il s'ensuit que c'est un acte de naissance qu'il faudrait lui procurer en suivant les règles tracées par l'art. 46.

Ainsi, en résumé, il n'y a jamais lieu au profit d'un enfant légitime, de faire *une reconnaissance*. Il faut ou indiquer exactement la filiation dans son acte de naissance, ou demander une rectification de l'acte de naissance imparfait, ou enfin invoquer les règles de l'art. 46, dans les cas que cet article prévoit, pour établir tout à la fois et la naissance et la filiation. Du reste, l'enfant légitime a encore, pour prouver sa filiation, différens moyens subsidiaires qui seront expliqués sous les art. 320 et suivans; mais parmi ces moyens, il ne faut pas compter la reconnaissance, laquelle, comme on vient de l'expliquer, ne s'applique jamais qu'aux enfans naturels. Une dernière circonstance le prouve encore et suffirait à elle seule pour établir que notre article a bien été rédigé et voté dans le sens que nous lui avons donné; dans son *exposé des motifs* de ce titre, le Conseiller d'état Thibaudeau disait, en terminant notre chap. 2, et en faisant allusion à notre art· 62 : « Enfin, comme au titre de la pa- « ternité et de la filiation, il est traité de la reconnaissance « *des enfans nés hors mariage*, un article statue que les actes de « reconnaissance seront inscrits sur les registres. »

CHAPITRE III.

Des Actes de mariage.

N. B. — Les art. 63 à 76, qui composent ce chapitre, traçant tous des règles dont le but est d'assurer l'accomplissement des conditions exigées pour contracter mariage, et ces conditions ne nous étant pas encore connues, nous croyons convenable de renvoyer leur explication au titre du mariage, où elle trouvera sa place toute naturelle.

CHAPITRE IV.

Des Actes de décès.

ARTICLE 77.

Aucune inhumation ne sera faite sans une autorisation, sur papier libre et sans frais, de l'officier de l'état civil, qui ne pourra la délivrer qu'après s'être transporté auprès de la personne décédée, pour s'assurer du décès, et que vingt-quatre heures après le décès, hors les cas prévus par les règlemens de police.

SOMMAIRE.

I. Ce n'est pas la délivrance de l'autorisation, c'est l'inhumation qui ne peut avoir lieu qu'après vingt-quatre heures, sauf les exigences de la salubrité publique.
II. L'officier doit se transporter au domicile.
III. C'est dans les vingt-quatre heures que la déclaration doit être faite; mais l'inhumation peut ne se faire que beaucoup plus tard.

EXPLICATION.

I. — L'autorisation dont parle notre article, devrait, si l'on s'en tenait à ses termes, n'être délivrée que vingt-quatre heures après le décès. Ce n'est pas là ce que le législateur a voulu dire; son idée est que l'inhumation ne doit avoir lieu que vingt-quatre heures au plus tôt après le décès. Quant à l'autorisation, elle peut se délivrer et se délivre en effet plus tôt; mais avec la mention que l'inhumation ne pourra se faire avant telle heure.

Ce que nous disons, que l'autorisation peut, dans l'esprit de la loi, être accordée avant les vingt-quatre heures, se prouve facilement, en rapprochant de notre article le décret du 4 thermidor an XIII. En effet, d'après notre article, et alors même qu'on le prendrait à la lettre, l'inhumation pourrait toujours se faire après vingt-quatre heures, puisque c'est à ce moment que l'autorisation pourrait être délivrée, et qu'une fois cette autorisation obtenue, rien n'empêcherait de faire l'inhumation de suite. L'inhumation donc, nous insistons sur ce point, est permise après vingt-quatre heures; or, d'après le décret du 4 thermidor, non-seulement avant cette autorisation accordée, l'inhumation ne peut pas avoir lieu; mais *les fabriques, ou autres ayant-droit, ne peuvent livrer les fournitures nécessaires pour les funérailles.* Il faut donc, ces fournitures et préparatifs divers demandant souvent bien des heures, que l'autorisation soit délivrée avant le delai de vingt-quatre heures, pour qu'à l'expiration de ce délai, on soit en mesure pour l'inhumation ; autrement la loi en permettant, d'un côté, l'inhumation après les vingt-quatre heures, la rendrait impossible d'un autre côté. Du reste, ce n'est que dans les cas ordinaires que ce délai de vingt-quatre heures est exigé ; dans les temps d'épidémie, ou quand le cadavre se putréfie, l'inhumation peut avoir lieu beaucoup plus tôt. C'est ce que nous font entendre ces derniers mots de l'article : *Sauf les cas prévus par les règlemens de police.*

II. — L'officier de l'état civil ne doit, d'après l'article, délivrer l'autorisation, qu'après s'être transporté auprès de la personne décédée. Toutefois, il est évident que cet officier ne viole pas la loi, mais entre au contraire dans son esprit, quand il se fait remplacer, pour ce ministère, par un médecin, comme cela se pratique dans quelques villes. Mais ce qui constitue une inconcevable violation de la sage disposition de notre article, c'est l'habitude, prise par les officiers de l'état civil de certaines localités, de ne point se déranger et de n'envoyer personne à leur place ; de sorte qu'il serait très-facile de faire constater, en due forme, le décès de tel individu, dans telle maison, alors que dans cette maison personne n'est mort et que l'individu se porte fort bien.

III. — Le Code civil ne détermine point le delai dans lequel la déclaration doit être faite, ni les personnes qui doivent faire cette déclaration ; s'ensuit-il que cette obligation n'est imposée à personne, et qu'on pourra faire la déclaration quand on le voudra ? Il est clair que ce n'est pas là l'idée du législateur et que, pour entrer dans ses vues, il faudra appliquer ce que disait à ce sujet le tit. 5 de la loi du 20 septembre 1792, relatif aux actes de décès, et dans lequel ont été prises la plupart des dispositions de notre chapitre. L'art. 1ᵉʳ de ce titre veut que la déclaration soit faite par les deux plus proches parens ou voisins, et au plus tard dans les vingt-quatre heures.

Il y a, entre ce tit. 5 de la loi du 20 septembre 1792 et notre chapitre, une différence remarquable et qui fait bien saisir la cause du silence gardé par le législateur à ce sujet. En effet, la loi du 20 septembre, sans parler de l'inhumation, ordonnait de faire la déclaration du décès dans tel délai *au plus tard*; notre Code, tout au contraire, sans s'occuper de ce dernier point, défend de faire l'inhumation *avant tel délai*, en ordonnant d'ailleurs que cette inhumation soit précédée de la déclaration. Le législateur a pensé que l'empressement, quelquefois indécent et toujours dan-

gereux ,que l'on met trop souvent à se débarrasser du corps d'un
parent ou d'un ami, était une suffisante garantie que l'inhumation , et par suite la déclaration de décès , se feraient assez prompt-
tement ; et qu'il était urgent de veiller, non pas à ce que la déclaration et l'inhumation ne se fissent trop tard , mais au contraire
à ce qu'elles ne se fissent pas trop tôt.

Ceci nous explique pourquoi notre chapitre, qui ne devrait
s'occuper que de l'acte de décès et non pas de l'inhumation (ce
qui rentre dans l'objet du droit administratif), nous parle cependant de l'inhumation tout d'abord et ne s'occupe de l'acte que
dans l'article suivant. Préoccupé des graves dangers des inhuma-
tions hâtives , le législateur a saisi l'occasion de porter une disposition qui les empêchât, et il n'a plus pensé à déterminer, en
sens contraire, un délai,avant l'expiration duquel dût se faire ,
sinon l'inhumation, au moins la déclaration. Mais tout le monde
pensera sans doute avec nous qu'il n'a point entendu, sur ce
point , déroger à la loi précitée du 20 septembre 1792.

Il est même plusieurs textes, dans notre chapitre lui-même ,
qui dénotent clairement, chez le législateur, la volonté que la
déclaration se fasse au plus tard dans les vingt-quatre heures.
Ce sont d'abord l'art. 80 , qui veut que dans le cas de décès dans
les hôpitaux, il en soit donné avis à l'officier de l'état civil , par
les supérieurs, directeurs, etc., *dans les vingt-quatre heures ;* puis,
les art. 83 et 86, qui déterminent le même délai, chacun dans le
cas particulier qu'il prévoit.

La déclaration devra donc être faite, au plus tard, dans les
vingt-quatre heures; mais, bien entendu, rien ne force de faire
l'inhumation aussitôt ce délai expiré; il est, au contraire, conforme à la raison et aux vues bien manifestes du législateur, que
le corps soit toujours gardé aussi longtemps que possible.

Article **78**.

L'acte de décès sera dressé par l'officier de l'état civil sur
la déclaration de deux témoins. Ces témoins seront, s'il est
possible, les deux plus proches parens ou voisins, ou lorsqu'une personne sera décédée hors de son domicile, la
personne chez laquelle elle sera décédée, et un parent ou
un autre.

N. B. — Les deux individus dont parle notre article, seront
tout en même temps les déclarans et les témoins, comme le
prouvent la première phrase de cet article et le premier alinéa
de l'article suivant.

ARTICLE 79.

L'acte de décès contiendra les prénoms, nom, âge, profession et domicile de la personne décédée ; les prénoms et noms de l'autre époux, si la personne décédée était mariée ou veuve, les prénoms, noms, âges, professions et domiciles des déclarans ; et, s'ils sont parens, leur degré de parenté.

Le même acte contiendra de plus, autant qu'on pourra le savoir, les prénoms, noms, profession et domicile des père et mère du décédé et le lieu de sa naissance.

N. 'B. — L'acte de décès devait, tout naturellement, avoir pour objet de constater trois choses : 1° qu'un décès a vraiment eu lieu ; 2° quel est l'individu décédé ; 3° à quelle famille appartient cet individu. L'art. 77 se réfère au fait même du décès, les art. 78 et 79 s'occupent tous deux de l'individualité et des liens de famille du décédé.

Notre article n'exige point la mention du jour et de l'heure du décès. L'officier pourrait, sans doute, en recevoir la déclaration ; mais elle ne ferait pas foi jusqu'à inscription de faux ; ce serait là tout simplement la déposition de deux témoins ordinaires. Nous avons dit déjà, sous l'art. 45, que les actes de l'état civil ne font foi jusqu'à inscription de faux, que des énonciations que l'officier public a pu attester *propriis sensibus ;* mais ici, et quant à cette énonciation, il y a une seconde raison de décider comme nous le faisons ; c'est que l'énonciation n'est pas substantielle à l'acte, puisque la loi ne l'exige pas, et cette circonstance fait que notre décision devrait être adoptée par ceux-là mêmes qui pensent que, pour les actes de l'état civil, les déclarans ont, pour faire leur déclaration, un caractère public. En effet, en supposant vraie cette opinion, dont nous avons démontré la fausseté sous l'art. 45, ici les déclarans n'auraient plus ce caractère, puisque leur déclaration, quant à ce point, aurait été faite sans mission de la loi.

ARTICLE 80.

En cas de décès dans les hôpitaux militaires, civils, ou autres maisons publiques, les supérieurs, directeurs, administrateurs et maîtres de ces maisons, seront tenus d'en donner avis dans les vingt-quatre heures à l'officier de l'état civil, qui s'y transportera, pour s'assurer du décès et en dressera l'acte, conformément à l'article précédent, sur les

déclarations qui lui auront été faites et sur les renseignemens qu'il aura pris.

Il sera tenu en outre, dans lesdits hôpitaux et maisons,
des registres destinés à inscrire ces déclarations et ces renseignemens.

L'officier de l'état civil enverra l'acte de décès à celui du
dernier domicile de la personne décédée, qui l'inscrira sur
les registres.

N. B. — Les registres spéciaux dont parle cet article doivent
être tenus dans les hôpitaux et *autres maisons publiques* sans distinction; la disposition s'appliquera donc aux collèges, séminaires et autres établissemens dans lesquels demeure un grand
nombre de personnes. On devra, toutefois, en excepter les prisons, comme nous le prouverons à l'art. 84, n° II.

Ces registres, du reste, ne feraient pas foi jusqu'à inscription
de faux; car ils ne sont ni tenus, ni rédigés par un officier public.
Le but de la loi, en les prescrivant, est d'ouvrir une nouvelle
source de renseignemens qui peut devenir fort utile, surtout dans
le cas où le registre de l'état civil sur lequel l'acte sera dressé,
viendrait à être perdu ou détruit.

Il en est autrement, cependant, dans les lazarets : là, les mentions portées sur les registres tenus dans l'établissement sont de
vrais actes de décès, attendu que la loi du 3 mars 1822 charge les
membres des autorités sanitaires de remplir dans ces maisons *les
fonctions d'officiers de l'état civil*, et de dresser, en présence de
deux témoins, *les actes de naissance et de décès*, dont une expédition est ensuite adressée à l'officier de l'état civil de la commune,
qui n'a qu'à le transcrire sur ses registres.

Article 81.

Lorsqu'il y aura des signes ou indices de mort violente,
ou d'autres circonstances qui donneront lieu de le soupçonner, on ne pourra faire l'inhumation qu'après qu'un
officier de police, assisté d'un docteur en médecine ou
en chirurgie, aura dressé procès-verbal de l'état du cadavre, des circonstances y relatives, ainsi que des renseignemens qu'il aura pu recueillir sur les prénoms, nom,
âge, profession, lieu de naissance et domicile de la personne décédée.

N. B. —Les premières lignes de cet article sont mal rédigées. Si on
les prenait à la lettre, elles signifieraient: *Lorsqu'il y aura des signes*

ou indices de mort violente, ou d'autres circonstances qui donneront lieu de soupçonner qu'il y a des signes ou indices de mort violente; car le pronom *le* ne peut logiquement se référer qu'à la proposition précédente tout entière. Ce n'est pas là, bien entendu, ce que l'on a voulu dire; le sens est : quand des signes ou indices feront présumer *qu'il y a eu mort violente*, ou que d'autres circonstances donneront lieu de soupçonner *qu'il y a eu mort violente*. La rédaction se rétablirait si, au lieu du pronom masculin *le*, qui ne peut, comme nous avons dit, se rapporter qu'à toute la proposition précédente, on mettait le pronom *la*, qui se rapporterait aux mots *mort violente.*

ARTICLE 82.

L'officier de police sera tenu de transmettre de suite à l'officier de l'état civil du lieu où la personne sera décédée, tous les renseignemens énoncés dans son procès-verbal, d'après lesquels l'acte de décès sera rédigé.

L'officier de l'état civil en enverra une expédition à celui du domicile de la personne décédée, s'il est connu : cette expédition sera inscrite sur les registres.

ARTICLE 83.

Les greffiers criminels seront tenus d'envoyer, dans les vingt-quatre heures de l'exécution des jugemens portant peine de mort, à l'officier de l'état civil du lieu où le condamné aura été exécuté, tous les renseignemens énoncés en l'art. 79, d'après lesquels l'acte de décès sera rédigé.

ARTICLE 84.

En cas de décès dans les prisons ou maisons de réclusion et de détention, il en sera donné avis sur-le-champ, par les concierges ou gardiens, à l'officier de l'état civil, qui s'y transportera, comme il est dit dans l'art. 80, et rédigera l'acte de décès.

N. B. — Dans les cas de ces deux derniers articles, la loi n'exige pas explicitement qu'une expédition de l'acte de décès soit envoyée à l'officier de l'état civil du domicile; mais l'esprit du législateur, sur ce point, apparaît assez clairement par les art. 80 et 82, pour qu'on puisse affirmer, sans crainte, que cet envoi doit avoir lieu également.

C'est aussi, bien certainement, entrer dans l'esprit de la loi, manifesté par l'art. 78, que de dire que dans les différens cas des art. 80, 82, 83 et 84, l'acte doit être dressé en présence de deux témoins ; c'est là une régle générale, que l'art. 78, qui domine toute cette matière, porte évidemment pour le chapitre entier.

Mais, comme on le voit par le texte même, dans les cas prévus aux art. 82 et 83, l'officier de l'état civil n'est pas obligé de se déplacer, parce que là le décès lui est attesté par un officier public (dans le premier cas, l'officier de police ; dans le deuxième, le greffier) ; de sorte qu'il n'a pas besoin de s'en assurer par lui-même, comme dans les cas ordinaires.

Enfin, il est encore une circonstance omise par notre article, et qu'il faut suppléer par analogie des articles précédens, c'est le délai dans lequel l'avis doit être donné par les gardiens. La loi dit ici, *sur-le-champ;* mais elle n'indique pas le point fatal avant lequel l'avis doit être donné ; ici encore, le délai, évidemment, sera de vingt-quatre heures, comme dans le cas de l'art. 80, qui prévoit une circonstance semblable, et auquel notre article lui-même fait un renvoi.

Faudra-t-il suppléer aussi, par analogie, l'obligation imposée dans l'art. 80, pour les maisons publiques, et non reproduite ici pour les prisons, de tenir un registre destiné à recevoir les renseignemens relatifs aux décès arrivés dans la maison? Il nous paraît évident que non : pourquoi, en effet, la loi, après avoir posé, dans l'art. 80, une règle générale pour les décès dans toutes maisons publiques, nous donne-t-elle un article à part pour le décès dans les prisons. Assurément, elle prouve assez par là qu'elle veut mettre une différence entre le décès dans les prisons et le décès dans les autres maisons publiques. Or, cette différence ne peut être que celle dont nous parlons ici ; car on ne voit pas l'apparence d'un motif pour rejeter ici les autres règles de l'art. 80. L'article suivant, d'ailleurs, nous fait saisir, d'une manière palpable, cette pensée de la loi. Cet article, en effet, défend formellement que l'acte de décès d'un individu mort en prison fasse mention de cette circonstance ; on devra dire seulement que l'individu est mort dans telle ville, telle rue, tel numéro. Or, à quoi servirait et que signifierait cette précaution, si l'on devait, dans chaque prison, tenir un registre destiné à recueillir et perpétuer tous les noms de ceux qui sont morts dans cette prison?

ARTICLE 85.

Dans tous les cas de mort violente, ou dans les prisons et maisons de réclusion, ou d'exécution à mort, il ne sera fait sur les registres aucune mention de ces circonstances, et les actes de décès seront simplement rédigés dans les formes prescrites par l'art. 79.

N. B. — La mention des circonstances dont il s'agit étant expressément défendue par la loi, les parties intéressées pourraient, si elle avait eu lieu, la faire disparaître au moyen d'un jugement de rectification, conformément à l'art. 99, et les frais de ce jugement retomberaient à la charge de l'officier de l'état civil, puisque c'est par sa faute qu'il serait nécessité.

ARTICLE 86.

En cas de décès pendant un voyage de mer, il en sera dressé acte dans les vingt-quatre heures, en présence de deux témoins pris parmi les officiers du bâtiment, ou, à leur défaut, parmi les hommes de l'équipage. Cet acte sera rédigé, savoir : sur les bâtimens du Roi par l'officier d'administration de la marine, et sur les bâtimens appartenant à un négociant ou armateur, par les capitaine, maître, ou patron du navire. L'acte de décès sera inscrit à la suite du rôle d'équipage.

ARTICLE 87.

Au premier port où le bâtiment abordera, soit de relâche, soit pour toute autre cause que celle de son désarmement, les officiers de l'administration de la marine, capitaine, maître ou patron, qui auront rédigé des actes de décès, seront tenus d'en déposer deux expéditions conformément à l'art. 60.

A l'arrivée du bâtiment dans le port du désarmement, le rôle d'équipage sera déposé au bureau du préposé à l'inscription maritime ; il enverra une expédition de l'acte de décès, de lui signée, à l'officier de l'état civil du domicile de la personne décédée. Cette expédition sera inscrite de suite sur les registres.

SOMMAIRE.

I. Renvoi aux art. 60 et 61. Il reste à voir trois cas extraordinaires de décès, desquels le Code ne parle pas, et qu'il faut ajouter aux cinq cas déjà prévus.

II. Sixième cas : Enfant présenté sans vie à l'officier de l'état civil. Décret du 4 juillet 1806.

III. Septième cas : Décès dans les travaux des mines, avec impossibilité de retrouver les cadavres. Décret du 3 janvier 1813.

IV. Huitième cas : Décès dans un incendie ou une inondation, avec impossibilité encore de retrouver le cadavre. Il faut, par analogie, appliquer ici le même décret de 1813, et non les règles de l'absence.

EXPLICATION.

I. — Il nous suffit, pour l'explication de ces deux derniers articles, de renvoyer à ce qui a été dit sur les art. 60 et 61.

N. B. — Nous venons de voir, dans les cinq art. 80, 81, 83, 84 et 86, cinq cas extraordinaires de décès, formellement prévus par le Code; il nous reste à voir trois autres cas, dont deux ont été l'objet de décrets que nous allons faire connaître. Le troisième n'a été prévu par aucune disposition législative.

II. — Le sixième cas extraordinaire de décès (le premier des trois non prévus par le Code) est celui d'un enfant mort avant que sa naissance ait été enregistrée. Ce cas a été prévu par un décret du 4 juillet 1806, qui défend à l'officier de l'état civil d'exprimer que cet enfant *est décédé;* car ce serait préjuger la question, souvent très-importante, de savoir s'il a eu vie ou non; question qui ne doit être décidée que par les tribunaux. L'officier doit seulement exprimer que l'enfant lui a été présenté *sans vie,* et recevoir les déclarations des témoins sur les prénoms, nom, qualités et demeures des père et mère, et sur l'époque précise de la naissance. Cet acte est inscrit, à sa date, sur les registres des décès.

III. — Le septième cas extraordinaire de décès est celui où des ouvriers employés aux mines ayant péri dans leurs travaux, il sera impossible de parvenir au lieu où se trouvent leurs corps. Ce cas a été prévu par l'art. 19 du Décret du 3 janvier 1813, qui ordonne aux directeurs de faire dresser alors un procès-verbal par le maire, ou autre officier public, qui le transmettra au procureur du Roi. Celui-ci, sur l'autorisation du tribunal, le fera annexer au registre des décès.

IV. — Un huitième et dernier cas est celui où des individus seraient consumés dans un incendie, ou engloutis dans les flots sans qu'on pût retrouver leurs cadavres. Quelques auteurs, dont nous avons vraiment peine à concevoir l'idée, veulent qu'on suive, dans ce cas, les règles de l'absence.

D'après les dispositions portées par le Code civil, au titre *des Absens,* lorsqu'un individu a disparu tout à coup, sans qu'on sache ce qu'il est devenu, ou lorsqu'étant d'abord parti pour un but connu de ses parens ou amis, il a tout à coup cessé de donner de ses nouvelles, sans qu'on puisse s'expliquer son silence, il y a lieu, dès lors, à faire pourvoir par le tribunal à l'administration de ses biens. Puis, lorsque cet état d'incertitude a duré cinq ans, l'individu peut être déclaré *absent* par jugement. Par l'effet de cette déclaration, la succession de l'absent est réputée ouverte, et ses héritiers présomptifs peuvent se faire envoyer provispirement en possession de ses biens, sauf à les lui rendre s'il reparaît. S'il s'écoule de nouveau trente ans sans qu'on ait de ses nouvelles, les héritiers présomptifs peuvent faire prononcer l'envoi définitif en possession, dont l'effet est de leur permettre tous actes d'aliénation; en telle sorte que si après cet envoi définitif, l'absent reparaît, il reprendra, il est vrai, ses biens, mais dans l'état où ils se trouveront; que s'il ne reparaît pas, ses héritiers en restent propriétaires.

Telles sont les dispositions que certains auteurs voudraient qu'on appliquât au cas qui nous occupe. Mais vraiment quel rapport y a-t-il donc entre le cas où un individu disparaît sans qu'on puisse dire ce qu'il est devenu, et celui où il est victime d'un accident dans lequel tout le monde sait qu'il a perdu la vie?

Il est évident pour tous qu'il y a analogie parfaite entre ce cas et celui d'ouvriers qui ont péri dans les mines, sans qu'on puisse retrouver leurs corps; et que, par conséquent, il faudrait appliquer ici les dispositions du Décret du 3 janvier 1813, cité au numéro précédent. Seulement, aucun texte législatif n'existant, dans ce cas, pour imposer à tels ou tels l'obligation d'agir, comme le fait le Décret de 1813, pour le cas de décès dans les mines, ce sera aux parties intéressées à provoquer elles-mêmes les enquêtes nécessaires.

Il est inutile de faire observer que si les circonstances étaient telles qu'il restât des doutes sur la mort, le tribunal ne devrait, ni dans ce cas de travaux aux mines, ni dans tous autres, autoriser l'annexe du procès-verbal au registre des décès.

CHAPITRE V.

Des Actes de l'état civil concernant les militaires hors du territoire du royaume.

ARTICLE 88.

Les actes de l'état civil faits hors du territoire du royaume, concernant les militaires ou autres personnes employées à la suite des armées, seront rédigés dans les formes prescrites par les dispositions précédentes, sauf les exceptions contenues dans les articles suivans.

SOMMAIRE.

I. Nécessité de dispositions spéciales pour le cas de notre chapitre.
II. Portée des dispositions de ce chapitre. — Règles et limites de la compétence des officiers de l'état civil de l'armée et des officiers du pays étranger. — Dissentiment avec Merlin.
III. Suite de la même théorie. Comment il faut entendre ces mots : 1º *Lieux occupés par l'armée*; 2º *Personnes attachées à l'armée*.
IV. Les règles de ce chapitre s'appliquent, même sur notre territoire, aux militaires qui sont dans l'impossibilité de recourir aux officiers de l'état civil ordinaire.

EXPLICATION.

I. — On ne pouvait pas, au milieu des embarras d'une armée en campagne, exiger, pour la rédaction des actes de l'état civil, toutes les formalités dont l'accomplissement est demandé dans les cas ordinaires. On ne pouvait pas, non plus, envoyer ceux qui composent cette armée faire rédiger leurs actes devant les officiers du pays ; ce n'est pas dans un temps de guerre, et quand les troupes ennemies envahissent une province, que les officiers publics du pays seront prêts à offrir leur ministère aux soldats étrangers, lesquels, de leur côté, seraient souvent dans l'impossibilité de venir recourir à eux.

Il a donc fallu se départir ici des règles ordinaires et poser quelques exceptions aux dispositions précédemment tracées. Du reste, comme on le voit, les dispositions de notre chapitre ne sont que des exceptions apportées à des règles qui continuent d'avoir toute leur force pour ce qui n'en est pas formellement excepté.

II. — C'est un point très-controversé, entre les auteurs, que celui de savoir quelle est la portée exacte des règles de notre chapitre.

Les actes de l'état civil des militaires en service hors du territoire doivent-ils être reçus, exclusivement, par les officiers qui vont être désignés aux articles suivans ; ou bien, les fonctionnaires du pays où l'on se trouve conservent-ils aussi le droit de les dresser, soit absolument, comme pour tout étranger se trouvant dans leur pays, soit du moins pour certains actes et dans certaines circonstances ?

En examinant avec soin des principes qui résultent de la nature même des choses et en scrutant la pensée qui a présidé à la rédaction de ce chapitre, on sera bientôt conduit à une doctrine qui doit, selon nous, réunir les opinions dissidentes sur ce point.

Une idée bien simple, tout d'abord, c'est que le cas d'une armée pénétrant sur un territoire étranger est tout différent du cas où ce sont de simples individus qui entrent sur ce territoire. Une armée entre dans un pays étranger, non pour obéir, mais pour commander; son but est, non pas de se soumettre aux lois qu'elle y trouvera établies, mais plutôt de dicter elle-même des lois, si elle le juge à propos; de sorte que, dans les lieux qu'elle occupe, la souveraineté du pays disparait à ses yeux et fait place à la souveraineté du pouvoir qui l'envoie; le point qu'elle occupe, à ses yeux c'est la France. C'est là ce que demande la force des choses et, quoi qu'en aient dit quelques auteurs, c'est là aussi, *très-certainement*, la pensée qui a créé notre chapitre V, et qui doit, par conséquent, nous diriger dans son explication.

Dans la séance du Conseil d'État du 14 fructidor an IX, le Premier Consul s'étant plaint de ce que la section de législation ne s'était point occupée de l'état civil des militaires en campagne, M. Thibaudeau lui répondit qu'il y était pourvu par l'article 47, qui déclare valables les actes faits en pays étranger dans les formes qui y sont usitées. « Le militaire, reprit le premier « Consul, n'est jamais chez l'étranger quand il est sous le dra- « peau : *où est le drapeau, là est la France.* Il faut une loi sur les « naissances, les mariages et les décès à l'armée. » (Fenet, t. VIII, p. 47.) C'est par suite de ces paroles, dont l'idée fut reproduite et accueillie avec enthousiasme, tant au Tribunat qu'au Corps-Législatif, que fut rédigé le chapitre dont nous commençons l'explication.

Donc, un premier point bien constant, c'est que, pour les individus appartenant à l'armée (car il n'est question que de ceux-là), tous les lieux qu'occupera successivement cette armée, se trouveront, en droit et juridiquement, être la France; en sorte que, dans ces lieux et pour ces individus, il y aura compétence absolue des officiers français, compétence nulle des officiers du pays.

Compétence absolue d'un côté, compétence nulle de l'autre; donc ces actes-là même, qui concerneraient tout ensemble une personne de l'armée et une personne étrangère, y pourraient être dressés par l'officier français, et ne pourraient pas l'être par l'officier du pays. Ainsi, soit une ambulance française, ou un hôpital que l'armée s'est approprié dans une ville dont elle est maitresse, le mariage *in extremis* que l'on veut y célébrer entre un militaire mourant et une femme du pays, sera valable, s'il est reçu par l'officier français, nul, s'il est reçu par l'officier du pays. Il est valable reçu par l'officier français, parce que la femme étrangère en venant ainsi dans le pays *légal* de son futur époux, entre *légalement* en France; il serait nul, reçu par l'officier du pays, parce que des principes que demande l'honneur national, qu'entraine la force même des circonstances, et que notre Code consacre ici, ne permettent pas qu'un seul acte d'autorité soit fait, dans ce lieu, par la souveraineté du pays, vis-à-vis des personnes appartenant à l'armée.

Tenons donc pour certain cette première proposition, que dans les lieux spécialement occupés par l'armée française, il ne peut être dressé, par un officier du pays étranger, aucun acte concernant l'état civil des personnes de l'armée, soit exclusivement, soit même pour partie, par exemple, dans le cas de mariage entre une personne de l'armée et une personne du pays.

Mais cette compétence de l'officier étranger, qui se trouve nulle par la réunion des deux circonstances qu'on vient d'indiquer, c'est-à-dire quand il s'agit de recevoir l'acte dans un lieu occupé par l'armée française et que cet acte est relatif, au moins pour partie, à une personne de l'armée, cette compétence serait-elle nulle également par une seule de ces deux circonstances? Ainsi, l'officier étranger serait-il incompétent par cela seul que l'acte doit être reçu dans un lieu occupé par l'armée française, alors même que cet acte serait exclusivement relatif à une personne du pays? Serait-il incompétent encore par cela seul que l'acte serait relatif à une personne de l'armée, alors même qu'il devrait être reçu ailleurs que dans le lieu occupé par cette armée? Il faut résoudre la première question par la négative, et la seconde par une distinction.

Non, l'acte ne serait pas nul, quoique reçu, par exemple, dans un hospice soumis à l'administration de l'armée, s'il concernait exclusivement des personnes du pays; par exemple, si c'était un blessé étranger qu'on y aurait accueilli, et qu'il s'agirait de marier, à son lit de mort, avec une femme du pays également; ou qui y serait mort, et dont il s'agirait de dresser l'acte de décès. L'officier étranger serait alors compétent, malgré l'occupation française, si complète et entière qu'elle fût; il serait compétent comme l'est en France un agent diplomatique étranger pour les citoyens de son pays, parce que si l'occupation fait cesser la compétence territoriale, elle n'enlève pas, on le conçoit, la compétence personnelle (1).

Quant à la seconde question, celle de savoir si l'officier du pays peut recevoir, dans un lieu non occupé par l'armée, l'acte concernant un individu de cette armée, il faut distinguer : Si l'acte concerne le français exclusivement, l'officier du pays serait incompetent; ainsi, qu'un militaire meure dans un camp, il y aura, non pas simple faculté, mais obligation que son acte de décès soit reçu, dans ce camp, par l'officier français; il ne pour-

---

(1) Voir l'explication de l'art. 48.

rait pas l'être au village voisin, par l'officier de ce village. Le Français sous le drapeau est en France, il ne peut pas, évidemment, quitter cette France pour aller faire dresser un acte d'état civil à l'étranger; si la loi lui a créé pour ce cas des officiers spéciaux, c'est que l'honneur national ne permettait pas qu'il allât solliciter l'obligeance, et reconnaître sa dépendance d'un fonctionnaire du pays ennemi. Mais s'il s'agissait, au contraire, d'un acte concernant tout à la fois un Français et un étranger, par exemple, d'un mariage entre un militaire de l'armée et une femme du pays, rien ne s'opposerait à ce que ce mariage fût célébré, au choix des parties, ou par l'officier français, ou par l'officier du pays, et nous avons peine à concevoir que Merlin ait pu soutenir le contraire. Sans doute, Merlin a raison de proclamer que le Français sous les drapeaux est en France, et nous nous garderons bien de nier ce principe ou d'en méconnaître les conséquences, comme l'ont fait d'autres auteurs; mais un Français ne peut-il pas sortir de France pour aller se marier à l'étranger? Ici, l'honneur national n'est plus un obstacle, comme quand il s'agit d'un acte exclusif au Français; ici, il faut bien que l'une des parties renonce à son magistrat naturel, pour aller se marier devant le magistrat de l'autre, et pourquoi serait-ce plutôt telle des parties que l'autre? il n'y en a aucune raison, que la libre volonté de ces parties. Merlin appuie aussi sa décision, sur ce que notre doctrine donnerait lieu de craindre que le projet de mariage du militaire et le mariage lui-même ne fussent pas assez connus en France, et qu'ainsi la bigamie ne devînt facile. Mais cette objection nous paraît d'une insignifiance absolue. En effet, les publications ordinaires au domicile réel en France, et celles de vingt-cinq jours à l'armée, ordonnées par l'art. 94, devront également avoir lieu dans le cas dont il s'agit, puisque, d'après l'art. 170, le mariage contracté en pays étranger, entre Français et étrangers, n'est valable, qu'autant qu'il a été précédé des publications exigées par la loi française. La publicité serait donc *identiquement* la même pour le mariage contracté devant l'officier du pays, que pour celui célébré par l'officier de l'armée.

En un mot, et pour donner une comparaison qui présente tout ensemble et le résumé de notre doctrine et sa dernière justification, nous disons, en posant le principe incontestable invoqué par Merlin, mais pour en tirer des conséquences logiques au lieu de celles étrangement inexactes que ce jurisconsulte en a déduites:

Le pays occupé par l'armée française, c'est la France, pour tous les individus appartenant à cette armée; tous ces individus ont là leur domicile comme dans une commune française, et l'officier de l'état civil de l'armée est leur officier naturel et exclusif; il faut donc dire dans ce cas, ni plus ni moins, ce qu'on dit, dans le cas ordinaire, de Français domiciliés dans une commune du territoire de la patrie.

Or, en France, 1° un officier d'état civil étranger ne peut jamais recevoir un acte concernant un français, exclusivement ou pour partie; donc, dans le lieu occupé par l'armée, l'officier du pays ne pourra jamais recevoir un pareil acte;

2° Un officier étranger, accrédité en France, y peut recevoir les actes exclusivement relatifs aux personnes de son pays; donc, même dans le lieu soumis à l'occupation la plus complète d'une armée française, l'officier du pays pourra recevoir les actes des habitans du pays;

3° Dans les cas ordinaires, le Français ne peut pas quitter la France pour aller faire dresser en pays étranger un acte qui lui est exclusivement relatif; par exemple, l'habitant de Strasbourg ne pourrait pas traverser le Rhin pour faire constater dans une commune allemande le décès de sa femme, ou la naissance d'un enfant, qui ont eu lieu à Strasbourg, l'officier allemand ne serait compétent que pour les faits accomplis sur son territoire. Donc, à l'armée, on ne peut pas quitter le lieu occupé par l'armée, pour faire dresser dans un lieu voisin, par l'officier du lieu, un acte entièrement relatif à une personne de l'armée; on ne pourrait s'adresser à cet officier du pays que pour les actes des personnes n'appartenant pas actuellement à l'armée.

4° Au contraire, quand l'acte concerne en même temps un Français et une personne étrangère, ainsi pour le mariage, le Français, même domicilié en France, peut sortir de France pour aller faire recevoir cet acte dans le pays de l'autre partie, par l'officier de ce pays; donc, un Français, quoiqu'appartenant à l'armée, pourra quitter le lieu occupé par elle pour aller se marier devant l'officier de la personne qu'il épouse.

III. — Il nous reste maintenant à présenter, sur cette compétence, à l'armée, des officiers français et des officiers du pays, une observation sans laquelle on pourrait appliquer mal les principes que nous venons d'exposer. Cette observation a pour but de faire comprendre le sens restreint dans lequel il faut prendre, ici, ces expressions : 1° *Lieux occupés par l'armée;* 2° *Individus appartenant à l'armée.*

Et d'abord, dans le langage habituel, on dit qu'un lieu est occupé par une armée quand cette armée s'y est assise, qu'elle y commande et en est maîtresse. Ainsi, quand une armée de quarante mille hommes s'est campée entre trois ou quatre villages, dans lesquels elle a mis une garnison et qui ne peuvent avoir ni les moyens ni la pensée de lui résister, on peut bien dire que ces quelques villages *sont occupés* par elle ; ainsi encore, quand une armée est venue s'établir dans une ville d'où son trop-plein reflue sur les campagnes d'alentour, il est bien clair que, dans le langage ordinaire, cette armée *occupe* la ville entière et les villages circonvoisins. Mais est-ce bien là l'occupation telle que nous devons l'entendre ici ; est-ce là cette occupation par l'effet de laquelle le point occupé devient la France, et faudra-t-il dire que, dans cette ville et les villages environnans, aucun officier du pays ne pourrait célébrer le mariage d'une personne de l'armée avec une personne du pays? Évidemment non ; cette occupation, à effets si rigoureux, ne peut pas, par la nature même des choses, et n'a pas dû, dans la pensée du législateur, s'entendre d'une manière si large et embrasser tous les points où se trouvent quelques militaires français. La nature des choses, les faits, la pensée des rédacteurs de notre chapitre, tout nous dit que, dans ce cas, la ville elle-même n'est pas *exclusivement* occupée par l'armée, et n'est pas, dès lors, exclusivement française ; l'armée française, en s'y établissant, n'a pas posé à la municipalité des fonctionnaires français chargés de dresser tous les actes d'état civil de la cité ; les fonctionnaires du pays doivent continuer leur mission ; donc, la ville est encore allemande, italienne ou espagnole. Supposons-nous à Madrid, eh bien! Madrid est en même temps espagnole et française ; espagnole pour les habitans, qui continuent d'avoir leurs officiers nationaux ; française pour les individus de l'armée, qui ont leurs officiers propres. C'est pour quelques points seulement qu'il y a occupation rigoureuse et exclusive ; ainsi, l'hôtel où est fixé le quartier-général, ainsi l'hospice que l'armée s'est approprié, etc. Chacun de ces points est Français, tout Français, Français même par rapport aux habitans du pays, et c'est là que l'officier espagnol ne pourrait pas venir célébrer le mariage d'un Français avec une femme de la ville. Le reste de la ville n'est Français que quant aux Français, et si ceux-ci ne peuvent pas faire dresser par l'officier espagnol les actes qui ne concernent qu'eux, ils peuvent très-bien aller se marier devant lui avec une femme soit espagnole, soit de toute autre nation, parce que alors *ils passent*, pour ainsi dire, de Madrid française dans Madrid espagnole. Bien entendu ce mariage, entre le Français et la femme étrangère appartenant à une nation quelconque, pourrait également être célébré devant l'officier de l'armée. Dans le premier cas, le mariage se fait en Espagne ; dans le second, il est réputé fait en France ; dans les deux cas, il y a pour celle des parties qui n'est pas devant son officier naturel compétence territoriale et application de la règle *Locus regit actum*.

On ne s'étonnera pas sans doute de cet état amphibie d'une ville; on voit assez qu'il est la conséquence forcée des circonstances anormales dans lesquelles cette ville se trouve placée.

Au reste, les résultats auxquels nous voici parvenus par cette déduction de principes, se trouvent consacrés par la jurisprudence des tribunaux. Plusieurs arrêts, notamment un de la Cour de Paris du 8 juillet 1820, et un de la Cour de cassation du 23 juillet 1826, décident que le mariage contracté, dans un pays occupé par l'armée, entre un individu de l'armée et une femme du pays, devant l'officier de ce pays, est valable; réciproquement, un arrêt de la Cour suprême, du 17 août 1815, a jugé qu'un officier espagnol n'avait pas pu délivrer régulièrement l'acte de décès d'un militaire mort en Espagne, dans un hospice soumis à un officier de l'armée française.

Ces arrêts, on le voit, ne sont que l'application de la théorie que nous avons présentée, et s'ils n'avaient pas été mal motivés en droit, comme il arrive souvent; s'ils avaient raisonné leurs décisions, en les appuyant, comme nous avons essayé de le faire, sur l'analyse exacte de principes incontestables, on n'aurait pas vu les auteurs argumenter des uns pour critiquer les autres, en les prétendant contradictoires entre eux; on n'aurait pas vu un jurisconsulte aussi célèbre que Merlin s'emparer du plus ancien de ces arrêts, (celui qui déclare irrégulier l'acte de décès d'un militaire dressé par un officier espagnol) pour étayer son erreur, si importante, de la nullité des mariages contractés devant l'officier du pays par un Français et une étrangère. C'était donc pour nous un devoir d'entrer dans les développemens que nous venons de donner et que nous allons terminer, enfin, en examinant ce qu'il faut entendre par *individus appartenant à l'armée*.

Comme on l'a dit déjà, ce n'est pas pour tous Français se trouvant en pays étranger que sont faites les règles spéciales de notre chapitre; c'est uniquement pour ceux faisant partie d'une armée, soit comme militaires, soit à tout autre titre.

Ainsi d'abord, les Français qui se trouvent résidens ou domiciliés dans un pays étranger, où arrive une armée française, n'en conservent pas moins la faculté de faire dresser leurs actes d'état civil, d'après le droit commun, par les officiers du pays, en vertu de la règle *Locus regit actum*, comme le veut l'art. 47.

Ainsi encore, ceux qui, entrés d'abord sur le territoire étranger comme appartenant à l'armée, soit en qualité de militaires, soit comme employés quelconques, cesseraient ensuite d'en faire partie, par exemple, un fournisseur de vivres qui se retirerait, un administrateur quelconque à qui un ministre ou un supérieur autre reprendrait sa commission; des domestiques, des vivandières, qui abandonneraient bénévolement leur emploi ou que l'on chasserait, ceux-là retomberaient aussi dans le droit commun. Ceux enfin, qui, en droit, appartiendraient encore à l'armée, mais qui, par le fait, n'en feraient pas partie actuellement, par exemple, ceux qui seraient faits prisonniers, ou ceux qui, oubliés ou laissés pour morts dans un pays, sont maintenant loin de l'armée; tous ceux, en un mot, qui se trouvent séparés de leur corps, restent également sous le droit commun; parce que, tant qu'ils n'auront pas rejoint les drapeaux, ils ne sont plus là comme membres d'une puissance qui commande et fait acte de souveraineté, mais bien comme de simples particuliers.

Ce point a été décidé spécialement pour le décès des prisonniers de guerre, par une instruction ministérielle du 24 brumaire an XII. Il y est dit, sous la rubrique *Instructions générales*, art. 2 : « Quant aux militaires qui mourraient prisonniers de guerre, les « actes en seront rédigés dans les formes usitées dans le pays « où ils viendraient à décéder. *Comme ils se trouvent alors* » *éloignés de leurs drapeaux*, l'art. 47 leur est applicable « sous tous les rapports. » Comme on le voit, le principe que nous avons posé et qui se trouve aussi rappelé dans cette instruction, demande qu'on applique cette décision à bien d'autres cas que celui prévu par l'article cité de l'instruction ministérielle.

IV. — Quoique notre article, ainsi que la rubrique de notre chapitre, ne parlent que des militaires *hors du royaume*, il n'est pas douteux que les exceptions consacrées ici ne doivent s'appliquer également aux militaires qui, bien qu'en France, seraient pourtant dans l'impossibilité de communiquer avec les autorités civiles, parce qu'ils se trouveraient, par suite d'une invasion de l'étranger ou d'une révolte, assiégés dans une citadelle, cernés par des troupes ennemies, etc. Dans ce cas, en effet, la raison qui a fait porter ces exceptions existe. Nous trouvons d'ailleurs la preuve que tel est bien l'esprit du législateur, dans l'art. 10 de la loi du 13 janvier 1817. Cet article dit : « Feront preuve « en justice, les registres tenus conformément aux art. 88 et « suivans du Code civil, bien que les militaires *soient décédés* « *sur le territoire français*, s'ils faisaient partie des corps, ou « détachemens d'une armée active, ou *de la garnison d'une* « *ville assiégée*. »

Mais il en est autrement pour les militaires qui, bien qu'en activité de service, se trouvent, en France, dans les circonstances ordinaires; ils doivent alors suivre les règles tracées dans les chapitres précédens. C'est ce qui a été décidé par un avis du Conseil d'État, du 4e jour complémentaire, an XIII.

ARTICLE 89.

Le quartier-maître, dans chaque corps d'un ou plusieurs bataillons ou escadrons, et le capitaine commandant, dans les autres corps, rempliront les fonctions d'officiers d'état civil : ces mêmes fonctions seront remplies, pour les officiers sans troupes et pour les employés de l'armée, par l'inspecteur aux revues, attaché à l'armée ou au corps d'armée.

N. B. — Les quartiers-maîtres sont remplacés, aujourd'hui, par les majors, et les inspecteurs aux revues par les intendans militaires. (Ord. du 29 juillet 1817.)

Tout le monde sait que l'*escadron* répond, dans la cavalerie, à ce qu'est le *bataillon* dans l'infanterie. Le *régiment* se divise en bataillons ou en escadrons, comme le bataillon et l'escadron se divisent en *compagnies*. Il y a un major (précédemment un quartier-maître) par chaque bataillon, ou chaque escadron ; il n'y en a donc pas dans les petits détachemens qui ne comprennent qu'une ou plusieurs compagnies. C'est alors le capitaine de la compagnie unique, ou celui des capitaines chargé de commander le détachement, qui est officier de l'état civil.

ARTICLE 90.

Il sera tenu, dans chaque corps de troupes, un registre pour les actes de l'état civil relatifs aux individus de ce corps, et un autre à l'état-major de l'armée ou du corps d'armée, pour les actes civils relatifs aux officiers sans troupes et aux employés ; ces registres seront conservés de la même manière que les autres registres•des corps et états-majors, et déposés aux archives de la guerre, à la rentrée des corps ou armées sur le territoire du royaume.

ARTICLE 91.

Les registres seront cotés et paraphés, dans chaque corps, par l'officier qui le commande, et à l'état-major, par le chef de l'état-major général.

N. B. — En rapprochant cet article de l'art. 89, on arrive, dans un cas, à un résultat assez bizarre, et que le législateur, sans doute, n'a pas prévu. En effet, dans les détachemens composés seulement d'une ou plusieurs compagnies, et qui ne vont pas jusqu'à un bataillon ou escadron, c'est, d'après l'art. 89, *le capitaine chargé du commandement*, qui doit tenir les registres; or, d'après notre article, c'est lui aussi qui sera chargé de les coter et parapher, en sorte que, dans ce cas, la cote et le paraphe ne donneront aucune garantie et seront complètement insignifians.

ARTICLE 92.

Les déclarations de naissance à l'armée seront faites dans les dix jours qui suivront l'accouchement.

N.B. — On comprend facilement que les embarras de la guerre, et les occupations multipliées des officiers chargés de recevoir la déclaration, aient dû faire accorder un délai plus considérable que dans les cas ordinaires; aussi, notre article donne-t-il dix jours, tandis que, d'après l'art. 55, la déclaration de naissance doit ordinairement être faite dans les trois jours.

ARTICLE 93.

L'officier chargé de la tenue du registre de l'état civil devra, dans les dix jours qui suivront l'inscription d'un acte de naissance audit registre, en adresser un extrait à l'officier de l'état civil du dernier domicile du père de l'enfant, ou de la mère, si le père est inconnu.

ARTICLE 94.

Les publications de mariage des militaires et des employés à la suite des armées, seront faites au lieu de leur dernier domicile; elles seront mises, en outre, vingt-cinq jours avant la célébration du mariage, à l'ordre du jour des corps, pour les individus qui tiennent à un corps, et à celui de l'armée ou du corps d'armée, pour les officiers sans troupes et pour les employés qui en font partie.

N.B. — La loi est ici plus rigoureuse que dans les cas ordinaires; car, d'après les art. 63 et 64, le mariage peut être célébré le onzième jour après la première publication, et dans notre article, en outre des publications ordinaires au dernier domicile, des publications doivent encore être faites, à l'ordre du jour, *pendant vingt-cinq jours.*

C'était surtout à l'égard des militaires qu'il fallait veiller, par une plus grande publicité, à empêcher le crime de bigamie.

ARTICLE 95.

Immédiatement après l'inscription sur le registre de l'acte de célébration du mariage, l'officier chargé de la tenue du registre en enverra une expédition à l'officier de l'état civil du dernier domicile des époux.

N. B. — Les art. 93 et 96 donnent dix jours de délai pour envoyer l'extrait de l'acte de naissance et de décès, tandis que notre article veut que l'extrait de l'acte de mariage soit envoyé *immédiatement* après l'inscription. Cette différence tient à la plus grande importance de l'acte, qui doit être de suite soustrait aux hasards de la guerre, toujours par crainte de la bigamie.

ARTICLE 96.

Les actes de décès seront dressés, dans chaque corps, par le quartier-maître; et pour les officiers sans troupes et les employés, par l'inspecteur aux revues de l'armée, sur l'attestation de trois témoins; et l'extrait de ces registres sera envoyé dans les dix jours à l'officier de l'état civil du dernier domicile du décédé.

N. B. — Il faut compléter la première disposition de notre article, laquelle, du reste, ne fait que répéter ce qu'avait déjà dit l'art. 89, par la disposition analogue de cet art. 89, et dire que dans les corps de moins d'un bataillon, les actes de décès, comme ceux de naissance et de mariage, seront dressés par le capitaine commandant.

Notre article exige un témoin de plus que dans les cas ordinaires; car l'art. 78 n'en demande que deux. Ce n'est pas trop que trois témoins dans le cas de guerre, où il peut arriver si souvent qu'un homme soit cru mort, quand il est seulement atteint d'une blessure dont il guérira peut-être.

ARTICLE 97.

En cas de décès dans les hôpitaux militaires, ambulans ou sédentaires, l'acte en sera rédigé par les directeurs desdits hôpitaux et envoyé au quartier-maître du corps, ou à l'inspecteur aux revues de l'armée ou du corps d'armée dont le décédé faisait partie : ces officiers en feront parvenir une expédition à l'officier de l'état civil du dernier domicile du décédé.

N. B. — Ajoutons encore ici, au milieu de l'article : ou au capitaine commandant, dans les corps de moins d'un bataillon ou escadron.

On voit que, pour les décès arrivés dans les hôpitaux, ce sont les directeurs de ces établissemens qui sont officiers de l'état civil, et non plus les majors et intendans militaires. Du reste, ce n'est pas l'acte qui sera envoyé au major, intendant, ou capitaine commandant, comme l'article le dit à tort ; c'est une expédition. L'acte, lui, sera dressé sur un registre ; les actes de l'état civil ne doivent jamais se rédiger sur des feuilles volantes.

D'après une instruction du Ministre de la guerre, du 8 mars 1823, une double expédition de ces registres doit être adressée, tous les mois, à l'intendant militaire, qui les fait passer au ministre.

ARTICLE 98.

L'officier de l'état civil du domicile des parties, auquel il aura été envoyé de l'armée l'expédition d'un acte de l'état civil, sera tenu de l'inscrire de suite sur les registres.

OBSERVATION.

Avant de laisser ce chapitre, nous devons relever ici une erreur d'autant plus à craindre qu'elle a été officiellement proclamée.

L'instruction ministérielle précitée, du 8 mars 1823, déclare qu'à l'armée les reconnaissances d'enfans naturels ne peuvent être reçues que dans l'acte de naissance de l'enfant, ou dans l'acte de mariage des père et mère. Rien n'est plus faux. Les officiers de l'état civil de l'armée ont les mêmes droits et les mêmes devoirs que les officiers ordinaires, excepté pour ce qui est formellement modifié par notre chapitre. Or, c'est pour l'officier de l'état civil un droit et un devoir, un devoir sacré, de recevoir les reconnaissances d'enfant à quelque époque qu'elles soient faites, et aussi bien dans des actes exprès et séparés que dans des actes de naissance ou de mariage. Et pourquoi donc serait-il défendu, par exemple, à un militaire, qui serait sur le point de mourir, d'accomplir un devoir de conscience, en donnant son nom à l'enfant naturel qu'il a laissé en France avec sa mère ? En tout cas, et alors même qu'on ferait voir que cette défense serait très-utile et très-morale, toujours est-il qu'elle n'existe pas dans la loi, que, dès lors, l'instruction ministérielle qui la pose est une violation flagrante de cette loi, et que les officiers de l'état civil se rendraient coupables en obéissant à de pareilles prescriptions.

Il en serait ainsi, alors même que ce point aurait été réglé par une ordonnance royale, puisqu'une ordonnance royale n'est obligatoire qu'autant qu'elle est rendue en conformité de la loi, ainsi qu'on l'a vu sous l'art. 1, n° IV.

CHAPITRE VI.

De la rectification des actes de l'état civil.

ARTICLE 99.

Lorsque la rectification d'un acte de l'état civil sera demandée, il y sera statué, sauf l'appel, par le tribunal compétent et sur les conclusions du procureur du Roi. Les parties intéressées seront appelées, s'il y a lieu.

SOMMAIRE.

I. Pourquoi aucun changement ne peut être fait à un acte de l'état civil, qu'en vertu d'un jugement.

II. Le Ministère public doit intervenir pour ce changement. Pourquoi.
— Mais il ne peut le requérir lui-même, excepté dans deux cas.

III. Le tribunal compétent pour ordonner la rectification est celui de la situation des registres. Ce point est réglé par le Code de procédure. — Erreur de Merlin. — Même quand la demande est incidente, c'est toujours le tribunal de la situation qui est compétent. Dissentiment avec la généralité des auteurs, notamment avec M. Duranton. — Quand la rectification implique un procès préalable, ce procès suit les règles ordinaires de compétence.

IV. Quand il s'agit de mariage, l'omission d'un des prénoms ou l'orthographe irrégulière du nom dans l'acte de naissance d'un futur, ou dans l'acte de décès de ses auteurs, ne rend point indispensable une rectification régulière. On y supplée, mais pour la célébration du mariage seulement, par d'autres moyens.

V. Les jugemens de rectification sont toujours susceptibles d'appel. Renvoi à l'art. 54.

EXPLICATION.

I. — Une fois rédigé, un acte de l'état civil appartient à la société tout entière, et non plus seulement aux parties qui l'ont fait dresser, lesquelles ne peuvent plus le modifier à leur gré. Aucun changement, donc, n'y peut plus être fait qu'avec publique connaissance de cause et en vertu de jugement.

II. — Les individus, auxquels un acte est relatif, étant seuls intéressés à ce que tel ou tel changement y soit fait, eux seuls aussi ont, en principe, le droit de requérir ce changement et de demander le jugement qui doit le prononcer; seulement, la société étant intéressée, elle, à ce que le changement n'ait lieu qu'autant qu'il y aurait une cause légitime, le procureur du Roi, mandataire de cette société, devra être appelé à donner ses conclusions. Mais il nous parait ne pouvoir pas, *en principe*, agir lui-même pour requérir d'office la rectification; aussi, notre article dit-il simplement qu'il donnera ses conclusions.

Ce principe, toutefois, souffre exception dans deux cas :

1° Si la rectification à faire intéressait l'ordre public; car il est de principe que le Ministère public peut agir, toutes les fois que l'intérêt de la société le demande. Ainsi, le procureur du Roi pourrait agir d'office pour faire supprimer, dans un acte, une énonciation que la loi défendait d'y faire, par exemple, que tel enfant a pour mère Marie, épouse de Pierre ; et pour père Paul. Ce point a été décidé, d'ailleurs, par un avis du Conseil d'État, du 12 brumaire an XI.

2° Lorsqu'il s'agit de la rectification d'actes relatifs à un individu qui ne peut pas agir par lui-même, vu son indigence, ce cas est prévu par une décision ministérielle du 6 brumaire an XI.

Du reste, on pourrait dire, sous un point de vue, que dans ces deux cas il n'y a pas précisément exception au principe et que le ministère public agit là comme partie principale. En effet, la société, dont il est le mandataire et le représentant, est intéressée *directement* à la conservation de l'état civil des indigens, et à la suppression de ce qui est contraire à la morale publique.

III. — Notre article nous dit bien que la demande en rectification devra se porter *au tribunal compétent;* mais il ne dit pas quel tribunal sera compétent dans ce cas. C'est le Code de procédure qui règle ce point, dans le tit. 5 du liv. 1, deuxième partie, art. 839 à 858.

L'un des articles de ce titre, l'art. 855, indique, non pas explicitement et en termes exprès, mais d'une manière parfaitement saisissable pourtant, que le tribunal compétent est celui de la situation des registres; et Merlin, dont l'idée a été reproduite depuis par plusieurs auteurs, a commis une erreur, selon nous, quand il a dit (*Répert.*, v° *Émigration*) que c'est seulement la raison qui a fait admettre cette règle *en l'absence de toute loi.* Il suffit de jeter un coup d'œil sur l'ensemble de ce titre 5, pour voir que cette assertion est fort peu exacte.

En effet, ce titre, qui s'occupe *des voies à prendre pour avoir copie d'un acte ou pour le faire réformer*, débute par dire (art. 839) que le dépositaire qui refusera de délivrer copie d'un acte y sera condamné sur assignation à bref délai, donnée en vertu de permission du président du *tribunal de première instance.* Et de quel tribunal de première instance ? La loi ne le dit pas expressément, c'est vrai ; mais il est clair, il est palpable, que c'est celui de la résidence du dépositaire; c'est parce que la chose va de soi, parce qu'il était *impossible* de penser à un autre tribunal, parce qu'il eût été presque niais de l'exprimer en termes formels, que le rédacteur ne l'a pas fait.

Le titre continue en disant que la partie qui veut obtenir copie d'un acte non enregistré ou resté imparfait, doit présenter requête au président du *tribunal de première instance* (art. 841); qu'en cas de refus du dépositaire, il en sera référé au président du *tribunal de première instance* (art. 843); et c'est après avoir répété plusieurs fois encore les mêmes expressions, qu'il arrive à dire, dans l'art. 855, que celui qui voudra faire ordonner la rectification d'un acte de l'état civil, présentera requête au président du *tribunal de première instance.*

Évidemment, c'est du tribunal de première instance de la situation des registres que l'article entend parler. Le doute ne nous serait pas même possible sur ce point, et nous tenons pour incontestable, quoi qu'en ait dit Merlin, que si *la raison* demande la règle que nous venons d'indiquer, *la loi* ne la demande pas moins.

Quoi qu'il en soit, cette règle est proclamée par tous les auteurs. Mais tous ne donnent pas à cette règle la même étendue; les uns veulent qu'elle subisse plusieurs exceptions; les autres n'en admettent qu'une seule. Nous croyons, nous, qu'elle n'en doit recevoir aucune.

On enseigne généralement, que la demande en rectification ne doit être portée au tribunal de la situation des registres que quand elle est *principale*, c'est-à-dire quand elle ne se rattache pas à un procès déjà existant; mais que si elle était *incidente*, c'est-à-dire si elle était formée dans le cours et à l'occasion d'un procès déjà pendant devant un autre tribunal, ce serait ce tribunal qui devrait la juger.

M. Duranton fonde cette décision sur ce que le Code de procédure, après avoir dit dans l'art. 855, ainsi qu'on vient de voir, que la demande en rectification doit se former par requête au président du tribunal de première instance, ajoute, dans l'art. 856, *que si les parties sont en instance, elle sera formée par acte d'avoué;* or, une demande ne peut se former par acte d'avoué que devant le tribunal où les parties plaident.

Ainsi, M. Duranton entend cet art. 856 en ce sens, que toutes les fois que les parties seront en cause *devant un tribunal quelconque*, la rectification se demandera par acte d'avoué. Mais telle n'est pas, selon nous, la signification de l'article; l'article veut dire que la demande se formera par acte d'avoué *quand les parties seront en cause devant le tribunal de la situation.* En effet, dans ces deux art. 855 et 856, le législateur ne se propose pas de nous dire explicitement quel tribunal devra statuer sur la rectification; ce premier point, il ne le résout que virtuellement, et il le suppose suffisamment compris par soi-même; ce qu'il veut indiquer expressément, c'est seulement *la forme* à suivre, forme qui varie selon les cas, mais qui, dans la pensée des deux articles, doit être employée devant un tribunal qui, lui, ne varie pas et est toujours le même, savoir *le tribunal de la situation.* Qu'on lise ces deux articles et on en aura la preuve. D'après l'art. 855, *celui qui veut faire rectifier doit présenter requête au président du tribunal.* Et de quel tribunal? Évidemment, et tout le monde est ici d'accord, c'est celui de la situation. Laissons ce premier point, et continuons : *Il y sera statué sur rapport,* dit l'art. 856 : *les juges ordonneront, s'ils l'estiment convenable, que les parties intéressées seront appelées.* Quel est le tribunal devant lequel se fera le rapport dont il s'agit? Bien évidemment, celui de la situation toujours. *S'il y a lieu d'appeler les parties intéressées, la demande sera formée par exploit...* Toujours devant le même tribunal, certainement. *Elle le sera par acte d'avoué, si les parties sont déjà en instance.* En instance, où? Toujours devant le même tribunal dont parlent tous les articles antérieurs du titre.

L'argument de M. Duranton s'évanouit donc, et on ne saurait donner aucune raison solide de ce prétendu changement de compétence pour le cas de demande incidente. Et en effet, s'il était raisonnable et tout naturel, j'ai presque dit indispensable, d'attribuer au tribunal de la situation des registres une compétence spéciale pour leur rectification (parce que c'est à ce tribunal qu'est confiée la haute surveillance de ces registres, parce que c'est de lui que dépendent les officiers chargés de rédiger et conserver les actes et auxquels s'adressera l'ordre de rectifier, parce que c'est le procureur du Roi de ce tribunal qui devra présider à la rectification lorsqu'on l'effectuera, parce qu'enfin le tribunal, pour statuer, pourra avoir besoin de se faire représenter les registres eux-mêmes, et qu'il est du plus haut intérêt, comme nous l'avons vu sous l'art. 45, de ne pas faire promener ces registres d'un bout de la France à l'autre) est-ce que les raisons ne sont pas les mêmes, et identiquement les mêmes, dans le cas d'une demande incidente que dans le cas d'une demande principale?

Ainsi, selon nous, le tribunal de la situation des registres est seul et exclusivement compétent pour connaître des demandes en rectification; mais, bien entendu, pour que cette compétence existe, il faut qu'il s'agisse vraiment et uniquement de *demandes en rectification* et non pas de *réclamations d'état.* Une procédure de rectification d'acte et une instance sur une question d'état ne sont pas chose identique. Sans doute elles peuvent se présenter toutes deux ensemble; mais chacune d'elles peut aussi se présenter sans l'autre. Je puis avoir à faire rectifier mon acte de naissance, par exemple, pour des noms mal orthographiés, ou des prénoms changés, quoique personne ne songe à contester mon état, qui est clairement et solidement établi; réciproquement, je puis avoir à intenter une action en réclamation d'état, sans qu'il y ait lieu à aucune rectification. Ainsi, quand je prétends que tel acte de naissance, que je reconnais régulier en tout et partout, n'appartient pas à celui auquel on l'a appliqué jusqu'ici, mais m'appartient à moi, j'intente une action en réclamation d'état, et il est clair qu'il n'y a lieu à aucune rectification d'acte. Il y a d'ailleurs cette différence bien saisissable, que la réclamation d'état constitue *un procès* et donne lieu à ce qu'on appelle une action; tandis que la demande en rectification, seule et en elle-même, suppose absence de contradiction, de procès, d'action.

Une rectification peut donc être demandée ou directement et sans procès, et alors le tribunal de la situation des registres aura seul à s'en occuper; ou bien, elle peut l'être comme conséquence d'une réclamation d'état, et alors ce sera bien toujours au tribunal de la situation à l'ordonner; mais il ne pourra le faire qu'après que le procès sur l'état sera vidé, et la réclamation admise par le tribunal compétent. Et ici, comme dans toute action personnelle, le tribunal compétent est celui du domicile du défendeur.

Du reste, les développemens auxquels cette matière pourrait donner lieu appartenant, non point au Code civil, mais au Code de procédure, nous nous abstiendrons d'y entrer ici.

IV. — D'après un avis du Conseil d'État du 30 mars 1808, lorsqu'il s'agit seulement d'un nom mal orthographié dans l'acte de naissance d'un enfant, ou de la suppression d'un des plusieurs prénoms de ses père ou mère, il suffira, lorsque cet enfant viendra à se marier, que ses père, mère ou aïeuls, dont le consentement est requis pour son mariage, attestent l'identité; que si les ascendans sont morts, l'identité sera valablement attestée, pour les mineurs, par le conseil de famille, et pour les majeurs, par les quatre témoins de l'acte de mariage.

Si c'est dans l'acte de décès des père, mère ou aïeuls, que se trouve l'omission d'une lettre ou d'un prénom, il suffira de la déclaration à serment des parties majeures et des témoins, ou, s'il s'agit de mineurs, de celle des personnes dont le consentement est nécessaire au mariage.

Il ne sera donc pas nécessaire dans ce cas, de demander une rectification; mais aussi, aucune modification ne sera faite aux registres de l'état civil, sur lesquels un changement, quelque léger qu'il soit, ne peut jamais se faire qu'en vertu d'un jugement. C'est seulement pour la célébration du mariage que les moyens indiqués ici remplaceront le jugement de rectification, lequel resterait nécessaire pour toute autre circonstance.

V. — Le jugement qui statue sur une demande en rectification sera toujours rendu, d'après notre article, *sauf l'appel*. On voit que c'est là tout simplement une application du principe général posé par l'art. 54, lequel déclare qu'on pourra toujours appeler des jugemens de première instance relatifs aux actes de l'état civil.

ARTICLE 100.

Le jugement de rectification ne pourra, dans aucun temps, être opposé aux parties intéressées qui ne l'auraient pas requis, ou qui n'y auraient pas été appelées.

SOMMAIRE.

I. Quand les personnes intéressées ont été appelées à la rectification, elles ne peuvent attaquer le jugement que par appel ou pourvoi en cassation.

II. Lorsqu'elles n'y ont pas été appelées, elles peuvent l'attaquer par la tierce-opposition; et encore provoquer un jugement contraire par une action ordinaire.

III. Quand les personnes non appelées font ainsi annuler le jugement, ou en obtiennent un contraire, le jugement conserve ses effets pour ceux qui y ont été parties.

IV. On peut avoir été partie au jugement sans y avoir figuré soi-même.

EXPLICATION.

I. — Lorsqu'une demande en rectification est formée, il se peut qu'il n'existe aucune personne intéressée à contredire les prétentions de celui qui la forme; par exemple, si ma demande a pour but de me faire reconnaître comme enfant légitime de Pierre et de Marie, qui tous deux sont morts, sans laisser de biens ni de parens, il est clair que personne n'a intérêt à me contester la qualité que je prétends m'appartenir, et que le seul contradicteur que je pourrai avoir sera le procureur du Roi, sur les conclusions duquel le tribunal statuera.

Mais il se peut aussi, et c'est ce qui arrivera le plus souvent, qu'un ou plusieurs individus aient intérêt à contester ma prétention; si, par exemple, il y a des enfans, ou d'autres parens de ceux dont je me dis moi-même fils, ils seront évidemment intéressés à ce que je ne sois pas déclaré membre d'une famille à laquelle ils soutiennent que je n'appartiens pas.

Dans ce dernier cas, c'est-à-dire quand il existera des parties intéressées à contester la prétention du réclamant, et que celui-ci ne les aura pas appelées en cause, ce sera au tribunal à voir, conformément à l'article précédent et à l'art. 856 du Code de procédure, s'il trouve nécessaire de les appeler pour jeter plus de jour sur la contestation.

Si le tribunal pense qu'il y a lieu de les appeler, le jugement sera rendu contradictoirement avec elles, et elles n'auront pour l'attaquer que les voies ordinaires d'appel et de pourvoi en cassation.

II. — Mais il en sera autrement lorsque ces parties n'auront pas été appelées ; le jugement alors, comme le dit notre article, ne pourra pas leur être opposé, et elles pourront, soit l'attaquer par la tierce-opposition, soit intenter une action ordinaire pour obtenir un jugement contraire au premier. C'est là, en effet, le cas de former la tierce-opposition, dont nous avons parlé à l'art. 5, n° III. Car, le jugement ayant pour effet, par exemple, d'attribuer à un individu la qualité de membre de telle famille, l'individu, lors de l'ouverture de la succession d'un membre de cette famille, viendrait, en exécution de son jugement, prendre une part de cette succession. Le jugement est donc de nature à nuire par son exécution à ceux des membres de cette famille qui n'y ont pas été appelés, et dès lors, il y a lieu pour eux à former tierce-opposition.

Mais s'ils le peuvent, ils n'y sont pas forcés. La tierce-opposition, en effet, comme nous l'avons déjà dit sous ce même art. 5, est toujours facultative, et ceux qui peuvent la former, peuvent aussi agir par action ordinaire pour demander une décision différente.

Il est même un cas où les parties non appelées, non-seulement *pourront*, mais devront nécessairement agir par action principale, ordinaire et indépendante du premier jugement. C'est quand elles voudraient, non pas seulement repousser les conséquences de ce jugement, mais arriver à une rectification en sens contraire. Ainsi, Pierre était inscrit dans son acte de naissance comme fils naturel de Louis ; mais il a fait juger contre Paul, enfant légitime de ce même Louis, qu'il était non pas fils naturel, mais bien fils légitime. Charles, autre enfant légitime de Louis, lequel Charles était absent lors du procès et n'y a point été appelé, veut faire juger que non-seulement Pierre n'est pas fils légitime de Louis, mais qu'il n'est pas même son enfant naturel, qu'il lui est totalement étranger. Il est clair qu'alors ce n'est pas la voie de la tierce-opposition qu'il doit prendre, et qu'il lui faut intenter une action directe. On comprend, en effet, que la tierce-opposition ayant uniquement pour but de faire déclarer le premier jugement non-avenu, vis-à-vis de celui qui prend cette voie, elle aurait seulement pour effet de remettre, quant à lui, les choses au même état qu'auparavant, ce qui ne suffirait pas pour satisfaire les prétentions de Charles.

III. — Si la partie intéressée, non appelée au premier jugement, faisait triompher ses prétentions et obtenait, soit, par tierce-opposition, l'annulation vis-à-vis d'elle de la première rectification, soit, par une action directe, une rectification en sens contraire, le premier jugement ne serait pas pour cela anéanti absolument; il conserverait tous ses effets contre ceux qui y ont été parties, parce que pour ceux-là, il y a *res judicata* et que *res judicata pro veritate habetur*. Il suit de là, que celui qui avait obtenu le premier jugement pourrait se dire fils de Louis et de Marie, par rapport à Paul, un de leurs enfans, tandis qu'il ne serait plus qu'un étranger vis-à-vis de Charles, qui est cependant frère de Paul. Il se pourrait donc, qu'à cause des deux jugemens différens, qui tous deux *pro veritate habentur*, il se trouvât en même temps appartenir et ne pas appartenir à telle famille, selon qu'il serait en présence de tel ou de tel autre membre de cette famille, dont l'un aurait été partie au premier jugement, tandis que l'autre n'y aurait pas été appelé et l'aurait ensuite fait déclarer non-avenu vis-à-vis de lui, ou en aurait obtenu un contraire.

Si bizarre que puisse paraître ce résultat, il n'est cependant que la conséquence toute simple de la nature que nous avons vu, sous l'art. 5, être celle du jugement, lequel a pour caractère la spécialité et n'a de force que pour les parties en cause, en sorte que, à côté de la maxime *res judicata pro veritate habetur*, il faut toujours placer cette autre : *Res inter alios judicata aliis non nocet nec prodest.*

IV. — Mais il faut bien remarquer que pour pouvoir invoquer la maxime *Res inter alios judicata* et former tierce-opposition au jugement rendu, il faut, ainsi que nous l'avons déjà dit sous l'art. 5, avoir été vraiment étranger au procès et n'y avoir figuré, ni par soi-même, ni par aucun représentant.

Ainsi, Pierre demande la rectification de son acte de naissance, dans lequel il est inscrit comme né de père et mère inconnus, tandis qu'il se prétend fils légitime de Jean et de Marie, encore vivans. Ceux qu'il soutient être ses père et mère sont appelés en cause, et le débat s'engage contradictoirement avec eux; la question est décidée en faveur de l'enfant, et la rectification est ordonnée. Plus tard, lors de l'ouverture de la succession du père, de la mère ou de tout autre parent, les autres enfans de Pierre et de Marie ou d'autres membres de la famille, après la mort de ceux-ci, veulent écarter Pierre de cette succession, en disant qu'ils n'ont pas été parties au jugement qui l'a déclaré fils de Jean et de Marie et que ce jugement est pour eux *res inter alios judicata.....* Leurs prétentions ne seraient pas admises.

En effet, le père et la mère étaient les plus intéressés à ce qu'on ne déclarât pas leur enfant celui qu'ils soutenaient ne pas l'être ; leur intérêt était tel qu'il résumait, en quelque sorte, celui de toute la famille ; c'étaient eux, d'ailleurs, qui étaient le plus en état de contester efficacement les prétentions soulevées par l'enfant ; ils ont donc été dans l'affaire les représentans nés de tous les membres de la famille, et ceux-ci, dès lors, ne peuvent pas se dire des tiers par rapport au jugement rendu.

Il en serait autrement, bien entendu, si ceux qui viennent contester à Pierre la qualité qui lui a été attribuée par le jugement, alléguaient que Jean et Marie, ses soi-disant père et mère, ont agi par fraude dans cette affaire et se sont laissé condamner à dessein et d'accord avec Pierre, pour lui assurer une portion de leurs biens et dépouiller d'autant ceux qui réclament actuellement. Ceux-ci seraient nécessairement admis à faire cette preuve, et s'ils pouvaient l'administrer, il serait vrai de dire qu'ils n'ont pas été valablement représentés au jugement par leurs auteurs, et qu'ils ne sont que des tiers quant à ce jugement.

ARTICLE 101.

Les jugemens de rectification seront inscrits sur les registres par l'officier de l'état civil, aussitôt qu'ils lui auront été remis, et mention en sera faite en marge de l'acte réformé.

N. B. — Un acte de l'état civil ne doit jamais être supprimé ; c'est pour cela que, sans toucher à l'acte dont la rectification est ordonnée, on se contentera d'inscrire le jugement sur les registres et d'en faire mention en marge de l'acte. Il est évident, du reste, que notre article doit être complété par la disposition de l'art. 49, d'après lequel, si l'acte à rectifier ne se trouve point sur les registres de l'année, et que par conséquent le double soit déposé au greffe du tribunal, c'est par le greffier que la mention sera faite en marge de ce double.

Avant 1808, les dépositaires des registres ne suivaient pas tous une marche uniforme pour la délivrance des extraits des actes rectifiés. Les uns se contentaient d'indiquer la date du jugement qui avait ordonné la rectification, de sorte qu'il fallait se faire délivrer ensuite un extrait de ce jugement lui-même ; les autres, entrant mieux dans l'esprit de la loi, donnaient en même temps l'extrait de l'acte et l'extrait du jugement qui l'avait réformé. Un avis du Conseil d'État, du 4 mars 1808, a décidé qu'on se conformerait universellement à ce dernier mode.

Nous avons vu, sous l'article précédent, n° III, que lorsque tous les intéressés n'auront pas été parties au jugement de rectification, soit par eux-mêmes, soit par un contradicteur ayant qualité pour les représenter, il pourra intervenir un second jugement de rectification en sens contraire. Chacun de ces deux jugemens devant conserver ses effets vis-à-vis des parties entre lesquelles il est intervenu, tous deux devront être inscrits sur les registres à leur date et mentionnés en marge de l'acte ainsi rectifié deux fois; puis, lorsqu'un extrait de cet acte sera délivré, il devra l'être avec extrait de chacun des deux jugemens.

RÉSUMÉ DU TITRE SECOND.

DES ACTES DE L'ÉTAT CIVIL.

I. — On appelle *État civil* d'un individu la position qu'il tient au milieu de la société, à raison de ses qualités de père ou de fils; d'homme marié ou non marié, etc.; *Actes de l'état civil*, les procès-verbaux qui constatent ces diverses qualités; et *Officiers de l'état civil*, les fonctionnaires publics chargés de la rédaction de ces actes. Ces officiers ont été, jusqu'en 1792, les curés des paroisses; depuis 1800, ce sont les maires des communes. Il y a pourtant exception pour les membres de la famille royale, relativement auxquels les fonctions d'officier de l'état civil sont remplies, aux termes d'une loi spéciale, par le Ministre de la justice. Les registres contenant les actes de leur état civil restent déposés aux archives de la Chambre des Pairs.

Les règles relatives aux actes de l'état civil sont, ou communes à toutes les espèces d'actes, ou particulières pour chacune de ces espèces.

CHAPITRE PREMIER.

RÈGLES COMMUNES A TOUTES LES ESPÈCES D'ACTES.

II. — Les actes de l'état civil doivent indiquer les jour, mois et an auxquels ils sont reçus et la désignation des parties y dénommées.

Ils doivent être rédigés sans interlignes ni surcharges, sans abréviations ni chiffres, et inscrits les uns après les autres de suite et sans blanc; les ratures et renvois doivent être signés de la même manière que le corps même de l'acte. L'officier, après leur rédaction, doit en faire lecture, mentionner l'accomplissement de cette formalité, et signer avec les comparans et les té-moins. Il n'y a pas, pour ces témoins, d'autres qualités requises que d'être mâles et âgés de vingt et un ans. Les parties, excepté dans le cas de mariage, peuvent se faire représenter par un fondé de procuration spéciale et authentique.

Les registres destinés à recevoir les actes de l'état civil doivent être tenus doubles dans chaque commune, soit que cette commune n'en ait qu'un pour les actes de toute espèce, soit qu'elle en ait plusieurs, un pour chaque espèce d'actes; ils sont cotés et paraphés par le président du tribunal de première instance. A la fin de chaque année, l'un des registres est déposé au greffe du tribunal avec les procurations et autres pièces produites par les parties ou leurs mandataires; l'autre reste aux archives de la commune. Comme ces registres ne doivent jamais être déplacés, leurs extraits ont la même force probante que les registres eux-mêmes, c'est-à-dire qu'ils font foi, jusqu'à inscription de faux, pour celles de leurs énonciations que l'officier a pu attester *propriis sensibus;* quant aux autres énonciations, elles ont seulement la force des dépositions ordinaires de témoins, attendu que les déclarans ne sont point des officiers publics.

III. — Les actes de l'état civil de chaque individu appartenant à la société tout entière, qui est intéressée à connaître l'état de chacun de ses membres, il s'en suit que les extraits dont nous venons de parler doivent être délivrés à tout requérant.

Du même principe il suit encore, qu'un acte étant une fois rédigé, aucun changement n'y peut être fait qu'en vertu d'un jugement de rectification. Ce jugement est inscrit sur les registres et mentionné en marge de l'acte rectifié. Lorsqu'à ce jugement les intéressés ou quelques-uns d'eux n'ont pas été appelés, ni valablement représentés, le jugement ne peut avoir effet vis-à-vis d'eux; s'ils veulent simplement en repousser les conséquences et le faire réputer non-avenu quant à eux, ils ont à choisir entre la voie de tierce-opposition et une action ordinaire tendant à faire juger négativement ce qui avait été résolu affirmativement. Que s'ils veulent, non pas seulement repousser les conséquences de ce jugement, mais faire prononcer une rectification en sens contraire de la première, c'est toujours et nécessairement une action ordinaire qu'il leur faut intenter.

Les jugemens de rectification, comme tous autres relatifs aux actes de l'état civil, sont rendus sur les conclusions du ministère public, mandataire de la société, et toujours susceptibles d'appel. Si l'inexactitude de l'acte consistait seulement dans un nom mal orthographié, ou dans la suppression d'un des prénoms des père ou mère, il ne serait pas nécessaire, pour arriver à une célébration de mariage, de faire rectifier l'acte; il suffirait de faire attester par témoins qu'il y a dans l'acte inexactitude sous ce rapport. Les jugements de rectification ne peuvent être demandés que par les parties intéressées et non d'office par le procureur du Roi, excepté: 1° lorsque la rectification intéresse l'ordre public; 2° lorsqu'elle concerne des individus notoirement indigens.

IV.— Quand on allègue qu'il n'a pas été tenu de registres, ou que les registres ont cessé d'exister, ou que seulement un feuillet ou un acte a été détruit, on peut, soit par titres, soit même par témoins, 1° prouver le fait qu'on allègue; 2° ce fait admis, prouver le fait de la naissance, du mariage ou du décès.

En pays étranger, les agens diplomatiques peuvent recevoir les actes de l'état civil des Français; les officiers du pays peuvent, par application de la maxime *Locus regit actum,* recevoir et ceux des Français et ceux passés entre Français et étrangers.

Les dépositaires des registres sont civilement responsables envers les intéressés de toute altération ou destruction des registres, ou d'une partie des registres, sauf leur recours contre les auteurs du fait, lesquels peuvent en outre, s'il y a lieu, être poursuivis criminellement par le procureur du Roi.

CHAPITRE II.

RÈGLES PARTICULIÈRES POUR CHAQUE ESPÈCE D'ACTES.

V. — *Actes de Naissance.* — Les actes de naissance, en principe, n'ont pour but que de prouver le fait de la naissance; cependant ce sont eux aussi qui prouvent la filiation quand il s'agit d'enfans légitimes; tandis que celle des enfans naturels se prouve par un acte tout différent, c'est-à-dire un acte authentique de reconnaissance formelle. L'acte de naissance d'un enfant légitime n'est donc complet que quand il prouve et la naissance et la filiation. Ainsi, lorsqu'on veut procurer à un enfant légitime, dont l'acte de naissance n'établit pas la filiation, un acte qui prouve cette filiation, ce n'est pas une reconnaissance qu'il faut faire, comme on ferait pour l'enfant naturel; il faut compléter l'acte de naissance et obtenir à cet effet un jugement de rectification.

Les naissances doivent être déclarées dans les trois jours à l'officier de l'état civil, après l'avoir été, dans les villes de 50,000 âmes et au-dessus, au commissaire de police du quartier, qui tient à cette fin un registre qu'il dépose à la mairie, à la fin du trimestre.

L'acte est dressé sur la présentation de l'enfant et en présence de deux témoins. Si l'enfant est malade, l'officier doit se transporter près de lui. L'obligation de faire la déclaration est imposée : 1° au père ; 2° quand la mère n'est pas accouchée chez elle, au père encore, s'il est présent, et à son défaut, à la personne chez qui l'accouchement a eu lieu ; 3° à défaut de l'un et de l'autre, aux médecins, sages-femmes et autres personnes qui ont assisté à l'accouchement.

L'acte de naissance doit toujours contenir l'indication du lieu et de l'époque de la naissance, et les prénoms de l'enfant ; il doit indiquer de plus, mais seulement quand l'enfant est légitime, le père et la mère ; que s'il s'agit d'un enfant naturel, l'indication du père ne peut avoir lieu qu'autant que ce père reconnaît l'enfant, et pourvu que cette reconnaissance n'attribue pas à l'enfant une filiation incestueuse ou adultérine ; celle de la mère peut toujours être faite, mais elle ne doit jamais être exigée.

Tout acte de reconnaissance, fait séparément de l'acte de naissance, doit être inscrit sur les registres des naissances et mentionné en marge de l'acte de naissance de l'enfant reconnu.

La personne qui trouve un enfant nouveau né est tenue de le remettre à l'officier de l'état civil, ainsi que les effets trouvés avec l'enfant, en indiquant les circonstances du fait. L'officier dresse un procès-verbal qui énonce en outre le sexe, l'âge apparent de l'enfant, les noms qui lui sont donnés et l'autorité à laquelle il est remis. Ce procès-verbal est inscrit sur les registres des naissances.

S'il naît un enfant pendant un voyage en mer, l'acte doit être dressé dans les vingt-quatre heures sur le rôle d'équipage, par celui qui commande le bâtiment. Une expédition authentique de cet acte ou une copie de cette expédition est envoyée, soit directement par le préposé au bureau de l'inscription maritime du port où le bâtiment aura abordé, soit par l'intermédiaire du ministre de la marine, à l'officier de l'état civil du domicile du père, s'il est connu ; sinon, de la mère. Cet officier l'inscrit immédiatement sur les registres des naissances.

VI. — *Actes de Mariages.* — Tout ce qu'il y a à dire sur cette matière sera plus logiquement placé dans le titre du Mariage.

VII. — *Actes de Décès.* — Les déclarations de décès doivent être faites dans les vingt-quatre heures par les deux plus proches parens ou voisins, à l'officier de l'état civil, après avoir été faites préalablement, dans les villes de 50,000 âmes et au-dessus, au commissaire de police du quartier. L'inhumation ne peut être faite qu'en vertu d'une autorisation qui ne se délivre qu'après la déclaration faite, sans toutefois qu'elle puisse jamais avoir lieu avant l'expiration de vingt-quatre heures depuis le décès.

L'acte, qui ne doit être rédigé qu'après que l'officier de l'état civil s'est assuré du décès, soit en se transportant lui-même au domicile de la personne, soit en confiant ce soin à un homme de l'art, doit contenir les prénoms, noms, profession et domicile du décédé, de son conjoint, s'il est marié ou veuf, et autant qu'il est possible, de ses père et mère.

VIII. — Nous avons maintenant à rappeler les règles à suivre dans divers cas extraordinaires de décès.

1° En cas de décès dans des établissemens publics, tels que maisons de santé, colléges, séminaires, communautés, prisons, etc., les directeurs, supérieurs, concierges, gardiens, etc., en doivent donner avis dans les vingt-quatre heures à l'officier de l'état civil, qui dresse l'acte après s'y être transporté. Il doit être tenu en outre, dans toutes les maisons publiques, à l'exception des prisons, des registres spéciaux où l'on consigne la mention de ces décès et des circonstances y relatives.

2° Lorsqu'il y a lieu de soupçonner qu'il y a eu mort violente, un officier de police doit, assisté d'un docteur en médecine, dresser procès-verbal de l'état du cadavre et de toutes les circonstances et renseignemens relatifs au fait. Ces renseignemens sont par lui envoyés à l'officier de l'état civil du lieu, qui dresse l'acte d'après eux.

3° En cas d'exécution à mort, le greffier criminel doit, dans les vingt-quatre heures de cette exécution, envoyer à l'officier de l'état civil du lieu les renseignemens nécessaires à la rédaction de l'acte.

Dans les trois cas ci-dessus, l'officier qui a dressé l'acte en envoie une expédition à celui du domicile du défunt.

Dans les cas d'exécution à mort, de mort violente et de décès dans une prison, il ne doit pas être fait mention de ces circonstances dans l'acte.

4° En cas de décès pendant un voyage de mer, il faut appliquer ce qui a été dit pour les naissances arrivées en pareille circonstance.

5° En cas de présentation à l'officier de l'état civil, d'un enfant sans vie dont la naissance n'a pas été enregistrée, l'officier doit seulement déclarer qu'il a lui été présenté un enfant *sans vie*, et indiquer le jour et l'heure où cet enfant est sorti du sein de sa mère. Il ne doit pas énoncer que l'enfant est mort.

6° Quand un individu aura péri dans un incendie, une inondation, un éboulement de mines ou toute autre circonstance dans laquelle il sera impossible de retrouver son corps, on en fera dresser procès-verbal par un officier de police. Ce procès-verbal sera transmis au procureur du Roi, à la diligence duquel il sera, sur l'autorisation du tribunal, annexé au registre des décès.

CHAPITRE III.

RÈGLES PARTICULIÈRES POUR LES MILITAIRES DANS UN CAS DÉTERMINÉ.

IX. — Les militaires en activité de service hors du royaume, et aussi ceux qui, en France, se trouvent, par suite de la guerre, sans communication possible avec les autorités civiles, ont été l'objet de dispositions qui apportent quelques exceptions aux règles précédemment tracées.

Les fonctions d'officier d'état civil sont remplies, dans ces circonstances particulières : 1° Dans chaque corps spécial, pour les militaires attachés à un corps, par le major, si le corps comprend un ou plusieurs bataillons ; par le capitaine commandant, si le corps est de moins d'un bataillon ; 2° à l'état-major, pour les individus dépendant de l'armée, sans cependant faire partie d'un corps spécial, par l'intendant militaire. Il est tenu, par chacun de ces officiers, un seul registre sur lequel s'inscrivent les actes de toute espèce. Ces registres sont cotés et paraphés, celui de chaque corps, par l'officier qui commande ce corps; celui de l'état-major, confié à l'intendant, par le chef d'état-major ; 3° enfin, les directeurs d'hôpitaux sont officiers de l'état civil pour les décès arrivant dans ces hôpitaux.

Pour les déclarations de naissances, un délai de dix jours au lieu de trois, est accordé, et l'on a un nouveau délai de dix jours, à partir de l'inscription de l'acte, pour en envoyer un extrait à l'officier de l'état civil du domicile du père, si le père est connu ; sinon, de la mère.

Les mariages ne peuvent avoir lieu qu'après publication au domicile des parties, et en outre, après que la publication a été mise pendant vingt-cinq jours à l'ordre du jour du corps ou de l'armée, selon les cas. L'extrait de l'acte de mariage doit être envoyé à l'officier de l'état civil des parties, immédiatement après l'inscription sur les registres.

Les actes de décès doivent être rédigés sur la déclaration de trois témoins, au lieu de deux, requis dans les cas ordinaires ; on a dix jours pour envoyer l'extrait.

En cas de décès dans un hôpital, l'acte est rédigé par le directeur, qui en adresse une expédition à celui des officiers de l'armée chargé des fonctions d'officier de l'état civil, relativement à l'individu décédé. Cet officier, comme dans les autres cas, en fait parvenir un extrait à l'officier de l'état civil du domicile du défunt.

A la rentrée des troupes sur le territoire français, le registre tenu à l'état-major pour les individus non attachés à un corps et ceux tenus dans chaque corps spécial sont tous déposés aux archives de la guerre.

X. — Maintenant, comment doit-on entendre la compétence de ces officiers spéciaux, en pays étranger? Est-elle forcée ou n'est-elle que facultative ?

A la différence des simples individus, une armée entre sur un territoire pour y commander, et dans les divers lieux qu'elle occupe, elle ne reconnaît, pour elle, que la souveraineté du pouvoir qui l'envoie ; donc, pour tous ceux qui lui appartiennent, là où est le drapeau, là est la France.

Ainsi, en quelque pays qu'ils aillent, ceux qui font partie d'une armée, réellement et actuellement, y sont légalement en France. Si le point occupé par l'armée l'est absolument et exclusivement, un camp, par exemple, le point est réputé la France absolument, et l'officier du pays n'y pourrait recevoir aucun acte de l'état civil qui concernât un Français, même pour partie ; il n'y pourrait recevoir que ceux exclusivement relatifs aux étrangers. Si le pays n'est occupé que pour partie, comme une ville où sont restés les habitans, il continue d'être pays étranger quant aux étrangers, et l'on a, par exemple, une ville tout à la fois française et allemande. Là encore, l'officier français est seul compétent pour les actes ne concernant que des Français ; mais si, au contraire, l'acte est relatif à un Français et à un étranger en même temps, par exemple, un mariage entre un militaire de l'armée et une femme du pays, cet acte peut être reçu soit par l'officier de l'armée, soit par l'officier du pays, attendu qu'on est en France devant l'un et en Allemagne devant l'autre.

TITRE III.

DU DOMICILE.

(Décrété le 14 mars 1803. — Promulgué le 24.)

Diverses raisons, que l'on comprendra mieux à mesure qu'on avancera davantage dans l'étude du droit, demandaient que l'on mît chaque personne en rapport légal avec un lieu déterminé.

Ainsi, par exemple, la justice étant rendue par un grand nombre de tribunaux, à chacun desquels est attribuée une certaine portion du territoire, il est clair que chaque personne doit être rattachée à tel ou à tel lieu, afin qu'on sache auquel de ces tribunaux il faut la traduire, et qu'il ne soit pas permis d'appeler, arbitrairement et sans raison, à une extrémité de la France, la personne demeurant à une autre extrémité.

Ainsi encore, pour faire naître contre une personne l'obligation de comparaître en justice, il est de toute raison qu'il faut lui faire parvenir un avertissement préalable d'avoir à s'y présenter. Mais d'un autre côté, on ne pouvait pas exiger que cet avertissement (qu'on appelle *assignation, citation, ajournement*) fût toujours donné à la personne elle-même ; car c'eût été laisser à chaque débiteur la faculté de paralyser indéfiniment l'exercice des droits de son créancier, en s'arrangeant de telle sorte que celui-ci ne pût pas arriver jusqu'à lui. Il a donc fallu, ici encore, fixer un lieu avec lequel la personne serait dans une relation telle que toutes les significations, de quelque nature qu'elles fussent, qui seraient faites en ce lieu, auraient le même effet que si elles l'avaient été à la personne elle-même.

Le domicile est donc le siége légal, juridique, de la personne. Nous disons le siége *juridique ;* car le domicile n'est pas, à proprement parler, la maison, la construction matérielle ; c'est une chose tout idéale, une chose morale, abstraite, résultant seulement de la création de la loi. Dans l'usage, cependant, on appelle souvent domicile aussi la maison, le lieu, où est fixé le siége juridique ; mais ce n'est pas le sens technique du mot. L'art. 102 l'indique assez, quand il dit que le domicile est, non pas *le lieu,* mais *au lieu* du principal établissement.

Quoique nous disions que le domicile n'est point une réalité matérielle, n'est point une maison, un lieu, mais bien une création juridique, une abstraction, pur effet du droit ; cependant, nous n'admettons pas avec M. Demante (t. I, n° 107) que le *domicile consiste dans la relation établie par la loi entre la personne et le lieu.* Cette idée, selon nous, est inexacte. Le domicile n'est pas la relation établie par la loi entre la personne et le lieu, c'est *le siége* que la loi crée par suite de cette relation. Le domicile n'est pas *la relation ;* car, remettre un exploit au domicile, ce n'est pas *remettre un exploit à la relation ;* le tribunal de mon domicile n'est pas le *tribunal de la relation* qui existe entre moi et tel lieu. Ainsi, la loi établit des rapports entre chaque personne et tel lieu ; puis, comme conséquence de ces rapports, elle pose en ce lieu le siége fictif, *le domicile,* de cette personne.

Du reste, ce n'est pas arbitrairement, mais, au contraire, d'après l'intention, soit certaine, soit présumée, de la personne elle-même, que la loi, comme nous allons le voir, fixe, dans tel lieu plutôt que dans tel autre, le siége juridique de cette personne.

ARTICLE 102.

Le domicile de tout Français, quant à l'exercice de ses droits civils, est au lieu où il a son principal établissement.

SOMMAIRE.

I. Domicile politique. — Domicile civil. — Domicile quant au mariage. — Le domicile politique peut exister simultanément dans plusieurs lieux.

II. Différence entre le domicile et la résidence.

III. Sens très-étendu du mot établissement, dans cet article.

EXPLICATION.

I. — On distingue le *Domicile civil*, ou *domicile* simplement dit, et le *Domicile politique*, selon qu'il s'agit de déterminer le lieu où chaque citoyen doit exercer ses droits politiques ou ses droits civils. Le domicile civil est le seul dont s'occupe notre titre, comme l'indique la restriction apportée par ces mots de notre article : *quant à l'exercice de ses droits civils.*

On peut, aux termes de la loi du 19 avril 1831, avoir son domicile politique dans une commune autre que celle où l'on a son domicile civil. On peut même avoir son domicile politique dans plusieurs endroits simultanément, c'est-à-dire qu'on peut exercer tel droit politique dans tel arrondissement, et tel autre dans un autre arrondissement.

Il faut encore distinguer du domicile civil ordinaire, le *Domicile quant au mariage*, lequel, aux termes de l'art. 74, ne s'acquiert que par six mois d'habitation continue, de sorte qu'il consiste dans une simple résidence.

II. — Quant au domicile ordinaire, il est, d'après notre article, au lieu où l'on a son principal établissement. Il ne faut donc pas le confondre avec la résidence, qui consiste dans le seul fait de l'habitation. Ainsi, un commerçant qui a le siége de ses affaires à Rouen, laisse dans cette ville un commis à la tête de sa maison et s'en va passer six mois, avec sa famille, chez un parent ou un ami, à Marseille. Pendant ces six mois, il sera *résidant* à Marseille, mais il n'en continuera pas moins d'être *domicilié* à Rouen.

III. — Du reste, comme on le comprendra facilement par l'explication des articles suivans, le mot *Établissement* a, dans notre article, la signification la plus large, le sens le plus étendu. Ainsi, en prenant le mot établissement dans son sens propre, il est clair qu'un enfant de dix ans n'a pas d'établissement ; et cependant, cet enfant a un domicile. Ainsi encore, un jeune homme de vingt-cinq ans, qui vit du revenu de ses propriétés et n'exerce aucune profession, n'a pas précisément d'établissement; cependant, il a aussi son domicile.

Le législateur entend donc par le *lieu du principal établissement* celui où l'on est fixé, auquel on est attaché plus spécialement, en telle sorte que si l'on s'en éloigne, c'est toujours pour y revenir après un délai plus ou moins long.

ARTICLE 103.

Le changement de domicile s'opérera par le fait d'une habitation réelle dans un autre lieu, joint à l'intention d'y fixer son principal établissement.

SOMMAIRE.

I. Pour changer de domicile, il faut et l'intention et le fait. Le domicile ne s'acquiert que *animo et facto ;* une fois acquis, il se conserve *solo animo.*

II. Quand la personne est incapable, ou légalement réputée incapable, d'avoir une volonté, la loi lui en suppose une pour lui fixer un domicile. — Il en serait de même encore que la personne eût la volonté formelle de n'avoir aucun domicile.

III. En principe, il ne peut y avoir perte pure d'un domicile, il ne peut y avoir, réciproquement, acquisition pure d'un domicile nouveau. On ne peut pas n'avoir point de domicile; on ne peut pas en avoir plusieurs.

IV. De ces quatre principes, les trois premiers peuvent souffrir exception. Le quatrième ne le peut pas; mais les faits peuvent amener, quant à lui, les mêmes résultats qu'une exception de droit.

EXPLICATION.

I. — Pour changer de domicile, il ne suffit pas d'aller habiter dans un autre lieu; car, comme nous l'avons dit sous l'article précédent, le fait de l'habitation dans un lieu, quand l'intention d'y rester fixé ne s'y joint pas, ne constitue qu'une simple résidence. Il en serait toujours ainsi, quelque long que fût le temps pendant lequel on habiterait le lieu où l'on n'entend pas se fixer.

Ainsi, un jeune homme de la province, après avoir fait ses études d'humanités dans son pays, s'en vient passer à Paris quatre, cinq, six années au plus, pour y prendre ses grades dans une faculté, ou pour tout autre but, lequel atteint, il a l'intention de retourner s'établir dans son pays; ce jeune homme, n'ayant à Paris que le fait de l'habitation, n'a jamais cessé d'être domicilié au lieu où il l'était avant de venir dans la capitale.

Réciproquement, l'intention d'abandonner à toujours un lieu, pour aller s'établir dans un autre, ne suffirait pas seule, pour opérer le changement de domicile; il faut que le fait de l'habitation dans ce nouveau lieu vienne s'y réunir.

Il suit de là que le domicile une fois acquis se conserve *solo animo*, par l'intention seule et malgré une résidence dans un lieu différent; tandis qu'il ne peut s'acquérir que *animo et facto*.

II. — Comme on le voit, c'est de l'intention même de la personne, de l'*animus manendi*, que la loi part, pour établir, entre cette personne et tel ou tel lieu, le rapport d'où résulte le domicile. Mais il est des personnes qui sont incapables, ou que la loi déclare incapables d'avoir une volonté, une intention. Tels sont tous les mineurs avant leur émancipation, et les majeurs qui, privés de l'exercice de leurs facultés mentales, par l'imbécillité, la démence ou la fureur, ont été judiciairement interdits. Pour ces personnes, cependant, il fallait aussi que ce rapport légal existât; car elles ont aussi leur état dans la société civile et y jouissent de droits qui sont exercés par d'autres en leur nom. La loi a donc dû prêter, fictivement, à ces personnes, une intention qu'elles n'ont point, ou sont réputées ne point avoir, et déterminer cette intention d'après celle de la personne à laquelle la force des circonstances les rattache et qui est chargée de les représenter. Aussi, l'art. 108 nous dit-il que le mineur non émancipé aura son domicile chez ses père et mère ou tuteur, et le majeur interdit, chez son tuteur.

Nous avons parlé de personnes qui sont, *ou que la loi déclare*, incapables d'avoir une intention. En effet, il est évident qu'à seize ou dix-huit ans, un mineur peut voir une intention, et cependant, tant qu'il n'est pas émancipé, la loi ne lui reconnaît pas de volonté; il n'a pas, à ses yeux, plus de capacité que l'enfant non encore doué de raison. Il n'a donc pas le droit de se choisir un domicile.

D'un autre côté, il peut très-bien arriver qu'une personne qui est, et que la loi reconnaît être, très-capable d'avoir une volonté, une intention, n'ait cependant pas, en fait, l'intention de s'attacher à tel lieu plutôt qu'à tel autre, ou même qu'elle ait l'intention précise et arrêtée de ne s'attacher à aucun. Or, cela n'empêcherait pas cette personne d'avoir un domicile, la loi lui supposant, comme elle le fait pour les mineurs et les interdits, une intention qu'elle n'a pas en réalité. Personne, en effet, comme nous allons le voir sous le numéro suivant, ne peut être sans domicile; chacun est réputé, légalement et sans que la preuve contraire puisse même se faire, avoir l'intention d'être en relation avec un lieu quelconque.

III. — Il est fort important de remarquer en quels termes s'exprime notre article ; ces termes nous prouvent une idée bien arrêtée chez le législateur, et qui ressort encore de plusieurs autres articles : c'est qu'on ne peut, ni avoir plusieurs domiciles, ni n'en avoir aucun.

En effet, notre article ne parle pas (et aucun autre texte ne parle non plus) soit de *l'acquisition de domicile,* soit de *la perte de domicile ;* il parle *du changement* de domicile, c'est-à-dire du remplacement d'un domicile par un domicile nouveau. Ceci nous indique que, dans l'esprit du législateur, il ne peut pas y avoir perte d'un premier domicile, sans qu'il y ait en même temps acquisition d'un second, et que réciproquement, il n'y a jamais acquisition d'un nouveau domicile, sans qu'il y ait perte de l'ancien.

En effet, la raison toute seule nous dit déjà qu'un domicile est nécessaire à toute personne, parce que toute personne a des droits à exercer et qu'on peut avoir des droits à exercer contre elle ; mais elle nous dit aussi que s'il est nécessaire d'en avoir un, un suffit.

Aussi, l'art. 102 nous dit-il : *Le domicile de tout Français* est au lieu, etc. : les art. 104 et 107 nous parlent de *translation* de domicile, c'est-à-dire d'abandon d'un premier pour en choisir un autre ; dans l'art. 110, on nous dit que toute succession s'ouvre au lieu *du domicile ;* on n'ajoute pas, *quand il y en aura un,* parce qu'en effet on en a toujours un, et on ne dit pas non plus que ce sera au lieu *d'un des domiciles,* parce qu'on n'en peut pas avoir plusieurs. Il n'y a pas, dans tout notre titre, une phrase, un mot qui puisse faire soupçonner, chez le législateur, l'idée qu'une personne pourrait n'avoir pas de domicile ou en avoir deux ; tout, au contraire, conduit à faire admettre les deux propositions que nous avons avancées, et notre article vient compléter la démonstration.

En effet, comme nous l'avons dit déjà, notre article ne parle pas séparément de la perte et de l'acquisition de domicile, pour indiquer, à chacune, des causes différentes. Il les réunit l'une et l'autre dans une même phrase, dans un même mot, et leur assigne une cause identique. Dire que telle circonstance opère *changement de domicile,* c'est bien dire qu'elle anéantit le domicile ancien et en fait naître un nouveau. Mais puisque la cause qui fait perdre un domicile est précisément celle qui en crée un nouveau, il s'ensuit que toutes les fois qu'un domicile cessera d'exister, un autre sera créé et remplacera celui qui est perdu ;

réciproquement, puisque la cause qui crée un domicile nouveau est celle qui détruit l'ancien, il s'ensuit qu'un domicile postérieur ne naîtra jamais sans que le précédent soit forcément enlevé. En deux mots : il n'y a jamais perte pure du domicile qu'on avait, il n'y a jamais acquisition pure d'un domicile nouveau; il y a nécessairement, tout à la fois, perte d'un domicile et acquisition d'un domicile différent; en d'autres termes, il y a toujours *changement de domicile*.

Il reste donc établi : 1° que l'on ne peut jamais avoir deux domiciles; et 2° qu'on ne peut pas n'en avoir aucun, puisque celui qui n'en aurait pas d'autre, aurait toujours son domicile originel. Chaque enfant, en effet, ainsi que nous le verrons sous l'art. 108, se trouve avoir, dès le moment de sa naissance, un domicile qui, d'après ce qui a été dit plus haut, ne peut être perdu sans qu'il en soit acquis un nouveau.

Puisque nous parlons du domicile d'origine nous devons faire remarquer, ce qui est d'ailleurs évident par soi-même, que pour ce domicile d'origine il y a nécessairement acquisition pure de domicile. Aussi, n'avons-nous pas dit, dans l'explication donnée plus haut, qu'il n'y avait point d'acquisition pure de domicile; mais bien qu'il n'y avait point d'acquisition pure d'un domicile *nouveau*.

IV. — Nous avons établi, sous le numéro précédent, quatre propositions, savoir :

1° Qu'il ne peut y avoir perte d'un domicile sans l'acquisition d'un domicile nouveau;

2° Qu'il n'y a point d'acquisition d'un domicile nouveau sans la perte coïncidente du domicile antérieur;

3° Qu'on ne peut pas n'avoir point de domicile;

4° Enfin, qu'on ne peut pas en avoir plusieurs.

De ces principes, il en est trois qui, dans certains cas assez rares, souffriront exception par la force même des choses; quant au quatrième, il ne peut pas recevoir d'exception; mais les choses pourront se passer, en fait, comme si cette exception avait lieu.

Et d'abord, quant aux trois premières propositions, si l'on suppose que la maison où une personne habitait avec l'intention d'y rester fixée et où par conséquent elle avait son domicile, se trouve détruite par un incendie, une inondation, etc., le domicile de cette personne est forcément enlevé, et il y a alors perte pure de domicile, car la force majeure qui l'a fait disparaître n'en crée pas un autre. C'est une exception au premier principe.

Puisqu'il y a, dans ce cas, perte pure de domicile, la personne se trouvera donc sans domicile plus ou moins longtemps et jusqu'à ce qu'elle en acquière un nouveau. C'est une exception au troisième principe.

Maintenant, lorsque ce nouveau domicile se réalisera, il y aura, comme on le voit, acquisition pure de domicile. Ce sera donc une exception au second principe.

Pour ce qui est du dernier principe, celui d'après lequel on ne peut avoir plusieurs domiciles à la fois, on n'y conçoit pas d'exception possible; mais les choses peuvent se passer comme si cette exception existait. En effet, supposons un commerçant ayant plusieurs établissemens, l'un à Paris, l'autre à Rouen, un autre à Bordeaux, et qui réside tantôt à l'un, tantôt à l'autre, sans qu'aucune circonstance indique lequel il choisit pour son domicile, comme c'est lui qui est en faute de ne pas déclarer son intention, comme le veut l'article suivant, on tiendrait pour valables les significations faites à l'un de ces établissemens indistinctement, comme si son domicile existait à chacun d'eux.

ARTICLE 104.

La preuve de l'intention résultera d'une déclaration expresse, faite tant à la municipalité du lieu qu'on quittera, qu'à celle du lieu où on aura transféré son domicile.

ARTICLE 105.

A défaut de déclaration expresse, la preuve de l'intention dépendra des circonstances.

N. B. — Les diverses circonstances qui peuvent faire connaître l'intention sont si multipliées, qu'il était impossible au législateur de les prévoir toutes; il a donc dû laisser aux tribunaux le soin de les rechercher et de les apprécier.

Du reste, il est plusieurs circonstances où le législateur, sans en attendre d'autres, et quelquefois même sans attendre le fait de l'habitation, suppose à la personne une intention qu'il juge tellement nécessaire, qu'elle lui suffit pour déterminer lui-même le domicile par une présomption contre laquelle aucune preuve ne saurait être admise. Les cas dans lesquels a lieu cette présomption de la loi vont nous être indiqués dans les art. 107 et 108.

On s'est demandé ce qu'il faudrait décider si une personne avait manifesté, soit par une déclaration expresse, soit par les circonstances de sa conduite, l'intention de quitter son domicile, mais qu'elle n'eût point laissé percer l'intention d'en prendre un autre, ou qu'elle eût même clairement manifesté l'intention de n'en point prendre? Cette question cesse d'en être une quand on se reporte à ce que nous avons dit sous l'art. 103.

En effet, nous avons vu qu'il ne peut point y avoir perte pure de domicile, mais seulement *changement* de domicile, c'est-à-dire perte de l'ancien et acquisition d'un nouveau; par la raison que les causes nécessaires pour enlever un domicile sont précisément celles qui en font naître un autre. Il suit de là que s'il n'y a pas changement de domicile, c'est-à-dire perte et acquisition tout ensemble, il n'y aura rien de fait. Or, dans notre hypothèse, il n'y a pas changement de domicile, puisqu'un nouveau domicile n'est point acquis; rien donc n'a été fait, et le domicile antérieur est conservé, malgré l'intention contraire. En effet, comme on l'a compris sous l'art. 103, ce n'est pas à l'intention seulement de quitter tel lieu, que la loi accorde l'effet de détruire le domicile, mais à l'intention de quitter tel lieu pour aller se fixer dans tel autre. Lors donc qu'on aura manifesté seulement l'intention de quitter tel domicile, cette intention sera nulle aux yeux de la loi, et aucun effet n'y sera attaché.

Bien plus, quand même la personne aurait manifesté et l'intention de quitter tel lieu, et celle d'aller se fixer dans tel autre, si le fait de l'habitation réelle dans le lieu nouveau ne s'était pas réalisé, l'ancien domicile serait conservé. En effet, aux termes de l'art. 103, le changement de domicile ne s'opère que par l'intention de se fixer dans le lieu nouveau, jointe à l'habitation réelle dans ce lieu; sans la réunion de ces deux circonstances, le changement de domicile ne s'opère point; le nouveau domicile n'est donc point acquis, et par conséquent le domicile antérieur n'est point perdu.

Ainsi, une personne domiciliée à Rouen va déclarer à la mairie de cette ville qu'elle entend abandonner ce domicile pour aller se fixer à Bordeaux; si l'on veut encore, elle fait de plus déclarer par un mandataire, à la mairie de Bordeaux, qu'elle va prendre son domicile dans cette dernière ville. Pour réaliser son projet, elle quitte Rouen, et la voilà, avec toute sa famille, en route pour Bordeaux. Mais elle meurt pendant le voyage..... Le fait de l'habitation a Bordeaux ne s'étant point réalisé, il n'y a point eu changement de domicile, il n'y a rien eu de fait; la personne est morte ayant son domicile à Rouen, et c'est dans cette ville que s'est ouverte sa succession, aux termes de l'art. 110.

ARTICLE 106.

Le citoyen appelé à une fonction publique temporaire ou révocable, conservera le domicile qu'il avait auparavant, s'il n'a pas manifesté d'intention contraire.

ARTICLE **107**.

L'acceptation de fonctions conférées à vie emportera translation immédiate du domicile du fonctionnaire dans le lieu où il doit exercer ces fonctions.

N. B. — Comme on le voit, l'acceptation de fonctions à vie est une circonstance qui, seule, paraît au législateur suffisante pour supposer à l'acceptant l'intention de se fixer dans le lieu où ces fonctions l'appellent, et pour déclarer qu'il sera domicilié dans ce lieu immédiatement et avant même d'y avoir transféré son habitation.

C'est par la prestation du serment que l'acceptation est parfaite ; c'est par elle, en effet, que l'impétrant est revêtu du titre qui jusque-là ne lui était qu'offert ; c'est donc par cette prestation de serment que le changement de domicile s'opère.

Voyons quelles sont les fonctions qui emportent cette translation de domicile.

On appelle *temporaire* une fonction qui n'est conférée que pour un certain laps de temps, par opposition à celle dont la durée est illimitée. Une fonction *révocable* est celle qui peut être retirée à volonté par l'autorité qui l'a conférée, à la différence des fonctions *inamovibles*, dont on ne peut plus dépouiller celui qui en est une fois revêtu.

Une fonction peut être tout à la fois temporaire et révocable ; telles sont celles des maires et des adjoints, lesquels, aux termes de la loi du 21 mars 1831, ne sont nommés que pour trois ans et peuvent, en outre, pendant ces trois ans, être révoqués par ordonnance royale.

Une fonction peut être temporaire et cependant irrévocable ; telle est celle de député. Les députés, en effet, ne sont nommés que pour cinq ans ; mais, pendant ces cinq ans leur qualité ne peut pas leur être enlevée.

Il est au contraire des fonctions dont la durée est illimitée, mais qui sont toujours sujettes à révocation ; telles sont celles des ministres, des membres du ministère public, etc. Enfin, il en est d'autres qui sont en même temps et d'une durée illimitée, et irrévocables ; ce sont celles de conseiller d'une Cour, de juge d'un tribunal de première instance, de notaire, d'avoué, etc., etc.

Or, pour que l'acceptation d'une fonction n'emporte pas changement de domicile, il n'est pas nécessaire que la fonction soit en même temps temporaire et révocable ; il suffit, d'après l'article 106, qu'elle présente un de ces deux caractères. Il faut donc, pour opérer translation de domicile, que la fonction soit tout à la fois et irrévocable, et d'une durée illimitée. C'est ce que notre article entend par *fonction conférée à vie.* (Ainsi jugé par arrêt de la Cour royale de Paris du 17 août 1810, et par arrêt de la Cour de cassation du 10 mars 1812.)

ARTICLE 108.

La femme mariée n'a point d'autre domicile que celui de sa mari. Le mineur non émancipé aura son domicile chez ses père et mère ou tuteur. Le majeur interdit aura le sien chez son tuteur.

SOMMAIRE.

I. La femme mariée a son domicile propre quand elle est séparée de corps et quand elle est tutrice de son mari interdit.

II. Domicile d'origine. Comment il se détermine, selon les circonstances.
— L'enfant né à l'armée n'a qu'une résidence. Dissentiment avec M. Duranton.

III. On peut être domicilié dans une commune où l'on n'a jamais été et où l'on n'ira jamais.

EXPLICATION.

I. — Cet article nous indique plusieurs cas dans lesquels, comme dans celui de l'art. 107, le domicile est déterminé par la loi elle-même, d'après la seule intention qu'elle suppose exister chez la personne, et sans attendre le fait de l'habitation.

Ainsi, d'abord, la femme, par le seul fait de son mariage et à partir du moment même de la célébration, encore que cette célébration se fasse dans un endroit autre que celui où est le domicile du mari, se trouve être domiciliée au même lieu que celui-ci. La loi ne pouvait pas supposer à la femme, ni même lui permettre d'avoir efficacement, l'intention de se fixer ailleurs qu'auprès de son époux.

Il y a cependant une exception à la disposition de notre article pour la femme séparée de corps. Celle-ci, en effet, étant formellement autorisée, par le jugement de séparation, à habiter séparément de son mari, la doctrine et la jurisprudence, dans le silence de la loi, ont établi qu'elle recouvrait, par là, le droit de se choisir un domicile propre; c'était aussi là, sous l'ancienne législation, le sentiment de Pothier. (*Introd. générale aux coutumes,* n° 10, 2e alin.)

Il est même un cas particulier où la femme mariée peut avoir son domicile propre, sans être séparée de corps; c'est quand le mari est interdit et que sa femme est nommée sa tutrice. L'interdit, en effet, aux termes de notre article, ne peut avoir de domicile propre; il est domicilié chez son tuteur. Le mari donc, dans notre hypothèse, serait domicilié chez sa femme. Il en serait autrement, et la femme n'aurait point de domicile propre, si la tutelle du mari interdit appartenait à un autre que cette femme. Ce serait alors chez le tuteur que serait le domicile du mari, et par suite celui de la femme elle-même.

II. — Nous avons déjà dit, sous le n° II de l'art. 103, pourquoi le mineur, tant qu'il n'est pas émancipé, et le majeur quand il est interdit, ne peuvent avoir de domicile propre. Il ne nous reste que quelques mots à ajouter sur cette partie de notre article.

Comme on le voit ici, ce ne sont pas seulement les individus capables, mais aussi les incapables qui ont un domicile. L'enfant, quelque jeune qu'il soit, a déjà le sien, soit chez ses père et mère, soit chez son tuteur. Ceci demande quelque explication.

Tout enfant se trouve avoir un domicile au moment même de sa naissance. Quand c'est un enfant légitime, il a le même domicile que son père, et ce, alors même que sa mère serait séparée de corps d'avec son père et aurait ainsi son domicile propre; car c'est le père, tant qu'il vit, qui est revêtu de la puissance paternelle et qui exerce les droits civils de ses enfans. Ainsi, quoique l'enfant fût né au domicile de la mère et continuât d'y demeurer, il n'aurait là qu'une simple résidence. Quand c'est un enfant naturel, il a le domicile de son père, s'il a été reconnu par lui; celui de sa mère, s'il n'a été reconnu que par elle; que s'il n'est reconnu ni par l'un ni par l'autre, comme alors il ne se rattache plus, en droit, à aucune personne, c'est par le fait qu'on déterminera son domicile, c'est-à-dire qu'il aura le domicile de la personne qui le prendra à sa charge, que ce soit son père, sa mère ou une personne étrangère, peu importe.

Il va sans dire que nous n'entendons pas parler de la personne qui ne se chargerait de l'enfant que pour en prendre soin, moyennant salaire, et le rendre ensuite à ceux qui le lui auraient confié, d'une nourrice, par exemple. L'enfant n'aurait chez une telle personne qu'une résidence, puisqu'il ne serait chez elle qu'en passant et non pour y rester fixé. Nous parlons d'une personne qui prend cet enfant pour toujours et qui entend le conserver chez elle; on sent qu'alors l'enfant, par la force même des choses, se trouve fixé au lieu où cette personne est fixée elle-même. Il a donc le même domicile qu'elle, et ce, alors même que cette personne le mettrait en nourrice chez une autre.

Quant à l'enfant qui se trouve en tutelle au moment même de sa naissance, c'est chez son tuteur qu'il est domicilié, et ce, quand même il aurait encore son père ou sa mère. Car ce n'est pas à eux, dans ce cas, que la loi le rattache, mais à son tuteur qui est chargé de le représenter et d'exercer, en son nom, tous ses droits civils. Ceci, bien entendu, ne l'empêcherait pas de demeurer chez son père ou sa mère; le tuteur, comme nous le verrons au titre de la tutelle, n'étant chargé que de la *personne civile* et non de la personne physique.

Il suit de ce que nous venons de dire, que l'enfant d'un soldat, naissant au régiment, n'aurait pas son domicile au régiment, comme le dit M. Duranton; mais bien au lieu du domicile de son père, de sa mère, ou de son tuteur, d'après les distinctions ci-dessus. Il n'aurait au régiment qu'une simple résidence. Le soldat lui-même, en effet, ainsi que le marin, n'ayant cette qualité qu'en passant, et ayant toujours, ou étant présumés avoir l'intention de retourner, quand ils le pourront, au sein de leur famille, conservent toujours le domicile qu'ils avaient antérieurement. (Arrêt de cassat. du 11 vendémiaire an XIII; autre arrêt de la Cour suprême du 1er mars 1826.)

Dans une instruction du Ministre de la guerre, du 24 brum. an XII, il est bien dit (tit. 2, sect. 2, observation sur l'art. 94) que les enfans de troupe n'ont point d'autre domicile que les drapeaux; mais il faut remarquer qu'il ne s'agit, dans cette observation du ministre, que du domicile quant au mariage, lequel, comme nous l'avons déjà dit, n'est pas le même que le domicile proprement dit et consiste dans une simple résidence. Or, il est évident que c'est bien sous les drapeaux que les enfans de troupe ont toujours été résidens.

III. — On voit par ce qui précède que l'on peut souvent être domicilié dans un lieu où l'on n'habite pas et où l'on n'habitera peut-être jamais. Ainsi, un individu domicilié dans une commune voisine de Rouen accepte la fonction de conseiller à la Cour royale de cette ville et continue de demeurer dans la même commune; il n'en sera pas moins domicilié à Rouen. Une femme domiciliée à Paris épouse un commerçant qui a son principal établissement et son domicile à Saint-Denis; elle continue, après son mariage, de résider à Paris dans sa famille; elle n'en est pas moins domiciliée à Saint-Denis. Une veuve, qui a son domicile et sa résidence à Versailles, y accouche d'un enfant qui se trouve en tutelle dès sa naissance et dont le tuteur est domicilié à Paris; cet enfant, qui continuera de demeurer à Versailles avec sa mère, sera domicilié à Paris, et si, postérieurement, le tuteur transporte son domicile à Saint-Cloud, l'enfant aura aussi changé de domicile, bien qu'il soit toujours resté résident au même lieu. On voit donc que quand nous avons dit, sous le n° 1 de l'art. 103, que le domicile ne s'acquiert que *facto et animo*, nous avons établi là une proposition qui est vraie en principe, mais à laquelle il y a exception toutes les fois que le domicile est déterminé, non pas d'après l'intention réelle de la per-

11   19

sonne, mais d'après une intention fictive que la loi lui prête ou lui suppose.

Article 109.

Les majeurs qui servent ou travaillent habituellement chez autrui, auront le même domicile que la personne qu'ils servent ou chez laquelle ils travaillent, lorsqu'ils demeureront avec elle.

N. B. — Dans cet article encore, la loi détermine elle-même le domicile de la personne, en partant d'une intention qu'elle lui suppose, bien qu'en fait cette personne puisse avoir une intention contraire. En effet, il peut arriver, et il arrive souvent, qu'un domestique travaillant et demeurant habituelle-ment chez une personne, ait l'intention bien arrêtée de n'être là que provisoirement, pour retourner, après quelques années, s'é-tablir dans son pays. Ceci nous prouve de nouveau que, si la loi détermine le domicile d'après l'intention de la personne, ce n'est pas toujours d'après une intention réelle, mais souvent d'après une intention fictive et supposée par la loi elle-même.

Ici, du reste, avec l'intention, le fait de l'habitation concourt. C'est même de ce fait, précisément, que la loi part, pour pré-sumer l'intention.

Par le rapprochement de l'article précédent, il devient évi-dent que la disposition de notre article 109 est trop large sous un rapport et trop restreinte sous un autre; en telle sorte qu'elle doit subir une double modification.

En effet, cet article parle de tous les majeurs et ne parle que des majeurs; or, d'un côté, il est des majeurs qui ne peuvent pas avoir de domicile à eux propre, ni chez la personne où ils tra-vaillent, ni ailleurs; ce sont les femmes mariées non séparées de corps. D'un autre côté, il est des mineurs (les mineurs émanci-pés) qui ont leur domicile propre, et qui, par conséquent, seront soumis à la disposition de notre article.

Article 110.

Le lieu où la succession s'ouvrira sera déterminé par le domicile.

N. B. — Tant qu'une succession n'est pas partagée entre les hé-ritiers, elle est considérée par la loi comme un être moral qui a son domicile propre et contre ou pour lequel on peut agir en jus-tice. Ceux donc qui ont des droits à exercer contre le défunt n'ont pas besoin d'aller attaquer les divers héritiers, dispersés peut-être de côté et d'autre, et de les assigner chacun à leur domicile particulier; ils agiront contre la succession, dont le domicile, comme on le voit par notre article et par l'art. 59, 6ᵉ alin. du C. de proc., sera celui qu'avait le défunt lors de sa mort.

ARTICLE 111.

Lorsqu'un acte contiendra, de la part des parties ou de l'une d'elles, élection de domicile pour l'exécution de ce même acte, dans un autre lieu que celui du domicile réel, les significations, demandes et poursuites relatives à cet acte pourront être faites au domicile convenu, et devant le juge de ce domicile.

SOMMAIRE.

I. Utilité du domicile conventionnel. Il y a faculté et non pas obligation d'y faire les poursuites, à moins que l'élection n'ait eu lieu dans l'intérêt de celui qui la faisait.

II. L'élection de domicile est quelquefois forcée.

III. Les droits et obligations résultant de l'élection de domicile passent aux héritiers et représentans des parties contractantes.

IV. Que devient le domicile d'élection, quand la personne chez qui on l'avait choisi meurt ou change de domicile.

V. La convention de domicile, comme toute autre, ne résulte que d'une volonté suffisamment manifestée.

VI. Ou peut avoir plusieurs domiciles conventionnels.

EXPLICATION.

I. — On voit par cet article qu'outre le domicile réel, que toute personne a nécessairement, chacun peut encore, dans chaque circonstance particulière, se choisir un domicile conventionnel. C'est, comme on le comprend, dans le but de faciliter les conventions, que cette faculté est accordée. En effet, une personne demeurant à Rouen ne consentirait pas volontiers à passer, avec un individu domicilié à Bordeaux, le contrat que celui-ci sollicite d'elle, si elle avait à craindre d'être forcée, plus tard, d'aller plaider à Bordeaux sur les contestations qui pourraient s'élever. Or, cette crainte disparaîtra au moyen de l'élection de domicile faite à Rouen par le Bordelais. Du reste, la raison et le texte même de la loi nous disent que celui dans l'intérêt duquel l'élection de domicile a eu lieu, n'est pas forcé d'agir à ce domicile; c'est pour lui un bénéfice auquel il peut renoncer. Les poursuites *pourront*, dit l'article, être faites au domicile convenu; elles pourraient donc aussi l'être au domicile réel, et il est clair que celui qui a élu le domicile ne pourrait pas s'en plaindre, puisqu'on lui éviterait ainsi un déplacement auquel il n'avait consenti que pour la plus grande commodité de son co-contractant. C'est d'ailleurs ce que dit formellement le dernier alinéa de l'art. 59 C. de proc.

Toutefois, on comprend qu'il faudrait ·donner une décision contraire, s'il était manifeste, soit par une déclaration expresse, soit d'après les circonstances, que l'élection de domicile avait été faite dans l'intérêt de chacune des parties, ou dans l'intérêt unique de celui qui la faisait. Dans ce cas, ce serait de la part de l'autre partie, violer la convention, que d'agir au domicile réel; elle devrait donc agir au domicile élu. (Ainsi jugé par arrêt de la C. roy. de Rouen; un pourvoi en cassat. formé contre cet arrêt a été rejeté par arrêt du 2 février 1826.)

Tout cela se réduit à dire que, dans tous les cas, il faudra se décider d'après l'intention des parties; par la raison que toute convention doit s'exécuter selon la volonté de ceux qui l'ont formée (art. 1134, 1156).

II. — Il est des cas où l'élection du domicile est, non plus simplement facultative, mais rendue obligatoire par la loi, comme on peut le voir par les art. 176 et 2148 C. civ., et par l'art. 61, 1°, C. de procédure.

III. — Nous avons déjà dit qu'un héritier est le représentant et le continuateur de la personne à laquelle il succède. Il est donc soumis à toutes les obligations de celle-ci. Il suit de là que, si celui qui avait élu domicile vient à mourir, ce domicile continuera d'exister contre ses héritiers, et que l'on pourra y faire contre eux toutes les notifications et poursuites qu'on aurait pu y faire contre le défunt. Il en serait cependant autrement, bien entendu, s'il résultait d'une clause expresse de l'acte, ou seulement des circonstances, que l'intention des parties était d'établir ce domicile pour la personne seulement qui le créait.

Réciproquement, il n'est pas douteux que le droit qu'a l'autre partie, de poursuivre au domicile conventionnel, passerait à ses héritiers et aussi à ses cessionnaires, donataires ou autres ayant-cause; car ceux-ci sont, quant à la créance ou droit quelconque à eux transmis, les représentans de celui qui a contracté, et ils ont, par conséquent, la même faculté que lui. (Arr. de la C. de Colmar du 5 août 1809).

IV. — Que faudra-t-il décider, si c'est la personne chez qui le domicile est élu qui vient à mourir? Il faudra distinguer: Si, dans la volonté de celui qui l'a choisi, c'est en considération de la personne même que le domicile a été établi, il cessera d'exister par la mort de cette personne; mais alors, la partie qui avait demandé cette élection de domicile pourra exiger de son contractant qu'il en choisisse de suite un autre dans la même localité. Si, au contraire, c'est moins à la personne qu'à telle maison ou à tel établissement qu'on s'est attaché; par exemple, si c'est en l'étude du notaire où l'acte a été reçu, ou dans le bureau de tel fonctionnaire qu'on a établi le domicile, il continuera après la mort ou la démission de la personne. Que si l'étude ou l'établissement, quel qu'il soit, venait à être supprimé, il est clair que le domicile n'existerait plus et qu'il y aurait lieu d'en exiger un nouveau.

Cette intention de s'attacher à la maison elle-même ne serait pas douteuse si c'était en son propre domicile réel qu'on eût établi le domicile conventionnel. Dans ce cas, le domicile d'élection continuerait d'exister au même endroit, après que la personne aurait transporté ailleurs son domicile réel; c'est là, en effet, le seul sens que pourrait avoir l'élection de domicile faite ainsi. (Arrêt conforme de la C. roy. d'Amiens du 3 avril 1829; autre de la C. de cassat., du 24 janvier 1816).

Que faut-il dire si c'est la personne chez qui le domicile était élu qui vient elle-même à changer de domicile? Nous appliquerons encore la distinction que nous avons faite plus haut, et nous dirons que si le domicile n'avait pas été choisi en considération de la personne même, il continuerait au même endroit, malgré son changement, comme il y continuerait malgré sa mort; mais si c'est à cause de la personne elle-même qu'il a été choisi, il est clair qu'il ne peut plus exister dans la maison où il était antérieurement. Mais existera-t-il alors au nouveau domicile de cette personne? Il faut distinguer de nouveau. En effet, si le nouveau domicile de cette personne est éloigné de l'ancien, s'il est dans le ressort d'un autre tribunal, c'est-à-dire dans un autre arrondissement, le domicile d'élection ne peut plus être chez cette personne; il est donc anéanti, et il y a lieu d'en demander un nouveau. Mais si le nouveau domicile de la personne est dans le ressort du même tribunal, si surtout c'est dans la même commune, comme ce changement ne nuit en rien aux intérêts de celui qui avait exigé l'élection, et que, dès lors, on ne peut pas supposer qu'il ait eu, lors du contrat, la volonté de l'empêcher, le domicile se trouvera toujours chez cette personne.

Comme on le comprend, c'est d'après l'intention présumée des parties que devront se décider les questions qui se présenteront sur cette matière; lors donc que ces parties auront clairement exprimé leur volonté et prévu les diverses circonstances qui pourraient se présenter, il ne pourra s'élever à ce sujet aucune difficulté.

V. — Du reste, il est clair que, pour établir un domicile de convention, il faut, comme pour former tout autre contrat que ce soit, ou une déclaration formelle, ou un ensemble de circonstances qui ne laisse pas de doute sur la volonté de la personne. Ainsi, par exemple, de la circonstance qu'on aurait indiqué tel lieu, pour recevoir le paiement d'un billet ou le remboursement d'un emprunt, il ne résulterait pas qu'on a entendu faire dans ce lieu élection de domicile. Cette circonstance, en effet, ne prouve pas que telle soit la volonté du débiteur. (Arr. de la C. de Colmar, du 9 juillet 1806 ; arr. de Cassat. du 29 octobre 1810).

VI. — On comprend parfaitement que quand nous avons dit plus haut qu'on ne peut jamais avoir deux domiciles, nous ne parlions que du domicile réel. Il est évident, en effet, qu'en outre de ce domicile réel, on peut avoir deux, trois, quatre domiciles conventionnels, ou plus.

<hr/>

RÉSUMÉ DU TITRE TROISIEME.

DU DOMICILE.

I. — Le *Domicile* est le siége, purement moral et juridique, que la loi attribue à chaque personne pour l'exercice des droits existant pour ou contre cette personne.

Le domicile est *politique* ou *civil*, selon qu'il s'agit de l'exercice des droits politiques ou de l'exercice des droits civils. C'est du dernier seulement qu'il est question dans ce titre.

On distingue le domicile civil ordinaire et le domicile quant au mariage. Ce dernier s'établit par six mois d'habitation et consiste, par conséquent, dans une simple résidence.

Quant au domicile proprement dit, il diffère essentiellement d'une résidence. En effet, il est au lieu où l'on est plus spécialement fixé, pour lequel on a plus de prédilection, et auquel on a toujours l'idée de revenir, alors qu'on en est éloigné pour un temps plus ou moins long.

Le domicile, d'après cela, ne peut se déterminer que par l'intention de la personne. Mais, dans plusieurs cas, c'est la loi qui l'établit directement, d'après une intention fictive qu'elle prête elle-même aux personnes, et alors, évidemment, il n'y a plus lieu de s'inquiéter de l'intention réelle, ni de la rechercher. Au contraire, dans les cas ordinaires, et quand c'est de l'intention réelle que résulte le domicile, il est besoin de rechercher cette intention. Lorsque cette intention ne sera pas manifestée par la déclaration expresse qui, dans le vœu de la loi, doit être faite à la mairie, on l'établira par les circonstances, dont l'appréciation, en cas de contestation, est laissée aux tribunaux.

II. — Chaque enfant se trouve avoir un domicile en naissant. Il l'a chez son père, si c'est un enfant légitime, ou un enfant naturel que le père ait reconnu ; chez sa mère, si cet enfant naturel n'a été reconnu que par celle-ci ; que s'il n'est reconnu ni par son père ni par sa mère, il l'aura chez la personne qui le prendra à sa charge. Enfin, si cet enfant se trouve en tutelle au moment même de sa naissance, il aura son domicile chez son tuteur.

III. — Ce domicile d'origine, et en général tout domicile, ne peut se perdre sans qu'un autre soit acquis et vienne le remplacer ; réciproquement, un domicile postérieur ne peut être acquis sans que le premier cesse d'exister. En effet, d'après la théorie de la loi, il ne peut y avoir ni perte pure de domicile, ni acquisition pure d'un domicile nouveau ; il ne peut y avoir que remplacement d'un domicile par un autre, c'est-à-dire *changement* de domicile. Il suit de là que personne ne peut avoir deux domiciles, ni n'en avoir aucun.

Toutefois il peut y avoir, par exception très-rare, perte pure et simple du domicile, et alors la personne sera nécessairement sans domicile. Alors encore, il y aura lieu à l'acquisition, aussi pure et simple, d'un domicile postérieur. Cette acquisition pure et simple a encore lieu nécessairement pour le domicile d'origine. Quant à la règle qu'on ne peut avoir plusieurs domiciles, elle ne souffre jamais exception ; mais il peut arriver que les choses se passent vis-à-vis d'une personne comme si elle avait plusieurs domiciles, bien qu'en réalité elle n'en ait qu'un.

IV. — Le domicile, une fois acquis, se conserve *solo animo*, par la seule volonté de la personne, et sans qu'il soit besoin d'une résidence actuelle. Pour son acquisition, au contraire, il faut, en principe, le concours de l'habitation réelle dans le nouveau lieu et de l'intention d'y rester fixé. Mais ce principe souffre encore exception toutes les fois que c'est la loi elle-même qui prête à la personne l'intention d'avoir tel domicile.

Ainsi, 1° le citoyen qui accepte des fonctions à vie se trouve, par le seul effet de l'acceptation, perdre son domicile et en acquérir un autre, au lieu où les fonctions doivent être exercées.

2° Les personnes qui sont, ou que la loi déclare incapables d'avoir un domicile propre, ayant toujours leur domicile chez la personne à laquelle ils se trouvent attachés (la femme mariée, celui de son mari, excepté quand elle est séparée de corps ou tutrice de son mari interdit ; l'interdit, celui de son tuteur ; le mineur non émancipé, aussi celui de son tuteur, ou, s'il n'est pas encore en tutelle, celui de son père ou de sa mère, ou de la personne qui le prend à sa charge, d'après les distinctions ci-dessus) ; ces personnes, disons-nous, ayant toujours le même domicile que la personne à laquelle la loi les rattache, il s'ensuit qu'elles pourront acquérir un domicile sans aucune habitation réelle, et changer plusieurs fois de domicile sans cesser un instant d'habiter au même lieu.

Dans ces différens cas, le domicile antérieur est anéanti et le deuxième est créé par le seul effet de l'intention fictive que la loi suppose à la personne, et nonobstant le concours possible d'une intention réelle contraire et d'une résidence également contraire. Du reste, il est un cas où l'intention, bien que supposée encore par la loi, concourt cependant forcément avec le fait de l'habitation, puisque c'est en partant de ce fait que la loi présume alors l'intention. Ce cas est celui où des individus, capables d'avoir un domicile propre, travaillent et demeurent habituellement chez autrui. Ils sont déclarés par la loi domiciliés chez la personne où ils travaillent. Mais si, dans ce cas, l'intention prêtée par la loi est conforme à l'habitation, elle peut bien, comme dans les autres cas, être contraire à l'intention réelle de la personne.

V. — Les principaux effets du domicile sont de déterminer, 1° le lieu où s'ouvre la succession ; 2° celui où les exploits de toute espèce peuvent être signifiés valablement et comme s'ils l'étaient à la personne même ; 3° le tribunal devant lequel une personne peut être assignée en matière personnelle (en matière réelle, c'est au tribunal dans l'arrondissement duquel l'immeuble est situé.)

VI. — Outre le domicile réel, chacun peut se choisir, pour une affaire particulière, pour l'exécution d'un contrat, par exemple, un domicile conventionnel auquel pourront se faire les significations et poursuites tendant à cette exécution.

Les diverses questions qui pourraient se présenter, relativement au domicile ainsi choisi, devront toutes se résoudre d'après l'intention qu'auront eue les parties en contractant. Elles se résumeront toujours, en effet, en une interprétation de convention.

TITRE IV.

DES ABSENS.

(Décrété le 15 mars 1803. — Promulgué le 25).

Il peut arriver qu'une personne, à dessein ou autrement disparaisse de son domicile ou de sa résidence, sans qu'on sache ce qu'elle est devenue ; il se peut aussi que, partie d'abord en informant ses parens ou amis des causes de son éloignement, elle cesse ensuite de donner de ses nouvelles, sans qu'aucune circonstance vienne expliquer son silence. Dans l'un et l'autre cas, il y a nécessairement incertitude sur le point de savoir si cette personne est morte ou existe encore. Or, l'intérêt de cette personne, si elle existe encore, celui de ses créanciers et de ses héritiers présomptifs, celui de la société même, à qui il importe que la propriété des biens ne soit jamais en suspens et leur administration en souffrance, demandait qu'on s'occupât de la surveillance, et, s'il y a lieu, de la transmission des biens par elle laissés; le législateur a donc dû prévoir ces cas. C'est de ces personnes, sous le nom d'*absens*, que la loi traite dans le présent titre.

Le mot *Absent* n'a donc pas ici la même signification que dans le langage ordinaire, où il est synonyme de *non-présent*. Dans ce titre, il signifie un individu sur l'existence duquel il y a une complète incertitude.

Ce n'est même là que la signification générique du mot. Car, dans un sens plus restreint, la loi appelle spécialement *absent* celui dont l'absence a été constatée et proclamée par un jugement exprès, après l'échéance des délais voulus et l'accomplissement des précautions, des formalités qu'elle a crues nécessaires; quant aux autres, elle les désigne par le nom de *Présumés absens*.

Ce titre, dont la division du reste est très-peu logique, comme on le verra, est partagé en quatre chapitres.

Le premier s'occupe de la présomption d'absence.

Le deuxième, de la déclaration judiciaire d'absence.

Le troisième, des effets de l'absence déclarée; mais il contient des dispositions communes et au cas d'absence déclarée, et au cas d'absence simplement présumée.

Le quatrième, enfin, traite des effets de l'absence présumée, quant aux enfans mineurs laissés par l'absent.

On comprend, dès à présent, que le chapitre premier et le chapitre quatrième auraient dû n'être que les deux sections d'un même chapitre; du chapitre premier, qui aurait parlé de la présomption d'absence et de tous ses effets. Il en devrait être de même des chapitres 2 et 3 qui auraient formé un chapitre 2, traitant de la déclaration d'absence et de tous ses effets. On aurait ainsi rejeté, dans un chapitre troisième et dernier, les dispositions communes et à la présomption, et à la déclaration d'absence.

Nous suivrons cependant ici, comme toujours, l'ordre des articles, sauf à présenter une classification plus méthodique dans notre résumé.

Ce titre, nous croyons devoir le dire en commençant son explication, est l'un des plus difficiles à étudier de tout notre Code. L'incertitude qui règne partout sur la vie ou la mort de l'absent, donne à prévoir ou à examiner tant d'hypothèses diverses; les suppositions nécessaires, tantôt de vie, tantôt de mort, amènent tant de mesures, quelquefois définitives, le plus souvent provisoires seulement; la succession de ces mesures, où le provisoire n'est remplacé souvent que par du provisoire encore, se trouve parfois si compliquée, que l'ensemble de cette matière apparaît comme un labyrinthe où le lecteur se perdra infailliblement, s'il ne le parcourt constamment avec l'attention la plus soutenue. Un coup d'œil jeté sur le sommaire de l'art. 124, pourra suffire pour donner une idée du travail que ce titre exige pour être bien compris.

CHAPITRE I.

De la Présomption d'absence.

ARTICLE 112.

S'il y a nécessité de pourvoir à l'administration de tout ou partie des biens laissés par une personne présumée absente et qui n'a point de procureur fondé, il y sera statué par le tribunal de première instance, sur la demande des parties intéressées.

SOMMAIRE.

I. Même quand il existe un mandataire, l'absence donne lieu de prendre certaines mesures après un long délai.

II. Il se peut qu'il n'y ait aucune mesure à prendre sur-le-champ, quoiqu'il n'y ait pas de procureur; et, réciproquement, il peut y avoir des mesures à prendre de suite, quoiqu'un mandataire soit présent.

III. Les parties intéressées sont ici des créanciers, locataires, associés, etc.

IV. Moyen, pour les héritiers présomptifs, de faire pourvoir à l'administration des biens.

V. C'est le tribunal de la situation des biens qui doit ordonner les mesures; mais il ne le peut que quand le tribunal du domicile a constaté la présomption d'absence. Dissentiment avec M. Demante.

VI. Formes à suivre pour provoquer la décision du tribunal.

VII. Le tribunal peut nommer un curateur à l'absent, s'il le juge à propos.

EXPLICATION.

I. — Lorsqu'une personne qui s'est éloignée, même avec des circonstances extraordinaires, a laissé un mandataire chargé de l'administration de ses biens, il est clair qu'il n'y a pas lieu, pour la justice, à s'occuper de cette administration. Toutefois, même dans ce cas d'un procureur laissé par l'individu, si son absence se prolonge trop longtemps, c'est-à-dire, pendant dix années, il y aura lieu, aux termes de l'art. 121, à demander la déclaration d'absence, laquelle, d'après l'art. 115, pourrait être demandée après quatre ans s'il n'existait pas de procureur.

II. — S'il n'y a pas de procureur et que l'administration des biens souffre, le tribunal peut, d'après notre article, prendre toutes les mesures qu'il jugera convenables. Mais il faut, aux termes même de la loi, qu'il y ait nécessité. Si donc un parent ou un ami de l'absent est là, qui veille à la réparation des biens, à leur location, au paiement des créanciers que l'absent pourrait avoir, et qu'en conséquence, personne n'élève de plaintes, il n'y aura aucune mesure judiciaire à prendre. Aussi, n'est-ce que sur la *demande des parties intéressées* que le tribunal devra statuer.

Au contraire, encore bien qu'un procureur eût été laissé par l'absent, si ce procureur n'avait pas de pouvoirs assez étendus pour faire face à tous les besoins de l'administration, il est clair qu'il faudrait, quant à ce que ne comprend pas le mandat, agir comme si ce mandat n'existait pas; car il serait vrai de dire que, sous ces rapports, il n'y a pas de procureur.

III. — Les parties intéressées dont parle notre article seraient comme on le comprend, des créanciers qui verraient dépérir et diminuer les biens qui sont le gage de leurs créances (art. 2093); des locataires, pour réparations urgentes; des associés du présumé absent et tous autres ayant un intérêt né et actuel. En effet, toutes les fois que la loi parle d'*intéressés*, c'est de personnes ayant un intérêt actuel qu'il s'agit.

Notre article, donc, sous le nom de parties intéressées, ne comprend pas les héritiers présomptifs du présumé absent, fût-ce même ses enfans. Car ceux-ci n'ayant actuellement sur les biens aucun droit acquis, mais seulement une espérance, ne sauraient avoir d'intérêt né et actuel. Sans doute, il se pourrait qu'on eût tout à la fois et un intérêt actuel et la qualité d'héritier présomptif, et alors on aurait droit d'agir; mais ce sera toujours l'intérêt actuel et non le titre d'hériter qui donnera ce droit.

IV. — Pourtant, il se pourrait que les biens fussent en souffrance sans qu'il existât aucun créancier ni autre individu ayant intérêt actuel et dès lors qualité pour s'adresser à la justice et faire pourvoir à l'administration. Or, on ne pourrait pas laisser durer un pareil état de choses; l'intérêt du présumé absent, s'il vit encore, celui de ses héritiers, s'il est mort, dans tous les cas, celui de la société s'y opposent. Aussi, la loi nous offre-t-elle un moyen de faire statuer par le tribunal, même dans ce cas.

En effet, le présumé absent étant toujours réputé vivant, il a, lui, intérêt né et actuel à la bonne administration de ses biens; or, d'après l'art. 114, le ministère public est chargé de veiller aux intérêts des présumés absens; il pourra donc agir d'office, pour faire ordonner les mesures nécessaires, et les héritiers présomptifs du présumé absent pourront s'adresser à lui et lui faire connaître l'état des choses, pour provoquer son action.

V. — Mais quel est le tribunal auquel devront s'adresser les parties intéressées pour faire prendre les mesures nécessaires?

Ces mesures doivent être ordonnées, tout naturellement, par le tribunal de la situation des immeubles pour lesquels on les sollicite. Mais il n'y aura pas toujours lieu de s'adresser tout d'abord à ce tribunal.

En effet, la loi ne permet aux tribunaux de s'occuper de l'administration des biens d'une personne, qu'autant qu'il y a nécessité de le faire et que la personne est en présomption d'absence. Avant donc qu'un jugement puisse ordonner aucune mesure, il faut qu'il soit constaté : 1° que l'individu a disparu depuis quelque temps sans qu'on sache ce qu'il est devenu; et 2° que ses biens sont en souffrance. Or, si ce second point peut être constaté par le tribunal de la situation des biens, le premier ne peut l'être que par celui du domicile de la personne, qui seul est à même de recueillir à ce sujet les renseignemens nécessaires. C'est donc au tribunal du domicile qu'il faut d'abord s'adresser, pour faire constater la présomption d'absence, puis, on s'adressera ensuite au tribunal de la situation, s'il est différent, de sorte que dans ce cas deux jugemens seront rendus. Que si le même tribunal est tout à la fois celui du domicile et celui de la situation des biens, il est clair qu'il suffira d'un seul jugement.

C'est ainsi que notre article a été entendu par les rédacteurs du Code; car la nécessité de deux jugemens, pour le cas que nous avons indiqué, a été hautement proclamée dans les discussions au Conseil-d'état. Malgré cette circonstance, M. Demante, se fondant sur ce que cette pensée des rédacteurs ne s'est point trouvée formulée en une disposition expresse, pense qu'un seul jugement suffira toujours et qu'on ne sera jamais tenu de s'adresser qu'au tribunal qui doit ordonner les mesures à prendre. (*Encyclopédie du Droit.* v° *Absence.*)

Nous ne saurions nous ranger à ce sentiment. Pour qu'un tribunal puisse ordonner des mesures dans le cas de notre article, il faut, d'après cet article même, qu'il s'agisse des biens d'une personne *présumée absente* ; or, ce n'est pas le tribunal de Strasbourg, par exemple, qui peut examiner et décider si une personne, dont le domicile, la famille, le centre des affaires se trouvent à Dieppe, est ou n'est pas en présomption d'absence. Il pourrait la reconnaître telle au moment même qu'elle est de retour.... C'est donc seulement sur le vu de la constatation donnée par le tribunal de Dieppe, que d'autres tribunaux pourront, selon nous, ordonner les mesures nécessaires.

Du reste, il n'est pas nécessaire, on le conçoit, que le tribunal du domicile rende un jugement nouveau à chaque fois qu'il sera question d'ordonner quelque mesure ; celui obtenu pour telle circonstance suffira pour les circonstances subséquentes, pourvu, bien entendu, qu'elles se présentent après un laps de temps assez court, pour qu'il n'y ait pas lieu de penser que l'absent puisse être revenu dans l'intervalle.

VI. — D'après l'art. 859 C. de proc., pour provoquer, dans le cas de notre article, la décision du tribunal, on présente une requête, avec les pièces justificatives, au président, qui commet un juge pour faire le rapport, puis le jugement est prononcé sur les conclusions du procureur du roi.

VII. — C'était autrefois un usage universellement admis de donner à l'absent, sur la demande des parties intéressées, un curateur qui, jusqu'à l'envoi en possession dont va parler le chapitre suivant, était chargé de réaliser toutes les mesures et d'accomplir tous les actes que demandait l'intérêt de cet absent. Rien, dans notre Code, n'exige cette nomination de curateur ; mais rien non plus ne s'oppose à ce qu'elle ait lieu. La généralité des termes de notre article permet aux tribunaux de désigner, d'après cet ancien mode, un mandataire chargé, une fois pour toutes, de prendre les diverses mesures nécessaires, comme elle leur permet de n'ordonner chaque mesure particulière qu'à chaque fois que besoin sera.

ARTICLE 113.

Le tribunal, à la requête de la partie la plus diligente, commettra un notaire pour représenter les présumés absens, dans les inventaires, comptes, partages et liquidations dans lesquels ils seront intéressés.

SOMMAIRE.

I. Cette nomination de notaire n'a pas lieu si l'absent a laissé un mandataire général.

II. Un seul notaire ne peut représenter plusieurs absens pour la même
opération. Le notaire qui représente un absent ne peut pas instrumenter dans la même opération.

III. Le tribunal peut aussi commettre un notaire pour *provoquer*, au nom
de l'absent, les opérations dont il s'agit.

IV. C'est le tribunal de la succession ou de la société qui nommera le
notaire; mais après que celui du domicile aura constaté la présomption d'absence.

V. Les successions que l'article a en vue, sont seulement celles non encore liquidées, mais déjà ouvertes, lors de la disparition du présumé absent.

EXPLICATION.

1. — L'article précédent s'occupe en général de toutes les
mesures, quelles qu'elles soient, que peut demander l'intérêt du
présumé absent, et il laisse à cet égard la plus grande latitude
aux tribunaux. Celui-ci prévoit un cas particulier; il s'agit de
partages, de comptes, etc., dans lesquels le présumé absent serait
intéressé, et c'est alors un notaire que le tribunal doit désigner
pour le représenter. On comprend, du reste, que cette mesure
particulière, comme toute autre, ne devrait pas être prise, si
le présumé absent avait laissé un mandataire général; puisque
ce mandataire aurait qualité pour représenter l'absent dans
l'opération, et que, comme nous l'avons vu, les tribunaux ne
doivent s'immiscer dans les affaires des absens qu'autant qu'il y
a *nécessité*.

II. — L'esprit de notre article est certainement qu'un seul
notaire ne pourrait représenter à la fois plusieurs présumés
absens.

L'art. 942 du Code de procédure, au titre de l'Inventaire, dit
bien qu'il doit être fait en présence de tous les intéressés, et que,
cependant, ceux qui demeurent au-delà de cinq myriamètres
pourront tous être représentés *par un seul* notaire, nommé par le
président du tribunal. Mais on conçoit qu'il n'y a aucune analogie entre les deux cas : dans l'art. 942, il s'agit seulement d'une
levée de scellés et de l'inventaire qui la suit, et les intéressés sont
de simples *non présens* qui sont là, à quelque distance, et qui vont
se présenter en personne au premier moment; ici, il s'agit de
représenter *des absens* dans des opérations importantes où chaque partie peut avoir un intérêt opposé; aussi, ce n'est plus seulement une ordonnance du président, c'est un jugement du tribunal qui commettra le notaire.

Le notaire ainsi commis ne pourrait pas instrumenter comme
notaire dans les opérations où il agit comme représentant d'un
absent; la loi des 29 septembre et 6 octobre 1791 (tit. 1er, sect. 2,
art. 7) le défendait expressément. Et en effet, la qualité de man-

dataire d'un individu partie dans un acte, n'est pas compatible avec celle d'officier public recevant cet acte. Un officier public doit être l'homme de toutes les parties et n'être pas chargé plus spécialement des intérêts de celle-ci que de telle autre. Donc, du moment que le notaire, par sa qualité de représentant de l'absent, devient l'une des parties intéressées à l'acte, il ne peut plus être officier public compétent pour rédiger cet acte.

III. — Notre article ne semble avoir en vue que des comptes, inventaires, etc., provoqués par d'autres contre l'absent. Cependant, il n'est pas douteux que le tribunal ne pût aussi, si l'intérêt du présumé absent le demandait, commettre un notaire pour provoquer lui-même ses opérations au nom de l'absent. L'esprit de la loi ne peut laisser d'incertitude sur ce point, et à défaut de notre article, si on le trouvait insuffisant pour motiver cette décision, nous l'appuierions sur l'article précédent, qui veut que les tribunaux prennent toutes les mesures que peut exiger l'administration des biens du présumé absent, et ce sur la demande des parties intéressées. Si donc il n'existait aucun individu ayant intérêt actuel, et par conséquent qualité pour saisir le tribunal de cette demande, ce droit appartiendrait toujours au ministère public, d'après ce que nous avons dit à l'art. 112, n° IV.

Mais, bien entendu, le pouvoir donné au notaire de représenter le présumé absent dans un partage, n'emporterait pas de plein droit celui de provoquer le partage; il faudrait que le pouvoir portât expressément sur ce dernier point.

IV. — Des inventaires, comptes, liquidations ou partages peuvent être nécessaires, soit lors de l'ouverture d'une succession, soit lors de la dissolution d'une société. C'est au tribunal du lieu de l'ouverture de la succession, ou de l'établissement de la société qu'il appartiendra de commettre le notaire; mais il faut faire ici la même remarque que plus haut, art. 112, n° V, savoir: qu'un seul jugement suffira, si ce tribunal est en même temps celui du domicile du présumé absent; que dans le cas contraire, il faudra deux jugemens, l'un du tribunal du domicile de l'absent, pour constater la présomption d'absence, l'autre du tribunal de la société ou de la succession, pour commettre le notaire. Cependant, il est clair que si ce besoin de commettre un notaire se manifestait peu de temps après qu'un jugement du tribunal du domicile de l'absent aurait déjà constaté cette présomption d'absence, il ne serait pas nécessaire de lui en demander un nouveau; il suffirait de se présenter directement devant le tribunal du lieu de la société ou de la succession avec le jugement déjà obtenu au tribunal du domicile.

Il en serait autrement si un intervalle assez long s'était écoulé depuis l'obtention de ce jugement; car il se pourrait fort bien que dans cet intervalle on eût eu des nouvelles de l'absent ou qu'il fût même de retour, de sorte que la présomption d'absence aurait cessé. Ainsi, le jugement obtenu en 1833 au tribunal de Dieppe, où était domicilié le présumé absent, et qui serait présenté en 1836 au tribunal de Metz, où l'on n'est guère en état de savoir ce qui se passe au domicile de l'individu, ne prouverait certainement pas à ce dernier tribunal qu'à cette dernière époque l'individu est encore en présomption d'absence.

V. — Remarquons que pour qu'il soit question de représenter un présumé absent dans les opérations auxquelles donne lieu l'ouverture d'une succession, il faut qu'il s'agisse d'une succession ouverte avant sa disparition. En effet, d'après la disposition de l'art. 136, toute succession est exclusivement dévolue à ceux dont l'existence est constante lors de son ouverture. Il est bien vrai que cette dévolution n'est que provisoire, et que si, plus tard, celui dont l'existence était douteuse, ou que l'on croyait mort, reparait, il pourra, s'il n'y a pas eu prescription, exercer ses droits et reprendre ce qu'il aurait eu s'il eût été présent lors de l'ouverture. Mais jusqu'à ce que son existence soit prouvée, ceux avec qui il eût concouru garderont toute la succession.

Notre article ne peut donc avoir en vue que les successions non encore liquidées, mais déjà ouvertes, lors de la disparition du présumé absent.

Cependant, si ceux avec lesquels le présumé absent concourrait s'il était présent, veulent bien ne pas user de leur droit et consentent à lui attribuer sa part de la succession, parce qu'ils espèrent qu'il reviendra bientôt, ce sera encore le cas de le faire repésenter, au vœu de notre article.

ARTICLE 114.

Le ministère public est spécialement chargé de veiller aux intérêts des personnes présumées absentes; il sera entendu sur toutes les demandes qui les concernent.

N. B.—L'ordre public et l'intérêt général ne sauraient exister sans la bonne administration des propriétés privées et le bien-être des particuliers; on devait donc donner au ministère public, mandataire de la société, le droit d'agir au nom des absens, toutes les fois que leur intérêt le demanderait.

La présomption d'absence, dont la loi traite dans ce chapitre, peut finir de trois manières :

1° Par la preuve acquise de l'existence de l'absent, soit qu'il reparaisse, soit qu'il donne de ses nouvelles;

2° Par la preuve du décès de l'absent;

3° Par le jugement de déclaration d'absence, de l'obtention et des effets duquel la loi va parler dans les deux chapitres suivans.

CHAPITRE II.

De la Déclaration d'absence.

ARTICLE 115.

Lorsqu'une personne aura cessé de paraître au lieu de son domicile ou de sa résidence, et que depuis quatre ans on n'en aura point eu de nouvelles, les parties intéressées pourront se pourvoir devant le tribunal de première instance, afin que l'absence soit déclarée.

SOMMAIRE.

I. Ici, les mesures sont dans l'intérêt presque exclusif de ceux qui les demandent. — Rédaction vicieuse de l'article. Quand il y a un procureur, la déclaration ne peut être demandée qu'après dix ans.

II. Les parties intéressées sont ici les héritiers présomptifs; non pas ceux du jour de la demande en déclaration, mais ceux du jour de la disparition, ou leurs représentans.

III. Si, depuis sa disparition, l'absent a donné des nouvelles, le délai de quatre ou dix ans se calcule à partir de ces nouvelles; et non pas du jour de leur réception, mais du jour de leur date. — Dissentiment avec Delvincourt et M. Duranton.

IV. C'est au tribunal du domicile qu'il faut s'adresser, comme pour faire constater la présomption. — On suit aussi la même forme.

V. L'absence proprement dite, à la différence de la présomption d'absence, ne commence jamais que par le jugement qui la prononce.

EXPLICATION.

I. — Pendant la présomption d'absence, les mesures que peut ordonner le tribunal sont prises aussi bien dans l'intérêt de l'absent lui-même, que dans celui des individus qui les sollicitent. Ici, il en est autrement; c'est surtout dans l'intérêt de ceux qui la demandent, que la déclaration d'absence est prononcée; et si, comme on le dira plus loin, l'absent lui-même s'y trouve intéressé, ce n'est que d'une manière indirecte. Cette déclaration, en effet, donne lieu à l'exercice (provisoire seulement, bien entendu), de tous les droits subordonnés au décès de l'absent, et elle a, dans tous les cas, pour effet irrévocable de priver cet absent d'une portion notable de ses revenus. Le législateur ne devait donc pas permettre que cette déclaration fût ob-

I. 20

tenue aussi facilement que les diverses mesures dont il s'occupe dans le chapitre précédent. Aussi, faut-il qu'un délai assez long se soit écoulé sans nouvelles, pour qu'on puisse se pourvoir en déclaration d'absence.

Si l'on s'en tenait seulement à notre article, on dirait que ce délai sera toujours de quatre ans; mais sa disposition est trop générale et doit être modifiée par celle de l'art. 121. D'après ce dernier, la déclaration d'absence ne peut être demandée qu'après un délai de dix ans, depuis les dernières nouvelles, quand l'absent a laissé une procuration; de sorte que c'est seulement quand il n'en a pas laissé, que la demande peut être formée après quatre ans.

II. — Les parties intéressées ne sont plus ici les mêmes personnes que dans l'art. 112. Dans cet article, il s'agissait de créanciers, d'associés, de locataires, et non pas des héritiers présomptifs; ici, au contraire, c'est précisément des héritiers présomptifs qu'il s'agit, puisque la déclaration d'absence se demande pour faire arriver la possession des biens à tous ceux qui prendraient définitivement ces biens, si l'absent était mort.

Du reste, il est évident que ce n'est pas ceux qui sont héritiers présomptifs au jour de la demande, qui peuvent former cette demande, mais bien ceux qui l'étaient au jour de la disparition ou des dernières nouvelles, ou bien leurs représentans.

Ainsi, Pierre disparaît en juin 1820, sans laisser de procuration, et en juin 1824 on n'a encore reçu de lui aucunes nouvelles: la déclaration d'absence peut-être demandée; mais par qui? Pierre, au moment de son départ, avait pour héritier présomptif Paul, son cousin germain, et par conséquent son parent au quatrième degré; il avait aussi un autre cousin, Louis, parent au sixième degré, et que Paul aurait écarté de la succession. Aujourd'hui qu'il s'agit de demander la déclaration d'absence, Paul est mort, laissant pour héritier un cousin qui n'est peut-être pas parent de Pierre, l'absent; de sorte que si la succession de cet absent s'ouvrait aujourd'hui, ce serait Louis qui y viendrait. Eh bien! ce ne sera pas Louis qui pourra demander la déclaration d'absence, mais bien l'héritier de Paul. En effet, cette déclaration, et l'envoi en possession qui en est la suite, sont fondés sur ce qu'il y a quelque probabilité que l'individu qui a disparu est mort. Mais si l'on peut présumer qu'il est mort, on doit présumer qu'il l'est, non pas d'aujourd'hui, mais du moment même qu'il a disparu. Or, si sa succession s'était effectivement ouverte à ce moment de la disparition, ce serait Paul qui l'aurait recueillie et qui l'aurait transmise avec la sienne à son héritier. C'est donc cet héritier de Paul qui doit être envoyé en possession, puisque c'est à lui que les biens appartiendront définitivement si l'absent ne reparaît jamais. C'est donc lui qui a qualité pour demander la déclaration d'absence. L'art. 120 dit formellement que ce sont ceux qui étaient héritiers présomptifs de l'absent *au jour de sa disparition ou de ses dernières nouvelles*, qui pourront se faire envoyer en possession de ses biens, et nous devons ajouter que si ces héritiers présomptifs n'existent plus, c'est à leurs représentans que ce droit appartient.

Il est évident qu'il en serait autrement et que ce serait Louis qui pourrait faire déclarer l'absence et obtenir l'envoi provisoire, si c'était avant le départ de l'absent que le cousin du quatrième degré, Paul, fût mort.

III. — Lorsque depuis sa disparition l'absent a donné des nouvelles, il est clair que ce n'est plus au moment de la disparition, mais à la date des nouvelles qu'il faut s'attacher, puisqu'il est dès-lors constant qu'à cette dernière époque, l'absent vivait encore. C'est donc de la date des dernières nouvelles qu'il faudra partir pour calculer les quatre ans ou les dix ans après lesquels la déclaration peut être demandée ; et c'est à ceux qui étaient héritiers présomptifs de l'absent à cette même date, ou à leurs représentans, qu'appartient le droit de demander cette déclaration. Notre article, comme on le voit, exige que quatre ans se soient écoulés sans qu'on ait reçu des nouvelles ; et l'article 121 nous dit aussi que si l'absent a laissé une procuration, la déclaration d'absence ne pourra être poursuivie qu'après dix années révolues depuis la disparition ou *depuis les dernières nouvelles*.

Nous avons dit que c'est *à la date* des dernières nouvelles, et non à l'époque de leur réception, qu'il faut s'attacher pour calculer le délai après lequel la déclaration peut être demandée, et aussi pour déterminer à qui appartient le droit de la demander. En effet, supposons qu'il faille trois mois pour que les nouvelles arrivent du lieu où est l'absent à celui de leur destination ; il est clair que si la lettre, datée du mois d'avril, me donne la certitude de l'existence de l'absent à cette époque d'avril, elle ne me prouve nullement qu'il soit encore vivant au mois de juillet, alors que cette lettre me parvient. Delvincourt (t. I, p. 46, note 1) et M. Duranton (I, — 414.) commettent donc une erreur quand ils enseignent qu'il faut s'attacher au moment de la réception.

IV. — Ici, comme dans le cas où il s'agit de constater la simple présomption d'absence, et par le même motif, c'est le tribunal du domicile qu'avait l'absent, qui doit être saisi de la demande. La forme à suivre est aussi la même, d'après l'art. 60 C. de proc. Il faut donc se reporter à ce que nous avons dit à ce sujet sous l'art. 112.

V. — Il peut très-bien arriver, comme on le conçoit facilement, que le laps de temps exigé après la disparition ou les dernières nouvelles, se soit écoulé, et qu'en conséquence il y ait lieu de demander la déclaration d'absence, sans qu'un jugement ait constaté la présomption d'absence. La présomption d'absence, tout comme l'absence proprement dite, ne peut être *constatée* que par un jugement ; mais la présomption, sans être constatée, *existe* cependant, elle résulte du seul défaut de nouvelles ; au contraire, l'absence ne commence qu'avec le jugement qui la déclare. Jusqu'à cette déclaration, et quel que soit le délai écoulé depuis la disparition ou les dernières nouvelles, c'est toujours la simple présomption qui continue.

ARTICLE 116.

Pour constater l'absence, le tribunal, d'après les pièces et documens produits, ordonnera qu'une enquête soit faite contradictoirement avec le procureur du Roi, dans l'arrondissement du domicile et dans celui de la résidence, s'ils sont distincts l'un de l'autre.

N. B. — Comme on le voit par l'article suivant, le tribunal n'est point *tenu* d'ordonner l'enquête et de donner suite à la demande formée devant lui. Si, en effet, en recherchant les motifs de l'absence et les causes qui ont pu empêcher d'avoir des nouvelles, le tribunal pense que la demande est intempestive, il devra la la rejeter et dire qu'il n'y a pas lieu à suivre. Mais, en sens contraire, le tribunal n'aurait pas la faculté de dire que l'enquête est inutile et que l'on pourra, sans l'ordonner, prononcer de suite la déclaration. Quelque fortes que soient les apparences, quelque probable que paraisse aux juges la mort de l'individu, la loi ne leur permet pas de négliger les moyens qu'elle a établis pour arriver à avoir tous les renseignemens possibles.

Dès lors, donc, que le tribunal ne rejette pas la demande et croit devoir y donner suite, une enquête doit être ordonnée par lui dans l'arrondissement où l'absent avait son domicile, c'est-à-dire dans l'arrondissement même du tribunal, et une seconde doit avoir lieu dans l'arrondissement où l'absent résidait, si sa résidence était distincte de son domicile.

L'enquête, simple ou double, selon la distinction ci-dessus, se fera, d'après notre article, contradictoirement avec le procureur du Roi. En effet, le procureur du Roi, étant chargé par l'art. 114 de veiller partout aux intérêts des absens, se trouve être ici l'adversaire de ceux qui poursuivent l'enquête. Il aura donc le droit d'adresser aux témoins les interpellations qu'il jugera utiles, de faire rejeter les dépositions de ceux en qui il trouvera des causes de reproches, de faire une contre-enquête tendant à prouver le contraire de ce que l'enquête veut établir. (*Voy.* C. de proc., art. 252 et suiv.)

Le jugement qui ordonne l'enquête doit, d'après l'art. 118, être envoyé au ministre de la justice, qui le rend public en l'insérant au *Moniteur;* et ce n'est qu'un an après, conformément à l'art. 119, que la déclaration d'absence peut être prononcée.

Il suit de là que la déclaration d'absence, qui peut bien être *demandée* quatre ou dix ans après la disparition ou les dernières nouvelles, selon que l'individu a ou non laissé une procuration, ne peut jamais être *prononcée* qu'après cinq ans ou onze ans depuis la même époque.

Article 117.

Le tribunal, en statuant sur la demande, aura d'ailleurs égard aux motifs de l'absence et aux causes qui ont pu empêcher d'avoir des nouvelles de l'individu présumé absent.

Article 118.

Le procureur du Roi enverra, aussitôt qu'ils seront rendus, les jugemens, tant préparatoires que définitifs, au ministre de la justice, qui les rendra publics.

Article 119.

Le jugement de déclaration d'absence ne sera rendu qu'un an après le jugement qui aura ordonné l'enquête.

N. B. — L'absence, *lato sensu,* est tout simplement le résultat de l'incertitude sur l'existence de l'individu ; elle ne peut donc cesser que par une des deux causes qui peuvent faire disparaître cette incertitude, savoir : 1° la preuve de l'existence ; 2° la preuve du décès.

L'absence présumée finirait aussi évidemment par ces deux causes ; mais comme elle n'est, elle, qu'une première période à laquelle une deuxième période doit succéder, si l'incertitude continue, elle pourra finir en outre par une troisième manière, la déclaration d'absence. Quant à l'absence déclarée, comme il n'existe point de troisième période qui doive lui succéder, les deux causes que nous avons signalées d'abord sont les seules qui puissent lui faire prendre fin.

CHAPITRE III.

Des Effets de l'absence.

SECTION PREMIÈRE.

DES EFFETS DE L'ABSENCE RELATIVEMENT AUX BIENS QUE L'ABSENT POSSÉDAIT AU JOUR DE SA DISPARITION.

ARTICLE 120.

Dans le cas où l'absent n'aurait point laissé de procuration pour l'administration de ses biens, ses héritiers présomptifs, au jour de sa disparition ou de ses dernières nouvelles, pourront, en vertu du jugement définitif qui aura déclaré l'absence, se faire envoyer en possession provisoire des biens qui appartenaient à l'absent au jour de son départ ou de ses dernières nouvelles, à la charge de donner caution pour la sûreté de l'administration.

SOMMAIRE.

I. Vice de rédaction; l'envoi en possession a toujours lieu de suite après la déclaration d'absence, même quand il y a une procuration.

II. Nécessité d'exiger caution. La caution est reçue par le tribunal.

III. Si des cohéritiers de l'absent ont bien voulu mettre en réserve sa part d'une succession ouverte pendant sa présomption d'absence, cette part ne doit pas, pour cela, être prise par les envoyés en possession; elle appartient à ceux qui l'avaient mise en réserve.

IV. Si les envoyés en possession viennent à mourir, la possession passe à leurs successeurs.

V. La possession provisoire peut finir par trois causes.

VI. Observations sur chacune de ces trois causes.

VII. Le droit de demander l'envoi en possession est prescriptible comme tout autre.

EXPLICATION.

I. — Il y a dans cet article un vice de rédaction qui jetterait dans une erreur grave, si l'on prenait sa disposition à la lettre. Il faut retrancher toute cette proposition : *Dans le cas où l'absent n'aurait point laissé de procuration pour l'administration de ses biens*, et lire à la place ces mots : *Dans tous les cas*; ou bien commencer tout simplement l'article par ceux-ci : *Les héritiers présomptifs de l'absent...* Ceci demande explication.

On comprend que la circonstance que l'absent, en s'éloignant, a laissé un procureur chargé de l'administration de ses affaires, devait être prise en considération. Elle prouve, en effet, que lorsqu'il est parti, l'individu pensait ne pas pouvoir revenir bientôt, et elle rend, dès lors, son silence moins étonnant. On devait donc, pour cette circonstance, porter une disposition différente de celle portée pour les cas où l'absent n'a point laissé de procuration.

Lors de la discussion de notre titre, tout le monde fut d'accord sur ce point; mais on ne l'était plus quand il s'agissait de savoir en quoi consisterait cette différence. Les uns voulaient que, dans tous les cas, la déclaration pût être demandée après quatre ans et prononcée après cinq ans, sans examiner s'il avait été laissé ou non une procuration ; et que la circonstance qu'il y aurait une procuration influât seulement sur l'envoi en possession, lequel pourrait avoir lieu de suite après la déclaration, quand il n'y aurait pas de procuration, et quelques années après seulement, dans le cas où il y en aurait une. Les autres disaient que l'envoi en possession, étant la conséquence de la déclaration d'absence, devrait toujours avoir lieu immédiatement après elle, et que c'était cette déclaration elle-même qu'il fallait retarder quand une procuration aurait été laissée.

Cette question semblait résolue dans le premier sens par l'article 115, dans lequel on avait dit, d'une manière absolue et sans distinction, que la déclaration d'absence pourrait être demandée après quatre ans; mais lors de la rédaction de cet art. 115, on ne s'était point occupé du cas où une procuration aurait été laissée. Notre art. 120 semble aussi résoudre la question dans le même sens ; mais la question n'avait point encore été discutée sur cet article. Aussi, eut-on soin de n'y parler que du cas sur lequel tout le monde était d'accord, celui où il n'avait point été laissé de procuration.

Ce ne fut que sous l'article suivant, 121, que la question fut posée et qu'il fallut enfin trancher la difficulté. Elle le fut dans le second sens; cet article, en effet, nous dit que quand l'individu a laissé une procuration, ce n'est pas seulement l'envoi en possession, mais aussi la déclaration d'absence qui ne peut être demandée qu'après dix ans depuis la disparition ou les dernières nouvelles.

Cet art. 121 une fois rédigé, on ne pensa point à rectifier les dispositions des art. 115 et 120, dont la rédaction se trouve ainsi présenter un vice que nous avons dû signaler.

II. — Comme les biens en possession desquels les héritiers présomptifs de l'absent se font envoyer, devront lui être rendus s'il reparaît, il était juste que ces héritiers donnassent caution de les conserver et bien administrer. Cette caution sera reçue par le tribunal, et ce sera au ministère public, chargé par l'art. 114, comme nous l'avons vu, de veiller aux intérêts des absens, d'examiner si la caution offerte présente les garanties nécessaires.

III. — Nous avons déjà fait remarquer, sous l'art. 113, n° V, que les biens qui écherraient à un individu, pendant qu'il est en présomption d'absence, seraient exclusivement dévolus à ses cohéritiers ou à ceux qui venaient après lui, d'après l'art. 136. Mais si ces derniers avaient laissé en réserve la part du présumé absent, à qui passeraient ces biens après la déclaration d'absence?... Quelques auteurs disent que ces biens étant devenus la propriété de l'absent, doivent, avec tous ses autres biens, être délivrés aux envoyés en possession provisoire. C'est une erreur. Si les cohéritiers de l'absent, ou ceux qui devaient venir à son défaut, ont bien voulu ne pas prendre ces biens, c'est qu'ils présumaient que l'absent vivait encore et reviendrait bientôt. Mais la déclaration d'absence venant rendre plus forte la probabilité de mort, laquelle remonte tout naturellement au moment même de la disparition, il s'ensuit que l'absent n'a jamais eu de droit à ces biens et que par conséquent les héritiers présomptifs du moment de la disparition, qui obtiennent aujourd'hui l'envoi provisoire, n'y ont et n'y pourront jamais avoir aucun droit. Ces biens seront donc repris par ceux qui les avaient laissés au moment du partage. Aussi, l'intitulé de notre section nous dit-il qu'elle ne s'occupe que *des biens que l'absent possédait au jour de sa disparition*, et l'article lui-même nous répète que les héritiers présomptifs pourront se faire envoyer en possession des biens *qui appartenaient à l'absent au jour de son départ ou de ses dernières nouvelles.*

IV. — Nous avons dit, sous l'art. 115, n° III, que si ceux qui étaient héritiers présomptifs de l'absent, au moment de sa disparition ou de ses dernières nouvelles, étaient morts avant l'envoi en possession, cette possession appartiendrait à leurs représentans (héritiers, donataires, légataires ou autres ayant-cause). Maintenant, si ces héritiers présomptifs mouraient après l'envoi obtenu, ce serait encore, évidemment, à leurs héritiers ou ayant-cause que cette possession passerait. Cette possession, en effet, doit toujours être, comme on le comprend, à ceux qui seraient propriétaires si l'absent avait cessé de vivre lorsqu'il a disparu ou cessé de donner de ses nouvelles.

V. — La possession provisoire peut finir de trois manières :

1° Par la preuve acquise de l'existence de l'absent, soit qu'il reparaisse, soit qu'on ait de ses nouvelles, et alors les possesseurs provisoires perdent tout droit sur les biens ; c'est ce qui résulte de la première partie de l'art. 131.

2° Par la preuve acquise de la mort de l'absent.

Si cette mort est arrivée à un moment où l'absent avait pour héritiers ceux qui ont aujourd'hui, ou dont les représentans ont la possession provisoire, la qualité de possesseurs provisoires se changera, pour ces possesseurs, en celle de propriétaires. Que si, au contraire, cette mort est arrivée à un moment où ni les possesseurs actuels, ni leurs auteurs, n'étaient plus héritiers de l'absent, ces envoyés perdront, comme dans le premier cas, tout droit sur les biens, et devront les restituer à ceux qui étaient héritiers de l'absent au moment de sa mort, ou à leurs représentans. C'est ce que dit l'art. 130.

3° Par le laps de trente ans depuis l'envoi provisoire ou de cent ans depuis la naissance de l'absent.

Dans ce dernier cas, la possession provisoire se change, d'après la disposition de l'art. 129, en une possession définitive qui, sans rendre les envoyés propriétaires proprement dits (car il peut encore être prouvé plus tard que l'absent existe, ou qu'il est mort à un moment où ces envoyés n'étaient plus héritiers), leur donne cependant des droits beaucoup plus étendus que la possession provisoire.

VI. — Des trois causes que nous venons d'indiquer comme faisant cesser l'envoi provisoire, la première (la preuve de l'existence de l'absent) enlève toujours les biens aux envoyés; la deuxième (la preuve du décès) tantôt les leur enlève, tantôt les leur laisse; la troisième (l'envoi définitif) les leur laisse toujours.

Ainsi, les envoyés en possession peuvent perdre cette possession : 1° par la preuve de l'existence de l'absent; 2° par la preuve de son décès, et dans ces deux cas il y a toujours cessation de l'absence; mais ils pourront la perdre encore, l'absence durant toujours, 3° si des héritiers du jour de la disparition ou des dernières nouvelles, héritiers plus proches que les envoyés et qui ne s'étaient pas présentés tout d'abord, se présentent plus tard et avant la prescription accomplie, pour réclamer cette possession.

VII. — Nous disons *avant la prescription accomplie*. En effet, tout droit, dès lors qu'il est relatif à un intérêt pécuniaire, tombe sous la prescription, à moins que la loi ne l'ait formellement déclaré imprescriptible. Or, rien ne soustrait à la règle générale le droit de demander l'envoi en possession des biens d'un absent; ce droit se prescrirait donc par trente ans, aux termes de l'art. 2262. En conséquence, si, lors de la déclaration d'absence d'une personne ayant laissé deux parens, l'un plus proche, l'autre plus éloigné, c'était ce parent plus éloigné qui demandât et obtînt l'envoi en possession, parce que le parent plus proche ignorerait ce qui se passe ou ne se donnerait pas la peine d'agir;

si ce dernier voulait, plus tard, enlever la possession à celui qui l'a induement obtenue, il devrait agir contre lui dans les trente ans de la déclaration d'absence. Passé ce délai, la prescription serait accomplie, et le droit du parent plus proche se trouverait éteint.

Article 121.

Si l'absent a laissé une procuration, ses héritiers présomptifs ne pourront poursuivre la déclaration d'absence et l'envoi en possession provisoire, qu'après dix années révolues depuis sa disparition, ou depuis ses dernières nouvelles.

Article 122.

Il en sera de même si la procuration vient à cesser, et, dans ce cas, il sera pourvu à l'administration des biens de l'absent, comme il est dit au chap. Ier du présent titre.

SOMMAIRE.

I. Ce n'est pas l'existence actuelle d'une procuration, c'est le fait qu'une procuration a été laissée, qui retarde la déclaration d'absence.

II. La procuration laissée pour deux ou trois ans suffirait pour produire cet effet ; mais non celle spéciale à un bien ou à une affaire déterminée.

III. Quelles que soient les circonstances de la procuration, elle ne peut jamais faire reculer la déclaration au-delà de dix ans depuis la disparition.

IV. Les art. 121 et 122 sont mal placés, et les art. 115 et 120 mal rédigés. A quoi tient tout cela.

EXPLICATION.

I. — Ce n'est pas la circonstance même qu'il existe un mandataire fondé, qui fait retarder la déclaration d'absence ; c'est l'intention, que cette circonstance prouve avoir existé chez l'absent, de s'éloigner pour un temps assez long.

En effet, lorsqu'une personne en s'éloignant charge quelqu'un de veiller à ses affaires, on ne doit plus s'étonner autant ni de sa longue absence, ni du silence qu'elle garde ; elle peut avoir des motifs pour ne pas faire savoir en quel pays elle se trouve, et un homme de son choix étant chargé d'administrer ses biens, elle a l'esprit tranquille sous ce rapport.

On comprend donc que si la procuration vient à cesser, ou même si elle n'a jamais eu d'effet, parce que l'individu désigné pour mandataire a refusé d'accepter ou est mort avant de le faire, cette circonstance est indifférente et ne peut pas hâter la déclaration d'absence. Car, il est toujours constant que l'absent savait en partant qu'il ne devait pas revenir bientôt; et c'est là tout ce que l'on devait exiger pour retarder la demande en déclaration.

Toutefois, comme cette cessation ou cette non-acceptation du mandat peut mettre les biens en souffrance, on se trouve dans le cas prévu par l'art. 112, et il y a lieu à faire ordonner des mesures par le tribunal, en constatant : 1° que l'individu est en présomption d'absence; 2° qu'il n'existe pas actuellement de procuration; 3° qu'il y a urgence de pourvoir à l'administration des biens.

Ainsi, il se peut qu'on doive appliquer l'art. 112, parce qu'il n'y a pas de procuration, bien qu'on ne puisse pas appliquer l'article 115, parce qu'une procuration a été laissée. Ce que le législateur demande dans l'art. 112, pour qu'on ne puisse provoquer aucune mesure du tribunal, c'est un procureur s'occupant actuellement des affaires de l'absent; au contraire, dans nos articles 121 et 122, ce qu'il veut pour que la déclaration d'absence ne puisse être demandée qu'après dix ans de présomption, c'est tout simplement que l'individu ait manifesté, par le choix d'un mandataire, la pensée d'une absence prolongée.

II. — *Quid,* si l'absent avait laissé une procuration pour deux ou trois ans? Pourrait-on, dans ce cas, provoquer la déclaration après quatre ans, sinon depuis la disparition, du moins après l'expiration de la procuration?

Non. Il est possible, en effet, que l'absent qui a laissé un mandataire pour deux ou trois ans pense que ce mandataire, se voyant investi de sa confiance, continuera, après l'expiration du mandat, à gérer ses affaires. Cet absent peut donc se reposer dans cette confiance, et cette possibilité suffit pour expliquer son silence. Aussi, l'art. 122 nous dit-il qu'il en sera de même, c'est-à-dire que la déclaration ne pourra être demandée qu'après dix ans, quand même la procuration *viendrait à cesser,* sans qu'on doive examiner ni à quelle époque, ni par quelle cause elle a pris fin.

Il faudrait donner une décision différente et se mettre en opposition avec les termes de la loi, pour se conformer à son esprit, dans le cas où l'absent n'aurait laissé qu'une procuration relative à telle opération spéciale, à tel bien particulier. En effet, une telle procuration ne prouverait nullement la pensée d'un retour éloigné, chez celui qui la donne, et l'on ne serait plus là dans le cas qui a déterminé le législateur à retarder le moment de la demande en déclaration. Cependant, il ne serait pas nécessaire que la procuration, pour faire retarder la déclaration d'absence, s'étendît à tous les biens; il suffirait qu'elle eût pour objet ceux qui demandent plus de surveillance que les autres.

Du reste, ces divers cas présentent bien moins une question de droit qu'un point de fait dont l'appréciation sera laissée à la sagesse des magistrats. Ce que veut le législateur, ce que nous pouvons et devons prendre pour règle dans toutes les circonstances possibles, c'est que la procuration qu'a laissée l'absent soit de nature à prouver qu'il y avait chez lui l'idée d'un long voyage.

III. — Si la déclaration d'absence ne peut jamais être demandée avant dix ans, quand une procuration a été laissée, qui prouve chez l'individu l'idée d'un éloignement prolongé; d'un autre côté et réciproquement, quelque générale que fût cette procuration, pour quelque temps qu'elle eût été donnée, la déclaration pourrait toujours être provoquée après ces dix ans. La loi ne distingue pas et ne devait pas distinguer; il ne devait pas dépendre du présumé absent, qui pouvait donner une procuration pour vingt ans et plus, de reculer ainsi, indéfiniment, l'exercice des droits subordonnés à son décès. Il fallait un délai; la loi l'a fixé à dix ans.

IV. — La dissidence d'opinion entre les rédacteurs du Code, que nous avons indiquée sous l'art. 120, n° I, et le retard quel'on apportait à trancher la difficulté dont nous avons parlé, nous expliquent pourquoi les art. 121 et 122, qui ne sont relatifs qu'à la déclaration d'absence et non à l'envoi en possession, se trouvent dans notre chap. III, tandis qu'ils devraient être dans le chapitre précédent. Ils auraient été bien placés dans notre chapitre, si l'on avait adopté l'opinion d'après laquelle la circonstance d'une procuration laissée ne devait avoir d'influence que sur l'envoi en possession. Mais le législateur ayant pris une décision contraire, on aurait dû, 1° effacer les deux premières lignes de l'art. 120; puis, 2° supprimer nos deux art. 121 et 122, pour les refondre avec l'art. 115, lequel devrait être conçu ainsi : «Ceux qui étaient « héritiers présomptifs de l'absent, au jour de sa disparition ou « de ses dernières nouvelles, ou bien les représentans de ses hé- « ritiers présomptifs, pourront demander la déclaration d'absence « après quatre ans quand l'absent n'aura pas laissé de procura- « tion, et après dix ans seulement, quand il en aura laissé une, « encore que cette procuration soit venue à cesser. »

ARTICLE 123.

Lorsque les héritiers présomptifs auront obtenu l'envoi en possession provisoire, le testament, s'il en existe un, sera ouvert à la réquisition des parties intéressées ou du procureur du roi près le tribunal ; et les légataires, les donataires, ainsi que tous ceux qui avaient, sur les biens de l'absent, des droits subordonnés à la condition de son décès, pourront les exercer provisoirement, à la charge de donner caution.

SOMMAIRE.

I. La déclaration d'absence permet de faire provisoirement ce que le décès permettrait définitivement.

II. Les divers ayant droit, autres néanmoins que les légataires, peuvent demander eux-mêmes la déclaration d'absence et l'envoi en possession, si les héritiers présomptifs ne les demandent pas.

III. Quant aux légataires, ils ne peuvent pas agir eux-mêmes ; mais ils peuvent faire agir le ministère public.

IV. Les fruits produits par les biens de l'absent, dans l'intervalle entre la disparition et l'envoi en possession, sont pris aussi, avec les biens eux-mêmes ; mais c'est à titre de capitaux, sujets à restitution comme les autres biens.

V. Quand les divers ayant-droit du jour de la disparition sont morts avant l'envoi, c'est à leurs représentans que cette possession est remise. C'est également à ces possesseurs que cette possession passe, si ces ayant-droit meurent après avoir obtenu l'envoi. C'est ici comme pour les héritiers présomptifs.

VI. La possession provisoire de ces divers ayant-droit, ou de leurs successeurs, prend fin aussi par les trois mêmes causes que la possession provisoire des héritiers présomptifs.

VII. Distinction à faire pour déterminer les causes qui font perdre, absolument, la possession des biens à ces mêmes ayant-droit ou à leurs successeurs.

EXPLICATION.

1. — Une fois la déclaration d'absence prononcée, l'individu est supposé mort jusqu'à preuve contraire ; en conséquence, tous ceux qui avaient des droits subordonnés à la condition de son décès, c'est-à-dire des droits qui ne devaient s'ouvrir pour eux que par ce décès, seront mis en exercice provisoire de ces droits. Ainsi, celui qui, par contrat de mariage, aurait été institué par l'absent, conformément à l'art. 1082, donataire d'un bien qu'il ne devait prendre qu'à la mort du donateur, pourra prendre provisoirement ce bien ; celui qui aurait fait à l'absent donation d'un bien, avec la clause insérée dans l'acte que ce bien lui reviendrait si l'absent mourait avant lui, pourra le reprendre (provisoirement aussi, bien entendu) ; ceux à qui le testament de l'absent, s'il en a fait un, attribuerait des droits, seront mis en possession des choses à eux léguées ; et ainsi de tous ceux qui ont des droits que la mort prouvée de l'absent aurait ouverts définitivement.

Mais comme les droits de ces différens individus ne sont que présumés et que la présomption disparaîtrait si l'absent revenait ou qu'on eût de ses nouvelles, la possession provisoire n'est en quelque sorte qu'un dépôt qui rend les envoyés comptables envers l'absent, s'il reparaît. Aussi, tous les envoyés en possession, quels qu'ils soient, héritiers présomptifs, légataires, donataires ou autres, doivent, aux termes de notre article et de l'art. 120, présenter une caution qui, comme nous l'avons déjà dit, sera discutée par le procureur du Roi et reçue par le tribunal.

II. — Qu'arriverait-il si les héritiers présomptifs, connaissant l'existence d'un legs universel ou d'autres circonstances qui ne leur laisseraient rien, ou presque rien de la somme des biens, ne voulaient pas demander la déclaration d'absence?... Il ne doit pas dépendre de leur caprice de paralyser les droits des autres intéressés. Ces droits pourront donc s'exercer malgré eux. Ainsi, un donataire de biens à venir, un donateur avec clause de retour, le nu-propriétaire d'un bien dont l'absent a l'usufruit, seraient admis à provoquer eux-mêmes la déclaration d'absence, en vertu de l'art. 115. Cet article, en effet, accorde ce droit aux parties intéressées; or, ces divers individus sont évidemment parties intéressées; elles ont un intérêt né et actuel qu'elles peuvent facilement établir.

Il est vrai que la manière dont notre article est rédigé semble subordonner l'exercice des droits des divers intéressés, autres que les héritiers présomptifs, à l'obtention préalable de l'envoi en possession par ces mêmes héritiers. En effet, quand est-ce que les légataires, donataires et autres pourront exercer leurs droits? Ce serait, si l'on s'en tenait au texte de l'article, *lorsque les héritiers auront obtenu l'envoi en possession.* Mais l'argument qu'on voudrait tirer de là serait par trop faible, et il trouverait d'ailleurs sa réfutation dans notre article lui-même. En effet, si l'on devait attacher de l'importance à la manière dont cet article est rédigé et argumenter de sa rédaction, il faudrait dire aussi que tous ceux qui ont des droits à exercer ne pourront le faire qu'après que le testament, s'il en existe un, aura été ouvert. Car l'article dit: *Lorsque les héritiers auront obtenu l'envoi, le testament* sera ouvert, ET LES LÉGATAIRES, DONATAIRES OU AUTRES AYANT DES DROITS *pourront les exercer,* assimilant ainsi, en apparence, aux légataires les autres intéressés. Or, il est évident que telle n'est pas l'idée du législateur. L'ouverture du testament n'est pas nécessaire, assurément, pour qu'un nu-propriétaire, par exemple, reprenne l'usufruit qu'exerçait l'absent.

Ce n'est donc pas à la tournure de phrase de cet article qu'il faut s'arrêter. C'est l'esprit de la loi, résultant de l'ensemble des

articles, qu'il faut interroger. Or, que veut la loi? c'est que tous
ceux qui exerceraient leurs droits définitivement, si l'absent était
mort, les puissent exercer provisoirement, lorsque la probabilité
de son décès est devenue plus forte par le laps de quatre ou dix
ans sans nouvelles. Les héritiers ne peuvent donc pas plus, en
n'agissant pas, empêcher l'exercice provisoire de ces droits,
qu'ils ne pourraient, en n'acceptant pas la succession, en empêcher l'exercice définitif, si le décès de l'absent était prouvé.

Si le législateur a supposé que la déclaration d'absence serait
obtenue par les héritiers présomptifs, c'est qu'il s'est occupé tout
naturellement *de eo quod plerumquè fit*, et qu'ordinairement ce
seront ces héritiers qui demanderont cette déclaration, comme y
étant plus intéressés que tous autres. Mais il ne nous paraît pas
douteux que, s'ils refusent de le faire, les intéressés (autres bien
entendu que les légataires) ne puissent le faire en vertu de l'article 115.

III. — Le droit d'agir, que nous reconnaissons aux divers intéressés, en cas de mauvais vouloir des héritiers présomptifs, nous
le refusons aux légataires. En effet, ils sont bien, eux aussi, parties intéressées; mais on ne peut agir qu'en prouvant son intérêt;
or, leur intérêt ne peut être établi que par l'ouverture du testament, et précisément la déclaration d'absence doit précéder cette
ouverture. Ils n'ont donc pas qualité pour provoquer cette déclaration.

Toutefois, la loi leur fournit, ce nous semble, un moyen indirect d'arriver à leur but. En effet, d'abord, il est d'ordre public
et de l'intérêt de la société entière que la propriété ne reste pas
indéfiniment en suspens et dans l'incertitude; ensuite, l'intérêt de
l'absent lui-même demande que ses biens soient confiés aux personnes les plus intéressées à leur conservation et à leur amélioration; par conséquent, à celles qui doivent les garder s'il ne reparaît pas. Sous ce double rapport, donc, le procureur du roi,
comme mandataire de la société, et comme spécialement chargé
par l'art. 114 de veiller aux intérêts des absens, aurait qualité
pour provoquer lui-même la déclaration d'absence et faire ouvrir le testament. Il pourrait donc agir sur l'avis que les légataires lui donneraient de ce qui passe. Cet esprit de la loi, qui veut
que le ministère public agisse quand il en sera besoin, soit dans
l'intérêt de l'absent, soit dans celui de la société, se trouve prouvé
par notre article lui-même, qui ordonne qu'après l'envoi en possession, l'ouverture du testament soit requise par le procureur
du Roi, si elle ne l'était pas par les parties intéressées.

IV. — Que faut-il décider, quant aux fruits produits par les
biens de l'absent depuis son départ ou ses dernières nouvelles,

jusqu'à l'envoi eu possession? Il est bien clair qu'ils seront remis aux divers ayant-droit envoyés en possession de ces biens, puisque l'effet de la déclaration d'absence est de faire supposer l'absent mort dès le moment du départ ou des dernières nouvelles, et que, par conséquent, ce sont eux qui en doivent rester propriétaires, si l'absent ne reparaît pas. Ce point ne souffre donc pas de difficulté.

Mais ces fruits leur seront-ils donnés comme fruits, en telle sorte qu'ils en seraient tout-à-fait maîtres et propriétaires en qualité de possesseurs et en vertu de l'art. 127, sauf la réduction assez légère indiquée par ce même article; ou bien leur seront-ils seulement confiés comme capital, des intérêts duquel ils jouiront, avec obligation de rendre ce capital entier, avec une fraction des intérêts, si l'absent revient ou que son existence soit prouvée?

C'est certainement cette dernière idée qu'il faut prendre. En effet, ce n'est qu'à partir de la déclaration d'absence que la loi donne aux envoyés en possession droit aux fruits des biens, ces fruits sont comme le salaire de l'administration conférée à ces envoyés; jusqu'à la déclaration, les biens ont été administrés au nom et dans l'intérêt de l'absent seul. Si, donc, l'absent reparaît, il doit avoir ces fruits en entier; que s'il ne reparaissait pas, comme il serait définitivement réputé mort du jour de son départ, ils appartiendraient en entier, comme tous les autres biens, aux divers envoyés en possession.

L'art. 126 nous prouve que telle est bien, en effet, l'idée du législateur, quand il exige par son second alinéa, que lors de l'envoi provisoire, il soit fait emploi, c'est-à-dire un placement, *des fruits échus*, ainsi que du prix provenant de la vente du mobilier.

Ainsi, soit un immeuble d'un revenu net de 4,000 fr. par an, appartenant à Pierre qui a disparu en laissant un procureur chargé d'administrer ses biens, lequel immeuble avait été donné à Paul, lors du mariage de celui-ci, pour être pris par lui à la mort du donateur aujourd'hui absent. Ce n'est qu'après onze ans depuis le départ de Pierre, que l'envoi en possession, aux termes de l'art. 121, pourra être obtenu. Après cet envoi prononcé, Paul demandera compte au procureur, qui devra lui remettre et le bien lui-même et les revenus par lui touchés depuis onze ans, lesquels s'élèvent à 44,000 fr. Ces 44,000 fr. formeront un capital que Paul gardera, ainsi que le bien, si l'absent ne revient pas, mais qu'il lui remettra s'il revient; sauf à retenir tout ou partie des intérêts que ce capital aura produits, conformément à l'art. 127.

Il en serait de même si c'était un donateur avec clause de retour, un légataire, un nu-propriétaire, qui reprît ce bien, ou si enfin c'était, à défaut de ces divers ayans-droit, l'héritier présomptif lui-même. Dans tous les cas, les fruits produits par le bien, dans l'intervalle entre la disparition de l'absent et l'envoi en possession, formeront un capital qui sera remis à cet absent s'il revient, et qui, s'il ne revient pas, restera avec le bien lui-même à celui qui le prend provisoirement. En effet, la non-réparition de l'absent fait réputer le possesseur provisoire avoir été propriétaire, dès le départ de l'absent; c'est donc à lui qu'appartiennent tous les fruits produits par la chose depuis ce départ.

V. — Tout ce que nous avons dit, quant à l'envoi en possession des héritiers présomptifs, dans le n° II de l'art. 115 et le n° IV de l'art. 120, s'appliquera aussi aux donataires, légataires, et autres ayant un droit subordonné à la condition du décès de l'absent.

Ainsi donc, si, lors de la déclaration d'absence, celui que le testament nous indique comme légataire est mort après avoir été vivant au jour de la disparition de l'absent ou de ses dernières nouvelles; comme la déclaration d'absence fait réputer l'absent mort à partir de ce même jour, il s'ensuit que ce légataire était encore vivant lors de la mort présumée du testateur et que, par conséquent, il a transmis ses droits à ses héritiers ou autres successeurs. Ce seraient donc ses représentans qui obtiendraient la possession provisoire du bien à lui légué; car la possession, comme nous l'avons déjà dit, doit toujours se trouver là où serait la propriété, si, au lieu de disparaître, l'absent avait cessé de vivre.

Ainsi encore, une fois l'envoi obtenu, soit par le légataire, soit par son représentant, si cet envoyé en possession vient à mourir, ce sera à ses représentans que la possession passera. Ce serait eux, en effet, qui seraient propriétaires, s'il était constant que l'absent est vraiment mort au jour de sa disparition ou de ses dernières nouvelles.

VI. — Il faut encore répéter ici ce que nous avons dit au n° V de l'art. 120, sur les causes qui font cesser l'envoi en possession provisoire des héritiers présomptifs. En effet, la possession de celui qui exerce provisoirement un droit particulier, subordonné à la condition du décès de l'absent, prendra fin comme celle des héritiers présomptifs et avec les mêmes conséquences.

Ainsi, 1° s'il se trouve prouvé que l'absent est vivant, le légataire ou son représentant et tous autres envoyés perdront leur possession, parce qu'il se trouvera prouvé que les droits qu'on avait présumés ouverts ne le sont pas;

.1.   21

2° Si l'on acquiert la preuve du décès de l'absent, la possession provisoire des différens envoyés cessera encore, soit pour se changer en un droit de propriété, soit pour donner lieu à la restitution des biens, selon les circonstances qui vont être examinées au n° VII ;

3° Enfin, quand il se sera écoulé trente ans depuis la déclaration d'absence, ou cent ans depuis la naissance de l'absent, la possession provisoire se changera pour tous les envoyés en une possession définitive, aux termes de l'art. 129.

VII. — Nous venons de voir par quelles causes finit la possession provisoire des envoyés autres que les héritiers présomptifs ; ce sont les mêmes causes que pour ces héritiers présomptifs eux-mêmes. Mais on a vu, par les n°s V et VI de l'article 120, que les causes qui font *cesser la possession provisoire* ne font pas toujours *perdre la possession;* puisque dans tel cas la possession provisoire finit par se transformer en possession définitive ou même en pleine propriété. Il nous reste donc à voir, maintenant, quelles causes font *perdre* la possession des biens aux envoyés autres que des héritiers présomptifs.

Il faut pour cela diviser ces envoyés en trois classes :

1° Ceux dont le droit est subordonné, comme celui des héritiers, non pas seulement au décès, mais au *prédécès* de l'absent, et peut en outre être révoqué. On voit que nous parlons des légataires. En effet, le legs, d'après l'art. 895, peut toujours être révoqué par le testateur; et, en outre, il n'a d'effet, d'après l'article 1039, qu'autant que le légataire survit à son testateur.

2° Ceux dont le droit est aussi subordonné au prédécès de l'absent, mais ne peut pas être révoqué à volonté. Tels sont les donateurs avec clause de retour pour le cas de leur survie, et les donataires des biens à prendre au décès du donateur.

3° Ceux dont le droit n'est subordonné qu'à la condition du décès, comme un nu-propriétaire, un débiteur de rente viagère.

Pour les légataires, deux causes peuvent leur enlever la possession des biens par eux pris : 1° la preuve de l'existence de l'absent; car on apprend par là que leur droit n'est pas ouvert; 2° la découverte d'un testament révoquant celui en vertu duquel ils étaient venus. Il est une troisième cause qui n'aura d'effet que sur les *représentans* de ces légataires : ce serait 3° la preuve du décès de l'absent arrivé après celui des légataires.

Pour ceux ayant un droit soumis aussi au prédécès, mais non révocable, le bien ne peut être enlevé aux ayans-droit eux-mêmes que par une seule cause : la preuve de l'existence de l'absent. Mais il peut l'être à leurs représentans par une seconde : la preuve du décès de l'absent arrivé après celui des ayans-droit.

Quant aux autres envoyés en possession, dont le droit s'ouvre non-seulement par le prédécès de l'absent, mais par son décès arrivé à quelque époque que ce soit, on comprend que, soit pour eux-mêmes, soit pour leurs représentans, une seule circonstance peut leur enlever leur possession, c'est la preuve de l'existence de l'absent ; tout le reste leur est indifférent.

ARTICLE 124.

L'époux commun en biens, s'il opte pour la continuation de la communauté, pourra empêcher l'envoi provisoire, et l'exercice provisoire de tous les droits subordonnés à la condition du décès de l'absent, et prendre ou conserver par préférence l'administration des biens de l'absent. Si l'époux demande la dissolution provisoire de la communauté, il exercera ses reprises et tous ses droits légaux et conventionnels, à la charge de donner caution pour les choses susceptibles de restitution.

La femme, en optant pour la continuation de la communauté, conservera le droit d'y renoncer ensuite.

SOMMAIRE.

I. Notions sur les cinq régimes de mariage : 1° Communauté légale ; 2° communauté conventionnelle ; 3° exclusion de communauté ; 4° séparation de biens ; 5° régime dotal,

II. Notre article déroge, pour le cas de communauté, à la règle d'après laquelle la déclaration d'absence produit provisoirement les effets que la mort produirait définitivement. Mais cette règle subsiste pour tous les cas où il n'y a pas communauté.

III. Le conjoint administrateur légal ne doit pas caution.

IV. Les droits du conjoint administrateur varient, selon que ce conjoint est le mari ou la femme. — La femme ne peut aliéner que la nue-propriété de ses immeubles propres ; le mari peut aliéner en pleine propriété ses immeubles, puis tous les meubles et immeubles de la communauté.

V. Si des biens de la communauté ont été aliénés par le mari à une époque où cette communauté, existant en apparence, était dissoute en réalité, ces aliénations sont non-avenues dans les rapports entre les héritiers de la femme et le mari ; mais elles restent inattaquables vis-à-vis des acquéreurs.

VI. La continuation provisoire de communauté finit de six manières.

VII. 1° *Par la preuve de l'existence de l'absent.* — L'administration exceptionnelle de notre article est alors remplacée par l'administration ordinaire.

VIII. 2° *Par la preuve du décès de l'absent.* — Il faut alors partager la communauté dans l'état où elle était quand ce décès est arrivé.

IX. 3° *Par le laps de trente ans depuis la déclaration d'absence ou de cent ans depuis la naissance de l'absent.* — Alors, la déclaration d'absence recouvre sa force ordinaire ; la communauté est censée dissoute à partir de la disparition même et se partage en conséquence. — Mais ici, le provisoire n'est remplacé que par du provisoire, qui changera lui-même, si on acquiert plus tard la preuve de l'existence de l'absent, ou de sa mort arrivée à un moment autre que celui de sa disparition.

X. *4° Par la mort de l'époux présent.* — La dissolution de la communauté devient certaine par cette mort ; mais elle remonte présomptivement au jour même de la disparition, et le partage se fait d'après ce moment de la disparition. — Ici encore, donc, on ne fait que du provisoire qui changera plus tard, s'il vient à être prouvé ou que l'absent vivait quand l'époux présent est mort, ou que cet absent était mort auparavant, mais à une époque autre que celle de sa disparition.

XI. *5° Par la renonciation de l'époux présent à la continuation provisoire.* — La dissolution remonte encore présomptivement au jour de la disparition, et le partage se fait en conséquence, mais provisoirement et sauf changement ultérieur comme ci-dessus.

XII. *6° Enfin, par la déclaration d'absence de l'époux d'abord présent..* — La dissolution remonte encore au jour de la disparition de l'autre époux, et le partage n'est toujours que provisoire. — Il peut même, alors, être remplacé plus tard par des mesures qui ne seront que provisoires elles-mêmes.

XIII. Résumé des sept numéros précédens.

XIV. Quand les héritiers réels ou présomptifs de l'absent viennent prendre ses biens dans l'un des cas ci-dessus, ils ne prennent pas les fruits échus depuis la déclaration d'absence ; ces fruits restent ou en totalité, ou du moins en grande partie, selon les cas, à l'administrateur légal. — Mais ces héritiers prennent les fruits échus antérieurement à la déclaration d'absence.

XV. Quand il y a communauté pour une partie seulement des biens des époux, l'article s'applique à ces biens et les autres restent soumis à la règle ordinaire. — Il peut donc y avoir, tout à la fois, supposition de mort pour certains biens et supposition de vie pour les autres. Mais l'époux présent ne peut pas invoquer les deux idées à la fois.

XVI. Sens du dernier alinéa de notre article.

XVII. Quand l'époux présent opte pour la dissolution provisoire de la communauté, on reste dans le droit commun, et on applique les règles ordinaires de l'absence.

XVIII. Droits de l'époux présent sur les biens qu'il prend dans ce cas de dissolution provisoire. — Ces droits varient, selon que l'époux présent est le mari ou la femme.

XIX. Dans ce cas de dissolution provisoire, l'époux doit caution pour tout ce qu'il prend ; car c'est pour tout qu'il peut y avoir lieu à restitution.

XX. Quand il n'y a pas communauté entre les époux, notre article ne s'applique plus.

XXI. La supposition de mort de l'absent, résultant de la déclaration d'absence, n'est point une *présomption de droit* proprement dite.

EXPLICATION.

I. — Pour l'intelligence de cet article, quelques notions sont nécessaires sur les différens modes d'après lesquels deux futurs époux peuvent, sous le Code civil, régler leurs conventions matrimoniales.

On peut distinguer cinq *régimes* ou modes de contrats de mariages : 1° la communauté légale; 2° la communauté conventionnelle; 3° le régime exclusif de communauté ; 4° la séparation de biens ; 5° le régime dotal. Nous allons dire un mot de chacun, dans cinq paragraphes différens :

Et d'abord, la communauté est une société de biens entre époux. Elle est *légale*, quand les époux s'en sont rapportés, pour la régler, aux dispositions tracées par la loi elle-même ; elle est *conventionnelle*, quand ils ont modifié ces dispositions de la loi par des clauses particulières de leur contrat. Tous ceux qui ne font pas de contrat de mariage se trouvent, de plein droit, soumis à la communauté légale.

§ 1er. — Communauté légale.

Dans la communauté légale, le fonds social comprend en général : 1° en toute propriété, les biens meubles des deux époux ; 2° les revenus seulement de leurs immeubles, lesquels immeubles restent propres à chacun ; 3° le produit du travail et de l'industrie de ces époux.

Tout ce qui tombe dans la communauté est, comme on le voit mobilier ; mais il est clair que si, avec ces valeurs mobilières, avec les économies faites sur les revenus, ou l'argent apporté par les époux, ou provenant de leur industrie ou de la vente de leurs meubles, il est acquis des immeubles, ces immeubles seront la propriété de la communauté. On appelle ces biens *conquêts* ou *acquêts de communauté*, par opposition aux *propres de communauté*, nom qu'on donne aux biens personnels des époux.

Tout ceci résulte de la disposition de l'art. 1401.

Réciproquement, la communauté prend à sa charge d'après l'art. 1409 : 1° comme compensation de la propriété des meubles des époux, les dettes mobilières qui ne sont pas relatives aux immeubles propres ; 2° les intérêts seulement des autres dettes et les réparations à faire aux immeubles propres, en compensation des revenus de ces mêmes immeubles ; 3° enfin, comme compensation du produit du travail des époux, les dépenses nécessaires pour leur entretien et celui des enfans et pour tous les besoins du ménage.

La communauté, bien entendu, a en outre à sa charge toutes les dettes, même immobilières, contractées pour son compte par son chef, le mari, ou la femme par l'ordre et comme mandataire de celui-ci.

Le mari seul est administrateur de la communauté, et il l'administre *cum liberâ potestate*, en sorte qu'il en est, jusqu'à un certain point, considéré comme propriétaire, tant qu'elle dure; il peut aliéner, dissiper les biens qui la composent. Il a même l'administration, mais l'administration simple, des biens restés propres à la femme. (*Voy.* art. 1421 et 1428.)

En compensation de ce pouvoir exorbitant donné au mari sur les biens de la communauté, et pour que la femme, qui ne prend aucune part à l'administration, ne soit pas forcée de subir toutes les conséquences de la mauvaise gestion du mari, la loi accorde à cette femme ou à ses représentans, lors de la dissolution, la faculté d'accepter les résultats de la communauté ou d'y renoncer. En cas d'acceptation, la femme ou ses ayans-cause partagent par moitié avec le mari ou ses représentans et se trouvent obligés à la moitié des dettes. Quand elle renonce, elle n'est point soumise aux dettes, mais elle ne prend aucune part dans l'actif; elle retire seulement ses biens propres. (*Voy.* art. 1453.)

§ 2. Communauté conventionnelle.

On appelle communauté conventionnelle, comme nous l'avons déjà dit, le régime ci-dessus, modifié par telles ou telles conventions particulières que les parties ont stipulées.

Ainsi, les époux ont pu rétrécir les bases de leur communauté en convenant que tout ou partie de leurs meubles leur resteraient propres comme leurs immeubles, ou même en réduisant la communauté aux acquisitions qui se feraient pendant sa durée, ce qu'on appelle *société d'acquêts*.

En sens contraire, ils ont pu élargir les bases de leur société, en stipulant que non-seulement les meubles, mais même une portion ou la totalité de leurs immeubles, tomberaient en communauté.

Ainsi encore, ils ont pu convenir que chacun d'eux garderait ses dettes à sa charge; que lors de la dissolution, l'un d'eux aurait les deux tiers ou les trois quarts du fonds commun, l'autre seulement un tiers ou un quart; ou bien, que l'époux survivant prélèverait d'abord sur la masse une fraction déterminée, puis partagerait le reste également avec les représentans de l'autre époux; que la femme, si elle renonce, pourra reprendre non plus seulement ses propres, mais encore tout ou partie de ce qu'elle a apporté dans la communauté. (*Voy.* sur tous ces points, l'art. 1497.)

§ 3. — Régime exclusif de la communauté.

Dans le régime exclusif de communauté (qui a lieu quand les époux disent qu'ils se marient *sans communauté*, sans ajouter qu'ils adoptent tel régime particulier) tous les biens de chaque époux lui restent propres ; mais le mari a l'administration et la jouissance de tous les biens de sa femme, desquels il se trouve véritablement usufruitier. (*Voy.* les art. 1530, 1531, 1533.)

§ 4. — Séparation de biens.

Quand les époux se marient séparés de biens, ils restent, quant à leurs biens, étrangers, pour ainsi dire, l'un à l'autre, puisque chacun d'eux conserve l'administration et la jouissance des siens. Seulement, chacun contribue aux charges du mariage suivant la convention arrêtée au contrat ; à défaut de convention, la femme doit verser pour cet objet le tiers de ses revenus. (*Voy.* les art. 1536 et 1537.)

§ 5. — Régime dotal.

Dans le régime dotal, le mari, lui, conserve la jouissance de tous ses biens. Quant à la femme, elle conserve la propriété des siens ; mais, pour leur administration et leur jouissance, il faut distinguer :

Sous ce régime, les biens de la femme sont en partie dotaux et en partie paraphernaux, ou tous dotaux, ou tous paraphernaux. (*Voy.* les art. 1542, puis 1574 et le commencement de l'art. 1575.) Le mari a l'administration et la jouissance de tous les biens dotaux (1549). La femme garde et l'administration et la jouissance de ses biens paraphernaux (1576).

Tout en se soumettant au régime dotal, les époux peuvent convenir qu'il y aura entre eux société d'acquéts (1581). Ils pourraient aussi combiner de toute autre manière le régime en communauté et le régime dotal. (*Voy.* l'art. 1387.)

Il faut enfin observer que, quelque régime qu'on adopte, chacun des époux peut faire, soit dans le contrat de mariage, soit pendant le mariage, sur ses propres biens, au profit de son conjoint, des libéralités que ce conjoint prendra, s'il survit. Ces libéralités se nomment *gains de survie*.

Ces notions préliminaires une fois bien comprises, arrivons à l'explication de notre article, et voyons quels seront les effets de la déclaration d'absence sous les divers régimes du mariage.

II. — Si notre article n'existait pas au Code, il suffirait, pour bien connaître les droits et obligations du conjoint de l'absent, de tirer les conséquences qui résultent des dispositions expliquées jusqu'ici, savoir : que lors de la déclaration d'absence, **toutes** choses doivent être mises, provisoirement, à l'état où elles se trouveraient définitivement, si l'absent était mort lorsqu'il a disparu ou cessé de donner de ses nouvelles.

Mais notre article apporte une modification à cette règle pour le cas où les époux sont communs en biens. En effet, si l'on appliquait ici la règle ci-dessus, il faudrait dire que la communauté se dissolvant par la mort, la déclaration d'absence aura pour effet de faire remonter sa dissolution provisoire au moment de la disparition du conjoint absent ou de ses dernières nouvelles. Or, il n'en sera pas ainsi, comme on voit, puisque la première phrase de notre article donne au conjoint présent la faculté d'opter pour la continuation de la communauté, et d'arrêter ainsi l'exercice des droits des divers intéressés, lesquels se trouveront, dès lors, dans la même position que si l'absent était présent.

Du reste, et on le comprend de suite, ce seront toujours la règle et les principes ordinaires qu'il faudra appliquer, quand il n'y aura pas communauté entre les époux.

La loi, en effet, n'accorde qu'à l'époux commun en biens la faculté d'arrêter les effets de la déclaration d'absence, en optant pour la continuation de la communauté. Bien entendu, il ne serait pas nécessaire, pour qu'il y eût lieu d'exercer cette faculté, que les époux eussent adopté la communauté légale. S'il y a communauté conventionnelle; par exemple, simple communauté d'acquêts, encore bien qu'elle fût combinée avec le régime dotal, il sera toujours vrai de dire que les époux sont communs, quant aux biens qui composent la société d'acquêts, et pour ces biens, par conséquent, on appliquera notre article. Mais, quant aux autres biens de l'époux absent, on appliquerait les règles ordinaires. Nous reviendrons là-dessus au n° XV.

III. — En optant pour la continuation de la communauté, le conjoint *prend*, si c'est la femme; *conserve*, si c'est le mari, l'administration des biens de l'époux absent. Ce conjoint reçoit, dans ce cas, de la loi elle-même, le nom d'*Administrateur légal*. (Art. 127.)

Voyons quels seront les droits de cet administrateur. Et d'abord, doit-il donner caution ?

Si l'on se déterminait par le besoin de la circonstance et que pour demander caution on exigeât seulement qu'il fût utile de le faire, la caution devrait être exigée.

En effet, une femme disparaît en 1825, sans qu'on ait ensuite aucun renseignement sur elle ; la déclaration d'absence est demandée en 1829, prononcée en 1830, et le mari, en optant pour la continuation de la communauté, conserve l'administration qu'il avait antérieurement. En 1835, on apprend le décès de cette femme, lequel remonte à 1832. La communauté, qui a duré en apparence jusqu'en 1835, est donc réellement dissoute depuis trois ans; les héritiers de la femme ont donc droit à la moitié de la communauté telle qu'elle était il y a trois ans. Or, depuis ces trois ans, le mari a pu en dissiper une partie notable, et s'il n'a pas de biens personnels sur lesquels ces héritiers de la femme puissent recourir, ils perdront une partie de ce qui leur appartient. Il serait donc bon d'exiger caution.

Toutefois, la loi ne la demandant pas, il ne nous paraît pas qu'on puisse ajouter à ses dispositions, en l'exigeant. Le législateur a sans doute pensé qu'il eût été trop dur de demander caution à celui qui ne fait que continuer une administration qu'il a toujours eue; voilà pour le mari. D'un autre côté, il n'a pas voulu rendre la position de la femme pire que celle du mari, en demandant à celle-là une caution qu'il n'exigeait pas de celui-ci.

Quel qu'ait été le motif du législateur, toujours est-il qu'il dispense du bail de caution l'époux optant pour la continuation de la communauté. On le voit assez, en rapprochant cette première partie de notre article des art. 120 et 123, et surtout de la seconde partie de ce même article. Dans l'art. 120, il s'agit de l'envoi provisoire pour les héritiers, la loi demande caution; dans l'art. 123, c'est encore l'envoi provisoire pour tous les autres intéressés, la loi demande encore caution; dans notre art. 124, première partie, il ne s'agit plus d'envoi provisoire, la loi ne parle plus de caution; trois lignes plus bas, dans le *même* article, il s'agit du *même* époux, mais venant en vertu de l'envoi provisoire, la loi redemande caution. Certes, ce n'est pas en présence de semblables textes qu'on peut supposer un oubli de la part du législateur.

Il ne peut pas d'ailleurs rester de doute sur cette pensée du législateur, quand on voit, par le discours de l'orateur du Gouvernement, qu'il a hésité pour demander cette caution à l'époux, alors même que celui-ci vient comme simple envoyé provisoire en possession !

Le texte et l'esprit du Code dispensent donc l'époux de fournir caution dans ce cas; et c'est, par conséquent, violer la loi que de l'exiger, comme l'a fait un arrêt de la Cour royale de Paris du 9 janvier 1826.

IV. — La parité de position que nous venons de signaler entre le mari et la femme, n'existera pas sous tous les rapports.

Et d'abord, le choix offert à l'époux présent, entre la continuation et la dissolution provisoire de la communauté, ne pourra être exercé par la femme qu'avec autorisation de la justice. La femme mariée, en effet, comme on peut le voir par les art. 215, 216, 217, 218, 219, 776, 934, etc., ne peut ni faire aucun acte, ni ester en justice (excepté quand elle est poursuivie pour quelque crime ou délit) sans l'autorisation de son mari, ou, à son défaut, du tribunal : il faudra donc, vu l'absence du mari, que la femme soit autorisée par le tribunal pour exercer l'option dont parle notre article. C'est là une première différence entre le mari et la femme. Maintenant, quant aux droits d'administration de l'époux présent, pendant la continuation de la communauté, il y aura une grande différence entre eux.

La femme, dans ce cas, *prend*, comme dit notre article, une administration à laquelle elle ne devait jamais arriver dans l'ordre ordinaire des choses. Aussi, elle chercherait en vain ailleurs que dans notre titre *des Absens* une disposition qui lui accordât un droit quelconque. Elle n'aura donc que ceux écrits dans ce titre même et accordés aux envoyés provisoires. Le mari, au contraire, *conserve* une administration qu'il avait déjà, en vertu d'autres dispositions de la loi. Il puisera ses droits, lui, dans le titre du Contrat de mariage et conservera tous ceux qu'une disposition du titre des Absens ne lui enlèvera pas.

Ainsi, 1° la femme, n'ayant que les droits accordés par notre titre, ne pourra, d'après l'art. 128, ni hypothéquer, ni aliéner les immeubles soit du mari, soit de la communauté. Elle ne pourra pas même aliéner les meubles, à cause du deuxième alinéa de l'art. 126. Il est vrai qu'on regarde en général l'aliénation des meubles comme un acte d'administration. Là où la loi met le droit d'administrer, elle met ordinairement, comme conséquence, celui d'aliéner les meubles. On peut voir, entre autres dispositions, celles des art. 1428, 1449, et de l'art. 1536 combiné avec l'art. 1538, dans lesquels le législateur, en constatant le droit d'administrer, accorde le droit d'aliéner les meubles, soit formellement, soit implicitement, en ne refusant la faculté d'aliéner que quant aux immeubles. Mais nous verrons, sous l'art. 126, que la loi, faisant exception à cette règle, veut que les meubles de l'absent ne soient pas vendus, tant que le tribunal ne l'ordonnera pas, nonobstant la volonté que l'administrateur aurait de les vendre, et que réciproquement, la vente en soit faite, si elle est ordonnée, malgré la volonté contraire de cet administrateur. La femme ne pourra donc rien aliéner, ni des immeubles, ni des meubles, soit du mari absent, soit de la communauté.

Et qu'on ne dise pas que, dans ces art. 126 et 128, il n'est question que des biens *de l'absent*, et que, dès lors, leur application devrait se borner aux biens propres du mari ; ce serait une erreur. D'abord notre titre étant, comme nous l'avons déjà dit, le seul qui s'occupe de l'administration de la femme, celle-ci ne saurait trouver ailleurs de droits plus étendus que ceux qui sont limités par ces articles. En second lieu, les droits de la femme sur la communauté ne devant s'ouvrir qu'à la dissolution, en sorte que, tant que cette communauté dure ou est réputée durer, c'est le mari qui en est censé le maître unique, il suit de là que, quand c'est le mari qui est absent, les biens de cette communauté doivent être regardés comme biens du mari, et, par conséquent, comme biens d'absent. Telle est la conséquence de l'art. 1421.

Quant à ses immeubles propres, la femme ne pourrait les aliéner ou hypothéquer que pour la nue-propriété, puisque le revenu, la jouissance, en appartient à la communauté ; et elle ne le pourrait faire qu'avec l'autorisation de la justice, d'après ce qui a été dit ci-dessus.

2° Quant au mari, qui, bien entendu, a toujours le droit d'hypothéquer ou d'aliéner tous ses biens propres, sans distinction de meubles ou d'immeubles, il aura aussi ce droit quant aux biens de la communauté, puisque ce droit de les vendre, de les dissiper, il le tient de dispositions portées ailleurs, au titre du Contrat de mariage (art. 1421), et que ce droit ne lui est pas enlevé par les art. 126 et 128. En effet, ces articles ne parlent que des biens de l'absent ; or, ici l'époux absent c'est la femme, et les biens de la communauté ne sont pas, quant à présent, les biens de la femme, pas même pour la moitié ou toute autre fraction convenue, à laquelle elle aura droit lors de la dissolution. Le mari aura donc le droit d'aliéner tous les biens de la communauté ; pourvu, cependant, que ce soit à titre onéreux ; car, à titre gratuit, il ne peut aliéner ni les immeubles, ni la totalité ou une quotité de mobilier, mais seulement des objets particuliers de ce mobilier (1422). Pour ce qui est des biens restés propres à la femme, le mari ne pourra pas plus aliéner les meubles que les immeubles.

En effet, quant aux immeubles, il ne le pourrait pas, quand même la femme ne serait pas absente (art. 1428), de sorte que ses droits ne sont point restreints sous ce rapport par l'art. 128 ; c'est le droit commun qui lui défend de les aliéner ou hypothéquer. Quant aux meubles, il en est autrement : si on appliquait les principes ordinaires, il pourrait les aliéner (Arg. art. 1428) ; mais ici le deuxième alinéa de l'art. 126 s'y opposera. Aussi, le premier alinéa de cet art. 126 impose-t-il à l'époux qui opte pour la continuation de la communauté, sans distinguer entre le mari et la femme, l'obligation de faire faire inventaire du mobilier appartenant à l'absent, pour empêcher le détournement de tout ou partie de ce mobilier.

V. — La faculté qu'aura le mari, pendant l'administration légale, d'aliéner les biens meubles ou immeubles de la communauté, doit être combinée avec le droit que, dans le nº III, nous avons reconnu aux héritiers de la femme, de demander, quand la mort de celle-ci serait une fois prouvée, la moitié de cette communauté telle qu'elle était au moment de cette mort.

Ainsi, un mari opte, en 1830, pour la continuation de la communauté existant entre lui et sa femme absente; puis, en 1836, on apprend que cette femme est morte en 1832. A cette époque de 1832, la communauté présentait un actif net de 60,000 fr.; aujourd'hui, elle est réduite à 40,000 fr., parce que le mari a vendu, pour une somme de 20,000 fr., un immeuble dont le prix est dissipé. D'un côté, les héritiers de la femme pourront exiger 30,000 fr., moitié de ce qu'était la communauté en 1832; parce que cette communauté ayant été dissoute, par le fait, avant la vente de l'immeuble, le mari se trouve avoir vendu un bien dont il n'était propriétaire que pour moitié, l'autre moitié appartenant irrévocablement aux héritiers de sa femme. Mais, d'un autre côté, l'acheteur ne pourra pas être inquiété, et la vente sera valable pour le tout, en vertu des art. 1421 et 124 combinés. En effet, d'après l'art. 1421, le mari peut aliéner les biens de la communauté tant que cette communauté dure; or, l'art. 124 déclare que cette communauté continue, après la déclaration d'absence, par l'option que fait le mari pour cette continuation. Déclarer la vente par lui faite non valable, ce serait donc faire de notre article un piége tendu aux tiers de bonne foi par la loi elle-même. Ainsi, les héritiers de la femme n'auront de recours que contre le mari.

VI. — La continuation provisoire de la communauté, résultant de l'option de l'époux présent, et l'administration légale qui en est la suite, peuvent finir de six manières :

1º Par la preuve de l'existence du conjoint absent;

2º Par la preuve de son décès;

3º Par le laps de trente ans depuis la déclaration d'absence, ou de cent ans depuis sa naissance;

4º Par la mort de l'époux présent;

5º Par la renonciation que l'époux qui avait opté pour la continuation, fait à cette continuation;

6º Enfin, par la déclaration d'absence de ce deuxième époux, d'abord présent, et qui viendrait aussi à disparaitre.

Donnons un mot d'explication sur chacun de ces six cas.

VII. — 1° *Cessation de la continuation provisoire de la communauté et de l'administration légale, par la preuve de l'existence du conjoint absent.*

Lorsque l'époux absent reparaît ou qu'on a de ses nouvelles, la communauté que l'on regardait, en vertu de la déclaration d'absence, comme n'ayant eu, depuis la disparition ou les dernières nouvelles de l'absent, qu'une continuation apparente, se trouve avoir continué réellement et continuer encore. L'administration légale, résultat de l'option de l'époux présent, cesse donc pour faire place à l'administration ordinaire. Ainsi, si c'est la femme qui avait l'administration légale, elle rend cette administration au mari ; que si c'était le mari, il continue d'administrer, mais c'est maintenant comme chef réel d'une communauté encore existante.

VIII. — 2° *Cessation de la continuation provisoire de la communauté et de l'administration légale, par la preuve acquise du décès du conjoint absent.*

Dans le cas précédent, la réalité se trouvait d'accord avec le provisoire ; provisoirement, on avait fait durer la communauté, et par le fait, il se trouvait prouvé que cette communauté avait duré réellement. Ici, il en sera de même quelquefois, mais non pas toujours ; il faudra rechercher à quelle époque est arrivée la mort dont on acquiert aujourd'hui la preuve. Si l'époux absent n'est mort qu'au moment où l'on en reçoit la nouvelle, le provisoire se trouvera encore d'accord avec la réalité, puisque la communauté qu'on a réputée continuer, continuait en effet, et que la cessation de sa continuation provisoire aura lieu en même temps que la dissolution réelle. Mais il n'en sera plus de même si, lorsqu'on apprend la mort de l'absent, cette mort est arrivée déjà depuis plusieurs années ; alors, en effet, la communauté aura duré provisoirement et en apparence, après qu'elle était réellement dissoute, et il faudra, sans avoir égard à cette continuation purement apparente, remonter de plusieurs années pour fixer les droits respectifs de l'époux présent et des héritiers de l'époux absent.

Ainsi, supposons que la déclaration d'absence, et l'option de l'époux présent pour la continuation provisoire, aient eu lieu en 1825 ; et qu'en 1836, on apprenne la mort de l'époux absent arrivée en 1832 ; ce sera la communauté, telle qu'elle était à cette époque de 1832, qu'il faudra partager, sans avoir égard à l'augmentation ou à la diminution que les quatre années postérieures ont pu lui apporter.

IX. — 3° *Cessation de la continuation provisoire de la commu-*

nauté et de l'administration légale, par le laps de trente ans depuis la déclaration d'absence, ou de cent ans depuis la naissance de l'absent.

Par la simple lecture des art. 129 et 132, on voit que, quand il s'est écoulé trente ans depuis la déclaration d'absence ou cent ans depuis la naissance de l'absent, la présomption que cet absent est mort devient si forte aux yeux de la loi, que ses biens sont mis en la possession, non plus provisoire, mais définitive, des divers ayans-droit, qui, dès ce moment, peuvent en disposer comme de leurs biens propres, sauf, si l'absent revient, à lui rendre seulement ce qu'ils se trouveraient avoir encore entre les mains. Dans ce cas, donc, la présomption de vie que la loi avait fait résulter, malgré la déclaration d'absence, de l'option faite par l'époux présent pour la continuation provisoire de la communauté, disparaîtra ; la déclaration d'absence recouvrera toute sa force ; l'absent sera réputé mort du jour même de sa disparition ou de ses dernières nouvelles, et c'est à ce jour de la disparition ou des dernières nouvelles qu'il faudra remonter, pour partager la communauté de fixer les droits de l'époux présent et des héritiers présomptifs de l'époux absent; la continuation provisoire et ses suites seront donc, dans ce cas, réputées non-avenues, excepté, toutefois, d'après ce que nous avons dit aux nos V et VI ci-dessus, quant aux actes faits par l'époux administrateur légal, dans les limites de ses pouvoirs. Ainsi, si c'est le mari qui a administré, les aliénations par lui faites des biens de la communauté apparente, resteront valables vis-à-vis des acquéreurs, le mari seulement tiendra compte aux héritiers présomptifs de la femme de la diminution qu'il a pu faire subir au fonds commun depuis le moment de la disparition.

Ainsi, c'est en 1805 qu'une femme a cessé de paraître; en 1810, la déclaration d'absence a été prononcée, mais le mari en a arrêté les effets en optant pour la continuation de la communauté. On arrive à 1840 sans aucunes nouvelles ; le laps de trente ans depuis la déclaration d'absence fait revenir la présomption de mort que la loi avait retirée à cause de l'option du mari. Cette présomption remontant jusqu'à 1805, fait réputer dissoute à partir de cette époque la communauté, qui en apparence a duré jusqu'en 1840. Si donc aujourd'hui, en 1840, le fonds commun est plus opulent qu'il n'était en 1805, cette augmentation ne profitera point aux héritiers de la femme, qui ne peuvent demander que la moitié (ou toute autre fraction convenue au contrat) de la masse telle qu'elle était en 1805. Réciproquement, si la communauté est moins opulente qu'en 1805, parce que le mari a vendu des biens qui appartenaient à cette communauté et dont il a dissipé ou perdu le produit, les aliénations, à la vérité, resteront valables quant aux tiers, en vertu des art. 1421 et 124 combinés; mais le mari devra indemniser les héritiers présomptifs de la femme et leur fournir la moitié de ce qu'était la masse en 1805.

Les mêmes effets seraient produits par le laps de cent ans depuis la naissance de l'absent.

Du reste, comme on le comprend facilement, le provisoire, dans ce cas ne cesse que pour faire place encore à du provisoire. En effet, s'il est vrai que la continuation de la communauté, que l'on répute aujourd'hui non-avenue, n'était que présumée, il est vrai également que la dissolution qu'on lui substitue et que l'on fait remonter à l'époque même de la disparition, n'est que présumée aussi. Il pourrait donc être prouvé plus tard, ou que la communauté a toujours duré et dure encore, ou qu'elle a été dissoute à une autre époque que celle de la disparition.

Dans le premier cas, c'est-à-dire s'il vient à être prouvé que la communauté dure toujours, les héritiers présomptifs qui étaient venus partager la communauté avec l'époux présent restitueront, comme nous le verrons sous l'art. 132, n° IV, toute la part de communauté et ce qui leur restera seulement des biens propres de l'absent; puis, la communauté continuera comme s'il n'y avait jamais eu d'absence.

Dans le second cas, c'est-à-dire s'il est prouvé que l'époux absent est mort, et par conséquent la communauté dissoute, mais à une époque plus reculée que la disparition, il y aura lieu à de nouveaux calculs; ce sera la communauté, telle qu'elle était à cette époque, maintenant connue, de sa dissolution réelle, qu'il faudra partager entre l'époux présent ou ses représentans, si cet époux est mort, et les héritiers de l'époux absent. Si donc, au moment de la disparition (moment duquel on était parti pour effectuer le premier partage), la communauté était plus opulente qu'au moment de sa dissolution réelle, les héritiers de l'époux absent se trouveront avoir reçu plus qu'ils ne devaient recevoir et auront à restituer; que si, au contraire, elle était moins opulente à cette première époque qu'à celle de la dissolution, ils auront une indemnité à redemander à l'époux présent ou à ses représentans.

X. — 4° *Cessation de la continuation provisoire de la communauté et de l'administration légale, par la mort de l'époux présent.*

Si, avant l'expiration de trente ans depuis la déclaration d'absence du conjoint, ou de cent ans depuis sa naissance, et aussi avant la preuve acquise, soit de l'existence, soit du décès de ce conjoint absent, l'époux présent, administrateur légal, vient lui-même à mourir, la communauté est alors dissoute d'une manière certaine, puisque le décès d'un des époux est dès lors constant. Mais ce ne sera pas seulement de ce décès de l'époux présent que la dissolution comptera, ce sera à partir de la disparition de l'époux absent.

En effet, la continuation provisoire de la communauté ne pouvant plus 'durer, les effets de la déclaration d'absence, que cette continuation empêchait de se produire, reprennent leur force ; or, le principal de ces effets est de faire supposer l'absent mort du même jour ou il a disparu, et, par conséquent, la communauté dissoute à ce même moment.

Ici encore, donc, ce sera la communauté, telle qu'elle était lors de la disparition ou des dernières nouvelles de l'absent, que l'on partagera entre les héritiers de l'époux qui vient de mourir et les héritiers présomptifs de l'époux absent. Bien entendu, on ne fera encore là, comme dans le cas précédent, que du provisoire, et il y aura lieu, plus tard, à faire le partage sur d'autres bases, s'il vient à être prouvé, ou bien que l'époux absent était encore vivant lors de la mort de l'époux présent, et que, par conséquent, c'est lors de cette mort, et non lors de la disparition de l'absent, comme on l'avait présumé, que la communauté a été réellement dissoute ; ou bien que cet époux absent était mort avant l'époux présent, et que dès lors c'est bien par sa mort que la communauté s'est dissoute, mais que cette mort, au lieu d'arriver à l'époque de la disparition, comme on l'avait présumé, n'a eu lieu que postérieurement.

XI. — 5° *Cessation de la continuation provisoire de la communauté et de l'administration légale, par la renonciation que l'époux présent fait à cette continuation.*

Comme on a dû le comprendre très-bien déjà, le droit accordé par la première phrase de notre art. 124, à l'époux commun en biens, d'opter pour la continuation de la communauté et de suspendre ainsi les effets ordinaires de la déclaration d'absence, est un privilége introduit dans l'unique intérêt de cet époux et dont celui-ci peut, à son gré, user ou ne pas user. De là il suit que, quand cet époux aura opté pour cette continuation, il pourra toujours y renoncer et rendre ainsi les choses à leur cours naturel.

Lors donc que cette renonciation aura lieu, et à quelque époque qu'elle soit faite, la déclaration d'absence, dont les effets étaient arrêtés par la continuation provisoire, reprendra sa force ; il faudra, dès lors, réputer l'absent mort du jour de sa disparition, et, par conséquent, la communauté dissoute de ce même moment. Il y aura donc lieu encore, dans cette dernière hypothèse, comme dans les deux précédentes, à partager provisoirement, entre l'époux présent et les héritiers présomptifs de l'époux absent, la communauté telle qu'elle était au moment de la disparition de ce dernier; sauf encore, comme dans les cas ci-dessus, à faire postérieurement un nouveau partage, s'il se trouve établi plus tard que la communauté n'a été dissoute réellement qu'à une autre époque; et sauf, au contraire, comme dans le troisième cas, n° IX, à demander restitution aux héritiers présomptifs et à continuer la communauté, s'il apparaît que cette communauté, présumée dissoute, a réellement toujours duré.

XII. — 6° *Cessation de la continuation provisoire de la communauté et de l'administration légale, par l'absence du conjoint administrateur.*

Lorsque le conjoint présent qui avait opté pour la continuation provisoire de la communauté, vient lui-même à disparaitre, son absence, tant qu'elle n'est que présumée, ne change rien aux mesures prises. En effet, bien que dans la présomption d'absence il y ait déjà incertitude sur l'existence de l'individu, la loi, comme on l'a vu, ne consacre encore aucune probabilité de mort; c'est seulement quand l'incertitude est devenue assez grave pour faire déclarer l'absence, que la loi proclame cette probabilité et en tire les conséquences. Tant donc que le conjoint administrateur ne sera qu'en présomption d'absence, les mesures antérieurement prises tiendront; il y aura seulement lieu, si ce conjoint n'a pas laissé de mandataire, à faire pourvoir par le tribunal à l'administration des biens que sa disparition laisse à l'abandon, conformément à l'art. 112.

Mais si ce conjoint vient lui-même à être déclaré absent, il est par là supposé mort; la continuation provisoire de la communauté s'arrête donc; par suite, la déclaration d'absence du premier époux reprend toute sa force, et, par conséquent, c'est au jour de la disparition de ce premier absent que va remonter la dissolution provisoire de la communauté. Il faut donc partager, entre les héritiers présomptifs des deux époux absens, la communauté telle qu'elle était à cette époque de la disparition du premier.

Il est bien clair que les mesures qu'on prend alors ne sont que provisoires; elles peuvent même être plus tard remplacées par d'autres qui ne seront que provisoires encore. On pourra, en effet, postérieurement à cette déclaration d'absence du second époux, apprendre :

Soit 1° l'existence de chacun des deux absens;

Soit 2° l'existence de l'un, et la mort de l'autre;

I.   22

Soit 3° la mort de l'un et de l'autre ;

Soit 4° l'existence de l'un, l'autre continuant d'être absent ;

Soit enfin, 5° la mort de l'un, l'autre continuant d'être absent.

Dans les trois premiers cas (existence de tous deux; mort de tous deux; existence de l'un, mort de l'autre) il n'y a plus d'incertitude, plus d'absence ; on rentre dans le vrai, et les mesures que l'on prend, soit de continuation de la communauté, quand tous deux vivent, soit de dissolution, quand l'un ou chacun des deux est mort, sont définitives. Mais dans les quatrième et cinquième cas, où l'un des deux reste absent, on ne fait encore que du provisoire ; puisque la connaissance postérieurement acquise, soit de l'existence, soit de la mort de l'absent, peut venir prouver que la communauté, qu'on avait présumée dissoute à telle époque, ou dure encore, ou n'a été dissoute qu'à une époque différente.

XIII. — Pour nous résumer sur tout ce qui précède depuis le n° VI inclusivement, nous dirons : La continuation provisoire de la communauté et l'administration légale de l'époux présent peuvent finir de six manières différentes.

1° Par la preuve de l'existence de l'époux absent, et alors la communauté a duré en réalité et continue de durer ;

2° Par la preuve du décès de l'époux absent, et alors on partage, entre l'époux présent et les héritiers du défunt, la communauté telle qu'elle était au moment de la mort de celui-ci, et sans avoir égard à la continuation apparente postérieure à la dissolution réelle.

Dans ces deux premiers cas, les mesures que l'on arrête sont définitives et irrévocables.

3° Par le laps de trente ans depuis la déclaration d'absence du conjoint ou de cent ans depuis sa naissance. Ici, le provisoire n'est remplacé que par du provisoire. On répute l'absent mort du moment même de sa disparition, et l'on partage, entre l'époux présent et les héritiers présomptifs de l'absent, la communauté telle qu'elle était lors de cette disparition, sauf à faire un nouveau partage, s'il se trouve prouvé plus tard que la dissolution réelle a eu lieu à une autre époque ; et sauf, au contraire, à demander restitution aux héritiers présomptifs et à continuer la communauté, s'il se trouve établi que, dans la réalité, cette communauté n'est point dissoute.

4° Par la mort de l'époux présent. On partage encore entre les héritiers de l'époux présent, défunt, et ceux présomptifs de l'époux absent, la communauté telle qu'elle était lors de la disparition de l'absent, présumé mort à cette époque, sauf à faire un nouveau partage, s'il se trouve prouvé qu'elle n'a été dissoute que plus tard.

5° Par la renonciation que l'administrateur fait à la continuation. C'est encore la communauté telle qu'elle était au moment de la disparition de l'absent, que l'on partage provisoirement, sauf, comme dans le troisième cas, à reprendre les biens donnés aux héritiers présomptifs, pour continuer la communauté, ou bien à faire un nouveau partage, s'il devenait constant que la communauté a toujours duré et dure encore, ou qu'elle a été dissoute à une époque autre que celle de la disparition de l'absent.

6° Enfin, par la déclaration d'absence du conjoint qui avait d'abord opté pour la continuation de la communauté, et on agit alors (provisoirement et sauf à prendre d'autres mesures plus tard, s'il y a lieu) comme si ce conjoint était mort, c'est-à-dire que la communauté se partage entre les héritiers présomptifs des deux époux absens, d'après la valeur qu'elle avait lors de la disparition du premier.

XIV. — Toutes les fois que les héritiers, réels ou présomptifs, de l'époux absent, mort ou réputé mort, viennent, par une des six causes énumérées ci-dessus, partager la communauté avec l'époux présent ou ses héritiers, ils prennent et les biens propres de l'absent et ceux formant sa part de la communauté, telle qu'elle était lors de sa dissolution réelle ou présumée. Avec ces divers biens, ils devraient, d'après les principes généraux du droit, demander et obtenir tous les fruits, revenus et intérêts produits par ces mêmes biens depuis le jour où a eu lieu la dissolution, soit réelle, soit présumée, jusqu'à celui où ces biens leur sont remis. En effet, depuis cette dissolution, en d'autres termes, depuis la mort réelle ou supposée de l'absent, c'est eux qui ont été ou qui sont présumés avoir été propriétaires de ces biens; eux seuls donc, en principe, ont droit aux fruits produits depuis ce moment.

Ils les prendraient, en effet, si nous n'avions au Code la disposition de l'art. 127. Mais cet article les en empêche, en attribuant à l'époux, administrateur légal, tout ou partie de ces fruits : tout, quand le partage n'a lieu qu'après trente ans depuis la déclaration d'absence, ou cent ans depuis la naissance de l'absent; les neuf dixièmes, si ce partage se fait avant ces trente ans, mais après quinze ans depuis la disparition de l'absent; enfin les quatre cinquièmes seulement, s'il se fait avant ces quinze ans.

Toutefois, ce ne sera pas toujours sur les fruits produits par les biens pendant *tout l'intervalle* entre la dissolution et le moment où se fait le partage, que l'époux présent ou ses héritiers, pourront prendre une partie ou la totalité. En effet, cet époux n'a droit à ces fruits, en vertu de l'art. 127, qu'autant qu'il est administrateur légal; or, l'administration légale ne commence qu'après la déclaration d'absence. Lors donc que la dissolution, soit réelle, soit présumée, de la communauté remontera à une époque antérieure à la déclaration d'absence (ce qui n'aura lieu *que quelquefois*, quand il s'agira d'une dissolution réelle; mais *toujours*, quand il s'agira d'une dissolution présumée, puisque celle-ci remonte au jour même de la disparation); alors, tous les fruits produits par les biens depuis cette dissolution jusqu'à la déclaration d'absence, appartiendront exclusivement aux héritiers de l'absent et leur seront remis avec les biens eux-mêmes et au même titre.

Nous disons *au même titre*, c'est-à-dire définitivement et comme aux vrais propriétaires, si le partage a eu lieu en vertu d'une dissolution réelle de la communauté; mais provisoirement seulement et sauf restitution, s'il ne s'agit que d'une dissolution présumée. Ces fruits, en effet, comme cela résulte de l'alinéa 2 de l'art. 126 et des principes généraux, auxquels l'art. 127 ne déroge pas quant à eux, puisqu'il ne parle que de ceux produits postérieurement à l'envoi provisoire en possession ou à l'administration légale, ces fruits, disons-nous, forment un capital qui fait partie des biens de l'absent et qui se trouve soumis aux mêmes règles que ceux-ci. C'est ce que nous avons déjà prouvé sous l'art. 123, n° IV.

L'époux présent ne pourra donc prétendre à aucun droit sur ces fruits, si ce n'est qu'il pourra exiger qu'on lui en laisse une petite portion comme salaire des soins et des peines que lui a demandés l'administration antérieure à la déclaration d'absence, si c'est lui qui a effectivement administré avant cette déclaration.

Nous disons *si c'est lui qui a administré*, car il se pourrait que pendant la présomption d'absence, l'administration ait été exercée, et, dès lors, le salaire gagné, par un mandataire qu'aurait laissé l'absent, ou par un curateur qu'aurait nommé le tribunal.

XV. — Nous avons déjà fait remarquer en passant, mais nous devons dire ici plus spécialement, que la première disposition de notre art. 124 pouvant s'appliquer, non pas seulement au cas de communauté légale, mais aussi au cas de communauté conventionnelle, et même à celui d'une simple communauté d'acquêts accompagnant ou non le régime dotal, il faudrait, dans ces derniers cas, n'appliquer cette disposition qu'aux biens sur lesquels la communauté a des droits, et appliquer, au contraire, aux autres biens de l'époux absent, la règle ordinaire. Cette règle, comme on se le rappelle, consiste à dire que la déclaration d'absence une fois prononcée, on peut prendre provisoirement toutes les mesures que l'on prendrait définitivement si l'absent était mort.

Ainsi, quand les époux seront mariés en communauté légale, la communauté ayant droit sur tous les biens de l'absent, sans exception, la continuation de cette communauté, résultat de l'option de l'époux présent, empêchera tous autres, ayant un droit quelconque, d'exercer ce droit, et fera, par conséquent, réputer la déclaration d'absence non-avenue complètement et pour tous les biens; en sorte que, malgré cette déclaration, l'absent sera toujours supposé vivant.

Mais s'il n'y avait qu'une communauté conventionnelle assise sur des bases moins larges; par exemple, s'il avait été convenu que l'administration et la jouissance de tels et tels immeubles resteraient à l'époux à qui ces immeubles appartiennent, la continuation de la communauté n'aurait pas d'effet quant à ces biens, et il faudrait, pour eux, appliquer la règle ordinaire, c'est-à-dire qu'on enverrait provisoirement en possession de ces biens les héritiers présomptifs ou les donataires, légataires, etc.; de sorte que, pour ces biens, il y aurait supposition de mort.

Il en sera de même, dans le cas où les époux auraient adopté le régime dotal en stipulant une communauté d'acquêts; l'option de l'époux présent pour la continuation de la communauté, n'aura d'effet que pour les biens composant cette communauté d'acquêts; quant à tous les biens dotaux ou paraphernaux, ils resteront tous soumis aux effets ordinaires de la déclaration d'absence.

Ainsi, pour appliquer dans ce cas les probabilités posées par la loi, il faudra dire que l'absent est, tout à la fois, supposé vivant sous tel rapport et quant à tels biens, et supposé mort sous tel autre rapport et quant à tels autres biens.

Cette doctrine, du reste, est loin d'être admise par tout le monde. Elle se trouve être le point-milieu de deux théories extrêmes, dont l'une enseigne que quand il n'y a pas communauté pure et simple, communauté parfaite, communauté *légale* enfin, l'époux présent n'a aucun droit d'option et ne peut empêcher en rien l'effet de la déclaration d'absence; tandis que, suivant l'autre, une simple société d'acquêts suffit pour arrêter l'effet de cette déclaration quant à tous les biens de l'absent, sans restriction. La première opinion compte peu de partisans; mais la seconde est professée notamment par Toullier, M. Duranton, M. Bellot et MM. Aubry et Rau, dans leurs notes sur le cours de M. Zachariæ. Or, toutes deux sont, selon nous, la contradiction des principes de la loi.

Le tort commun à l'une et à l'autre de ces doctrines, c'est de vouloir que, quand deux régimes de mariage sont combinés ensemble, l'un domine l'autre et l'efface pour servir seul de point de départ à la discussion. Ainsi, quand deux époux ont adopté le régime dotal avec une communauté d'acquêts, les partisans de la première opinion disent : « Les époux sont dotaux; donc « il n'y a lieu d'appliquer *en rien* l'art. 124. » Les adversaires « répondent : Malgré la présence du régime dotal, les époux ont « une communauté; donc il faut appliquer l'art. 124 *absolument* « *et pour tous les biens.* »

Mais pourquoi donc ne prendre ainsi que la moitié de la vérité? Les époux ne sont alors ni dotaux seulement, ni communs seulement; ils sont dotaux et communs en même temps; dotaux pour tels biens, communs pour tels autres, il faut donc leur appliquer, pour tels biens, les avantages et les désavantages de la communauté; pour tels autres, les droits et les devoirs du régime dotal. Ainsi, il y a communauté pour tels biens; pourquoi donc l'époux présent n'obtiendrait-il pas la continuation de cette communauté, large ou étroite, et n'arrêterait-il pas, par là, quant aux biens sur lesquels elle frappe, l'exercice des droits subordonnés au décès de l'absent?... Mais, réciproquement, comment veut-on que, commun pour tels biens seulement, il invoque l'art. 124 pour les autres? Ne voit-on pas qu'on arrive à l'absurde par les termes mêmes, puisqu'il s'agit de la *continuation* provisoire de la communauté quant à des biens pour lesquels la communauté n'existe pas!

En deux mots : l'esprit et le texte de l'art. 124 accordent le bénéfice qui nous occupe à l'époux *commun en biens;* donc, c'est toujours et c'est seulement dans les limites dans lesquelles il est commun en biens, que l'époux présent doit jouir de ce bénéfice. Il peut donc y avoir lieu, selon nous, à la simultanéité de l'envoi provisoire des divers ayans-droit et de l'administration légale de l'époux.

Quand il y aura ainsi concours de l'envoi provisoire en possession et de l'administration légale, on aura à se demander si l'époux qui opte pour la continuation de la communauté, pourrait, tout en prenant l'administration légale quant aux biens sur lesquels la communauté frappe, venir, d'un autre côté, en vertu de l'envoi provisoire, prendre sur les autres biens une donation à lui faite pour le cas de survie. Cet époux dirait : Puisque, pour les biens non soumis à la communauté, mon option reste sans effet, la déclaration d'absence conserve donc le sien, et mon époux est supposé mort. Donc, tous ceux qui ont sur ces biens des droits subordonnés à la condition de son décès, peuvent les exercer en vertu de l'art. 123; or, je suis de ce nombre, puisqu'un de ces biens m'a été donné pour le cas où je survivrais.

Ces prétentions ne seraient pas admissibles. En règle, et en laissant la déclaration d'absence produire ses effets, l'absent est supposé mort ; si la loi permet à l'époux commun en biens de le faire réputer vivant et d'invoquer les conséquences de cette supposition, ce n'est pas pour qu'il puisse venir, d'un autre côté, prétendre qu'il est mort. C'est à cet époux de choisir entre la supposition de la mort et celle de la vie; s'il veut, comme envoyé provisoire, venir prendre ses gains de survie, c'est à lui de ne pas repousser la supposition de mort établie par la loi, et d'opter, par conséquent, pour la dissolution provisoire. Mais il ne peut pas scinder les effets légaux de la déclaration d'absence, en les répudiant d'un côté pour les invoquer de l'autre.

XVI. — Le dernier alinéa de notre article nous dit que la femme, en optant pour la continuation provisoire de la communauté, conservera le droit d'y renoncer ensuite. Ces derniers mots, *le droit d'y renoncer,* ont donné lieu à une erreur que nous devons signaler ici. Quelques-uns ont cru qu'il s'agissait du droit de renoncer à la continuation provisoire; et de ce que la loi n'accordait ce droit qu'à la femme, ils ont conclu qu'il n'appartiendrait pas au mari; en sorte que celui-ci ne pourrait jamais faire cesser la continuation provisoire qu'il aurait une fois fait naître par son option. C'est là une erreur grave ; l'époux présent quel qu'il soit, peut toujours, comme nous l'avons dit renoncer à la continuation provisoire, parce que c'est là un bénéfice introduit en sa faveur. Et pourquoi, d'ailleurs, ce droit serait-il plutôt accordé à la femme qu'au mari ?... La vérité est que ce n'est nullement de ce droit que notre alinéa s'occupe, mais bien de celui accordé à la femme par l'art. 1453, de renoncer *à la communauté* lors de sa dissolution, quand cette communauté lui paraît mauvaise.

Là-dessus, il était utile que la loi s'expliquât. En effet, ce droit de renoncer à la communauté est donné à la femme en compensation de ce que l'administration entière de la communauté appartient au mari, sans qu'elle puisse s'en occuper; or, quand la femme a opté pour la continuation provisoire, elle a eu alors l'administration ; elle a donc contribué à faire la communauté ce qu'elle est. On aurait pu croire, par conséquent, que, dans ce cas, elle ne pourrait pas se soustraire, par sa renonciation, à des résultats auxquels elle n'est pas étrangère, et que le bénéfice de l'art. 1453 lui serait alors enlevé. C'est là ce que le législateur a proscrit par notre dernier alinéa, en disant que, même après son option pour la continuation provisoire, la femme pourra néanmoins rester étrangère aux résultats de la communauté, en y renonçant lors de sa dissolution, soit réelle, soit présumée.

XVII. — Tout ce que nous avons dit jusqu'ici ne se réfère qu'au cas où il y a communauté entre les époux et où l'époux présent a opté pour la continuation de cette communauté. Il nous faut voir, maintenant, ce qui arrivera : 1° si l'époux opte pour la dissolution de la communauté (c'est le cas de la deuxième phrase de notre article); ou bien, 2° s'il n'y a pas de communauté entre les époux, auquel cas il n'y a plus d'option possible; car on n'est plus dans le cas prévu par notre article.

Dans ces deux cas, il ne saurait y avoir de difficulté; la déclaration d'absence produit tous ses effets, et il faut, par conséquent, appliquer la règle générale et ordinaire, savoir : Que l'on doit prendre provisoirement les mesures que l'on prendrait définitivement si l'absent était mort au moment où il a disparu. Ainsi, la deuxième phrase de notre article, qui appelle l'époux présent à exercer provisoirement les droits qu'il exercerait définitivement si son conjoint était mort, n'est qu'une conséquence de cette règle et une application particulière de la disposition générale de l'art. 123, qui appelle tous ceux (autres que les héritiers, appelés, eux, par l'art. 120) ayant des droits subordonnés à la condition du décès de l'absent, à venir exercer ces droits. Nous rentrons donc dans le droit commun, dans les principes ordinaires; en sorte que quand même cette deuxième phrase de l'art. 124 n'existerait pas, le droit serait toujours le même, et tout ce que nous allons dire, il faudrait le dire également, en vertu de l'art. 123.

Du reste, il est bien entendu que la dissolution de communauté qui a lieu alors, n'est que provisoire, comme notre article le dit lui-même, et que si, plus tard, il vient à être prouvé que la dissolution réelle n'a eu lieu que postérieurement, il faudra faire un nouveau calcul et partager la communauté en y comprenant tout ce qui lui appartenait à cette époque de la dissolution réelle. Ainsi, c'est en 1820 qu'un des époux communs en biens a disparu; en 1825, on a prononcé la déclaration d'absence, et l'époux présent n'a point demandé la continuation de la communauté; la déclaration d'absence a donc produit de suite ses effets, et on a partagé provisoirement la communauté dans l'état où elle était en 1820, lors de la disparition de l'absent.

Plus tard, on apprend que c'est seulement en 1826 que l'époux absent est mort, et qu'a eu lieu, par conséquent, la dissolution réelle. Ce sera de cette époque de 1826 que l'on partira pour déterminer le montant de la communauté à partager définitivement. Ainsi, outre la part que l'époux présent a prise lors de la dissolution provisoire, on comprendra dans la communauté tous les fruits produits par les biens de l'époux présent depuis 1820 jusqu'en 1826, ainsi que toutes les successions mobilières et les donations, testamentaires ou autres, aussi mobilières, qu'il a pu recueillir pendant ce même temps. On y comprendra aussi, d'un autre côté, la part que les héritiers présomptifs de l'époux absent ont prise lors de la dissolution provisoire. Quant aux fruits produits, soit par cette part, soit par les autres biens de l'absent, il faudra distinguer. Ceux échus jusqu'en 1825, époque de la déclaration d'absence, et qui n'ont été donnés à ces héritiers que comme capital, d'après l'art. 126, alinéa 2, seront aussi compris dans la communauté; mais ceux produits postérieurement resteront à ces héritiers, en vertu de l'art. 127. Enfin, quant aux successions mobilières ou donations testamentaires, aussi mobilières, auxquelles l'absent aurait été appelé, pendant ce même intervalle de 1820 à 1826, et qui, en vertu du principe de l'art. 136, ont été dévolues exclusivement à ceux qui auraient dû concourir avec cet absent ou venir à son défaut, elles seront restituées par ceux qui les ont ainsi recueillies, et seront aussi comprises dans la communauté.

Nous ne parlons pas de donations *entre-vifs*, faites à l'époux absent, parce qu'une telle donation doit être formellement acceptée (art. 932), et qu'étant absent, cet époux n'a pas pu faire d'acceptation.

XVIII. — Nous avons examiné, au n° V, quels sont, en cas d'option pour la continuation de la communauté, les droits de l'époux présent, tant sur les biens de la communauté ou ceux du conjoint, que sur les siens propres.

Voyons ici quels sont les droits de cet époux présent, optant pour la dissolution provisoire de la communauté.

L'époux présent peut, dans ce cas de dissolution provisoire, avoir à prendre ; 1° ses biens personnels; 2° sa part de la communauté; 3° d'autres biens de la communauté, comme gains de survie, dans le cas où il aurait été stipulé, conformément à l'art. 1515, que chacun des époux ou tel époux seulement, pourra, s'il survit, prendre par préciput, c'est-à-dire avant partage, telle fraction déterminée, un sixième, un huitième, etc., de la communauté, ou une portion de cette communauté équivalente à une somme de ; 4° des biens propres de l'époux absent, aussi comme gains de survie, c'est-à-dire comme donnés à cet époux présent pour le cas où il survivrait; 5° pour la femme seulement, et dans le cas où elle renoncerait à la communauté, en vertu de l'art. 1453, les choses par elle apportées dans cette communauté, et dont elle a stipulé la reprise, en vertu de l'article 1514.

1° Pour les biens personnels, si c'est la femme qui est présente, elle pourra vendre ou donner ses meubles, sans aucune formalité préalable; mais elle ne pourrait aliéner ou hypothéquer ses immeubles qu'avec autorisation de justice, conformément aux art. 217 et 219. En effet, la supposition de mort, qui résulte de la déclaration d'absence, n'existe que quant aux biens et aux intérêts pécuniaires; elle ne brise pas la puissance maritale.

Quant au mari, il est clair qu'il pourra, comme il le peut toujours, disposer de tous ses biens, meubles ou immeubles.

2°, 3° et 5°. La femme ne peut aliéner aucun des biens pris par elle dans la communauté, soit comme formant à part, soit comme gains de survie, soit, en cas de renonciation, comme formant l'apport dont elle a stipulé la reprise. En effet, la dissolution de la communauté n'étant que provisoire, la femme n'est pas propriétaire de ces différens biens, elle n'est, quant à eux, qu'une simple envoyée en possession; son droit, qui ne résulte que de la déclaration d'absence, est donc tout simplement celui qui se trouve indiqué dans notre titre pour les divers autres envoyés; en sorte qu'elle ne peut aliéner ni les immeubles, à cause de l'art. 128, ni les meubles, à cause du deuxième alinéa de l'article 126.

Mais il en sera autrement du mari dans les mêmes cas, c'est-à-dire quant aux biens de la communauté pris par lui, soit comme gains de survie, soit comme formant sa part de cette communauté.

Le mari n'est pas, lui, quant à ces biens, un simple envoyé en possession; ces biens ne sont pas, vis-à-vis de lui, *des biens de l'absent*. La communauté était à lui, en consentant à ce qu'elle fût provisoirement dissoute et partagée, il a renoncé provisoirement à ses droits sur la portion qu'il laisse prendre aux héritiers de sa femme, mais la portion qui lui reste est toujours et dans tous les cas à lui. Elle est à lui si la communauté, dissoute en apparence, dure encore en réalité, puisqu'il est comme maître de cette communauté, elle est encore à lui si cette communauté est vraiment dissoute; puisqu'alors il est propriétaire parfait et absolu de cette portion.

Du reste, si, sur cette portion, le mari a *autant* de droits qu'il en avait auparavant sur toute la communauté, il est clair qu'il n'en peut pas avoir *plus*, puisque l'envoi provisoire n'apporte, comme on l'a vu, aucun droit d'aliénation, et ne peut pas, par conséquent, lui donner des droits nouveaux et plus étendus que ceux résultant du contrat de mariage. Le mari ne pourra donc, aux termes de l'art. 1422, aliéner un immeuble ou une quotité des meubles, qu'à titre onéreux, ainsi que nous l'avons dit au n° V.

4° Enfin, quant aux biens propres de l'époux absent qui seraient pris comme gains de survie par l'époux présent, il est clair que si c'est la femme qui est présente, elle ne pourra aliéner ni les immeubles, ni les meubles, puisque ce sont là *des biens d'absent* et qu'elle ne les détient qu'en vertu de l'envoi provisoire, lequel envoi provisoire ne donne pas le droit d'aliéner. Et ici, le mari n'aura pas plus de droits que la femme. En effet, quand il s'est agi des biens pris dans la communauté, nous lui avons reconnu le droit de les aliéner, parce que les art. 126 et 128 ne défendent d'aliéner que les *biens de l'absent*, et que, quand c'est la femme qui est absente, les biens de communauté ne sont pas des biens de l'absent; mais ici, c'est de biens de l'absent, de biens propres à la femme qu'il s'agit. Le mari ne pourra donc pas, à cause de l'art. 126, aliéner, même les meubles, que, comme gains de survie, il aura pris provisoirement.

Maintenant, nous devons faire ici, pour ce cas de dissolution provisoire, une observation semblable à celle que nous avons faite, au n° VI, pour le cas de continuation de la communauté. C'est que, s'il vient à être prouvé par l'événement que les biens de communauté que le mari avait capacité d'aliéner et qui ont été aliénés en effet, l'ont été à une époque où ils n'étaient plus à lui, mais à la femme, celle-ci ou ses héritiers ne pourront pas attaquer l'aliénation, qui restera valable vis-à-vis du tiers acquéreur, mais pourront agir contre le mari ou ses représentans pour obtenir indemnité.

Ainsi, une femme ayant disparu en 1810 a été déclarée absente en 1815, et son mari a demandé la dissolution provisoire de la communauté. Cette communauté était de 30,000 fr.; sur ces 30,000 fr. le mari (aux termes de notre article et en vertu de la déclaration d'absence, qui faisait présumer la femme morte depuis 1810) a pris d'abord 10,000 fr., parce qu'il avait été stipulé que le survivant aurait par préciput le tiers de la communauté, puis il a partagé les autres 20,000 fr. avec les héritiers présomptifs de la femme. Dès 1816, le mari est mort, et après sa mort ses héritiers vendent les immeubles qui lui étaient échus. Quelques années plus tard, on a la certitude que la femme vit encore, ou n'est morte qu'après 1816, et que, par conséquent, c'est elle qui a survécu à son mari. Le préciput pris par le mari appartient donc ou à cette femme, ou à ses héritiers; cette femme ou ses héritiers devront respecter l'aliénation faite par les héritiers du mari (pourvu qu'elle l'ait été à titre onéreux), mais ils agiront, pour se faire rembourser les 10,000 fr. de préciput, contre les héritiers du mari; et en cas d'insolvabilité, contre la caution qu'il a dû fournir, comme nous allons le voir au 3° du n° XIX.

XIX. — Si l'époux, dit la deuxième phrase de notre article, demande la dissolution provisoire de la communauté, il exercera ses reprises et tous ses droits légaux et conventionnels, à la charge de donner caution *pour les choses susceptibles de restitution.*

Quand l'époux opte pour la continuation de la communauté, nous avons vu, sous le n° IV, qu'il n'est pas tenu de donner caution; mais quand il opte pour la dissolution, il y est tenu, comme le sont tous les divers envoyés en possession. Alors, en effet, son droit est semblable à celui de ces envoyés, ou plutôt, il est lui-même un de ces envoyés.

Toutefois, la loi semble mettre entre l'époux commun, demandant la dissolution de la communauté, et les autres envoyés en possession, une différence quant à la caution qu'ils doivent donner. En effet, dans les art. 120 et 123, relatifs, le premier aux héritiers, et le deuxième aux divers autres intéressés, la loi dit qu'ils devront *donner caution,* sans ajouter aucune restriction; tandis que, dans notre article, on dit que l'époux devra donner caution *pour les choses susceptibles de restitution,* ce qui semblerait signifier que, parmi les choses que l'époux pourra prendre, il en est qui ne seront pas susceptibles de restitution, et pour lesquelles, par conséquent, la caution ne serait pas due.

Ce serait cependant là une erreur; la caution sera due pour tout, parce que la restitution sera possible pour toutes les choses prises, soit par le mari, soit par la femme. Il est facile de l'établir.

Comme nous l'avons déjà dit au numéro précédent, les choses que peut prendre l'époux présent demandant la dissolution provisoire, sont :

1° Ses biens propres;

2° Sa part de la communauté;

3° D'autres biens de la communauté à lui attribués comme gains de survie;

4° Des biens propres de l'absent, également comme gains de survie,

5° Enfin, pour la femme seulement et en cas qu'elle renonce à la communauté, les choses par elle apportées dans la communauté et dont elle a stipulé la reprise.

Or, chacune de ces cinq classes de biens est susceptible d'être restituée et ne peut être prise, dès lors, qu'à la charge de donner caution.

1° Pour les propres de l'époux présent, la caution sera due par cet époux, que ce soit le mari ou que ce soit la femme, non pour les biens eux-mêmes, mais pour leur revenu.

En effet, si c'est la femme qui est présente, elle ne peut pas, selon sa fantaisie, aliéner ses propres et priver ainsi de leur revenu la communauté, qui peut se trouver avoir continué.

Quant au mari, il semblerait tout d'abord que la caution n'est pas due par lui dans le même cas, puisqu'il a le droit, lui, de dissiper tous les biens de la communauté; mais il n'en est cependant pas ainsi. Il est à craindre que le mari ne dissipe, *après la dissolution réelle arrivée*, et dès lors à un moment où il n'en avait plus le droit, des choses dont la restitution, par conséquent, pourrait lui être demandée, non par la femme (puisque la dissolution *réelle* n'a pu arriver que par sa mort), mais par les héritiers de cette femme.

Par exemple: la dissolution provisoire remonte à 1820; le revenu des biens personnels du mari est de 5,000 fr. par an; la dissolution réelle n'a lieu, par la mort de la femme, qu'en 1825; voici donc 25,000 fr. de revenus qui appartiennent à la communauté. En 1826 et 1827, ces 25,000 fr. sont dissipés par le mari à qui ils n'appartiennent que pour moitié, et qui ne pouvait plus, la communauté étant dissoute, dissiper que cette moitié à lui appartenant. C'est en 1828 qu'on apprend la dissolution réelle, arrivée en 1825; eh bien! les héritiers de la femme auront alors le droit de demander au mari la restitution de 12,000 f. Donc, il y a restitution possible, et, par conséquent, la caution est due.

2° Pour la part de communauté prise par l'époux, il sera encore dû caution, soit par le mari, soit par la femme.

En effet, si c'est la femme qui est présente, elle devra, en cas de retour du mari, lui restituer cette part.

Que si c'est le mari qui est présent, la restitution est encore possible, non pas pour le cas où la femme reviendrait, car alors la communauté ayant duré, le mari aurait été dans son droit en la dissipant; mais, pour le cas où la femme absente mourrait, et où dans l'intervalle entre la dissolution provisoire et la dissolution réelle, la part prise provisoirement par les héritiers présomptifs de la femme serait diminuée par cas fortuit. Un exemple va faire comprendre ceci.

Supposons qu'à l'époque de la disparition de la femme, époque à laquelle il a fallu remonter pour fixer le *quantum* de la masse commune à partager provisoirement, la communauté fût de 100,000 fr. Les héritiers présomptifs de la femme d'un côté, le mari de l'autre, ont pris 50,000 fr. Plus tard, on acquiert la preuve que la femme n'est morte que plusieurs années après sa disparition, et il se trouve que dans l'intervalle entre cette dispa-tion de la femme et sa mort, un immeuble de 20,000 fr. qui fai-sait partie du lot des héritiers, a péri par cas fortuit. Comme la communauté, dissoute en apparence à partir de la disparition de la femme, a duré en réalité jusqu'à sa mort, l'immeuble ap-partenait donc à cette communauté quand il a péri, et, par con-séquent, sa perte doit être supportée pour moitié par le mari, et pour l'autre moitié seulement par les héritiers de la femme. C'est donc 10,000 fr., moitié de la valeur de cet immeuble, que le mari doit restituer à ceux-ci sur la part qu'il avait prise.

Donc, là encore, il y a, pour le mari, restitution possible, et ce mari doit caution.

3° Pour les biens de communauté pris comme gains de survie, la femme devra caution, puisqu'elle sera tenue, si son mari re-vient, de lui restituer ces biens, comme au maître de la commu-nauté. Le mari la devra aussi, car il se pourrait que les biens par lui pris à ce titre dussent être restitués à la femme, non pas par lui, mais par ses héritiers, s'il venait à être prouvé que la femme vit encore à une époque où le mari est mort, et que dès lors ce mari n'a réellement pas eu de droit à ces gains de survie.

4° Quant aux gains de survie consistant en biens personnels de l'époux absent, l'obligation de ne les prendre qu'en donnant cau-tion est évidente, pour le mari comme pour la femme. En effet, ils n'appartiennent à l'époux présent, quel qu'il soit, que sous la condition du prédécès de son conjoint ; or, on peut toujours ac-quérir la preuve que ce conjoint absent n'est pas mort.

5° Enfin, la femme qui, après sa renonciation à la commu-nauté, exercerait la reprise de ce qu'elle a apporté, devrait en-core caution ; puisque, si son mari revient, elle sera tenue de lui restituer ce qu'elle a pris ainsi.

On voit donc que, soit le mari, soit la femme, devront caution pour *tout* ce qu'ils prendront, parce que pour tout il y aura res-titution possible. La seule différence entre eux et les autres en-voyés en possession, différence qui donne un sens à ces mots res-trictifs de l'article : *pour les choses susceptibles de restitution*, c'est que les envoyés peuvent avoir à restituer, dans tous les cas, la totalité de ce qu'ils prennent, tandis que pour l'époux il est un cas (celui où il s'agit de ses propres) où la restitution n'est possi-ble que quant aux revenus.

XX. — Sous les divers autres régimes que les époux auraient pu adopter sans stipuler de communauté, il n'y aura plus lieu à l'application de notre article, et l'époux présent ne pourra rien avoir à prendre comme époux.

Ainsi, le mari marié sous le régime dotal n'aura plus, après la déclaration d'absence, ni l'administration, ni la jouissance des biens dotaux ; celui marié sous le régime exclusif de la communauté perdra l'administration et la jouissance qu'il avait de tous les biens de sa femme.

On rentrera alors, comme dans le cas où l'époux présent marié en communauté n'opte pas pour la continuation de cette communauté, sous l'application des principes ordinaires.

Tous les biens de l'absent passeront donc à ses héritiers ou autres ayant-cause. Seulement, l'époux présent pourrait bien être lui-même un de ces ayant-cause et avoir une donation ou un legs à prendre.

Il se pourrait même que ce fût lui qui soit appelé par la loi à succéder à tous les biens de son conjoint. Ce serait, d'après l'art. 767, si celui-ci ne laissait ni parens au degré successible, ni enfans naturels.

L'époux présent exercerait alors ses droits en donnant caution et comme tout autre intéressé le ferait.

Mais ce ne serait plus alors en vertu de notre article qu'il viendrait, ce serait en vertu de l'art. 123, s'il se présente comme donataire, légataire, etc. ; et en vertu des art. 120 et 767 combinés, s'il se présente comme successeur à tous les biens de l'absent.

XXI. — Nous croyons ne pas devoir abandonner l'explication de cet article sans présenter une observation importante, qui eût pu se placer également sous l'un des articles précédens, mais qui sera mieux comprise ici.

Plusieurs fois, dans l'explication de ce titre, nous avons dit que la déclaration d'absence fait naître la supposition, la *présomption* de la mort de l'absent. Pourtant, on pourra souvent lire dans les auteurs, ou entendre enseigner dans les cours, qu'à quelque moment que ce soit de l'absence, la loi n'établit *aucune présomption*, ni de vie, ni de mort, et que le doute absolu, l'incertitude parfaite est l'unique idée à laquelle elle se tient toujours.

Cette contradiction, si flagrante en apparence, n'a rien de sérieux au fond ; c'est une pure dispute de mots à laquelle donne occasion le sens technique et tout spécial que le mot *présomption* présente dans le langage juridique.

On entend par *présomption*, une idée *prise avant* toute preuve et sans aucune certitude (*præ-sumere*) ; une simple conjecture, déduite comme conséquence d'un fait connu à un fait inconnu.

Ainsi, pour tout le monde et dans le langage ordinaire, la

présomption est une opinion probable, fondée uniquement sur des vraisemblances et à laquelle on se garde bien, dès lors, d'attribuer la même force, les mêmes effets, qu'à la certitude acquise.

Mais, au contraire, on appelle présomption de droit, *présomption légale*, une conjecture à laquelle la loi attribue le même effet qu'à la vérité prouvée.

Les présomptions légales sont de deux classes : les unes n'ont de force que jusqu'à preuve contraire ; les autres ont une puissance telle, qu'on ne serait pas admis à prouver la fausseté du fait présumé vrai par la loi (art. 1349, 1350 et 1352). Nos vieux auteurs, pour caractériser ces deux classes de présomptions, avaient imaginé une qualification barbare et insignifiante, mais qu'il est bon de connaître ; ils appelaient présomptions *juris,* celles qui admettent la preuve contraire, et les autres présomptions *juris et de jure.*

Puisque la *présomption légale* est celle qui donne au fait présumé la même force absolument qu'à une vérité prouvée, il est clair que la déclaration d'absence ne produit pas une présomption légale de la mort de l'absent. Car, si cette présomption légale existait, on pourrait faire, absolument et sans restriction ni condition aucune, ce que permettrait le décès certain et prouvé : ainsi, tous ceux ayant des droits subordonnés à ce décès, les exerceraient sans caution ; il les prendraient, non comme envoyés en possession, mais comme propriétaires, et pourraient les aliéner ; bien plus, le mariage de l'absent serait dissous, et son conjoint libre d'en contracter un autre ; etc.

Ainsi donc, il n'y a pas de présomption légale, dans le sens technique du mot ; c'est bien entendu. Mais qu'on n'aille pas soutenir, pour cela, comme on le fait souvent, que la loi reste toujours dans le doute absolu, sans jamais faire dominer ni la pensée de la vie, ni la pensée de la mort.

Toujours le doute absolu ! Mais une même cause doit toujours donner le même effet ; pourquoi donc la loi prend-elle successivement des mesures plus graves à mesure que l'absence se prolonge ? Pourquoi, après la simple présomption d'absence, organise-t-elle l'absence déclarée ?... Pourquoi, après la déclaration d'absence, appelle-t-elle les héritiers, légataires, nus-propriétaires et autres intéressés, à se partager les biens de l'absent, au lieu de confier ces biens à un administrateur unique qui, après un temps déterminé, en rendrait compte à qui de droit ?...

Il est évident que les deux idées de vie et de mort dominent successivement. C'est la première qui l'emporte pendant la présomption d'absence; mais la seconde l'emporte, à son tour, une fois la déclaration d'absence obtenue. C'est évidemment de cette idée de la mort, dominant désormais celle de la vie, que découle l'ouverture provisoire de la succession et de l'exécution, provisoire aussi, du testament. C'est certainement à cause de cette présomption de décès, commençant à la déclaration d'absence et se fortifiant ensuite à mesure que les années s'accumulent, que, d'après les art. 127 et 132, les divers envoyés prennent, sur les revenus, une fraction de plus en plus grande, et arrivent enfin à garder la totalité et à pouvoir disposer des biens eux-mêmes.

Pour jeter du doute sur cette vérité, on nous dit : « Vous vous trompez sur les idées, sur les motifs qui ont fait organiser, tel qu'il est, l'envoi en possession, et vous saisissez mal la nature et le vrai caractère de cet envoi. Si, après la déclaration d'absence, le législateur, au lieu de confier à un administrateur unique le soin des biens de l'absent, en attribue divisément la possession à tous ceux qui en seraient propriétaires en cas de décès, ce n'est point pour consacrer, au profit de ceux-ci, les droits qui existent pour eux sous la condition de ce décès; ce n'est point à cause d'une prétendue présomption de ce décès qui rendrait plus probable l'éventualité de ces droits. Non; cette mesure est prise dans l'intérêt de l'absent lui-même et par la raison que ses biens seront mieux administrés par ceux qui ont l'espérance de les garder, que par un étranger. Donc, l'envoi en possession n'est point une ouverture provisoire de succession; il ne se fonde point sur une plus grande probabilité du droit des envoyés; il ne suppose point une présomption de mort. »

Ces idées sont certainement inexactes; elles se rattachent à un système que quelques-uns des rédacteurs du Code voulaient faire prévaloir, lors de la discussion au Conseil d'État, mais qui n'a pas été admis.

Si l'envoi en possession avait été organisé dans l'intérêt unique ou même principal de l'absent et comme le meilleur moyen d'assurer le bon entretien de ses biens, il est clair, d'abord, qu'on l'aurait placé à une époque aussi rapprochée que possible de la disparition; il aurait dû avoir lieu, non pas, bien entendu, aussitôt après cette disparition, mais dès qu'il se serait écoulé un intervalle assez long pour donner des doutes sérieux sur l'existence, c'est-à-dire après deux ou trois ans, au plus tard. C'est, en effet, ce que proposait de faire le consul Cambacérès, dans la séance du 16 fructidor an IX, pour le cas où l'absent aurait laissé des immeubles dépérissant faute d'entretien. (Fenet, t. VIII, p. 372.) D'un autre côté, les envoyés en possession ne venant, dans ce système, que comme étant les meilleurs administrateurs possibles et sans aucune présomption de mort de l'absent, la fraction de revenus à eux attribuée l'eût été *uniquement* comme salaire de leur administration, et comme cette administration n'est pas plus pénible à telle époque qu'à telle autre, cette fraction aurait toujours été la même. Or, il n'en est pas ainsi : d'une part, on n'a permis l'envoi en possession qu'après cinq ou onze années au plus tôt, en laissant au tribunal le soin d'ordonner les mesures d'entretien pendant tout ce temps; puis, d'un autre côté, une fois cet envoi réalisé, la fraction de revenus à garder, fixée aux quatre-cinquièmes pour les premières années, est portée plus tard aux neuf-dixièmes (art. 127). Ceci prouve bien que la loi fait entrer dans le calcul de cette fraction une présomption de mort de l'absent, laquelle devient plus forte après un plus long temps; que l'éventualité du droit des envoyés acquiert, par la déclaration d'absence, une probabilité qui va toujours en grandissant; et qu'à ses yeux, l'envoi en possession est bien l'attribution provisoire d'une succession présumée ouverte.

Cette présomption de mort a d'ailleurs été proclamée au Conseil d'État et au Corps législatif.

En parlant du Code prussien, qui, après dix ans, permet de prononcer une déclaration de mort, M. Tronchet dit qu'une telle disposition est ridicule; que *l'absence peut être* UNE PRÉSOMPTION DE LA MORT, *mais que la loi n'admet de certitude que sur des preuves.* (Fenet, pag. 373.) Plus loin, il dit que c'est parce que la possession des héritiers présomptifs ne se fonde *que sur la présomption de la mort* de l'absent, que leurs droits doivent cesser par le retour de cet absent (pag. 374). Au Corps législatif, l'orateur du Gouvernement a exprimé formellement l'idée que nous avons essayé d'établir plus haut, savoir : que les héritiers présomptifs et autres intéressés ont un titre tout naturel à l'obtention de la possession, attendu que la déclaration d'absence *rend leur droit éventuel* PLUS PROBABLE. (Fenet, p. 453.)

Enfin, ce qui établit péremptoirement, ce nous semble, qu'aux yeux de la loi, l'envoi en possession est bien l'attribution d'une succession ouverte *provisoirement* par la mort *présumée* de l'absent, c'est une disposition postérieure au Code, l'art. 40 de la loi du 28 avril 1816, qui force les héritiers et autres envoyés d'acquitter dans les six mois les droits de mutation, comme en cas de décès, pour tous les biens et droits qu'ils recueillent; sauf à réclamer plus tard les sommes payées, si l'absence vient à cesser.

Article 125.

La possession provisoire ne sera qu'un dépôt qui donnera, à ceux qui l'obtiendront, l'administration des biens de l'absent, et qui les rendra comptables envers lui, en cas qu'il reparaisse ou qu'on ait de ses nouvelles.

N. B. — La loi ne veut pas dire que ce sera là un **véritable dépôt.**

Le dépôt, en effet, d'après les art. 1915 et suivans, est un contrat *gratuit* qui ne peut avoir d'application qu'aux *meubles;* la possession provisoire, au contraire, frappe sur les immeubles comme sur les meubles, et elle donne lieu à un salaire qui va être fixé par l'art. 127.

Notre article veut seulement dire, comme on le comprend par son ensemble, que les envoyés en possession ne deviennent pas propriétaires des biens de l'absent.

ARTICLE 126.

Ceux qui auront obtenu l'envoi provisoire, ou l'époux qui aura opté pour la continuation de la communauté, devront faire procéder à l'inventaire du mobilier et des titres de l'absent, en présence du procureur du roi près le tribunal de première instance, ou d'un juge de paix requis par ledit procureur du roi.

Le tribunal ordonnera, s'il y a lieu, de vendre tout ou partie du mobilier. Dans le cas de vente, il sera fait emploi du prix, ainsi que des fruits échus.

Ceux qui auront obtenu l'envoi provisoire pourront requérir, pour leur sûreté, qu'il soit procédé, par un expert nommé par le tribunal, à la visite des immeubles, à l'effet d'en constater l'état. Son rapport sera homologué en présence du procureur du roi ; les frais en seront pris sur les biens de l'absent.

SOMMAIRE.

I. Utilité de l'inventaire exigé par l'article. — Les expressions *mobilier et titres de l'absent* comprennent ou ne comprennent pas le mobilier et les titres de la communauté, selon que l'époux absent est le mari ou la femme.

II. C'est au tribunal seul qu'il appartient de décider si les meubles de l'absent doivent ou non être vendus. Cependant la vente qui en serait faite sans l'ordre du tribunal resterait souvent inattaquable par l'effet de l'art. 2279.

III. Remarque importante sur les mots : *ainsi que des fruits échus.* Renvoi au n° IV de l'art. 123.

IV. Utilité de la visite d'expert conseillée par le dernier alinéa. — Pour-

quoi les frais en sont à la charge de l'absent. — *Quid*, si cette visite n'a pas lieu ?

EXPLICATION.

1. — Quelque parti qui ait été pris après la déclaration d'absence, et soit qu'il y ait eu envoi provisoire en possession, parce
que l'époux présent n'était pas commun en biens, ou parce que,
commun en biens, il a demandé la dissolution provisoire; soit
qu'il y ait continuation de communauté, parce que l'époux commun a opté pour cette continuation; dans tous les cas, la première mesure que la loi ordonne, c'est l'inventaire du mobilier
et des titres de l'absent. En effet, le mobilier et les titres sont des
choses que l'on pourrait faire disparaître et dont il est prudent,
dès-lors, de faire constater l'existence, afin que l'absent ou ses
héritiers puissent, le cas échéant, en demander la restitution.

Ce n'est pas des meubles et titres de la communauté, c'est seulement des meubles et titres de *l'absent*, que notre article demande l'inventaire. Mais sous ce nom de meubles de l'absent,
les meubles de la communauté seront quelquefois compris.

En effet, la communauté, comme nous l'avons déjà vu, est
censée appartenir au mari tant qu'elle dure.

Lors donc que ce sera le mari qui sera absent, les meubles et
titres appartenant à la communauté seront les meubles et titres
de l'absent; en sorte que, quand c'est la femme qui est présente,
soit qu'elle détienne toute la communauté, parce qu'elle a opté
pour sa continuation, soit qu'elle n'en détienne qu'une partie,
comme envoyée en possession, parce qu'elle a demandé la dissolution provisoire, il lui faudra faire faire inventaire de *tous* les
meubles et titres qu'elle prendra.

Au contraire, si c'est le mari qui est présent, soit qu'il demande
la continuation de la communauté, soit qu'il demande sa dissolution et l'envoi provisoire, il ne sera jamais tenu d'inventorier
ce qu'il prendra de cette communauté, parce que ce ne seront pas
là des meubles ou titres de *l'absent*. Mais il devra, bien entendu,
dans les deux cas, faire faire inventaire des meubles et titres
restés propres à sa femme et non tombés en communauté.

Ainsi, les meubles et titres pour lesquels notre article exige
l'inventaire sont précisément, et cela est de toute raison, ceux
pour lesquels il peut y avoir lieu à restitution, d'après ce que
nous avons expliqué au n° XIX, 2°, 3° et 4°, de l'art. 124. Mais il
y a cette double différence que 1° dans l'art. 124, la caution pour
les choses susceptibles de restitution n'est demandée qu'en cas
d'option pour la dissolution provisoire, tandis qu'ici l'inventaire
devra être fait et dans le cas de dissolution et dans le cas de continuation, aux termes mêmes de notre article; et que 2° dans

l'art. 124, la caution est demandée pour tous les biens, tandis qu'ici l'inventaire, comme cela devait être, n'est exigé que pour les biens meubles et pour les titres.

II. — Le tribunal, dit le second alinéa de l'article, ordonnera, s'il y a lieu, de vendre tout ou partie du mobilier.

En général, ainsi que nous l'avons déjà dit, on regarde le droit d'aliéner le mobilier comme une conséquence du droit d'administration. On devait ici faire exception à ce principe et refuser, à l'administrateur des biens de l'absent, la faculté d'aliéner à son gré les meubles de cet absent, parce qu'il pourra souvent arriver que la vente soit dans l'intérêt de cet administrateur, tandis qu'elle serait contraire à celui de l'absent ; ou réciproquement.

Ainsi, par exemple, qu'il s'agisse d'une collection de médailles précieuses ou d'une galerie de tableaux de grands maîtres, il est clair que le possesseur provisoire ne manquerait pas de faire vendre ces objets dont le produit pourrait s'élever à 100,000 fr. et plus, pour garder, d'après l'art. 127, les quatre-cinquièmes, les neuf-dixièmes, ou la totalité des intérêts de cette somme ; tandis que les tableaux ou les médailles ne lui rapporteraient rien. L'absent, au contraire, lors de son retour, s'il revient, aimera beaucoup mieux retrouver ses médailles ou ses tableaux qu'une somme d'argent.

En sens inverse, supposons qu'il s'agisse d'un ameublement d'une valeur de 10,000 fr. qui se trouve convenir au possesseur provisoire. Celui-ci voudra le conserver en nature, attendu que si l'absent revenait après quinze ou vingt ans, il se libèrerait, vis-à-vis de lui, en lui rendant cet ameublement dans l'état où il serait, usé peut-être, de sorte qu'il se trouverait ainsi en avoir joui, comme s'il avait déboursé 10,000 fr. pour l'acheter ; l'absent, lui, aurait tout perdu. Au contraire, si cet ameublement est vendu, l'absent, à son retour, retrouvera ses 10,000 fr., dont l'envoyé en possession ne pourra retenir que les intérêts en tout ou en partie.

La vente des meubles de l'absent ne devait donc être permise qu'autant qu'elle serait utile pour l'absent ; et le point de savoir s'il y a utilité devait être laissé à la décision du tribunal, désintéressé dans la question.

C'est ce qu'a fait notre alinéa, qui, en appelant le tribunal à voir s'il y a lieu ou non de vendre le mobilier, nous indique bien que ce n'est pas au possesseur qu'il entend laisser cette faculté. Lors donc que le tribunal aura ordonné la vente, le possesseur provisoire, alors même qu'il aurait une volonté contraire, devra faire vendre ; réciproquement, tant que le tribunal n'aura pas ordonné cette vente, la vente ne sera pas possible.

Du reste, quand nous disons que les meubles de l'absent ne peuvent pas être vendus sans l'ordre du tribunal, cela doit s'entendre raisonnablement et ne s'appliquerait pas à des objets de très-peu de valeur et qui n'auraient aucune importance ; car ce n'est pas de tels objets que le législateur a entendu s'occuper. Ce serait le cas de dire : *de minimis non curat Prætor.*

Toutefois, et malgré l'incapacité des envoyés en possession et de l'administrateur légal, pour aliéner les meubles de l'absent, l'aliénation qu'ils en auraient faite ne pourra presque jamais être critiquée contre l'acquéreur. En effet, il existe dans notre Code une disposition fort importante que nous avons indiquée déjà, et dont nous aurons souvent lieu de remarquer les effets, laquelle empêchera presque toujours d'attaquer cette aliénation. Nous voulons parler de l'art. 2279, qui déclare que pour les meubles, la simple possession de bonne foi et avec juste motif de s'en croire propriétaire vaut prescription. Celui, donc, qui recevrait de l'envoyé provisoire, soit à titre onéreux, soit même à titre gratuit, un meuble de l'absent, en serait de suite propriétaire par prescription, pourvu qu'il ignorât que ce meuble n'appartient pas à celui qui le lui livre.

III. — Il ne faut pas laisser passer inaperçue la disposition du deuxième alinéa de notre article, qui veut que, lors de l'envoi en possession ou de la continuation de la communauté, il soit fait emploi *des fruits* antérieurement produits par les biens de l'absent.

Ces fruits, en effet, ne sont pas de ceux dont les envoyés en possession ou l'administrateur légal peuvent prendre tout ou partie, en vertu de l'art. 127. Ce droit accordé par l'art. 127, ne commence qu'avec l'envoi provisoire et ne frappe que sur les fruits produits depuis cet envoi. Tous ceux échus antérieurement forment, comme nous avons déjà eu occasion de le dire sous l'art. 123, n° IV, et comme on le voit ici, un capital, sur les intérêts seulement duquel ont droit l'envoyé en possession ou l'administrateur légal.

N. B. — On sait que *faire emploi* d'une somme, c'est la placer soit en prêt sur hypothèques, soit en acquisition de rentes, soit en achat d'immeubles. C'est le tribunal qui devra déterminer le mode de l'emploi.

IV. — Quant aux immeubles de l'absent, les envoyés en possession (et il en faut dire autant, évidemment, du conjoint qui a opté pour la continuation de la communauté) ont la faculté, mais ne sont pas forcés, d'en faire constater l'état. A défaut de visite, ils seront réputés les avoir reçus en bon état, sauf une preuve contraire, laquelle retomberait à leur charge. Le rapport de l'expert, devra, comme on le voit par le texte même de l'article, être *homologué*, c'est-à-dire approuvé, reçu, par un jugement du tribunal.

Du reste, cette visite étant faite dans l'intérêt de l'absent et conseillée par la loi pour empêcher les envoyés de détériorer ses biens, il est juste que les frais en soient acquittés par lui. C'est aussi ce que veut notre article.

ARTICLE 127.

Ceux qui, par suite de l'envoi provisoire, ou de l'administration légale, auront joui des biens de l'absent, ne seront tenus de lui rendre que le cinquième des revenus, s'il reparaît avant quinze ans révolus depuis le jour de sa disparition; et le dixième, s'il ne reparaît qu'après les quinze ans

Après trente ans d'absence, la totalité des revenus leur appartiendra.

SOMMAIRE.

I. Justice et sagesse de cette disposition, quant aux envoyés provisoires. Vice de rédaction dans le mot *reparaît*.

II. Second vice de rédaction : le cas de 30 ans écoulés depuis la déclaration d'absence n'est pas le seul où la totalité des fruits appartienne aux possesseurs.

III. Les 15 ans se calculent à partir de la présomption d'absence; les 30 ans, à partir seulement de l'absence déclarée.

IV. C'est $^1/_5$ ou $^1/_{10}$ ou la totalité sur tous les fruits, que la loi attribue selon les cas; et non pas $^1/_5$ sur les fruits de telle époque, $^1/_{10}$ sur ceux de telle autre époque, etc.

V. La rétention ne se fait que sur les fruits déjà recueillis; les autres appartiennent tous à l'absent ou à ses représentans.

VI. Troisième vice de rédaction qui consiste à assimiler l'administrateur légal aux envoyés en possession, tandis qu'il y a entre eux une énorme différence.

VII. Pour déterminer *à quelle portion* des fruits ont droit, soit les envoyés en possession, soit l'administrateur légal, la loi regarde depuis combien de temps l'absent est parti. Pour déterminer ensuite *sur quels fruits* doit être prise la portion fixée, il faut considérer, quant aux envoyés en possession, l'époque où l'envoi a commencé; puis, quant à l'administrateur légal, l'époque où la communauté s'est dissoute.

VIII. Vice, non plus de forme seulement, mais de fond, que présente notre article quant au conjoint administrateur. Pour lui, la portion à prendre sur les fruits aurait dû aller *en diminuant*, à mesure que l'absence se prolonge.

IX. La portion de fruits à laquelle ont droit les envoyés en possession et
le conjoint administrateur, se calcule, non sur le revenu brut,
mais seulement sur le revenu net, c'est-à-dire après déduction
des charges périodiques. — Dans les charges à déduire, il faut
placer les réparations d'entretien; mais non les grosses réparations qui restent, pour le tout, au compte de l'absent.

EXPLICATION.

I. — Dans le cas où il y a lieu de restituer à l'absent ses
biens, il était juste que les envoyés en possession (nous ne parlons que d'eux, et non de l'administrateur légal que le législateur
a eu tort de leur assimiler, ainsi qu'on le verra plus loin), il était
juste, disons-nous, que les envoyés en possession conservassent
comme indemnité de leur administration, une portion plus ou
moins forte du revenu de ces biens.

D'un autre côté, comme l'incertitude sur l'existence de l'absent devait tout naturellement engager les possesseurs provisoires à bien moins ménager les revenus qu'ils ne l'auraient fait,
s'ils avaient eu la certitude de rendre bientôt les biens à leur véritable propriétaire, la loi, qui n'a pas voulu que l'envoi en possession fût un piége pour ceux à qui elle l'accordait, leur a attribué, sur ces revenus, une portion fort considérable, et qui va
toujours en augmentant, à mesure que l'absence se prolonge et
que la présomption de la mort de l'absent se fortifie. Cette mesure
était d'ailleurs dans l'intérêt de l'absent lui-même; puisqu'elle
excite les possesseurs provisoires à améliorer ces biens pour leur
faire produire un revenu plus considérable.

Du reste, pour qu'il y ait lieu à l'application de notre article,
il n'est pas nécessaire que l'absent *reparaisse*, comme cet article
semble l'exiger; on l'appliquera, évidemment, toutes les fois qu'il
s'agira, pour les envoyés en possession, de rendre les biens qu'on
leur avait confiés. Or, la restitution en aura lieu, non pas seulement quand l'absent reviendra, mais aussi, quand, de toute autre manière, son existence se trouvera prouvée; et encore, quand
il sera établi qu'il est mort à une époque où les possesseurs provisoires n'étaient plus ses héritiers.

Il y a donc, sous ce rapport, un premier vice de rédaction
dans notre article, qui ne devait pas parler seulement du cas *où
l'absent reparaît*, mais, d'une manière plus générale, du cas *où il y
aurait lieu à la restitution des biens confiés aux envoyés provisoires*.

Il est bien entendu que, sous le nom *d'envoyés provisoires*, nous
ne parlons pas seulement ici des héritiers présomptifs de l'absent, mais aussi des légataires, donataires, etc., et encore de
l'époux commun qui, en optant pour la dissolution provisoire de
la communauté, aurait pris sa part de cette communauté et ses

gains de survie. Si plus tard, il y a lieu, pour cet époux ou ses héritiers, à la restitution de ces biens, comme nous avons vu que cela est possible (art. 124, n° XIX, 2°, 3° et 4°), en les restituant, ils en garderaient les revenus, dans les proportions marquées par notre article, puisque tous jouissaient en vertu de l'envoi provisoire en possession.

II. — Un second vice de rédaction, du même genre que le premier, puisqu'il consiste aussi en ce que la loi ne dit pas tout ce qu'il fallait dire, se trouve dans le deuxième alinéa de notre article.

Aux termes de cet alinéa, après trente ans d'absence, les fruits des biens de l'absent appartiennent en totalité aux envoyés en possession.

En effet, quand il s'est écoulé trente ans depuis la déclaration d'absence, l'envoi provisoire se change en un envoi définitif, qui donne aux envoyés le droit d'aliéner les biens de l'absent; en telle sorte que si, plus tard, la restitution doit se faire, elle ne se fera que des biens qui se trouvent encore en la possession de ces envoyés, comme on le voit par l'art. 132; si donc, à partir de ce moment, les envoyés ont le droit d'aliéner, il est clair qu'ils doivent avoir, *à fortiori*, celui de prendre tous les produits des biens.

Mais maintenant, ce n'est pas seulement quand il s'est écoulé trente ans depuis l'absence déclarée, que l'envoi définitif a lieu; c'est aussi, aux termes de l'art. 129, quand il s'est écoulé cent ans depuis la naissance de l'absent; ce qui pourrait arriver avant que trente ans se soient écoulés depuis le jugement de déclaration. Par exemple, un individu part pour un voyage, à l'âge de soixante-cinq ans, en laissant un procureur chargé du soin de ses affaires, sa déclaration d'absence ne peut être prononcée que onze ans après son départ; il a donc soixante-seize ans quand on la prononce; ce sera donc vingt-quatre ans après cette déclaration que se réalisera une des deux hypothèses, dans chacune desquelles l'art. 129 permet de prononcer l'envoi définitif en possession.

L'hypothèse de trente années écoulées depuis l'absence n'est donc pas la seule où la totalité des revenus appartienne aux envoyés en possession.

Notre article devait dire, pour ne pas présenter ce double vice, que les envoyés en possession garderaient les quatre-cinquièmes des revenus, quand *la restitution des biens se ferait* avant quinze ans depuis la disparition ou les dernières nouvelles, les neuf-dixièmes, quand elle ne se ferait qu'après quinze ans; et enfin la totalité, quand la restitution aurait lieu, soit après trente ans depuis la déclaration d'absence, *soit après cent ans depuis la naissance de l'absent.*

III. — On voit la différence qu'il y a entre le premier et le deuxième alinéa de notre article. Dans le premier, c'est à partir de la disparition, ou, bien entendu, des dernières nouvelles, que se comptent les quinze ans; dans le deuxième, les trente ans ne courent qu'à partir de la déclaration d'absence, comme on le voit en rapprochant de notre article l'art. 129. Aussi, notre article dit-il, dans le premier alinéa, *quinze ans depuis la disparition,* par conséquent, depuis la simple présomption d'absence; tandis que, dans le deuxième, il nous dit : après trente ans d'*absence,* c'est-à-dire d'absence déclarée.

IV. — A quelque époque que l'absent reparaisse, ou mieux, à quelque époque que se fasse la restitution des biens, les envoyés ne seront tenus de rendre que le cinquième ou le dixième, ou même rien, *de tous les fruits* par eux perçus pendant l'envoi provisoire.

Ainsi, si c'était après dix-neuf ans depuis la disparition, que l'absent (ou celui qui était son héritier au moment de son décès prouvé) vînt demander les biens, il ne pourrait pas dire : Je n'ai droit qu'à un dixième pour les fruits des quatre dernières années; mais on doit me rendre le cinquième sur ceux échus avant les quinze ans. La loi ne peut pas être entendue en ce sens; c'est ou le cinquième de *tous* les fruits, ou le dixième seulement de *tous* les fruits qui doit être rendu, selon que la restitution se fait avant ou après quinze ans depuis la disparition, et si cette restitution ne se fait qu'après trente ans d'absence, ou après cent ans depuis la naissance, c'est encore la totalité de *tous* les fruits qui appartient aux envoyés.

C'est bien là ce qui résulte des expressions de notre article : « Si l'absent reparaît à telle époque, les possesseurs provisoires « *ne lui rendront qu'un cinquième des fruits; s'il reparaît à telle épo-* « *que, ils ne lui rendront qu'un dixième. Enfin, après telle époque,* « *la totalité des fruits leur appartiendra.* »

V. — Les envoyés en possession, ou l'administrateur légal, ne seront tenus, dit notre article, *de rendre* que telle ou telle portion des revenus.

L'expression *rendre,* employée ici, nous montre que dans l'idée du législateur, il ne s'agit que des fruits par eux perçus, et que ceux qui ne le seraient pas encore, lors de la demande en restitution, appartiendraient tous à l'absent ou à ses héritiers.

Il en sera toujours ainsi, à quelque époque que se fasse la restitution, et encore qu'elle n'eût lieu qu'après l'envoi définitif. En effet, ce n'est jamais que par la perception, comme nous le verrons à l'art. 138, que celui qui possède un bien dont il n'est pas propriétaire, peut faire les fruits siens.

VI. — Nous avons déjà fait remarquer deux vices de rédaction dans notre art. 127; nous avons à en signaler ici un troisième plus grave que les deux premiers, et qui consiste en ce que le législateur a mis sur la même ligne, quant aux fruits à rendre, l'envoyé provisoire et le conjoint administrateur légal, entre lesquels il y a cependant une énorme différence.

En effet, de quelque manière que finisse l'envoi provisoire, celui qui l'avait obtenu gardera toujours les fruits dans les proportions indiquées par notre article. Il les gardera en rendant les biens, si cet envoi finit par la preuve acquise de l'existence de l'absent, ou de son décès arrivé à une époque où l'envoyé en possession n'était plus son héritier; il les gardera avec les biens eux-mêmes, si cet envoi provisoire finit par la preuve acquise du décès de l'absent, à une époque où lui, envoyé, était son héritier, ou bien par le laps de trente ans depuis la déclaration d'absence, ou de cent ans depuis la naissance de l'absent. Ainsi, il les gardera toujours. Or, il s'en faut de beaucoup qu'il en soit de même de l'époux administrateur légal.

Voyons, en effet, ce qui arrivera dans les diverses circonstances par lesquelles prend fin l'administration légale du conjoint présent.

Cette administration, ainsi que la continuation de communauté qui lui donne lieu, finissent, comme nous l'avons vu sous l'art. 124, n°ˢ VI et suivans, de six manières : 1° par la preuve acquise de l'existence du conjoint absent; 2° par la preuve de son décès; 3° par le laps de trente ans depuis sa déclaration d'absence, ou de cent ans depuis sa naissance; 4° par la mort de l'époux présent; 5° par la renonciation de ce même époux à la continuation de la communauté; 6° enfin, par sa propre déclaration d'absence. Jetons un coup d'œil sur chacun de ces six cas :

1° Quand l'administration de l'époux présent finit par la preuve acquise de l'existence de l'absent, il se trouve prouvé que la communauté a toujours duré et dure encore, et alors les fruits perçus par l'administrateur légal, ne peuvent lui appartenir en propre, pour deux raisons : D'abord, la communauté ayant toujours duré et durant encore, c'est à cette communauté, et non pas à l'époux absent, qu'ont toujours appartenu et qu'appartiennent encore tous les fruits perçus pendant l'administration légale (art. 1401, 2°); or, il ne s'agit, dans notre art. 127, que de revenus appartenant à l'absent, de revenus qu'il eût recueillis pour lui s'il eût été là, et qui devraient lui être rendus si notre article n'existait pas; aussi, d'après l'article, c'est à lui qu'est rendu le cinquième ou le dixième, que les possesseurs provisoires n'auraient pas le droit de retenir; tandis que dans notre hypothèse, ce cinquième ou ce dixième des revenus appartiendra, comme tout le reste de ces mêmes revenus, à la communauté. En outre, et quand même, dans notre hypothèse, on enlèverait à la communauté les droits qu'elle a sur ces fruits, pour les donner à l'époux administrateur, on ne ferait que prendre un détour, après lequel ils retomberaient encore dans la communauté, à un autre titre; puisque c'est à elle encore qu'appartient tout ce qui arrive à chacun des époux par son travail, son industrie, etc., et qu'aucun de ces époux ne peut rien gagner qui lui reste propre (art. 1401, 1° et 3° combinés).

Dans ce premier cas, donc, tous les fruits perçus appartiendront, non pas à l'époux administrateur, mais à la communauté; en sorte que les choses se passeront comme s'il n'y avait pas eu d'absence.

2° Quand l'administration légale finit par la preuve acquise du décès de l'absent, la communauté se trouve alors dissoute du moment où ce décès est arrivé.

Il faudra donc appliquer, aux fruits produits avant ce décès, ce que nous avons dit au cas précédent, les réunir à la masse commune, et partager, entre l'époux présent et les héritiers de l'époux absent, cette masse, telle qu'elle était au moment de ce décès. Quant aux fruits produits et recueillis depuis ce décès jusqu'au moment où l'on en acquiert la connaissance, et où l'administration de l'époux présent cesse, ils appartiendront à cet époux présent dans les proportions indiquées par notre article. Alors, en effet, la communauté n'existait plus; c'étaient donc vraiment les revenus de l'absent, et rien, par conséquent, ne s'oppose plus à ce que l'administrateur les garde pour lui, en vertu de notre article.

3° Quand l'administration légale finit par le laps de trente ans depuis la déclaration d'absence, ou de cent ans depuis la naissance de l'absent, alors (comme nous l'avons dit sous l'art. 124, n° IX) l'époux absent est réputé mort du moment même de sa disparition, et sa communauté est censée avoir été dissoute à cette époque et n'avoir point existé pendant que durait l'administration légale. En conséquence, les revenus perçus pendant cette administration ne peuvent pas être attribués à cette communauté qui sera partagée dans l'état où elle était lors de la disparition, et rien encore, ici, ne s'oppose à ce qu'ils soient gardés, en vertu de notre article, par l'époux qui les a recueillis. Mais il ne les prendra *que provisoirement;* car, s'il vient à être prouvé plus tard que l'époux absent vit encore, il se trouvera que la communauté a toujours duré et dure encore, et que c'est à elle, en conséquence, qu'appartiennent tous ces revenus. Que s'il est prouvé que l'absent est mort (et par conséquent la communauté dissoute), mais à une époque plus reculée que sa disparition, le conjoint présent ne pourra invoquer notre article que pour les fruits perçus depuis cette mort et devra remettre dans la communauté, pour procéder à un nouveau partage, ceux qu'il avait perçus avant cette mort et qu'il se trouve avoir retenus indûment.

4° Si c'est par la mort de l'époux présent que l'administration légale cesse, la communauté se trouve alors réellement dissoute; mais sa dissolution (art. 123, n° X), par l'effet de la déclaration d'absence, laquelle reprend alors toute sa force, remonte, comme dans le cas précédent, au jour même de la disparition de cet époux absent.

Ici encore, par conséquent, la communauté, qui est réputée n'avoir pas duré pendant l'administration légale, ne peut pas s'opposer à ce que les héritiers de l'époux présent, défunt, prennent la portion de revenus attribuée par notre article; mais comme dans le cas précédent aussi, ils ne prennent cette portion *que provisoirement* et sauf à la rendre, en partie, s'il se trouve prouvé que l'absent, au lieu d'être mort au moment de sa disparition, n'est mort qu'à tel ou tel moment de l'administration légale; et sauf même à la rendre en entier, s'il est prouvé que cet absent vit encore, ou n'est mort qu'après le décès arrivé de l'époux présent. Tout ceci est la conséquence de ce principe que tous les fruits, revenus, etc., produits pendant que la communauté durait encore, appartiennent à cette communauté.

5° Quand c'est par la renonciation de l'époux présent que finit l'administration légale, la dissolution, dans ce cas encore, remonte, sauf preuve contraire, au jour de la disparition. Par conséquent, l'époux administrateur garde encore la portion de fruits attribuée par notre article; mais toujours sauf à la rendre en tout ou en partie, selon qu'il serait prouvé plus tard ou que l'époux absent n'est mort qu'à telle ou telle époque, ou qu'il existe encore.

6° Enfin, lorsque c'est la déclaration d'absence de l'époux resté présent qui met fin à son administration légale, comme dans ce cas encore la dissolution de la communauté remonte (mais provisoirement seulement) au moment de la disparition du premier absent, il faut encore dire ce que nous avons dit aux 3°, 4° et 5°.

Ainsi donc, tandis que les envoyés provisoires gardent, *dans tous les cas, définitivement et en entier*, la portion de revenus attribuée par notre article, l'administrateur légal, lui, n'y aura souvent *aucun droit*, et s'il la prend, il la prendra tantôt en totalité, tantôt *en partie* seulement; tantôt irrévocablement, tantôt, et le plus souvent, en vertu d'une simple présomption *et sauf à rendre*, soit une partie, soit même la totalité de ce qu'il avait ainsi retenu.

Il y a donc, comme nous le disions en commençant ce n° VI, une bien grande différence entre l'administrateur légal et l'envoyé en possession, et il n'eût pas été inutile de porter pour chacun d'eux une disposition distincte et spéciale.

Dans ce qui vient d'être dit, on remarque facilement que, quand l'époux présent ou ses héritiers auront droit à une certaine portion de fruits en vertu de notre article, ce ne pourra pas être sur tous les biens de la communauté, mais seulement sur *la part* de cette communauté par eux restituée aux héritiers présomptifs de l'époux absent. Ce droit, en effet, ne leur appartient qu'autant qu'il y a dissolution (soit réelle, soit présumée) et, par conséquent, partage de la communauté. Or, quant à l'autre moitié, celle qu'ils gardent, il est bien clair qu'ils en conservent aussi les fruits; mais ce n'est plus en vertu de l'administration légale et d'après notre article, c'est comme propriétaires, soit réels, soit présumés.

Maintenant, il faut faire, quant à cette moitié que l'époux présent ou ses héritiers gardent, une nouvelle observation.

Quand c'est en vertu d'une dissolution réelle de la communauté que cesse l'administration légale, le partage étant alors définitif et réglant irrévocablement tous les droits, il ne saurait y avoir lieu postérieurement à aucune difficulté, à aucun calcul nouveau. Mais quand cette administration cessera pour faire place à un partage provisoire et résultant d'une dissolution présumée, comme dans le 3°, le 4°, le 5° et le 6° ci-dessus, l'époux présent ou ses héritiers, après cette cessation de l'administration légale, se trouveront être, quant à leur part de communauté et aux gains de survie par eux pris, de simples envoyés en possession provisoire. Dans ce cas, donc, il se pourra que postérieurement il y ait lieu pour eux à restituer soit les gains de survie, soit une fraction de la part de communauté, et alors encore on leur appliquerait notre article pour leur réserver, comme à tous autres envoyés en possession, soit les quatre-cinquièmes, soit les neuf-dixièmes, soit la totalité des fruits des biens qu'ils restituent.

VII. — La loi, comme on l'a vu, pour rendre plus ou moins forte la portion des revenus qu'elle attribue à l'envoyé provisoire, ne regarde pas depuis combien de temps dure sa possession; mais seulement depuis combien de temps l'absent est parti.

Ainsi, supposons que la déclaration d'absence et l'envoi provisoire n'aient été prononcés qu'après onze ans depuis la disparition, parce qu'une procuration avait été laissée, et que l'absent revienne après seize ans depuis cette disparition; le possesseur provisoire, dont l'envoi n'est prononcé que depuis cinq ans, gardera, d'après notre article, les neuf-dixièmes des fruits qu'il a perçus pendant ces cinq ans. Au contraire, si la déclaration d'absence et l'envoi provisoire avaient été prononcés après cinq ans depuis la disparition, mais que l'absent revînt après quatorze ans depuis cette disparition, bien que l'envoyé fût alors en possession depuis neuf ans, il n'aurait que les quatre-cinquièmes des revenus par lui recueillis pendant ces neuf années.

Et en effet, la présomption de mort devenant plus forte à mesure que l'absence se prolonge, la persuasion que peut avoir l'envoyé en possession qu'il est et restera propriétaire va croissant et l'engage de plus en plus à dépenser les revenus comme s'ils étaient à lui. La loi devait donc, pour ne pas le rendre victime de cette confiance toute naturelle, lui accorder sur ces revenus un droit plus fort à mesure que l'époque de la disparition est plus reculée, sans avoir égard au temps qu'a duré sa possession.

Ainsi, c'est le temps qui s'est écoulé depuis la disparition jusqu'au moment de la restitution, que l'on regarde, pour déterminer *quelle portion des fruits* appartient à l'envoyé; l'époque à laquelle a commencé l'envoi n'est considérée, elle, que pour déterminer *quels sont les fruits* relativement auxquels il a droit à cette portion.

Maintenant, l'administrateur légal étant mis par la loi (bien à tort il est vrai, mais peu importe) sur la même ligne que l'envoyé en possession, le calcul de la portion de fruits qu'il peut retenir devra donc s'effectuer d'après les mêmes bases, c'est-à-dire que pour déterminer la fraction à laquelle il aura droit sur les revenus, il faudra, sans avoir égard ni à l'époque où a commencé son administration, ni même à l'époque où s'est dissoute la communauté, lui attribuer ou quatre-cinquièmes, ou neuf-dixièmes, ou la totalité, selon que son administration finira ou avant les quinze ans depuis la disparition, ou après ces quinze ans, ou enfin, soit après trente ans d'absence déclarée, soit après cent ans depuis la naissance de l'absent.

Du reste, de même que quand il s'agit des envoyés en possession, c'est l'époque où a commencé l'envoi qu'il faut considérer pour savoir sur quels fruits ces envoyés peuvent prendre telle ou telle portion ; de même, dans le cas d'un administrateur légal, il faut, pour déterminer ce point, se rattacher à l'époque où la communauté s'est dissoute.

Pour nous résumer sur ces deux derniers numéros et faire disparaître le vice de rédaction que nous y avons signalé, nous dirons : « Ceux qui obtiennent l'envoi provisoire en possession « gardent, en vertu de l'art. 127, dans tous les cas, et toujours « irrévocablement, les quatre-cinquièmes, les neuf-dixièmes ou « la totalité de tous les fruits perçus pendant tout le temps qu'a « duré leur possession provisoire, sur tous les biens dont ils « avaient la possession ; quant à l'administrateur légal, il ne « peut invoquer cet art. 127 que pour la moitié de communauté « qu'il restitue et seulement pour les fruits perçus par lui, sur « cette moitié, postérieurement à la dissolution de la commu- « nauté ; attendu que tous ceux recueillis pendant que la com- « nauté durait, appartiennent à cette communauté et font par- « tie de la masse à partager. »

VIII.—Nous avons déjà dit que c'était à tort que le législateur avait mis sur la même ligne, quant au droit sur les revenus des biens de l'absent, les envoyés en possession et l'époux adminis- trateur. Nous avons vu, en effet, quelle différence il y a entre eux pour les résultats.

Mais ce n'est pas seulement sous ce premier point de vue que cette disposition de l'art. 127 peut être critiquée. Cette assimila- tion du conjoint administrateur aux envoyés en possession, même modifiée comme elle doit l'être (et comme nous venons de le faire) d'après les règles portées au titre du *Contrat de mariage*, se trouve encore en opposition directe avec les vrais principes du droit, avec les règles du bon sens. Ce n'est plus seulement un vice de rédaction, un vice de forme, c'est un vice de fond que pré- sente ici notre article.

En effet, si l'on a accordé aux envoyés en possession une por- tion de fruits de plus en plus considérable, à mesure que l'ab- sence se prolonge, c'est que, plus cette absence a duré, plus il est probable que l'absent est mort ; et plus, par conséquent, l'en- voyé en possession, dont le droit doit s'ouvrir par la mort de cet absent, a dû croire que les biens étaient à lui et lui resteraient.

Mais c'est précisément tout le contraire pour l'époux, l'admi- nistrateur légal. On se rappelle (nº VI, avant-dernier alinéa) que c'est seulement quant aux fruits produits par la moitié de la com- munauté qu'il restitue, que l'administrateur légal peut invoquer notre article ; or, s'il a pu, dans les premiers temps de son ad- ministration, ne pas ménager les revenus, parce qu'il pensait que la communauté durait toujours et que son conjoint reviendrait bientôt, cette croyance à la continuation de la communauté, cette espérance au retour de son époux, n'ont pu que diminuer à mesure que l'absence se prolongeait. Il devait donc, quant à la moitié pour laquelle il invoque l'article, épargner de plus en plus des revenus qu'il devait rendre, et dont la restition à faire devenait de plus en plus probable. Loin donc que la portion qu'on accordait à l'administrateur légal, sur les fruits produits après la dissolution de communauté par la moitié qu'il restitue de cette communauté, dût aller en augmentant, elle devait au contraire aller en diminuant, à mesure que la présomption de la mort de l'absent se fortifiait.

Du reste, comme cette disposition de notre article ne se trouve en opposition avec aucun article du Code, la critique qu'on en peut faire, toute fondée qu'elle est, n'en empêchera pas l'application.

IX. — La quantité de fruits à laquelle les envoyés en possession et l'administrateur légal ont droit, d'après notre article, ne doit pas se calculer et se prendre sur les produits bruts des biens de l'absent; mais sur leur revenu net, c'est-à-dire déduction faite des diverses charges qui sont regardées ordinairement comme devant être acquittées sur les fruits, telles que les intérêts des capitaux dus, les arrérages de rentes dont l'absent est grevé, l'acquittement des impôts; en un mot, tout ce qui forme ce qu'on pourrait appeler *les revenus passifs.*

En effet, c'est une portion de *la jouissance* que la loi a entendu accorder aux envoyés en possession et à l'administrateur légal; or, on ne considère jamais comme revenu vrai, que celui qui reste après déduction faite de ces charges diverses.

Dans ces revenus passifs, il faudra comprendre aussi les dépenses faites pour réparations *d'entretien* des immeubles de l'absent.

Les envoyés en possession et l'administrateur légal étant chargés par la loi d'administrer les biens de l'absent (celui-ci, par l'art. 124; les autres, par l'art. 125), c'est à eux évidemment de faire faire *toutes les réparations* dont besoin sera. Mais il en est qui resteront à leur compte proportionnellement à la quantité de fruits par eux retenus, tandis que les autres retomberont en entier à la charge de l'absent.

En effet, parmi les réparations des immeubles, celles moins considérables, dites *réparations d'entretien,* sont à la charge des revenus. Arrivant périodiquement à des époques assez rapprochées, il est tout naturel et dans l'ordre logique des choses, que les dépenses qu'elles nécessitent soient prises sur les fruits que les immeubles produisent aussi périodiquement, et dont la quantité diminuerait, si l'entretien était négligé : il y a corrélation entre les revenus d'un bien et ses réparations d'entretien.

C'est là une idée tellement vraie et qui frappe tellement tous les esprits, que quand on veut poser le chiffre du revenu annuel d'une personne, on n'indique jamais le produit brut de ses biens, mais ce qui lui reste de ses revenus d'une année, après la défalcation des dépenses à faire, année moyenne, pour les réparations d'entretien.

L'envoyé provisoire et l'administrateur légal, gardant une partie des fruits, devront donc supporter proportionnellement une partie des dépenses faites pour les réparations d'entretien.

Ainsi, supposons que Paul soit envoyé en possession de biens rapportant, par chaque année, un produit de 3,000 fr., mais qu'il y ait, aussi chaque année, 400 fr. d'impôts à acquitter, puis, une rente de 400 fr. d'arrérages annuels, puis enfin, 200 fr. de réparations d'entretien ; le revenu net n'est plus que de 2,000 fr. Maintenant, l'absent revient après seize ans de disparition, et dix ans depuis qu'a eu lieu l'envoi provisoire ; Paul a droit aux neuf-dixièmes des fruits par lui perçus depuis ces dix ans, et il n'est tenu d'en rendre que le dixième à l'absent. Paul voudrait dire à l'absent : « Vos biens rapportent « un revenu annuel de 3,000 fr. ; ce qui, pour dix ans, fait « 30,000 fr. ; vous aurez droit à un dixième ; c'est 3,000 fr. ; mais « j'ai déboursé, pour réparations et autres causes, 1,000 fr. cha- « que année, en tout, 10,000 fr., dont vous me devez compte. « Ainsi, au lieu que j'aie 3,000 fr. à vous donner, c'est vous qui « m'en redevez 7,000. »

On n'admettrait pas de pareilles prétentions ; car ce serait faire supporter en entier à l'absent les charges des fruits, charges qui ne doivent frapper sur lui que pour un dixième, puisqu'il ne prend qu'un dixième dans les fruits. Mais, réciproquement, l'absent ne pourrait pas non plus prendre les 3,000 fr., dixième des 30,000 ; car ce serait faire supporter toutes les charges à l'envoyé, qui n'en doit que les neuf-dixièmes.

Les charges, dans notre espèce, forment le tiers du revenu, l'envoyé et l'absent y contribueront donc chacun pour le tiers de ce qu'ils prennent.

Ainsi, l'absent sur ses 3,000 fr. en laissera 1,000 pour payer un dixième des charges et en gardera 2,000 ; l'envoyé, sur les 27,000 qui lui resteront après les 3,000 pris par l'absent, supportera les neuf-dixièmes des charges, ou 9,000 fr. C'est 18,000 fr. nets qui lui resteront.

On obtiendrait plus simplement le même résultat en faisant ce que nous avons indiqué en commençant ce numéro, c'est-à-dire en ne comptant, pour chaque année, que le revenu *net et charges payées.*

Ainsi, 3,000 fr. de produit, sur quoi 1,000 fr. de charges, reste, de revenu net, 2,000 fr. Or, 2,000 fr. par an, pendant dix ans, donnent 20,000 fr. dont l'envoyé doit garder neuf-dixièmes, ou 18,000 fr., et donner à l'absent un dixième, ou 2,000 fr.

Mais si les réparations d'entretien doivent être supportées proportionnellement par l'envoyé provisoire, il en sera autrement des grosses réparations; ces réparations, en effet, ne sont point une charge des revenus.

En effet, soit une ferme d'un loyer de 3,000 fr., sur laquelle un bâtiment important, la maison du fermier, par exemple, vient à être incendiée, ou à tomber de vétusté; sa reconstruction va coûter 7 à 8,000 fr. Il est clair que ce n'est pas sur les revenus de 3,000 fr. par an que cette somme sera prise.

Le propriétaire se la procurera soit en prenant des capitaux économisés depuis plusieurs années, s'il en a, et alors il touche au fonds même de sa fortune; soit en l'empruntant, et alors encore son actif sera diminué d'autant; soit enfin, en vendant une portion de la ferme. Mais dans tous les cas, ce sera le capital même de sa fortune qui supportera la perte; en telle sorte que ces grosses réparations sont, par la nature même des choses, une charge, non du revenu, mais de la propriété elle-même.

L'administrateur légal et l'envoyé provisoire, n'ayant droit qu'aux fruits, ne contribueront donc pas à ces réparations qui seront supportées en entier par l'absent.

Toutefois, il est bien évident que l'envoyé provisoire ou l'administrateur légal y perdront aussi; car il y aura pour eux diminution de jouissance, de quelque manière qu'on s'y prenne pour faire face à la dépense.

Si l'absent a laissé des capitaux, on les prendra pour faire ces grosses réparations, mais alors le possesseur provisoire en perdra les intérêts; si l'on vend un partie du bien, le possesseur n'aura plus les fruits de la portion vendue; enfin, si l'on emprunte une somme, c'est lui qui devra en payer les intérêts en les prenant sur le revenu des biens de l'absent.

Si, donc, c'était l'envoyé lui-même qui eût avancé, sur ses propres capitaux, la somme nécessaire, elle lui serait remboursée lors de la restitution des biens; mais il ne pourrait pas en demander les intérêts, parce que ces intérêts sont une charge des fruits lesquels n'appartiennent, en tout ou partie, à un envoyé, que déduction faite de ces intérêts.

Les explications données dans ce numéro, et qui résultent de la nature même des choses, résultent également des dispositions portées par le législateur au titre de *l'Usufruit*, dans les art. 605, 608, 609, 612, 613.

Article 128.

Tous ceux qui ne jouiront qu'en vertu de l'envoi provisoire, ne pourront aliéner ni hypothéquer les immeubles de l'absent.

SOMMAIRE.

I. Les envoyés en possession peuvent hypothéquer et aliéner les immeubles de l'absent en obtenant un jugement.

II. Ces envoyés peuvent très-bien, sans jugement, vendre, ou aliéner autrement, les droits et espérances qu'ils ont sur ces immeubles.

III. Ils pourraient même, toujours sans jugement, vendre directement l'immeuble, s'ils le faisaient sous une condition résolutoire, pour le cas où la restitution deviendrait nécessaire.

IV. L'envoyé en possession est dans l'impossibilité de prescrire contre l'absent, dans les limites dans lesquelles il représente cet absent.

V. Les envoyés en possession et le conjoint administrateur ne pourraient faire des baux pour plus de neuf ans.

EXPLICATION.

I. — La loi refusant, dans l'art. 126, alinéa 2, aux envoyés en possession des biens de l'absent, la faculté d'aliéner les meubles, devait à plus forte raison leur refuser celle d'aliéner les immeubles ou de les hypothéquer.

Du reste, si ces possesseurs provisoires ne peuvent consentir par eux-mêmes l'hypothèque ou la vente des immeubles de l'absent, ils pourront y arriver en obtenant un jugement.

Et d'abord, pour l'hypothèque, l'art. 2126 dit : « Les biens « des mineurs, des interdits, *et ceux des absens, tant que la pos-* « *session n'en est déférée que provisoirement*, ne peuvent être hy- « pothéqués que pour les causes et dans les formes établies par « la loi, *ou en vertu de jugement.* »

Dans cet article, les mots *pour les causes et dans les formes éta-blies par la loi*, sont relatifs aux biens des mineurs et des interdits, pour lesquels, en effet, la loi a indiqué des causes et des formes d'aliénation, comme on peut le voir par les art. 457 et 509 ; mais ils n'ont aucune relation aux biens des absens, attendu que pour ceux-ci la loi, ni dans notre titre, ni ailleurs, n'a déterminé aucune formalité à suivre, ni indiqué aucune cause d'aliénation. Les mots *en vertu de jugement*, sont donc les seuls qui, dans l'article cité, se rapportent aux biens des absens.

Ainsi, les envoyés en possession peuvent, en obtenant un jugement, consentir une hypothèque sur les immeubles de l'absent; or, d'après l'art. 2124, tous ceux qui peuvent consentir l'hypothèque d'un immeuble peuvent l'aliéner.

Il suit de là qu'en obtenant un jugement, les envoyés en possession pourront aussi aliéner les immeubles à eux confiés.

II. — Si les envoyés en possession ne peuvent pas vendre, sans jugement, les immeubles de l'absent, ils pourront fort bien vendre, échanger, céder, de quelque manière que ce soit, les droits et espérances qu'ils ont sur ces immeubles.

Ainsi, Pierre, envoyé en possession des biens d'un absent, en qualité d'héritier présomptif de cet absent, pourra très-valablement passer avec Paul un contrat par lequel il lui cédera, moyennant une somme de..., tous ses droits présens et à venir sur telle maison, faisant partie des biens de l'absent. Paul, en vertu de ce contrat, jouira de la maison tant que l'envoi provisoire durera; puis, en cas de preuve acquise de l'existence de l'absent ou de sa mort à un moment où le vendeur n'était plus son héritier, il la rendra sous la réserve de la portion de fruits accordée par l'art. 127. Que si l'on n'a jamais de nouvelles de l'absent, ou qu'on apprenne sa mort arrivée à un moment où le vendeur était encore son héritier, Paul, l'acheteur, s'en trouvera définitivement propriétaire. Ici, comme on l'aperçoit, c'est en quelque sorte un coup de dé qui est vendu; c'est une chance que courent les deux parties.

L'immeuble aura été ainsi cédé pour la moitié, peut-être, de sa valeur; s'il y a lieu à restitution, l'acheteur perdra la somme qu'il a payée, laquelle sera gagnée par l'envoyé en possession; si la restitution ne se fait pas, c'est l'envoyé qui perdra la moitié du prix de l'immeuble, laquelle tournera au profit de l'acheteur.

III. — L'envoyé en possession pourrait aussi vendre l'immeuble lui-même, pourvu que ce fût avec une stipulation de résolution du contrat, pour le cas où il serait prouvé que l'absent existe, ou qu'il est mort à un moment où cet envoyé n'était plus son héritier.

Ainsi, Pierre, envoyé en possession, consentirait très-valablement en ces termes l'aliénation d'un fonds faisant partie des biens de l'absent : « Je vous vends tel fonds pour une somme de...; « mais le contrat sera non-avenu, si je me trouve plus tard obligé, « vis-à-vis de l'absent ou de ses représentants, à la restitution de « ce fonds. »

Dans ce cas, comme on voit, si l'envoyé se trouve postérieurement obligé à la restitution, la vente sera censée n'avoir jamais eu lieu; que s'il n'y a pas lieu à cette restitution, l'envoyé se trouve avoir toujours été propriétaire et l'aliénation reste valable. Ceci, du reste, sera mieux compris plus tard, quand la nature et les effets de la condition auront été expliqués (art. 1168 et suiv.).

IV. — On s'est demandé si la prescription pouvait courir contre l'absent au profit des envoyés en possession. La négative n'est pas douteuse.

Représentans de l'absent, chargés par l'art. 125 d'administrer fidèlement ses biens et de lui rendre compte de l'administration, leur qualité leur impose l'obligation d'interrompre toute prescription courant contre cet absent; en sorte qu'ils seraient responsables vis-à-vis de lui, s'ils laissaient s'accomplir une prescription qu'ils auraient pu empêcher. Mais, s'il en est ainsi, comment prescriraient-ils eux-mêmes?

Il faut, du reste, bien entendre ceci. C'est en tant qu'il représente l'absent que l'envoyé est dans l'impossibilité de prescrire contre lui; or, il peut le représenter d'une manière plus ou moins étendue; ainsi, celui qui obtient l'envoi provisoire à titre d'héritier, se trouvant le représentant parfait et absolu de l'absent, est mis dans l'impossibilité absolue et entière d'accomplir contre l'absent aucune prescription que ce soit; toutes celles qui pourraient courir au moment qu'il demande l'envoi en possession s'arrêteraient par l'effet de la prononciation.

Au contraire, celui qui obtient l'envoi comme nu-propriétaire d'un bien dont l'absent avait l'usufruit, n'est le représentant de l'absent que pour l'usufruit de ce bien, et dès lors, cet usufruit est la seule chose qu'il ne puisse pas prescrire contre l'absent.

En un mot, c'est dans les limites dans lesquelles il représente l'absent, que chaque envoyé est dans l'impossibilité de prescrire contre lui.

V. — Les envoyés en possession et l'époux qui a opté pour la continuation de la communauté, n'étant qu'administrateurs des biens de l'absent, ne peuvent passer de baux, quant à ces biens que pour neuf années au plus; car ceux faits pour un temps plus long sont considérés par la loi comme sortant de la classe des simples actes d'administration. (*Voy.* art. 481, 1429).

ARTICLE 129.

Si l'absence a continué pendant trente ans depuis l'envoi provisoire, ou depuis l'époque à laquelle l'époux commun en biens aura pris l'administration des biens de l'absent, ou s'il s'est écoulé cent ans depuis la naissance de l'absent, les cautions seront déchargées; tous les ayans-droit pourront demander le partage des biens de l'absent, et faire prononcer l'envoi en possession définitif par le tribunal de première instance.

SOMMAIRE.

I. Légitimité de l'envoi définitif. — Il donne aux envoyés la propriété
des biens ; mais une propriété résoluble pour ce qui ne serait
pas aliéné

II. Les cautions ne sont pas seulement déchargées pour l'avenir, mais
aussi pour tout le passé.

III. Il y a ici pour le tribunal, non pas obligation, mais faculté d'ordonner des enquêtes.

IV. Ce n'est pas précisément de l'envoi provisoire ou de l'administration
légale, c'est de la déclaration d'absence que courent les trente ans.
Mais il ne suffirait pas que cette déclaration ait été possible depuis trente ans, il faut qu'elle ait été prononcée.

V. Cette déclaration est nécessaire, même quand on se base sur le laps
de cent ans depuis la naissance de l'absent.

VI. L'envoi définitif sera obtenu le plus souvent, mais non pas toujours,
par ceux qui avaient l'envoi provisoire.

VII. Le partage dont parle l'article ne se fera qu'autant qu'il n'aurait
pas eu lieu par suite de l'envoi provisoire, ou à moins que les
biens ne passent à des envoyés nouveaux.

VIII. L'envoi définitif ne peut finir que de deux manières. *Quid*, dans
chaque cas?

EXPLICATION.

I. — Lorsqu'il s'est écoulé trente ans depuis la déclaration
d'absence ou cent ans depuis la naissance de l'absent, la présomption de sa mort est, aux yeux de la loi, arrivée au plus haut
degré. Dans le premier cas, en effet, trente-cinq ou quarante-
un ans (selon qu'une procuration avait été laissée ou non) ont
passé depuis le départ, sans aucune nouvelle; il y a donc vraiment lieu de croire que l'absent n'existe plus. Dans la deuxième
hypothèse, on avait une raison non moins forte, puisque cent
ans sont, ordinairement, le plus long terme de la vie humaine.

Dans ces deux cas, donc, le législateur, qui ne pouvait pas laisser indéfiniment en suspens le droit de propriété et qui devait,
après un délai plus ou moins long, faire enfin rentrer les biens de
l'absent dans le commerce, établit une mesure nouvelle qui, sous
le nom d'*Envoi définitif en possession*, attribue à ceux qui avaient,
sur tous ou quelques-uns des biens de l'absent, des droits subordonnés à son décès, la propriété de ces biens. Toutefois, cette
propriété n'est pas irrévocable; car, s'il vient à être prouvé plus
tard ou que l'absent existe encore, ou qu'il est mort à une époque où d'autres que les envoyés en possession étaient ses héritiers,
cette propriété sera résolue pour tout ce que ces envoyés se trouveront avoir encore des biens de l'absent (art. 132).

II. — Après trente ans depuis la déclaration d'absence, ou
cent ans depuis la naissance de l'absent, les cautions, que les en-

voyés en possession avaient été obligés de fournir, sont déchargées de plein droit et sans qu'il soit besoin de faire prononcer décharge. Il fallait bien mettre, enfin, un terme à l'état d'incertitude et de gêne qui durait depuis tant d'années.

Et ce n'est pas seulement pour l'avenir que ces cautions ne garantissent plus les obligations des envoyés, c'est aussi pour le passé ; elles sont *déchargées*, c'est-à-dire libérées de l'obligation qui pesait sur elles et réputées n'avoir jamais été cautions. Il suit de là que l'administration antérieure des envoyés, celle qui a eu lieu pendant l'envoi provisoire, ne peut plus être critiquée. Et il en doit être ainsi, puisqu'à partir de ce moment, les envoyés vont pouvoir vendre, donner, aliéner, dissiper comme ils l'entendront, tous les biens de l'absent.

Toutefois, il n'en est ainsi, bien entendu, qu'autant qu'on est vraiment arrivé, *sans nouvelles de l'absent*, au moment marqué par notre article. Car, s'il se trouvait découvert que l'absent, avant cette époque, avait donné des nouvelles que les envoyés auraient tenues cachées par fraude, il est bien clair que, malgré les trente ans ou les cent ans expirés, ces envoyés resteraient soumis à toutes leurs obligations et que, dès-lors, les cautions ne seraient pas déchargées.

III. — Si la décharge des cautions a lieu de plein droit, il n'en est pas de même de l'envoi définitif en possession ; cet envoi doit être demandé au tribunal et prononcé par lui.

Pour prononcer cet envoi, un seul jugement ne suffira pas toujours. Le tribunal, en effet, avant de le prononcer, doit se procurer de nouveaux renseignemens et s'éclairer suffisamment. Il se peut, ainsi que nous le disions plus haut, que des nouvelles données par l'absent aient été tenues secrètes par les envoyés ; il se peut encore que la mort de l'absent soit arrivée à un moment où les envoyés n'étaient pas ses héritiers les plus proches. Le tribunal pourra donc, s'il le juge à propos, selon les circonstances, ordonner une enquête, et ce ne serait, alors, qu'autant que le résultat de cette enquête ne s'y opposerait pas, qu'il devrait prononcer l'envoi définitif.

Mais ici, contrairement à ce qui a lieu quand il s'agit de la déclaration d'absence, l'enquête n'étant point commandée par la loi, ne sera que facultative et, dans le cas où elle serait ordonnée, le jugement prononçant l'envoi définitif pourra être rendu de suite après le résultat connu ; enfin, ni le jugement ordonnant l'enquête, ni celui prononçant l'envoi définitif, ne seront envoyés au ministre de la Justice.

IV. — Si l'on s'en tenait au texte de notre article, il faudrait dire que les trente ans, à l'expiration desquels l'envoi définitif peut être obtenu, ne peuvent courir qu'à partir de l'envoi provisoire ou de l'administration légale. Nous ne pensons pas que ce soit là l'idée du législateur. Ces trente ans courront, selon nous, de la déclaration d'absence, quand même, après cette déclaration prononcée, l'envoi provisoire ou l'administration légale n'auraient pas été demandés de suite.

Au texte de notre article, nous avons à opposer le texte de l'art. 127, qui accorde aux envoyés ou à l'époux administrateur la totalité des fruits, non pas après trente ans depuis l'envoi provisoire ou l'administration légale, mais après *trente ans* d'absence, c'est-à-dire après trente ans depuis la déclaration d'absence.

Ces deux textes une fois opposés l'un à l'autre et, pour ainsi dire, neutralisés l'un par l'autre, il nous reste à consulter l'esprit de la loi; or, nous le demandons, quelle importance peut avoir, pour rendre plus forte la présomption de mort, la circonstance que l'envoi provisoire a été demandé? Cette présomption ne tire-t-elle pas évidemment toute sa force du temps plus ou moins long depuis lequel l'individu est absent sans nouvelles et sans aucune circonstance qui explique son silence? Que si le législateur a parlé ici de l'envoi provisoire et de l'administration légale, c'est que, presque toujours, ils seront demandés de suite après la déclaration, de sorte qu'ils se sont présentés à son esprit comme indiquant l'époque même de cette déclaration.

Mais il faut que l'absence ait été déclarée pour que ce délai coure, il ne suffirait pas que trente ans se fussent écoulés depuis le moment où l'on aurait pu prononcer la déclaration d'absence. Ainsi, il ne suffirait pas que l'absent fût parti depuis trente-cinq ans, sans procuration, ou dans le cas contraire, depuis quarante-un ans; l'esprit de la loi ne permettrait pas de prononcer, pour cela seul, l'envoi définitif.

Si la circonstance que l'envoi provisoire a été ou n'a pas été demandé est indifférente quant à la présomption de mort, la circonstance que l'absence a été ou n'a pas été déclarée ne l'est pas. En effet, l'absence peut être plus extraordinaire, et par conséquent la présomption de mort plus forte, dans tel cas que dans tel autre; et de ce que la déclaration aurait pu être demandée à telle époque, il ne s'en suit pas que la demande eût été admise. Peut-être que le tribunal, malgré les cinq ou onze ans d'absence sans nouvelles, eût rejeté cette demande, conformément à l'article 117. En deux mots, de ce qu'on a pu demander l'envoi provisoire, il s'en suit que l'envoi provisoire aurait été prononcé; car une fois la déclaration d'absence obtenue, il ne peut pas être refusé. Mais de ce qu'on aurait pu demander la déclaration d'ab sence, il ne s'en suit nullement que cette déclaration fût intervenue.

D'ailleurs, rien dans la loi ne fait croire que l'envoi définitif ne peut venir qu'après un envoi provisoire; mais, au contraire, le rapprochement des intitulés des trois premiers chapitres de notre titre nous prouve bien que l'envoi définitif comme l'envoi provisoire et l'administration légale, ne peuvent être que des effets de *l'absence déclarée.*

V.—Il est un cas dans lequel, selon certains auteurs, il y aurait exception à ce que nous venons de dire. On a écrit que quand l'envoi définitif était demandé sur le motif que l'absent avait accompli sa centième année, il pouvait alors être prononcé sans qu'il y eût déclaration d'absence. Cela nous paraît une erreur. Il est bien vrai qu'alors la loi ne demande pas qu'un délai plus ou moins long se soit écoulé depuis la déclaration d'absence, en sorte que, de suite après cette déclaration, l'envoi définitif pourrait être obtenu, mais il faudra toujours que l'absence soit déclarée; car l'envoi définitif, ainsi que les autres mesures dont parle notre chapitre (l'envoi provisoire, l'administration légale), ne sont toutes, nous le répétons, que des effets de l'absence; et non pas de l'absence prononcée, mais de l'absence proprement dite, de l'absence déclarée. Il n'est pas permis de séparer des élémens dont la loi demande la réunion pour rendre plus forte la probabilité de mort.

Ainsi, d'après la théorie de la loi sainement comprise, il faut, pour arriver à l'envoi définitif : 1° déclaration d'absence; puis 2°, ou que trente ans se soient écoulés depuis cette déclaration, ou que l'absent ait accompli cent ans.

VI. — L'envoi définitif sera obtenu le plus ordinairement par ceux précisément qui ont obtenu l'envoi provisoire, mais il n'en sera pas toujours ainsi. En effet, il se peut que des individus qui, lors de l'envoi provisoire, auraient dû concourir avec ceux qui l'ont eu, ou qui même les auraient primés et exclus, ne se soient pas présentés; soit parce qu'ils étaient eux-mêmes absens, soit parce que, demeurant loin du domicile de l'absent, ils n'ont pas su ce qui se passait, soit enfin parce qu'ils n'ont pas voulu demander cet envoi provisoire. Or, ces individus pourront se présenter lors de l'envoi définitif, et ils l'obtiendront; si, toutefois, leur droit n'est pas prescrit.

VII. — Notre article nous dit qu'à l'époque dont il parle, *tous les ayans-droit pourront demander le partage des biens de l'absent.* Mais il n'y aura pas toujours lieu à demander alors ce partage, qui souvent sera fait depuis long-temps. Quand la déclaration d'absence et l'envoi provisoire auront été prononcés et que tous les individus, héritiers ou autres, ayant des droits subordonnés à la condition du décès de l'absent, seront venus les exercer en vertu des art. 120 et 123, il est clair que le partage aura été fait alors , et qu'il n'y aura pas lieu, lors de l'envoi définitif, de parler d'un partage nouveau.

Mais il y aura lieu à faire ce partage dans les cas suivans :

1° Si , avant qu'il y ait envoi provisoire et aussitôt ou presque aussitôt après la déclaration d'absence, l'envoi définitif est demandé et obtenu, sur le motif que l'absent a accompli sa centième année; 2° si la déclaration d'absence a été prononcée, mais que l'envoi provisoire ne l'ait pas été, soit que les ayans-droit ne l'aient pas demandé, soit parce que l'époux présent l'a empêché en optant pour la continuation de la communauté; 3° enfin, si l'envoi ayant été demandé et obtenu, ne l'a été que par quelques-uns des ayans-droit. (Il se peut que les autres n'aient pas su ce qui se passait ou n'aient pas voulu exercer leurs droits, parce qu'ils pensaient que l'absent reviendrait bientôt, et qu'ils se présentent pour la première fois lors de l'envoi définitif.)

Il va sans dire qu'ici, comme dans le cas des art. 112, 113 et 115, le tribunal dont parle la loi est celui du domicile de l'absent.

VIII. — L'envoi définitif ne peut finir que de deux manières :

1° Par la preuve de l'existence de l'absent, et alors ses biens lui sont restitués;

2° Par la preuve de son décès, et alors de deux choses l'une : ou les biens restent aux envoyés en possession, mais qui les ont désormais à titre de propriétaires incommutables; ou bien ils sont restitués par eux aux héritiers les plus proches de l'absent au jour de son décès.

On indique souvent comme troisième cause de cessation de l'envoi définitif, l'apparition de descendans de l'absent venant réclamer la restitution des biens en vertu de l'art. 133. Nous verrons, sous cet art. 133, que ce n'est pas là une troisième manière dont finit l'envoi définitif. Ou bien ces descendans prennent l'action en pétition d'hérédité, en vertu de l'art. 130 , en s'appuyant sur le décès prouvé de leur ascendant, et alors c'est la deuxième manière par nous indiquée; ou bien ils agissent seulement en vertu de l'art. 133, sans prouver qu'ils sont propriétaires, et alors l'envoi définitif dure toujours, il ne fait que changer de main.

ARTICLE 130.

La succession de l'absent sera ouverte du jour de son décès prouvé, au profit des héritiers les plus proches à cette époque ; et ceux qui auraient joui des biens de l'absent, seront tenus de les restituer, sous la réserve des fruits par eux acquis en vertu de l'art. 127.

SOMMAIRE.

I. Cet article et les deux suivans prouvent que les effets produits par l'absence ne sont jamais que du provisoire.

II. Conditions sous lesquelles les héritiers réels ou leurs représentans peuvent agir.

III. Cet article s'applique aux légataires aussi bien qu'aux héritiers légitimes. — Renvoi aux explications antérieures.

IV. Différence entre l'action en demande de l'hérédité et celle en demande de la possession.

V. Contre quels envoyés en possession peuvent agir les héritiers légitimes, les légataires ou leurs représentans.

EXPLICATION.

I. — La disposition de cet article et des deux suivans a une grande importance; car c'est elle qui prouve ce que nous avons dit tant de fois dans l'explication de ce titre, que *toutes* les mesures ordonnées par la loi sur la supposition de la mort de l'absent, ne sont jamais prises que provisoirement et sauf à faire place à des mesures différentes et définitives, s'il vient à être prouvé que cette supposition se trouvait contraire à la réalité. Telle est bien la pensée de ces trois articles; puisque, d'après les art. 131 et 132, les biens de l'absent lui seront toujours rendus à quelque époque qu'il revienne, et que d'après notre article, dès qu'il sera prouvé que cet absent est mort, c'est, non plus à ceux qui se trouvaient héritiers présomptifs au jour de la disparition, mais à ceux qui étaient ses héritiers réels au jour de son décès, que ces mêmes biens passeront. Bien entendu, si ces héritiers réels du jour du décès étaient morts lorsqu'on acquiert la preuve de ce décès, ce seraient leurs représentans qui prendraient les biens à leur place. Ainsi dès qu'on connaît ou la vie ou la mort de l'absent, c'est-à-dire dès qu'on tient quelque chose de certain, de réel, les effets qu'avait produits l'absence cessent à l'instant.

N. B. — L'action par laquelle l'héritier réel vient réclamer une succession contre l'héritier *putatif* (c'est-à-dire qu'on *croyait* héritier mais qui ne l'était pas) s'appelle *Pétition d'hérédité*.

II. — Du reste, pour que les héritiers du jour du décès prouvé, ou leurs représentans, puissent agir en vertu de notre article, il faut, évidemment, qu'ils soient dans le délai utile, c'est-à-dire que trente ans ne se soient pas écoulés depuis le décès de l'absent comme héritiers duquel ils se présentent. Si, en effet, ce laps de trente ans s'était écoulé, la prescription serait acquise aux termes de l'art. 2262; à moins qu'elle n'ait été suspendue pour interdiction ou minorité, d'après l'art. 2252.

En outre, si c'est pendant l'envoi définitif que l'on acquiert la connaissance du décès de l'absent, ceux qui étaient héritiers au jour du décès, ou leurs représentans, ne pourront agir contre les possesseurs que pour ce qui leur reste encore des biens de l'absent. En effet, d'après l'art. 132, ce serait là le seul droit qui resterait *à l'absent lui-même*, si c'était lui qui revînt ; or, il est clair que ses héritiers ne peuvent pas avoir plus de droits qu'il n'en aurait lui-même.

III. — Ce que notre article dit des héritiers légitimes s'appliquerait également, bien entendu, à ses héritiers testamentaires, ou, pour mieux dire, à ses légataires. Si donc en apprenant la mort de l'absent, on découvrait un testament qui appelât tels ou tels, à sa succession, il est clair que ces légataires, ou, s'ils étaient morts, leurs représentans, viendraient efficacement réclamer les biens, pourvu 1° que les légataires eussent survécu au testateur, sans quoi le legs serait nul, et 2° qu'on fût encore dans les trente ans de la mort de l'absent.

IV. — Au n° VII de l'art. 120, nous avons vu que le droit de demander l'envoi en possession des biens de l'absent se prescrit par trente ans à partir *de la déclaration d'absence;* et au n° I de notre art. 130, nous avons dit que celui de réclamer la succession de l'absent se prescrit aussi par trente ans, mais à partir *du décès de l'absent.* Chacune de ces deux prescriptions est donc distincte de l'autre, et pourrait être accomplie sans que l'autre le fût ; en sorte que l'ayant-droit pourrait encore exercer l'une des deux actions, bien qu'il lui fût désormais impossible d'exercer l'autre.

Ainsi, en 1818 on déclare absent un individu qui avait deux parens, Paul, son neveu, et Louis, son cousin. C'était à Paul qu'appartenait l'envoi provisoire ; mais il a ignoré ce qui se passait, c'est Louis qui a obtenu cet envoi, et on arrive, les choses étant ainsi, jusqu'en 1840. Paul ne pourra plus demander l'envoi en possession, le droit qu'il avait de le faire étant prescrit. Mais cela ne l'empêchera pas, si plus tard il apprend la mort de l'absent, arrivée postérieurement à 1810, en 1815 par exemple, d'agir, en vertu de notre article, pour se faire rendre la succession, pourvu qu'il soit encore dans les trente années de cette mort, c'est-à-dire pourvu qu'il agisse avant 1845.

La réciproque pourrait également avoir lieu.

V. — Ce n'est pas contre tous envoyés en possession, quels qu'ils soient, que ceux qui se présentent, en vertu de notre article, comme héritiers les plus proches du jour du décès, pourront agir.

Ainsi, ils ne pourront pas redemander les biens possédés aujourd'hui par un donateur avec clause de retour pour le cas de prédécès de l'absent, ni l'usufruit qu'a repris le nu-propriétaire d'un immeuble dont l'absent était l'usufruitier. Il est clair, en effet, que par la mort de l'absent, ces divers ayans-droit sont devenus propriétaires irrévocables de simples possesseurs qu'ils étaient.

Ils pourront agir quelquefois, mais non toujours, contre les représentans du conjoint de leur auteur, à raison de ses gains de survie: c'est quand il se trouvera que l'absent, au lieu d'être mort avant ce conjoint resté présent, lui a au contraire survécu ; et alors ils auront en outre le droit de réclamer des représentans de ce conjoint, les gains de survie qui auraient pu être stipulés au profit de leur auteur.

Ils ne pourront également agir contre les représentans des légataires, qu'autant que ces légataires seraient morts avant l'absent.

Ainsi, ceux qui avaient pris les biens de l'absent à titre d'héritiers légitimes, ou leurs représentans, sont les seuls contre lesquels ceux qui invoquent l'art. 130 puissent agir sans distinction et dans tous les cas.

Article 131.

Si l'absent reparaît ou si son existence est prouvée pendant l'envoi provisoire, les effets du jugement qui aura déclaré l'absence cesseront, sans préjudice, s'il y a lieu, des mesures conservatoires prescrites au chap. I du présent titre, pour l'administration de ses biens.

SOMMAIRE.

I. Le retour de l'absent fait cesser l'absence complétement ; de simples nouvelles font cesser l'absence déclarée, mais peuvent replacer dans l'absence présumée.

II. Si les nouvelles étaient d'une date assez reculée, elles permettraient, tout en faisant cesser la déclaration d'absence, d'en demander de suite une nouvelle.

III. La cessation de l'absence déclarée aura toujours lieu par suite des nouvelles, si tard que ces nouvelles puissent arriver et si loin que puissent remonter leur date ; à moins que cette date ne soit antérieure de cinq ans ou de onze ans, selon les cas, à la déclaration d'absence.

EXPLICATION.

I. — Ce que notre article dit pour l'envoi provisoire s'appliquera aussi, évidemment, à l'envoi définitif. Il fallait, comme on va le comprendre bientôt, ne faire qu'un article des deux art. 131 et 132.

Dès-lors qu'on acquiert la preuve de l'existence de l'absent, soit par son retour, soit seulement par des nouvelles qu'on reçoit de lui, l'absence proprement dite cesse; mais il y a cependant une différence, selon que l'absent revient, ou que seulement on entend parler de lui. Dans le premier cas, il n'y a plus ni absence déclarée, ni absence présumée, et aucune disposition de notre titre ne peut être appliquée. Au contraire, si l'on a seulement reçu des nouvelles de l'absent et que son retour ne les suive pas de près, ou que ces nouvelles soient déjà, quand on les reçoit, d'une date reculée, alors l'absence proprement dite cesse bien; mais comme il y a encore incertitude sur l'existence actuelle de l'absent, on retombe dans la présomption d'absence, et il y a lieu d'invoquer les art. 112 et 113, si l'administration des biens souffre. Que si un nouveau délai de quatre ans s'écoule à partir de ces nouvelles (à partir non pas de l'époque *de l'arrivée* des nouvelles ; mais *de leur date*, comme nous l'avons dit au n° III de l'art. 115), on se retrouve, comme on le comprend, dans le cas prévu par l'art. 115, et on peut demander une nouvelle déclaration d'absence, d'après les règles qui ont été expliquées au chap. II.

On comprend encore que si l'absent, en donnant de ses nouvelles, désignait un mandataire, qui se chargeât de l'administration des biens, il n'y aurait plus lieu pour le tribunal, aux termes de l'art. 112, de s'occuper de cette administration, et de plus, ce ne serait, d'après l'art. 121, qu'après un délai de dix ans depuis la date de ces nouvelles, qu'une seconde déclaration d'absence pourrait être sollicitée.

II. — De ce que nous avons dit, que ce n'est pas à l'époque de l'arrivée des nouvelles qu'il faut s'attacher, mais à celle de leur date, il suit que des nouvelles, reçues après la déclaration d'absence, pourraient, tout en faisant cesser les effets de cette première déclaration, permettre d'en demander *de suite* une seconde. Il suffirait pour cela que ces nouvelles, lors de leur arrivée, eussent déjà quatre ans de date (ou dix ans, si elles portaient nomination d'un mandataire).

Ainsi, Paul a été déclaré absent en 1820, puis en juin 1823 on reçoit de lui des nouvelles, par lesquelles il ne choisit pas de procureur, et qui remontent au mois d'avril 1819. Les effets de l'absence déclarée en 1820 cessent; mais comme il est prouvé, non pas que l'absent existe encore, mais seulement qu'il existait au mois d'avril 1819, c'est-à-dire il y a quatre ans, on se retrouve dans le cas prévu par l'art. 115, et on peut demander de suite une nouvelle déclaration d'absence, qui pourra être prononcée après une enquète ordonnée par le tribunal et avec les autres formalités voulues par le chap. II.

Que si, par ces nouvelles, datées de 1819, l'absent avait choisi un mandataire, il faudrait attendre jusqu'en 1829; c'est-à-dire qu'à partir de la réception, que nous plaçons en 1823, il y aurait encore six ans de présomption d'absence à courir avant de pouvoir demander la déclaration.

III. — Cette cessation des effets de la déclaration d'absence, sauf la possibilité d'obtenir de suite une déclaration nouvelle, devra avoir lieu, à quelqu'époque qu'on ait des nouvelles de l'absent et à quelque moment que remontent ces nouvelles au moment où on les reçoit. Ainsi, en 1810, un individu disparaît; en 1814, son cousin a demandé, et il a obtenu en 1815, la déclaration d'absence; en 1845, l'envoi définitif est prononcé. Cinq ans après, en 1850, un neveu de l'absent, qui était peut-être parti avec lui, revient. Il ne sait si son oncle vit encore, mais il prouve qu'il existait, dans tel pays, en 1825, dix ans après la déclaration d'absence. Cette déclaration ne peut plus produire ses effets. puisqu'on a des nouvelles postérieures en date (car nous l'avons dit, on ne doit s'arrêter qu'à la date) et que la déclaration n'est efficace, d'après les art. 115 et 121, que quand elle a été demandée après quatre ans ou dix ans depuis la disparition ou *les dernières nouvelles*. Or, ici, les dernières nouvelles remontent à 1825; ce n'est donc qu'à partir de cette époque que recommence l'incertitude sur l'existence de l'individu. De ce moment, par conséquent, recommence une nouvelle *présomption* d'absence, laquelle, n'étant point suivie d'une déclaration d'absence, a continué, comme simple présomption, jusqu'à la manifestation des renseignemens donnés en 1850, c'est-à-dire pendant vingt ans. On doit donc, tout en conservant à la déclaration d'absence les effets qu'elle a produits antérieurement, ne pas lui en accorder de nouveaux. Ainsi, une seconde déclaration va être demandée; puis, quand elle sera prononcée, un nouvel envoi provisoire aura lieu non pas au profit du cousin de l'absent qui avait l'envoi définitif, en vertu de la première absence, mais au profit de son neveu qui se trouve être l'héritier le plus proche, à la date des dernières nouvelles. C'est à lui, dès-lors, que le cousin qui avait eu l'envoi définitif va restituer les biens; mais seulement, bien entendu, dans l'état où ils se trouvent, conformément à l'art. 132.

Il en serait de même, c'est-à-dire qu'il faudrait également une nouvelle déclaration d'absence, encore que l'époque à laquelle remonte la certitude de l'existence de l'absent fût antérieure à la première déclaration. Ainsi, dans notre hypothèse, où l'absence avait été déclarée en 1815, il faudrait une nouvelle déclaration par cela seul qu'il se trouverait prouvé que l'absent existait encore en 1814, 1813 ou 1812. La raison en est que la déclaration d'absence, comme nous l'avons déjà dit, n'est régulière, légale, et ne peut produire ses effets, qu'autant qu'elle apparaît précédée de cinq ou onze ans d'incertitude sur l'existence de l'absent.

ARTICLE 132.

Si l'absent reparaît, ou si son existence est prouvée, même après l'envoi définitif, il recouvrera ses biens dans l'état où ils se trouveront, le prix de ceux qui auraient été aliénés, ou les biens provenant de l'emploi qui aurait été fait du prix de ses biens vendus.

SOMMAIRE.

I. Cet article aurait dû ne faire qu'un avec l'article précédent.

II. L'article ne s'applique pas seulement au cas de retour de l'absent ou de la preuve de son existence ; mais toutes les fois qu'il y a lieu à restitution des biens pendant l'envoi définitif.

III. Portée de notre article. — De quelle nature est la propriété des envoyés définitifs. — Le principe est que, quand la restitution se fait, 1° tous les actes de disposition des envoyés restent valables ; mais 2° ces envoyés ne peuvent pas rester enrichis aux dépens de l'absent ou de ses représentans.

IV. Conséquences : l'envoyé restituerait une action en nullité ; un bien acquis en échange ; celui acheté avec le prix de la vente ; une rente obtenue de la même manière ; la somme même formant le prix, si elle existait encore.

V. La donation même d'un bien de l'absent pourrait, selon les circonstances, forcer l'envoyé à en verser la valeur.

EXPLICATION.

I. — Nous avons déjà dit que, dans le cas prévu par cet article, c'est-à-dire dans le cas d'envoi définitif, il y avait lieu d'appliquer la disposition de l'article précédent. Il est bien clair, en effet, que quand l'absent reparaît, ou que son existence est prouvée, pendant l'envoi définitif, les effets de la déclaration d'absence cessent ; sauf, si l'on retombe dans la présomption d'absence, à appliquer les art. 112 et 113.

Il fallait donc réunir ces deux articles en un seul, et dire : « Si « l'absent reparaît ou si son existence est prouvée, soit pendant « l'envoi provisoire, ou l'administration légale, soit pendant « l'envoi définitif, les effets du jugement, etc. Mais si la preuve « de son existence n'arrive que pendant l'envoi définitif, les « biens ne seront restitués que dans l'état où ils se trouveront ;

I.   25

« tandis que si elle a lieu avant cet envoi définitif, ils seront
« tous rendus tels qu'il les a laissés. »

En effet, comme nous avons eu déjà occasion de le dire plusieurs fois, et comme notre article le prouve clairement, l'envoi
définitif a pour effet de rendre les envoyés propriétaires des
biens, sous la condition qu'en cas de preuve acquise de l'existence
de l'absent, ou, d'une manière plus générale, en cas de restitution
à faire par les envoyés définitifs, leur propriété sera résolue
pour ce qu'ils se trouveront posséder encore.

II. — Nous disons que notre article s'appliquera, non pas seulement si l'absent reparaît, ou si son existence est prouvée, mais
encore si, par une cause quelconque, il y a lieu à restitution des
biens. En effet, il faut rapprocher de cet article la disposition de
l'art. 130, qui veut, comme nous l'avons vu, qu'à quelque époque
qu'on apprenne la mort de l'absent, arrivée aussi à quelque époque que ce soit (pourvu que ce ne soit pas plus de trente ans
avant l'époque où l'on agit, auquel cas il y aurait prescription),
ceux qui auront joui des biens de l'absent soient tenus de les restituer à ceux (ou aux représentans de ceux) qui se trouveraient
avoir été héritiers de cet absent, au moment de sa mort.

Il faut encore rapprocher de notre art. 132 l'article suivant,
qui donne aux enfans de l'absent le droit d'agir, comme l'absent
lui-même, pour demander la restitution, mais pourvu qu'ils se
présentent dans les trente ans depuis l'envoi définitif.

Ainsi, l'absent, lui, pourra venir redemander les biens à quelque époque que ce soit, parce que contre lui il n'y a pas de prescription possible, comme nous l'avons vu à l'art. 128, n° IV.
Quant à ses héritiers, il faut distinguer : tantôt, comme nous
le verrons à l'article suivant, ils agissent comme héritiers *réels*,
en vertu de l'art. 130 et en prouvant le décès, et alors leur action doit être intentée dans les trente ans de ce décès; tantôt, ils
n'agissent que comme héritiers *présomptifs*, pour demander seulement la possession à ceux qui l'avaient obtenue ; et alors, si ce
sont des parens autres que des descendans directs, ils doivent agir,
d'après les règles ordinaires, dans les trente ans depuis le moment où s'est ouvert leur droit de demander cette possession,
c'est-à-dire depuis la déclaration d'absence; que si ce sont des
descendans, ils peuvent, en vertu du privilége à eux accordé
par l'art. 133, agir encore pendant trente ans depuis l'envoi définitif, quand même la prescription serait accomplie quand ils
agissent.

III. — Il nous faut maintenant bien saisir quelle est, dans
notre article, l'idée du législateur.

D'un côté, le législateur ne voulait pas, ne pouvait pas, dans l'intérêt général, laisser indéfiniment dans l'incertitude et en suspens le droit de propriété; il accorde donc aux possesseurs, pendant l'envoi définitif, le droit de disposer valablement des biens de l'absent.

D'un autre côté, comme ce droit n'est encore basé que sur une présomption, il disparaîtra devant une réalité contraire; le droit de propriété des envoyés s'évanouira donc, s'il vient à être prouvé que les biens n'étaient vraiment pas à eux; mais il ne s'évanouira que pour l'avenir, et tout ce qui aura été fait restera valable.

L'absent, ou tous autres à qui la restitution sera faite, reprendront les biens; mais ils les reprendront *dans l'état où ils se trouveront*, et sans pouvoir inquiéter aucun acquéreur, soit à titre onéreux, soit même à titre gratuit.

Toutefois, ce n'est pas à la faculté de reprendre seulement les biens qui existent, *en nature*, dans les mains de l'envoyé, que se borne le droit de l'absent, ou de son vrai représentant; il peut prendre aussi le prix de ceux vendus, si l'envoyé l'a encore; ou enfin les biens acquis en remplacement de ceux vendus et avec leur prix. Ainsi, les envoyés doivent rendre **tout ce qu'ils ont**, soit des biens de l'absent, soit de ce qui provient directement de l'aliénation de ces biens.

Le principe auquel on peut ramener cette disposition, est donc que, d'un côté, tout ce qui a été fait par les envoyés est et demeure valable; mais que, d'un autre côté, ceux-ci ne doivent pas rester enrichis aux dépens d'individus qu'ils connaissent maintenant pour les vrais propriétaires.

IV. — Ainsi, il est tout d'abord évident que si l'envoyé en possession avait quelque action en nullité ou en rescision par l'exercice de laquelle il pût recouvrer un bien aliéné, cette action passerait à l'absent ou à ses représentans.

Le bien acquis par l'envoyé en échange d'un bien de l'absent, appartient aussi à ce dernier. Il en sera de même de celui acheté avec les deniers d'un immeuble vendu, toutes les fois qu'il sera constant que l'acquisition a vraiment été faite avec ces deniers. Ainsi, l'envoyé a vendu un bien de l'absent, pour une somme de 25,000 fr., par-devant tel notaire qu'il a chargé de toucher le prix, pour lui acheter, avec ce prix, une propriété qui fût plus à sa convenance; ce qui a été fait. Ce nouveau bien appartient à l'absent.

De même, si les 50,000 fr. provenant de la vente de tel immeuble de l'absent ont été placés de suite après le paiement, soit par le notaire, sur l'ordre de l'envoyé, soit par l'envoyé lui-même en achat de rentes sur l'État, ces rentes appartiennent encore à l'absent.

Peu importe, dans ces différens cas, que les immeubles ou les rentes achetés aient, depuis l'acquisition, augmenté ou diminué de valeur, ils appartiendront à l'absent avec la valeur qu'ils se trouveront avoir. Ils sont la représentation et le remplacement de son bien ; il doit donc les prendre dans l'état où ils sont comme il le ferait pour ce bien lui-même.

Que si une somme de... provenant de l'aliénation d'un bien de l'absent, a été placée, de suite après son versement, chez un banquier, et que ce banquier ait failli, la perte, évidemment encore, en sera supportée par l'absent.

Il ne serait pas aussi facile de se décider, si 40, 50 ou 60,000 fr. de biens de l'absent ayant été aliénés depuis un temps assez éloigné, l'envoyé se trouvait avoir, lors de la restitution à faire, une valeur de 100,000 fr. ou plus, en numéraire, dans laquelle l'absent prétendrait retrouver les 60,000 fr. provenant de la vente de ses biens ; tandis que l'envoyé soutiendrait que ce prix a été perdu, dissipé et que les valeurs qu'il a aujourd'hui proviennent d'autres sources.

Il faudrait alors interroger les circonstances et se décider d'après les explications et les renseignemens administrés par cet envoyé d'une part, par l'absent de l'autre.

V. — L'absent aurait-il quelque répétition à faire contre l'envoyé, pour les donations de ses biens faites par cet envoyé ?

Il semble d'abord qu'on devrait répondre négativement pour tous les cas ; puisqu'une donation ne procure rien à celui qui l'a faite et que, dès-lors, l'envoyé donateur ne se sera jamais enrichi aux dépens de l'absent. Il n'en est cependant pas toujours ainsi. Il est telle donation qui eût été faite également par l'envoyé, alors même qu'il n'aurait pas joui des biens de l'absent, et qu'il eût faite sur ses propres biens. Supposons un père ayant 200,000 fr. de biens à lui propres, et aussi 200,000 fr. de biens appartenant à l'absent. Il marie sa fille unique et lui donne, en dot, un immeuble de l'absent, d'une valeur de 30,000 fr. N'est-il pas clair qu'il eût également fait cette donation, alors même qu'il n'aurait eu que ses biens propres ? S'il a pris un bien de l'absent, c'est qu'il trouvait ce bien plus convenable, peut-être ; mais s'il ne l'eût pas eu, il eût donné un des siens. L'absent sera donc fondé à lui dire : « *Eo lo-* « *cupletior factus es, quantùm propriæ pecuniæ pepercisti.* Versez- « moi donc 30,000 fr., valeur de mon immeuble, et le résultat sera « absolument le même que si vous aviez déboursé cette somme « pour m'acheter mon immeuble et le donner à votre fille, que, « certainement, vous n'eussiez pas mariée sans la doter. »

Il n'est pas besoin de dire qu'on ne pourrait pas toujours arriver à cette conclusion. Si ce père, par exemple, avec 200,000 fr. de biens de l'absent, n'avait eu à lui que 25 ou 30,000 fr. de biens, et qu'il en eût donné pour 50,000 fr. à son enfant, il est évident qu'on ne pourrait plus lui tenir le même langage. Il n'eût pas donné à sa fille une dot de 50,000 fr., s'il n'en avait possédé que 25,000.

Ce sera donc d'après les circonstances seulement que ces questions et autres semblables pourront se décider. Le principe sur lequel il faudra toujours s'appuyer, c'est, ainsi que nous l'avons dit plus haut, que l'envoyé ne doit pas s'enrichir aux dépens de l'absent; mais qu'il ne faut pas non plus, réciproquement, que l'envoi en possession ait été pour lui un piége qui, au moyen de la restitution à faire, le rende plus pauvre qu'il ne l'eût été, sans cet envoi en possession.

ARTICLE 133.

Les enfans et descendans directs de l'absent pourront également, dans les trente ans, à compter de l'envoi définitif, demander la restitution de ses biens, comme il est dit en l'article précédent.

SOMMAIRE.

I. C'est la simple possession, et non la propriété des biens, que les enfans viennent réclamer dans le cas de cet article.
II. Cette disposition est un privilége que la loi accorde, en dehors des principes, aux seuls descendans de l'absent. — Quant à la pétition d'hérédité, ces descendans restent sur la même ligne que tous autres héritiers.
III. Résumé des explications des deux numéros précédens. Renvoi à une explication de l'art. 129.
IV. Il est une circonstance où la possession des biens pourrait être enlevée aux envoyés, même après plus de trente ans depuis l'envoi définitif.
V. Cette action des enfans, en réclamation de la succession, ne peut s'intenter que contre les envoyés à titre d'héritiers, ou leurs représentans, et aussi, dans un cas particulier, contre les représentans seulement des légataires.
VI. Le délai privilégié accordé par notre article ne forme point une prescription. Conséquence.

EXPLICATION.

I. — Cet article présente une disposition bien simple et qu'il est facile de saisir, quand on ne confond pas, comme l'ont fait plusieurs interprètes du Code, deux choses très-distinctes, deux actions qui n'ont rien de commun entre elles.

Deux actions peuvent compéter aux héritiers les plus proches de l'absent, contre ceux, plus éloignés, qui détiennent indûment ses biens en qualité d'envoyés en possession. L'une a pour objet *la possession* seulement de ces biens; elle appartient, en vertu de l'art. 120, aux héritiers *présomptifs* du jour de la disparition ou des dernières nouvelles, et se prescrit par trente ans à partir de la déclaration d'absence. L'autre, qui est la pétition d'hérédité, a pour objet *la propriété* des biens; elle appartient, en vertu de l'art. 130, aux héritiers *réels* du jour du décès prouvé, et se prescrit par trente ans à partir de ce décès, sauf, bien entendu, dans l'un et l'autre cas, les suspensions de prescription. (Art. 2252.)

La première de ces actions, celle par laquelle on réclame, en vertu de l'art. 120, la simple possession des biens de l'absent, contre ceux qui l'ont indûment obtenue, ne s'intente jamais que pendant l'absence; l'autre, au contraire, la pétition d'hérédité, qui s'exerce en vertu de l'art. 130, ne peut jamais être intentée qu'après l'absence finie, puisqu'elle se fonde sur la mort prouvée de l'absent, et que l'absence n'est que le résultat de l'incertitude sur la vie ou la mort.

Or, notre article ne s'occupe nullement de la pétition d'hérédité; mais seulement de la demande en possession des biens. Aussi, n'est-il nullement question, dans cet article, de décès prouvé de l'absent.

II. —Précisons, maintenant, l'effet de la disposition de notre article.

Si cet article n'existait pas au Code, les enfans et descendans de l'absent, comme tous ses autres héritiers, ne pourraient agir, pour enlever la possession de ses biens à ceux qui l'ont indûment obtenue, qu'autant que la prescription de trente ans n'aurait pas fait évanouir pour eux le droit de la demander, ainsi qu'on l'a dit à l'art. 120, n° VII.

Ainsi, soit un individu qui disparaît en 1810 et dont le fils était absent lui-même; en 1815, l'absence est déclarée et des collatéraux obtiennent l'envoi provisoire. Les mêmes parens, trente ans après, c'est-à-dire en 1845, font prononcer l'envoi définitif. Plus tard, le fils de l'absent revient et veut obtenir la possession des biens de son père; eh bien! il ne réussirait pas, d'après les principes généraux; car plus de trente ans se sont écoulés depuis que le droit de demander cette possession s'est ouvert, et, par conséquent, il y a prescription. Or, d'après notre article, qui déroge en ce point aux principes généraux, en faveur des descendans, le fils réussira, pourvu seulement qu'il soit dans les trente ans de l'envoi définitif.

La disposition de notre article est donc un bénéfice tout particulier accordé aux descendans seulement de l'absent, et en vertu duquel ils peuvent obtenir la possession des biens de leur ascendant, tant que trente ans ne se sont pas écoulés depuis l'envoi définitif, et quoique trente-cinq, quarante-cinq années, ou plus, se soient écoulées depuis la déclaration d'absence. Mais, nous le répétons, cet article ne s'occupe nullement de la pétition d'hérédité, laquelle reste soumise aux règles ordinaires, et ne pourrait être exercée, par les enfans comme par tous autres, que dans les trente années du décès prouvé.

III. — Pour nous résumer sur les deux numéros qui précèdent, nous dirons :

L'action en réclamation de *la possession* des biens de l'absent peut être exercée, contre ceux qui ont indûment obtenu cette possession, pendant trente ans à partir de la déclaration d'absence, par les héritiers présomptifs autres que des descendans de l'absent; mais elle peut l'être, par ces descendans, jusqu'à l'expiration de trente années depuis l'envoi définitif.

Quant à l'action en pétition d'hérédité, laquelle ne peut s'intenter qu'une fois le décès prouvé, et, par conséquent, après la cessation de l'absence, elle ne peut être exercée, soit par des descendans, soit par des collatéraux, que dans les trente ans à partir du décès; mais elle peut toujours l'être pendant ces trente ans, à quelque époque que le décès soit arrivé.

On voit, par les explications qui précèdent, que nous avons eu raison de dire, sous l'art. 129, n. VIII, que l'envoi définitif ne cessait que de deux manières : 1° par la preuve de l'existence de l'absent; 2° par la preuve de son décès; et que l'apparition d'enfans de l'absent n'était point une troisième manière de le faire cesser.

En effet, ou ces enfans demanderont la propriété des biens, en vertu de l'art. 130, et en prouvant le décès de leur père, et alors c'est la deuxième cause de cessation; ou ils agiront, soit en vertu de notre article, soit en vertu de l'art. 120, sans prouver ce décès, et pour demander seulement la possession, et alors l'envoi définitif ne cesse pas, il a seulement lieu au profit d'autres envoyés. Car les enfans, dans ce cas, ne sont pas propriétaires incommutables; ils sont seulement possesseurs, comme les autres envoyés l'étaient, et si leur père, qui est toujours absent, puisque ni sa mort ni son existence ne sont prouvées, revenait, ils lui rendraient ses biens dans l'état où ils se trouveraient, comme les autres envoyés l'auraient fait.

IV. — Nous avons déjà vu, sous l'art. 131, n° II, que, si dans le cours de l'absence, soit pendant l'envoi provisoire, soit pendant l'envoi définitif, on reçoit des renseignemens qui prouvent l'existence de l'absent à une époque très-reculée, lors de leur réception, l'absence cesse, puisqu'on a des nouvelles; mais ne cesse que pour donner lieu à une absence nouvelle, puisque l'existence ne se trouve prouvée qu'à une époque très-éloignée déjà, depuis laquelle il y a de nouveau incertitude; en sorte qu'on se retrouve dans le cas de l'art. 115.

Or, on conçoit que cette circonstance pourrait donner lieu, contre les envoyés, à une demande en restitution, même *après trente ans* depuis l'envoi définitif.

Ainsi, un individu est parti en 1810; on a prononcé la déclaration d'absence en 1815, et l'envoi définitif en 1845. Quarante ans après, en 1885, un enfant, que l'absent a eu pendant son absence, revient en France. Cet enfant, sans savoir lui-même si son père, dont il s'est trouvé séparé depuis longtemps et qu'il espérait retrouver en France, vit encore ou non, prouvera qu'il vivait il y a vingt-cinq ans, en 1860. La déclaration d'absence de 1815 ne peut plus produire d'effet; la première absence cesse. Mais on se retrouve, au moment même, dans une présomption d'absence qui dure déjà depuis l'époque à laquelle remonte l'existence prouvée, c'est-à-dire depuis vingt-cinq ans. On peut donc demander de suite une nouvelle déclaration d'absence et un nouvel envoi (provisoire seulement, quant à présent) en possession. Cet envoi sera obtenu par l'héritier le plus proche *au moment des dernières nouvelles* (art. 120), c'est-à-dire au moment où il est certain que l'absent existait; conséquemment par l'enfant, auquel celui qui avait obtenu l'envoi définitif, ou son représentant, devra restituer les biens. Il y avait cependant quarante ans que cet envoi définitif était prononcé.

Si c'était, non plus l'existence de son père, mais *sa mort*, que cet enfant prouvât avoir eu lieu en 1860, il pourrait alors exercer, contre les envoyés définitifs, l'action en pétition d'hérédité, en vertu de l'art. 130, puisque son action, que nous supposons exercée en 1885, serait intentée avant les trente ans du décès.

On voit donc, d'après cela, que même après plus de trente ans depuis l'envoi définitif, les envoyés ne sont pas encore à l'abri soit d'une action en restitution de la possession, soit d'une action en pétition de l'hérédité.

Du reste, et bien entendu, pour que les enfans qui se présenteraient ainsi, après plus de trente ans depuis l'envoi définitif, agissent efficacement, il faudrait qu'au moment où ils viendraient exercer leur action, il ne se fût pas écoulé trente ans depuis le moment où ils auraient pu demander une nouvelle déclaration d'absence, car alors leur droit serait prescrit. En effet, ils ne pourraient agir alors ni en vertu des principes ordinaires, puisqu'il y aurait prescription de trente ans; ni en vertu du privilége de notre article, puisqu'ils ne seraient plus dans les trente ans de l'envoi définitif.

V. — Il faut faire ici une remarque semblable à celle que nous avons faite sous le n° V de l'art. 130, et qui, comme celle-ci, est une conséquence de ce qui a été dit à l'art. 123, n° VII; c'est que, quand les descendans de l'absent viendront, pendant l'envoi définitif, agir contre ceux qui avaient la possession, pour la leur enlever, leur action ne pourra pas avoir pour objet ceux des biens de l'absent pris par des donataires, donateurs avec clause de retour, ou nu-propriétaires. En effet, cette action en réclamation de possession n'a jamais lieu, comme on l'a fait remarquer au n. III ci-dessus, que pendant l'absence; or, tant qu'il y a absence, il ne peut pas y avoir lieu à restitution des biens pour les envoyés dont nous parlons ici, ni pour leurs représentans; une seule cause peut faire cesser leur possession, c'est la preuve de l'existence actuelle de l'absent.

C'est contre ceux qui possèdent les biens de l'absent à titre d'héritiers présomptifs, ou comme représentans de ces héritiers présomptifs, que la demande en possession sera utilement dirigée; parce que ces possesseurs se trouvent sans droit, dès là qu'il se présente des héritiers plus proches qu'eux, et qui sont encore dans le délai utile pour agir.

Cette action ne pourra jamais être dirigée, non plus, contre les légataires; mais elle pourra l'être quelquefois contre leurs représentans. C'est lorsque, la première absence cessant par la preuve administrée de l'existence de l'absent à une époque plus ou moins reculée, il se trouvera que les légataires, chez les représentans desquels est aujourd'hui la possession, étaient morts à l'époque où l'absent vivait encore. Alors, en effet, le legs n'a pas pu s'ouvrir à leur profit, le testament étant nul par la survie du testateur aux légataires.

VI. — Ce que nous avons dit, en terminant le n° IV, que les descendans de l'absent seraient déchus absolument du bénéfice de notre article, dès là qu'il se serait écoulé trente ans depuis l'envoi définitif; cette affirmation, disons-nous, indique que nous ne regardons pas le laps de trente ans dont il s'agit ici comme une prescription. Une prescription, en effet, pourrait être suspendue par la minorité ou l'interdiction de ces descendans, et elle pourrait, dès-lors, dans certains cas, leur permettre encore d'agir après l'expiration des trente années.

A nos yeux, ce laps de trente ans est un délai fixe et invariable que rien ne peut augmenter. En effet, la disposition de notre article, comme on l'a vu, est tout-à-fait exceptionnelle et portée en dehors des principes; le délai qu'elle accorde à l'enfant, elle le lui donne en sus de la prescription ordinaire; or, une exception ne doit jamais s'étendre au-delà de ses termes; on ne peut donc pas accorder à l'enfant, à cause de telle ou telle circonstance, trente-quatre, trente-six ou quarante ans, alors que la loi ne lui en donne absolument que trente.

ARTICLE 134.

Après le jugement de déclaration d'absence, toute personne qui aurait des droits à exercer contre l'absent, ne pourra les poursuivre que contre ceux qui auront été envoyés en possession des biens, ou qui en auront l'administration légale.

SOMMAIRE.

I. C'est contre les envoyés que s'exercent les droits et actions compétant contre l'absent; réciproquement, ces envoyés exercent ceux appartenant à cet absent.

II. Avant la déclaration d'absence, c'est contre l'absent lui-même qu'il faut procéder.

III. Les envoyés provisoires, n'ayant point le caractère d'héritiers réels, ne seront pas tenus des dettes *ultrà vires*.

IV. Les biens d'un absent sont prescriptibles. — Provisoirement, la prescription de ces biens est présumée courir contre l'envoyé; mais s'il est prouvé plus tard que l'absent vivait, c'est contre lui qu'elle a couru réellement.

EXPLICATION.

I. — Les envoyés en possession, et l'époux présent qui a opté pour la continuation de la communauté, sont représentans de l'absent et administrateurs de ses biens. Par conséquent, c'est contre eux que devront agir tous ceux qui ont des droits à exercer contre l'absent; comme aussi ce sont eux qui agiront, au nom de l'absent, pour poursuivre les droits que celui-ci aurait à exercer.

Donc, quoique notre article ne parle que du droit de *défendre* aux actions, il est clair que les envoyés ou l'administrateur légal auront aussi le droit d'*intenter* toutes actions compétant à l'absent. Nous en trouvons d'ailleurs la preuve dans l'art. 817, qui nous dit : « L'action en partage, à l'égard des cohéritiers mi- « neurs, peut être exercée par leurs tuteurs spécialement auto- « risés; à l'égard des cohéritiers absens, *l'action appartient aux* « *parens envoyés en possession.* »

II. — Pendant la simple présomption d'absence, c'est contre l'absent lui-même qu'il faut procéder. Un exploit sera valablement notifié, lorsque la copie aura été remise à son dernier domicile; que si ce domicile n'était pas connu, une copie serait remise au procureur du Roi, et l'autre affichée à la porte de l'auditoire du tribunal de première instance, conformément à l'art. 69, n° 8, du Code de procédure.

Si le tribunal, comme il le peut en vertu de l'art. 112, avait nommé un curateur chargé d'administrer tous les biens du présumé absent, et de le représenter, il est clair que c'est contre ce curateur qu'il faudrait agir.

III. — De ce que les héritiers présomptifs de l'absent, envoyés en possession de ses biens, représentent cet absent, en faut-il conclure qu'ils seront tenus, comme le sont les héritiers purs et simples d'un défunt, des dettes de cet absent *ultrà vires successionis;* en telle sorte qu'ayant pris, par exemple, 5o,ooo fr. de biens, ils seraient obligés, s'il y avait 6o,ooo fr. de dettes, d'acquitter ces dettes intégralement et en prenant sur leurs biens personnels?

Non; les envoyés n'ont point encore le caractère ni le titre d'héritiers réels; ils ne sont qu'héritiers présomptifs. Ils ne sont point propriétaires, mais simples possesseurs. On ne peut donc pas leur supposer, comme on est fondé à le faire pour celui qui accepte purement et simplement une succession, la volonté de supporter ainsi, même au-delà de la valeur des biens, toutes les obligations de l'absent. Si telle avait été l'idée du législateur, il aurait certainement indiqué pour le cas d'absence, comme pour le cas de succession, un moyen d'éviter ce résultat, un bénéfice d'inventaire, par l'effet duquel on se serait mis à l'abri d'une telle responsabilité.

Les envoyés ne seront donc tenus des dettes que jusqu'à concurrence de la valeur des biens.

IV. — Si la prescription, d'après ce que nous avons dit à l'article 128, ne peut pas courir contre l'absent, au profit des envoyés en possession, c'est, comme on l'a vu, pour une raison toute particulière, et il n'en faudrait pas conclure que les biens des absens sont imprescriptibles.

L'absence n'est point, comme la minorité et l'interdiction, une cause de suspension de la prescription; les biens des absens pourront donc être prescrits par des tiers.

Mais contre qui courra cette prescription? Sera-ce contre l'absent? sera-ce contre l'envoyé? On sent l'intérêt de la question: l'envoyé, par exemple, pourrait être un mineur, tandis que l'absent serait majeur, et la prescription, dès lors, serait ou ne serait pas suspendue, selon qu'elle courrait contre le premier ou contre le second.

La question est très-controversée, et sa solution cependant nous paraît on ne peut plus simple.

La prescription d'un bien ne peut courir que contre celui à qui ce bien appartient; or, qui est propriétaire du bien de l'absent pendant l'absence?... Qui! On n'en sait rien: c'est l'absent s'il existe encore; ce sont les envoyés, si l'absent est mort: on ne le saura que plus tard. Eh bien! c'est plus tard aussi que l'on saura contre qui la prescription a couru.

Mais puisque, provisoirement et sauf preuve contraire, l'absent est réputé mort; puisque, provisoirement, sa succession est ouverte et partagée, et tous les droits subordonnés à son décès exercés; donc, provisoirement et sauf preuve contraire, c'est contre l'envoyé que la prescription sera réputée courir. C'est lui, en effet, qui jouit, quant à présent; c'est lui qu'on veut dépouiller.

Si donc cet envoyé est un mineur ou un interdit, la prescription sera suspendue, mais sauf à dire la suspension non-avenue, s'il est prouvé plus tard que l'absent vivait, et que c'est contre lui qu'a couru la prescription.

SECTION II.

DES EFFETS DE L'ABSENCE, RELATIVEMENT AUX DROITS ÉVENTUELS QUI PEUVENT COMPÉTER A L'ABSENT.

Les quatre articles de cette section ne s'appliquent pas seulement au cas d'absence proprement dite, c'est-à-dire d'absence déclarée; mais aussi au cas d'absence présumée. Ce sont là, du reste, comme nous allons le voir, des principes généraux, que le législateur a proclamés ici, parce que l'occasion se présentait de le faire, mais qui auraient pu être placés tout aussi bien au titre *des Successions*, par exemple, ou des *Donations*, ou des *Obligations*, que dans le titre de l'*Absence*.

ARTICLE 135.

Quiconque réclamera un droit échu à un individu dont l'existence ne sera pas reconnue, devra prouver que ledit individu existait quand le droit a été ouvert: jusqu'à cette preuve, il sera déclaré non recevable dans sa demande.

SOMMAIRE.

I. L'article s'applique pendant la présomption comme pendant la déclaration d'absence. — Renvoi pour la non-présence.
II. L'article n'entend parler que de droits *éventuels*. — Droit éventuel est synonyme de droit conditionnel.
III. L'article ne parle pas même de tous les droits éventuels; mais seulement de ceux soumis à la condition que *l'ayant-droit existera lors de l'ouverture de ce droit*.
IV. L'article, définitivement, ne fait que poser un principe de droit commun. — Comment cet article devait être rédigé.

EXPLICATION.

I. — Cet article et l'article suivant, qui n'en est qu'une conséquence de détail, se servent, et à dessein, des expressions les plus larges. Ils nous parlent d'un individu *dont l'existence n'est pas reconnue*, ce qui nous prouve, comme nous l'avons dit sous la rubrique de la section, et comme on le comprendra mieux par l'explication de ces articles, qu'il ne s'agit pas seulement du cas d'absence proprement dite, mais aussi de la présomption d'absence; en sorte qu'ici, par cela seul qu'il y aura *incertitude* sur l'existence, l'individu sera réputé mort et on agira comme s'il était certain qu'il n'existe pas.

Quant au point de savoir si ces articles s'appliqueraient également au cas de simple non-présence, c'est une question que nous n'examinerons qu'à la fin de l'article suivant, n° IV.

II. — Les droits qu'un individu peut avoir à exercer sont ou certains, ou seulement éventuels; notre art. 135 ne s'occupe, comme l'indique l'intitulé de la section, que de droits éventuels, et non pas de tous, mais seulement de ceux d'une certaine espèce, comme nous allons le voir.

Un droit certain est celui *que l'on est sûr* de pouvoir exercer, soit dès à présent, soit plus tard, ou par soi-même, ou par ses représentans.

Un droit éventuel est celui qui ne donne, quant à présent, qu'une espérance, et dont la réalisation dépend d'un événement futur et incertain.

Ainsi, Paul me doit 10,000 fr. qu'il s'est obligé à me payer dans quatre ans. J'ai là un droit que je ne puis pas exercer de suite, mais qui n'en est pas moins certain, et qui, quoi qu'il arrive, sera exercé dans quatre ans contre Paul ou ses représentans. En effet, par la nature même des choses et par l'effet de la volonté tacite mais certaine des parties, les effets des conventions continuent, en cas de mort des contractans, pour ou contre les héritiers de ces contractans; à moins, bien entendu, que le contraire n'ait été formellement stipulé, ou ne résulte de la nature même de la convention. Ainsi, par exemple, un médecin s'oblige, moyennant une somme que je dois lui payer par chaque année, à me soigner habituellement, moi et tous les gens de ma maison; il est bien clair que, s'il vient à mourir, cette obligation ne passera pas à son héritier, qui peut-être est un peintre. Mais, en règle générale, et sauf exception résultant soit de la nature du contrat, soit d'une clause expresse, on stipule pour soi et ses héritiers. C'est ce que dit formellement l'art. 1122.

Au contraire, dans les legs, par exemple, le droit du légataire est soumis à l'arrivée de trois événemens : 1° la mort du testateur (art. 895); 2° la non-révocation du legs (art. 1035); 3° l'existence du légataire au moment où le testateur mourra (art. 1039). Or, si le premier de ces événemens est certain (car il est sûr que le testateur mourra à une époque quelconque), il n'en est pas de même des deux autres; il n'est pas certain que le testateur ne révoquera pas le legs; il n'est pas certain non plus que le légataire survivra au testateur. Le légataire n'a donc qu'un droit éventuel, une simple espérance.

Ainsi encore, je m'oblige à vous payer 10,000 fr. dans quatre ans, si avant cette époque mon frère revient des Indes. L'exercice de votre droit est soumis à deux événemens, dont l'un, l'échéance des quatre années, se réalisera infailliblement, mais dont le second, le retour de mon frère pendant ces quatre années, est tout-à-fait incertain. Vous n'avez donc là qu'un droit éventuel.

Un droit éventuel, avons-nous dit, est celui qui dépend d'un événement futur et incertain. Or, cet événement futur et incertain, dont dépend l'effet d'une obligation ou d'une disposition quelconque, est précisément ce qu'on nomme en droit *une condition*. (Art. 1168.) Les expressions *droit éventuel, éventualité, espérance*, sont donc synonymes de *droit conditionnel*.

III. — Comme on le conçoit, on peut apposer à une convention, à une disposition quelconque, une foule de conditions diverses, dans le détail desquelles il serait impossible, et inutile d'ailleurs, d'entrer. Mais il en est d'une espèce à laquelle nous devons nous arrêter ici; ce sont celles qui consistent à dire que le droit ne pourra être exercé que si celui à qui on le donne existe encore au moment où ce droit s'ouvrira. Dans ce cas, si l'individu meurt avant l'ouverture du droit, il est de suite certain que la condition ne peut plus s'accomplir, et alors le droit, ou plutôt l'espérance, est évanoui, non pas seulement pour l'individu, parce qu'il est mort, mais aussi pour ses héritiers.

Ainsi, je m'oblige à payer à Titius, en 1840, une somme de 12,000 fr., si à cette époque il existe encore; il est clair que si Titius meurt en 1838, je ne devrai rien, ni à lui, ni à ses héritiers.

Souvent cette condition pourra, sans clause expresse, résulter de la nature de la convention. Ainsi, je vous achète une maison moyennant une somme de 10,000 fr., payables en quatre paiemens égaux d'année en année, puis ensuite, à partir du premier paiement, je devrai vous fournir une rente viagère de 2,000 fr. Eh bien! une rente viagère n'étant due que pendant la vie, il est clair que si vous mourez dans deux ans, après le deuxième paiement fait, je devrai bien à vos héritiers les 5,000 fr. qui resteront encore à payer, mais je ne leur devrai pas la rente.

Cette condition peut résulter encore, sans aucune convention, soit de la volonté tacite du disposant, soit des règles établies par la loi. Ainsi, le legs est toujours fait sous la condition que le légataire existera encore quand le legs s'ouvrira par la mort du testateur; si donc ce légataire meurt le premier, il ne transmettra rien à ses héritiers. L'héritier présomptif d'un individu ne peut recueillir sa succession, que s'il existe encore quand elle s'ouvrira par la mort de cet individu; s'il meurt auparavant, l'espérance qu'il avait n'est pas transmise à ses représentans, elle est complètement évanouie.

Or, c'est seulement des droits éventuels de cette espèce, de ceux dont la condition est que *l'ayant-droit existera quand s'ouvrira le droit*, que notre article s'occupe.

IV. — Maintenant il est de principe, en droit comme en raison, que celui qui élève une prétention doit prouver qu'elle est fondée, s'il veut la faire triompher; que celui qui réclame un droit, doit établir que ce droit lui appartient : *Incumbit onus probandi illi qui agit.* Celui donc qui prétend exercer un droit conditionnel, doit prouver l'accomplissement de la condition à laquelle ce droit était subordonné.

Si donc la condition apposée était, comme dans le cas du numéro précédent, l'existence de l'ayant-droit au moment où ce droit s'ouvrirait, la demande ne triomphera qu'autant qu'il sera prouvé que cet individu vivait encore à cette époque. Si c'est l'individu lui-même qui vient former la demande, lui-même sera la preuve vivante du fait. Mais si aujourd'hui il est mort ou absent, soit déclaré, soit seulement présumé; en un mot, si ce n'est pas lui-même qui agit, mais un représentant, ce sera le cas de demander la preuve que le représenté vivait encore, quand le droit s'est ouvert à son profit; jusque-là, en effet, il n'est pas établi que l'événement qui devait réaliser son droit soit accompli. Eh bien! c'est là, ni plus ni moins, ce que veut notre art. 135, qui serait plus clairement rédigé en ces termes : « Lorsqu'un droit, « qui ne compétait à une personne que sous la condition qu'elle « existerait encore lors de son ouverture, sera réclamé par un « représentant de cette personne, ce représentant ne pourra « l'exercer qu'en prouvant qu'à cette époque de l'ouverture la « personne vivait encore. »

Comme on le voit, cet article ne fait que poser un principe de droit commun, auquel le raisonnement seul conduirait, quand même il ne serait pas écrit dans la loi.

ARTICLE 136.

S'il s'ouvre une succession à laquelle soit appelé un individu dont l'existence n'est pas reconnue, elle sera dévolue exclusivement à ceux avec lesquels il aurait eu le droit de concourir, ou à ceux qui l'auraient recueillie à son défaut.

SOMMAIRE.

I. Cet article n'est que l'application du précédent, faite au cas particulier de succession. — On agit absolument comme si l'héritier, dont on ne prouve pas l'existence, était mort.

II. Si l'héritier dont l'existence n'est pas reconnue laisse des descendans, ceux-ci viendront par représentation. Erreur de Proudhon.

III. Ceux qui recueillent en vertu de cet article ne viennent pas comme simples envoyés en possession, mais bien comme propriétaires. On ne peut exiger d'eux aucune mesure conservatoire, et ils peuvent disposer des biens; mais sauf résolution possible plus tard.

IV. La simple non-présence ne suffirait pas pour appliquer nos articles: il faut l'incertitude sur l'existence.

EXPLICATION.

I. — D'après les termes de notre article, quand celui auquel une succession échoit, pour partie ou pour le tout, ne donne pas preuve de vie, cette succession est dévolue tout entière à ceux qui étaient appelés avec lui, ou bien, s'il était seul appelé, à ceux du degré subséquent. C'est-à-dire que la loi fait abstraction de cet individu et dispose comme s'il était mort.

Ainsi, un père meurt, trois enfans sont appelés à sa succession, mais l'existence de l'aîné n'est pas reconnue; les deux autres prendront toute la succession, c'est-à-dire qu'ils feront ce qu'ils feraient si leur frère était mort.

De même, un individu meurt laissant pour parens un neveu et un cousin; le neveu prendrait tout s'il était là, mais il y a des doutes sur son existence; que fera-t-on, d'après notre article? La succession sera prise par le cousin, c'est-à-dire que tout se passera encore comme si le neveu était mort.

Notre article est donc l'équivalent de cette proposition : « Quand « une succession sera échue à un individu dont l'existence n'est « pas reconnue, on appellera à cette succession ceux qui la re- « cueilleraient si cet individu était mort. » C'est la conséquence de ce que nous avons dit sous l'article précédent, au n° II, que toutes les fois qu'il s'agit d'un droit qui ne devait compéter à un individu que sous la condition de son existence au moment de l'ouverture du droit, et qu'à ce moment de l'ouverture l'existence de l'individu ne sera pas prouvée, on agira comme si l'individu était mort d'une manière certaine.

Il est bien entendu, au reste, qu'on n'en agit ainsi que sauf, pour l'ayant-droit ou son représentant, la faculté de venir plus tard constater qu'il existait au moment voulu, et reprendre les biens à ceux qui les auront ainsi recueillis. C'est ce que le législateur va nous dire, dans l'article suivant.

II. — D'après les art. 739 et 740, lorsqu'un individu meurt laissant, par exemple, un fils et un petit-fils, enfant d'un autre fils prédécédé, ce petit-fils est mis, par la loi, dans la place et dans le degré de son père, et vient exercer les droits que celui-ci exercerait s'il vivait encore; c'est, pour ainsi dire, le père lui-même qui revit en la personne de son fils, par l'effet d'une fiction légale connue sous le nom de *Représentation*. On conçoit, dès à présent, qu'on ne peut venir ainsi remplir un degré qu'autant que ce degré est vacant par la mort de celui qui l'occupait ; d'où il suit qu'on ne peut pas *représenter* les personnes vivantes. C'est, en effet, ce que dit l'art. 744.

Cela entendu, supposons que de deux enfans, frère et sœur, *Secundus* et *Secunda,* ayant encore leur père, *Primus,* la sœur a disparu, laissant pour héritier présomptif un enfant qui a obtenu, ou non, peu importe, une déclaration d'absence, et qu'ensuite le père, *Primus,* vienne à mourir. Le petit-fils, enfant de *Secunda* absente, pourra-t-il arriver à la succession de *Primus,* son aïeul, avec *Secundus,* son oncle? On a soutenu la négative, et l'on a dit que l'oncle pourrait l'écarter en lui disant : « Vous ne pouvez pas venir à la succession de votre chef, et en prétendant qu'une moitié de cette succession a été recueillie et à vous transmise par votre mère ; car vous ne prouvez pas que votre mère existait lors de l'ouverture. Vous ne pouvez pas venir, non plus, par représentation de votre mère, car on ne représente que les personnes défuntes, et vous ne prouvez pas que votre mère fût morte quand la succession s'est ouverte. C'est donc moi seul, quant à présent, qui ai droit de recueillir la succession tout entière. »

Une telle argumentation n'est vraiment pas soutenable, et on ne la croirait pas sérieuse, si elle n'avait été faite par de graves auteurs. C'est un pur sophisme, auquel le neveu répondrait victorieusement en ces termes : « Il n'est pas prouvé que ma mère fût vivante lors de l'ouverture de la succession, et il n'est pas prouvé, non plus, qu'elle fût morte ; mais il est parfaitement prouvé, ou plutôt il est bien certain, sans qu'il soit besoin de preuve, qu'elle était ou vivante ou morte. Or, si elle était vivante, une moitié de la succession lui a été acquise et appartient aujourd'hui ou à elle, si elle vit encore, ou à moi, si elle est morte ; que si elle était morte lors de l'ouverture, alors il n'y a pas d'obstacle à ce que je la représente, et cette moitié n'appartient pas encore à vous, mais à moi. Ainsi, qu'elle fût morte ou vivante (et c'est nécessairement l'un ou l'autre), il y a une moitié de la succession qui ne vous appartient pas et ne peut jamais vous appartenir ; vous ne pouvez donc pas la prendre. »

Maintenant que nous avons répondu au sophisme de l'oncle,

par un raisonnement auquel il ne saurait échapper et qui prouve qu'il ne peut prendre que la moitié de la succession, voyons à qui l'autre moitié appartiendra, et donnons une explication sérieuse et claire de cette difficulté apparente.

Nous avons vu, au numéro précédent, que quand une succession échoit à un individu dont l'existence est douteuse, notre article veut qu'on agisse, sauf événement postérieur, comme si cet individu était mort. Eh bien! dans notre espèce, que ferait-on si l'absente *Secunda* était morte? Son fils viendrait par représentation et concourrait avec son oncle *Secundus*. Donc, ce fils viendra effectivement par représentation, sans qu'on puisse lui opposer l'art. 744, qui ne permet de représenter que des morts; puisque c'est la loi elle-même qui, jusqu'à preuve contraire, répute ici l'individu mort et veut qu'on agisse quant à présent comme s'il était certain qu'il l'est.

L'incroyable doctrine que nous venons de combattre a été professée par Locré et par Proudhon, I, p. 192, lequel appuie enfin son système sur une raison dernière qu'il nous faut encore réfuter. L'oncle, d'après lui, pourrait dire au neveu : « Vous ne prouvez pas que votre mère soit morte; peut-être est-elle vivante et a-t-elle renoncé, et alors, la succession m'appartient en entier. » M. Proudhon n'a pas aperçu que cette prétention tomberait devant une réponse bien simple, c'est que la renonciation à une succession doit être *prouvée* par celui qui l'invoque et ne peut pas *se présumer*, comme le dit, en toutes lettres, l'art. 784. Cet article, d'ailleurs, ne fait, en cela, qu'appliquer ce principe de droit commun, que c'est à celui qui argumente d'un fait de prouver le fait qu'il affirme, et non à celui qui le nie de prouver le contraire : *Incumbit probatio ei qui dicit, non ei qui negat.*

Ce système étrange, soutenu par un homme tel que M. Proudhon, est à coup sûr une grande preuve de la faiblesse de l'intelligence humaine. La vérité, en effet, n'était pas difficile à découvrir. L'absent n'est ni prouvé mort ni prouvé vivant; mais il est évident que la loi, pour établir une disposition, devait prendre un point de départ quelconque; elle ne pouvait pas déclarer qu'elle le supposait être *ni mort ni vivant.* Il fallait bien s'arrêter à un parti, faire une supposition et dire : *On agira comme s'il était vivant, sauf preuve postérieure de sa mort;* ou bien : *On agira comme s'il était mort, sauf preuve postérieure de son existence.* C'est, comme on l'a vu, à ce dernier parti que la loi s'est arrêtée. Les art. 135 et 136 se résument à dire : *On agira comme s'il était certain que l'absent est mort;* puis l'art. 137 apporte la restriction : *sauf preuve acquise postérieurement de son existence.* Or, du moment que l'héritier dont l'existence n'est pas reconnue est légalement supposé mort, ses descendans peuvent donc venir à sa place, par représentation.

III. — Lorsqu'un absent, déclaré ou présumé, peu importe, est ainsi exclu d'une succession qui s'ouvre pendant son absence, il est clair que ceux qui la recueillent à sa place ne sont pas de simples envoyés en possession; ils prennent les biens en qualité de propriétaires et en vertu des principes généraux, comme étant les plus proches héritiers connus et les seuls ayans-droit, quant à présent. Il suit de là, qu'ils ne seront soumis à aucune formalité conservatoire tendant à assurer à l'absent la restitution d'un droit qui n'est pas prouvé lui appartenir.

Ainsi, on ne pourrait leur appliquer ni l'art. 819, qui ordonne par son deuxième alinéa, que, dans le cas où tous les héritiers ne sont pas présens, les scellés soient apposés; ni l'art. 126, qui prescrit l'inventaire des meubles de l'absent; ni les art. 120 et 123, qui exigent caution des divers envoyés en possession. On ne pourrait pas leur appliquer non plus l'art. 128, qui défend aux envoyés d'aliéner ou d'hypothéquer les immeubles de l'absent. Les héritiers auraient ici, du moins en apparence, capacité pour aliéner et hypothéquer; sauf, cependant, résolution de l'aliénation ou de l'hypothèque, s'il était prouvé plus tard que l'absent existait encore lors de l'ouverture de la succession, et que les propriétaires apparens des biens n'en étaient pas les propriétaires réels.

Mais tant que cette preuve ne sera pas faite, les héritiers qui recueillent la succession peuvent en disposer comme propriétaires.

Nous retrouverons, dans les art. 137 et 138, des conséquences de cette différence entre le titre de ceux qui viennent, à défaut de l'absent, exercer un droit soit en vertu de notre article, soit en vertu de l'art. 135, et le titre de simple envoyé en possession.

IV. — Nous avons fait remarquer, dès le commencement de ce titre, la différence qui existe, dans le langage de la loi, entre un individu *absent* et celui qui n'est que *non-présent*. Le non-présent est celui qui ne se trouve pas actuellement à son domicile ou à sa résidence, mais sur l'existence duquel on n'a aucun doute; tandis que l'absent est celui sur l'existence duquel il y a une complète incertitude. Eh bien! nos art. 135 et 136, qui s'appliquent indubitablement à l'absent présumé, aussi bien qu'à l'absent déclaré, s'appliqueraient-ils également à celui qui n'est que non présent?

Non; il faut, pour l'application de ces articles, qu'il y ait incertitude sur l'existence, c'est-à-dire absence présumée, au moins. En effet, l'idée du législateur n'a pas pu être que, si un individu s'en allait, par exemple, faire un voyage de quelques mois, pour les affaires de son commerce, et que pendant ce temps il fût appelé à une succession, des cohéritiers avides pussent s'en emparer aussitôt, sous le prétexte *qu'ils ne reconnaissent pas son existence.* L'idée du législateur n'a pas pu être qu'un homme, à qui on ne peut reprocher aucune négligence, pût, à son retour d'un voyage, quelquefois fort court, se trouver dépouillé d'une partie de sa fortune. (On sait, en effet, que, par l'application de l'art. 2279, le véritable héritier n'aurait aucun recours à exercer contre des acquéreurs de meubles ; en outre, il perdrait tous les fruits, d'après l'art. 138.) Si la pensée du législateur n'avait pas été que nos articles ne s'appliqueraient que dans le cas de doutes sérieux sur l'existence, pourquoi donc aurait-il choisi le titre de l'absence, pour y écrire ces dispositions ?.... Qu'on y réfléchisse, et on trouvera toute une démonstration dans cette seule circonstance.

D'ailleurs, quand il s'agit ainsi de simple non-présence, on ne peut pas dire que l'existence de l'individu *n'est pas reconnue,* puisque tout le monde le tient pour vivant et que personne n'a d'inquiétude à ce sujet. On n'est donc, alors, ni dans l'esprit ni dans les termes de nos articles.

Que si la non-présence se prolonge et prend un caractère étrange, si, par exemple, l'individu ne répond pas aux lettres qu'on lui écrit, alors, à la vérité, nos articles pourront s'appliquer; mais alors, précisément, il commence à y avoir incertitude, et, par conséquent, présomption d'absence.

ARTICLE 137.

Les dispositions des deux articles précédens auront lieu sans préjudice des actions en pétition d'hérédité et d'autres droits, lesquels compéteront à l'absent, ou à ses représentans ou ayans-cause, et ne s'éteindront que par le laps de temps établi pour la prescription.

SOMMAIRE.

I. Si, avant la prescription accomplie, il est prouvé que l'absent existait à l'ouverture du droit que d'autres ont exercé en vertu des articles précédens, cet absent, ses représentans ou ayans-cause, reprendront l'exercice de ce droit.

II. Notre article se réfère, par ses termes mêmes, et au cas particulier de l'art. 136, et à la règle générale de l'art. 135.

III. La faculté, pour ceux qui ont recueilli les droits de l'absent, de prescrire contre lui, n'est que l'application du droit commun. — Renvoi à l'art. 134.

IV. Si les biens appartenant à l'absent, et recueillis par l'héritier apparent, ont été aliénés par celui-ci, cet absent ou ses représentans peuvent-ils, tant qu'il n'y a pas prescription, faire annuler l'alié-

EXPLICATION.

I. — Lorsque, dans les art. 135 et 136, on refuse à un individu dont l'existence n'est pas reconnue, l'exercice de droits qui, peut-être, lui appartiennent, puisqu'il existe peut-être, ce n'est pas pour le dépouiller irrévocablement de ces droits.

Si donc, avant qu'il y ait prescription accomplie, cet individu se représente, ou si ses représentans ou ayans-cause prouvent qu'il existe encore, ou qu'il existait quand les droits se sont ouverts, rien ne s'oppose plus à ce que ces droits soient exercés, soit par lui, soit par ses représentans ou ayans-cause.

N. B. — Par *Représentans* d'un individu, on entend spécialement ceux qui ont succédé à ses droits et à sa personne, c'est-à-dire des héritiers; par *Ayans-cause* on désigne plus particulièrement ceux qui peuvent exercer un ou plusieurs de ses droits, sans être ses héritiers : des donataires, des légataires, des créanciers en vertu de l'art. 1166. Mais on emploie souvent, indistinctement et l'une pour l'autre, ces expressions de *représentans* et d'*ayans-cause*.

II. — Dans notre article, les mots *Action en pétition d'hérédité* se réfèrent à l'article précédent, qui ne s'occupe que *des successions échues à l'absent*; ceux en *pétition d'autres droits* sont relatifs à la disposition plus large de l'art. 135, qui pose le principe général pour *tous les droits* quelconques, subordonnés à la condition de l'existence de l'individu.

C'est parce que notre article se rapporte et à la disposition particulière de l'art. 136, et à la disposition générale de l'art. 135, qu'il nous dit, sans rien préciser, que ces actions s'éteindront *par le laps de temps établi pour la prescription.*

Ce laps de temps est de trente ans pour la pétition d'hérédité; mais, comme on le verra au titre de la prescription, il y a des actions qui se prescrivent par un temps beaucoup plus court.

III. — Nous avons indiqué, au n° III de l'article précédent, la différence qui existe entre le titre de ceux qui se sont fait envoyer en possession des biens de l'absent, et celui en vertu duquel des individus auraient, d'après les art. 135 et 136, pris des biens, ou exercé des droits, qui se trouvent plus tard avoir été ceux de l'absent; notre art. 127 nous offre un résultat de cette différence.

Les envoyés en possession, n'étant que les représentans et les mandataires de l'absent, ne peuvent, comme nous l'avons vu sur l'art. 128, prescrire les biens en possession desquels ils sont mis; au contraire, ceux qui détiennent, en vertu du principe de l'art. 135 des biens qui plus tard se trouvent avoir été ceux de l'absent, parce qu'il est prouvé qu'il vivait encore à l'époque où ils lui sont échus, pourront très-bien les acquérir par prescription, comme le dit positivement notre article. C'est là, du reste, une disposition de droit commun; il est clair qu'ils peuvent prescrire, puisqu'ils possèdent à titre de propriétaires.

Notre article, du reste, offre en cela la preuve de ce que nous avons dit, sous l'art. 134, que l'absence n'est nullement une cause de suspension de prescription.

IV. — C'est une question fort grave, et qui partage depuis long-temps les jurisconsultes, que celle de savoir si, alors que les biens de l'absent ont été aliénés par l'héritier apparent, cet absent ou ses héritiers ou ayans-cause, peuvent, en se représentant avant la prescription accomplie, agir contre l'acquéreur pour revendiquer ses biens.

Nous ne résumerons point ici les interminables dissertations qui ont été faites sur cette question; nous n'irons point nous perdre dans le dédale des lois romaines qui ont été invoquées, soit pour l'affirmative, soit pour la négative; lois dont l'obscurité est quelquefois telle, qu'elles n'ont pu être comprises par les meilleurs interprètes. Ces lois, d'ailleurs, n'ont rien à faire dans la question; parce que ce n'est point tel sénatus-consulte d'Adrien, ni d'autres textes inintelligibles du Digeste, que nos tribunaux français sont chargés d'appliquer, alors qu'ils ont les principes clairs et précis de notre Code civil.

Nous déciderons la question en deux mots, en invoquant des principes qui nous ont toujours paru incontestables, et qu'on ne peut refuser d'admettre, sans se jeter dans le plus complet arbitraire.

C'est, en effet, un principe incontestable, en logique comme en droit, qu'on ne peut transférer à autrui des droits qu'on n'a pas soi-même : *Nemo dat quod non habet;* les art. 1599 et 2182 ne font, évidemment, que proclamer des idées que le bon sens tout seul nous apprend, quand ils disent, le premier, que la vente de la chose d'autrui est nulle, et le second, que le vendeur ne peut transmettre à l'acquéreur que les droits qu'il avait lui-même sur la chose vendue. Or, l'héritier apparent n'était pas propriétaire; l'erreur ne saurait engendrer la vérité, et votre opinion, aussi consciencieuse que possible, que telle chose est, ne fait pas que cette chose soit. La propriété des biens est toujours restée à l'absent ; or, la revendication est la conséquence de la propriété.

Sans doute, s'il avait plu au législateur de déroger à ce principe pour ce cas, il l'aurait pu, car il est tout-puissant. Mais l'a-t-il fait?

Jusqu'à ce qu'on nous cite un article du Code qui déroge, pour le cas dont il s'agit, à un principe aussi énergique que celui sur lequel nous nous appuyons, nous dirons, sans hésiter, que l'absent, ses représentans ou ayans-cause, pourront agir contre tous détenteurs de leurs biens, pour les revendiquer, à moins, bien entendu, que ces détenteurs n'en aient acquis la propriété par prescription.

Répondons maintenant, aussi brièvement que possible, aux diverses raisons que l'on fait valoir pour le sentiment contraire. Ces raisons sont tirées, d'abord, des art. 132, 190, 240, 1380, 1935 et 2005, 2008 et 2009; puis, ensuite, des considérations que l'on présente dans l'intérêt des acquéreurs de bonne foi. On les trouve développées dans Merlin, *Quest.*, v° *Héritier*, M. Malpel, n° 211, M. Carrette, *Recueil de M. Devilleneuve*, année 1836, 2° part., p. 293.

1° Dans l'art. 132, nous dit-on, le législateur, vu la longue absence du propriétaire, permet aux possesseurs de leurs biens d'en disposer valablement, et si l'absent revient, il ne pourra plus reprendre que ce qui restera entre les mains de l'envoyé; pourquoi n'en serait-il pas de même dans les cas prévus par nos art. 135 et 136.

La réponse est facile : alors même que le cas qui nous occupe serait semblable à celui sur lequel statue l'art. 132, il n'y aurait pas encore lieu d'admettre ici la doctrine que nous combattons. Est-ce donc parce que l'art. 132 apporte une exception au principe d'après lequel l'aliénation, faite par le propriétaire apparent, est nulle quand le propriétaire réel vient la critiquer, qu'on sera fondé à dire que ce principe lui-même doit disparaître? Il est clair que non; il est clair que quand un principe est bien reconnu comme tel, il doit s'appliquer à tous les cas qu'une exception spéciale ne soustrait pas à sa puissance. Il est étonnant qu'on soit si souvent obligé de répéter cette vérité si simple : *Exceptio firmat regulam.*

Mais il y a plus : il n'existe aucune parité entre le cas de l'article 132, et celui qui nous occupe. En effet, dans l'art. 132, il s'est écoulé déjà trente-cinq années depuis le départ ou les dernières nouvelles de l'absent, c'est-à-dire *plus de temps qu'il n'en faudrait au premier venu pour prescrire la propriété des biens de cet absent!* Qu'alors la loi, pour ne pas laisser indéfiniment la propriété dans l'incertitude, donne au possesseur capacité pour aliéner irrévocablement, on ne s'en étonne pas. Mais, ici, il s'agit d'un héritier qui revient peut-être après deux ans, un an, six mois d'éloignement; et de ce que le législateur confirme formellement l'aliénation, dans le premier cas, sur les présomptions les plus fortes de la mort de l'individu, on en conclurait que, dans notre espèce aussi, même sans aucun texte de loi qui le dise, la même faculté existera! La logique la plus relâchée n'admettrait pas une telle conclusion.

2° On invoque ensuite l'art. 790, d'après lequel l'héritier, inconnu d'abord, qui vient réclamer une succession à lui échue et jusque-là réputée vacante, doit respecter les droits acquis à des tiers, en vertu d'actes valablement faits avec le curateur nommé à cette succession. J'avoue que je n'ai jamais compris quel parti on peut tirer de cet article, pour l'opinion que nous combattons.

Lorsqu'après les trois mois et quarante jours, depuis l'ouverture d'une succession (délai accordé à l'héritier, par l'art. 795, pour faire l'inventaire de cette succession et délibérer sur le point de savoir s'il doit l'accepter ou la répudier), personne ne s'est présenté pour réclamer la succession; qu'il n'y a pas d'héritier connu, ou que les héritiers connus ont renoncé; la succession est réputée vacante. (Art. 811.) En conséquence, le tribunal nomme un curateur pour administrer cette succession (art. 812 et 813), et tous les actes faits par ce curateur, dans les limites de ses pouvoirs, devront être respectés par l'héritier qui viendrait à se présenter plus tard.

Eh bien! en quoi, nous le demandons, cette disposition se trouve-t-elle en opposition avec notre doctrine?... Le curateur est ici le mandataire légal de l'héritier, au nom et pour le compte duquel il est chargé d'administrer. Tout ce qu'il a fait, c'est l'héritier qui est censé l'avoir fait; tous les droits actifs et passifs de la succession sont poursuivis par ou contre le curateur, toujours pour l'héritier, auquel ce curateur rendra compte de sa gestion, quand il se présentera. Aussi, n'est-ce pas le curateur qui gardera les deniers; ils seront par lui versés à la caisse publique. (Art. 813.)

L'héritier apparent, au contraire, est, par la nature même des choses, l'adversaire de l'héritier réel, contre lequel il prescrit chaque jour les biens qu'il détient; loin de le représenter et de défendre son droit, il le détruit. Et l'on prétendrait argumenter d'un cas à l'autre!!!

3° On invoque ensuite l'art. 1240, et ici, si l'argument n'a aucune force réelle, il offre du moins quelque chose de spécieux.

Cet art. 1240 déclare valable et inattaquable pour le créancier réel, le paiement fait par un débiteur au créancier apparent, c'est-à-dire à celui que l'on croyait vraiment créancier, parce qu'il était en possession de la créance.

Ainsi, en 1830, un individu meurt laissant, pour unique héritier connu, un neveu qui prend sa succession. Dans cette succession se trouve une créance sur Titius, de 10,000 fr. payables en janvier 1832. Lors de l'échéance, l'héritier, alors en possession du titre, demande à Titius le paiement des 10,000 fr. Celui-ci les paie, puis en 1833, un fils du défunt, qu'on avait cru mort, se présente et reprend la succession laissée par son père. Il est donc prouvé, par l'événement, que lui seul était propriétaire de la créance et si l'on appliquait les principes, il faudrait dire que Titius, ayant payé au non-propriétaire, n'est pas libéré et reste débiteur des 10,000 fr. vis-à-vis de l'héritier réel. Or, l'article 1240 porte une disposition contraire et déclare que le paiement restera valable.

Donc, nous dit-on, le législateur n'a pas admis le principe que vous soutenez.

Ici, comme on le voit, l'argument va du moins à la question; mais il est facile, bien facile, de le réfuter. Et d'abord, nous répéterons ici ce que nous avons dit déjà, et ce qu'on ne devrait pas oublier, que quand même nous ne verrions pas une raison de différence, entre le cas particulier de cet article et les circonstances diverses dans lesquelles il peut s'agir d'appliquer le principe sacré que nous défendons, *une exception apportée à un principe ne détruit pas ce principe, mais au contraire le confirme*, et que les exceptions ne doivent être appliquées qu'aux circonstances particulières pour lesquelles elles sont écrites.

Mais la raison de cette exception, la raison de cette différence entre le cas de l'art. 1240 et les cas ordinaires, elle est saillante; et nous nous étonnons que quelqu'un ait pu ne pas l'apercevoir.

Lorsqu'un héritier apparent vient me proposer de me vendre une maison appartenant à la succession qu'il détient, je suis parfaitement libre de ne pas la lui acheter; lorsqu'il me demande 50,000 fr. à emprunter, en m'offrant hypothèque sur telle ferme dépendant aussi de cette succession, je suis encore libre de ne pas les lui prêter. Mais lorsqu'il vient me demander le paiement des 10,000 fr. que je devais au défunt, suis-je libre de ne pas les lui payer?... Non; et si je refusais, il me poursuivrait et obtiendrait condamnation; en sorte que je serais contraint de faire, avec des frais qui resteraient à ma charge, ce que je n'aurais pas voulu faire de bon gré. Je ne pourrais pas même lui dire que je consens à le payer moyennant qu'il me fournisse caution, ou pourvu que l'argent, au lieu d'être versé entre ses mains, soit mis à la caisse des dépôts. Il me répondrait qu'il n'est pas un envoyé en possession, mais qu'il est propriétaire (art. 136, n° IV). Ainsi, j'aurais été obligé de le payer, et puis, en cas de retour de l'héritier réel, je me serais vu contraint, si l'exception de l'art. 1240 n'existait pas, de payer encore à cet héritier réel, sauf mon recours contre le premier, qui pourrait être devenu insolvable. La loi ne pouvait pas mettre un débiteur dans une pareille position; *puisqu'il fallait* que quelqu'un fût exposé à une perte, ce devait être celui qui n'est pas là pour exercer ses droits, l'héritier réel absent. Comme on le voit, l'équité exigeait ici rigoureusement une exception au principe, la loi l'a donnée; mais ce n'est pas à dire, évidemment, que le principe disparaît et qu'il faudra appliquer à tous les cas possibles ce que la loi a dit et devait dire pour ce cas spécial.

4° Nous en dirons autant des art. 1380 et 2005, 2008 et 2009.

Dans le premier, le Code déclare que, si la chose que nous avions, vous livrée, moi reçue, en paiement, croyant l'un et l'autre que vous me la deviez, tandis que vous ne me la deviez pas, est par moi vendue à un tiers, vous ne pourrez pas faire annuler la vente, mais seulement me demander, à moi, le prix de la chose. C'est encore là une exception au principe que le propriétaire seul peut aliéner; elle était d'autant plus rationnelle, qu'ici le propriétaire ne peut pas se plaindre, puisque l'erreur est son propre fait, et que c'est lui-même qui est cause de ce qui s'est passé.

Dans les art. 2005, 2008 et 2009, au titre du Mandat, la loi déclare valables les traités que des tiers ont passés avec le mandataire, postérieurement à une révocation de mandat que le mandant ne leur avait pas fait connaître. Il y a donc, ici encore, exception à notre principe, et cette exception était impérieusement demandée par les circonstances. C'est au mandant de faire connaître la révocation de son mandat; lui seul est en faute de ne l'avoir pas fait, et ceux qui ont contracté, sur la foi de ce mandat, ne doivent pas souffrir de sa négligence.

Quand nos adversaires multiplieraient à l'infini ces citations, cela ne prouverait absolument rien; leur argument reviendra toujours à ceci : Le Code fait exception dans plusieurs cas au principe que le propriétaire seul aliène valablement; donc il faut y faire exception dans le cas d'aliénation faite par un héritier apparent. Mais une saine logique ne permet pas de raisonner ainsi. Nous avons vu que dans les circonstances prévues par les art. 132, 1380 et 2005, il y avait d'impérieux motifs d'excep-

tion ; quand même il n'y en aurait pas, n'est-il pas de toute
raison, en droit comme partout, que quand un principe existe,
ce principe embrasse nécessairement tout ce qu'une exception
spéciale n'en fait pas sortir. Multipliez donc l'indication d'exceptions apportées par la loi au principe que nous discutons, et
vous ne ferez que prouver de plus en plus qu'il n'y a point eu là
oubli du législateur ; qu'il a su protéger la bonne foi des tiers,
même au-delà de toutes les règles, quand il a cru devoir le faire,
vous rendrez de plus en plus forte contre vous cette vérité rap-
pelée plus haut, *Exceptio firmat regulam.*

Quant à l'art 1935, il ne va pas plus à la question que l'article 790 ; moins encore. Il s'y agit d'une chose déposée chez une
personne qui vient à mourir, et la loi, dans l'hypothèse que l'héritier de cette personne vend la chose, pensant qu'elle fait partie
de la succession, déclare la vente valable... Or, ce n'est là que
l'application du droit commun ; car la chose déposée est assurément mobilière ; or, en fait de meubles, la simple possession,
même instantanée, pourvu qu'elle soit de bonne foi, rend propriétaire, d'après l'art. 2279.

Nos adversaires font enfin valoir des considérations auxquelles
nous pourrions bien ne pas nous arrêter, attendu qu'avec des
argumens de cette nature, ce n'est plus *du droit* que l'on fait,
mais *de la législation.*

Étudier la loi pour découvrir son véritable sens ; rechercher
avec soin ce qu'elle a voulu dire, pour préciser ce qu'elle ordonne, ce qu'elle défend ou ce qu'elle permet ; en un mot, constater *ce que la loi est,* c'est faire du droit. Telle est la mission du
jurisconsulte.

Se livrer à des considérations plus ou moins puissantes sur
les effets, bons ou mauvais, d'une loi ; rechercher si elle est,
ou non, en harmonie avec les principes de l'équité, avec les
mœurs et les besoins de ceux pour qui elle est faite ; en un mot,
constater *ce que la loi devrait être,* c'est s'occuper de législation.
Or, ce n'est pas en législation qu'il s'agit d'examiner ici la question
qui nous occupe.

Le jurisconsulte doit étudier la loi telle qu'elle est ; s'il la trouve
mauvaise, il pourra dire en passant : la loi, ainsi entendue, est
mauvaise, *dura lex;* mais c'est cependant ainsi qu'il faut l'entendre, *scripta tamen.* C'est ce que nous avons déjà fait plusieurs
fois, et c'est ce que nous ferons plus d'une fois encore. Nous
pourrions donc, nous le répétons, ne pas répondre aux considérations qu'on nous oppose, attendu qu'elles n'ont rien à faire
dans une question de droit.

Toutefois, nous pouvons jeter un coup d'œil sur ces considérations et nous verrons qu'il est facile d'y répondre par des considérations non moins fortes.

1° On nous dit que quand un héritier, le plus proche de ceux connus lors de la mort du défunt, a recueilli une succession, il n'existe aucun moyen de savoir s'il n'y a pas quelque héritier plus proche que lui, absent pour le moment et qui pourrait revenir plus tard. Il n'y a donc, dit-on, aucune faute, aucune imprudence à reprocher à celui qui aura acheté de cet héritier apparent. Il y avait lieu de croire invinciblement que cet héritier était propriétaire et, dès lors, il ne doit pas être permis de venir, plus tard, lui enlever le bien qu'il a acquis. D'abord, est-il bien vrai qu'il n'y ait, en pareil cas, aucune espèce d'imprudence à reprocher à l'acquéreur? N'a-t-il pas pu prendre des informations et savoir, par exemple, que le défunt, qui ne laissait aujourd'hui qu'un fils, en avait cependant deux et qu'on ignorait ce qu'était devenu le second, dont la mort n'était pas constatée? Lui était-il impossible de savoir que celui dont un cousin avait appréhendé la succession, avait eu un frère ou une sœur qui pourrait exister encore, ou avoir laissé des enfans?..... Le plus souvent, il y aura des reproches à lui adresser sous ce rapport.

Mais alors même que l'erreur aura été vraiment invincible; alors même qu'il n'y aura eu aucun moyen, pour l'acquéreur, de prévoir ce qui pourrait arriver plus tard, pourquoi donc la perte (qui doit nécessairement retomber ou sur l'acquéreur ou sur l'héritier réel, parce que nous supposons toujours le vendeur insolvable), pourquoi la perte serait-elle plutôt supportée par le propriétaire que par l'acheteur? Le contraire seul nous paraît admissible en bonne législation; car le propriétaire n'a pas pu empêcher une aliénation dont il ne connaissait pas le projet, tandis que l'acheteur a fort bien pu ne pas acheter. La position du propriétaire nous paraît donc plus favorable et il a, en outre, pour lui, ce principe de toute raison, qu'on ne peut transférer à un autre un droit qu'on n'a pas soi-même.

2° Nous dira-t-on que notre doctrine a pour effet de laisser la propriété en suspens; d'entraver la circulation des biens, en offrant toujours aux acquéreurs la crainte d'une éviction; et de nuire ainsi à l'intérêt public, pour la conservation d'un intérêt particulier?

Mais on oublie donc (et c'est ce qu'ont fait continuellement nos adversaires) que la loi a veillé, par des dispositions spéciales, au maintien de cet intérêt général, et que c'est *précisément* par le motif que l'on invoque ici, qu'elle a déclaré, dans l'art. 712, que la propriété des biens s'acquerrait *par prescription*.

En bonne législation, on devait attendre, pour déclarer un individu déchu de son droit de propriété, qu'un délai assez long se fût écoulé depuis qu'il a pu agir; c'est encore ce que la loi a fait. Qu'on attende donc, pour briser mon droit, que l'héritier apparent ait prescrit la succession, après quoi il pourra aliéner irrévocablement les biens qui la composent; ou bien encore, que l'acquéreur ait prescrit, lui, les biens particuliers par lui acquis (nous verrons au numéro suivant par quel laps de temps cette prescription s'accomplira selon les circonstances).

Dans tous les cas, nous le répétons, c'est de la législation que nous faisons ici, et c'est EN DROIT qu'il faut décider la question. Or, en droit, nous reproduirons notre principe : qu'un individu ne peut transférer des droits qu'il n'a pas; et nous dirons de nouveau que ce principe s'applique nécessairement à tous les cas pour lesquels on ne nous indique point d'exception posée dans la loi.

N. B. — Il paraît que dans l'ancienne jurisprudence, la doctrine que nous combattons avait prévalu, par une fausse interprétation du droit romain; cependant elle n'était pas admise par tous, et Lebrun nous dit, au liv. 3, chap. 4, de son *Traité des successions : qu'il est certain que l'héritier plus éloigné ne pourrait aliéner, pendant sa jouissance, au préjudice de l'héritier plus proche.*

Depuis le Code civil, entre plusieurs arrêts, il en est un, de la Cour royale de Caen, du 21 février 1814, qui a jugé dans le sens de cette ancienne jurisprudence et, qui, déféré à la Cour de cassation, a été maintenu par celle-ci, sur les motifs : 1° que cet arrêt était fondé sur l'ancienne jurisprudence; et 2° qu'il était soutenu par les motifs les plus puissans d'ordre et d'intérêt public.

Mais il est clair, d'abord, que ce n'est pas d'après l'ancienne jurisprudence qu'il faut juger aujourd'hui, et qu'on ne peut l'invoquer qu'autant qu'elle serait conforme à notre droit actuel. Il n'est pas moins clair que ce n'est pas par des motifs plus ou moins puissans d'ordre et d'intérêt public, qu'un tribunal, si haut placé qu'il soit, peut se décider; parce qu'un tribunal doit toujours *appliquer* la loi et non pas *la faire.*

La Cour de cassation a perdu de vue, en rendant cet arrêt, que ce sont précisément ces motifs d'ordre et d'intérêt public qui ont fait porter par le législateur une mesure que les juges ne pourraient pas créer, si elle n'existait pas, mais qui existe : *la prescription;* et qu'il n'est pas permis d'aller inventer, pour tel ou tel cas, une prescription arbitraire, à la place de celle qu'a organisée la loi.

La question a été décidée conformément à notre doctrine par la Cour de Poitiers, le 13 juin 1822; la Cour de Douai, le 17 août même année; la Cour de Poitiers, le 18 avril 1832; la Cour d'Orléans, le 27 mai 1836; et notre décision est aussi celle de Toullier, *addit. au* t. IX, Grenier, *Hypoth.*, I, pag. 101; M. Duranton, I, pag. 554, et M. Troplong, *Hypoth.*, II, pag. 386, et *Vente*, II, pag. 960.

V. — On n'appelle pas *Pétition d'hérédité* toute action par laquelle l'héritier réel viendrait réclamer la restitution d'un ou de plusieurs biens d'une succession, à celui qui s'en trouve en possession à un titre quelconque; on ne donne ce nom qu'à l'action qu'il intente contre celui qui détient le bien *en qualité d'héritier*.

Ainsi, Pierre meurt; sa succession, qui se composait de deux immeubles, A et B, a été recueillie par Paul, son neveu, lequel a vendu à Jacques l'immeuble B. Louis, fils du défunt, absent lors de l'ouverture de la succession, revient et veut rentrer en possession des deux immeubles. L'action qu'il intente contre Paul pour obtenir l'immeuble A, est bien la pétition d'hérédité; car Paul détient un immeuble *pro hærede*. Mais celle qu'il exerce contre Jacques pour se faire restituer l'immeuble B n'est point la pétition d'hérédité; car Jacques ne possède pas *pro hærede*, mais *pro emptore*; c'est donc une revendication ordinaire. En effet, ici, ce n'est pas sur le motif que le détenteur n'est pas héritier, qu'on agit contre lui; mais seulement sur le motif qu'il n'est pas propriétaire. Ce n'est donc pas une pétition, une demande de l'hérédité, en tant qu'hérédité: c'est une *pétition*, une *demande* ordinaire en revendication.

Du reste, la pétition d'hérédité ne s'exerce pas seulement contre celui qui aurait appréhendé la succession, comme plus proche héritier connu; mais aussi contre celui qui, au lieu d'avoir acheté à l'héritier apparent tels ou tels biens déterminés de cette succession, se serait porté cessionnaire de tous ses droits héréditaires. Alors, en effet, ce n'est pas précisément les biens de la succession qu'il a achetés, c'est le titre d'héritier; il n'a les biens que comme conséquence de ce titre. (Art. 1696.)

Maintenant, les délais de la prescription ne seront pas toujours les mêmes pour la pétition d'hérédité et pour une revendication ordinaire.

L'action en pétition d'hérédité ne se prescrit que par trente ans. En effet, d'après les art. 789 et 790, celui qui a renoncé à une succession à lui dévolue et qui s'y est ainsi rendu étranger, peut revenir l'accepter (pourvu, bien entendu, qu'elle n'ait pas été acceptée par un autre), pendant *le temps requis pour la prescription la plus longue des droits immobiliers*, c'est-à-dire pendant trente ans, aux termes de l'art. 2262. Or, il est clair qu'on ne peut pas accorder à celui qui, saisi de sa qualité d'héritier, ne s'est jamais dépouillé de cette qualité par une renonciation, moins de temps, pour réclamer la succession, qu'on n'en accorde à celui qui avait renoncé d'abord ; il aura donc aussi trente ans, qui courront, bien entendu, à partir du moment où son droit s'est ouvert, c'est-à-dire de la mort de son auteur.

Ainsi, quand ce sera contre l'héritier apparent, ou son représentant universel, ou celui qui aurait acheté son droit héréditaire, que l'héritier réel agira, il pourra, pourvu que ce soit dans les trente ans, se faire reconnaître contre lui héritier, et lui enlever ainsi tout ce qu'il possédera encore de la succession, soit immeubles, soit meubles. Mais quand il agira par revendication ordinaire contre un acheteur, un donataire, un coéchangiste ; enfin, contre tout individu détenant un objet déterminé de la succession à tout autre titre que celui d'héritier, il faudra distinguer : le délai de la prescription sera plus ou moins long, selon les circonstances.

S'il s'agit d'immeubles, le possesseur qui les aura acquis de bonne foi et en vertu d'un juste titre (c'est-à-dire, d'un titre qui l'eût rendu propriétaire, si le vendeur l'eût été) les prescrira par dix ans, si l'héritier réel demeure dans le ressort de la même Cour royale, sinon par vingt ans. (Art. 2265 et 2266.)

Que si ce détenteur n'était pas de bonne foi, ou s'il n'avait pas un titre valable, il ne pourrait invoquer que l'art. 2262, et la prescription ne s'accomplirait que par trente ans comme dans le cas de pétition d'hérédité. (Art. 2262 et 2267.)

Quant aux meubles, un seul instant de possession de bonne foi suffira pour les prescrire, à moins qu'ils n'aient été ou perdus ou volés, auquel cas l'héritier pourrait agir pendant trois ans, qui courraient du jour de la perte ou du vol (art. 2279 et 2280).

VI. — Lorsqu'une succession est échue à plusieurs cohéritiers dont l'un est absent, que l'un des héritiers présens et copartageans devient insolvable, et que l'absent vient plus tard réclamer sa part, sur qui doit retomber la perte résultant de l'insolvabilité du copartageant ? Par exemple, soit une succession de 24,000 fr.; quatre frères héritiers dont l'un est absent; les trois autres prennent chacun 8,000 fr. Plus tard, et avant les trente ans depuis l'ouverture de la succession, l'absent revient; mais un des trois héritiers présens est insolvable: qui en subira la conséquence ?

M. Duranton, avec lequel nous nous trouvons d'accord sur l'importante question que nous avons examinée au n° IV, est ici d'une opinion que nous ne saurions embrasser. Il veut que les deux héritiers solvables rapportent ce qu'ils ont pris, chacun 8,000 fr., en tout 16,000, et qu'on partage le tout entre les trois; en sorte que chacun d'eux supporterait pour un tiers la perte de l'insolvabilité survenue.

Voici son raisonnement : le partage qui a eu lieu ayant été fait entre trois héritiers, tandis qu'il devait l'être entre quatre, est nul, et le quatrième héritier a le droit d'en demander un nouveau. En vain lui dirait-on que c'est lui qui est en faute de s'être absenté; il était le maître de s'absenter, et on devait mettre sa part en réserve. Puis, il appuie son argumentation sur les principes qui régissaient l'action en partage dans la loi romaine, et d'après lesquels l'héritier absent conservait toujours sa part, *pro indiviso*, dans tous les objets communs, comme si le partage n'avait pas eu lieu.

M. Duranton, selon nous, pousse ici trop loin le respect qu'il professe pour la loi romaine, et nous arriverons à un résultat plus équitable en suivant les principes de notre droit français.

Les héritiers présens avaient le droit de partager la succession, car nul n'est tenu de rester dans l'indivision (art. 815); et comme en vertu des art. 135 et 136 ils pouvaient agir en propriétaires, sauf preuve postérieure de l'existence de l'absent, ils ont pu ne faire que trois parts et n'ont été nullement tenus d'en faire une quatrième pour la laisser dormir jusqu'à l'expiration du délai de la prescription, ou la certitude de la mort de leur frère.

Ce frère était, par la loi elle-même, déclaré mort, sauf preuve du contraire. Dès-lors ils ont pu prendre chacun un tiers; sauf restitution, en vertu de l'art. 137, *de ce qu'ils se trouveraient avoir pris sans droit*. Or, chacun d'eux n'a pris sans droit que 2,000 *fr.;* c'est donc 2,000 fr. que chacun rendra à l'absent, lequel perdra les 2,000 fr. pris par l'héritier devenu insolvable.

Et en effet, si l'absence de leur cohéritier ne fait rien gagner aux héritiers présens, parce que l'absent s'est représenté, il est clair qu'elle doit, au moins, ne leur faire perdre rien.

ARTICLE 138.

Tant que l'absent ne se représentera pas, ou que les actions ne seront point exercées de son chef, ceux qui auront recueilli la succession gagneront les fruits par eux perçus de bonne foi.

SOMMAIRE.

I. Le droit français, comme le droit romain, accorde les fruits au possesseur de bonne foi, par exception à la rigueur des principes.

II. A Rome, c'était seulement la consommation qui empêchait le propriétaire de reprendre les fruits au possesseur de bonne foi; chez nous c'est la perception.

III. Le possesseur de mauvaise foi rend les fruits même consommés. — Quand le possesseur est-il de mauvaise foi?

IV. Différence, quant à la rétention des fruits, entre les envoyés en possession et les personnes dont parle notre article.

V. L'article ne s'applique pas seulement en cas d'absence; mais à tous les cas de possession *à non domino*.

EXPLICATION.

I. — Lorsqu'un bien, possédé par un individu qui s'en croyait propriétaire, mais qui ne l'était pas, est revendiqué par celui à qui il appartient, les fruits produits par ce bien, depuis que le possesseur le détient, devraient, si l'on s'en tenait à la rigueur des principes, être restitués avec le bien même; mais on ne pouvait adopter un tel système, qui eût pu ruiner un possesseur, assez malheureux déjà de restituer un bien que, peut-être, il a payé à un vendeur contre lequel son recours sera inefficace. Le législateur lui accorde donc les fruits, comme la loi romaine les lui accordait.

II. — Toutefois, tandis que chez nous le possesseur de bonne foi gagne les fruits par la perception, en droit romain, il ne les gagnait que par la consommation qu'il en faisait. En effet, ils devenaient siens par la perception; mais il n'en avait encore, dans ses rapports avec le propriétaire, qu'une propriété résoluble qui tombait quand ce propriétaire reparaissait; celui-ci reprenait alors tous les fruits encore existans.

Si quis, dit Justinien, aux Instit., liv. 2, t. 1, § 35, *à non domino, quem dominum esse crediderit, bonâ fide fundum emerit, vel ex aliâ justâ causâ acceperit, placuit fructus quos percepit ejus esse.... si posteà dominus supervenerit et fundum vindicet, de fructibus* AB EO CONSUMPTIS *agere non potest.*

Chez nous, le propriétaire n'aura que les fruits non encore perçus; quant à ceux recueillis, quoique non consommés, ils resteront au possesseur de bonne foi.

III. — Lorsque le possesseur sera de mauvaise foi, il devra rendre tous les fruits, savoir: ceux encore existans, en nature; ceux consommés, par une somme équivalente. Le paragraphe des *Institutes* ci-dessus cité disait aussi: *Ei verò, qui alienum*

*fundum scicns possederit, non idem concessum est; itaque cum
fundo etiam fructus, licèt consumpti sint, cogitur restituere.*

Le possesseur est de mauvaise foi, non pas seulement quand
on agit contre lui; mais du jour qu'il sait qu'il n'est pas propriétaire, *cùm possederit fundum alienum* scicns. Mais il faudrait *prouver* qu'à telle ou telle époque il le savait; car la mauvaise foi ne se présume pas (art. 2268).

IV. — Notre article nous présente un résultat de la différence
qui existe et que nous avons signalée, au n° IV de l'art. 136,
entre les divers ayans-droit, envoyés en possession des biens
d'un absent, en vertu des art. 120 et 123, et ceux qui, comme
propriétaires, ont exercé, en vertu des art. 135 et 136, des droits
ouverts pendant l'absence, et qu'on ne prouvait pas appartenir
à cet absent.

Les envoyés en possession, comme on l'a vu à l'art. 127, ont
droit tantôt à la totalité des fruits, mais tantôt aussi aux neuf-
dixièmes, ou aux quatre-cinquièmes seulement; ici, au contraire, la totalité des fruits appartient toujours au possesseur.
Ce possesseur, en effet, était réputé propriétaire et agissait
comme tel; il croyait donc pouvoir dépenser tous les fruits;
l'envoyé, au contraire, ne possédait que pour le compte et
comme représentant de l'absent.

V. — Du reste, la disposition de notre article ne s'applique
pas seulement au cas d'absence, même simplement présumée;
mais à tous les cas où un individu possède, en s'en croyant propriétaire, un bien dont il se trouve évincé plus tard.

SECTION III.

DES EFFETS DE L'ABSENCE RELATIVEMENT AU MARIAGE.

ARTICLE 139.

L'époux absent, dont le conjoint a contracté une nouvelle union, sera seul recevable à attaquer le mariage par
lui-même, ou par son fondé de pouvoir, muni de la preuve
de son existence.

SOMMAIRE.

I. Tant que dure l'absence d'un époux, il n'y a qu'empêchement prohibitif au nouveau mariage de son conjoint.

II. Quand l'absence finit, ce nouveau mariage se trouve nul ou valable,
selon que l'absent existait encore ou était déjà mort, quand il a été
contracté.

III. Ce n'est pas seulement par l'absent ou son mandataire que le mariage peut être attaqué; il peut l'être, une fois l'existence de l'absent prouvée, par le ministère public et par toute personne intéressée. — Mauvaise rédaction de l'article. — Erreur de Toullier.

EXPLICATION.

I. — L'absence, soit déclarée, soit simplement présumée, est, comme on l'a vu, le résultat de l'incertitude sur l'existence.

Ainsi, d'un côté, quand un époux est absent, son conjoint n'a pas le droit de contracter une nouvelle union; car il n'est pas certain que l'absent soit mort, ni, par conséquent, que le premier mariage soit dissous.

Mais, d'un autre côté, si en fait, par erreur ou par fraude, un nouveau mariage a eu lieu, il ne peut pas être attaqué; car il n'est pas certain que l'absent soit encore vivant, ni, par conséquent, que le premier mariage existe encore.

On distingue, en effet, comme nous l'avons déjà dit sous l'article 28, deux espèces d'empêchemens au mariage : les empêchemens dirimans, et les empêchemens prohibitifs. Les premiers rendent le mariage absolument impossible; en telle sorte que, si, en fait, il avait été contracté à leur mépris, il serait ensuite annulé. Les seconds, moins graves que les premiers, s'opposent bien à ce que le mariage ait lieu; mais si cependant, en trompant l'officier de l'état civil, on était parvenu à le faire célébrer, il resterait valable.

L'existence d'un premier époux est un empêchement dirimant, comme on le voit par les art. 147 et 184; mais dans le cas où cette existence d'un premier époux est incertaine, la loi ne devait admettre ni l'impossibilité absolue du mariage, puisqu'il n'est pas constant que l'époux absent soit vivant; ni sa possibilité absolue, puisqu'il n'est pas constant qu'il soit mort. C'était le cas de poser un empêchement prohibitif seulement. C'est ce que fait notre art. 139.

Tant, donc, que durera l'absence, et par conséquent l'incertitude, le mariage une fois contracté restera inattaquable.

II. — Mais quid, quand l'absence viendra à cesser?

Si elle finit par la preuve du décès de l'époux absent, il faudra voir à quelle époque ce décès a eu lieu. Si c'est avant la célébration du second mariage, celui-ci se trouve avoir été contracté valablement et reste désormais à l'abri de toute attaque; mais si le décès est postérieur, il devient par là constant que le mariage a été contracté alors qu'il existait un empêchement dirimant, et la nullité peut en être demandée, aux termes de l'art. 184, soit par le ministère public, soit par tous ceux qui y ont intérêt.

Que si l'absence finit par la preuve de l'existence de l'absent, il est prouvé que le mariage a été contracté au mépris d'un empêchement dirimant, et, dès-lors, il pourra être attaqué, ou par l'absent lui-même, si c'est lui qui revient, ou par son mandataire, si, sans revenir, il a seulement donné preuve de vie.

III. — Mais est-ce seulement l'époux ou son mandataire qui pourra demander la nullité de ce mariage? Est-ce que le ministère public ne pourrait pas l'attaquer aussi?

Si notre article était le seul qui pût nous indiquer la volonté du législateur sur ce point, et qu'il fallût s'en tenir rigoureusement à la manière dont il est rédigé, on devrait répondre que l'époux seul pourra agir, ou par lui-même ou par son mandataire.

Heureusement pour la morale, il n'en est pas ainsi; et il n'est pas difficile, en combinant la disposition de notre article avec celles portées au titre du Mariage, de reconnaître les vrais principes, et d'indiquer dans cet article un léger vice de rédaction (ce qui n'est pas rare dans le Code, comme on a pu déjà s'en apercevoir.)

Et d'abord, quand l'absent sera de retour ou aura donné preuve d'existence, ce mariage sera prouvé avoir été contracté au mépris de l'art. 147; or, les art. 184 et 190 disent que, dans ce cas, le ministère public, non-seulement peut, mais *doit* demander la nullité et faire séparer les deux nouveaux époux, parce que leur union serait un outrage insultant pour la morale.

Maintenant, notre article est-il en opposition avec ce principe? Au contraire, il vient le confirmer encore, en accordant le droit de demander la nullité à un individu à qui, d'après les principes ordinaires, on devrait peut-être le refuser.

En effet, d'après notre article, le mariage pourra être attaqué par le mandataire de l'absent, *muni de la preuve de son existence;* or, si le législateur n'avait eu en vue qu'un mandataire agissant en vertu d'un mandat exprès et spécial que l'absent lui aurait envoyé du pays où il se trouve, ce mandat lui-même aurait été la preuve de l'existence de l'absent, et l'on n'aurait pas exigé, comme une condition nouvelle, que le mandataire, en outre de ce mandat, fût encore muni de la preuve de l'existence. Et ce qui prouve encore que ce n'est point un mandat spécial que le législateur a entendu exiger, c'est que le mot *spécial* se trouvait dans le projet et qu'il a été *retranché* lors de la discussion au Conseil d'État. (Proj. tit. 4, art. 28. — Fenet, t. II, p. 36.)

Il s'agit donc simplement d'un procureur laissé par l'absent, lors de son départ, et dont les pouvoirs ne prouvent nullement l'existence actuelle.

C'est à ce procureur ordinaire, et qui n'a reçu de l'absent qu'un mandat général d'agir pour lui dans toutes les affaires qui l'intéresseraient, que la loi permet d'attaquer le mariage du conjoint de l'absent. Si, donc, un procureur qui n'a qu'un pouvoir général pour les biens, peut cependant (pourvu, bien entendu, qu'il prouve l'existence de l'époux) faire prononcer la nullité du mariage, parce que l'époux n'est pas là pour la faire prononcer lui-même, comment ne reconnaîtrait-on pas ce droit au ministère public, chargé tout spécialement de veiller au maintien des bonnes mœurs et à qui la loi (art. 190), non-seulement donne le droit, mais impose l'obligation d'agir? Comment pourrait-on dire que c'est pour lui enlever ce droit d'agir que notre article a été fait?

On ne conçoit vraiment pas qu'un auteur aussi distingué que Toullier soit venu mettre cet article, gratuitement et sans motif, en contradiction avec les principes les plus positifs de la loi, pour arriver à un scandale aussi dégoûtant que le serait le spectacle d'un homme marié avec deux femmes, demeurant toutes deux peut-être dans la même ville; ou d'une femme ayant notoirement deux maris vivans, et de chacun desquels elle pourrait avoir, tour à tour, des enfans que Toullier, pour être conséquent, devait déclarer tous légitimes!!! Car on n'osera pas dire, sans doute, que le premier mariage est dissous.

Sous la tournure de phrase, vicieuse et embarrassée, qu'a employée le législateur, il nous faut, et c'est chose facile, saisir le vrai sens de cette disposition qui a pour but, non pas de nous indiquer *par qui* le mariage pourra être attaqué, mais *quand* il pourra l'être.

Pris au pied de la lettre, l'article signifierait en substance : Le mariage contracté par le conjoint d'un absent ne pourra être attaqué *que par cet absent de retour, ou par son mandataire muni de la preuve de son existence.*

Voici maintenant, selon nous, ce qu'on a voulu dire :

Le mariage contracté par le conjoint d'un absent ne pourra être attaqué *que quand l'absent sera de retour, ou qu'il aura donné des preuves de son existence.*

Cette proposition est synonyme de celle-ci : *quand l'absence aura cessé.*

Ainsi, cet article revient tout simplement à cette proposition, à laquelle nous auraient conduit les principes généraux : « Pen-« dant l'absence d'un époux, le conjoint présent n'a pas le droit « de former un nouveau mariage; si pourtant, en fait, ce nou-« veau mariage a été contracté, il ne pourra pas être attaqué, « tant que l'absence durera. Mais du moment que l'existence de

« l'absent redeviendra certaine, les règles établies seulement
« pour le cas d'absence cesseront, comme cela devait être, d'a-
« voir leur application. »

IV. — Des auteurs ont prétendu que cet article n'était fait que
pour le cas d'absence déclarée. Ce n'est qu'après la déclaration
d'absence, ont-ils dit, que l'époux présent peut être de bonne foi
et croire que son conjoint est mort.

L'objection n'a vraiment aucune force, elle n'a pas même trait
à la question. L'article ne s'occupe pas le moins du monde de savoir s'il y a bonne foi ou non ; sa disposition est seulement,
comme nous l'avons vu, une conséquence de l'incertitude sur
l'existence de l'individu. La seule règle doit être celle-ci : Y a-t-il
ou n'y a-t-il pas incertitude ?

Et d'ailleurs, il se pourrait très-bien qu'il y eût bonne foi avant
qu'une déclaration d'absence fût intervenue ; comme il se pourrait, au contraire, qu'il y eût mauvaise foi, après la déclaration
prononcée.

M. Duranton, qui adopte l'opinion que nous rejetons ici, nous
dit, I - 526, qu'avant la déclaration d'absence, l'époux *savait que
la loi lui défendait de contracter un nouveau mariage avant la
dissolution du premier ;* mais est-ce donc qu'il ne le savait plus,
après l'absence déclarée ?... Est-ce qu'il ne sait pas aussi que la
déclaration d'absence n'est point une cause de dissolution du
mariage ?

Du reste, M. Duranton, après avoir rejeté notre principe, finit
par y revenir ou à peu près ; car il accorde que, quand même il
n'y aurait pas eu déclaration d'absence, l'action en nullité ne
pourra pas être exercée, quand il règnera *la plus grande incertitude* sur l'existence du conjoint.

Malheureusement, la loi n'a point exigé que l'incertitude fût
la plus grande possible, elle a seulement parlé d'un mariage contracté par le conjoint d'un *époux absent.*

Article 140.

Si l'époux absent n'a point laissé de parens habiles à lui
succéder, l'autre époux pourra demander l'envoi en possession provisoire des biens.

N. B. — Cet article est parfaitement inutile dans le Code ; sa
disposition, en effet, n'est qu'une application de détail du principe posé par l'art. 120 et résulte, d'une manière évidente, de la
combinaison de cet art. 120 avec l'art. 767 au titre des Successions.

En effet, d'après l'art. 120, l'envoi en possession des biens d'un absent appartient à celui qui prendrait la succession de cet absent, s'il était mort ; or, d'après l'art. 767, lorsqu'un défunt ne laisse ni héritiers légitimes au degré successible, ni enfans naturels, c'est à son conjoint que sa succession appartient ; donc, c'est à ce conjoint qu'appartient, dans le même cas, l'envoi en possession des biens de l'absent. Notre art. 140 ne fait donc que tirer la conclusion des prémisses posées par les art. 120 et 767.

Cet art. 767 nous prouve, du reste, que parmi les *parens habiles à succéder* dont parle notre art. 140, il faut comprendre les enfans naturels du défunt ; puisqu'ils sont appelés, avant son conjoint, à recueillir sa succession.

CHAPITRE IV.

De la surveillance des enfans mineurs du père qui a disparu.

Les trois articles de ce chapitre ne sont relatifs qu'à la présomption d'absence, comme l'indiquent assez les expressions *Disparaître*, *Disparition*, dont le législateur se sert, soit dans les articles, soit dans la rubrique, et comme nous le prouvera, d'ailleurs, l'art. 142.

La loi, comme la nature, place l'enfant mineur sous la puissance et la surveillance de ses père et mère (art. 172) ; mais cette puissance appartenant au père seul pendant le mariage (art. 373), la disparition de la mère, tant que le père est présent, n'apporte, en général, aucun changement à l'état des choses. Ceci explique pourquoi le législateur a porté plus spécialement son attention sur la disparition du père.

Toutefois, comme la disparition de la mère n'est pas toujours et absolument sans effet ; comme, d'ailleurs, la loi n'a pas prévu toutes les circonstances dans lesquelles peut avoir lieu la disparition même du père, il nous faudra, tout en adoptant la division tracée par le Code, compléter cette division et expliquer, par induction des cas prévus, ceux qui ne le sont pas,

La loi s'occupe de la disparition du père, 1° dans le cas où la mère continue de vivre et d'être présente ; 2° dans le cas où la mère serait morte avant cette disparition, ou mourrait peu de temps après.

Nous aurons à rechercher l'effet de cette disparition, 3° dans le cas où la mère viendrait elle-même à disparaître après le père.

Quant à la disparition de la mère, la loi ne s'en occupe qu'implicitement et dans un cas tout particulier, celui où le père était mort et la mère remariée.

Nous considèrerons cette disparition de la mère dans les hypothèses réciproques, c'est-à-dire : 1° dans le cas où le père continue de vivre et d'être présent; 2° dans le cas où le père est mort lors de la disparition, ou meurt peu de temps après ; 3° dans le cas où le père disparaît peu de temps après la mère.

La loi ne s'occupe point, explicitement du moins, des effets de *la déclaration* d'absence, relativement aux enfans mineurs; nous exposerons brièvement ces effets, après avoir expliqué nos trois articles.

ARTICLE 141.

Si le père a disparu, laissant des enfans mineurs issus d'un commun mariage, la mère en aura la surveillance, et elle exercera tous les droits du mari quant à leur éducation et à l'administration de leurs biens.

SOMMAIRE.

I. 1re Hypothèse : disparition du père, la mère restant présente. C'est à la mère que passe la puissance paternelle. — Ce n'est point là une tutelle.

II. La mère prend alors, comme compensation, l'usufruit légal des biens de ses enfans. — Dissentiment avec Proudhon et M. Demante.

III. La mère peut avoir, pour l'administration des biens de ses enfans, des droits plus étendus que pour l'administration de ses propres biens.

IV. Mais elle n'a jamais le même droit de correction que le père.

EXPLICATION.

I. — La loi ne s'occupe ici que de la disparition du père, qu'elle suppose avoir lieu la mère continuant de vivre et de rester présente. C'est la première des trois hypothèses indiquées plus haut.

La puissance paternelle passe, dans ce cas, sur la tête de la mère qui se trouve chargée de veiller, comme le ferait le père s'il était présent, et à l'éducation de l'enfant et à l'administration des biens que cet enfant pourrait avoir.

Le pouvoir donné ici à la mère n'est pas une tutelle; car la tutelle ne s'ouvre qu'à la mort du père ou de la mère d'un enfant mineur (art. 390); or, ici, aucun des deux parens n'est mort.

II. — Comme compensation des soins et des peines que demandent l'éducation des enfans et l'administration de leurs biens, la loi, dans l'art. 384, au titre de la puissance paternelle, accorde à celui qui en est chargé, la jouissance de ces mêmes biens.

jusqu'à ce que l'enfant ait atteint l'âge de dix-huit ans, ou ait été émancipé.

Ici, donc, que ces soins sont confiés à la mère, c'est à la mère que cet usufruit légal doit appartenir.

En vain dirait-on, comme Proudhon, en argumentant judaïquement de la lettre de l'art. 384, que cette jouissance appartient au père *durant le mariage* et que ce n'est *qu'après la dissolution* de ce mariage qu'elle passe à la mère. C'est, selon nous, ne pas entrer dans l'esprit de la loi que de raisonner ainsi.

Si l'art. 384 a dit que cette jouissance appartenait au père durant le mariage, c'est parce que l'art. 373 avait dit que le père *seul*, durant le mariage, exerçait l'autorité sur les enfans. L'un et l'autre avaient prévu ce qui arriverait ordinairement : *De eo quod plerumquè fit statuit lex*. Mais quand, par exception et malgré l'art. 373, l'autorité sera exercée par la mère, *même durant le mariage*, alors la jouissance, qui en est la suite, devra, par exception et malgré l'art. 384, appartenir aussi à la mère, *même durant le mariage* : *Ubi onus, ibi emolumentum esse debet*.

Cette opinion de Proudhon, que nous croyons devoir rejeter comme une erreur, est professée aussi par M. Demante. (Voyez *Encyclopédie du droit*, v° *Absence*, n° 152).

Du reste, si la mère était mariée en communauté, il est clair qu'elle ne pourrait pas garder ces fruits pour elle : ils tomberaient dans la communauté en vertu du principe de l'art. 1401, qui attribue à la communauté toutes les valeurs mobilières que recueillent les époux pendant le mariage.

III. — La mère pourra faire, pour ses enfans, des actes d'administration qui pourraient lui être défendus pour elle-même, selon qu'elle sera mariée sous tel ou tel régime. Une femme, en effet, est en soi tout aussi capable qu'un homme ; si elle est frappée de quelque incapacité, ce n'est que dans ses rapports avec son mari, à la puissance duquel la loi la soumet, et relativement au régime auquel sont soumis ses biens. Dès qu'elle agit en dehors de ces rapports, elle recouvre toute sa capacité ; il ne sera donc pas étonnant qu'elle ait, pour l'administration des biens de ses enfans, des pouvoirs plus étendus que pour l'administration de ses biens propres.

IV. — Elle n'aurait toutefois pas, quant au droit de correction, des pouvoirs aussi étendus que ceux attribués au père. Ses droits, en effet, ne sauraient être plus grands, dans ce cas d'absence du père, qu'ils ne seraient si elle exerçait la puissance paternelle définitivement, parce que le père serait mort ; or, dans ce cas même, le droit de correction serait plus restreint pour elle qu'il ne l'était pour le père, comme on le voit en rapprochant l'art. 381 des deux art. 376 et 377.

N. B. — Qu'on n'oublie pas que cet art. 141, comme les deux autres de ce chapitre, n'est relatif qu'à la présomption d'absence. Une fois la déclaration d'absence prononcée, d'autres mesures seraient prises, comme nous le verrons plus loin.

ARTICLE 142.

Six mois après la disparition du père, si la mère était décédée lors de cette disparition, ou si elle vient à décéder avant que l'absence du père ait été déclarée, la surveillance des enfans sera déférée, par le conseil de famille, aux ascendans les plus proches et, à leur défaut, à un tuteur provisoire.

SOMMAIRE.

I. 2ᵉ Hypothèse : disparition du père précédée ou suivie de la mort de la mère. L'article s'applique de même à la disparition de la mère, arrivant dans les circonstances réciproques.

II. Mauvaise rédaction de l'article.

III. Ici c'est une vraie tutelle qui a lieu. — Cas où la disparition du père ne produirait aucun effet.

IV. Cet article, en ce qu'il donne au conseil de famille la nomination de l'ascendant, doit être modifié par l'art. 402.

V. Pourquoi la loi ne permet-elle les mesures dont il s'agit que six mois après la disparition ? — Ce délai de six mois est nécessaire à partir de nouvelles reçues comme à partir de la disparition. Que deviennent les enfans pendant ce délai ?

VI. Si le père revient, il reprend la tutelle.

VII. 3ᵉ hypothèse, non prévue par la loi : disparition de la mère après la disparition du père.

EXPLICATION.

I. — Cet article prévoit la deuxième hypothèse indiquée plus haut, celle dans laquelle la mère serait morte lors de la disparition du père, ou mourrait avant le jugement de déclaration d'absence.

Nous verrons à l'article suivant, nᵒ II, 2ᵒ et 3ᵒ, que cet article, bien qu'il ne parle que de la disparition du père, s'applique aussi à la disparition de la mère, ayant lieu avec les mêmes circonstances, et que tout ce que nous allons dire pour son explication s'appliquerait également, si c'était la mère qui disparût.

II. — L'article nous dit que dans ce cas, la mesure qu'il indique sera prise, *six mois après la disparition du père.* C'est là un vice de rédaction, assez grossier il est vrai, mais qui ne peut offrir aucune difficulté. Il est bien clair que si la circonstance prévue par l'article, savoir, *la mort* de la mère, ne se réalise que deux, trois, ou quatre ans après la disparition du père, ce n'est pas six mois après cette disparition qu'on pourra mettre à exécution la mesure qui n'est permise que pour cette circonstance.

Il fallait dire tout d'abord : « Si la mère était décédée lors de « la disparition, ou si, etc., » puis ajouter ensuite : « Dans tous « les cas, cette mesure ne pourra être prise qu'autant que six « mois se seront écoulés depuis la disparition. »

III. — Dans le cas de notre article, c'est une véritable tutelle qui a lieu. En effet, l'article nous dit qu'à défaut d'ascendant, la surveillance sera déférée à *un tuteur provisoire*. L'article, d'ailleurs, est d'accord ici avec les principes généraux, puisqu'il suppose la mort de la mère, et que c'est par le décès du prémourant des père et mère que la tutelle s'ouvre. (Art. 390.)

Il est vrai qu'alors, d'après les règles ordinaires, c'est au survivant des époux que la tutelle devrait appartenir (même art. 390), et que ce serait au père, dont la mort n'est ni prouvée, ni présumée, à prendre ou à conserver la qualité de tuteur (*prendre*, si la mère n'est morte et; par conséquent, si la tutelle ne s'est ouverte que depuis sa disparition ; *conserver*, si elle était morte auparavant, car alors il était déjà tuteur quand il a disparu).

Mais il n'en saurait être ainsi : la loi ne pouvait ni donner ni conserver à un absent les fonctions de tuteur, qui, par leur nature même, exigent impérieusement la présence de celui qui en est revêtu. Aussi, d'après l'art. 424, toutes les fois qu'un tuteur devient absent, il est enjoint au subrogé-tuteur de provoquer la nomination d'un tuteur nouveau, comme si le tuteur absent était mort.

Ici, donc, que le père est absent, la tutelle passera, comme si le père n'existait plus, aux ascendans, s'il en existe ; sinon, à l'individu que désignera le conseil de famille.

Puisque dans ce cas, c'est une tutelle qui a lieu, il faudra appliquer les dispositions portées par le Code pour les tutelles et qui sont détaillées au tit. 10, chap. 2, art. 289 et suivans. Ainsi, il faudra d'abord que le conseil de famille nomme un subrogé-tuteur, conformément à l'art. 420.

Il pourrait se présenter un cas où, bien qu'on fût dans les termes de notre article, il n'y aurait cependant pas lieu de l'appliquer.

Il nous faut, pour indiquer ce cas, supposer que la mort de la mère a, non pas suivi, mais précédé, la disparition du père. Ce père, alors, a été, avant sa disparition, appelé à la tutelle, et c'est parce que la loi suppose que lors de son départ il en était chargé, et que par conséquent elle se trouve vacante, qu'elle appelle un autre individu à l'exercer. Mais si ce que la loi suppose doit arriver le plus souvent, cela n'arrivera pas nécessairement toujours. Il se peut que le père ait été écarté, soit comme interdit (art. 442), soit comme étant d'une inconduite notoire, ou comme ayant donné dans sa gestion des preuves d'incapacité ou d'infidélité (art. 444), et qu'un autre soit venu exercer la tutelle à sa place. Dans ce cas la tutelle ne deviendra pas vacante par sa disparition; celui qui en était chargé avant son départ, le sera encore après; et cette disparition du père ne donnera lieu, par conséquent, à aucune mesure nouvelle.

On comprend que quand la mort de la mère et, par conséquent, l'ouverture de la tutelle seront postérieures à la disparition, cette circonstance ne pourra plus se présenter, et qu'il y aura toujours lieu à l'application de l'article.

IV. — Il existe entre la disposition de notre article et celles des art. 402, 403 et 404, au titre de la Tutelle, une contradiction qui donne lieu à controverse parmi les auteurs. D'après ces art. 402, 403 et 404, à défaut de la tutelle du père ou de la mère, les fonctions de tuteur passent, *de plein droit*, à l'ascendant le plus proche. Ici, au contraire, il est dit que la surveillance sera *déférée* aux ascendans (c'est-à-dire à l'un des ascendans) *par le conseil de famille*.

Il est facile d'indiquer la cause de cette contradiction; elle vient de ce que, quand on a rédigé notre article, on ne savait pas encore comment serait organisé le système des tutelles. Tout le monde est d'accord là-dessus; mais on ne l'est pas également, quand il s'agit de savoir à quelle disposition il faudra s'en tenir en définitive. Est-ce à notre art. 142? est-ce à l'art. 402?

Plusieurs jurisconsultes, voyant avec défaveur (et en cela ils ont raison) la disposition par laquelle la loi appelle à la tutelle, sans nomination ni confirmation du conseil de famille, l'ascendant de tel degré ou de telle qualité, n'ont pas hésité à répondre qu'il ne fallait donner effet à cette vocation aveugle, qu'autant qu'un texte ne permettrait pas d'appeler le conseil de famille à déférer lui-même la tutelle, après un choix réfléchi. En conséquence, ils ont décidé que c'était à notre article qu'il fallait s'en tenir.

Nous ne saurions adopter une telle décision qui, sans doute, est fondée sur des motifs très-bons en législation, mais qui ne nous paraît pas fondée en droit. Si la loi sur les tutelles était à faire, il faudrait, nous le pensons du moins, la faire dans le système indiqué par ces jurisconsultes; mais elle est faite, et le système contraire y a prévalu. Il faut donc l'appliquer avec ce système mauvais.

Nous disons que le système contraire a prévalu dans la loi;

en effet, tout le monde convient que le défaut d'harmonie entre les art. 140 et 402 provient de ce que, lors de la rédaction du premier, on ignorait quel système de tutelle on adopterait; maintenant que l'art. 400 nous indique la volonté du législateur à cet égard, cette volonté doit être suivie, et notre article, dont les expressions sont d'ailleurs assez embrouillées, puisqu'elles appellent le conseil de famille à déférer la surveillance aux ascendans *les plus proches*, doit être expliqué et modifié par l'article 402.

V. — Pour que des étrangers ne vinssent pas s'immiscer dans les affaires du présumé absent, aussitôt après sa disparition, la loi a voulu qu'on attendît, pour l'exécution des mesures permises par notre article, l'expiration d'un délai de six mois depuis le départ de l'absent. Après ces six mois, l'incertitude de son existence prend, aux yeux de la loi, un caractère de gravité assez fort pour que les mesures dont parle l'article soient mises à exécution.

Toutefois, on comprend, sans qu'il soit besoin de le dire, que le délai pendant lequel la loi suspend ces mesures, pourrait se prolonger. Ce serait si, avant les six mois, on recevait des nouvelles de l'absent. Ces nouvelles feraient disparaître la présomption d'absence pour le temps antérieur à leur date, et ce ne serait qu'à partir de cette date qu'il faudrait compter les six mois dont notre article parle. Les expressions des art. 115, 120 et 121, que le législateur ne s'est pas donné la peine de répéter à chaque instant, et aussi les dispositions des art. 131 et 132, où l'on met sur la même ligne le retour de l'absent et *la preuve de son existence*, nous indiquent assez que toutes les fois que la loi parle du moment de *la disparition*, il faut ajouter *ou des dernières nouvelles*.

Pendant le temps qui pourra s'écouler depuis le décès de la mère (arrivé après le départ du père), ou depuis ce départ même (si la mère était morte auparavant), jusqu'à l'expiration de ces six mois, la tutelle sera suspendue, les enfans seront surveillés par les parens ou amis à qui ils auraient été confiés par le père, ou par la mère, ou qui s'en seraient chargés spontanément.

Que si personne n'en était chargé, les art. 112 et 114 donneraient au tribunal et au procureur du Roi, sinon par leur texte, du moins par leur esprit, la mission de s'en occuper.

VI. — Comme on l'a dû remarquer à chaque pas dans ce titre, toutes les mesures qui sont prises pendant l'absence ne sont jamais que provisoires, et doivent cesser si l'absent revient. Lors, donc, qu'en vertu de notre article, on aura donné à l'enfant un tuteur autre que son père, parce que le père n'était pas là, le tuteur ne sera que provisoire, comme le dit notre article lui-même, et si ce père revient, c'est lui qui reprendra la tutelle ouverte par la mort de la mère.

VII. — Nous avons à voir, maintenant, ce qui arrivera dans la troisième hypothèse par nous indiquée au commencement de ce chapitre, et que la loi n'a pas prévue. Nous parlons du cas où la mère viendrait elle-même à disparaître, après la disparition du père.

Quelques auteurs veulent qu'on applique ici notre art. 142, comme si la mère était morte au lieu de disparaître. Nous ne saurions adopter cette décision; elle est en opposition avec les principes de la loi. La mort du père ou de la mère ouvre bien la tutelle, aux termes de l'art. 390; mais il n'en est pas de même de la disparition, comme nous le prouve l'art. 141, qui ne parle pas de tutelle, mais laisse continuer la puissance paternelle, après et malgré la disparition du père.

Il faut, pour qu'il y ait lieu à la tutelle, que l'un des deux parens soit mort, ou au moins, comme nous le verrons ci-dessous, au n° V de l'article 143, qu'il ait été déclaré absent.

Ici encore, donc, comme dans l'hypothèse précédente, avant l'expiration des six mois, les enfans seraient surveillés par des parens ou amis; ou bien, en cas de besoin, le tribunal, sur la réquisition du ministère public, ordonnerait pour eux les mesures qu'il jugerait convenables, en vertu des art. 112 et 114.

ARTICLE 143.

Il en sera de même dans le cas où l'un des époux qui aura disparu, laissera des enfans mineurs issus d'un mariage précédent.

SOMMAIRE.

I. Cet article ne fait que reproduire, sous une autre forme, la disposition de l'article précédent.

II. Disparition de la mère examinée dans les trois hypothèses réciproques à celles ci-dessus.

III. Résumé du chapitre.

IV. Effets, non indiqués par le Code, de la présomption d'absence, quant aux enfans *majeurs*.

V. Effets, non indiqués encore par le Code, de *la déclaration* d'absence, quant aux enfans mineurs.

EXPLICATION.

I. — Cet article prévoit, pour le cas particulier dont il s'occupe, la disparition soit du père, soit de la mère, puisqu'il nous dit : *l'un des époux*. Continuons de parler de la disparition du père, de laquelle la loi s'est jusqu'ici occupée exclusivement; nous parlerons de celle de la mère ensuite.

La loi, comme on le voit, suppose ici que le père, qui a disparu laissant des enfans mineurs, était marié en secondes noces, et c'est des enfans du premier mariage qu'elle s'occupe. Elle nous dit que, dans ce cas, et quant à ces enfans, on appliquera l'article précédent.

Cette proposition ne nous apprend rien de nouveau. En effet, puisqu'il s'agit d'enfans d'un premier lit, dont le père est remarié, la conséquence est que leur mère était morte avant la disparition de ce père. On est donc dans les termes mêmes de l'article précédent, et il n'y avait pas besoin d'un article exprès pour nous dire que cet article précédent s'appliquerait ici. La présence d'une seconde femme, qui n'est qu'une étrangère par rapport aux enfans du premier lit, et à laquelle la loi ne donne nulle part aucun droit, ni sur la personne, ni sur les biens de ces enfans, ne pouvait pas empêcher d'appliquer à ces enfans les règles tracées pour eux.

Du reste, il va sans dire que si, outre ces enfans mineurs d'un premier lit, le père laissait des enfans de son second mariage, on appliquerait pour ces enfans, dont la mère est présente, la disposition de l'art. 141. Que si, plus tard, cette mère venait elle-même à mourir, ce serait le cas d'appliquer, pour ces enfans aussi, l'art. 142.

II. — Occupons-nous maintenant de la disparition de la mère, dont la loi ne parle qu'ici et implicitement seulement; et parlons de chacune des trois hypothèses que nous avons dû prévoir pour la disparition du père.

1° Disparition de la mère, le père continuant de vivre et de rester présent.

Nous avons déjà dit que, d'après les art. 373 et 390, la puissance paternelle, proprement dite, dure jusqu'à la tutelle, c'est-à-dire jusqu'à la mort (ou la déclaration d'absence) de l'un des époux, et que cette puissance appartient au père seul, tant qu'il est présent. La disparition de la mère ne produira donc aucun changement. (Sauf, bien entendu, les effets que produira plus tard la déclaration d'absence, si l'incertitude se prolonge assez pour que cette déclaration soit prononcée.)

2° Disparition de la mère, précédée ou suivie, avant la déclaration d'absence, de la mort du père.

Dans ce cas, la disparition de la mère produira les mêmes effets que produirait, dans la même circonstance, la disparition du père.

Et d'abord, nous avons, pour le cas où la mère veuve s'est remariée, le texte même de la loi qui nous dit, dans notre art. 143, que si l'un des deux époux, la mère comme le père, laisse des enfans mineurs d'un premier lit, il faudra appliquer la disposition de l'art. 142. Ainsi, dans ce cas, la tutelle, ouverte par la mort du père, passera à l'ascendant le plus proche, ou, à défaut d'ascendans, sera déférée à tout autre individu par le conseil de famille.

Ce même art. 143 commande encore, par ses termes mêmes, de faire l'application de l'art. 142 au cas où la mère qui a disparu est veuve, non remariée; et aussi au cas où le père, vivant lors de la disparition, vient à mourir avant la déclaration d'absence de la femme.

En effet, ce n'est pas comme portant une disposition nouvelle, que cet art. 143 nous est donné. Il nous dit que, dans le cas dont il s'occupe, *il en sera de même* qu'au cas de l'article précédent, nous montrant ainsi que ce qu'il ordonne pour ce cas, c'est ce qui, dans son esprit, doit être fait pour le cas de l'art. 142.

Ainsi, au moyen de cet art. 143, on découvre facilement chez le législateur, malgré le silence gardé par lui jusque-là, la volonté d'appliquer l'art. 142, dans l'hypothèse qu'il prévoit, aussi bien à la disparition de la mère, qu'à la disparition du père.

Dans ces cas, donc, il y aura lieu, conformément à cet article 142, à déférer la tutelle soit aux ascendans, soit, à leur défaut, à tout autre parent ou à un étranger; mais on ne pourra le faire, toujours d'après cet art. 142, qu'autant qu'il se sera écoulé six mois depuis la disparition de la mère.

Mais il faut faire ici une remarque semblable à celle que nous avons faite au n° III de l'art. 142, pour le cas où la mort de la mère aurait précédé la disparition du père.

Nous avons vu qu'alors il n'y aurait lieu à l'application de notre article, qu'autant que la tutelle aurait appartenu au père lors de sa disparition, et serait devenue vacante par cette disparition.

Ici, également, quand la mort du père aura précédé la disparition de la mère, l'article ne pourra s'appliquer qu'autant que la mère, remariée ou non, était chargée de la tutelle lors de sa disparition.

3° Disparition de la mère suivie, avant sa déclaration d'absence, de la disparition du père.

Nous avons vu, sous l'article précédent, n° VI, que la disparition du père, suivie de la disparition de la mère, ne donnait point lieu à l'ouverture de la tutelle et que, dans ce cas, la seule ressource offerte par la loi, c'est d'invoquer l'application des art. 112 et 114, et de faire prendre par le tribunal les mesures nécessaires pour la surveillance des enfans.

Il est clair qu'il en serait de même ici, où la position est, non pas seulement *semblable*, mais *identiquement* la même. Nous avons, en effet, dans l'un comme dans l'autre cas, un père et une mère tous deux en présomption d'absence.

Il faudra, dans cette dernière hypothèse, comme dans la seconde, appliquer à la disparition de la mère tout ce qui a été dit, sous l'article précédent, pour la disparition du père.

La première hypothèse, celle dans laquelle l'époux qui disparaît laisse son conjoint présent, est donc la seule qui présente des différences, selon que cet époux absent est le mari ou la femme.

III. — Pour nous résumer sur les explications données dans ce chapitre IV, il nous suffira de dire :

Quand un époux ayant des enfans mineurs se trouve en présomption d'absence, de trois choses l'une : Ou l'autre époux est resté présent, ou bien il est mort, ou bien il est lui-même en présomption d'absence. (Il pourrait aussi être absent déclaré; mais nous ne nous occupons ici que de la présomption d'absence; nous allons voir plus loin les effets de la déclaration.)

1° Quand le second époux est présent, il faut distinguer si c'est le mari ou la femme. Si c'est le mari qui est resté, il conserve l'autorité qu'il avait, et rien n'est changé à l'état antérieur des choses.

Si c'est la femme, la loi lui transporte la puissance qui appartenait au mari, et c'est elle qui est chargée et de la surveillance de la personne des enfans, et de l'administration de leurs biens.

2° Quand un époux est en présomption d'absence et que l'autre est mort, alors, par la mort de celui-ci, la tutelle de l'enfant s'est ouverte. Mais comme les fonctions de tuteur, qui devraient appartenir à l'autre époux, ne peuvent pas être exercées par un absent, la tutelle passera soit au plus proche ascendant, soit à l'individu nommé par le conseil de famille.

Toutefois, cette mesure ne peut être prise qu'autant que six mois se seront écoulés depuis sa disparition et sans nouvelles; jusque-là, les mesures que les circonstances rendraient nécessaires seraient ordonnées par le tribunal.

3° Si les deux époux sont en présomption d'absence, il faut encore s'adresser au tribunal pour faire prendre telles mesures qu'il trouvera urgentes, jusqu'à ce que la déclaration d'absence de l'un ou de l'autre de ces époux vienne ouvrir la tutelle.

IV. — La loi, dans tout notre chapitre, ne parle que d'enfans mineurs : si, en effet, les enfans laissés étaient majeurs, la disparition d'un époux ou de tous deux serait presque indifférente. Après la majorité, l'enfant devient maître de ses biens, et à peu près maître de sa personne. Nous disons *à peu près*; car, même après la majorité, la puissance paternelle produit encore un effet très-important, quant au mariage de l'enfant mâle : c'est d'empêcher cet enfant de contracter mariage avant d'avoir obtenu le consentement de son père, ou de sa mère, si le père est mort ou *dans l'impossibilité de manifester sa volonté*, ou enfin, des aïeuls ou aïeules, si le père et la mère sont morts ou dans l'impossibilité de manifester leur volonté (art. 148, 149 et 150). Ici, donc, se présentera la question de savoir si l'époux présumé absent doit être considéré comme étant dans l'impossibilité de manifester sa volonté ; question que nous déciderons négativement plus tard, en expliquant les trois articles que nous venons de citer.

De cette solution négative, il résulte que, dans le cas d'absence de l'époux dont le consentement est nécessaire, l'enfant sera obligé d'attendre ou qu'il ait vingt-cinq ans accomplis, ou que celui dont le consentement lui était nécessaire soit déclaré absent ; parce qu'alors on pourra, par suite de la déclaration, agir comme s'il était mort.

On voit donc que la disparition du père, et si le père était mort ou dans l'impossibilité de manifester sa volonté, la disparition de la mère, ne seront pas toujours indifférentes quant aux fils, même majeurs.

N. B. — Il faut, pour cela, qu'il s'agisse de *fils ;* car, pour les filles, le consentement n'est pas nécessaire après la majorité (art. 148).

V. — Il nous reste à voir, maintenant, quels'seront, quant aux enfans mineurs, les effets de *la déclaration* d'absence.

L'art. 142, en nous disant que la mesure qu'il indique sera prise si la mère est morte lors de la disparition du père, ou si elle vient à décéder *avant que l'absence du père ait été déclarée*, nous prouve bien que les trois articles dont se compose le chapitre IV ne s'occupent, comme nous l'avions dit, que de la présomption d'absence ; et que, dans la pensée du législateur, certaines mesures, qu'il ne se donne pas la peine d'indiquer, devront être prises lors de la déclaration d'absence.

Mais quelles sont donc ces mesures dont la loi ne parle pas, parce qu'apparemment elle les suppose connues et les regarde comme une conséquence toute naturelle du jugement de déclaration ?

Nous avons déjà vu que, dans la théorie de la loi, la déclaration d'absence donne lieu de faire provisoirement tout ce qu'on ferait définitivement si la mort de l'absent était certaine. Il y aura donc lieu, dans ce cas, à déférer la tutelle, comme on le ferait en cas de mort, d'après les règles tracées plus loin, au titre X, chapitre II.

Ainsi, que ce soit le père qui ait été déclaré absent, ou que ce soit la mère, la tutelle sera ouverte.

Mais il est un cas où elle pourra rester suspendue : c'est celui où le conjoint du déclaré absent est lui-même en présomption d'absence. En effet, on ne pourrait accorder à la déclaration d'absence d'un époux plus d'effet qu'à sa mort. Or, d'après l'article 142, si l'un des époux est mort et que l'autre soit en présomption d'absence, ce n'est qu'après six mois écoulés sans nouvelles depuis la disparition de celui-ci, que la tutelle peut être déférée soit aux ascendans, soit à d'autres.

Du reste, de ce que la déclaration d'absence a pour effet de permettre provisoirement tout ce qui se ferait définitivement si la mort de l'absent était certaine, et, par conséquent, de permettre la délation provisoire de la tutelle, il n'en faut pas conclure qu'après l'absence déclarée d'un des époux, il y aura toujours et nécessairement lieu à la tutelle. En effet, nous avons vu, sous l'art. 124, que quand l'absent laisse un conjoint avec lequel il est marié en communauté, la loi offre à ce conjoint un moyen facile d'arrêter les effets de la déclaration d'absence, et de faire naître une présomption de vie, détruisant la présomption de mort qui serait résultée, sans cela, de cette déclaration : nous voulons parler de la faculté, qu'a l'époux présent, d'opter pour la continuation de la communauté.

Si, donc, l'époux aujourd'hui déclaré absent, et qui laisse des enfans mineurs, laisse aussi un conjoint commun en biens et à qui appartiennent aussi ces enfans, il faudra, quant au point qui nous occupe, distinguer si ce conjoint présent opte pour la continuation ou pour la dissolution de la communauté. S'il opte pour la dissolution, la déclaration d'absence produit tous ses effets, il faut prendre provisoirement toutes les mesures que l'on prendrait si l'absent était mort ; la tutelle est donc ouverte, et le conjoint n'aura la surveillance de ses enfans mineurs et l'administration de leurs biens qu'en qualité de tuteur, ce qui l'obligera à se soumettre à toutes les règles tracées au titre X, ci-après ; par exemple, il faudra qu'on lui donne un subrogé-tuteur.

Mais s'il opte pour la continuation de la communauté, l'absent, par l'effet de cette option, est toujours réputé vivant ; la tutelle n'est donc pas ouverte, et le conjoint conserve la surveillance et l'administration des biens, comme exerçant la puissance paternelle, qu'il a toujours eue, si ce conjoint présent est le père, et qu'il a prise lors de la disparition du père, en vertu de l'art. 141, si ce conjoint est la mère.

Mais *quid*, si la communauté n'ayant pas droit sur tous les biens de l'absent, il y a, tout à la fois, et continuation de communauté pour les biens sur lesquels frappe cette communauté, et envoi provisoire pour ceux sur lesquels elle ne frappe pas?

Dans ce cas, comme on l'a déjà vu, il y a tout à la fois présomption de vie et présomption de mort; parce que la déclaration d'absence produit tous ses effets pour les biens sur lesquels ne frappe pas la communauté. Pour ceux-là, donc, il y aura tutelle, et l'époux présent devra faire nommer un subrogé-tuteur.

Cette décision n'est pas, comme on pourrait le croire au premier coup d'œil, en opposition avec celle que nous avons donnée sous l'art. 124, n° XV, quand nous avons dit que, lorsqu'il y aurait tout à la fois administration légale de l'époux présent et envoi provisoire, l'époux présent ne pourrait pas se présenter des deux côtés pour prendre et les biens de la communauté continuant en vertu de la présomption de vie, et aussi ses gains de survie, comme envoyé provisoire, en vertu de la présomption de mort. Dans ce dernier cas, en effet, c'est l'époux qui, demandant d'un côté la présomption de vie, serait venu, de l'autre, dire que l'absent devait être présumé mort, et se serait ainsi mis en contradiction avec lui-même. Ici, au contraire, c'est l'époux qui invoque la présomption de vie, mais c'est par les enfans, qui ont un intérêt contraire, que la présomption de mort est invoquée. Cette présomption doit, vis-à-vis d'eux, qui n'ont pas demandé la présomption de vie, avoir tout son effet; il y a donc lieu à la tutelle, quant aux biens en possession desquels ils sont envoyés.

APPENDICE.

DES MILITAIRES ABSENS.

L'absence des militaires a donné lieu, avant et depuis le Code civil, à des dispositions exceptionnelles formant pour eux une législation spéciale, abrogée en partie, il est vrai, mais qu'il est cependant utile de connaître.

Ces dispositions se trouvent dans quatre lois dont nous allons présenter ici une analyse succincte.

La première est du 11 ventôse an II (1er mars 1794);

La deuxième, du 16 fructidor an II (2 septembre 1794);

La troisième, du 6 brumaire an V (27 octobre 1796);

La dernière, du 13 janvier 1817. Trois de ces lois, comme on le voit, sont antérieures au Code civil.

Les trois premières de ces lois, antérieures à la publication du Code civil, et que cette publication n'a point abrogées, comme nous le prouverons bientôt, avaient pour but de protéger d'une manière toute particulière les militaires et autres citoyens attachés au service des armées.

§§ I et II.

D'après la loi du 11 ventôse an II, quand il s'ouvrait une succession à laquelle un militaire était appelé, le juge de paix qui avait mis les scellés était tenu d'en avertir ce militaire, s'il savait à quel corps il était attaché, et d'en instruire aussi le ministre de la guerre, afin que celui-ci en fît parvenir la nouvelle au militaire. (Art. 1.) Si, dans le délai d'un mois, l'absent ne donnait pas de nouvelles et n'envoyait pas de procuration, l'agent national (aujourd'hui le maire) de la commune où la succession s'était ouverte devait convoquer un conseil de famille, à l'effet de nommer un curateur à l'absent. Ce curateur était chargé de faire lever les scellés et d'administrer les biens de la succession, ou de la part de succession échue au militaire absent, pour lui en rendre compte s'il revenait. (Art. 3 et 4.)

La loi du 16 fructidor an II ne fait qu'étendre ces dispositions de la loi de ventôse à tous les citoyens attachés au service des armées. Nous n'avons donc rien à dire de particulier sur cette loi du 16 fructidor, qui se confond avec celle de ventôse.

Tout le monde n'est pas d'accord sur le sens de cette loi de ventôse an II, ni sur la question de savoir si elle est encore en vigueur aujourd'hui. D'abord, quant à sa signification, il n'est pas douteux que cette loi fait exception au principe posé par les art. 135 et 136; mais quelle est l'étendue de cette exception? C'est là que le dissentiment commence.

Les art. 135 et 136 veulent que, quand un individu, sur l'existence duquel il y a incertitude, est appelé à une succession, il soit présumé mort jusqu'à preuve contraire; en sorte que jusqu'à cette preuve on puisse agir comme si son décès était prouvé. La succession est donc prise alors par ceux qui devaient la recueillir à son défaut.

Des auteurs pensent que la loi de ventôse an II établissait, au contraire, pour le militaire absent, une présomption d'existence d'après laquelle on pouvait, sans prouver que le militaire existait lors de l'ouverture de la succession, réclamer en son nom la part à lui échue dans cette succession. Un arrêt de cassation, du 9 mars 1819, semble favoriser cette interprétation; toutefois, il faut dire qu'il n'a rien d'explicite sur ce point.

Quoi qu'il en soit de cet arrêt, cette interprétation de la loi de ventôse nous paraît erronée. Cette loi faisait bien taire la présomption de mort résultant des art. 135 et 136; mais, selon nous, elle n'établissait point, en sens contraire, la présomption de vie; elle laissait régner l'incertitude et se bornait à empêcher ceux qui auraient recueilli la succession, à défaut du militaire absent, de prendre cette succession. La succession restait donc, pour ainsi dire, vacante et devait être administrée par un curateur qui, plus tard, la restituerait à celui qui se trouverait y avoir droit.

Ainsi, supposons une succession à laquelle sont appelés *Primus* présent, et *Secundus,* militaire absent. Si l'on appliquait les art. 135 et 136, *Primus* prendrait la succession tout entière, comme si le décès de *Secundus* était prouvé; au contraire, d'après la loi de ventôse, entendue dans le sens que nous repoussons, *Secundus* aurait été présumé vivant, et, en conséquence, la moitié de cette succession aurait pu être réclamée par ses représentans; par exemple, par ceux qui (plus tard et en vertu d'une déclaration postérieure d'absence) auraient obtenu l'envoi en possession de ses biens. Tel n'est point, selon nous, le sens de cette loi. D'après elle, *Primus*, à la vérité, ne prendra que sa moitié; mais l'autre moitié, au lieu d'être prise par les représentans de *Secundus*, sera, pour ainsi dire, vacante et administrée par un curateur, pour que la restitution en soit mieux assurée à *Secundus*, pour le cas où il reviendrait. Que si *Secundus* venait à être déclaré absent, la présomption de mort produirait ses effets ordinaires, en remontant, comme toujours, jusqu'au moment de la disparition, et ce serait alors *Primus* qui prendrait cette seconde moitié.

Pour reconnaître à la loi de ventôse an II un effet plus étendu, pour être fondé à dire qu'elle renverse complétement un principe de droit commun aussi grave que celui des art. 135 et 136, principe préexistant au Code et que ces articles n'ont fait que consacrer, il faudrait que sa disposition fût explicite à cet égard. Une exception ne se sous-entend pas et ne peut jamais être étendue au delà de ses termes.

La loi du 11 ventôse an II avait donc seulement pour objet de conserver, d'une manière toute spéciale et plus efficace, les droits éventuels des militaires absens. Ce point a été ainsi jugé par arrêts de la Cour de Rouen, du 29 janvier 1817; de la Cour de Nancy, 1er mars même année; de la Cour de Bordeaux, du 22 mai même année encore.

Maintenant, cette loi de ventôse an II a-t-elle été abrogée, ou est-elle encore en vigueur? Les avis sont fort partagés sur ce point.

Les uns prétendent qu'elle a été abrogée par la publication

du Code; mais c'est là une opinion qui a très-peu de partisans et qui, en effet, nous paraît sans fondement. La loi du 11 ventôse an XII, qui ordonne la réunion en un seul corps des diverses lois composant aujourd'hui notre Code civil, n'abroge (art. 7) que celles des lois antérieures relatives aux matières dont ce Code s'occupe; or, le Code civil n'a pas dit un mot des militaires absens, dont la position, cependant, demande, on ne peut le nier, une législation spéciale. Ce qui nous montre, d'ailleurs, que le Code n'a point abrogé cette loi, c'est qu'en 1807, un Décret (du 16 mars) en a ordonné la publication dans les départemens transalpins, alors réunis à la France.

D'autres disent que c'est par la paix de 1815 qu'a été abrogée cette loi, qui n'était, selon eux, qu'une loi de circonstance et dont les effets ont dû cesser avec les guerres qui l'avaient fait porter. D'autres, enfin, soutiennent qu'elle l'a été par la loi du 13 janvier 1817, qui est venue apporter des dispositions nouvelles sur l'absence des militaires. Un arrêt de la Cour de Nîmes, du 28 janvier 1823, a jugé dans ce dernier sens, qui paraît être aussi celui de l'arrêt de cassation, déjà cité, du 9 mars 1819.

Quant à nous, la loi de ventôse nous paraît encore en vigueur aujourd'hui. D'abord, nous ne saurions la regarder comme une loi de circonstance. Les cas dont elle s'occupe peuvent se présenter de temps en temps, et on n'ira pas, sans doute, demander au pouvoir législatif une loi nouvelle, chaque fois qu'une expédition s'apprêtera.

Maintenant, la loi de 1817, dont nous allons parler bientôt et qu'on nous dit avoir abrogé celle de ventôse an II, en traçant de nouvelles règles pour l'absence des militaires, n'est relative qu'aux militaires qui ont disparu dans les guerres de 1792 à 1815; tandis que celle de ventôse an II est faite pour tous les cas passés et futurs : d'ailleurs, la loi de 1817 n'a fait qu'indiquer des moyens, plus faciles que ceux du Code, pour arriver à la déclaration d'absence des militaires dont elle s'occupe; elle ne prévoit donc pas le même cas que la loi de ventôse, qui ne s'applique qu'autant que l'absence n'est pas déclarée. (Les mesures indiquées par la loi de ventôse an II ont pour but, comme on le voit à la simple lecture de cette loi, de remplacer, quant aux militaires, par des mesures spéciales, celles prescrites par le Code pour *la présomption* d'absence des non-militaires. Une fois l'absence déclarée, les militaires sont et ont toujours été soumis aux règles du droit commun.)

Beaucoup d'arrêts ont jugé, comme nous le décidons ici, que la loi du 11 ventôse an II est encore en vigueur. Voyez entre

autres, un arrêt de la Cour d'Orléans, du 12 août 1819; un de
la Cour de Poitiers, du 5 juillet 1826; et un de la Cour de Bourges, du 29 novembre même année.

Ainsi, encore aujourd'hui, pendant la présomption d'absence
d'un militaire, ce ne serait pas seulement pour les successions
ouvertes avant sa disparition, mais aussi pour celles ouvertes
depuis, qu'il y aurait lieu de nommer un curateur; et ce curateur
serait, non pas un notaire nommé par le tribunal, comme
cela se fait en droit commun, d'après l'article 113, mais un
individu choisi par le conseil de famille que l'on donnerait au
militaire.

§ III.

La loi du 6 brumaire an V, qui était toute de circonstance,
comme son texte même l'indique, prescrivait, dans l'intérêt des
militaires absens, diverses mesures tendant à la conservation de
leurs droits et de leurs propriétés.

Ainsi, aucune prescription ni péremption d'instance n'a pu
s'acquérir contre eux, depuis leur départ jusqu'à l'expiration
d'un mois après la publication de la paix générale, ou l'obtention du congé absolu à eux accordé. Ce délai d'un mois aug-
mentait et pouvait être étendu jusqu'à deux ans, selon les lieux
où se trouverait le militaire au moment de la publication de la
paix. (Art. 2.)

Les jugemens prononcés contre ces militaires ne pouvaient
donner lieu à aucune expropriation ni dépossession, et ne devaient,
du reste, être mis à exécution, qu'à la charge, par la partie pour-
suivante, de donner valable caution de rapporter, le cas échéant.
(Art. 4 et 5.)

Ces mesures extraordinaires ont cessé, bien entendu, dans les
délais prescrits par la loi même qui les ordonnait, c'est-à-dire
un mois (ou tout au plus, et pour quelques-uns seulement, deux
ans) après la paix générale, laquelle, comme on sait, a été con-
clue à Paris, le 30 mai 1814.

Toutefois, le délai que cette loi de brumaire avait fixé, a été
prorogé par celle du 21 décembre 1814, jusqu'au 1er avril 1815,
pour tous les militaires non rentrés en France à cette époque du
21 décembre 1814.

§ IV.

Le grand nombre des militaires qui avaient disparu dans les
guerres qui ont eu lieu depuis 1792 jusqu'en 1815, avait jeté les
familles et les biens dans un état d'incertitude et de suspension
qui devait appeler l'attention toute spéciale du législateur. La

loi du 13 janvier 1817 est venue permettre de faire prononcer, avec des formalités moins difficiles que celles du Code, et sous un plus bref délai, leur déclaration d'absence.

1° D'après le Code, la déclaration d'absence d'un individu ne peut être demandée qu'après quatre ans, ou même dix ans depuis son départ ou ses dernières nouvelles, selon qu'il a, ou non, laissé une procuration (art. 115 et 121), et elle ne peut être prononcée qu'un an plus tard (art. 116 et 119), c'est-à-dire après cinq ou onze ans d'absence.

Au contraire, d'après la loi du 13 janvier 1817 (art. 1), les héritiers d'un militaire de terre ou de mer, en activité de service pendant les guerres qui ont eu lieu depuis le 21 avril 1792 jusqu'au 20 novembre 1815, et qui avait cessé, avant cette dernière époque, de paraître à son corps et au lieu de son domicile et de sa résidence, ont pu se pourvoir de suite en déclaration d'absence.

La déclaration a donc pu être demandée, même pour des militaires qui n'avaient disparu qu'en octobre ou novembre 1815, dès cette époque de janvier 1817, c'est-à-dire après quatorze mois seulement depuis leur disparition; et elle a pu être prononcée un an après. Il fallait, cependant, qu'il ne s'agît pas d'un militaire ayant appartenu à un corps ou à un équipage servant hors de l'Europe : dans ce cas, en effet, la déclaration ne pouvait être prononcée qu'après quatre ans depuis la disparition. (Art. 4.)

Ainsi, un militaire, même ayant laissé une procuration, a pu, si son corps servait en Europe, être déclaré absent, en vertu de l'art. 4 de cette loi, après deux ans et deux mois depuis sa disparition; tandis qu'il n'aurait pu l'être qu'après onze ans, d'après le Code civil. Mais, dans ce cas d'une procuration, les envoyés en possession seraient tenus, si l'absent reparaissait, de restituer *la totalité* des fruits perçus pendant les dix premières années d'absence. (Art. 9.)

2° Les enquêtes exigées par le Code civil (art. 116) ne sont, d'après ce même art. 4 de la loi de janvier 1817, que facultatives pour le tribunal, à l'égard des militaires dont cette loi s'occupe.

3° La publicité par insertion au *Moniteur*, qu'exige l'art. 118 du Code pour le jugement qui prononce l'absence, n'est point exigée par la loi de 1817. Elle ne l'est point, non plus, pour le jugement qui aurait ordonné des enquêtes, si le tribunal avait trouvé bon d'en faire; mais elle est exigée (art. 2) pour *la demande* en déclaration, tandis que le Code ne l'impose point quant à cette demande.

Des auteurs ont vu une dérogation apportée au Code civil, par cette loi de janvier 1817, dans la faculté, que donne son art. 5, de prouver *par témoins* le décès des militaires dont cette loi s'occupe. Nous ne partageons pas leur manière de voir.

En effet, cet art. 5 ne permet la preuve testimoniale du décès, qu'autant qu'il n'a pas été tenu de registres, ou que les registres ont été perdus ou détruits en tout ou en partie, ou, enfin, lorsque la tenue des registres a éprouvé des interruptions. Or nous avons vu, sous l'art. 46, nᵒˢ I et II, que dans ces cas, la preuve testimoniale est admise par le Code civil lui-même. Aussi, cet art. 5 de la loi de 1827 nous dit-il que, dans les circonstances qu'il prévoit, la preuve testimoniale du décès pourra être ordonnée *conformément à l'art. 46 du Code civil*.

Cette loi n'était relative, comme on l'a vu, qu'aux militaires qui avaient disparu avant le 20 novembre 1815; ceux, donc, qui ont pu disparaître postérieurement, sont restés et restent soumis au droit commun, c'est-à-dire aux dispositions du Code, quant à la déclaration d'absence. (Nous disons *quant à la déclaration d'absence;* car, tant qu'ils ne seraient qu'absens présumés, c'est la loi du 11 ventôse an II, comme on l'a dit plus haut, qu'il faudrait appliquer.)

—o———o—

RÉSUMÉ DU TITRE QUATRIÈME.

DES ABSENS.

I. — On appelle *Absent*, dans ce titre, l'individu sur l'existence duquel règne une complète incertitude, parce qu'il a disparu sans qu'on sache ce qu'il est devenu; ou qu'étant d'abord parti au su de ses parens ou amis, il a tout-à-coup cessé de donner de ses nouvelles.

Mais ce n'est là que le sens générique du mot *Absent*. En effet, on donne plus spécialement ce nom à celui dont l'absence a été déclarée par un jugement exprès; tandis que les autres sont dits simplement *Présumés absens*.

L'absence produit des effets différens, selon qu'elle a été déclarée ou qu'elle n'est que présumée. Toutefois, quelques effets sont communs à la présomption et à la déclaration d'absence. L'absence des militaires donne lieu à quelques mesures toutes particulières.

En conséquence, nous partagerons en quatre chapitres ce que nous avons à dire pour résumer ce titre.

Le premier traitera de la présomption d'absence et de ses effets;

Le deuxième, de la déclaration d'absence et de ses effets;

Le troisième, des dispositions communes à la présomption et à la déclaration d'absence;

Le quatrième, des règles spéciales tracées par la loi pour l'absence des militaires.

CHAPITRE PREMIER.

DE LA PRÉSOMPTION D'ABSENCE ET DE SES EFFETS.

II. — Un individu est en présomption d'absence dès qu'il y a incertitude sur son existence. C'est aux tribunaux à constater cette incertitude.

La présomption d'absence cesse donc, quand l'incertitude cesse, et en outre, quand l'absence proprement dite vient lui succéder.

Ainsi, elle finit de trois manières : 1° par la preuve de l'existence; 2° par la preuve du décès; 3° par la déclaration d'absence.

Nous allons examiner les effets de la présomption d'absence, 1° quant aux biens laissés par l'absent; 2° quant aux enfans mineurs de cet absent.

§ 1er. — Effets de la présomption d'absence quant aux biens.

III. — Si, pendant la présomption d'absence, il n'existe point de procureur laissé par l'absent, ou que celui qu'il aurait laissé n'ait pas de pouvoirs assez étendus; si, en un mot, l'administration des biens ou des affaires de l'absent se trouve en souffrance, les divers intéressés (par exemple, des créanciers voyant dépérir les biens qui forment leur gage; des locataires réclamant des réparations; des coassociés, des cohéritiers de l'absent, pour la liquidation d'une société ou d'une succession); ou bien, à défaut de parties intéressées, le procureur du Roi, peuvent s'adresser au tribunal, pour faire prendre les mesures nécessaires.

Le tribunal, soit sur la demande des parties intéressées, soit sur la réquisition d'office du procureur du Roi, pourra ordonner toutes les mesures qu'il jugera convenables : la loi, dans ce cas, ne précisant rien et laissant ainsi la plus grande latitude aux juges. Si cependant il s'agissait d'inventaires, comptes, liquidations ou partages, ce serait alors nécessairement un notaire qu'il faudrait commettre.

Le tribunal compétent pour ordonner les mesures sera celui de la situation des biens pour lesquels les mesures sont demandées, ou du lieu de l'établissement de la société ou de l'ouverture de la succession. Toutefois, ce tribunal ne pourra rien ordonner qu'après que celui du domicile de l'absent aura constaté, par jugement, que l'individu est véritablement en présomption d'absence.

§ 2. — **Effets de la présomption d'absence quant aux enfans mineurs de l'absent.**

IV. — Quand un absent présumé a laissé des enfans mineurs, il faut distinguer trois cas : ou 1° son conjoint est vivant et présent; ou 2° ce conjoint est mort; ou 3° il est lui-même en présomption d'absence.

1° Quand un des époux est absent et l'autre présent :

Si c'est la femme qui est absente, et le mari présent, celui-ci conserve sur les enfans la puissance qu'il avait, et l'absence de la femme ne produit aucun effet;

Si c'est la femme qui est présente, l'absence du mari fait passer sur sa tête l'autorité que celui-ci exerçait. C'est elle qui est chargée de la surveillance des enfans et de l'administration de leurs biens. Elle a, pour cette administration, malgré sa qualité de femme mariée, la capacité qu'aurait le mari lui-même; sauf, toutefois, quant au droit de correction, dont l'exercice est toujours plus restreint pour elle que pour le mari.

Comme compensation des charges qui lui sont imposées alors, la mère a l'usufruit des biens de ses enfans, comme l'avait le père avant sa disparition.

2° Quand l'un des parens est en présomption d'absence, et l'autre mort :

La tutelle est alors ouverte (puisqu'elle s'ouvre par le décès du prémourant des père et mère). Il n'y a plus alors à distinguer lequel des époux est absent; mais il y a une autre distinction à faire.

En effet, si la tutelle était déjà ouverte avant la disparition de l'absent, et que, pour une cause quelconque, elle eût été déférée à un autre que lui, il est clair que sa disposition ne produit aucun effet, la surveillance des enfans et l'administration de leurs biens restant au tuteur qui en était chargé lors de cette disparition.

Mais, si la mort du conjoint de l'absent, et par conséquent, l'ouverture de la tutelle, sont postérieures à la disparition de cet absent; ou bien, si la tutelle, ouverte avant cette disparition, était exercée par le parent aujourd'hui absent, et est ainsi devenue vacante, il y a lieu de déférer la tutelle d'après les règles ordinaires.

Toutefois, cette délation de la tutelle ne peut avoir lieu, qu'autant qu'il s'est écoulé six mois depuis la disparition de l'absent. Pendant ces six mois, aucune mesure spéciale n'est indiquée par la loi; mais elle permet au tribunal d'ordonner toutes celles qu'il trouverait urgent de prendre.

3° Quand les deux époux sont l'un et l'autre en présomption d'absence :

Aucune mesure n'est encore spécialement indiquée par la loi, qui laisse seulement au tribunal la faculté dont nous venons de parler.

CHAPITRE II.

DE LA DÉCLARATION D'ABSENCE ET DE SES EFFETS.

V. — La déclaration d'absence peut être demandée, tantôt après dix ans, tantôt après quatre ans de présomption d'absence. Elle ne peut l'être qu'après dix ans, quand l'absent a prouvé, en laissant une procuration, qu'il avait l'idée de s'éloigner pour long-temps ; elle peut l'être après quatre ans, quand il n'a pas laissé de procuration.

La déclaration d'absence peut être demandée :

1° Par ceux qui ont sur les biens de l'absent des droits subordonnés à son décès. En première ligne sont les héritiers présomptifs du jour de la disparition ou des dernières nouvelles ; puis des donataires de biens à prendre à la mort de l'absent ; des donateurs, avec clause de retour, pour le cas de prédécès de l'absent ; des nu-propriétaires de biens dont l'usufruit appartient à l'absent, etc.

2° D'office, par le procureur du Roi, si cette mesure lui paraît être dans l'intérêt de l'absent.

La demande se porte au tribunal du domicile de l'absent, lequel peut, malgré le laps de quatre ans ou de dix ans sans nouvelles, la rejeter purement et simplement, s'il aperçoit des circonstances qui expliquent ou rendent moins étonnant le silence du présumé absent.

Alors même que le tribunal juge qu'il y a lieu de donner suite à la demande, il ne peut pas prononcer immédiatement la déclaration. Il ordonnera par jugement qu'une enquête soit faite, tant dans l'arrondissement du domicile, que dans celui de la résidence, s'il est distinct ; et ce jugement sera envoyé au Ministre de la Justice, qui le rendra public par insertion au *Moniteur*. C'est seulement un an après la date de ce premier jugement, que celui portant déclaration d'absence pourra être rendu (s'il n'est survenu aucun renseignement qui doive l'empêcher).

Le jugement de déclaration d'absence sera aussi envoyé au Ministre de la justice, qui le rendra public comme le premier.

L'absence, proprement dite, ou absence déclarée, laquelle commence au jugement qui la déclare, ne peut finir qu'avec la cessation de l'incertitude sur l'existence, c'est-à-dire : 1° par la preuve de l'existence de l'absent ; 2° par la preuve de son décès.

Elle se divise en deux périodes. Dans la première il y a lieu :

Soit 1º à l'envoi provisoire en possession de tous les biens de l'absent ;

Soit 2º à l'administration légale de l'époux présent, aussi pour tous les biens de l'absent ;

Soit 3º tout à la fois, à l'envoi provisoire, pour une partie des biens, et à l'administration légale du conjoint, pour l'autre partie.

Dans la deuxième période, il n'y a lieu qu'à une seule mesure, c'est l'envoi définitif en possession des biens de l'absent.

SECTION PREMIÈRE.

PREMIÈRE PÉRIODE.

1º Envoi provisoire seulement ; ou 2º administration légale seulement ; ou 3º envoi provisoire et administration légale simultanément.

VI. — L'effet de la déclaration d'absence est de faire supposer l'individu mort et de permettre, provisoirement, tout ce qui se ferait définitivement si son décès avait eu lieu lors de sa disparition ou de ses dernières nouvelles.

En conséquence, les héritiers présomptifs de l'absent au jour de cette disparition, ses légataires et tous autres ayant, sur tout ou partie de ses biens, des droits subordonnés à son décès, peuvent se faire envoyer provisoirement en possession des biens sur lesquels ils ont droit.

Toutefois, il est un cas où cet envoi en possession peut se trouver empêché ; c'est celui où l'absent laisse un époux marié avec lui en communauté. Cette communauté, si la déclaration d'absence produisait toujours son effet, serait dissoute provisoirement ; mais la loi accorde à l'époux présent la faculté de demander qu'elle continue comme si l'existence de l'absent était prouvée, et d'arrêter ainsi l'envoi en possession des divers intéressés dont nous venons de parler.

L'époux présent se trouve alors l'*administrateur légal* des biens de l'absent.

Cette option de l'époux présent, et l'administration légale qui en est la suite, sont possibles toutes les fois qu'il y a communauté, soit légale, soit conventionnelle, soit même combinée avec un autre régime. Mais elles n'ont lieu, bien entendu, que sur les biens sur lesquels la communauté frappe ; en sorte que, quand il y a, tout à la fois, communauté pour certains biens, et un autre régime pour les autres, il peut y avoir, tout à la fois, administration légale pour les premiers, et envoi provisoire pour les autres.

Examinons les trois cas différens qui peuvent se présenter.

§ 1er. — Envoi provisoire en possession pour tous les biens de l'absent.

VII. — Quand le déclaré absent ne laisse pas d'époux commun en biens, ou quand l'époux commun opte pour la dissolution de la communauté, il y a lieu de faire, sans restriction (mais provisoirement seulement, bien entendu), tout ce que l'on ferait s'il était prouvé que l'absent est mort au moment de sa disparition ou de ses dernières nouvelles.

Ainsi, celui qui était héritier présomptif de l'absent à ce moment de la disparition ou des dernières nouvelles; les légataires, s'il en existe; le donataire d'un bien donné par l'absent pour être pris à sa mort, etc., etc., sont mis, chacun selon son droit, en possession des biens de l'absent.

Si quelqu'un de ces ayans-droit était mort depuis la disparition ou les dernières nouvelles, la possession serait prise par ses représentans. Que si, après l'envoi en possession, ceux qui l'ont obtenu venaient à mourir, cette possession passerait, bien entendu, à leurs représentans ou ayans-cause.

Si, plus tard, il était prouvé que la possession a été obtenue à tort par l'un des envoyés; si, par exemple, il se présentait un individu plus proche héritier que celui qu'on avait cru héritier présomptif, ou si d'autres légataires montraient un testament révoquant celui en vertu duquel tel et tel s'étaient présentés, la possession appartiendrait à ces véritables ayans-droit, qui auraient, pour la réclamer, trente ans à partir de la déclaration d'absence.

VIII. — Pendant l'envoi provisoire, les divers ayans-droit qui l'ont obtenu se trouvent les représentans de l'absent et ses administrateurs responsables, chacun en ce qui le concerne, et avec des droits et des devoirs plus ou moins étendus, selon le titre en vertu duquel la possession lui a été accordée.

Ainsi, ceux qui ont obtenu l'envoi comme héritiers ou comme légataires universels, et qui ont, par conséquent, succédé provisoirement à l'universalité de ses droits, représentent l'absent d'une manière générale et absolue. Ceux, au contraire, qui ne prennent qu'un ou plusieurs biens particuliers, comme un donataire, un légataire à titre particulier, etc., ne le représentent que quant aux biens qu'ils ont pris.

En conséquence, ce sont ces divers envoyés qui ont, chacun en ce qui le concerne, capacité pour défendre aux actions qu'on peut avoir à exercer contre l'absent et, réciproquement, pour intenter celles qui peuvent compéter à l'absent contre des tiers.

Du reste, les envoyés, étant simples administrateurs et non pas propriétaires, ne peuvent ni aliéner ni hypothéquer les immeubles de l'absent, si ce n'est en vertu de jugement. La loi veut, en outre, que les meubles eux-mêmes ne soient vendus qu'autant que le tribunal l'ordonnerait.

IX. — Ce principe, quand l'absent laissera un époux commun en biens, produira des effets différens, selon que l'époux absent sera le mari ou la femme. En effet, le mari, tant que la communauté dure, est *administrateur-maître* de cette communauté ; si donc c'est lui qui est absent, les biens de la communauté, que la femme prendra, se trouvent être des biens de l'absent, auxquels dès-lors, notre principe s'appliquera. Au contraire, si c'est la femme qui est absente, les biens pris par le mari dans la communauté ne seront pas des biens de l'absent ; car le mari les aurait et pourrait en disposer, quand même la femme serait présente ; le principe ne s'appliquerait donc pas à ces biens, et le mari les aliènerait valablement. (Pourvu, si c'étaient des immeubles, que ce ne fût pas à titre gratuit ; car si l'envoi provisoire ne diminue pas les droits du mari, il ne peut pas les augmenter ; or, d'après les règles de la communauté, le mari ne peut aliéner les immeubles communs qu'à titre onéreux.)

X. — Pour garantir et leur administration et la restitution qu'ils pourront avoir à faire plus tard, les envoyés sont tenus de donner une caution valable. Cette caution doit être exigée de tout envoyé, même de l'époux commun en biens, sans distinction entre le mari et la femme ; le mari, en effet, peut avoir à restituer, sinon à la femme, du moins aux héritiers de celle-ci.

La caution est discutée par le procureur du Roi, et reçue par le tribunal.

Avant d'entrer en possession, les envoyés doivent, en présence du procureur du Roi, ou d'un juge de paix par lui requis, faire procéder à l'inventaire du mobilier et des titres appartenant à l'absent.

Quant aux immeubles de l'absent, les envoyés pourront, s'ils le veulent, en faire constater l'état par un expert nommé par le tribunal. Les frais du rapport seront pris sur les biens de l'absent.

À défaut de cette constatation, l'envoyé sera réputé avoir pris les biens en bon état ; ce serait à lui de faire la preuve du contraire.

XI. — La qualité de représentant de l'absent empêcherait les divers envoyés de prescrire contre l'absent ; et ce avec plus ou moins d'étendue, selon le titre en vertu duquel l'envoi a été obtenu. Ainsi, l'héritier présomptif ne pourrait rien prescrire ; car il est obligé d'arrêter toute prescription. Au contraire, un donataire ne pourrait, à la vérité, prescrire le bien qu'il détient et devra le rendre à quelque époque que l'absent reparaisse ; mais il pourrait très-bien prescrire, par exemple, une créance de 10,000 fr. que l'absent a sur lui.

XII. — Pour que l'envoi provisoire ne devienne pas une occasion de ruine pour les envoyés, la loi laisse à ces envoyés une certaine quantité des fruits par eux perçus, et cette quantité est de plus en plus considérable, à mesure que la présomption de mort devient plus forte. Ainsi, les envoyés ne rendent qu'un cinquième de ces fruits, quand la restitution se fait dans les quinze ans depuis la disparition ou les dernières nouvelles ; un dixième, si elle se fait après ces quinze ans ; ils gardent tout, quand elle a lieu après trente ans depuis la déclaration d'absence, ou cent ans depuis la naissance de l'absent.

XIII. — L'envoi provisoire finit, d'abord, par les causes qui font cesser l'absence, c'est-à-dire, 1° par la preuve de l'existence de l'absent ; 2° par la preuve de son décès ; puis en outre, 3° par l'envoi définitif.

§ 2. — **Administration légale pour tous les biens de l'absent.**

XIV.—Quand l'absent laisse un époux commun qui opte pour la continuation de la communauté, et que cette communauté frappe sur tous les biens de l'absent, l'option de l'époux arrête l'exercice de tous les droits subordonnés au décès de cet absent et empêche tout envoi en possession de ses biens.

Au surplus, l'option pour la continuation faite par la femme ne lui enlève point le droit de renoncer ensuite à la communauté, lors de sa dissolution.

L'époux présent devient, par cette option, administrateur des biens de son conjoint, sans être tenu de donner caution ; mais il doit, comme les envoyés en possession, faire faire inventaire du mobilier et des titres de l'absent. (On sait que les meubles et titres de la communauté sont ceux *de l'absent*, quand cet absent est le mari ; mais qu'il en est autrement, quand c'est la femme qui est absente.)

XV. — Les droits d'administration de l'époux présent sont différens, selon que cet époux est le mari ou la femme.

La femme ne peut aliéner ni les immeubles ni les meubles, soit personnels au mari, soit appartenant à la communauté. Au contraire, le mari, qui ne peut aliéner, il est vrai, aucun bien personnel à la femme, peut très-bien aliéner les meubles et même (pourvu que ce ne soit pas à titre gratuit) les immeubles de la communauté. Tandis, en effet, que la femme ne puise que dans le titre *de l'Absence*, ses droits d'administration, le mari, lui, a, d'après le droit commun, des pouvoirs très-étendus,

I.   29

qu'il conserve tant qu'une disposition spéciale de ce titre *de l'Absence* ne les lui enlève pas.

XVI. — La continuation de la communauté, et l'administration légale qui en résulte, peuvent finir de six manières: 1° Par la preuve de l'existence de l'absent; 2° par la preuve de son décès (dans ces deux cas, l'absence finit en même temps que l'administration légale); 3° par le laps de trente ans depuis la déclaration d'absence, ou de cent ans depuis la naissance de l'absent; 4° par la renonciation de l'époux à cette continuation; 5° par la mort de cet époux présent; 6° par sa propre déclaration d'absence.

Dans le premier cas, la communauté se trouve en réalité avoir duré et durer encore; dans le deuxième, on a la preuve de sa dissolution; dans les quatre autres, la loi (provisoirement et sauf preuve contraire) présume la dissolution à partir du jour même de la disparition ou des dernières nouvelles.

Quand la dissolution est prouvée ou présumée, on partage la communauté dans l'état où elle était au jour de cette dissolution; et alors le conjoint administrateur, ou ses héritiers (si c'est par sa mort que finit son administration) ou les envoyés en possession de ses biens (quand c'est par sa déclaration d'absence), gardent les quatre-cinquièmes ou les neuf-dixièmes ou la totalité des fruits que la moitié de communauté appartenant à l'absent a produits, depuis le jour de la dissolution jusqu'au moment où cette moitié est restituée. Bien entendu, si c'est en vertu d'une dissolution simplement présumée que se font ce partage de la communauté et cette rétention d'une partie des fruits produits par la moitié que l'on restitue, ce partage et cette rétention ne sont que provisoires et ne se font que sauf à prendre plus tard, s'il y a lieu, des mesures différentes.

§ 3. — Envoi provisoire pour quelques-uns des biens de l'absent et administration légale pour les autres.

XVII. — Quand l'absent laisse un époux commun, mais que quelques-uns des biens de cet absent n'entrent en communauté, ni quant à la propriété ni quant aux revenus, et sont soumis à un autre régime, la continuation de la communauté ne peut pas être demandée quant à ces biens; puisque, quant à eux, cette communauté n'existe pas.

En conséquence, l'époux présent, s'il opte pour cette continuation, devient bien administrateur légal pour ceux des biens sur lesquels la communauté frappe; mais quant aux autres, l'envoi provisoire ne peut être empêché.

Il faudra donc, en même temps, appliquer aux premiers tout

ce que nous venons de dire au paragraphe précédent ; et aux seconds, tout ce qui a été expliqué au § I.

Notons toutefois cette exception, que l'époux qui prendrait ou conserverait l'administration d'une partie des biens de l'absent, comme soumis à la communauté dont il demande la continuation, ainsi qu'il a été dit au § II, ne pourrait venir, en même temps, en vertu de l'envoi provisoire qui a lieu pour les biens non soumis à cette communauté, exercer ses gains de survie sur un ou plusieurs de ces biens.

La raison en est que cet époux ne peut pas invoquer, tout à la fois, les deux présomptions contradictoires de vie et de mort.

N. B.— Nous avons vu au chap. I, § II, quels étaient, relativement aux enfans mineurs de l'absent, les effets de la présomption d'absence, il nous faut dire ici un mot des effets que le jugement de déclaration d'absence produira quant à ces mêmes enfans.

La déclaration d'absence produit provisoirement les effets que la mort produirait définitivement.

En conséquence, quand un des époux vient à être déclaré absent, la tutelle s'ouvre et appartient à l'autre époux, conformément aux règles de la tutelle.

Si, cependant, l'époux absent était commun quant à tous ses biens et que son conjoint optât pour la continuation de communauté, cette option arrêtant les effets de la déclaration d'absence et faisant disparaître la présomption de mort, il n'y aurait plus lieu à la tutelle ; ce serait tout simplement la puissance paternelle qui continuerait et serait conservée ou prise par l'époux présent.

Que si la communauté frappait sur certains biens seulement et que les autres n'y fussent pas soumis, il y aurait tutelle quant à ces derniers ; et par conséquent obligation, quant à eux, de faire nommer un subrogé-tuteur.

SECTION II.

DEUXIÈME PÉRIODE. — ENVOI DÉFINITIF.

XVIII. — 1° Quand il s'est écoulé trente ans depuis la déclaration d'absence, soit que l'envoi provisoire ait été demandé de suite après cette déclaration, soit qu'il ne l'ait été que quelques années après ; ou 2° quand il s'est écoulé cent ans depuis la naissance du déclaré absent, quelque court que soit alors le laps de temps écoulé depuis la déclaration d'absence ;

Les cautions fournies par les envoyés en possession, si l'envoi provisoire a eu lieu, sont, de plein droit, et sans qu'il soit besoin de jugement, déchargées de toute responsabilité ; puis, qu'il y ait eu ou non envoi provisoire, tous ceux à qui les biens laissés par l'absent appartiendraient, si cet absent était mort au jour de sa disparition ou de ses dernières nouvelles, peuvent se faire envoyer définitivement en possession de ces biens, par un jugement que le tribunal de première instance peut rendre de suite, ou seulement après enquêtes, selon qu'il le trouve convenable.

XIX. — L'envoi définitif rend les envoyés propriétaires des biens sous la condition que 1° en cas de restitution à faire, soit à l'absent, si son existence venait à être prouvée, soit à d'autres ayans-droit, leur propriété sera résolue quant aux biens qui se trouveraient encore entre leurs mains; et 2° qu'ils restitueront, en outre, tout ce qui se trouverait leur provenir des aliénations par eux faites des biens de l'absent.

Pendant l'envoi définitif, les envoyés gardent la totalité des fruits qu'ils perçoivent.

XX. — Nous avons déjà dit que les héritiers présomptifs, et autres ayans-droit à la possession des biens laissés par l'absent, pourront, s'ils n'avaient pas réclamé cette possession, agir, pour se la faire restituer, pendant trente ans à partir de la déclaration d'absence. Mais cette règle ne s'applique qu'aux ayans-droit autres que les descendans de l'absent : ceux-ci, en effet, par un privilége tout spécial, peuvent agir encore, à cette fin, pendant trente ans à partir de l'envoi définitif.

Il se pourrait même que cette restitution de la possession fût demandée valablement après plus de trente ans depuis l'envoi définitif. C'est dans le cas où une seconde absence viendrait succéder à la première, parce qu'il serait prouvé (par exemple, par des enfans que l'absent aurait eus pendant son absence), non pas que l'absent existe encore, ni qu'il est mort; mais qu'il vivait encore à telle époque, il y a quinze ans, il y a vingt ans, etc. Alors même que cette preuve ne serait administrée que quarante ou cinquante ans après l'envoi définitif, elle rendrait sans effet, pour l'avenir, la déclaration d'absence obtenue à un moment où l'absent vivait encore; on se trouvera donc en simple présomption d'absence, et pourvu que le droit de demander une nouvelle déclaration ne soit pas prescrit, l'enfant pourra la provoquer et obtenir la possession des biens.

N. B. — Il est une règle fort importante et qu'on ne doit jamais perdre de vue. C'est que toutes les mesures auxquelles donne lieu la déclaration d'absence (l'envoi provisoire, la continuation provisoire de communauté, l'envoi définitif) n'ont jamais lieu que sauf à être révoquées, si, plus tard, la réalité est découverte et se trouve en opposition avec les suppositions de la loi.

En effet, la propriété des biens de l'absent ne peut être fixée, qu'autant qu'on arrive à la preuve, soit de sa mort, soit de son existence.

Par sa mort, sa succession est ouverte, et ce sont ceux qui étaient héritiers au jour de cette mort, ou leurs représentans, qui peuvent, s'ils ne sont pas possesseurs des biens, intenter, en prouvant cette mort, la pétition d'hérédité. Ils ont pour cela trente ans, à partir du jour du décès; après ces trente ans, le droit serait prescrit.

Quand on acquiert la preuve de l'existence de l'absent, c'est à lui, bien entendu, que reste la propriété des biens, et il peut, lui, les reprendre, à quelque époque qu'il reparaisse, puisque, comme on le sait, les envoyés en possession ne sauraient prescrire contre lui.

De même, pour la communauté, sa continuation apparente est non avenue, s'il vient à être prouvé qu'elle est vraiment dissoute; réciproquement, sa dissolution provisoire et les effets qu'elle a produits sont annulés, s'il se trouve constant, ou qu'elle dure encore, ou qu'elle a bien été dissoute, mais à une époque autre que celle de cette dissolution présumée.

CHAPITRE III.

DES EFFETS COMMUNS A LA PRÉSOMPTION ET A LA DÉCLARATION D'ABSENCE ; C'EST-A-DIRE, DES CONSÉQUENCES RÉSULTANT DE LA SEULE INCERTITUDE SUR L'EXISTENCE.

SECTION PREMIÈRE.

EFFETS DE L'ABSENCE QUANT AUX DROITS QUI PEUVENT ÉCHOIR A L'ABSENT.

XXI. —Pour réclamer un droit quelconque, il faut prouver que les conditions sous lesquelles ce droit devait nous appartenir, sont accomplies. Lors donc qu'il s'ouvre, pendant l'absence d'une personne, des droits surbordonnés à la condition qu'elle existerait lors de leur ouverture, ces droits ne peuvent être réclamés par aucun représentant ni ayant-cause de cette personne; puisqu'aucun d'eux ne peut prouver qu'elle existe. Quant à ces droits, par conséquent, le résultat est le même (du moins provisoirement) que si cette personne était morte.

Ainsi, par exemple, la succession à laquelle un absent serait appelé, passera à ceux qui doivent la recueillir à son défaut; ainsi, encore, une somme d'argent, léguée à un individu qui se trouve absent lors de la mort du testateur, sera gardée par l'héritier, etc., etc.

Mais cela n'aura lieu, bien entendu, que provisoirement et sauf à l'absent, ses représentans ou ayans-cause, de venir postérieurement réclamer le droit, en prouvant que la condition d'existence s'est réellement accomplie, et pourvu qu'ils agissent dans les délais de la prescription.

Du reste, en restituant les biens, celui qui avait exercé le droit, à défaut de l'absent, gardera tous les fruits par lui perçus pendant tout le temps qu'il a pu se croire propriétaire.

SECTION II.
EFFETS DE L'ABSENCE RELATIVEMENT AU MARIAGE.

XXII. — On ne peut contracter un second mariage qu'après la preuve faite de la dissolution du premier, et cette dissolution n'a lieu que par la mort, naturelle ou civile, d'un des époux. Le conjoint d'un absent ne peut donc licitement se remarier ; car il n'est pas certain que son conjoint soit mort. Mais, d'un autre côté, si, par fraude ou erreur, l'officier de l'état civil a procédé à son mariage, on ne peut pas le faire annuler ; car il n'est pas certain que le premier conjoint soit vivant.

Mais, dès que l'absence cesse et qu'on a la preuve de l'existence du conjoint qui avait disparu, le second mariage peut être attaqué, soit par les époux, soit par tous autres ayant intérêt à le faire, soit par le ministère public, soit même par le mandataire qu'avait laissé l'absent.

CHAPITRE IV.
DES MILITAIRES ABSENS.

XXIII. — Une loi du 6 brumaire an V, abrogée depuis longtemps, avait ordonné, dans l'intérêt des militaires absens, des mesures extraordinaires qui ont cessé dans les délais accordés par cette loi, et prolongés ensuite par celle du 21 décembre 1814.

Mais il en est deux autres, antérieures à celle-ci, encore en vigueur aujourd'hui, et qui apportent une importante modification au droit commun sur la présomption d'absence. La seconde, du 16 fructidor an II, ne fait qu'étendre aux divers employés des armées les dispositions portées pour les militaires par la première, qui est du 11 ventôse même année.

Cette loi de ventôse an II, dérogeant au principe dont nous avons parlé à la section Ire du chapitre précédent, veut que, dans le cas de succession échue à un militaire présumé absent, la succession, au lieu d'être recueillie par celui à qui elle appartiendrait, à défaut de ce militaire, soit administrée par un curateur, dans l'intérêt de ce militaire, pour lui être conservée et remise, s'il revient avant d'être déclaré absent. Ce curateur est choisi par un conseil de famille que convoque le maire de la commune.

Quant à la déclaration d'absence, une loi de 1817 (13 janvier) est venue permettre de l'obtenir sous de plus brefs délais et avec des formes moins dispendieuses que ceux du Code, non pas pour tous les cas passés et à venir, mais seulement pour les militaires qui ont disparu dans les guerres ayant eu lieu depuis 1792 jusqu'au traité de paix de 1815. Les dispositions de cette loi ne sont donc que transitoires et ne s'appliqueront pas souvent désormais, probablement.

Il va sans dire que les militaires restent soumis à toutes celles des dispositions du droit commun, auxquelles il n'a pas été expressément dérogé pour eux.

TITRE V.

DU MARIAGE.

(Décrété le 17 mars 1803. — Promulgué le 27.)

La reproduction de l'espèce est une des lois de notre nature. D'ailleurs, et même abstraction faite de cette première considération, on sent encore que l'homme ne fut pas créé pour vivre isolé; l'homme n'est, par lui seul, qu'un être incomplet, qui ne forme un tout que par son union avec la femme; et celle-ci, réciproquement, formée pour l'homme et d'une partie même de l'homme, n'est plus sans lui que comme une branche séparée de son tronc: *Non est bonum*, dit le Créateur, après la formation d'Adam, *non est bonum, hominem esse solum; faciamus ei adjutorium simile sibi.*

C'est par la combinaison de leurs qualités diverses et corrélatives, par une douce réciprocité d'amitié, de secours et d'assistance, que l'homme et la femme deviennent assez forts pour porter comme il convient le fardeau de la vie, parfois si pesant, et pour gagner ainsi l'immortalité, unique fin de notre existence ici-bas.

Or, procréer des enfans et s'assister mutuellement, tel est le double but du mariage.

L'orateur du Gouvernement a donc donné du mariage une définition exacte et complète, quand il a dit, au Tribunat, qu'il est « la société de l'homme et de la femme qui s'unissent pour « perpétuer leur espèce, et pour s'aider par des secours mutuels « à porter le poids de la vie, en partageant leur commune « destinée. »

A un acte d'une aussi haute importance pour l'homme que le mariage; à un acte duquel peut dépendre son sort pendant toute sa vie sur cette terre, et au-delà encore, l'auteur du christianisme devait attacher une source toute spéciale de grâces ; il l'a fait... Toutefois, et quoique élevé à la dignité de sacrement, le mariage n'en est pas moins, dans son essence, un contrat soumis comme les autres contrats à l'action des lois civiles, et dont les conditions et les effets peuvent être réglés par l'autorité humaine.

Le mariage, même dans l'ordre civil, produit des effets tellement graves, soit pour les familles de ceux qui le contractent, soit pour les contractans eux-mêmes, soit enfin pour la famille nouvelle à laquelle ceux-ci peuvent donner naissance, que toujours on l'a considéré comme sortant de la classe des contrats ordinaires, et qu'il a été l'objet de l'attention toute spéciale des divers législateurs, et du nôtre en particulier.

Le titre dans lequel il s'en occupe, et dont nous commençons l'explication, est divisé en huit chapitres, dans lesquels la loi nous expose successivement :

1° Les diverses conditions requises pour la validité du mariage (chap. I et II) ;

2° Quelles sont celles de ces conditions dont l'absence ferait annuler le mariage contracté ; quelles sont celles dont l'absence donnerait seulement lieu de s'opposer au mariage, mais le laisserait subsister s'il était une fois célébré (chapitres III et IV) ;

3° Les droits et obligations que le mariage fait naître, soit de l'un à l'autre des époux, soit entre ces époux, et d'autres personnes (chap. V et VI) ;

Enfin, 4° les causes de dissolution du mariage et une règle relative au mariage subséquent que cette dissolution rend possible (chap. VII et VIII).

CHAPITRE I.

Des qualités et conditions requises pour pouvoir contracter mariage.

ARTICLE 144.

L'homme avant dix-huit ans révolus, la femme avant quinze ans révolus, ne peuvent contracter mariage.

N. B. — Jusqu'en 1792, les hommes purent se marier à 14 ans, et les femmes à 12 ans, conformément aux règles du droit romain, consacré par le législateur français. Mais on comprit enfin que cette fixation d'âge, bonne pour le climat d'Italie, ne pouvait convenir à nos pays septentrionaux, dans lesquels les forces physiques se développent plus tardivement.

La loi du 20 septembre 1792, titre 4, art. 1er, recula d'un an l'âge voulu pour le mariage, et le fixa à 15 ans pour les hommes, et 13 pour les femmes.

Les rédacteurs du Code ont pensé, et avec raison, que ce terme n'était pas encore assez reculé. Sans doute, à cet âge, quelques-uns seront pubères; mais il fallait porter une règle générale et absolue; il fallait d'ailleurs que l'intelligence, dont le développement est ordinairement plus tardif que celui des forces physiques, fût telle chez les époux, qu'on pût sans danger leur confier une maison à administrer, une famille à gouverner; en conséquence, notre Code a différé jusqu'à 18 ans pour les hommes, jusqu'à 15 pour les femmes, la capacité de se marier.

ARTICLE 145.

Néanmoins, il est loisible au Roi d'accorder des dispenses d'âge, pour des motifs graves.

N. B. — La loi n'a point indiqué les cas dans lesquels une dispense peut être obtenue; elle donne au Roi toute latitude à cet égard, et le laisse juge du point de savoir si le motif pour lequel on forme la demande est ou n'est pas assez grave.

D'après l'arrêté du 20 prairial an II, celui qui veut obtenir une dispense d'âge, doit remettre au procureur du Roi (alors le commissaire du Gouvernement) de son domicile une pétition, au pied de laquelle celui-ci met son avis, et qu'il adresse de suite au Ministre de la justice. Le Roi statue sur le rapport de ce Ministre.

Si la dispense est accordée, l'ordonnance du Roi est enregistrée au greffe du tribunal dans l'arrondissement duquel le mariage doit être célébré, et une expédition en demeure annexée à l'acte de célébration. (*Voyez* ledit arrêté, art. 2 et 5.)

ARTICLE 146.

Il n'y a pas de mariage lorsqu'il n'y a point de consentement.

SOMMAIRE.

I. Le mariage, étant un contrat, ne saurait subsister sans le consentement. Exemples d'un interdit, d'un fou, d'un mort civilement. — Le sourd-muet n'est pas sur la même ligne.

II. Renvoi pour les mariages entachés d'erreur ou de violence. — Distinction des actes nuls, annulables et rescindables.

EXPLICATION.

I. — Le mariage est un contrat; or, un contrat est l'accord de deux volontés; il est donc évident que quand il n'y a pas de consentement, il n'y a pas de mariage. Nous reviendrons plus loin (art. 180) sur cet important principe.

Ainsi, qu'un interdit, ou un individu qui sans être interdit serait cependant atteint d'imbécillité ou de démence, aille déclarer, devant un officier de l'état civil, qu'il prend telle personne pour son épouse, il n'aura rien fait; il n'y aura pas de mariage. Cet individu, en effet, est incapable de consentir, puisqu'il n'a pas l'usage de sa raison.

Il y aurait, toutefois, une différence entre l'interdit et le fou qui ne l'est pas. En effet, un fou peut avoir des intervalles lucides; or, tant que l'interdiction n'est pas prononcée, tous les actes faits pendant un intervalle lucide sont valables; au contraire, après l'interdiction, l'individu est déclaré par la loi incapable d'avoir une volonté; et le mariage qu'il contracterait, même pendant un intervalle lucide, serait radicalement nul. (V. *Observat. prélimin. du chap. IV*.)

Ainsi encore, le mariage contracté par un mort civilement n'aurait aucune existence légale; puisque celui qui l'a formé est, aux yeux de la loi, mort, et par conséquent incapable d'avoir une volonté.

On s'est demandé si un sourd-muet pourrait contracter mariage. L'affirmative n'est pas douteuse. On peut se marier dès là qu'on peut exprimer son consentement. Pourvu, donc, que le sourd-muet ait manifesté suffisamment sa volonté par signes ou par écrit, le mariage par lui contracté sera parfaitement valable. (Pothier, *Contrat de mariage*, n° 93.)

II. — Un contrat n'est légalement formé qu'autant qu'il y a consentement, et consentement libre. Lors donc que le mariage n'est que le résultat de l'erreur, de la violence ou de la séduction, ce mariage est, non pas nul de plein droit, mais annulable. C'est ce que nous verrons aux art. 180 et 181.

N. B. — Il y a une grande différence entre un acte *nul* et un acte *annulable*. L'acte nul est celui qui n'a aucune existence aux yeux de la loi, en sorte qu'il ne peut jamais être ratifié ni validé par quelque moyen que ce soit; on ne peut pas, en effet, confirmer, fortifier, ce qui n'existe pas. L'acte annulable, au contraire, est celui qui existe, mais dont l'existence se trouve viciée par une cause capable de le faire anéantir. L'acte vraiment nul est et reste toujours nul; il ne peut, en aucune manière et à quelque époque que ce soit, produire aucun effet; l'acte simplement annulable, au contraire, devient inattaquable, si l'annulation n'en est pas demandée dans les délais voulus par la loi. Nous verrons plus loin qu'en outre des actes nuls et des actes annulables, on distingue encore les actes *rescindables*. On donne ce nom à ceux qui ne sont affectés d'aucun vice dans leur substance; mais que la loi permet cependant de résoudre et de rendre sans effet, pour une cause extrinsèque. C'est ainsi que la vente d'un immeuble peut être rescindée, quand elle a eu lieu à vil prix. (Article 1674.)

Toutefois, on emploie souvent l'adjectif nul comme synonyme d'annulable ou de rescindable; en sorte qu'on pourrait dire qu'il y a trois espèces de nullités : 1° la *nullité* proprement dite; 2° l'*annulation*; 3° la *rescision*. Du reste, ces deux dernières se confondent dans leurs effets et ne se distinguent que par leur cause; la première, au contraire, comme on le voit par le peu qui vient d'être dit, diffère profondément des deux autres, non-seulement par sa cause mais par ses effets aussi.

ARTICLE 147.

On ne peut contracter un second mariage avant la dissolution du premier.

N. B. — Cet article, en ne permettant le mariage qu'entre un seul homme et une seule femme, ne fait que consacrer les vrais principes du droit naturel.

ARTICLE 148.

Le fils qui n'a pas atteint l'âge de vingt-cinq ans accomplis, la fille qui n'a pas atteint l'âge de vingt-un ans accomplis, ne peuvent contracter mariage sans le consentement de leurs père et mère; en cas de dissentiment, le consentement du père suffit.

SOMMAIRE.

I. Différence entre l'homme et la femme pour la majorité quant au mariage. Raison de cette différence.

II. Le consentement du père ne suffit qu'autant que celui de la mère a été demandé et refusé.

EXPLICATION.

I. — A 21 ans la femme est majeure, absolument et sans restriction; quant à l'homme, il est bien majeur aussi à cet âge, pour tous les actes autres que le mariage (art. 488); mais quant au mariage, il faut distinguer : S'il n'a plus d'ascendans, il est majeur à 21 ans (art. 160); que s'il a encore un ou plusieurs de ses ascendans, il ne l'est qu'à 25 ans (art. 148, 149 et 150). Jusqu'à 25 ans, donc, le fils ne peut se marier qu'avec le consentement de ses père, mère, aïeuls ou aïeules. Après cet âge, comme la fille après 21 ans, il doit encore requérir leur conseil; à tout âge, en effet, l'enfant doit honneur et respect à ses parens. (Art. 371.)

La raison de cette différence entre les fils et les filles, est que les femmes sont plus tôt nubiles, et aussi plus tôt vieillies que les hommes.

II. — De ce que notre article, en cas de dissentiment entre le père et la mère, déclare le consentement du père suffisant, on avait conclu qu'il n'était pas nécessaire de demander le consentement de la mère. C'est une erreur que repousse le texte même de cet article. En effet, d'après ses termes mêmes, le fils jusqu'à 25 ans, la fille jusqu'à 21, ne peuvent se marier sans le consentement de leurs *père et mère*, et ce n'est qu'en cas de *dissentiment* que le consentement du père suffit ; or, pour qu'il y ait dissentiment entre le père et la mère, il faut que la mère comme le père aient été consultés et appelés à donner leur consentement. Ce serait seulement, comme on le voit par l'article suivant, si la mère était morte ou dans l'impossibilité de manifester sa volonté, qu'il suffirait de demander et d'obtenir le consentement du père.

La loi, en effet, ne pouvait pas permettre qu'un enfant manquât de respect à sa mère, au point de se marier sans lui en parler, comme cela pourrait arriver, si l'on se contentait purement et simplement du consentement du père. Il est d'ailleurs très-possible que tel père qui consentirait, s'il était seul consulté, ne consentît pas, si la mère, consultée aussi, lui présentait quelques observations qui peut-être lui auraient échappé. Il fallait que les deux époux pussent se consulter et s'entendre sur un acte aussi important pour leur enfant.

L'officier de l'état civil doit donc ne procéder au mariage qu'autant qu'on lui constate, non pas seulement que le père consent, mais que son consentement est bien intervenu dans le cas où la loi le déclare suffisant, c'est-à-dire après le consentement de la mère demandé et refusé.

Article 149.

Si l'un des deux est mort, ou s'il est dans l'impossibilité de manifester sa volonté, le consentement de l'autre suffit.

SOMMAIRE.

I. En cas d'absence déclarée d'un des époux, il suffit du consentement de l'autre.

II. La même décision doit être admise même pendant la simple présomption d'absence.

III. L'interdiction judiciaire ou légale d'un des ascendans dispense de demander son consentement ; que si l'ascendant est fou, mais non interdit, il faut distinguer s'il a, ou non, des intervalles lucides.

IV. La mère veuve et non tutrice n'en est pas moins apte à consentir au mariage de son enfant. Erreur de Delvincourt.

V. Si la personne qui avait le droit de consentir, et qui avait consenti, meurt avant la célébration du mariage, le consentement donné par elle peut être révoqué par la personne à qui le droit de consentir a passé. Erreur de Delvincourt.

EXPLICATION.

I. — Si l'un des deux parens était déclaré absent, la déclaration d'absence le faisant présumer mort et permettant d'agir comme si le décès était prouvé, il y aurait lieu d'appliquer notre article.

En vain dirait-on que la déclaration d'absence ne permettant *que provisoirement* les mesures que l'on prendrait à la mort, on ne peut l'invoquer que pour les actes que l'on pourrait plus tard réputer non avenus et non quant à des actes irrévocables, comme l'est le mariage. D'abord, il serait inexact de dire que la déclaration d'absence ne permet jamais que des mesures provisoires; car elle conduit, après un temps plus ou moins long, selon les circonstances, à l'envoi définitif en possession, lequel autorise l'aliénation irrévocable des biens. D'ailleurs, si quant aux biens, la loi n'a permis, de suite après la déclaration d'absence, que des mesures provisoires, c'est que ces mesures provisoires étaient précisément un moyen de respecter tout à la fois et les droits de l'absent et ceux de ses héritiers, légataires, etc. Ce n'est donc pas là une raison pour refuser tout effet à cette déclaration, quand il s'agira d'un droit dont l'exercice importe tant et au futur époux et à la société entière, sur le motif que ce droit doit être exercé irrévocablement. La déclaration d'absence a précisément été imaginée pour que l'absence d'un individu ne suspendît pas indéfiniment des droits à l'exercice desquels d'autres individus et l'État lui-même sont intéressés. Ce serait donc s'opposer directement au vœu du législateur, qui partout accorde une très-grande faveur au mariage, que de l'empêcher ou de le retarder à cause de l'absence d'un ascendant. Aussi, tous les auteurs reconnaissent-ils que, dans ce cas, le mariage est possible avec le consentement de la mère.

II. — Mais que faudra-t-il décider si le père n'est qu'en présomption d'absence?

Ici, les auteurs ne sont plus d'accord. Les uns disent que, même dans ce cas, le consentement de la mère suffit, comme si l'absence du père était déclarée, et ils fondent leur décision sur l'art. 155, qui veut qu'en cas d'absence même présumée de l'ascendant, du conseil duquel l'enfant majeur aurait besoin s'il était présent, cet enfant puisse se marier sans attendre ce conseil, pourvu qu'il constate l'absence de son ascendant. Les autres prétendent qu'il n'en saurait être ainsi: on ne peut pas, disent-ils, (et en cela ils ont raison), argumenter pour le cas où *le consentement* est nécessaire, de l'art. 155, qui parle seulement d'enfans majeurs n'ayant besoin que *du conseil* de leur ascendant, et qui pourraient, si cet ascendant était présent, se marier malgré lui, en lui signifiant des actes respectueux. Ils ajoutent que cet art. 155 prouve, au **contraire**, contre la doctrine des premiers; puisqu'en ne permettant le mariage que quand il s'agit d'enfans majeurs, il le défend par là même, implicitement, quant aux enfans encore mineurs. En conséquence, ils décident que, quand le père est présumé absent, le consentement de la mère est insuffisant; en sorte qu'il faudra attendre ou la déclaration d'absence du père, ou la majorité de l'enfant.

Quant à nous, la question nous paraît facile à résoudre, et nous la décidons dans le premier sens. Et d'abord, il faut rejeter l'argument *à contrario* que, dans la deuxième opinion, on veut tirer de l'art. 155. Si cet article ne parle que des enfans majeurs, c'est qu'eux seuls se sont présentés alors à l'esprit du législateur, qui ne s'était occupé que d'eux dans les quatre articles précédens, 151, 152, 153 et 154; tandis qu'il n'avait parlé des mineurs que dans les art. 148, 149 et 150. Ce qui le prouve, ce qui fait voir qu'en proclamant cette faculté pour les majeurs, il n'entendait pas l'enlever aux mineurs, c'est que cet art. 155 ne parle pas seulement de la présomption d'absence, mais aussi de la déclaration d'absence; en sorte que, si l'argument *à contrario* qu'on en tire était bon, il faudrait dire que même après l'absence déclarée du père, l'enfant mineur ne pourrait pas se marier avec le consentement de sa mère. C'est ce que personne ne soutiendra. Il faut donc dire que, quant aux enfans mineurs, la question n'est pas tranchée par l'art. 155.

Cet argument une fois repoussé, et la question restant intacte, nous la déciderons en faveur de l'enfant, non pas d'après l'art. 155 qui ne prouve rien ni pour ni contre, mais d'après des principes qui nous paraissent clairs et certains.

D'abord, notre article lui-même nous paraît suffisant pour la résoudre. En effet, voyons bien la valeur des termes de cet article : l'enfant mineur, d'après la loi, ne peut se marier sans le consentement de son père et de sa mère; mais, cependant, *à l'impossible nul n'est tenu;* si donc l'enfant se trouve dans l'impossibilité, je ne dis pas d'obtenir, mais même de *demander* le consentement d'un de ses deux parens, il serait absurde d'exiger de lui ce consentement. C'est, selon nous, ce qu'a voulu dire le législateur par ces mots : *Si l'un des deux est dans l'impossibilité de manifester sa volonté.*

Lorsque le père est absent, même simplement présumé, peut-on lui demander son consentement? peut-on le consulter? Non; c'est donc le cas d'appliquer l'article. Cette décision sera admise sans difficulté quand on se rappellera que les dispositions favorables doivent toujours être entendues de la manière la plus large, *favores ampliandi*, et que le mariage est vu par le législateur avec une telle faveur, que souvent, comme nous le verrons, il déroge aux principes pour le faciliter.

D'un autre côté, le pouvoir de consentir au mariage des enfans mineurs n'est qu'une conséquence ou plutôt que l'exercice de la puissance paternelle; or, aux termes de l'art. 141, lorsque le père est en présomption d'absence, c'est à la mère que la puissance paternelle appartient.

III. — Quand un des parens est interdit, soit pour imbécillité, démence ou fureur (art. 489), soit par suite d'une condamnation judiciaire (Code civil, art. 28; Code pénal, art. 29), le jugement d'interdiction sera une preuve évidente de l'impossibilité, non pas réelle, mais légale, où il est de manifester sa volonté, puisque l'interdiction le rend, aux yeux de la loi, incapable d'avoir une volonté. Si l'époux frappé d'imbécillité, de démence ou de fureur n'est pas encore interdit, il faut distinguer. S'il a des intervalles lucides, on ne peut pas dire qu'il soit dans l'impossibilité de manifester sa volonté; il faut profiter d'un de ces intervalles pour demander et obtenir son consentement. Que si l'absence de raison est continuelle ou à peu près, c'est le cas d'appliquer notre article, et on sera dispensé de rapporter son consentement en fournissant la preuve de son état.

L'art. 155 autorise à dire que cette preuve serait régulièrement administrée au moyen d'un acte de notoriété signé du juge de paix et de quatre témoins.

IV. — La mère veuve et qui n'est pas tutrice de son enfant, soit parce qu'elle a refusé la tutelle (art. 394), soit parce que, lors d'un second mariage, le conseil de famille ne lui a pas conservé sa qualité de tutrice (art. 398), est-elle apte à consentir au mariage de son enfant?

Nous ne balançons pas à répondre affirmativement. Il est bien vrai qu'alors la mère n'a aucun droit, quant à la disposition ou à l'administration des biens de son enfant; mais nous ne voyons pas quel rapport on peut établir entre la puissance quant aux biens, et la puissance quant au mariage; ce sont là deux choses fort distinctes et pour lesquelles la loi a porté des règles différentes. C'est ainsi, notamment, que le fils de famille, qui est majeur quant à ses biens à 21 ans, ne l'est qu'à 25 quant au mariage. Ce sera, dans ce cas, au tuteur d'administrer les biens, et à la

mère de consentir au mariage ; il n'y a là rien d'extraordinaire.
Si l'on admettait l'opinion contraire, ce ne serait pas seulement
la mère non tutrice qu'il faudrait déclarer incapable de consentir au mariage, mais aussi le père, que ses infirmités ou son âge
auraient fait excuser de la tutelle (art. 433 et 434); car lui non plus,
dans ce cas, n'a l'administration des biens. Ainsi, pour admettre la doctrine que nous rejetons, il faudrait apporter à notre
article une restriction que rien n'autorise, et lui faire dire :
« Quand l'un des époux sera mort, le consentement de l'autre
« suffira, *pourvu, s'il s'agit d'enfans mineurs, que le survivant*
« *en soit le tuteur.* »

Delvincourt, qui défend le sentiment contraire au nôtre, nous
donne une assez longue discussion où la question est examinée
bien plutôt en législation qu'en droit, et dans laquelle un seul
argument présente quelque chose de spécieux. Il consiste à dire :
« D'après l'art. 1398, un mineur peut, dans son contrat de
mariage, consentir toutes donations, pourvu qu'il soit assisté
des personnes dont le consentement est nécessaire pour la validité de son mariage. Donc, si le consentement de la mère veuve
et non tutrice suffisait pour le mariage de son enfant mineur,
celui-ci pourrait, avec son assistance, disposer par son contrat de
mariage du quart, de la moitié ou même de la totalité de ses
biens. Mais puisque, hors ce cas de mariage, cette mère ne pourrait autoriser son enfant à disposer de l'objet le plus modique,
il y aurait là une contradiction tout-à-fait inadmissible. »

Cet argument (qui dans tous les cas n'est qu'une objection et
ne résoudrait pas la question, alors même qu'on n'y répondrait
point) n'a aucune force réelle, et on va comprendre bientôt combien il porte à faux. Toutefois, avant de répondre à l'objection
de Delvincourt, nous devons lui en imposer une à laquelle sa
doctrine donne lieu et qui, seule, suffirait pour faire voir que
cette doctrine est en contradiction flagrante avec l'esprit de
la loi.

Delvincourt conclut de l'incapacité d'autoriser l'enfant à faire
des donations, l'incapacité de consentir à son mariage. Eh bien !
d'après ce principe, ce n'est pas seulement la mère non tutrice
et le père non tuteur, mais aussi la mère maintenue dans la tutelle, et même le père, tout tuteur qu'il serait, qui se trouveraient
incapables de consentir au mariage de leur enfant mineur. En
effet, un tuteur ne peut jamais autoriser son mineur à donner,
je ne dis pas la totalité, mais une partie quelconque de ses
biens ; lui-même a besoin d'être autorisé par le conseil de famille pour aliéner un seul immeuble à titre onéreux. Si donc on
admettait la doctrine que nous combattons, il faudrait, pour

être conséquent, effacer du Code l'art. 149, et dire qu'après la mort d'un des ascendans, le consentement de l'autre, qu'il soit ou non tuteur, ne suffira *jamais* pour le mariage de ses enfans.

Expliquons maintenant en deux mots l'esprit de l'art. 1398, sur lequel Delvincourt appuie la doctrine que nous repoussons.

La loi, qui par faveur pour le mariage a été jusqu'à permettre, dans le contrat qui règle les conventions matrimoniales, des dispositions qu'elle déclare nulles partout ailleurs (*rapprochez notamment l'art. 932 de l'art. 1087; l'art. 943 de l'art. 1082; les art. 944, 945 et 946 de l'art. 1086*); la loi, disons-nous, a voulu que dans son contrat de mariage un mineur pût faire toutes les conventions et donations qu'il aviserait bien, *tout comme s'il était majeur*, et sous la seule condition d'être assisté de ceux dont le consentement lui est nécessaire pour se marier. Sous cette condition, le mineur est, pour cette circonstance, réputé majeur; aussi ce n'est pas, comme dans tout autre cas, son tuteur, c'est lui-même qui consent les conventions ou donations dont nous parlons. Peu importe donc que le père (ou la mère) qui vient alors l'assister, soit ou ne soit pas son tuteur; car, pour ce cas, l'enfant est censé n'être plus en tutelle; il a, pour ce cas seulement, une capacité pleine et entière, une capacité, comme nous l'avons fait remarquer, beaucoup plus grande *que celle du tuteur lui-même*; il n'y a donc rien de commun entre ce privilége de l'art. 1398 et les principes de la tutelle, qui n'avaient aucun rôle à jouer dans cette question (1).

V. — Si la personne dont le consentement était nécessaire a donné ce consentement, mais qu'elle soit ensuite morte, ou tombée dans l'impossibilité de manifester sa volonté, avant la célébration du mariage, le consentement obtenu sera-t-il suffisant, ou bien faudra-t-il obtenir celui de la personne à qui le droit de consentir appartient désormais?

Delvincourt répond que le consentement d'abord obtenu suffira, malgré la mort de celui qui l'a donné, mais il ne donne aucune raison de cette décision, qui nous paraît, à nous, inadmissible.

C'est le consentement de celui à la puissance duquel je suis soumis *lors de mon mariage*, qu'il me faut obtenir pour ce mariage. Ainsi, j'ai bien obtenu le consentement de mon père, par exemple; mais aujourd'hui, qu'il s'agit de célébrer le mariage, ce n'est plus à mon père, c'est à ma mère que cette puissance a passé. Eh bien, ma mère a aujourd'hui le même pouvoir que mon père avait; elle peut donc révoquer le consente-

---

(1) *Voyez* Observat. prélim. du ch. IV, n° 2.

ment donné par celui-ci, comme il aurait pu le révoquer lui-même. En vain dirait-on que le père étant mort en consentant au mariage, son consentement doit être censé durer toujours; en telle sorte que la mère ne peut s'opposer à ce que le mariage ait lieu, attendu qu'en cas de dissentiment le consentement du père suffit. Si le père n'existe plus, le pouvoir de consentir ou de ne pas consentir existe toujours; la mère, à qui il a passé, à qui seule il appartient aujourd'hui, peut en faire tel usage qu'elle trouvera bon ; ce n'est donc pas le cas de dire qu'il y a dissentiment. D'ailleurs, n'est-il pas possible que des circonstances que le père ne connaissait pas, le décidassent lui-même aujourd'hui, s'il vivait encore, à retirer le consentement qu'il avait d'abord accordé ?

Que si la personne à qui le droit de consentir appartient aujourd'hui ne retirait pas le consentement obtenu, son silence serait regardé comme une confirmation de ce consentement. Ce serait vraiment, alors, le cas de dire que le consentement obtenu subsiste toujours, puisque personne ne vient le retirer.

Notre réponse à la question est donc que le consentement obtenu continuera de valoir, tant que la personne à qui le pouvoir de consentir a passé ne déclarera pas une volonté contraire; mais que si cette volonté contraire est déclarée, elle annullera le consentement d'abord obtenu.

ARTICLE 150.

Si le père ou la mère sont morts, ou s'ils sont dans l'impossibilité de manifester leur volonté, les aïeuls et aïeules les remplacent; s'il y a dissentiment entre l'aïeul et l'aïeule de la même ligne, il suffit du consentement de l'aïeul.

S'il y a dissentiment entre les deux lignes, ce partage emportera consentement.

SOMMAIRE.

I. Il faut étendre la disposition de l'article aux bisaïeuls, trisaïeuls, etc. ; en un mot, à tous les ascendans.

II. L'ascendant plus éloigné n'est appelé à consentir que quand l'ascendant plus proche est mort, ou ne peut exprimer sa volonté. — Il n'est pas rigoureusement nécessaire que la mort de l'ascendant plus proche soit constatée par un acte régulier de décès.

III. Pour les ascendans autres que les père et mère, la préférence du degré plus proche et la prépondérance du sexe n'existent que dans chaque ligne, et non d'une ligne sur l'autre. — La prépondérance du sexe n'existe pas non plus entre les deux branches d'une même ligne; le dissentiment entre ces deux branches emportera toujours le consentement de cette ligne.

EXPLICATION.

I. — Bien que cet article ne parle que des aïeuls et aïeules, il n'est pas douteux que le législateur n'ait entendu appliquer cette disposition à tous les ascendans. Partout, dans le titre de la tutelle et dans celui des successions, tous les ascendans, à quelque degré qu'ils soient, sont mis dans une classe à part et passent avant les collatéraux. D'ailleurs, le mot *aïeuls* est un mot générique, dont ceux de *bisaïeul*, de *trisaïeul*, etc., ne sont que des dérivés; de sorte que ces derniers se trouvent compris dans le premier. Aussi, dans la matière même que nous traitons, le Code emploie quelquefois, au lieu de l'expression d'*aïeuls*, celle plus générale d'*ascendans*; c'est ainsi qu'après avoir dit, dans l'art. 173, que le droit de former opposition appartient au père, à défaut du père à la mère, et à leur défaut aux *aïeuls* et *aïeules*, l'article suivant ajoute que ce droit passe aux collatéraux à défaut *d'aucun ascendant*, ce qui prouve que par les mots *aïeuls ou aïeules*, le législateur, dans l'art. 173, avait entendu tous les ascendans.

Si donc le père et la mère, et aussi les aïeuls et aïeules, sont morts ou dans l'impossibilité de manifester leur volonté, l'enfant ne peut se marier qu'avec le consentement de ses autres ascendans, s'il en a encore.

II. — Il est clair que le consentement d'un ascendant plus éloigné ne peut avoir effet, qu'autant que le décès de l'ascendant plus proche, ou l'impossibilité où l'on est d'avoir l'expression de sa volonté, sont prouvés. Du reste, on ne peut pas ici, pour la preuve du décès, être aussi rigoureux que dans les cas ordinaires, et exiger impérieusement la présentation de l'acte de décès. En effet, d'après l'art. 71, l'acte de naissance des futurs époux, beaucoup plus important que l'acte de décès des père et mère, peut cependant être suppléé par un acte de notoriété; l'acte de décès des parens doit donc, d'après l'esprit de la loi, pouvoir être suppléé par une formalité plus simple encore qu'un acte de notoriété. Il est en définitif assez peu important que ce soit avec le consentement du père ou avec celui de son aïeul, à défaut du premier, qu'un jeune homme se marie. Le Conseil-d'État, s'appuyant sur ces motifs, a rendu le 4 thermidor an XIII (23 juillet 1805) un avis d'après lequel ,

1° Il n'est pas nécessaire de produire les actes de décès des père et mère, lorsque l'aïeul atteste ce décès. Il en serait de même évidemment, bien que l'avis du Conseil-d'État n'en parle pas, si le décès du père était attesté par la mère ou réciproquement ; ou si

le décès d'un aïeul ou d'une aïeule était attesté par d'autres ascendans.

2° S'il n'existe aucun ascendant qui puisse faire cette attestation, le décès sera suffisamment prouvé par la déclaration à serment des futurs époux, qu'ils ignorent le lieu du décès, ce qui
les empêche de rapporter l'acte; cette déclaration doit aussi être
faite sous serment par les quatre témoins du mariage.

III.—Maintenant, dans quel ordre les divers ascendans auront-
ils le droit de consentir?

Et d'abord l'aïeul d'une ligne exclura-t-il un bisaïeul de l'autre ligne?... Non; chaque ligne sera représentée par l'ascendant le
plus proche de cette ligne, quoiqu'il y ait dans l'autre ligne un
ascendant plus proche que lui. A défaut des père et mère, les
aïeuls et aïeules (c'est-à-dire, *les ascendans*) les remplacent, nous
dit notre article; ce n'est pas l'ascendant le plus proche, ce sont
les ascendans; le pouvoir de consentir seul, qui est donné par
l'art. 149 au survivant des père et mère, n'étant pas répété dans
notre article, le droit appartient donc aux deux lignes simultanément. D'ailleurs, la faveur que le législateur accorde partout
au mariage (faveur qui se manifeste encore ici par le second alinéa de l'article, permettant le mariage en cas de dissentiment
des deux lignes), demande qu'on donne lieu aussi souvent que
possible à ce dissentiment, afin que le mariage ait plus de chances de se réaliser.

Ainsi, après la mort des père et mère, la préférence du degré
plus proche, de même que la prépondérance du sexe, existent
bien dans chaque ligne en particulier, mais non pas d'une ligne
à l'autre.

Soit, par exemple, pour tous ascendans, un bisaïeul et une
bisaïeule maternels, mari et femme. Si ce bisaïeul refuse, la bisaïeule consentant, le mariage ne se fera pas; si, au contraire, le
bisaïeul consent, la bisaïeule refusant, le mariage sera possible.
C'est ce que dit positivement notre article : « S'il y a dissentiment
« entre *l'aïeul et l'aïeule* de la même ligne (et il faut dire entre un
« ascendant et une ascendante, mari et femme, de quelque degré
« qu'ils soient) il suffit du consentement de l'aïeul. » Il y a ici
prépondérance du sexe; mais si cette bisaïeule maternelle, devenue veuve, se trouvait en face d'un aïeul de la ligne paternelle,
son consentement suffirait, quand même l'aïeul paternel refuserait, parce que cette bisaïeule représentant alors sa ligne à elle
seule, il y aurait dissentiment entre les deux lignes. Donc, quoique l'ascendant qui refuse, dans une ligne, soit au second degré,
tandis que l'ascendant qui consent, dans l'autre, n'est qu'au troisième; quoique que le premier soit un ascendant mâle, tandis

que l'autre est une femme; quoique enfin, l'un appartienne à la ligne paternelle, et l'autre à la ligne maternelle seulement; nonobstant la réunion de ces trois circonstances (dont une seule serait décisive en faveur du premier, s'il s'agissait de l'obtention de la tutelle légitime, d'après l'art. 402), c'est la volonté de la seconde qui l'emportera; la loi proclamant le mariage possible, dès qu'il y a désaccord entre les deux lignes.

Il nous reste à examiner un point qui n'est prévu ni par Toullier, ni par Delvincourt, ni par M. Duranton, et qui, cependant, se présente tout naturellement à l'esprit. C'est de savoir ce qui arrivera si l'enfant a encore dans une même ligne 1° deux bisaïeuls, ou 2° deux bisaïeules, ou 3° un bisaïeul et une bisaïeule non-conjoints.

Ainsi, le père *du père* de mon père, et le père *de la mère* de mon père, en d'autre termes, son aïeul paternel et son aïeul maternel sont pour moi deux bisaïeuls, paternels l'un et l'autre ; également, les deux aïeules paternelle et maternelle de mon père, c'est-à-dire la mère de son père et la mère de sa mère, sont mes bisaïeules paternelles; il en est de même du côté de sa mère. Or, il se peut qu'au moment de mon mariage, je n'aie plus ni père ni mère, ni aïeuls ni aïeules, et que j'ai encore, soit du côté de mon père, soit du côté de ma mère, mes deux bisaïeuls, ou mes deux bisaïeules, ou un bisaïeul et une bisaïeule non-conjoints.

Nous disons un bisaïeul et une bisaïeule *non-conjoints;* car si c'était le mari et la femme, si c'était l'aïeul et l'aïeule paternels tous deux, ou maternels tous deux, de mon père ou de ma mère, il n'y aurait pas de difficulté; tous deux ne compteraient alors que pour un, parce que le mari devant toujours rester le chef, ce serait, en cas de dissentiment, sa volonté qui l'emporterait, par analogie de l'art. 148 et de de notre art. 150. Mais telle n'est pas notre hypothèse; nous supposons que, des deux ascendans, l'un est auteur parternel, l'autre auteur maternel, du père ou de la mère.

Ce concours de bisaïeuls, dans l'une ou dans l'autre ligne, est soigneusement réglé par le Code, quand il traite des tutelles légitimes (voir les art. 403 et 404, qui ne parlent pas des *bisaïeules,* parce que les femmes, autres que la mère, ne sont point tutrices légitimes). Si donc la loi ne s'en occupe pas pour le cas de mariage, c'est sans doute parce que l'enfant pouvant se trouver en tutelle dès sa naissance même, tandis qu'il ne se marie qu'à quinze ou dix-huit ans au plus tôt, la présence des bisaïeuls, rare déjà pour un pupille, a paru presque chimérique au législateur pour des personnes qui vont se marier.

Et cependant, rigoureusement, une femme pourrait, dès l'âge

de soixante-trois ans, être la bisaïeule légitime d'une fille de quinze ans; et en mettant, pour plus de latitude, vingt-une années par chaque génération, un vieillard de quatre-vingt-sept ou quatre-vingt-huit ans serait bisaïeul d'un jeune homme de vingt-quatre ou vingt-cinq ans. La réalisation de l'hypothèse n'a donc rien d'impossible, et son extrême rareté ne saurait être une fin de non-recevoir contre son examen. Eh bien! que doit-on décider dans ce cas?

La question ne nous paraît pas pouvoir faire difficulté.

Les deux branches d'une même ligne sont, vis-à-vis l'une de l'autre, ce que sont entre elles les deux lignes, par conséquent, le dissentiment entre ces deux branches devra emporter consentement de la ligne à laquelle elles appartiennent.

Le Code, en effet, a consacré pour le mariage un système tout différent de celui qu'il adopte dans le cas de tutelle légitime. Pour la tutelle, la loi, d'abord, écarte les ascendantes autres que la mère, les ascendans mâles sont seuls appelés; puis, entre eux, c'est encore la génération par mâles qui détermine la préférence. Ainsi, l'aïeul paternel est préféré à l'aïeul maternel, un bisaïeul paternel l'est à un bisaïeul maternel, et ainsi de suite (art. 402); puis, entre les deux bisaïeuls paternels, on préfère celui auquel l'enfant se rattache en ne passant que par les mâles, c'est-à-dire l'aïeul paternel du père (art. 403); quant à deux bisaïeuls maternels, comme ni l'un ni l'autre ne tient au mineur par les mâles, et que dès lors la cause de préférence n'existe plus, le conseil de famille est appelé à nommer celui des deux qu'il voudra choisir (art. 404). Ainsi, 1° admission des ascendans mâles seulement; 2° préférence fondée uniquement sur la génération par les mâles; tel est, pour la tutelle, le système de la loi.

Pour le consentement au mariage, rien de semblable. 1° Les ascendantes sont appelées à consentir comme les ascendans : *les aïeuls et aïeules,* dit notre article, remplacent les père et mère. 2° La ligne maternelle est mise exactement au même rang que la ligne paternelle; puisque *le partage emporte consentement,* sans qu'on ait à considérer laquelle des deux lignes consent et laquelle refuse. 3° Enfin, une ascendante a la même autorité qu'un ascendant, pourvu que cet ascendant ne soit pas son mari. En effet, d'après la dernière phrase de notre article, le partage des lignes emporte consentement, sans que l'on doive distinguer si chaque ligne est représentée par un homme, ou si l'une l'est par un homme et l'autre par une femme; le cas dans lequel la seconde phrase de ce même article fait prévaloir la volonté de l'ascendant est celui de dissentiment entre l'aïeul et l'aïeule de la même ligne, c'est-à-dire entre le grand-père et la grand'mère, paternels tous deux, ou maternels tous deux, par conséquent entre le mari et la femme.

Il suit de là que si un enfant, ayant perdu ses père, mère, aïeuls et aïeules, avait encore ses deux bisaïeuls et ses deux bisaïeules paternels, puis un seul bisaïeul et ses deux bisaïeules maternels, le consentement donné par celle des deux bisaïeules maternelles qui est veuve l'emporterait sur le refus unanime des six autres. En effet, le consentement de cette bisaïeule veuve, laquelle représente à elle seule sa branche, forme dissentiment entre les deux branches, et dès lors équivaut à un consentement de la ligne maternelle; ensuite, ce consentement, mis en face du refus de la ligne paternelle, forme dissentiment entre les deux lignes et rend le mariage possible.

Article 151.

Les enfans de famille ayant atteint la majorité fixée par l'art. 148 sont tenus, avant de contracter mariage, de demander, par un acte respectueux et formel, le conseil de leur père et de leur mère, ou celui de leurs aïeuls ou aïeules, lorsque leur père et leur mère sont décédés, ou dans l'impossibilité de manifester leur volonté.

SOMMAIRE.

I.   Ici, c'est seulement *le conseil* des parens qui est demandé, et leur refus n'empêcherait pas le mariage. — Ce conseil doit être demandé suivant les règles indiquées plus haut pour la demande du consentement.

II.   Vice des expressions *sommation respectueuse*.

EXPLICATION.

I. — Ce n'est pas le consentement, c'est seulement *le conseil* des ascendans, qu'il faut demander ici; l'enfant est majeur, et la demande que la loi exige de lui, n'est, pour ainsi dire, qu'une formalité commandée par le respect qu'on doit toujours à ses parens. Aussi, le mariage ne sera plus empêché par le refus des parens, comme on va le voir par l'article suivant.

Quoique la loi ne le dise pas, il est clair qu'il faut répéter ici ce qui a été dit plus haut, quant au consentement. Ainsi, 1° si le père et la mère sont en état de manifester leur volonté, tous deux devront être consultés; mais l'assentiment du père suffira et rendra inutile la notification d'actes respectueux; 2° si l'un des deux est mort ou dans l'impossibilité d'exprimer son assentiment, c'est seulement le conseil de l'autre qu'il faut requérir; 3° enfin, si le père et la mère sont tous deux hors d'état de con sentir, l'assentiment donné par une des deux lignes rendra également inutile la notification d'actes respectueux.

II. — Dans l'ancienne jurisprudence, on appelait ordinairement *sommation* respectueuse l'acte exigé ici par la loi. (*Voy.* Pothier, *Contrat de mariage*, n° 340.) Cette dénomination, encore usitée dans le monde, est on ne peut plus inexacte : le mot *sommation* emporte une idée qui exclut celle de *respect*, et notre législateur n'a pas voulu qu'un enfant pût *sommer* ses parens de consentir à son mariage. Ce n'est donc point *une sommation de consentir* qu'il leur donne; c'est un avertissement de l'intention où il est de se marier, alors même qu'ils n'y consentiraient pas. Aussi, la loi n'a-t-elle pas voulu que cet acte fût signifié par un huissier, dont la présence est en général vue d'assez mauvais œil et présente quelque chose d'hostile; elle a exigé le ministère des notaires (art. 154).

Article 152.

Depuis la majorité fixée par l'art. 148, jusqu'à l'âge de trente ans accomplis pour les fils, et jusqu'à l'âge de vingt-cinq ans accomplis pour les filles, l'acte respectueux prescrit par l'article précédent et sur lequel il n'y aurait pas de consentement au mariage, sera renouvelé deux autres fois, de mois en mois; et un mois après le troisième acte, il pourra être passé outre à la célébration du mariage.

Article 153.

Après l'âge de trente ans, il pourra être, à défaut de consentement sur un acte respectueux, passé outre, un mois après, à la célébration du mariage.

N. B. — Depuis 25 ans jusqu'à 30 pour les fils, et depuis 21 ans jusqu'à 25 pour les filles, il faut, d'après l'art. 152, si les parens persistent dans leur refus de consentir, trois actes respectueux, et le mariage ne peut avoir lieu qu'après trois mois, au plus tôt, depuis la signification du premier.

Ces délais ont paru nécessaires pour donner, et aux parens et aux enfans, le temps de réfléchir et de revenir de leur première résolution, s'ils la trouvent mal fondée.

Après l'âge de 30 ans pour les fils, et de 25 ans pour les filles, un seul acte est nécessaire. Nous disons après 30 ans pour les fils et 25 ans pour les filles, quoique notre art. 153 dise, d'une manière absolue, après l'âge de 30 ans; c'est qu'en effet la disposition de cet article doit se compléter par celle de l'article précédent. Puisque, d'après celui-ci, les trois actes respectueux, nécessaires jusqu'à 30 ans pour les fils, ne le sont que jusqu'à 25 pour les filles, il est clair qu'après cet âge de 25 ans, les filles n'auront besoin que d'un seul acte.

Dans le cas de cet art. 153, l'âge de l'enfant, en outre de ce qu'il rend le mariage plus pressant, donne aussi plus de confiance dans l'expérience de cet enfant : on ne devait donc pas exiger autant de formalités, ni des délais aussi longs.

Article 154.

L'acte respectueux sera notifié à celui ou ceux des ascendans désignés en l'art. 151, par deux notaires, ou par un notaire et deux témoins; et, dans le procès-verbal qui en doit être dressé, il sera fait mention de la réponse.

N. B. — Faut-il que l'enfant se transporte chez l'ascendant avec les notaires? — Non : cela était exigé autrefois (Pothier, *Contrat de mariage*, n° 340, et *Traité des personnes*, 1re part., 15e alin.); mais notre Code ne l'exige pas. Et en effet, la présence de l'enfant, qui peut être utile dans certains cas, pourrait dans d'autres, et quand l'irritation des parens est montée à un certain degré, devenir une occasion de scènes fâcheuses et nuire beaucoup plus qu'elle ne servirait. Ce point a été jugé en ce sens par un arrêt de cassation du 4 novembre 1807.

La notification doit, autant que possible, être faite à la personne même des ascendans. Peut-être que par de sages réflexions, on obtiendrait leur consentement. Mais, bien entendu, il ne faut pas non plus que l'ascendant puisse reculer indéfiniment le mariage en se tenant absent de son domicile ou en refusant de recevoir les notaires. Lors donc que celui à qui doit être faite la signification évitera la personne de l'officier public, cette signification pourra très-bien être faite à domicile, conformément aux règles ordinaires.

Il ne faudrait pas argumenter contre cette décision de ce que la loi exige que le notaire, dans son procès-verbal, fasse mention de la réponse de l'ascendant; car il est clair que cette nécessité n'existe qu'autant qu'une réponse est faite, et que l'ascendant veut bien rester présent pour recevoir le notaire et s'expliquer avec lui. Il est évident aussi que ce serait donner la réponse de l'ascendant que de dire : *Prié de s'expliquer sur les causes de son refus, le sieur N. a dit n'avoir rien à répondre.* C'est la réponse *ou le refus de répondre* qu'il faut mentionner.

Article 155.

En cas d'absence de l'ascendant auquel eût dû être fait

l'acte respectueux, il sera passé outre à la célébration du mariage en représentant le jugement qui aurait été rendu pour déclarer l'absence, ou à défaut de ce jugement, celui qui aurait ordonné l'enquête, ou s'il n'y a point encore eu de jugement, un acte de notoriété délivré par le juge de paix du lieu où l'ascendant a eu son dernier domicile connu. Cet acte contiendra la déclaration de quatre témoins appelés d'office par ce juge de paix.

SOMMAIRE.

I.   L'article signifie : En cas d'absence *du dernier ascendant.*
II.   Dans ce cas, et toutes les fois qu'il n'y a plus d'ascendant en état de manifester sa volonté, le mariage est possible, sans consentement ni conseil, non pas seulement pour le fils de 25 ans, mais aussi pour celui de 21 ans.
III. L'acte de notoriété n'a pas besoin d'être homologué. Moyen de remplacer cet acte de notoriété, quand le dernier domicile de l'ascendant n'est pas connu.

EXPLICATION.

I. — Les auteurs ne sont pas d'accord sur le sens de cet article. Les uns, le mettant en contradiction avec les principes posés par la loi dans les articles précédens, prétendent que d'après sa disposition, quand l'ascendant auquel l'enfant majeur aurait dû signifier un acte respectueux, sera absent (soit déclaré, soit présumé), le mariage pourra avoir lieu en constatant cette absence, *quand même d'autres ascendans seraient présens,* et sans qu'il soit besoin alors de notifier un acte respectueux à ceux-ci. Tout ce que veut la loi, disent-ils, c'est qu'on prouve, d'après le mode indiqué par notre article, l'absence de l'ascendant, du conseil duquel on avait besoin. Ainsi, le père est absent (nous supposons la mère morte), mais le grand-père est présent : on pourra, en constatant l'absence du père, arriver au mariage, sans qu'il soit besoin de requérir le conseil de l'aïeul.

C'est là, selon nous, une erreur grave et qu'on ne peut soutenir qu'en abusant des mots de notre article, qui conduiront à un résultat tout différent, quand on les combinera avec les dispositions de l'art. 151.

En effet, dans quel cas, d'après notre article, procède-t-on au mariage en constatant tout simplement l'absence de l'ascendant? *C'est en cas d'absence de l'ascendant dont il faudrait demander le conseil s'il était présent :* or, à qui faut-il demander ce conseil? — C'est, d'après l'art. 151, d'abord au père et à la mère; puis, s'ils sont morts, *ou dans l'impossibilité de manifester leur volonté,* aux aïeuls et aïeules; or, puisque la mère est morte et le père absent, tous deux sont *donc dans l'impossibilité de manifester leur volonté*, et c'est de l'aïeul qui reste qu'il faut alors requérir le conseil; c'est donc à lui maintenant que l'acte respectueux doit être notifié. Il est donc vrai de dire qu'il n'y a pas *absence de l'ascendant a qui devait être fait l'acte respectueux s'il était présent;* car il est présent, cet ascendant, puisque c'est l'aïeul, aux termes de l'art. 151.

Notre article n'a donc d'application qu'autant qu'il n'y a plus là aucun ascendant à qui l'acte respectueux doive être notifié, et que celui qui est aujourd'hui absent, était le dernier dont le conseil dût être requis. Alors, en effet, aucun ascendant n'étant là, et tous étant ou morts, ou interdits, ou absens, l'enfant se trouve n'avoir plus besoin ici du consentement ni du conseil de personne, comme on le voit par l'art. 160, et il peut dès lors se marier sans aucune autre formalité que la constatation de l'absence de son ascendant.

Entendu ainsi, l'article se trouve en harmonie avec les art. 150, 151 et 160; tandis qu'interprété autrement, il apporterait une exception aux principes posés par la loi, une exception qu'il serait impossible de s'expliquer. Pourquoi, en effet, pourrait-on se passer du conseil de l'aïeul, quand (la mère étant morte), le père ne sera qu'absent, tandis que ce conseil serait nécessaire si ce père était mort? Comment l'absence déclarée ou présumée d'un ascendant donnerait-elle à l'enfant plus de liberté que ne le ferait la mort prouvée de cet ascendant?... Évidemment, un tel système est inadmissible. Ainsi, par ces mots : *En cas d'absence de l'ascendant auquel eût dû être fait l'acte respectueux*, le législateur a voulu dire : *S'il n'y a pas d'ascendant auquel on doive faire un acte respectueux, et que celui dont on eût dû requérir le conseil, ne soit pas mort, mais seulement absent.* C'est sans doute parce que la première phrase était plus brève que le législateur l'a employée.

II. — Puisque dans le cas d'absence, même simplement présumée, du dernier ascendant dont l'enfant majeur eût dû demander le conseil, cet enfant peut passer outre à la célébration du mariage, il est clair qu'il aura, *à fortiori*, le même droit, quand ce dernier ascendant sera mort, ou qu'il y aura, pour une cause quelconque, impossibilité de demander son assentiment; si la loi n'a parlé que du cas d'absence, c'est que c'était celui pour lequel il pouvait y avoir quelque doute. Donc la fille de 21 ans, et le fils de 25 ans, qui n'ont aucun ascendant en état de manifester sa volonté, peuvent se marier sans demander l'avis de personne. Quant aux fils majeurs de 21 ans, mais non encore arrivés à 25 ans accomplis, qui se trouvent dans le même cas, la loi ne s'en est point formellement occupée; mais l'ensemble des dispositions de notre chapitre, prouve bien que, comme nous l'avons dit déjà, ils sont aussi majeurs pour le mariage, et peuvent également se marier sans le consentement ni le conseil de personne. En effet, le futur époux ne peut, quant à l'assentiment qu'il lui faudrait obtenir pour son mariage, être soumis qu'à ses ascendans ou à son conseil de famille; or, le consentement ou le conseil des ascendans, ne peut pas être exigé quand il n'y a plus d'ascendans, ni quand il y a impossibilité d'avoir l'expression de la volonté de ceux qui existent, et d'autre part, le consentement du conseil de famille, nécessaire à ceux qui n'ont pas d'ascendans en état de manifester leur volonté, n'est requis pour eux que jusqu'à 21 ans (art. 160). Ainsi donc, le fils entre 21 et 25 ans, n'est mineur pour le mariage que quand il a encore quelque ascendant en état de manifester sa volonté; autrement il est majeur dès cet âge de 21 ans.

III. — L'acte de notoriété permis dans le dernier cas de notre article n'aura pas besoin d'être homologué; la loi qui, dans l'art. 72, exige l'homologation pour l'acte de notoriété destiné à remplacer l'acte de naissance qu'un époux serait dans l'impossibilité de représenter, ne l'exige point ici. En effet, la constatation de l'absence des ascendans est, ainsi que la production de leur acte de décès, beaucoup moins importante que la production de l'acte de naissance des époux; aussi notre article n'exige, pour l'acte de notoriété dont il parle, que la signature de quatre témoins, tandis que d'après l'art. 71, sept témoins doivent signer celui destiné à remplacer l'acte de naissance.

IV. — D'après le 2° de l'avis précité du Conseil-d'État, du 4 thermidor an XIII, si les père, mère, aïeuls ou aïeules de l'enfant majeur sont absens, mais qu'on ne puisse prouver leur absence dans la forme prescrite par notre article, *in fine*, faute de connaître leur dernier domicile, il peut être procédé au mariage de ces majeurs sur leur déclaration à serment que le lieu du dernier domicile de leurs ascendans leur est inconnu. Cette déclaration doit être certifiée, sous serment également, par les quatre témoins du mariage, lesquels affirment qu'ils sont dans la même ignorance.

ARTICLE 156.

Les officiers de l'état civil qui auraient procédé à la célébration des mariages contractés par des fils n'ayant pas atteint l'âge de vingt-cinq ans accomplis, ou par des filles n'ayant pas atteint l'âge de vingt et un ans accomplis, sans que le consentement des père et mère, celui des aïeuls et aïeules, et celui de la famille, dans le cas où ils sont requis, soient énoncés dans l'acte de mariage, seront, à la diligence des parties intéressées et du procureur du Roi près le tribunal de première instance du lieu où le mariage aura été célébré, condamnés à l'amende portée par l'article 192, et en outre à un emprisonnement dont la durée ne pourra être moindre de six mois.

SOMMAIRE.

I. L'amende est de 16 à 300 fr.; l'emprisonnement de six mois à un an.
II. Conciliation de notre article avec l'art. 193 C. pénal. L'officier n'est passible que pour le défaut de consentement; mais le défaut d'énonciation établit contre lui une présomption qu'il doit renverser.

EXPLICATION.

I. — L'amende portée par l'art. 192, auquel renvoie notre article, est d'un maximum de 300 fr., et son minimum a été fixé à 16 fr. par l'art. 193 du Code pénal. Quant à la durée de l'emprisonnement, dont notre article fixe le minimum à six mois, ce même art. 193 du Code pénal en a porté le maximum à un an.

II. — A s'en tenir rigoureusement aux termes de notre article, la peine de 16 à 300 fr. d'amende et de six mois à un an de prison serait encourue par cela seul que l'officier de l'état civil n'aurait pas énoncé le consentement dans l'acte, et quand même ce consentement serait cependant intervenu. Mais l'art. 193 du Code pénal ne prononce ces peines que contre celui qui ne s'est point assuré de l'existence de ce consentement.

S'il fallait voir une contradiction entre ces deux articles, ce serait évidemment au dernier qu'il faudrait s'attacher; d'abord, parce qu'il est postérieur; ensuite, parce que de deux dispositions pénales, c'est la moins rigoureuse qu'il faut appliquer. Mais la contradiction n'est qu'apparente, et ces deux articles peuvent se concilier de cette manière : Par cela seul que l'officier n'a point énoncé le consentement, il est censé ne pas s'en être assuré, et cette omission constitue contre lui une présomption qui dispense d'autre preuve; mais il pourra, lui, faire disparaître cette présomption en prouvant que le consentement est réellement intervenu, et échapper ainsi à l'application de ces deux articles.

Et en effet, le résultat de ces deux articles combinés se trouve être le seul parti que le législateur pût prendre. En effet, d'une part, il eût été trop rigoureux de punir le fonctionnaire public d'une peine aussi forte, pour un simple oubli; ce qui eût été la conséquence de notre article pris à la lettre. Mais, d'un autre côté, on ne pouvait pas dire qu'il n'y aurait lieu à l'application de la peine qu'autant que le procureur du Roi établirait l'absence réelle de consentement; car c'eût été demander la preuve d'un fait négatif presque toujours impossible à administrer.

Lors donc que l'un de ces deux articles serait seul, il devrait encore être entendu dans le sens auquel on arrive en les expliquant l'un par l'autre.

ARTICLE 157.

Lorsqu'il n'y aura pas eu d'actes respectueux, dans les cas où ils sont prescrits, l'officier de l'état civil qui aurait célébré le mariage sera condamné à la même amende et à un emprisonnement qui ne pourra être moindre d'un mois.

N. B. — Aucune disposition législative n'est venue fixer pour ce cas le maximum de l'emprisonnement, dont le minimum seulement est indiqué par notre article. Il est évident, du reste, que ce maximum ne peut pas dépasser un an.

Le motif que nous avons donné sous l'article précédent doit faire également décider ici que la seule preuve à faire, par le ministère public, sera celle de l'omission dans l'acte de la mention d'actes respectueux; sauf à l'officier à établir que, nonobstant le défaut de mention, ces actes respectueux ont cependant été faits.

ARTICLE 158.

Les dispositions contenues aux art. 148 et 149, et les dispositions des art. 151 à 155, relatives à l'acte respectueux qui doit être fait aux père et mère, dans le cas prévu par ces articles, sont applicables aux enfans naturels légalement reconnus.

N. B. — Les rapports de protection d'une part, et de respect de l'autre, doivent exister entre les parens et les enfans, aussi bien quand ceux-ci sont enfans naturels que lorsqu'ils sont enfans légitimes. Les premiers comme les seconds, par conséquent, tant qu'ils ont leur père ou leur mère, ne seront (si ce sont des fils) majeurs pour le mariage qu'à vingt-cinq ans accomplis, et après cet âge il leur faudra requérir le conseil de ces père et mère, ou de celui des deux qui a survécu ou qui se trouve seul en état de manifester sa volonté.

Mais la reconnaissance d'un enfant étant, par la force des choses, purement personnelle, et ne pouvant rattacher cet enfant qu'à la personne qui l'a reconnu, il s'ensuit que les enfans naturels ne peuvent jamais avoir d'aïeuls ni d'aïeules; c'est pour cela que notre article ne se réfère point à l'art. 150, où il n'est

question que des ascendans autres que le père et la mère. C'est
pour cela aussi que dans l'article suivant on demande, pour le
mineur enfant naturel, le consentement d'un tuteur nommé par
son conseil de famille, dès que les *père et mère* qui l'ont reconnu
sont morts ou hors d'état de manifester leur volonté; tandis que,
dans l'art. 160, le conseil de famille n'est appelé à consentir au
mariage de l'enfant légitime qu'à défaut des père, mère, *aïeuls
et aïeules*.

ARTICLE **159**.

L'enfant naturel qui n'a point été reconnu, et celui qui
après l'avoir été a perdu ses père et mère, ou dont les
père et mère ne peuvent manifester leur volonté, ne
pourra, avant l'âge de vingt-un ans révolus, se marier qu'a-
près avoir obtenu le consentement d'un tuteur *ad hoc* qui
lui sera nommé.

N. B. — L'enfant naturel que ni son père ni sa mère n'ont reconnu est, aux yeux de la loi, sans parens et dans la même position
que celui qui, après avoir été reconnu par ses parens, les aurait
perdus ensuite.

C'est un tuteur nommé *ad hoc* que la loi exige pour consentir
au mariage de l'enfant naturel mineur; lors donc que cet enfant
aurait déjà un tuteur, il en faudrait néanmoins nommer un exprès à cette fin. Le législateur a sans doute pensé qu'un citoyen,
chargé spécialement et uniquement d'une mission aussi importante, s'en acquitterait avec plus de soin. Il est clair, du reste,
que le tuteur déjà existant pourrait être chargé de cette mission,
mais il faudrait qu'il fût spécialement indiqué.

C'est par le conseil de famille que ce tuteur sera nommé; mais
de qui se composera ce conseil de famille? Le conseil de famille
des enfans légitimes se compose de leurs parens ou de citoyens
connus pour avoir eu des relations d'amitié avec le père ou la
mère du mineur (art. 407, 408, 409.) Pour les enfans naturels,
il est clair qu'il ne saurait y avoir de parens; puisque ces enfans
n'en ont pas d'autres que les père et mère qui les ont reconnus,
lesquels, dans notre article, sont supposés morts. Le conseil de
famille ne se composera donc, dans ce cas, que de personnes
ayant eu des relations d'amitié avec le père ou la mère; ou, si
l'enfant n'a pas été reconnu, de personnes connues pour l'intérêt
qu'elles portent à cet enfant.

ARTICLE **160**.

S'il n'y a ni père ni mère, ni aïeuls ni aïeules, ou s'ils se trouvent tous dans l'impossibilité de manifester leur volonté, les fils ou filles mineurs de vingt-un ans ne peuvent contracter mariage sans le consentement du conseil de famille.

N. B. — Le conseil de famille, dans ce cas, remplace les père et mère ou ascendans; il ne peut donc pas être tenu plus qu'eux de motiver son refus de consentir, et son avis ne pourra pas, comme dans les cas ordinaires, être réformé par les tribunaux. (Voy. art. 883 Cod. proc.)

Le conseil peut avoir, pour ne pas consentir au mariage, des motifs très-graves, qu'il croit cependant devoir tenir cachés par ménagement pour la famille de l'autre époux. C'est *le consentement* de ce conseil que la loi demande; or, quand même le tribunal annullerait la délibération, cela ne donnerait pas un consentement. La délibération serait simplement réputée non-avenue, et il en faudrait une autre qui, comme la première, donnerait un refus, ce serait donc un circuit inutile.

ARTICLE 161.

En ligne directe, le mariage est prohibé entre tous les ascendans et descendans légitimes ou naturels, et les alliés dans la même ligne.

SOMMAIRE.

I.   Ce que c'est que la parenté. — Comment se comptent les degrés. Ce que c'est que l'alliance.
II. En ligne directe, la parenté, même purement naturelle, forme empêchement à l'infini. — Il en était de même à Rome.
III. Le commerce illicite de deux personnes produit, entre chacune d'elles et les parens directs de l'autre, une affinité naturelle qui empêche aussi le mariage à l'infini.

EXPLICATION.

I. — On appelle *Parenté* le lien qui existe entre deux personnes descendant l'une de l'autre ou d'un auteur commun. Quand les deux personnes descendent l'une de l'autre, on dit qu'elles sont parentes en ligne *directe;* quand elles descendent d'un même auteur, mais non pas l'une de l'autre, leur parenté est *collatérale.*

On appelle *degré* de parenté, la distance qui sépare deux parens. On compte un degré pour chaque génération; en sorte que, pour connaître le nombre de degrés qui séparent deux parens, il suffit de compter le nombre de personnes par lesquelles il faut passer pour arriver de l'un à l'autre en passant par l'auteur de la parenté. Ainsi, de moi à mon père ou à ma mère, et réciproquement, il n'y a qu'un degré. Entre moi et mon frère, il y en a deux; car, pour aller de moi à mon frère, il faut d'abord remonter à mon père, ce qui donne un degré; puis redescendre à mon frère, ce qui en fait un second. Pour aller jusqu'à mon neveu, fils de ce frère, il y en aurait trois. Nous reviendrons là-dessus, du reste, au titre des successions (art. 735 à 738.)

L'*alliance* ou *affinité* est la relation qui existe entre un époux et les parens de son conjoint. C'est une parenté imparfaite, fondée sur ce que les deux époux ne faisant, pour ainsi dire, qu'un seul être, les parens de l'un se trouvent en quelque sorte devenir les parens de l'autre. Par imitation de la parenté, on compte aussi des degrés dans l'alliance, bien que d'un allié à un autre, il n'y ait plus de génération. Ainsi, on dit que deux individus sont alliés au second degré, pour signifier qu'ils sont, comme alliés, dans la même position où seraient deux individus parens au second degré.

II. --- Notre article, qui ne fait en cela que consacrer un principe de morale universelle, prohibe le mariage entre parens ou alliés en ligne directe, à quelque degré que ce soit.

Et ce n'est pas seulement d'une parenté légitime ou naturelle légalement reconnue, qu'il s'agit ici; c'est aussi de la parenté naturelle pure et résultant du seul lien du sang. Ainsi, un individu a une fille naturelle qu'il n'a pas reconnue; il ne pourra cependant pas l'épouser s'il est établi, par des lettres émanées de lui ou par tout autre moyen, que cette fille est vraiment son enfant. Il en serait de même de sa fille adultérine, bien que cette fille ne soit pas et ne puisse pas être reconnue par lui (art. 335). Notre article, en effet, ne parle pas de descendans naturels *légalement reconnus;* mais seulement de descendans *naturels.* Il est d'ailleurs une circonstance historique qui ne laisse aucun doute sur l'esprit du législateur à cet égard. Lors de l'envoi, aux divers tribunaux d'appel, du projet du Code civil, le tribunal de Lyon avait demandé qu'au mot *naturels* on ajoutât ceux-ci: *reconnus par acte authentique;* or, cette observation fut rejetée et avec raison.

Donc, quoique la parenté purement naturelle et non constatée par une reconnaissance authentique, soit nulle aux yeux de la loi et ne produise aucun effet, ni dans les successions, ni quant à la puissance paternelle, la loi cependant la reconnaît et lui fait produire tous ses effets quand il s'agit du mariage que deux individus, liés par cette parenté, voudraient contracter.

Et qu'on ne s'étonne pas de voir la loi consacrer, dans ce cas, une parenté qu'elle ne veut pas reconnaître partout ailleurs. Si, dans l'intérêt de la morale, le législateur a dû ne pas reconnaître la parenté résultant d'une faute ou quelquefois d'un crime, alors qu'il s'agissait des bénéfices que produit cette parenté, il n'en pouvait pas être de même quand il s'agirait des obligations que cette parenté impose, et qui ne pourraient être méconnues sans un scandale révoltant.

Aussi, qu'on interroge sur ce point la législation romaine. Là, on le sait, deux individus ne pouvaient se dire parens aux yeux de la loi (*adgnati*) et invoquer les bénéfices de la parenté, qu'autant 1° que leur parenté résultait des noces légitimes, et 2° qu'ils se rattachaient l'un à l'autre par mâles; en telle sorte qu'un frère et une sœur utérins seulement, c'est-à-dire nés de la même mère, mais de pères différens, n'étaient pas parens quant au droit civil. Eh bien, à Rome, la parenté naturelle résultant soit du *concubinatus* (qui, sans être un mariage légitime, était une union licite), soit du commerce illicite donnant naissance à des enfans bâtards (appelés indifféremment *spurii, vulgò concepti, vulgò quæsiti);* bien plus encore, la parenté servile résultant de l'union des esclaves (*contubernium*), formaient aussi empêchement au mariage : *Illud certum est,* disent les Instit., liv. 1, tit. 10 , § 10, *serviles quoque cognationes impedimento nuptiis esse;* et comme dans le cas d'enfans bâtards, la paternité est souvent difficile à découvrir, on prenait le parti le plus sûr, et la parenté même douteuse formait empêchement. La loi 14, au Dig., liv. 23, tit. 2, § 2, dit : *Idem dicendum est, ut pater filiam non possit ducere (si ex servitute manumissi sint) etsi dubitetur patrem eum esse : undè nec vulgò quæsitam filiam pater naturalis potest uxorem ducere, quoniam in contrahendis matrimoniis naturale jus et pudor inspiciendus est.*

III. — Le commerce illicite de deux personnes produit, comme nous venons de voir, pour les descendans de ces personnes, le même empêchement que la parenté résultant d'un mariage légitime. Mais ce commerce illicite produira-t-il aussi, entre chacune des deux personnes et les parens de l'autre, une alliance naturelle qui empêche également le mariage ? — Oui ; car l'alliance, ainsi que la parenté, ne résulte pas de l'accomplissement des conditions et formalités qui font de l'union de deux personnes un mariage légitime, mais bien de cette union elle-même. Sans doute, quand il y a eu ainsi cohabitation illicite, l'alliance n'a pas d'existence légale et resterait nulle aux yeux de la loi partout ailleurs qu'en cas de mariage; mais dans le cas de mariage elle aura effet, *quoniam in contrahendis nuptiis naturale jus et pudor inspiciendus est.* C'est aussi ce que décide le § 3 de la loi précitée du Digeste pour l'alliance servile, résultant de la cohabitation des esclaves.

Ne serait-il pas révoltant, en effet, de voir un homme qui,

sans être marié avec une femme, a cependant vécu plusieurs années avec elle, et en a eu plusieurs. enfans, épouser ensuite la fille de cette femme?... Aussi, on voit que notre article ne fait pas, plus pour les alliés que pour les parens, la distinction entre le lien légitime et le lien naturel.

Article 162.

En ligne collatérale, le mariage est prohibé entre le frère et la sœur légitimes ou naturels, et les alliés au même degré.

N. B. — Un des meilleurs moyens de conserver dans la famille le respect que ses membres doivent garder l'un pour l'autre, et d'empêcher d'affligeans désordres entre des personnes vivant continuellement ensemble, c'était d'enlever à ces personnes toute possibilité, toute pensée d'un mariage futur. Du jour où le frère pourrait épouser sa sœur, et s'accoutumer, par conséquent, à la regarder comme n'étant pas pour lui plus sacrée que toute autre, il n'y aurait plus de famille, plus de société possible.

On comprend que ces considérations ne se présentent pas avec une égale force en ce qui touche les alliés du même degré, c'est-à-dire les beaux-frères et belles-sœurs ; aussi, nous allons voir l'art. 164 permettre au Roi de lever, dans des circonstances graves, la prohibition portée pour eux par notre article.

Article 163.

Le mariage est encore prohibé entre l'oncle et la nièce, la tante et le neveu.

SOMMAIRE.

I. Cette prohibition a des motifs presque aussi graves que celle portée pour les frères et sœurs.
II. Elle n'est portée que pour les parens légitimes.
III. L'article s'applique aux grand-oncle, grand'tante, etc.

EXPLICATION.

I. — Un oncle, une tante, doivent être, vis-à-vis de leurs neveux ou nièces, comme un second père, comme une seconde mère. Des neveux et nièces doivent avoir et ont tout naturellement pour leurs oncles et tantes un respect, une confiance, un abandon presque aussi grands que pour les auteurs de leurs jours : *Parentum loco sunt*, disait la loi romaine. Pour maintenir entre les uns et les autres ces sentiments, il fallait que la possibilité d'un mariage ne se présentât pas à leur esprit. C'est donc avec beaucoup de raison que notre article prohibe le mariage entre eux, et c'est avec peine, nous devons le dire, que nous voyons l'article suivant permettre qu'il devienne possible au moyen de dispenses.

II. — Du reste, la loi ne parlant point ici, comme elle le fait dans les deux articles précédens, du lien naturel ni de l'alliance, il s'ensuit que c'est seulement pour l'oncle et la nièce, la tante et le neveu légitimes, que le mariage est prohibé. Il n'est pas étonnant que la loi soit beaucoup moins rigoureuse ici, puisque nous allons la voir permettre le mariage dans ce cas, au moyen de dispenses, même entre parens légitimes.

III. — Ce que la loi dit de l'oncle et de la tante doit s'entendre selon nous, du grand-oncle et de la grand'tante; les expressions *oncle*, *tante*, sont génériques, et les autres n'en sont que des dérivés; tous sont *parentum loco*. Un enfant a et doit avoir pour son grand-oncle le même respect, au moins, que pour son oncle; les motifs de décision sont donc les mêmes. *Décret imp. du 7 mai 1808.*

Article 164.

Néanmoins, il est loisible au Roi de lever pour des causes graves les prohibitions portées par l'art. 162, aux mariages entre beaux-frères et belles-sœurs, et par l'article 163, aux mariages entre l'oncle et la nièce, la tante et le neveu.

SOMMAIRE.

I. La possibilité de dispense n'existe, pour les beaux-frères et belles-sœurs, que depuis 1832.
II. Formes à suivre pour obtenir les dispense de parenté.
III. Critique du système des dispenses.

EXPLICATION.

I. — Cet article, tel qu'il est aujourd'hui, n'existe que depuis la loi du 16 avril 1832. L'ancien art. 164, remplacé par celui-ci, ne permettait les dispenses que pour les mariages entre oncle et nièce, tante et neveu; mais non pour ceux entre beaux-frères et belles-sœurs.

II. — D'après l'arrêté du 20 prairial an XI, déjà relaté sous l'art. 145, ceux qui veulent obtenir dispense dans l'un des deux cas prévus par notre article, devront adresser leur pétition au procureur du Roi de l'arrondissement dans lequel ils se proposent de célébrer leur mariage. Les autres formalités sont celles que nous avons déjà indiquées sous cet art. 145. (*Voyez* l'arrêté du 2 prairial, art. 2 et 5.)

III. — C'est, selon nous, un bien mauvais système que celui

des dispenses d'empêchemens au mariage. Si l'on trouve que le mariage puisse être permis, qu'on le permette d'une manière générale; que si des raisons graves demandent qu'il soit prohibé, qu'on le défende, et qu'on le défende d'une manière absolue. Que fait notre législateur, au contraire? Il pose un empêchement, et dit, de suite après, qu'il pourra être levé pour des causes graves. Mais la cause grave la plus fréquente, on le sait, c'est la grossesse de la femme; de sorte que les désordres que l'empêchement devait prévenir deviendront, par une triste contradiction, le moyen de faire disparaître cet empêchement; et ce qui devait arrêter le mal en sera précisément l'occasion. Combien de jeunes personnes qui se sont abandonnées à des liaisons coupables et qui auraient eu la force de résister, si elles n'avaient pas eu l'espérance d'un mariage avec leur séducteur!

Quoi qu'il en soit de notre manière de voir, *scripta lex*; la loi est ainsi faite, il nous faut la suivre.

APPENDICE

SUR LES EMPÈCHEMENS AU MARIAGE.

SOMMAIRE.

I.   Empêchement momentané pour la femme veuve.
II.   Empêchement résultant de l'adoption.
III.   Conditions requises pour le mariage des militaires.
IV.   Empêchement entre l'époux adultère et son complice, après la prononciation du divorce pour cette cause. Il continue depuis l'abolition du divorce pour ceux entre lesquels il était né auparavant. — Mais il ne peut pas être transporté au cas de séparation de corps. — L'empêchement au mariage nouveau de deux époux divorcés n'existe plus.
V.   Il n'y a plus aujourd'hui à s'occuper des fiançailles, mais *quid* d'une promesse de mariage? — Elle serait nulle, ainsi que la clause pénale qu'on y aurait ajoutée.
VI.   *Quid* de l'engagement dans les Ordres sacrés et des vœux faits régulièrement dans les Communautés autorisées? — Grande controverse. — Ils forment empêchement au mariage.
VII.   L'impuissance, soit accidentelle, soit naturelle; peut fonder une demande en annulation de mariage, non par elle-même, mais pour erreur dans la personne.

EXPLICATION.

I. — Nous verrons, par l'art. 228, qu'une femme veuve ne peut contracter un nouveau mariage que dix mois après la dissolution du précédent.

II. — D'après l'art. 348, le mariage est prohibé entre l'adop-

tant d'une part, et de l'autre, l'adopté, son conjoint et sa posté-
rité; puis, entre l'adopté, et le conjoint ou les enfans, soit légitimes, soit adoptifs, de l'adoptant.

III. — D'après les décrets des 16 juin, 3 août, 28 août et 21 décembre 1808, les officiers, sous-officiers et soldats en activité de
service dans les armées de terre ou de mer; les intendans et sous
intendans militaires, leurs adjoints et les élèves en cette partie; les
officiers de santé militaires; enfin, les officiers réformés et jouissant d'un traitement de réforme, ne peuvent se marier; les officiers, qu'avec la permission par écrit du Ministre de la guerre ou
de la marine, les sous-officiers et soldats, celle du conseil d'administration de leurs corps.

Les officiers qui auront contrevenu à cette disposition, seront destitués, et perdront, tant pour eux que pour leurs veuves
et leurs enfans, tout droit à une pension ou récompense militaire.

IV. — L'art. 298 déclarait incapables de se marier ensemble
l'époux coupable d'adultère et son complice, lorsque le divorce
avait été prononcé pour cette cause. Aujourd'hui, le divorce est
aboli; mais l'empêchement n'en subsiste pas moins pour ceux
dont l'adultère aurait fait prononcer le divorce, alors qu'il était
encore en vigueur.

En effet, la loi du 8 mai 1816, en supprimant le divorce, n'a pas
supprimé les résultats des jugemens déjà prononcés. Elle enlève
pour l'avenir *la cause* de l'empêchement dont nous parlons; mais
elle n'enlève pas les empêchemens déjà existans. Cette loi ne dit
pas, ni formellement ni implicitement, que les deux coupables
pourront se marier désormais; cette faculté ne ressort ni de son
texte ni de son esprit.

On s'est demandé si, aujourd'hui que le divorce n'existe plus,
ce ne serait pas entrer dans les vues du législateur que de transporter au cas de séparation de corps ce qui était dit pour le cas
de divorce par cet art. 298, et si, en conséquence, on ne devrait
pas reconnaître un empêchement au mariage entre l'époux contre lequel la séparation a été prononcée pour adultère, conformément à l'art. 306, et son complice?

La négative ne nous paraît pas douteuse. D'abord, un empêchement au mariage ne peut pas s'induire par analogie; il faut
qu'il soit écrit dans la loi ou qu'il résulte de ses dispositions par
une conséquence rigoureuse. En outre, il n'y a même pas analogie entre les deux cas. En cas de divorce, la disposition de cet
art. 298 était rigoureusement nécessaire; si elle n'avait pas existé,
un époux aurait pu former une liaison criminelle précisément
dans le but de faire prononcer le divorce, et d'arriver ainsi à se

marier avec son complice; en sorte que le jugement de divorce, loin de le punir, n'eût été que l'accomplissement de son vœu. Il n'en est plus de même en cas de séparation de corps. Cette séparation laissant subsister le mariage, il n'y a plus lieu à ce coupable calcul. Il n'y a donc pas parité entre les deux cas.

Lorsque le divorce était autorisé, les époux entre lesquels il avait été prononcé pour cause de consentement mutuel ne pouvaient jamais se réunir, d'après la disposition formelle de l'article 295. Cet empêchement a-t-il continué, depuis l'abolition du divorce, entre les époux qui avaient été divorcés pour cette cause?

Nous ne le pensons pas, et nous décidons sans hésiter que, depuis 1816, les époux dont il s'agit ont pu et peuvent se remarier.

En effet, si le législateur de 1816 a supprimé le divorce, c'est qu'il l'a regardé comme contraire à la morale chrétienne, à la saine morale, qui proclame l'indissolubilité du mariage. Qu'on ne s'y trompe pas, le divorce n'est jamais entré dans nos mœurs, mœurs chrétiennes quoi qu'on en dise; il était une insulte à ces mœurs, et les mariages, assez rares, que des époux divorcés ont pu contracter avec de nouveaux conjoints n'ont jamais été, aux yeux du peuple, qu'un adultère légal. Dans tous les cas, et quand cette manière de voir, qui est la nôtre, ne serait qu'un préjugé, toujours est-il que ces idées ont été celles du législateur de 1816; l'abolition du divorce, et la substitution qui lui a été faite de la séparation de corps, ont été, de sa part, un retour aux idées chrétiennes. Donc, empêcher deux époux divorcés de se réunir, de rentrer dans la voie que la morale leur présente comme obligatoire, et de réparer ainsi le scandale par eux donné, ce serait se mettre en contradiction flagrante avec l'esprit bien manifeste de la loi du 8 mai.

On objecte que déclarer ces mariages permis par suite de cette loi, c'est lui donner un effet rétroactif, puisqu'elle rendrait possible ce qu'une loi antérieure avait déclaré impossible à toujours. C'est vrai; mais qu'importe?... Nous avons vu, sous l'art. 2, n° XIV, qu'en fait, il peut y avoir et il y a souvent des lois rétroactives, et que ces lois sont quelquefois le retour, le plus prompt possible, à de saines idées, méconnues par une loi antérieure. Tel est précisément le cas dont il s'agit ici.

A coup sûr, notre question n'en serait plus une, si la loi de 1816 avait pris soin de dire, par un article formel, que les époux divorcés par consentement mutuel pourraient désormais se réunir. Eh bien! ce que ses termes ne disent pas, son esprit le dit, son esprit certain et évident; tellement que cette réunion était, non pas seulement permise, mais désirée par la pensée du législateur. Donc, le doute n'est pas possible.

V. — Notre Code garde un silence absolu sur les empéchemens qui résultaient dans l'ancienne jurisprudence : 1° des fiançailles; 2° des vœux religieux ; 3° de l'impuissance, soit naturelle, soit accidentelle. Examinons ces différens cas d'après notre droit actuel.

Les fiançailles, cérémonie religieuse par laquelle deux parties se promettaient de s'unir par mariage, et qui créait empéchement à se marier avec toute autre personne, sont aujourd'hui tombées en désuétude. Si quelques traces en restent encore dans le culte catholique, elles n'apparaissent qu'au moment même de la bénédiction nuptiale ; or, celle-ci ne peut avoir lieu que quand le mariage civil a été célébré.

En effet, d'après les art. 199 et 200 du Code pénal (tel qu'il a été fait par la révision du 28 avril 1832), le ministre d'un culte qui procéderait aux cérémonies religieuses d'un mariage avant qu'il lui soit justifié de l'acte reçu par l'officier de l'état civil, serait puni, pour la première fois, d'une amende de 16 fr. à 100 fr; pour la première récidive, d'un emprisonnement de deux à cinq ans; et pour la seconde, de la détention. (Avant la loi d'avril 1832, il était, dans ce cas de seconde récidive, puni de la déportation.)

Nous n'avons donc pas à nous occuper aujourd'hui des fiançailles. Mais une promesse de mariage pourrait cependant être faite, et nous devons rechercher quel en serait l'effet.

En principe, toute obligation par laquelle une personne lierait indéfiniment sa liberté, pour quelque cause et de quelque manière que ce soit, est nulle comme contraire aux mœurs. C'est par une conséquence de ce principe que le législateur, dans l'article 1780, défend d'engager ses services autrement qu'à temps ou pour une entreprise déterminée. Toutefois, à ce principe général, il est des exceptions qui résultent, soit de textes formels, soit de l'esprit bien manifeste de la loi. C'est ainsi que le mariage, par lequel les parties se lient à toujours, est cependant obligatoire. Eh bien! en est-il de même de la simple promesse de mariage? Fait-elle aussi exception à la règle que nous venons de signaler?

Non; une exception ne peut pas se présumer; il faut, si elle n'est pas formellement écrite dans la loi, qu'elle résulte clairement de son esprit. Or, il n'existe rien dans la loi d'où l'on puisse induire cette exception pour les promesses de mariage; et, en effet, cette exception ne devait pas être admise.

C'est au moment même de la célébration qu'il faut exiger le

consentement libre des parties; et tant que le mariage n'est pas contracté, les futurs époux doivent rester maitres de consentir ou de ne consentir pas.

Les formalités, les démarches diverses, que l'approche d'un mariage rend nécessaires, éveilleront l'attention et la réflexion des futurs époux; la publicité du projet provoquera les observations d'un parent, d'un ami. Pour la promesse de mariage, rien de semblable; l'idée d'un mariage fort éloigné encore frappera moins l'esprit que celle d'un mariage qu'il s'agit de contracter prochainement. On comprend donc qu'il y aura souvent, dans une simple promesse de mariage, beaucoup plus de légèreté et d'irréflexion que quand il s'agira du mariage lui-même, et que tel, qui a consenti à signer une promesse, aurait dit non s'il s'était agi de contracter le mariage lui-même. Comment donc la loi, qui exige tant de circonstances diverses pour assurer la liberté et la plénitude du consentement, aurait-elle pu reconnaître comme obligatoire la promesse d'un mariage futur, faite sans aucune de ces circonstances?

Nous verrons plus loin, dans le chapitre des *Oppositions au mariage*, art. 176, que le droit de former opposition à un mariage projeté n'appartient qu'aux personnes à qui la loi l'a formellement accordé (et au ministère public, quand les bonnes mœurs se trouvent directement intéressées). Nous verrons même la loi pousser si loin la sévérité à cet égard, qu'elle exige, à peine de nullité de l'acte de l'opposition et de destitution de l'huissier qui le signifierait, qu'il énonce la qualité qui donne à l'opposant le droit de former cette opposition; si donc la loi avait regardé comme valable la promesse de mariage faite à une personne, elle eût accordé à cette personne le droit de s'opposer au mariage que celui qui l'a souscrite voudrait contracter avec une autre.

Aussi, dans l'ancien droit, où la promesse de mariage résultant des fiançailles était reconnue valable, le fiancé était mis, quant au droit de former opposition, sur la même ligne que l'époux lui-même (Pothier, *Contrat de mariage*, n° 81). Aujourd'hui, il n'en est plus ainsi; l'art. 172, qui permet de former l'opposition en invoquant un premier mariage, ne le permet pas, et aucun autre texte ne le permet, pour une simple promesse.

La doctrine que nous combattons se réfute d'ailleurs d'elle-même, et il suffit d'en mesurer les conséquences pour la rejeter à l'instant.

En effet, si la promesse de mariage était déclarée obligatoire dans notre droit actuel, elle aurait un effet devant lequel tout le monde reculera, un effet beaucoup plus étendu que celui des fiançailles dans l'ancienne jurisprudence. Autrefois, quand une opposition avait été formée pour fiançailles, le futur époux assignait l'opposant, pour faire examiner le mérite de l'opposition, devant le juge ecclésiastique qui, s'il trouvait les fiançailles bonnes et valables, les déclarait telles par jugement, et exhortait en conséquence l'autre partie à les accomplir; mais si cette partie persistait dans son refus, le juge lui imposait une pénitence, puis prononçait ensuite la dissolution des fiançailles et donnait mainlevée de l'opposition (Pothier, n° 83). On avait compris combien il serait immoral de contraindre à épouser une personne celui à qui il répugne de le faire, ou seulement de le mettre dans l'impossibilité de se marier jamais avec une autre; on avait compris qu'une promesse de mariage ne devait pas, ne pouvait pas, avoir les mêmes effets que le mariage lui-même; et que le consentement donné à l'avance devait être renouvelé, et renouvelé avec une entière liberté, au moment même où le mariage est contracté et au milieu des circonstances qui entourent la célébration.

Aujourd'hui, ce moyen de briser un lien formé avec trop de légèreté n'existerait pas; la promesse, si on la déclarait valable, ne pourrait pas être ainsi rescindée par un tribunal; et celui qui aurait souscrit une telle promesse se trouverait définitivement forcé ou de garder le célibat, ou d'épouser la personne à laquelle il ne voulait pas se lier.

Il faut donc s'en tenir à cet argument, que toute convention par laquelle on lie indéfiniment sa liberté étant nulle, et la loi n'apportant pas d'exception au principe pour le cas d'une simple promesse de mariage futur, cette promesse reste nulle et non-avenue. La question a été décidée conformément à notre doctrine par un arrêt de cassation du 6 juin 1821.

La promesse étant nulle, il s'ensuit que la clause par laquelle on aurait promis une somme de....., pour le cas d'inexécution, et qu'on appelle ordinairement *Clause pénale* ou *Dédit*, serait nulle aussi aux termes de l'art. 1227. Toutefois, ceci n'empêcherait pas qu'il ne fût dû des dommages-intérêts, à raison des dépenses qui auraient été faites; attendu qu'on est toujours obligé à réparer le dommage qu'on a causé à autrui par sa faute (art. 1383). — Arrêts conformes de la Cour de cassation, du 17 août 1814; de la Cour de Colmar, du 24 mars 1813 et du 13 mai 1818.

VI.— Il est peu de questions qui aient donné lieu à autant de controverses, surtout depuis quelques années, que celle de savoir si l'engagement dans les ordres sacrés et les vœux religieux dans une congrégation légalement autorisée, forment obstacle au mariage civil.

Nous laisserons de côté diverses considérations d'une haute gravité qu'on a fait valoir *pour*, mais aussi et surtout *contre* le mariage des prêtres, pour n'examiner la question qu'en droit, comme le jurisconsulte, comme tout tribunal doit le faire.

Le prêtre, lors de son ordination, a pris l'obligation formelle et publique de ne jamais contracter mariage, et ce n'est qu'en vertu de cet engagement que l'Église, par le ministère de l'évêque, lui a conféré le caractère sacerdotal.

La seule question à examiner (et c'est ce qu'on paraît avoir souvent oublié) est donc celle-ci : La convention passée entre l'évêque et le prêtre est-elle ou non obligatoire aux yeux du législateur civil?

En principe, ainsi que nous l'avons déjà dit, la promesse de se marier ou de ne pas se marier, d'embrasser ou de ne pas embrasser telle profession, telle religion; de demeurer toute sa vie dans tel ou tel état, sont, quant au for extérieur, nulles de plein droit, comme contraires à la liberté, au libre arbitre de conscience, et portant dès-lors atteinte aux bonnes mœurs.

Mais à ce principe, comme nous l'avons dit, il y a des exceptions. Tel est le contrat de mariage, par lequel chaque contractant enchaîne sa liberté à toujours et jusqu'à la mort d'une des parties, contrat que le législateur, cependant, par une consécration des principes chrétiens, déclare pleinement et indéfiniment obligatoire.

Une seconde exception avait toujours été admise dans l'ancien droit et d'après les mêmes vues, pour l'obligation diamétralement opposée, celle de ne jamais se marier, quand elle était contractée avec les conditions et solennités voulues. Jusqu'à la loi du 13 février 1790, la loi tint pour civilement obligatoire les vœux solennels de continence perpétuelle; aussi, fallut-il un acte législatif pour déclarer que désormais ces vœux ne seraient plus reconnus, ne seraient plus confirmés par la loi civile. Maintenant, cette nullité, aux yeux de la loi civile, de tous vœux de continence, existe-t-elle encore? Évidemment non. Le Concordat, organisé en loi de l'État par la loi du 18 germinal an X, et les deux Chartes de 1814 et de 1830, dont la dernière déclare encore la religion catholique *religion de la majorité des Français*, ne permettent pas de déclarer *prohibé*, *illégal*, l'engagement que prend le prêtre lors de son ordination.

Cette obligation, que le candidat au sacerdoce contracte librement et en majorité à la face de la société entière et avec cette société même, dont la majorité, catholique aux termes de la loi fondamentale, est représentée par l'évêque, cette obligation, disons-nous, est bien certainement *permise* par la loi, elle est *légale*; or, toutes les conventions légalement formées tiennent lieu de loi à ceux qui les ont faites (art. 1134); donc l'engage-

ment pris par le prêtre, de garder le célibat, est et reste obligatoire, même civilement.

Qu'on ne s'y trompe pas, en effet, la Charte n'est pas une es-
péce d'almanach rédigé pour la satisfaction des curieux; c'est
le grand pacte social, la constitution fondamentale du pays, la
loi des lois. Donc, quand elle dit que *la religion catholique est
la religion de la majorité des Français*, elle ne fait pas de l'histoire, mais du droit. Partout ailleurs, cette proposition ne serait
que la constatation d'un fait; là, elle est l'exposé d'un des principes de notre législation, principe dont il faut déduire les conséquences. Et c'est dans ces circonstances qu'on pourrait prétendre illégal et contraire à notre droit, l'engagement que le
prêtre catholique contracte comme condition essentielle de son
ordination! Mais les évêques, chanoines et curés ne sont-ils pas
(à tort ou à raison) des fonctionnaires publics rétribués par
l'État, nommés même par le chef de l'État (1)? N'avons-nous
pas les autorités ecclésiastiques, comme les autorités judiciaires,
civiles et militaires? Et quand il s'agit, pour le candidat, d'une
circonstance publique et solennelle de sa promotion; quand il
s'agit d'une condition dont l'accomplissement est indispensable
à son entrée dans un des corps de l'État, on se demanderait
si cet accomplissement est un fait *illégal et contraire à l'ordre
public!!!*

Qu'on nous dise, dans le système contraire, quelle différence
resterait entre les vœux perpétuels du prêtre, consacrés par la
loi, et les vœux perpétuels des religieux et religieuses, que cette
même loi prohibe. (*Loi du 18 août 1792; Déc. du 3 messidor an
XII.*) N'est-il pas clair que cette différence consiste uniquement
en ce que le vœu de célibat perpétuel fait par le prêtre catholique sera sanctionné et garanti par la loi; tandis que, pour
tous autres, ce même vœu sera abandonné à leur conscience,
sans que la loi le reconnaisse ni en tienne compte? Il n'y a pas
d'autre sens possible à cette distinction.

En vérité, quand cette question du mariage des prêtres, dont
on a fait tant de bruit, se trouve ainsi ramenée à ses véritables
termes, quand on la réduit à une simple discussion de droit
(comme on doit le faire devant les tribunaux, qui sont chargés
d'appliquer la loi et non pas de la faire), c'est tout au plus si elle
peut nous paraître sérieuse.

Du reste, les lois de la Révolution ayant permis et encouragé

---

(1) Quant à l'appréciation philosophique de cette organisation administrative du clergé, on peut voir l'Introduction de notre COURS DE
THÉODICÉE, *in fine*.

le mariage des prêtres, ceux qui n'ont pas voulu continuer ou reprendre leur ministère depuis le Concordat n'ont pas perdu la faculté que ces lois leur accordaient, et un nouvel engagement de célibat n'ayant pas été contracté par eux, ni formellement ni tacitement, depuis la résolution du premier, notre doctrine ne saurait leur être applicable; ceux là, donc, sont abandonnés à leur conscience. Mais pour tous ceux qui ont été ordonnés depuis le Concordat ou qui, depuis ce moment, ont continué ou repris leur ministère, le mariage est impossible.

Deux circulaires du Ministre de la justice, l'une du 14 janvier 1806, la seconde du 30 janvier 1807, ont été données dans ce sens.

La question s'est plusieurs fois présentée devant les tribunaux, et elle a été jugée conformément à notre doctrine par un arrêt de la Cour de Bordeaux, du 20 juillet 1807 (cassé, mais pour un autre motif); par un arrêt de la Cour de Turin, du 30 mai 1811; par un arrêt de la Cour de Paris, du 18 mai 1818 (aussi cassé pour un autre motif); et par un autre de cette même Cour, du 27 décembre 1828.

Enfin, depuis la nouvelle Charte de 1830, le point a encore été décidé dans le même sens dans la célèbre affaire *Dumonteil* (c'était dans cette même affaire qu'était intervenu antérieurement le dernier des arrêts précités), par un arrêt de la Cour de Paris, du 14 janvier 1832, confirmé en cassation, le 21 février 1833, malgré les conclusions contraires, longuement et savamment déduites, du procureur-général, M. Dupin aîné. Le célèbre jurisconsulte se livra dans cette circonstance à des développemens qui prouvent ses vastes connaissances, mais qui étaient, selon nous, complètement étrangers à la question. M. le procureur-général fit alors de la législation, comme s'il eût été à son banc de député; mais à la Cour de cassation, c'était du droit qu'il fallait faire.

VII. — L'impuissance, naturelle ou accidentelle, est-elle encore aujourd'hui, comme dans l'ancien droit, un empêchement au mariage?

Aucun texte de loi n'indique, ni explicitement ni implicitement, l'impuissance comme empêchement au mariage, et puisque les empêchemens ne peuvent pas se suppléer par le raisonnement, il semblerait au premier coup d'œil que le mariage ne pourra jamais être annulé pour cette cause.

Toutefois, on arrive bientôt à un résultat différent en examinant mieux la question; car si l'impuissance n'est pas un empêchement par elle-même, elle rentre dans une cause d'empêchement plus générale, prévue par l'art. 180. D'après cet article, le mariage ne peut être valable sans un consentement libre et exempt *d'erreur dans la personne*. L'époux dont le conjoint se trouve impuissant pourra donc faire annuler le mariage pour erreur dans la personne; attendu qu'il ne s'est marié avec cette personne que parce qu'il la croyait apte au but principal du mariage et que, s'il avait su ce qu'elle est, il n'aurait pas formé le contrat.

Nous prouverons en effet plus loin (art. 180, n° III) que par les mots *Erreur dans la personne*, la loi a entendu parler, non pas de l'erreur provenant de la substitution d'une personne à une autre, mais de l'erreur sur les qualités essentielles de la personne. (V. art. 180, n° III.)

D'après ce principe, l'impuissance formera empêchement au mariage et sera un moyen d'annulation aussi bien quand elle sera *naturelle*, c'est-à-dire quand elle consistera dans un vice de conformation apporté en naissant, que quand elle sera *accidentelle*, c'est-à-dire quand elle résultera d'un événement postérieur à la naissance.

Plusieurs auteurs cependant, notamment Toullier (t. I, n° 525), tout en admettant notre principe, enseignent qu'il ne peut recevoir son application que quant à l'impuissance accidentelle, et disent que les deux art. 312 et 313 s'opposent à ce qu'il soit appliqué au cas d'impuissance naturelle. Leur raison est que dans ces articles, la loi qui permet bien au mari de désavouer l'enfant de sa femme, en invoquant un éloignement ou *un accident* qui l'aurait mis dans l'impossibilité de cohabiter avec cette femme pendant tout le temps auquel peut remonter la conception, cette même loi ne lui permet pas cependant d'invoquer, pour arriver au même but, son impuissance naturelle.

Ainsi, de ce que la preuve de l'impuissance naturelle n'est pas admise dans ce cas, on en conclut qu'elle ne peut jamais l'être; la conclusion est-elle bien logique? Non évidemment. Que le mari ne puisse pas argumenter de sa propre impuissance, on le conçoit. Il est en faute d'avoir contracté le mariage, alors qu'il se savait incapable d'en remplir le but, et cette faute a pu être la cause, ou du moins l'occasion, de l'adultère de sa femme; on pourrait même dire qu'elle en est une excuse, s'il était possible d'excuser le crime. Que le mari, donc, ne soit pas écouté dans ce cas, rien d'étonnant. Mais est-ce là une raison pour dire qu'on ne devrait pas non plus écouter la femme, argumentant de l'impuissance de son mari et demandant la nullité du mariage, attendu qu'*il y a eu erreur dans la personne?* Non, assurément, et nous ne voyons pas comment on éluderait, dans ce cas, l'application de l'art. 180.

A cette doctrine on fait une objection à laquelle nous devons répondre en quelques mots. Ce système, dit-on, entraînerait des inconvéniens qui n'ont pas pu permettre au législateur de l'adopter. Ces inconvéniens sont 1° que cette doctrine permettrait à deux époux de faire annuler d'un commun accord leur mariage, sans qu'aucune cause réelle d'annulation existât : l'un prétendrait que son conjoint est impuissant, et celui-ci refuserait de se prêter à la visite des gens de l'art; en sorte que le mariage serait annulé sans que cette prétendue impuissance fût constatée; 2° qu'il serait souvent difficile de constater d'une manière certaine l'impuissance naturelle, et que, dans tous les cas, des débats sur de semblables matières entraîneraient un scandale préjudiciable pour les mœurs.

A cela nous répondrons que le premier danger qu'on nous signale n'est pas aussi grand qu'on veut le supposer. La visite d'un époux que son conjoint prétend impuissant est ordonnée, l'époux refuse de s'y prêter; il est vrai qu'on ne pourra pas l'y forcer. Mais parce que l'époux prétendu impuissant aura refusé de se prêter à l'examen des médecins, le tribunal sera-t-il tenu de reconnaître l'impuissance comme suffisamment prouvée? Non, sans doute; il interrogera les circonstances, et s'il lui apparaît quelque indice qui lui fasse soupçonner l'accord frauduleux des époux, il rejettera la demande. Que s'il arrive quelquefois qu'une demande soit admise, alors que l'impuissance n'existait réellement pas, c'est là un malheur résultant, dans cette matière comme dans toutes les autres, de ce que les hommes ne sont point infaillibles dans leurs jugemens; mais la crainte de ce malheur ne doit pas faire refuser à un individu l'exercice d'un droit qu'il tient de la nature même.

Quant à la considération de l'impossibilité où l'on sera quelquefois, même après l'examen des gens de l'art, de savoir positivement s'il y a ou non impuissance, elle est complètement insignifiante, puisqu'alors le tribunal aura tout simplement à rejeter la demande faute de preuves.

Enfin, la dernière considération n'est pas plus grave. La crainte du scandale ne doit pas plus arrêter ici qu'ailleurs; et c'est pour ce cas, comme pour tous les autres, que le législateur a porté la disposition de l'art. 87 du Code de procédure, qui dit que quand les débats seront de nature à entraîner du scandale ou des inconvéniens graves, ils pourront avoir lieu à huis-clos. Il est clair, en effet, que la crainte du scandale ne pouvait pas empêcher les citoyens de se faire rendre justice devant les tribunaux civils, comme elle n'empêche pas la vindicte publique d'avoir son cours devant les tribunaux criminels.

Il n'existe sur ce point que peu de monumens de jurisprudence. Deux arrêts, l'un de la Cour de Gênes, du 7 mars 1811, l'autre de la Cour de Riom, du 30 juin 1828, sont contraires à notre doctrine ; deux autres, tous deux de la Cour de Trèves, l'un du 27 janvier 1808, l'autre du 1er juillet 1810, y sont conformes.

CHAPITRE II.

Des formalités relatives à la célébration du mariage.

N. B. — Au titre des actes de l'état civil, nous avons laissé sans explication les art. 63 à 76, formant le chap. III, relatif aux actes de mariage. Dix de ces articles vont être expliqués dans notre chap. II ; les quatre autres (66 à 69), relatifs aux oppositions, le seront dans le chapitre suivant.

ARTICLE 63.

Avant la célébration du mariage, l'officier de l'état civil fera deux publications, à huit jours d'intervalle, un jour de dimanche, devant la porte de la maison commune. Ces publications et l'acte qui en sera dressé énonceront les prénoms, noms, professions et domiciles des futurs époux, leur qualité de majeurs ou de mineurs, et les prénoms, noms, professions et domiciles de leurs pères et mères. Cet acte énoncera, en outre, les jours, lieux et heures où les publications auront été faites. Il sera inscrit sur un seul registre qui sera coté et paraphé comme il est dit en l'art. 41, et déposé, à la fin de chaque année, au greffe du tribunal de l'arrondissement.

ARTICLE 64.

Un extrait de l'acte de publication sera et restera affiché à la porte de la maison commune, pendant les huit jours d'intervalle de l'une à l'autre publication. Le mariage ne pourra être célébré avant le troisième jour depuis et non compris celui de la seconde publication.

ARTICLE 65.

Si le mariage n'a pas été célébré dans l'année à compter de l'expiration du délai des publications, il ne pourra plus être célébré qu'après que de nouvelles publications auront été faites dans la forme ci-dessus prescrite.

SOMMAIRE.

I.   Motif des publications exigées par l'art. 63, et du délai voulu par l'art. 64.

II. Le mariage n'est possible, sans publications nouvelles, que pendant une année. Mais il l'est pendant toute cette année. Erreur grossière de certains officiers de l'état civil.

EXPLICATION.

I. — Le mariage de deux individus intéresse leur famille et la société tout entière; puisqu'il opère en eux un changement d'état civil. La loi devait donc exiger pour le mariage la plus grande publicité.

En conséquence, tout projet de mariage doit être porté à la connaissance de tous les citoyens. Dans ce but, la loi exige d'abord deux annonces ou publications faites par deux dimanches consécutifs devant la porte de la mairie. Toutefois, comme très-peu de personnes se réuniraient pour entendre ces annonces, on s'en dispense ordinairement dans la pratique et l'on regarde, avec raison, comme suffisante, l'affiche qui reste à la porte de la mairie d'un dimanche à l'autre.

Pour que ceux qui connaîtraient quelque cause d'empêchement au mariage aient le temps d'y former opposition ou de faire connaître cette cause, le mariage ne peut être célébré que le troisième jour après le second dimanche. Ainsi, un mariage publié le dimanche 9 avril 1837, puis le dimanche 16 du même mois, ne pourra être célébré que le mercredi 19.

II. — On ne pouvait pas, après les publications faites, permettre de célébrer le mariage à quelque époque que ce fût. Après plusieurs années écoulées sans que le projet de mariage se soit réalisé, il est tout naturel de croire que les parties n'y songent plus; en sorte que le mariage célébré après cet intervalle, serait souvent aussi ignoré que celui qu'on célèbrerait sans publications.

En conséquence, le mariage doit avoir lieu dans l'année à partir du jour où il a pu se faire. Ainsi, dans l'hypothèse ci-dessus, il pourra être célébré depuis et y compris le 19 avril 1837 jusques et y compris le 18 avril 1838. Il ne pourrait plus l'être le 19, quoi qu'en aient dit certains auteurs; car il doit être célébré *dans l'année*, et on ne peut pas, dans une année, avoir deux fois le 19 avril.

Ces explications suffisent pour prévenir une erreur, vraiment incroyable, dans laquelle sont tombés certains officiers de l'état civil. Nous avons vu, en 1838, des maires qui, ne se doutant pas des motifs de la loi et ne comprenant pas même le sens grammatical de ces mots : *dans l'année à compter de...* se sont imaginé que le mariage devait se faire *dans la même année* que la publication, c'est-à-dire avant la fin de décembre de cette année; et l'un d'eux refusa de célébrer, en février 1839, sans publications nouvelles, un mariage dont les publications avaient eu lieu en novembre 1838, trois mois seulement auparavant!!!

Article 70.

L'officier de l'état civil se fera remettre l'acte de naissance de chacun des futurs époux. Celui des époux qui serait dans l'impossibilité de se le procurer, pourra le suppléer en apportant un acte de notoriété délivré par le juge de paix du lieu de sa naissance, ou par celui de son domicile.

Article 71.

L'acte de notoriété contiendra la déclaration faite par sept témoins, de l'un ou de l'autre sexe, parens ou non parens, des prénoms, noms, professions et domiciles du futur époux et de ses père et mère, s'ils sont connus; le lieu et, autant que possible, l'époque de sa naissance et les causes qui empêchent d'en rapporter l'acte. Les témoins signeront l'acte de notoriété avec le juge de paix, et s'il en est qui ne puissent ou ne sachent signer, il en sera fait mention.

Article 72.

L'acte de notoriété sera présenté au tribunal de première instance du lieu où doit se célébrer le mariage. Le tribunal, après avoir entendu le procureur du Roi, donnera ou refusera son homologation, selon qu'il trouvera suffisantes ou insuffisantes les déclarations des témoins et les causes qui empêchent de rapporter l'acte de naissance.

N. B. — On appelle *Acte de notoriété* un acte par lequel on atteste qu'un fait est constant, notoire. L'homologation est l'approbation qu'un tribunal donne à un acte qui lui est soumis.

Il ne faut pas croire que l'acte de notoriété dont il est ici question suppléerait, en tout, l'acte de naissance : ce moyen de remplacer l'acte de naissance n'est admis ici que par exception et par faveur pour le mariage.

ARTICLE 73.

L'acte authentique du consentement des père et mère, ou aïeuls et aïeules, ou à leur défaut celui de la famille, contiendra les prénoms, noms, professions et domiciles des futurs époux et de tous ceux qui auront concouru à l'acte, ainsi que leur degré de parenté.

SOMMAIRE.

I. L'acte écrit de consentement est inutile quand le consentement émane d'ascendans qui doivent assister au mariage. — Il serait bon que l'acte fût rédigé en minute.

II. C'est la désignation de la personne que l'enfant doit épouser, que la loi exige dans l'acte de consentement. — Le consentement donné de se marier avec qui l'on voudra serait nul.

EXPLICATION.

I. — Lorsque c'est un ascendant qui doit consentir, et que cet ascendant doit assister au mariage, il donne son consentement verbal au moment de la célébration, et un acte écrit de consentement serait alors inutile.

Mais quand l'ascendant ou les ascendans ne se présentent pas, il faut une preuve écrite du consentement. Il en est de même quand c'est le conseil de famille qui est appelé à consentir; car ce conseil ne peut pas venir tenir séance et prendre une délibération au moment même de la célébration.

Cette preuve ne peut pas être administrée par un acte sous seing privé; car il serait trop facile d'en supposer un. La loi exige donc un *acte authentique*, c'est-à-dire passé devant notaire. Il serait même prudent de ne point passer cet acte en brevet; mais d'en garder minute. (L'acte passé en minute est celui dont l'original, écrit en très-petit caractère, *minutâ scripturâ*, reste déposé dans l'étude du notaire, qui ne délivre qu'une copie ou expédition certifiée conforme; l'acte en brevet est celui qu'on remet lui-même, en original, aux parties.) Il serait bon, disons-nous, de garder minute de l'acte; car le brevet pourrait se trouver égaré. Toutefois, comme on le voit par notre article, cette formalité n'est point exigée.

II. — Beaucoup de personnes, des notaires même, et des officiers de l'état civil, entendent dans notre article, par *futur époux*, celui à qui on donne le consentement. C'est une erreur, selon nous. Sans doute, l'indication de celui-ci est nécessaire; mais il n'est pas besoin de le dire, et ce n'est pas d'elle, mais bien de celle de l'autre époux, qu'on aurait pu omettre (et qu'en effet on omet quelquefois), que la loi a cru nécessaire de parler. D'abord, si le législateur n'avait voulu que la désignation de la personne à qui on donne le consentement, il eût été bien inutile de le dire; car il est impossible de délivrer un acte de consentement à une personne, sans y désigner cette personne. Mais ce qu'il était dans l'intention du législateur d'exiger, c'est la désignation de la personne avec laquelle l'enfant doit se marier. Ce n'est pas pour flatter la vanité d'un père que la loi demande son consentement au mariage de son fils; c'est surtout pour que le père puisse juger du choix que fait le fils, c'est pour que son expérience supplée à l'inexpérience de celui-ci. Le père ne peut donc pas lui donner son consentement sans examiner avec quelle personne le mariage doit se faire. Par conséquent, le consentement général qu'il lui donnerait de se marier avec qui bon lui semblera, ne serait pas valable. Ce qui le prouve, c'est qu'un premier mariage ne dispense pas celui qui l'a contracté et qui devient veuf, d'obtenir, s'il est encore mineur, le consentement de ses ascendans pour un mariage subséquent. C'est donc la désignation du futur époux, c'est-à-dire de la personne que l'enfant doit épouser, que l'acte de consentement doit contenir.

ARTICLE 165.

Le mariage sera célébré publiquement devant l'officier civil du domicile de l'une des parties.

SOMMAIRE.

I. Renvoi pour les effets du défaut de publicité et pour la détermination du domicile.
II. Un officier de l'état civil n'est compétent que dans sa commune.

EXPLICATION.

I. — Les motifs qui ont fait exiger la publicité pour le projet de mariage, font aussi exiger cette publicité pour sa célébration. Nous verrons plus loin (art. 192 et 193), que le défaut d'un ou de plusieurs élémens de publicité donnera lieu, selon les cas, soit seulement à une amende, soit à la nullité du mariage.

L'un des élémens de cette publicité, c'est la célébration dans un pays où les parties soient bien connues, c'est-à-dire au domicile de l'une de ces parties. Ce domicile, comme nous l'avons déjà dit au titre III, n'est pas toujours le même que le domicile ordinaire. Nous verrons un peu plus loin comment il s'établit.

II. — C'est par l'officier de l'état civil du domicile de l'une des deux parties qu'il doit être procédé au mariage; mais un officier serait-il compétent hors de sa commune? Ainsi, le mariage serait-il légalement célébré, dans la commune où l'un des époux est domicilié, par l'officier de l'état civil d'une autre commune, où est domicilié le second époux ?

Nous ne le pensons pas. Un officier de l'état civil perd, selon nous, cette qualité, et devient un individu privé, quand il est hors de la commune pour laquelle cette qualité lui est attribuée. Un maire, un adjoint, dès qu'ils ne sont plus dans leur commune, ne sont plus maire, adjoint ; ce sont alors, et quant à la commune dans laquelle ils se trouvent, de simples citoyens. Toutefois, et quoique le mariage célébré dans une commune par l'officier d'une autre commune ne nous paraisse pas régulier, comme la loi n'est pas explicite à cet égard, on ne pourrait pas en prononcer la nullité pour cette seule cause.

ARTICLE 166.

Les deux publications ordonnées par l'art. 63, au titre des *Actes de l'état civil*, seront faites à la municipalité du lieu où chacune des parties contractantes aura son domicile.

ARTICLE 167.

Néanmoins, si le domicile actuel n'est établi que par six mois de résidence, les publications seront faites en outre à la municipalité du dernier domicile.

N. B. — L'explication de ces deux articles sera donnée avec celle de l'art. 74, à laquelle nous arriverons immédiatement après l'art. 171. Qu'il nous suffise de dire, quant à présent, que l'art. 167, dont la rédaction est vicieuse et embrouillée, équivaut à cette proposition : Néanmoins si le domicile actuel n'est établi *que par résidence*, de telle sorte qu'étant le domicile quant au mariage, il ne soit pas en même temps le domicile réel ordinaire, les publications seront faites à la municipalité de ce domicile réel.

ARTICLE 168.

Si les parties contractantes ou l'une d'elles sont, relativement au mariage, sous la puissance d'autrui, les publications seront encore faites à la municipalité du domicile de ceux sous la puissance desquels elles se trouvent.

EXPLICATION.

I. — On voit que d'après ces deux articles, il pourra quelquefois être nécessaire de faire faire les publications dans huit communes différentes. En effet, chacun des deux époux peut être domicilié, quant au mariage, dans une commune, avoir dans une seconde son domicile ordinaire, et être ensuite soumis à la puissance de deux aïeuls ou aïeules domiciliés l'un dans une troisième, l'autre dans une quatrième commune.

II. — Par *ceux sous la puissance desquels une partie contractante se trouve* il faut entendre, non pas seulement ceux dont *le consentement* lui est nécessaire, mais aussi ceux dont elle doit requérir *le conseil;* car c'est être sous la puissance d'un ascendant, c'est être dépendant de lui, que d'être tenu de lui demander son conseil. D'ailleurs, celui dont le conseil doit être demandé, a le droit de former opposition au mariage et de l'empêcher, tant que ce conseil n'aurait pas été demandé; il faut donc qu'il puisse connaître le projet de mariage, et s'opposer à la célébration à laquelle un époux voudrait arriver sans l'avertir, en trompant l'officier de l'état civil.

III. — Si le consentement à obtenir était celui du conseil de famille, c'est au domicile de ce conseil de famille qu'il faudrait faire les publications demandées par notre article. Il est clair, du reste, que ce n'est pas au domicile de chacun des parens ou amis composant le conseil, qu'on ferait les publications; car chacun de ces parens n'est pas le conseil de famille. Le conseil de famille, c'est l'ensemble des différens membres qui le composent; or, comme la réunion de ces parens se fait chez le juge de paix, président du conseil, le domicile de celui-ci est véritablement le domicile du conseil de famille. C'est donc au domicile de ce juge de paix que devront se faire les publications.

ARTICLE 169.

Il est loisible au Roi, ou aux officiers qu'il préposera à cet effet, de dispenser, pour des causes graves, de la seconde publication.

SOMMAIRE.

I. Ce sont les procureurs du Roi qui accordent ces dispenses. — Pourquoi n'est-ce pas le Roi lui-même?

II. Le mariage ne devra se faire que le troisième jour après la publication, et une affiche restera apposée dans l'intervalle; à moins pourtant d'une impérieuse nécessité, auquel cas on pourrait se contenter d'un délai de vingt-quatre heures. Mais la célébration ne pourra jamais avoir lieu immédiatement.

EXPLICATION.

I. — D'après les art. 3 et 4 de l'arrêté du 20 prairial an XI, déjà cité sous les art. 145 et 164, les dispenses de seconde publication sont directement accordées par le procureur du Roi près le tribunal dans l'arrondissement duquel les parties se proposent de célébrer leur mariage. Il est rendu compte ensuite, au Ministre de la justice, des causes qui ont donné lieu aux dispenses. La dispense sera déposée au secrétariat de la commune où le mariage est célébré. Le secrétaire en délivre une expédition, dans laquelle il est fait mention du dépôt et qui demeure annexée à l'acte de célébration.

On conçoit facilement pourquoi on a permis, dans ce cas, au procureur du Roi, d'accorder lui-même la dispense, sans qu'il faille recourir au chef du gouvernement, comme dans le cas de dispense d'âge. S'il avait été nécessaire de s'adresser au ministère, il eût fallu plus de temps pour obtenir dispense de la publication, que pour faire cette publication.

II. — Par analogie de l'art. 64, qui ne permet de célébrer le mariage que le troisième jour depuis la seconde publication, et qui veut qu'une affiche reste apposée dans l'intervalle de la première publication à la seconde, il faut dire, dans le silence de notre article, que dans le cas de dispense d'une publication, le mariage ne pourra avoir lieu que le troisième jour après celle qui sera faite, et que depuis le dimanche midi jusqu'au mardi soir, une affiche devra rester posée, pour donner au mariage autant de publicité qu'il sera possible.

Toutefois, nous pensons qu'en cas de nécessité absolue, en cas, par exemple, de mariage *in extremis* (on appelle ainsi le mariage contracté par un moribond), on pourrait profiter du silence de la loi pour procéder au mariage après un délai de 24 heures seulement. Mais nous ne croyons pas qu'on pût jamais y procéder sans aucun délai. En effet, l'absence d'un délai quelconque, qui permette de faire opposition, équivaudrait à une absence de publication; or la loi ne permet de dispense que pour une publication, et non pour toutes deux.

ARTICLE 170.

Le mariage contracté en pays étranger entre Français, et entre Français et étrangers, sera valable s'il a été célébré dans les formes usitées dans le pays, pourvu qu'il ait été précédé des publications prescrites par l'art. 63, au titre *des Actes de l'état civil*, et que le Français n'ait point contrevenu aux dispositions contenues au chapitre précédent.

SOMMAIRE.

I. Quand les deux parties sont françaises, l'officier du pays et l'agent français sont compétens tous deux; quand l'une seulement est française, l'officier du pays est seul compétent.

II. Le mariage contracté à l'étranger sans avoir été précédé, en France, des publications voulues ou de la réquisition du conseil des ascendans, serait nul.

III. La loi française n'exige point que les Français aient six mois d'habitation à l'étranger pour pouvoir s'y marier.

IV. L'art. 63, auquel celui-ci se réfère, n'est pas le seul qu'il faille appliquer, pour les publications à faire en France dans ce cas.

EXPLICATION.

I. — On sait que, d'après une règle qui a déjà été expliquée au titre *des Actes de l'état civil*, sous les art. 47 et 48, lorsque le mariage contracté à l'étranger aura lieu entre deux Français, il pourra être reçu soit par un officier du pays, soit par un agent diplomatique français; le premier, en effet, est compétent vis-à-vis d'eux par l'application de la règle *Locus regit actum* (voyez n° VIII de l'art. 3). Le second le serait, d'après les principes ordinaires, puisqu'il est officier public français. Mais au contraire, pour le mariage contracté par un Français et une étrangère, ou *vice versá*, l'officier du pays serait seul compétent. En effet, l'officier français le serait bien quant au Français, mais il ne le serait plus quant à la femme étrangère que celui-ci épouse. Un arrêt de la Cour de Rouen, du 24 février 1818, qui avait jugé valable un mariage contracté dans ces circonstances devant un agent français, a été cassé (et avec raison) par la Cour suprême, le 10 août 1819.

II. — Le mariage contracté par des Français en pays étranger, dit notre article, *sera valable pourvu qu'il* ait été précédé des publications prescrites (il va sans dire que c'est de publications faites en France qu'il s'agit; d'ailleurs la discussion de cet article au Conseil d'État ne laisse aucun doute à cet égard), et *pourvu que* le Français ait accompli les conditions exigées dans le chap. Ier.

Donc, si ces publications n'ont pas eu lieu, ou s'il a été contrevenu à quelqu'une des conditions requises au chap. Ier, le mariage ne sera pas valable et restera nul et de nul effet en France.

Tout le monde, cependant, n'admet pas cette doctrine, et on fait contre elle des objections que nous devons réfuter brièvement.

On dit qu'une nullité ne peut jamais se suppléer et qu'on n'en peut pas invoquer d'autres que celles écrites dans le chap. IV ci-dessous, *des Demandes en nullité* de mariage, lequel n'indique point celles dont nous parlons ici. On ajoute que la seule sanction portée par la loi, dans ces circonstances, c'est, d'après l'art. 192, l'amende de l'officier public et des parties pour le défaut de publications; et d'après l'art. 157, l'amende et la prison contre l'officier public, pour le défaut de conseil des ascendans. Voyons quelle est la force de ces raisons.

On nous dit d'abord que le chap. IV, *des Demandes en nullité*, n'indique comme cause de nullité ni l'absence de publications, ni le défaut de réquisition du conseil des ascendans, dans le cas de mariage fait à l'étranger. C'est une erreur. L'art. 191, en effet, permet l'action en nullité pour le défaut de publicité et pour célébration devant un officier incompétent. Or, 1° les publications qui, pour les mariages faits en France, ne sont qu'*un des moyens* d'y rendre le mariage public, en sont, au contraire, l'*unique moyen* quand le mariage doit se célébrer à l'étranger; 2° quant au conseil des ascendans, le législateur, en reconnaissant pour le mariage la compétence des officiers étrangers, n'a dû le faire que sous certaines conditions, notamment celle d'accomplir les prescriptions du chap. Ier. Il y a donc défaut de publicité dans un cas et incompétence de l'officier dans l'autre; et dès lors ces deux points rentrent dans cet art. 191.

On nous dit en second lieu qu'il existe pour le défaut de publication et pour le défaut de conseil des ascendans, des sanctions spéciales portées pour le premier cas par l'art. 192, pour le second par l'art. 157. Cela est vrai; mais ces articles disposent pour les cas ordinaires, pour les mariages faits en France. Ainsi, d'abord, pour le défaut de publications : les publications, comme nous venons de le dire, ne sont ordinairement qu'un des élémens de publicité; mais le défaut de toute publicité serait une cause de nullité. Or, quand il s'agit d'un mariage que des Français ont été, à dessein peut-être, contracter en pays étranger, des publications faites en France étaient non plus un des moyens, mais le seul moyen de faire connaître ce mariage à leurs concitoyens; si donc ces publications n'ont pas eu lieu, il est vrai de dire qu'il n'y a pas eu publicité. Le législateur, par conséquent, ne se met point en contradiction avec lui-même, lorsque, n'infligeant dans l'art. 192 qu'une peine pécuniaire pour défaut de publications, quant aux mariages faits en France, il prononce nullité, dans notre article, pour les mariages contractés à l'étranger sans ces mêmes publications. D'ailleurs, il y aurait souvent impossibilité d'appliquer, dans le cas de mariages faits à l'étranger, la peine prononcée par l'art. 192; car les tribunaux français ne pourraient pas condamner à une amende l'officier public étranger, en sorte que ce serait précisément quand l'obligation des publications est plus stricte que sa principale sanction disparaîtrait.

Il faut faire une réflexion semblable pour le cas où le conseil des ascendans n'a pas été requis. Une amende et la prison sont la seule sanction que le législateur, pour les mariages faits en France, prononce contre l'officier de l'état civil (art. 157); mais pour le mariage célébré en contravention de cette règle, par un officier public étranger, cette sanction n'est plus possible, attendu que cet officier n'est pas justiciable des tribunaux français. La loi resterait donc impuissante en face de ces inconvéniens et laisserait impunément braver son autorité? Ainsi, deux majeurs pourraient, sans en avertir leurs ascendans (qui peut-être auraient fait une opposition sur une cause capable d'empêcher le mariage; par exemple, l'état de prêtre du futur époux), aller contracter à l'étranger un mariage qui eût été impossible en France, et il n'y aurait aucune sanction de cette contravention! Il n'en pouvait pas être ainsi : il fallait une sanction, et elle se trouvait tout naturellement dans la déclaration formelle, donnée par notre article, que ce mariage ne serait pas reconnu en France sans l'accomplissement de telles et telles conditions.

Il existe plusieurs arrêts contraires à notre doctrine, mais la plupart y sont conformes. Voyez Colmar, 2 janvier 1825; Paris, 30 mai 1829 et 4 juillet même année; cassation, 8 mars 1831; 6 mars 1837; Montpellier, 15 janvier 1839; Rennes, 6 juillet 1840; Cassation, 17 août 1841.

III. — Les mariages contractés en France ne sont valables qu'autant qu'ils l'ont été par-devant l'officier du lieu où l'une des deux parties avait son domicile quant au mariage, c'est-à-dire six mois continus de résidence (art. 74, 165 et 191 combinés). En sera-t-il de même de ceux contractés par des Français à l'étranger? Un Français et une Française qui iraient demeurer dans un pays étranger ne pourraient-ils s'y marier qu'après six mois d'habitation? Nous ne le pensons pas. Le législateur qui fait un article exprès pour nous indiquer sous quelles conditions le mariage célébré à l'étranger sera valable, et qui porte une disposi-

tion formelle pour exiger l'accomplissement des publications et
des diverses conditions demandées par le chap. I⁰ʳ, ne parle
point de cette habitation de six mois, constitutive d'un domicile
sans lequel le mariage serait nul. Et en effet, la nécessité de ce
domicile, de cette habitation de six mois, n'est imposée par la
loi, que comme un des élémens de la publicité du mariage; la
loi veut que les époux soient connus dans le lieu où ils se marient. Or, quelle plus grande publicité le mariage aurait-il en
France, parce que les époux auraient attendu en Angleterre
que six mois se fussent écoulés depuis leur arrivée?... On n'aura
donc à suivre, sur ce point, que les règles du pays où le mariage sera célébré.

IV. — Maintenant, comment faut-il entendre l'obligation des
publications à faire en France, imposée aux citoyens qui veulent
se marier à l'étranger? Notre article, en imposant cette obligation, ne se réfère qu'à l'art. 63, et cet art. 63 n'ordonne les
publications qu'au domicile actuel des futurs époux. Au contraire, dans notre chapitre, les deux art. 167 et 168 étendent
cette obligation et veulent que les publications soient faites,
non plus seulement 1° au domicile quant au mariage; mais
aussi 2° au domicile réel, s'il est distinct, et 3° au domicile de
ceux à la puissance desquels les futurs époux sont soumis. L'article 63, le seul visé par notre article, sera-t-il aussi le seul qu'il
faudra appliquer aux mariages contractés à l'étranger?

Évidemment non. Dans les art. 63, 64 et 65, une seule idée
frappe le législateur, c'est la nécessité de publications en général, et il ne parle de ces publications que pour indiquer comment, par qui, combien de fois, et à quels jours elles seront faites; comment elles seront constatées, etc. Quant au point de
savoir dans quels lieux elles doivent être faites, ce n'est pas là
qu'il l'examine, mais bien dans nos art. 166, 167 et 168. Notre
article, en se référant à l'art. 63, se réfère donc aussi implicitement, non pas seulement aux art. 64 et 65, mais encore aux
art. 166, 167 et 168, qui sont tous le développement et l'accessoire de cet art. 63. La publication en France étant le seul
moyen d'y connaître le mariage qu'un Français veut contracter à
l'étranger, la loi n'a pas pu être moins rigoureuse dans ce cas
que dans celui de mariage contracté en France.

Ceux donc qui veulent se marier à l'étranger doivent faire
publier leur mariage au domicile qu'ils ont en France, puis au
domicile de ceux sous la puissance desquels ils sont encore.

ARTICLE 171.

Dans les trois mois après le retour du Français sur le

territoire du royaume, l'acte de célébration du mariage contracté en pays étranger sera transcrit sur le registre public des mariages du lieu de son domicile.

N. B. — Rien, ni dans le texte, ni dans l'esprit de la loi n'autorise à dire que le défaut de transcription de l'acte dans le délai voulu entraînerait nullité du mariage. Il n'y a même aucune peine directement appliquée par la loi à l'inaccomplissement de cette condition.

Cette disposition, toutefois, ne sera pas dépourvue de sanction, et son inaccomplissement ne resterait pas sans effet. Le défaut de transcription dans le délai fera que le mariage ne pourra être opposé à ceux qui auraient intérêt à le méconnaître.

Par exemple: aux termes de l'art. 2105-2°, la femme a, du jour du mariage, sur tous les immeubles de son mari, une hypothèque légale, existant indépendamment de toute inscription. Or, supposons que quatre mois après le retour en France d'un Français marié à l'étranger, Titius lui prête une somme de 50,000 fr. avec une hypothèque, qui était la première, sur tous les biens de l'emprunteur; si plus tard la femme venait pour exercer ses droits et primer Titius, celui-ci l'écarterait et passerait avant elle. Elle est en faute, en effet, de n'avoir pas fait faire la transcription de son acte de mariage, au moyen de laquelle Titius, aurait pu savoir à la mairie que son emprunteur était marié, et par conséquent grevé d'une hypothèque légale au profit de sa femme.

Il en serait autrement si l'acte avait été transcrit, dans les trois mois après le retour en France, et que Titius eût consenti le prêt vingt-cinq jours ou trois semaines avant la transcription. Il est bien vrai qu'alors le prêt a eu lieu à un moment où il n'y avait encore, pour le prêteur, aucun moyen de savoir que son emprunteur était marié; mais ici c'est le prêteur qui est en faute d'avoir contracté avant l'expiration du délai accordé par la loi pour faire faire la transcription. Tant que les trois mois ne sont pas expirés, il n'y a rien à reprocher aux époux, et ce n'est qu'après ce délai que l'absence d'acte sur les registres peut et doit faire croire qu'il n'y a pas mariage.

ARTICLE 74.

Le mariage sera célébré dans la commune où l'un des deux époux aura son domicile. Ce domicile, quant au mariage, s'établira par six mois d'habitation continue dans la même commune.

SOMMAIRE.

I. Le domicile établi par six mois de résidence est le seul où le mariage puisse être célébré.

II. Ce domicile, une fois acquis dans une commune, y continue encore pendant six mois après la cessation de la résidence.

EXPLICATION.

I. — Les auteurs ne sont pas d'accord sur le sens de cet article. Les uns prétendent que par cette disposition, le législateur n'a point entendu enlever la faculté de se marier à son domicile ordinaire; mais qu'il a voulu au contraire accorder, pour les mariages et dans le but de les faciliter, un second domicile qui existe simultanément avec l'autre. Dans cette première opinion, on aurait, quant au mariage, 1° un domicile spécial, s'établissant par une simple résidence de six mois; puis, 2° le domicile ordinaire, qui resterait domicile quant au mariage, comme pour tout le reste. Ainsi, un mineur de vingt ans, qui demeure et a toujours demeuré à Paris, mais dont le tuteur est domicilié à Versailles, pourrait se marier et à Paris, parce qu'il y a une résidence de plus de six mois, et aussi à Versailles, parce qu'il y a son domicile réel.

Les autres soutiennent que le domicile dont parle notre article est le seul que la loi reconnaisse pour le mariage; on ne devait, disent-ils, célébrer le mariage que dans un lieu où les époux fussent connus; or, il n'en serait pas ainsi si le mariage pouvait toujours avoir lieu au domicile réel, puisque l'on peut avoir ce domicile dans une commune où l'on n'a jamais mis le pied. Ce n'était donc pas d'après les règles ordinaires que le domicile devait s'établir, quant au mariage; on ne pouvait permettre la célébration que dans la commune dans laquelle les époux (ou l'un d'eux) auraient demeuré un certain temps.

C'est d'après ces vues qu'aurait été fait notre article, d'après lequel le domicile établi par six mois de résidence serait le seul qu'on pût invoquer pour le mariage.

Nous ne balançons pas à adopter ce second sentiment, d'abord par les motifs que nous venons d'indiquer en l'exposant; et en outre, parce que les termes mêmes de notre art. 74 ne nous paraissent pas susceptibles d'un autre sens. En effet, où est-ce qu'un individu peut se marier? C'est, d'après l'article, dans la commune où il a *son domicile*. Mais comment s'établit *ce domicile, le domicile quant au mariage?* C'est, répond l'article, par six mois d'habitation dans la même commune.

A cette doctrine on fait une objection que nous ne devons pas laisser sans réponse.

Il a dû, nous dit-on, entrer dans le dessein du législateur de faciliter les mariages, et une foule de dispositions prouvent suffisamment cette volonté chez lui; or, la doctrine qui veut que le domicile établi par six mois de résidence soit le seul quant au mariage, rendrait les mariages moins faciles et quelquefois impossibles pendant quelque temps. En effet, que deux personnes qui avaient à Rouen leur résidence et leur domicile réel tout à la fois, s'en viennent fixer leur résidence et leur domicile à Paris; le mariage qu'elles se proposent de contracter ensemble leur sera impossible pendant six mois, puisque jusqu'à l'expiration de ces six mois (après lesquels elles pourraient se marier à Paris), elles n'auraient nulle part de domicile quant au mariage.

Cet inconvénient, d'abord, n'est pas aussi grand qu'il le paraît au premier coup d'œil. En effet, il arrivera bien rarement que ni l'un ni l'autre des époux n'aient dans une commune six mois d'habitation. Si le mariage était aussi pressé qu'on le suppose, ne pouvaient-ils pas se mettre en mesure bien contracter avant leur départ de l'ancienne commune? Tous deux, ou au moins l'un d'eux ne pouvait-il pas rester dans cette commune quelque temps encore, et jusqu'à ce que le mariage fût célébré? Non, dit-on; il y avait nécessité, et nécessité pour tous deux, de partir de suite. — Alors, à la vérité, le mariage serait impossible pendant quelques mois, s'il n'était pas permis dans ce cas de le célébrer au domicile précédent; mais nous allons voir au numéro suivant que cette faculté existe. Maintenant, quand même cette faculté n'existerait pas, quand même on n'adopterait pas la théorie que nous allons donner sur ce point, et qu'on serait forcé d'admettre cette impossibilité momentanée, nous répondrions encore que si, d'un côté, le législateur devait tenir à favoriser les mariages, il devait tenir aussi, et par-dessus tout, à ne pas permettre qu'un mariage pût jamais être célébré sans aucune publicité, sans que le projet en fût annoncé aux personnes connaissant les parties. Or, il est facile de comprendre que ce mariage quasi-clandestin serait le résultat de la doctrine que nous repoussons. Car d'après cette doctrine, deux futurs époux qui viennent fixer leur domicile à Paris, où personne ne les connaît, pourraient non-seulement s'y marier quinze jours après leur arrivée,... mais ils pourraient même le faire sans qu'on pût exiger d'eux des publications au domicile précédent, en sorte que le mariage aurait lieu sans qu'aucune des personnes qui connaissent ces futurs époux en eussent entendu parler.

En effet, la loi n'exige les publications au domicile précédent qu'autant que le domicile actuel ne serait établi *que par six mois de résidence* (art. 167), c'est-à-dire qu'autant que ce domicile serait tel seulement pour le mariage sans être le domicile ordinaire. Or, dans l'espèce ci-dessus, ce n'est pas un simple domicile pour le mariage, c'est leur domicile réel que les époux auraient à Paris. Ils pourraient donc se marier à Paris sans aucune publication ailleurs.

Pour repousser ce résultat complètement inadmissible, ceux qui voient dans notre article un second domicile accordé par faveur pour le mariage, prétendent que dans l'art. 167, à la place de ces mots : Si le domicile actuel n'est établi que par six mois de résidence, il faut dire : Si au domicile actuel les époux ont une résidence *de moins de six mois*, en sorte que selon eux, cet art. 167 rendrait les publications nécessaires au dernier domicile, lorsque le domicile nouveau ne serait pas accompagné d'une résidence de plus de six mois. Mais nous avons déjà fait justice de cette incroyable interprétation, qui fait dire à la loi le contraire précisément de ce qu'elle dit, et nous avons vu que ces mots de l'art. 167, *Si le domicile actuel n'est établi que par six mois de résidence*, signifient : Si le domicile actuel *n'est qu'un domicile de résidence, s'il n'est domicile que quant au mariage;* en sorte que cet article ne s'appliquerait pas si le domicile était le domicile réel.

Si donc il était vrai que notre article n'indique pas un domicile auquel *seul* le mariage est possible; s'il était vrai qu'au domicile réel, ordinaire aussi, le mariage peut toujours avoir lieu, il faudrait dire que quand c'est à ce domicile réel que les parties veulent se marier, rien ne les oblige à faire publier leur mariage ailleurs; en sorte que deux personnes domiciliées à Rouen depuis dix ans pourraient aller fixer leur domicile à Orléans, et s'y marier de suite sans faire les publications à Rouen. C'est là, nous le répétons et tout le monde l'accordera, un résultat inadmissible.

On a voulu argumenter, soit pour, soit, et surtout, contre notre doctrine, de la discussion qui a eu lieu au Conseil d'État sur cet art. 74. Il nous paraît, quant à nous, que cette discussion ne jette aucun jour sur la question et ne peut fournir aucun argument solide, ni pour ni contre. Dans tous les cas, si l'on voulait absolument en tirer un argument, elle serait plutôt favorable à notre sentiment. Voici, en effet, ce qui se passa au Conseil d'État.

M. Tronchet et M. Réal entendaient l'article dans le sens contraire au nôtre, et le dernier, reconnaissant que les termes de cet article ne présentaient pas ce sens, proposa de le rédiger ainsi : *Le mariage sera célébré dans la commune où l'un des époux aura son domicile* (ordinaire); *il pourra l'être également dans la commune où l'un des deux époux aura six mois d'habitation.* Là-dessus, réclamation de M. Bigot-Préameneu qui, ainsi que M. Ma-

leville, professait la doctrine que nous défendons. Le Premier
Consul ayant posé nettement la question de savoir si une personne pourra se marier à son domicile réel, alors même qu'elle
n'y aurait pas six mois de résidence, M. Bigot pense que non,
parce que *le mariage aura plus de publicité quand il sera célébré
dans le lieu de la résidence.* M. Tronchet, au contraire, dit que le
mariage pourra toujours se faire au domicile réel et prétend
que ce domicile est toujours plus certain et plus connu que la
résidence (cette observation de M. Tronchet est de toute fausseté, comme tout le monde le comprend, puisque le domicile résulte de l'intention, souvent bien difficile à connaître; tandis que
la résidence est un fait matériel qui n'échappe à personne).
M. Tronchet ajoute que, d'ailleurs, les publications, dans ce cas
de mariage à un domicile réel où l'on n'a pas six mois de résidence, seraient faites et au lieu de la résidence et au lieu du domicile. (Nous avons démontré que cette seconde proposition est
également fausse.)

Après cette discussion, dans laquelle M. Tronchet opina le
dernier, l'article fut adopté et resta rédigé tel que nous l'avons
aujourd'hui. (*Voy.* Fenet, t. IX, p. 26 et 27.)

Maintenant, quelle sconséquences tirer de là? Faut-il, de ce que
M. Tronchet a parlé le dernier, conclure que l'art. 74 a été adopté
dans le sens de ce conseiller, malgré le sens contraire que présentaient ses termes? Ne faudrait-il pas, bien plutôt, dire que le Conseil d'État en rejetant la rédaction proposée par M. Réal, pour
conserver celle que nous avons, a prouvé qu'il n'embrassait pas la
doctrine de M. Tronchet; parce que, sans doute, il apercevait la
fausseté des motifs par lui donnés? Cette dernière conclusion serait assurément plus logique. Mais, nous le répétons, nous ne
voulons tirer ni l'une ni l'autre, et consentons à déclarer cette
discussion non-avenue, pour décider la question par d'autres
élémens. Or, pour quiconque veut raisonner les diverses dispositions de la loi et les combiner entre elles, il reste prouvé que
le domicile résultant d'une habitation de six mois est le seul où
le mariage puisse être célébré.

Dans son rapport au Tribunat sur le titre des actes de l'état
civil, le tribun Siméon entendait certainement l'art. 74 comme
nous l'entendons. Il disait : « Le domicile, quant au mariage,
« *est déterminé* par six mois d'habitation continuelle dans la
« commune. » (Donc, là où il n'y a pas habitation de six mois,
il n'y a pas domicile pour le mariage.) « Le mariage, ajoutait-il
« de suite, ne pourra être célébré que dans la commune où l'un
« des époux aura son domicile. » (Fenet, t. VIII, p. 297.)

Ces principes ont été consacrés par un avis du Conseil d'État

du 4ᵉ jour complémentaire an XIII. « Considérant, dit-il, que
« l'art. 165 du Code civil porte que le mariage sera célébré par
« l'officier civil du domicile de l'une des parties, et que *ce do-*
« *micile*, aux termes de l'art. 74, est acquis par six mois d'habi-
« tation continue dans la même commune, le Conseil d'État est
« d'avis que les militaires qui se trouvent en France *ne peuvent*
« *se marier que dans la commune* où ils ont résidé sans inter-
« ruption pendant six mois, ou dans celle où leur future épouse
« a cette résidence. »

Cette doctrine, du reste, est loin d'être nouvelle. Dans l'ancien droit, le mariage ne pouvait également être célébré que par
le curé (alors officier de l'état civil, comme on sait) de la paroisse
où l'un des époux avait six mois de résidence; c'est la règle que
l'Église suit encore, aujourd'hui même, pour l'administration du
sacrement. (Dans le cas de changement de diocèse, il fallait, et
il faut encore, une résidence, non plus de six mois seulement,
mais d'un an, dans la paroisse nouvelle.) La question que nous
venons de débattre était spécialement prévue et décidée dans
notre sens par le célèbre canoniste Gibert, dans sa soixante-sep-
tième consultation.

Or, c'est cette ancienne règle (moins l'augmentation de délai
qui vient d'être indiquée) qui fut continuée, pour le mariage civil, par la loi du 20 septembre 1792, laquelle portait : « Le do-
« micile, relativement au mariage, est fixé par une habitation
« de six mois dans le même lieu. » Notre article, à son tour, reproduit la même idée, en termes parfaitement synonymes et
presque identiques.

II. — Nous avons déjà dit que, selon nous, le domicile de mariage, acquis dans une commune, ne cesse pas dès que vient à
cesser l'habitation dans cette commune. En effet, on a vu que la
législation intermédiaire, et après elle notre Code, n'ont fait
que reproduire sur cette matière les règles de l'ancien droit. Or,
dans cet ancien droit, on décidait (*Voy.* Gibert, 65ᵐᵉ *Consultation*)
que dans les six mois qui suivaient votre départ d'une paroisse,
et pendant lesquels le droit de vous marier dans la paroisse nouvelle n'existait pas, vous conserviez la faculté de vous marier
dans l'ancienne. Aujourd'hui encore, à l'église, on dit que, pendant ces six mois, on n'a dans la nouvelle paroisse qu'un domicile *de fait* et que le domicile *de droit* reste dans l'ancienne.

En outre, on a vu au titre *du Domicile*, qu'en principe, il n'y
a ni perte pure du domicile actuel, ni acquisition pure d'un domicile nouveau, mais *changement* de domicile; c'est-à-dire qu'un
domicile ne se perd que par les causes qui en font acquérir un
nouveau. Or, le domicile de mariage ne s'acquiert que par six

I.   33

mois *passés dans la commune;* il ne doit donc se perdre que par six mois *passés hors de la commune.*

A la vérité, on ne pourrait pas appliquer ici la théorie du changement de domicile dans toute sa rigueur; le grand principe de la publicité du mariage s'y oppose. Ainsi, on ne pourrait pas dire que le domicile ne se perdra que par six mois *passés dans une autre commune*, de manière à ce que l'ancien domicile continue toujours jusqu'à l'acquisition d'un nouveau; car ce serait dire que deux personnes parties d'une commune depuis cinq, dix, quinze années ou plus, sans être jamais restées six mois de suite dans le même pays, pourraient venir se marier dans cette commune où personne ne les connaît plus. Ce serait là, évidemment, se mettre en contradiction flagrante avec l'esprit de la loi. Mais pourquoi n'admettrait-on pas cette théorie jusqu'aux limites dans lesquelles elle s'harmonise avec cet esprit de la loi? Pourquoi ne permettrait-on pas le mariage pendant les six mois qui suivent le départ?... Si la loi suppose que six mois sont nécessaires pour que celui qui vient habiter une commune y soit suffisamment connu, n'est-il pas clair que plus de six mois seront nécessaires pour que la connaissance une fois acquise se perde?

Ainsi, au titre III, la théorie de la loi est que le domicile réel ordinaire dure tant qu'il n'est point remplacé; donc, ici, on doit admettre que le domicile spécial de mariage durera, non pas tant qu'il ne sera point remplacé (parce que le principe de publicité s'oppose à ce qu'on aille jusque-là), mais au moins tant qu'il sera légalement impossible de le remplacer, c'est-à-dire tant que six mois ne se seront pas écoulés depuis le changement d'habitation. Autrement la loi se contredirait de la manière la plus étrange; puisqu'on la verrait ici renier totalement son propre système, pour rendre impossible pendant quelque temps un contrat que partout elle favorise autant qu'il est en elle. Et notez que cette règle contradictoire, et d'une rigueur si bizarre, n'aurait aucun motif, aucune raison!... Que la loi me laisse pour quelque temps dans l'impossibilité de me marier, parce que j'ai abandonné mon domicile de mariage depuis une ou plusieurs années, sans résider nulle part pendant six mois, on le conçoit très-bien : d'une part, la loi ne peut pas me permettre de venir me marier dans telle commune, à quelque époque que ce soit, sous le prétexte que j'y étais connu dans un temps; d'un autre côté, si je n'ai plus de domicile de mariage, c'est ma faute; j'ai eu le temps d'en acquérir un. Mais quand six mois ne se sont pas écoulés encore, pourquoi la loi me défendrait-elle de me marier à mon ancienne résidence, quand, d'une part, il m'a été impossible, de par la loi elle-même, d'acquérir un domicile nouveau, et que, d'ailleurs, la prohibition n'aurait aucun motif, puisqu'à cette ancienne résidence je suis parfaitement connu ?

Cette doctrine, que nous avons dit avoir été celle de Gibert dans l'ancien droit, est enseignée aujourd'hui par un auteur d'une grande autorité à nos yeux, M. Coin-Delisle. « Le domi-« cile civil, dit-il, se perd par l'intention et le fait, parce que le « fait et l'intention suffisent pour en acquérir un autre. Le do-« micile pour le mariage ne s'acquiert que par une résidence de « six mois ; l'absence de six mois est donc nécessaire pour faire « perdre le droit acquis, et tant qu'il a été physiquement impos-« sible d'acquérir le droit dans une autre commune, il a dû sub-« sister dans celle où on le possédait. » (*Commentaire du titre des Actes de l'état civil*, art. 74 , n° VII.)

ARTICLE 75.

Le jour désigné par les parties , après les délais des publications, l'officier de l'état civil, dans la maison commune, en présence de quatre témoins, parens ou non parens , fera lecture aux parties des pièces ci-dessus mentionnées , relatives à leur état et aux formalités du mariage, et du chapitre VI du titre *du Mariage, sur les Droits et les devoirs respectifs des époux.* Il recevra de chaque partie, l'une après l'autre, la déclaration qu'elles veulent se prendre pour mari et femme; il prononcera au nom de la loi qu'elles sont unies par le mariage, et il en dressera acte sur-le-champ.

ARTICLE 76.

On énoncera dans l'acte de mariage :

1° Les prénoms, noms, professions, âges, lieux de naissance et domiciles des époux ;

2° S'ils sont majeurs ou mineurs ;

3° Les prénoms , noms, professions et domiciles des pères et mères ;

4° Le consentement des pères et mères, aïeuls et aïeules, et celui de la famille dans le cas où ils sont requis ;

5° Les actes respectueux, s'il en a été fait ;

6° Les publications dans les divers domiciles ;

7° Les oppositions, s'il y en a eu, leur main-levée, ou la mention qu'il n'y a point eu d'opposition ;

8° La déclaration des contractans de se prendre pour époux et le prononcé de leur union par l'officier public;

9° Les prénoms, noms, âges, professions et domiciles des témoins, et leur déclaration s'ils sont parens ou alliés des parties, de quel côté et à quel degré.

CHAPITRE III.

Des oppositions au mariage.

N. B. — Nous joindrons à l'explication de ce chapitre celle des art. 66, 67, 68 et 69.

ARTICLE 172.

Le droit de former opposition à la célébration du mariage appartient à la personne engagée par mariage avec l'une des deux parties contractantes.

N. B. — Les causes d'empêchement qui peuvent exister à un mariage étant souvent inconnues à l'officier de l'état civil, et pouvant être dissimulées par les parties, la loi devait permettre à des personnes pouvant en avoir connaissance, de former contre ce mariage une opposition qui en arrêtât la célébration.

Mais comme, d'un autre côté, il ne fallait pas que ce droit d'opposition fût, pour le premier venu, un moyen d'entraver sans motifs un mariage projeté, et quelquefois de l'empêcher en le retardant, la loi n'a dû en accorder l'exercice qu'à un petit nombre de personnes, et sous des conditions qui missent les futurs époux à l'abri des tracasseries et des vexations que la méchanceté pourrait susciter.

La première personne à qui la loi donne le droit de former opposition au mariage, c'est celle mariée à un époux qui veut contracter un mariage nouveau. Ceci est de toute raison, puisque la qualité seule de cette personne est la preuve d'un empêchement dirimant au mariage projeté.

ARTICLE 173.

Le père, et à défaut du père, la mère, et à défaut du père ou de la mère, les aïeuls et aïeules, peuvent former opposition au mariage de leurs enfans et descendans, encore que ceux-ci aient vingt-cinq ans accomplis.

SOMMAIRE.

1. Sous le nom d'aïeuls et aïeules, il faut comprendre tous les ascendans. — Le droit ne passera jamais à l'ascendante qu'à défaut de son mari.

II. L'opposition d'un ascendant ne peut pas être maintenue par les tribunaux, quand elle ne repose pas sur une cause légale d'empêchement. Erreur de Delvincourt.

EXPLICATION.

I. — L'expression d'*Aïeuls*, ainsi que nous avons déjà eu occasion de le dire, est générique et comprend tous les ascendans, à quelque degré qu'ils soient.

A défaut des aïeuls, les aïeules, comme nous l'avons vu au chapitre Iᵉʳ, exercent la puissance paternelle quant au mariage, et doivent être appelées à donner leur consentement ou leur conseil; ils auront donc aussi le droit de former opposition au mariage. Aussi l'art. 174 ne fait passer le droit d'opposition aux collatéraux qu'à défaut d'*aucun ascendant*. Du reste, il faudra, bien entendu, dire des aïeuls ou bisaïeuls d'une même ligne, ce que la loi dit du père et de la mère, c'est-à-dire que l'aïeule ne pourra former opposition qu'à défaut de l'aïeul son conjoint, car elle est sous la dépendance de celui-ci, comme la mère est sous la dépendance du père.

II. — Nous verrons à l'art. 176 qu'une des garanties au moyen desquelles la loi met les futurs époux à l'abri des oppositions vexatoires, c'est l'obligation pour l'opposant d'indiquer dans son opposition le motif sur lequel elle est fondée; mais que cependant cette obligation n'existe plus quand l'opposition est faite à la requête d'un ascendant.

Le législateur veut donc que les ascendans puissent former opposition au mariage de leur enfant, alors même qu'ils n'auraient pas un motif légal d'empêcher ce mariage.

De là on avait conclu que quand l'opposition serait faite par un ascendant, elle pourrait être maintenue par les tribunaux, bien qu'aucun empêchement légal au mariage n'existât. Sans cela, disait-on, et si l'opposition formée dans ce cas devait, en définitive, tomber indubitablement, la faculté accordée aux ascendans eût été insignifiante, et la loi les aurait soumis, comme les autres, à faire connaître le motif de leur opposition. Cette doctrine est développée par Delvincourt, t. I.

C'était une erreur : un tribunal n'a pas le droit de créer arbitrairement des empêchemens au mariage; et d'ailleurs, la faculté accordée ici aux ascendans ne sera pas sans effet, comme on le disait. Tel enfant, qui n'a pas reculé devant un ou même trois actes respectueux, signifiés secrètement et au su seulement de deux notaires (ou d'un notaire et de deux témoins), reculera en face de l'idée d'assigner son père devant le tribunal; l'autre époux, d'ailleurs, pourrait bien renoncer au mariage, quand il se verra réduit à n'entrer dans une famille qu'au moyen d'un procès. Ce droit d'opposition sans motif légal est donc l'*ultimum subsidium* accordé aux ascendans pour forcer l'enfant à respecter leur volonté.

Que si les futurs époux portent l'opiniâtreté jusqu'à ne reculer devant aucun obstacle, cet obstacle tombera, et l'opposition, s'il n'existe point d'empêchement au mariage, ne saurait être maintenue sans violation de la loi, si graves que fussent les motifs qu'aurait l'ascendant de refuser son consentement.

Un père avait fait opposition au mariage que sa fille voulait contracter avec un forçat libéré par lequel elle s'était laissé séduire; le tribunal de première instance maintint l'opposition, et sur l'appel la Cour de Bourges, par un arrêt du 30 mars 1813, longuement motivé, confirma la sentence des premiers juges; mais la Cour de cassation cassa cet arrêt le 7 novembre 1814, et elle devait le faire.

Sans doute, la position du père était pénible, et il serait bon, peut-être, que la loi eût permis de maintenir, pour des causes très-graves, les oppositions ainsi faites, sans empêchement légal; mais la loi ne l'a pas permis, et les tribunaux sont chargés d'appliquer la loi telle qu'elle est, et non de la faire.

ARTICLE 174.

A défaut d'aucun ascendant, le frère ou la sœur, l'oncle ou la tante, le cousin ou la cousine germains, majeurs, ne peuvent former opposition que dans les deux cas suivans :

1° Lorsque le consentement du conseil de famille, requis par l'art. 160, n'a pas été obtenu ;

2° Lorsque l'opposition est fondée sur l'état de démence du futur époux : cette opposition, dont le tribunal pourra prononcer main-levée pure et simple, ne sera jamais reçue qu'à la charge, par l'opposant, de provoquer l'interdiction et d'y faire statuer dans le délai qui sera fixé par le jugement.

SOMMAIRE.

I. Le droit d'opposition n'appartient jamais aux alliés.
II. Il n'appartient qu'à quelques-uns des collatéraux, et dans deux cas particuliers seulement.
III. Les collatéraux d'une des parties ne peuvent pas former opposition du chef de l'autre.

EXPLICATION.

I. — Les alliés ne sont pas compris dans notre article, et comme il s'agit d'un droit que le législateur a cru devoir restreindre à des limites fort étroites, ce serait violer la loi, que de le reconnaître à des personnes à qui elle ne l'a pas formellement accordé.

II. — On voit que le législateur a eu beaucoup moins de confiance dans les collatéraux que dans les ascendans ; puisqu'il n'accorde aux premiers le droit de former opposition que dans deux cas formellement spécifiés, et que ce droit, en outre, n'est accordé qu'à certains collatéraux, et non pas à tous.

Le premier cas est celui où le consentement du conseil de famille, nécessaire au mariage, n'a pas été obtenu. Sans doute, dans ce cas, l'officier de l'état civil, alors même qu'il ne serait pas fait d'opposition, ne procèderait pas au mariage, s'il savait que l'enfant est mineur ; mais il pourrait être trompé, l'enfant pourrait lui présenter un faux consentement du conseil de famille, ou un faux acte de naissance qui le ferait croire majeur. C'est dans ces circonstances que l'opposition sera utile.

Le deuxième cas est celui de démence du futur époux. Dans ce cas, si les juges voient que cet époux n'est pas dément, comme on le prétend, ils pourront, sans aucune instruction, ni formalité, donner main-levée pure et simple ; que si l'état de démence est constaté ou du moins douteux, le tribunal rendra un jugement maintenant l'opposition, mais à la charge par l'opposant de provoquer l'interdiction dans un délai déterminé, et si, dans ce délai, la demande en interdiction n'était pas formée, l'opposition serait levée.

Toutefois, et malgré cette main-levée pour défaut de demande en interdiction, si le futur époux était vraiment en démence et incapable de consentir, l'officier de l'état civil, s'il s'apercevait de son état, ne devrait pas procéder au mariage ; en outre, le ministère public, comme nous le verrons à l'article suivant, n° III, pourrait et devrait y former opposition ; enfin, si aucune opposition n'ayant été formée et l'officier de l'état civil ne s'étant point aperçu de l'état de démence, le mariage avait été célébré, il serait complétement nul, pour défaut de consentement (art. 146).

III. — On a prétendu que les collatéraux d'un futur époux pouvaient former opposition pour défaut de consentement du conseil de famille de l'autre époux, ou pour sa démence. C'est une erreur grave ; car il est évident que pour s'opposer au mariage d'une personne, pour former l'opposition du chef d'une personne, il faut être le parent de cette personne. Ce qui le prouve d'ailleurs, c'est que dans le cas du 2° l'opposition ne peut être reçue qu'à la charge par l'opposant de provoquer l'interdiction, et qu'on ne peut provoquer l'interdiction que d'un parent (art. 490).

ARTICLE 175.

Dans les deux cas prévus par le précédent article, le tuteur ou curateur ne pourra, pendant la durée de la tutelle ou curatelle, former opposition qu'autant qu'il y aura été autorisé par un conseil de famille, qu'il pourra convoquer.

SOMMAIRE.

I. Le tuteur ou curateur peut s'opposer de son chef, s'il est un des parens indiqués à l'article précédent.

II. Le deuxième cas d'opposition prévu par l'article précédent ne peut se réaliser ici que pour un majeur interdit.

III. Le ministère public peut, d'office, former opposition au mariage, lorsqu'il existe un empêchement dirimant, et aussi pour engagement dans les ordres sacrés.

EXPLICATION.

I. — Si le tuteur ou curateur était un des parens compris dans l'article précédent, il est clair qu'il n'aurait pas besoin de l'autorisation du conseil de famille; il pourrait alors agir seul, non pas comme tuteur et en vertu de notre article, mais comme parent et en vertu de l'art. 174.

II. — Notre article dit que le tuteur (ou curateur) pourra former opposition dans *les deux cas* indiqués à l'article précédent. Mais il n'y aura lieu au second cas que quand le futur époux sera un majeur pourvu d'un conseil de famille et d'un tuteur pour interdiction (art. 505).

En effet, quand le futur époux sera un mineur, il sera, quant au mariage, ou sous la puissance d'un ascendant ou sous celle de son conseil de famille; or, il n'y aura lieu au second cas d'opposition ni dans l'une ni dans l'autre de ces circonstances.

Si l'enfant est encore sous la puissance d'un ascendant, le conseil de famille, représenté par le tuteur, ne peut pas former opposition, car ce droit d'opposition n'appartient soit aux collatéraux, soit au conseil de famille, qu'à *défaut d'un ascendant* (art. 174).

Le conseil de famille n'a aucun droit, aucune puissance qu'autant qu'il n'existe plus d'ascendant en état de manifester sa volonté (art. 160).

Que s'il n'y a plus d'ascendans ou s'ils sont tous dans l'impossibilité de manifester leur volonté, le conseil de famille a bien

alors le droit de former opposition par son tuteur. Mais si le
conseil de famille veut s'opposer au mariage, il n'y consentira
donc pas, et dès-lors l'opposition peut être formée pour défaut
de consentement du conseil de famille, en sorte qu'ici le deuxième
cas rentre dans le premier.

En d'autres termes : le tuteur ne pouvant jamais former opposition que de l'avis du conseil de famille, il faut, pour trouver une hypothèse dans laquelle la deuxième cause d'opposition
ne se confonde pas avec la première, supposer un futur époux
qui n'a pas besoin pour se marier du consentement de ce conseil de famille ; or, il faut pour cela, ou que cet époux soit majeur, ou s'il est mineur, qu'il ait encore un ascendant. Mais
comme, dans le cas où un ascendant existe encore, le conseil de
famille (et le tuteur qui le représente) n'a pas le droit de former
opposition, il s'ensuit bien que la seule hypothèse où le deuxième
cas prévu par nos articles puisse se réaliser est celle d'un majeur à qui on a donné un conseil de famille et un tuteur, parce
qu'il a été interdit.

III. — Avant de passer aux articles qui règlent la forme des
oppositions, nous devons examiner la question, assez controversée, de savoir si le ministère public a quelquefois le droit de
former opposition d'office.

L'affirmative ne nous paraît pas douteuse. Le ministère public, spécialement chargé de veiller au respect des mœurs, de
réprimer et de prévenir, autant que possible, les crimes, pourra
fort bien former opposition toutes les fois qu'il s'agira d'un empêchement dirimant qui lui donnerait le droit d'agir en nullité,
si le mariage était contracté.

On nous dit que c'est donner trop d'extension aux pouvoirs
du ministère public, qui ne peut agir que dans les cas spécifiés
par la loi ; que d'ailleurs, il pourra intimer à l'officier de l'état
civil une défense de procéder au mariage.

A cela nous répondons que l'officier de l'état civil pourrait ne
pas respecter cette défense ; qu'une opposition sera bien plus
efficace, et que la loi du 20 avril 1810 donne au ministère public le droit de former cette opposition, en l'autorisant par son
art. 46 à agir toutes les fois que l'ordre public sera intéressé.
L'ordre public est intéressé évidemment à ce qu'on ne procède
pas à un mariage que le ministère public pourrait faire annuler,
s'il était contracté.

Nous pensons même que parmi les empêchemens simplement
prohibitifs, il en est un qui donnerait au ministère public le
droit de former opposition : c'est l'engagement dans les ordres
sacrés. En effet, c'est avec la société même que le prêtre a con-

tracté l'engagement auquel il veut contrevenir aujourd'hui; or, le ministère public est le mandataire de la société; c'est là d'ailleurs une circonstance qui intéresse au plus haut degré l'ordre public et les bonnes mœurs. L'opposition d'office nous paraît donc possible dans ce cas, bien que ce ne soit là, comme nous le verrons au chapitre suivant, qu'un empêchement prohibitif.

ARTICLE 66.

Les actes d'opposition au mariage seront signés sur l'original et sur la copie par les opposans, ou par leurs fondés de procuration spéciale et authentique; ils seront signifiés, avec la copie de la procuration, à la personne ou au domicile des parties et à l'officier de l'état civil qui mettra son visa sur l'original.

ARTICLE 176.

Tout acte d'opposition énoncera la qualité qui donne à l'opposant le droit de la former; il contiendra élection de domicile dans le lieu où le mariage devra être célébré; il devra également, à moins qu'il ne soit fait à la requête d'un ascendant, contenir les motifs de l'opposition : le tout à peine de nullité et de l'interdiction de l'officier ministériel qui aurait signé l'acte contenant opposition.

SOMMAIRE.

I.   Précautions prises par la loi pour empêcher les oppositions vexatoires.
II. La nullité prononcée par l'art. 176 aurait aussi lieu pour violation de l'art. 66.
III. L'officier de l'état civil dont parle l'art. 66 sera indifféremment celui d'une des communes où se font les publications.
IV. L'élection de domicile voulue par l'art. 66 doit se faire au domicile de l'époux du chef duquel l'opposition est formée.
V.   Un huissier ne peut se refuser à signifier une opposition, quand même il penserait que l'opposant n'a pas qualité ou que les motifs ne sont pas légaux.
VI. L'officier de l'état civil doit respecter l'opposition, quand la qualité de l'opposant ou l'existence d'un motif légal sont douteux; mais si le défaut de qualité ou de motif est évident, il doit procéder au mariage.

EXPLICATION.

I. — C'est pour restreindre plus sûrement l'exercice du droit d'opposition dans la classe des personnes auxquelles il est accordé que la loi exige, 1° l'énonciation dans l'exploit d'opposition de la qualité qui donne droit d'agir à l'opposant; 2° la signature, sur l'original et la copie, de l'opposant ou de son mandataire, muni d'une procuration spéciale et authentique, dont une copie doit être signifiée en tête de l'exploit d'opposition.

Dans les exploits ordinaires, la loi ne demande point la signature de celui à la requête duquel l'huissier agit; ici la loi a craint qu'en invoquant un faux nom, un étranger ne pût venir former à mon mariage une opposition qui, à la vérité, n'aurait pas tenu en définitive, mais qui l'aurait toujours retardé un peu. Au moyen de la précaution prise par la loi, on ne pourrait arriver là qu'au moyen d'une fausse signature, ce qui rendrait passible d'une peine de cinq à dix ans de réclusion. (C. pén., art. 150 et 21.)

Quant au visa que l'officier de l'état civil doit mettre sur l'original, c'est une formalité qui a lieu toutes les fois qu'un officier public reçoit en cette qualité une signification quelconque. (*Voyez* l'art. 69 C. de proc.)

La loi veut en outre, pour que l'opposition ne soit faite que dans les cas où elle doit l'être, que l'exploit contienne les motifs de cette opposition. Toutefois, les ascendans sont dispensés de cette formalité, parce qu'alors même qu'ils n'auraient aucune cause légale d'empêchement à alléguer, ils seraient présumés agir dans de bonnes intentions et pour des motifs graves.

II. — La peine de nullité de l'opposition prononcée par l'art. 176 pour défaut des formalités par lui exigées aurait-elle lieu aussi pour défaut de la signature de l'opposant, ou pour défaut de la procuration spéciale et authentique de son mandataire, exigés par l'art. 66? Oui; l'extrême importance que la loi attache à ce que le droit d'opposition soit rigoureusement restreint dans les limites par elle tracées, la nécessité qu'elle impose de demander la signature de l'opposant, pour empêcher un étranger de former opposition, en empruntant un faux nom, ne permettent pas de penser que la loi ait voulu laisser sans *aucune* sanction l'obligation qu'elle a portée dans l'art. 66. Or, si la nullité prononcée par l'art. 176 n'était pas aussi appliquée à l'article 66, il faudrait dire que cet art. 66 n'aura plus de sanction, puisque la loi n'en indique aucune autre. Et en effet, on voit bien que, dans la pensée de la loi, l'art. 176 est la suite et le complément de l'art. 66.

III. — L'art. 66 dit bien que l'opposition devra être signifiée à l'officier de l'état civil; mais auquel? Est-ce nécessairement à celui de la commune où le mariage devra être célébré?

Non; il suffit que ce soit à l'officier de l'une des communes où les publications se font; car, d'après l'art. 69, si les publications ont été faites dans plusieurs communes, il faudra, pour faire célébrer le mariage, que les parties rapportent un certificat délivré par l'officier de chaque commune, constatant qu'il n'y a point d'opposition.

IV. — Aux termes de l'art. 176, l'opposant doit faire, dans l'exploit d'opposition, élection de domicile *dans le lieu où le mariage devra être célébré*; mais si chacun des deux futurs époux demeure dans une commune différente, le mariage peut être célébré dans les deux communes; dans laquelle alors faudra-t-il élire domicile? C'est évidemment dans celle où l'époux du chef duquel on fait opposition a son domicile, quant au mariage. En effet, cette élection de domicile est exigée pour que l'époux sur lequel on forme l'opposition ne soit pas obligé, pour plaider en main-levée, d'aller assigner l'opposant par-devant le tribunal du domicile de cet opposant, lequel pourrait être fort éloigné. C'est donc au lieu où réside l'époux au mariage duquel on fait opposition, qu'il faudra faire élection de domicile pour accomplir le vœu de la loi.

V. — L'huissier qui penserait que la personne qui réclame son ministère n'a pas qualité pour former l'opposision, ou que les motifs sur lesquels elle se fonde ne sont pas légaux, n'en devrait pas moins obtempérer à la demande de cette personne. Un huissier étant un mandataire forcé, et qu'on est obligé de prendre, doit agir toutes les fois qu'il en est requis, et n'est jamais juge du mérite de l'acte qu'on lui demande de faire. Puisque c'est un instrument dont la loi me force de me servir, il doit donc être entièrement passif; si je suis, moi, contraint de n'agir que par lui, il faut bien, réciproquement, qu'il soit tenu de faire tout ce que je ferais moi-même, si je pouvais agir seul. L'huissier doit seulement exiger la signature de l'opposant ou de son mandataire spécial et authentique, puis accomplir les autres formalités voulues par la loi.

VI. — L'officier de l'état civil, dans ce même cas, c'est-à-dire quand il pense que la personne qui forme l'opposition n'a pas qualité pour le faire, ou que ses motifs ne sont pas légaux, peut-il ne tenir aucun compte de cette opposition et procéder au mariage sans attendre la main-levée?

L'officier de l'état civil n'est juge ni du point de savoir si tel motif est ou n'est pas légal, ni du point de savoir si la personne qui forme l'opposition a ou n'a pas qualité pour le faire. Il doit donc respecter l'opposition lorsqu'il y a question là-dessus et que la circonstance présente des doutes. C'est aux tribunaux seuls qu'il appartient de décider cette question.

Ainsi le tuteur d'un mineur forme opposition à son mariage, bien que ce mineur ait encore un ascendant; l'opposition n'est pas valable; car le tuteur n'a ce droit de former opposition qu'à défaut d'un ascendant. Cependant, comme le tuteur est un de ceux qui peuvent avoir qualité dans certaines circonstances, ce n'est pas à l'officier de juger s'il est ou non dans cette circonstance, et il devra par conséquent respecter l'opposition. Ainsi encore, l'opposition est formée sur le fondement que le futur époux est engagé dans les ordres sacrés; l'officier, alors même qu'il penserait, lui, que ce n'est pas là un empêchement au mariage, devra respecter l'opposition, parce qu'il y a question, et que la question ne peut pas être décidée par lui.

Mais s'il n'y a pas de question, s'il est *évident* que l'opposant n'a pas qualité ou que le motif n'est pas légal, l'officier peut et doit procéder au mariage, malgré cette opposition. Ainsi, c'est un neveu qui forme opposition au mariage de sa tante; il est clair qu'il n'a pas qualité; ou bien l'opposition est formée par un frère, mais elle se fonde sur ce que le futur époux veut se mésallier en épousant sa servante; il est clair que ce n'est pas là un motif légal. Dans ces cas, l'officier n'a pas le droit d'avoir égard à l'opposition; car, si la loi a exigé que l'opposant énonçât la qualité qui lui donne droit d'agir, et aussi (quand l'opposant n'est pas un ascendant) le motif de son opposition, c'est précisément pour empêcher qu'à défaut de qualité, ou de motif légal, on pût faire une opposition qui retarde le mariage, en forçant le futur époux de plaider en main-levée. Si le législateur avait entendu que toute opposition, même celle faite sans qualité ou sans motif, dût tenir jusqu'à ce que le tribunal eût prononcé, il n'aurait pas demandé l'énonciation du motif et de la qualité dans l'exploit.

ARTICLE 67.

L'officier de l'état civil fera, sans délai, une mention sommaire des oppositions sur le registre des publications; il fera aussi mention en marge de l'inscription desdites oppositions, des jugemens ou des actes de main-levée dont expédition lui aura été remise.

N. B. — Il y aura *jugement* de main-levée quand la main-levée sera prononcée par le tribunal; il y aura simple *acte* de main-levée quand, sans qu'il y ait jugement, la main-levée sera donnée par ceux-là mêmes qui avaient formé l'opposition.

Du reste, il ne faudra pas toujours nécessairement *un acte*, un écrit exprès, pour faire main-levée de l'opposition. Ainsi, un père qui avait d'abord formé opposition au mariage de son fils vient ensuite déclarer qu'il retire cette opposition, et il assiste lui-même au mariage pour y consentir; il suffira de mentionner la main-levée et le consentement donné au mariage dans l'acte de célébration.

ARTICLE 68.

En cas d'opposition, l'officier de l'état civil ne pourra célébrer le mariage avant qu'on lui ait remis la main-levée, sous peine de trois cents francs d'amende et de tous dommages-intérêts.

N. B. — Il résulte de ce que nous avons dit sous l'art. 176, n° VI, que notre article n'entend parler que d'oppositions faites par des personnes ayant qualité, et pour des motifs légaux, ou du moins par des personnes sur la qualité desquelles, et pour des motifs sur la légalité desquels, il y avait doute.

ARTICLE 69.

S'il n'y a pas d'opposition, il en sera fait mention dans l'acte de mariage ; et si les publications ont été faites dans plusieurs communes, les parties remettront un certificat délivré par l'officier de l'état civil de chaque commune, constatant qu'il n'existe point d'opposition.

N. B. — Le certificat constatera *qu'il n'existe point d'opposition,* ce qui comprend et le cas où il n'en a point été fait, et celui où l'opposition faite d'abord n'existe plus, parce qu'elle a été levée.

ARTICLE 177.

Le tribunal de première instance prononcera dans les dix jours sur la demande en main-levée.

N. B. — Cet article ne signifie pas que, dans tous les cas, le tribunal devra juger définitivement avant l'expiration de dix jours ; ce serait souvent impossible : il faudra quelquefois deux, trois, quatre mois ou plus, pour décider la question qui se présentera. L'idée du législateur est que le tribunal devra, dans les dix jours, s'occuper de l'affaire et statuer au moins préparatoirement, s'il n'est pas possible de juger de suite au fond.

Par exemple, s'il s'agit d'une opposition fondée sur l'allégation d'un premier mariage, et que l'époux sur lequel l'opposition est formée prétende que ce premier mariage est nul, ce sera alors de cette question : *Le premier mariage est-il ou n'est-il pas valable ?* que dépendra celle de savoir si l'opposition doit être maintenue ou rejetée ; or, ce n'est pas en dix jours que le tribunal sera mis en état de décider une question aussi grave que celle-là. Pour se conformer, dans ce cas, au vœu de notre article, le tribunal devra dans les dix jours décider s'il y a lieu de rejeter purement l'opposition, ou s'il y a lieu d'examiner préalablement telle question.

C'est dans ce même sens qu'il faut entendre l'article suivant.

ARTICLE 178.

S'il y a appel, il y sera statué dans les dix jours de la citation.

SOMMAIRE.

I.   L'appel suspendra l'exécution. — Il eût dû en être de même, dans ce cas, du pourvoi en cassation.

II. La cassation annullerait le mariage célébré en vertu de l'arrêt cassé. Mais il y aurait lieu d'appliquer l'art. 201.

EXPLICATION.

I. — L'appel d'un jugement en arrête l'exécution, si ce n'est dans les cas exceptionnels où la loi en permet l'exécution provisoire. (*Voy.* Cod. de poc., art. 457.) Aucune exception n'étant écrite pour le cas qui nous occupe, il reste soumis à la règle, et l'appel y est suspensif. En effet, on ne pouvait pas permette l'exécution provisoire d'un jugement faisant main-levée d'une opposition et autorisant l'officier de l'état civil à célébrer le mariage : la célébration d'un mariage ne pouvait pas avoir lieu provisoirement et sauf à être ensuite réputée non avenue.

Cette même considération, qu'on ne peut pas permettre qu'un mariage soit célébré provisoirement et sauf à être réputé nul postérieurement, aurait dû faire déclarer ici le pourvoi en cassation suspensif de l'exécution, comme l'appel lui-même. De sa nature, le pourvoi en cassation n'est pas suspensif; la loi des 27 novembre-1er décembre 1790, créatrice de la Cour (alors le tribunal) de cassation, dit, art. 16 : *En matière civile, la demande en cassation n'arrêtera pas l'exécution du jugement.* Le Code civil posait une exception à ce principe dans l'art. 263, qui déclarait que le pourvoi contre les arrêts rendus en matière de divorce suspendrait l'exécution.

Le cas qui nous occupe demandait évidemment une exception semblable; mais une exception ne pouvant pas se suppléer, et celle-ci, par un oubli du législateur peut-être, n'étant écrite nulle part, il faudra ici respecter le principe, malgré les conséquences fâcheuses qu'il pourra présenter. Le point a été jugé ainsi par un arrêt de la Cour royale de Paris, du 19 septembre 1815, et par un de la Cour royale de Lyon, du 13 février 1828.

II. — La décision que nous venons de donner et qui, peu d'accord avec la saine morale, est cependant la seule que les principes de notre droit autorisent, conduit à une question grave et fort délicate; celle de savoir quel sera le sort du mariage contracté en vertu d'un arrêt qui, après avoir fait mainlevée de l'opposition formée à ce mariage, a été cassé par la Cour suprême.

La cassation d'un arrêt mettant cet arrêt au néant et le faisant réputer non avenu opère nullité de tout ce qui a été fait en exécution de l'arrêt cassé. Il y aura donc, après la cassation de l'arrêt faisant main-levée, nullité de la main-levée et nullité de la célébration qui s'en est suivie; en sorte que les époux se trouveront être et avoir toujours été étrangers l'un à l'autre. En vain dirait-on que la main-levée de l'opposition étant réputée non avenue, on est dans le cas d'un mariage célébré au mépris d'une opposition, circonstance pour laquelle la loi ne prononce pas nullité du mariage. Ce serait là scinder l'effet de la cassation. La cassation, en effet, comme nous l'avons dit, opère nullité, non pas seulement de la main-levée qu'avait donnée la Cour royale, mais aussi de la célébration; en sorte que la nullité du mariage n'est pas une conséquence de ce qu'il a été célébré au mépris d'une opposition, mais bien une conséquence directe et immédiate de la cassation, tout comme la nullité de la main-levée elle-même.

Cela est si vrai qu'il ne viendra à l'idée de personne d'appliquer dans ce cas à l'officier de l'état civil la peine de 3oo francs d'amende prononcée par l'art. 68 contre celui qui procède à un mariage avant que l'opposition qui y était faite soit levée. Et cependant, si l'on reconnaissait d'une part, comme il le faut bien, que la main-levée est réputée non avenue, et qu'il est vrai de dire en droit qu'il n'y a pas eu de main-levée; mais que, d'autre part, on voulût reconnaître et maintenir la célébration du mariage, il faudrait dire que la célébration a eu lieu sans main-levée de l'opposition et que, par conséquent, c'est le cas d'appliquer l'art. 68 et de prononcer, contre l'officier qui a procédé, l'amende de 3oo francs.

Il n'en est pas ainsi; on ne peut pas, plus en droit qu'en fait, arriver à dire que l'officier de l'état civil a célébré le mariage sans main-levée de l'opposition. *En fait*, il est vrai que la célébration a eu lieu; mais il est vrai aussi que la main-levée avait été donnée. *En droit*, maintenant, il est vrai, par l'effet de la cassation qui a tout annulé, qu'il n'y a point eu de main-levée; mais il est vrai aussi qu'il n'y a point eu de célébration, puisque cette célébration et cette main-levée sont annulées l'une et l'autre, comme ayant eu lieu en exécution d'un arrêt cassé et réduit à néant. Si donc la Cour royale à laquelle l'affaire sera renvoyée fait, comme la première, main-levée de l'opposition, il n'y aura mariage entre les époux, qu'au moyen d'une nouvelle célébration. Que, si elle maintient l'opposition, le mariage sera définitivement impossible.

Au reste, le mariage apparent, qui avait eu lieu d'abord, produirait, en vertu de l'art. 201, les mêmes effets que s'il n'avait pas été annulé, à cause de la bonne foi des époux qui, ayant pour eux l'arrêt qui levait l'opposition et permettait le mariage, n'avaient pas cru, évidemment, violer la loi en le contractant. Ainsi, l'enfant conçu dans l'intervalle de cette célébration du mariage à la cassation de l'arrêt, serait, en vertu de cet art. 201, réputé enfant légitime.

Article 179.

Si l'opposition est rejetée, les opposans, autres néanmoins que les ascendans, pourront être condamnés à des dommages-intérêts.

N. B. — Les ascendans, comme nous l'avons vu, sont toujours censés agir par de bons motifs, alors même qu'ils n'auraient pas à indiquer d'empêchement légal au mariage, et que leur seule intention aurait été de faire manquer ce mariage, en faisant reculer les futurs époux devant la nécessité de faire du scandale par un procès en main-levée. Ils ne peuvent donc jamais être condamnés à des dommages-intérêts. Par la même raison, et bien que l'article n'en parle pas, ils ne pourraient pas être condamnés à tous les dépens du procès ; mais, comme de son côté l'enfant était dans son droit en agissant en main-levée, les dépens pourront être compensés entre lui et les opposans, conformément à l'art. 131 Cod. proc.

Quant aux opposans autres que des ascendans, quand leur opposition sera rejetée, les juges auront à examiner les motifs qui les ont fait agir, et ils pourront, selon les circonstances, être condamnés en tous les dépens, et même à des dommages-intérêts. Mais ils pourraient également, quand leurs intentions étaient pures et droites, ne pas subir de dommages-intérêts, et même, quand ce sont des frères et sœurs, n'avoir à supporter qu'une partie des dépens. (Cod. de proc., même art. 131.)

CHAPITRE IV.

Des Demandes en nullité de mariage.

OBSERVATIONS PRÉLIMINAIRES.

SOMMAIRE.

I.   Différence entre l'acte proprement nul ou non existant, et l'acte nul improprement ou annulable.

II. Quelles conditions sont requises pour l'existence du mariage. — L'union formée par l'interdit pour démence, même pendant un intervalle lucide, ne constitue point un mariage. Dissentiment avec M. Zachariæ.

III. Ce chapitre ne s'occupe que des nullités simples du mariage, et non des cas de non-existence de ce contrat. Confusion de la plupart des auteurs.

IV. Les nullités de mariage sont relatives ou absolues.

EXPLICATION.

I. — On fait souvent dans le monde, et la plupart des auteurs ont fait, dans l'explication de ce chapitre du Code, une confusion qu'il est cependant fort important, et aussi bien facile d'éviter. C'est celle d'un acte nul avec l'acte simplement annulable.

L'acte nul est celui qui n'existe pas, dont l'existence n'est qu'une apparence sans réalité : tel serait le prétendu mariage qu'un fou semblerait contracter; telle serait encore l'union que paraîtraient former, devant l'officier de l'état civil, deux femmes, dont l'une se ferait passer pour un jeune homme. Dans ce cas, le mariage est *nul* dans le sens propre, rigoureux et philosophique, de ce mot. *Nullum est matrimonium*, IL N'Y A PAS DE MARIAGE.

L'acte annulable, au contraire, est celui qui s'est vraiment formé, qui a une existence véritable; mais qui se trouvait entaché d'un vice pour lequel la loi permet de le faire briser, casser, annuler : tel serait le mariage qu'un jeune homme de vingt-quatre ans contracterait sans le consentement de son père.

Cette profonde différence entre la nature de ces deux actes, dont l'un est cassable, tandis que l'autre n'existe point, amène, on le conçoit, des différences, profondes également, pour les théories juridiques auxquelles l'un et l'autre donnent lieu.

L'acte nul étant celui qui n'a point d'existence ne peut donc pas se trouver vivifié, validé, confirmé, par une cause postérieure, quelle que soit cette cause. Car le néant n'est susceptible d'aucune amélioration ni modification : *Nihili nullæ sunt proprietates ; quod nullum est, nullum producit affectum ; quod nullum est, confirmari nequit.* Quand un mariage est nul, non existant, on ne peut pas parler pour lui de ratification; tout ce qui est possible, c'est sa création, sa formation. Quand un mariage est nul, je n'ai pas besoin de l'attaquer pour qu'il ne me nuise pas; et non seulement je n'ai pas besoin de l'attaquer, de le faire casser, mais je ne le puis pas. En effet, comment annuler ce qui est nul; comment anéantir le néant !... A la vérité (et c'est là, sans doute, ce qui a trompé les commentateurs), quand je veux empêcher les résultats, à moi préjudiciables, qu'on entend faire produire à un acte nul, il faut encore que je m'adresse au pouvoir judiciaire, qui seul, dans toute société bien organisée, doit prononcer sur les contestations qui s'élèvent entre les citoyens. Entre moi, qui prétends que le mariage, ou l'acte quelconque, n'existe pas, et mon adversaire qui le soutient existant et valable, il faut bien que ce soit l'autorité compétente qui intervienne pour dire qui a raison. Mais je ne demanderai pas au tribunal de casser, d'annuler le mariage ou l'acte dont il s'agit; je lui demanderai de reconnaître et de proclamer que cet acte n'existait pas et n'a jamais existé.

Au contraire, quand l'acte n'est nul que dans le sens impropre du mot, c'est-à-dire quand il a une existence réelle mais seulement vicieuse, cet acte est susceptible de ratification, de restauration. En outre, cet acte, puisqu'il existe, continuera d'exister tant qu'on ne le cassera pas; d'où la nécessité de former contre lui une demande en annulation, en cassation, en d'autres termes, *une action en nullité*. Et, puisqu'il y a une action en cassation à intenter contre l'acte annulable, il faudra que la loi organise cette action, il faudra qu'elle dise dans quels cas et pour quelles causes elle pourra être intentée; par quelles personnes, dans quel délai, et sous quelles autres conditions, elle devra l'être.

Ainsi, quand l'action tendant à l'annulation d'un acte vicieux sera formée pour une autre cause, par d'autres personnes, à une autre époque, que celles indiquées par cette loi, cette action ne sera pas reçue.

Au contraire, comme on ne peut pas agir sur ce qui n'existe pas, je n'ai pas d'action rigoureusement organisée à intenter contre l'acte nul; j'attends sans danger qu'on vienne me l'opposer, et le jour qu'on me l'oppose, à quelle époque que ce soit, j'ai tout simplement à répondre qu'il n'existe pas, et à m'adresser au juge pour faire *constater* la vérité de mon affirmation.

En outre des actes nuls et annulables, on distingue encore les actes *rescindables*; mais cette nouvelle distinction est ici sans importance. L'acte rescindable, en effet, se confond avec l'acte annulable quant à ses effets, et ne s'en distingue que par la cause qui le rend tel. La différence consiste en ce que l'annulation provient d'un vice intrinsèque à l'acte, et qui l'affecte dans son essence même, comme l'erreur ou la violence; tandis que la rescision résulte d'une circonstance externe : telle est la vilité du prix dans le cas de vente (art. 1674). Mais, dans ces deux cas, nous le répétons, les effets sont les mêmes, et il serait inutile de se préoccuper de cette différence de mots. Il en est tout autrement de la distinction, trop peu marquée par les termes, entre la nullité rigoureuse et la nullité imparfaite; et, pour nous restreindre à la matière qui nous occupe, il faut éviter avec le plus grand soin de jamais confondre un mariage non existant avec un mariage nul simplement.

II. — Maintenant, parmi les conditions diverses exigées pour le mariage, lesquelles seront seulement nécessaires à sa validité, et quelles autres seront essentielles à son existence même, à la formation du contrat? La loi ne donne nulle part la réponse textuelle à cette question; mais cette réponse ressort suffisamment, soit de la nature même des choses, soit de l'ensemble de notre législation.

Trois conditions sont essentielles à l'existence même du mariage : 1° La capacité, chez les deux parties, d'être mari et femme, c'est-à-dire la différence de sexe; 2° leur consentement de se prendre réciproquement pour époux; 3° la déclaration formelle de ce consentement devant un officier de l'état civil.

Et d'abord, pour la différence de sexe, il est bien évident que si deux hommes dont l'un serait pris pour une femme, ou deux femmes dont l'une passerait pour un homme, allaient déclarer devant l'officier public, avec toutes les formalités voulues, qu'ils se prennent pour époux, il est bien évident, disons-nous, qu'il n'y aurait pas mariage.

La troisième et dernière condition par nous indiquée n'est pas moins évidente que cette première. Les officiers de l'état civil sont les représentans de la société, les délégués de l'État, pour recevoir toute convention de mariage. Donc, toute union formée hors la présence d'un de ces officiers, le fût-elle d'ailleurs en face de cent témoins et du ministre du culte auquel les deux personnes appartiennent, ne pourrait constituer un mariage. L'union formée arrière de la loi n'existe pas aux yeux de la loi. Si le mariage était abandonné aux simples règles du droit des gens et qu'il restât contrat purement naturel, le seul consentement suffirait pour le former, et tout moyen de preuve serait propre à l'établir; mais du moment que l'homme vit dans une société civile, et que la loi a organisé le mariage comme contrat civil, il est bien clair que ce contrat ne saurait se former sans le concours des fonctionnaires que cette loi a institués *ad hoc*, de même qu'il ne peut plus se prouver que par les moyens spéciaux que présente cette même loi. Du reste, il n'est pas nécessaire, pour l'existence du mariage, que l'officier qui le reçoit soit bien précisément celui qui devait tout spécialement recevoir ce mariage. Pourvu que ce soit un des officiers de l'état civil, on ne peut plus dire que l'union se soit formée arrière de la loi civile, et dès lors le mariage subsiste, le contrat civil s'est formé; seulement, comme il s'est formé irrégulièrement, l'incompétence de l'officier qui a procédé pourra faire obstacle à sa validité.

Donc, dans ce cas, le mariage peut être annulable; mais jusqu'à l'annulation, il existe.

La seconde condition (à laquelle nous n'arrivons qu'en dernier lieu, parce que son explication va être plus longue) est plus claire encore, s'il est possible, que celle dont nous venons de parler. Le mariage est un contrat; or, un contrat se constitue précisément par l'accord des volontés, par le vouloir conforme, le *consensus* des parties; donc, quand il n'y a pas de consentement, il est bien impossible qu'il y ait mariage. Ceci est élémentaire, c'est presque niais à force d'être clair, et l'on pourrait s'étonner de voir la loi nous donner un article exprès (146) pour poser une semblable règle, si la pensée du législateur n'avait été de donner à cet article un sens beaucoup plus étendu que celui qu'il paraît avoir d'abord.

En effet, ce n'est pas seulement du consentement de fait, du consentement naturel, que l'art. 146 entend parler; c'est aussi du consentement légal, civil, qui peut bien être absent dans des cas où le consentement naturel existe. Ainsi, le mort civilement a certainement sa volonté; en fait et naturellement, il est parfaitement capable de consentir. Mais, civilement, il est mort, et dès-lors, son prétendu mariage tomberait en plein sous le coup de cet art. 146; ce serait une apparence sans réalité légale, un acte matériel sans valeur juridique, pour défaut de consentement, et qu'il n'y aurait pas lieu de faire annuler. Ainsi encore, l'interdit pour démence peut avoir des intervalles lucides, et, dans ces intervalles, jouir d'une pleine raison, d'une parfaite capacité de vouloir et de consentir. Cependant, l'union qu'il formerait pendant un de ces intervalles lucides n'en serait pas moins dénuée du caractère de mariage, parce que, s'il y a là consentement naturel, il n'y a pas le consentement civil dont l'art. 146 entend parler.

Tout le monde, cependant, n'est pas d'accord sur ce dernier point. Tous les jurisconsultes professent comme nous la non-existence du mariage d'un mort civilement; mais tous n'admettent pas celle du mariage qu'un interdit contracterait dans un moment lucide. Cette appréciation différente du mariage du mort civilement, et du mariage de l'interdit pour démence, provient du défaut d'harmonie dans l'ensemble des règles tracées par la loi pour l'interdiction. En effet, tandis que la nullité radicale, qui frappe le mariage du mort civilement, frappe aussi tous les actes qu'il voudrait consentir, à l'exception seulement de ceux relatifs à son existence naturelle (*V. l'explicat. de l'art.* 25); au contraire, quant à l'interdit, cette même nullité qui, selon nous du moins, atteint également l'union qu'il formerait, dans un intervalle lucide, n'atteint plus les autres actes qu'il pourrait consentir : ces actes, au lieu d'être rigoureusement nuls, ne sont qu'annulables, comme le prouve l'art. 1304, qui, pour ce cas, comme pour tous les cas de violence, d'erreur, de dol ou de minorité, organise une action en annulation qui dure dix ans. C'est, disons-nous, cette non-nullité des actes ordinaires passés par l'interdit pour démence, qui empêche plusieurs auteurs d'admettre la non-existence du mariage de cet interdit. Mais ces auteurs ne sont pas d'accord entre eux sur la valeur de ce mariage. Les uns le disent simplement annulable, comme tous les autres actes que ferait cet interdit, et d'après la règle générale résultant de la combinaison des art. 502 et 1304 ; les autres, notamment M. Zachariæ et ses annotateurs (t. III, p. 283), le déclarent complètement valable, pourvu qu'il soit contracté avec le consentement des ascendans ou, à leur défaut, du conseil de famille.

L'opinion des premiers est certainement inadmissible, et il faut choisir entre la non-existence à laquelle nous nous arrêtons, et la validité entière qu'adopte M. Zachariæ. En effet, on verra, par l'ensemble de ce chapitre, et notamment au n° V de l'art. 180, que le système d'annulation des actes ordinaires ne peut pas être invoqué en matière de mariage ; que les nullités de mariage ont leur système à part, et qu'on ne peut appliquer ici aucune autre nullité que celles de ce chapitre ; or, aucun texte de ce chapitre ne parle de la nullité pour interdiction. C'est donc que le mariage de l'interdit est ou valable, ou non existant.

Maintenant, laquelle de ces deux idées est celle de la loi ? Disons d'abord que, si l'on adopte le sentiment de M. Zachariæ, il faudra le faire en rejetant la condition, par lui exigée, du consentement des ascendans ou de la famille. Si le mariage que l'interdit pour démence vient contracter dans un intervalle lucide est valable, il l'est absolument et sans condition aucune ; car aucun texte de loi n'exige qu'un majeur obtienne, pour se marier, le consentement de personne.

M. Zachariæ et ses annotateurs fondent leur décision sur l'art. 509, qui déclare que *l'interdit est assimilé au mineur, pour sa personne et pour ses biens ;* mais c'est dénaturer le sens de cet article, que de l'appliquer au cas qui nous occupe. En effet, il y a deux espèces de minorités, fort distinctes l'une de l'autre : la minorité ordinaire et la minorité de mariage. La minorité ordinaire finit toujours à vingt et un ans ; l'autre dure quelquefois jusqu'à vingt-cinq ans. Même au-dessous de vingt et un ans, où l'enfant subit simultanément ces deux minorités, celles-ci, cependant, ne se confondent pas pour cela ; puisque l'enfant

qui serait en tutelle et qui aurait encore une bisaïeule dépendrait de son conseil de famille, comme mineur ordinaire, et de
cette bisaïeule, comme mineur de mariage. Or, c'est au mineur
ordinaire que l'art. 509 assimile l'interdit; au mineur ordinaire,
dont la loi vient de parler, dans le titre X, *de la Minorité et de
la Tutelle*, pour passer à des idées analogues et qui s'enchaînent
tout naturellement, dans le titre XI, *de la Majorité et de l'Interdiction*. Le second membre de la phrase qui forme cet art. 509
le prouve assez, quand, pour développer la première idée, il
ajoute : « Les lois sur la tutelle des mineurs s'appliqueront à la
« tutelle des interdits. » Bien plus, l'assimilation faite de l'interdit au mineur ordinaire est loin d'être complète; car le mineur ne reçoit jamais de tuteur ni de conseil de famille, tant
qu'il a son père et sa mère; tandis que l'interdit est soumis à ce
conseil et à un tuteur, aussi bien quand il a son père et sa mère
que quand il les a perdus tous deux. Si, comme le disent avec
raison M. Zachariæ et ses annotateurs, il n'existe aucun rapport
entre les nullités de mariage et la règle des art. 502 et 1304, il
est évident qu'il n'en existe pas plus entre les consentemens au
mariage et la règle de l'art. 509. L'inexactitude de la doctrine de
M. Zachariæ se trouve encore prouvée par la disposition de
l'art. 175. En effet, nous avons vu que cet article ne peut recevoir son entière application que dans le cas d'un futur époux qui
peut se marier sans aucun consentement d'ascendans ou de la
famille, et qui pourtant est soumis à un conseil de famille. Or,
ce cas ne peut être que celui d'un majeur interdit. Si, donc, on
entendait l'art. 509 comme le fait M. Zachariæ, ce cas disparaîtrait, et une partie de l'art. 175 deviendrait inapplicable.

Donc, de deux choses l'une : ou bien le mariage contracté par
l'interdit, dans un moment lucide, est valable sans le concours
de personne; ou bien, il reste sans existence, pour défaut de
consentement civil, par application de l'art. 146.

C'est cette dernière idée qui est vraie; c'est dans ce sens que
l'art. 146 a été rédigé : l'historique de sa rédaction le prouve
assez. Dans la première séance du Conseil d'Etat sur ce titre, on
proposa un article qui déclarait *incapables* de contracter mariage, en les mettant sur la même ligne : 1° l'interdit pour démence ou fureur; 2° les sourds-muets, hors d'état de manifester
leur volonté; 3° l'individu frappé de mort civile. Après quelques
discussions, l'article fut rejeté, sur cette réflexion du consul
Cambacérès, que ses dispositions n'étaient que *des conséquences
naturelles de la règle générale qui exige le consentement*. (Fenet, t. IX,
p. 8 et 12.) Il fut donc bien entendu que ni le mort civilement,
ni le sourd-muet incapable d'exprimer sa volonté, ni l'interdit,

ne pourraient contracter mariage, et que tous trois tombaient sous le coup du principe de l'art. 146, lequel, dès-lors, dans la pensée des rédacteurs, s'entendait du consentement légal, civil, aussi bien que du consentement naturel. Il fut si bien entendu que telle était la portée de l'article, que, plus tard, le Tribunat, lors de la communication officieuse qui lui fut faite, fit observer que le texte trop laconique de l'article demandait une addition qui, pour lever tous doutes, déclarât formellement que *l'interdit pour démence est*, EN FAIT DE MARIAGE, *hors d'état de donner un consentement, lors même qu'il aurait des intervalles lucides.* En conséquence, on proposait d'ajouter à l'art. 146 ce second alinéa : « L'interdit pour cause de démence ne peut contracter « mariage. » Comme on le voit, l'addition proposée par le Tribunat était précisément conçue dans les mêmes termes que l'article discuté dans la première séance du Conseil; la phrase fut donc repoussée, comme elle l'avait été la première fois. Mais, qu'on y pense bien; puisque le Conseil l'avait rejetée, non pas parce qu'il n'en voulait point admettre la pensée, mais, au contraire, parce que cette pensée était, à ses yeux, *une conséquence, inutile à exprimer, de la règle générale*, il devient incontestable que l'art. 146 a été mis dans le Code pour s'appliquer au consentement légal, dont le mort civilement et l'interdit pour démence sont incapables, aussi bien qu'au consentement naturel qui peut exister chez eux. Que plus tard, dans les art. 1125 et 1304, le législateur ait organisé d'après un autre principe les effets de l'interdiction judiciaire, pour les actes ordinaires, pour les contrats pécuniaires, c'est évident; mais ceci n'empêche pas qu'*en fait de mariage*, comme le disait le Tribunat, l'incapacité légale de consentir est absolue pour l'interdit. Et ceci n'est pas étonnant, puisque, comme nous l'avons dit déjà, le système des nullités du mariage, développé par les art. 180 à 193, est tout spécial et organisé sur un plan tout différent du système adopté, pour les actes ordinaires, par le titre *des Obligations*, dans les art. 1109 à 1125; puis 1304 à 1314.

Du reste, nous ne parlons dans tout ceci que du mariage contracté par un interdit *judiciaire*, dans un moment *lucide*. En effet, 1° si la déclaration de mariage était donnée pendant l'absence de la raison, sa non-existence ne serait plus une question, puisqu'elle aurait également lieu en dehors de toute interdiction; 2° quant à l'interdiction légale, organisée par le droit criminel dans divers cas déjà indiqués, comme, d'une part, elle enlève l'exercice de tout droit civil, elle forme, dès-lors, obstacle à la célébration du mariage; mais, d'un autre côté, puisqu'elle n'a point été ecomprisdans l'art. 146 comme cause de non-existence du mariage, et qu'elle n'est point indiquée dans le chap. IV comme cause d'annulation, il s'ensuit qu'elle forme seulement un empêchement prohibitif.

III. — Ainsi donc, l'union que contractent deux personnes ne constitue point un mariage, lorsqu'il lui manque une de ces trois conditions : différence de sexe chez les parties ; consentement civil de ces parties ; célébration devant un officier de l'état civil. L'absence de toute autre condition, quelle qu'elle soit, laisse subsister le mariage, et peut seulement l'entacher de nullité.

Or, s'il n'était pas nécessaire d'indiquer par des textes exprès les causes de non-existence du mariage, parce qu'elles sont écrites dans la nature même des choses, il était indispensable, au contraire, de préciser les causes de simple nullité, attendu qu'elles dépendaient de la volonté, je dirais presque du caprice, du législateur. Par exemple, au lieu de prononcer la nullité contre le mariage des impubères, il eût bien pu le déclarer valable en prononçant un emprisonnement ou une amende contre les parens et l'officier public ; il aurait pu également fixer la puberté légale à une âge plus avancé ou plus reculé que celui qu'il a choisi. De même, au lieu de dire que la non-obtention du *consentement* par les mineurs serait une cause de nullité, et la non-réquisition du *conseil* par les majeurs une simple contravention punissable par une amende, il aurait pu dire que cette seconde circonstance entrainerait l'annulation comme la première, ou, en sens inverse, que la première aussi donnerait seulement lieu à une amende, plus forte pour ce cas.

En outre, si pour le cas de non-existence du mariage il n'y avait pas lieu d'organiser des actions à intenter, il est clair qu'il en était autrement dans le cas de simple nullité et quand il s'agit d'un mariage qui subsiste et qui peut seulement être détruit. Il fallait dire, pour chaque cause de nullité en particulier, si et comment elle pourrait être couverte ; s'il y aurait un ou plusieurs moyens de ratification et quels ils seraient ; par qui et dans quel délai l'action pourrait être intentée, etc. En un mot, s'il n'y avait rien à dire pour le cas de non-existence du contrat, attendu que personne ne peut être embarrassé sur la théorie du néant, il fallait, au contraire, tout dire, tout organiser pour le cas d'actes annulables ; il fallait écrire toute la théorie des nullités. C'est ce que le Code fait, pour le mariage, dans les quatorze premiers articles de notre chapitre, comme il le fait pour les autres contrats dans les art. 1109 à 1125, et 1304 à 1314. Car, nous pouvons de suite le dire, sauf, plus tard, à le prouver, la loi dans le titre *des Obligations* ne s'occupe pas plus des contrats rigoureusement nuls, qu'elle ne s'occupe ici de la nullité propre des mariages; elle ne s'occupe jamais que des actes vraiment existans, mais non valables. Les art. 1109 et suiv. sont sous le chapitre des *Conditions essentielles* A LA VALIDITÉ *des conventions*, et les art. 1304 et suiv., sous le chapitre de l'*Extinction des obligations*; or, on n'*éteint* pas, on ne détruit pas, ce qui n'existe point.

Pour rester, quant à présent, dans la matière que nous traitons, notre chap. IV ne devait parler, et ne parle en effet, que des mariages annulables. On chercherait en vain, dans les quatorze articles auxquels nous arrivons, un seul cas d'union ne constituant point un mariage; par exemple, le cas de non-consentement, l'union formée par un mort civilement ou par un fou, la célébration par un individu non-officier public, etc.

Il est donc bien étrange, après cela, et surtout il est bien triste, de voir la plupart des auteurs confondre le mariage non-existant avec le mariage annulable, mettre sur la même ligne le défaut de consentement et les vices du consentement, et nous présenter pour théorie un mélange d'idées incohérentes, où il est impossible à l'esprit de rien saisir de logique. C'est pour éviter un pareil résultat et pour jeter du jour sur les questions controversées que va nous offrir l'art. 180, que nous avons cru devoir donner ces observations préliminaires.

Du reste, nous devons faire observer que les mots *annulation*, *annulable*, que nous employons fréquemment parce qu'ils expriment exactement l'idée que nous avons à indiquer, ne se trouvent nulle part dans le Code; la loi se sert toujours des mots *nul et nullité*. Elle le peut en effet sans danger et sans donner lieu à aucune confusion entre les deux nullités, puisqu'elle ne s'occupe jamais de la nullité proprement dite. N'oublions donc pas qu'en général, dans le Code, les mots *nul* et *nullité* signifient *annulable, annulation, annulabilité*.

IV. — Nous devons indiquer, en terminant, la distinction, présentée partout, et logique en effet, des nullités *absolues* et des nullités *relatives*.

On appelle nullité absolue celle qui est fondée sur un motif d'ordre public et qui, pour cette raison, peut être intentée par tous ceux qui y ont un intérêt, soit moral, soit pécuniaire, et aussi par le ministère public, représentant légal de la société (art. 184, 191). On entend au contraire par nullité relative, celle pour laquelle l'action ne peut être intentée que par telles personnes déterminées, parce qu'elle ne blesse d'une manière grave que l'intérêt particulier de ces personnes (art. 180, 182).

ARTICLE 180.

Le mariage qui a été contracté sans le consentement

libre des deux époux, ou de l'un deux, ne peut être attaqué que par les époux, ou par celui des deux dont le consentement n'a pas été libre.

Lorsqu'il y a eu erreur dans la personne, le mariage ne
peut être attaqué que par celui des deux époux qui a été
induit en erreur.

SOMMAIRE.

I. Le premier alinéa est relatif, non pas au défaut de consentement,
    mais au défaut de liberté dans le consentement.
II. Quand le défaut de liberté sera-t-il suffisant pour faire annuler le
    mariage?
III. Le deuxième alinéa prévoit l'erreur sur les qualités principales de
    la personne et non pas l'erreur sur l'individu même.
IV. La loi laisse aux tribunaux le soin d'apprécier d'après les circonstan-
    ces si l'erreur sur les qualités est assez grave pour motiver l'annu-
    lation.
V. Le dol n'est point une cause de nullité du mariage. — Théorie gé-
    nérale du dol. — Parallèle entre le système d'annulation du ma-
    riage et le système d'annulation des actes ordinaires.
VI. La nullité pour l'une des deux causes indiquées par l'article est ri-
    goureusement personnelle, et l'action ne passe point aux héritiers,
    quand même l'époux mourrait pendant une instance par lui ouverte.
    Dissentiment avec M. Duranton.

EXPLICATION.

I. — La plupart des auteurs, notamment Toullier (t. I, n°ˢ 5o1,
5o4) et M. Duranton (t. II, n°ˢ 263, 269), enseignent que le premier alinéa de cet article prévoit et le défaut de liberté dans le
consentement, et aussi le défaut *du consentement lui-même;* ils
professent que l'article, dans son ensemble, n'est que l'application et la mise en exercice de l'art. 146 : *Il n'y a pas de mariage,
quand il n'y a pas de consentement.* Or, c'est là une erreur profonde qui se trouve réfutée déjà par les développemens donnés
dans les Observations préliminaires, et qui reçoit encore ici trois
démentis consécutifs par le texte même de nos deux art. 180
et 181. En effet, la loi parle d'abord du mariage contracté sans
le consentement libre; elle ne dit pas *sans le consentement ou le consentement libre.* Plus loin, l'article parle, non pas de l'époux qui
n'a pas consenti, mais de l'époux *dont le consentement n'a pas été
libre.* Enfin, l'article suivant fixe un délai qui doit courir à partir du moment où l'époux *a acquis sa pleine liberté.* Cette erreur,
d'ailleurs, sera démontrée plus clairement encore, s'il est possible, par les circonstances historiques que nous relaterons à la fin
du n° III.

C'est donc uniquement du consentement non libre qu'il s'agit

dans cet alinéa, et nullement de l'absence du consentement. Et
en effet, quand il n'y a pas consentement, il n'y a pas mariage;
or, la loi n'a pas à s'occuper d'organiser une action en nullité
contre un mariage qui n'existe pas. D'ailleurs, d'après l'article
suivant, le mariage se trouve pleinement confirmé et tout-à-fait
inattaquable après six mois de cohabitation. Or, comment un
délai de six mois confirmerait-il un mariage qui n'existe pas?
Quod nullum est confirmari nequit.

C'est du consentement existant, mais donné sans une liberté
suffisante, que la loi s'occupe ici.

Ainsi, un jeune homme de vingt-un ans, qui n'a plus d'ascendans, se laisse séduire par une vile prostituée, une courtisane
habile, qui, voulant mettre à profit la passion qu'elle lui inspire,
met à l'accomplissement des désirs de ce fou une condition qui
doit lui faire partager ses richesses, c'est-à-dire un mariage avec
elle. Le jeune homme, à qui sa passion a enlevé l'usage de sa
raison, y consent. Dans ce cas, il y a consentement; mais ce consentement n'est pas donné avec pleine liberté.

Ainsi encore, un père veut donner à sa fille un époux qu'il
répugne à celle-ci d'accepter; son refus la fait devenir l'objet de
sévères traitemens. Bientôt, on lui annonce que tout est prêt,
on lui déclare que si devant l'officier public elle ose dire non,
des traitemens plus durs encore l'attendent, et la jeune personne
finit par dire oui. Or, ici encore, il y a consentement. La jeune
personne a fait une comparaison entre son mariage avec l'époux
proposé et les traitemens qui l'attendaient chez elle, et de deux
maux elle a choisi le moindre. Mais choisir, c'est préférer; c'est
donc vouloir, c'est consentir. Il y a donc consentement, et le
contrat s'est formé; mais ce consentement pourtant n'a pas été
libre?

II. — Maintenant, dans quels cas y aura-t-il défaut suffisant
de liberté, pour que la nullité du mariage doive être prononcée?
Appliquera-t-on ici les règles des contrats ordinaires.

Dans les contrats ordinaires, le défaut de liberté du consentement ne permet l'annulation qu'autant qu'il provient de la violence, comme on le voit par l'art. 1109. (Cet art. 1109 déclare
encore le consentement non valable, quand il est donné par erreur
ou surpris par dol. Nous allons parler plus loin de l'erreur et du
dol; nous ne nous occupons ici que du défaut de liberté.)

Dans les contrats ordinaires, disons-nous, le défaut de liberté
n'entraîne nullité que quand il y a eu violence. En sera-t-il de
même ici? Non, les vrais principes de morale et d'ordre public,
et les termes mêmes de la loi, demandent qu'on admette la nullité (quand même il n'y aurait pas eu violence) dès qu'il sera con-

stant que l'époux n'avait pas son entière liberté et qu'il était entraîné par une influence que la raison désavoue.

Ainsi, lorsque le jeune homme dont nous parlions au numéro précédent viendra demander à sortir de l'abîme dans lequel l'a jeté son inexpérience, la loi le forcera-t-elle d'y rester par cela seul qu'il n'y aura pas eu violence? Serait-il défendu, dans ce cas, aux tribunaux, de proclamer, d'après les circonstances, qu'il n'y a pas eu liberté suffisante, et que le mariage ne doit pas être maintenu?

Non, évidemment. La morale ne peut pas sanctionner une union comme celle dont nous parlons. La société elle-même est intéressée à l'annulation, puisque, si ce mariage était maintenu, ce jeune homme, au lieu de donner à l'État des enfans légitimes, se trouverait contraint de garder un célibat perpétuel, ou de donner le jour à des enfans adultérins par un commerce coupable avec une autre femme.

Aussi, dans l'ancien droit, la séduction était mise, quant au mariage, sur la même ligne que la violence. (Pothier, *Contrat de mariage*, n°s 315 et 320.) Et maintenant, le Code reproduit évidemment les mêmes principes, puisqu'au lieu de restreindre la nullité du mariage au cas de violence, comme le fait positivement l'art. 1109 pour les contrats ordinaires, il la permet dans notre article, dès-là que le consentement n'a pas été libre. Et cette différence entre les art. 180 et 1109 n'est certainement pas une inadvertance du législateur; car elle est écrite de nouveau dans les art. 181 et 1304, dont le dernier fait courir le délai de l'action à partir du jour *où la violence a cessé*, tandis que le premier le fait courir du jour où l'époux *a acquis sa pleine liberté*.

Du reste, et tout le monde le comprend, c'est là un principe dans l'application duquel les tribunaux devront apporter la plus grande prudence. Ils ne devront jamais prononcer la nullité, qu'autant qu'il sera bien constant par les circonstances, 1° que la liberté de l'époux a vraiment été détruite, et 2° qu'elle l'a été par des influences immorales et de nature à ne pouvoir être sanctionnées par la loi.

III. — Le second alinéa de notre article nous indique, comme deuxième cause de nullité du mariage, *l'erreur dans la personne*. Mais que doit-on entendre par ces mots? S'agit-il de l'erreur qui m'aurait fait prendre une personne pour une autre; ou bien de celle qui m'a fait croire que la personne avait telles qualités qu'elle n'avait pas réellement?

Ce point est un des plus controversés que présente le Code.

Pour bien le comprendre, il nous faut d'abord jeter un coup d'œil sur l'ancien droit. Nous examinerons ensuite si l'ancien

système était bien logique, s'il était moral dans ses conséquences. Nous rechercherons, enfin, si c'est ce système que notre
Code reproduit.

L'ancienne jurisprudence mettait sur la même ligne, quant
aux nullités de mariage, le cas de l'erreur résultant d'une substitution de personnes, et le cas du défaut de liberté dans le consentement par suite de violence ou de séduction. Dans un cas
comme dans l'autre, le mariage pouvait être attaqué en nullité
pendant un temps qui n'était pas déterminé et que les tribunaux, dès-lors, devaient apprécier d'après les circonstances;
puis, quand un temps assez long s'était écoulé, trois ou quatre
ans, par exemple, le mariage était inattaquable. (*Pothier*, n°s 3o8
et suiv., 315 et suiv.)

Du reste, on voit par les différens exemples que citent les auteurs, que l'erreur par substitution de personnes s'entendait
d'une manière très-large et se comprenait aussi bien du cas
de substitution à une personne qu'on n'avait jamais vue, que de
celui où une personne était mise à la place d'une autre personne
antérieurement connue de l'époux trompé. Ainsi, qu'un prince
veuille épouser la fille aînée d'un prince voisin, héritière de la
principauté de son père, et qu'il n'a jamais vue; si, au lieu de
l'aînée, on lui envoie la jeune et qu'il l'épouse, la prenant pour
sa sœur, le mariage sera nul. Ainsi encore, qu'un courtisan
veuille épouser la riche veuve d'un fermier-général, qu'il n'a jamais rencontrée, et que celle-ci, par ruse, lui fasse prendre une
de ses parentes qu'elle fait passer pour elle-même aux yeux du
courtisan, le mariage sera nul. Dans ces cas et autres semblables; en un mot, toutes les fois qu'il y avait erreur résultant
d'une substitution à une personne *inconnue*, il y avait nullité
tout aussi bien que dans le cas où la future, bien connue du futur époux, aurait été remplacée, au moment de la célébration,
par une autre femme, avec les précautions nécessaires pour
empêcher de découvrir le changement.

Quant à l'erreur sur les qualités de la personne en dehors du
cas de substitution, elle n'était point une cause de nullité,
excepté dans un seul cas, celui où l'on aurait épousé une personne esclave que l'on croyait libre. (*Ibid.*, n° 311.)

Ainsi, 1° erreur par substitution de personne (soit que la personne à laquelle une autre était substituée fût ou non connue
antérieurement de l'autre partie); 2° défaut de liberté dans le
consentement (provenant soit de violence, soit de séduction);
3° enfin, erreur sans substitution, mais tombant sur la liberté de
la personne : telles étaient les trois causes de nullité admises
par l'ancien droit, lesquelles finissaient par se couvrir et lais-

saient le mariage devenir valable ,au moyen du silence gardé
pendant un certain temps.

Eh bien ! d'abord, ce système était-il logique, rationnel, et
d'accord avec les principes juridiques ?

Évidemment non; il y avait là trois idées absurdes et qu'une
législation quelque peu philosophique ne pouvait pas consacrer.

Ces trois idées absurdes étaient : 1° l'assimilation de l'erreur
par substitution à une personne connue, avec le défaut de liberté dans le consentement; 2° l'assimilation de la substitution
à une personne connue, avec la substitution à une personne
inconnue; 3° la confirmation du mariage par un certain laps
de temps, dans le cas d'erreur par substitution à une personne
connue.

1° Rien de plus contradictoire que l'assimilation de l'erreur
par substitution à une personne connue, avec le défaut de liberté
dans le consentement. Quand, à la place de Marie que j'ai vue,
que je connais et que je crois épouser, on m'a amené devant
l'officier public Jeanne, si bien cachée par son voile que je ne
m'aperçois pas du changement, il est clair qu'il n'y a pas de
consentement. Quand, dans ce cas, je dis que je consens prendre pour épouse la femme ici présente, c'est à Marie que je
pense, c'est de Marie que j'entends parler, c'est sur Marie que
ma volonté tombe, et si Jeanne, elle, veut bien me prendre pour
mari, moi, je ne veux pas la prendre pour femme. Donc, alors,
il n'y a pas concours des deux volontés vers le même but : *Consensus duorum in idem placitum;* dès-lors, pas de contrat, pas de
mariage.

Au contraire, quand il y a seulement défaut de liberté dans le
consentement; quand le consentement a été donné, et qu'il est
seulement vicié parce qu'il n'a été donné que par suite de séduction ou de violence, alors, le consentement existait, le contrat
existe. Il y a donc mariage, dans ce cas; seulement, ce mariage
peut être cassé.

Nous n'avons, du reste, rien de mieux à faire ici que de renvoyer sur ces deux idées aux développemens donnés par Pothier
lui-même, qui fait voir avec la plus grande clarté que dans le
premier cas il n'y a pas contrat; tandis que le contrat existe
dans le second. (n° *Ibid.*, 308, puis 312.)

Il ne fallait donc pas confondre ces deux cas.

2° Il ne fallait pas non plus confondre et identifier l'une à
l'autre la substitution à une personne connue et la substitution
à une personne que l'on n'avait jamais vue auparavant. La
première, en effet, est un cas de non-consentement, de non-
formation du contrat; dans la seconde, au contraire, le con-

sentement existe et le contrat se forme. La première présente une erreur sur l'individu même; la seconde ne produit qu'une erreur sur les qualités.

En effet, quand, à la place de la Julie que je connais, de Julie jeune et brune qui m'a plu et dans les yeux de laquelle j'ai cru lire l'expression de sentimens qui me déterminent à l'épouser, on m'amène devant l'officier de l'état civil une Julie vieille et blonde que son voile cache à mes yeux, il est clair qu'il n'y aura pas de consentement. Quand je déclarerai alors prendre pour épouse Julie ici présente, la volonté que je paraîtrai exprimer ne sera pas dans mon esprit; les mots *Julie ici présente*, qui extérieurement sembleront manifester une idée tombant sur la Julie vraiment présente, seront au contraire la manifestation, faussement interprétée, d'une idée tombant sur la Julie jeune et brune qui est absente. C'est cette Julie jeune et brune que mon esprit se représente au moment où je parle; c'est à elle que ma pensée se reporte; c'est sur elle que ma volonté tombe. En sorte que si, de son côté, la Julie vieille et blonde, qui est là, a vraiment la volonté de m'épouser, moi je n'ai pas, malgré la signification apparente de mes paroles, la volonté de l'épouser également, et dès-lors il n'y a pas *consensus in idem placitum;* il n'y a pas de contrat. C'est là une véritable erreur sur l'individu même; et l'erreur sur l'individu rend le mariage impossible.

Au contraire, quand la Julie riche et noble que j'avais fait demander en mariage sans l'avoir jamais vue est remplacée, au moment de la célébration, par une Julie pauvre et roturière, que je vois là pour la première fois ou que j'avais déjà vue, peu importe; alors cette Julie qui se trouve là étant la seule dont je connaisse la personnalité, puisque je n'ai jamais vu l'autre, mon esprit ne peut donc se représenter qu'elle, et quand je prononce dans ce cas ces paroles : *Je consens prendre pour femme Julie ici présente*, c'est bien sur cette Julie que tombent ma pensée comme mes paroles. Dans le premier cas, mes paroles semblaient exprimer une pensée, tandis qu'une pensée différente était dans mon esprit; le consentement était apparent, mais il n'était pas réel. Ici, au contraire, la Julie dont ma bouche parle est aussi la Julie que mon esprit se figure, et même la seule qu'il puisse se figurer, puisqu'il n'en connaît pas d'autre; la pensée est d'accord avec les termes, et la volonté extérieurement indiquée à tous existe aussi intérieurement. Dans le premier cas, l'erreur empêchait la réalité *de la volonté* même; ici elle n'empêche que la réalité *des motifs* déterminant cette volonté. Je consens, parce que je crois cette Julie héritière d'un grand nom et de biens

considérables, tandis qu'elle n'héritera de rien ; mais enfin je
consens. Or, pour savoir s'il y a mariage, il faut rechercher, non
pas pourquoi on a consenti, mais seulement si on a consenti.
Du moment que vous avez consenti, peu importe pourquoi et
comment il y a mariage ; seulement, si vous n'avez consenti
que pour des causes que la loi ne croie pas devoir sanctionner,
votre mariage pourra être cassé.

Toutes les hypothèses possibles se réduisent donc à deux cas :
ou bien 1° je n'ai pas consenti, ce qui comprend l'erreur sur
l'individu par substitution à une personne connue ; ou bien
2° j'ai consenti, mais par des causes non légitimes. Ceci comprend
d'abord le consentement non libre, c'est-à-dire les cas de violence et de séduction ; puis la substitution à une personne inconnue, laquelle ne constitue qu'une erreur sur les qualités.

Donc, la substitution à une personne qu'on ne connaît pas ne
peut jamais constituer qu'une erreur sur les qualités ; elle ne
peut jamais être un cas de non-consentement. Et pour apprécier ici l'exemple, si souvent cité par les auteurs, du prince
épousant la fille cadette d'un prince voisin, parce qu'il la prend
pour sa fille aînée qu'il n'a jamais vue, il est clair qu'il n'y a pas
là absence du consentement par erreur *sur l'individu* ; mais seulement consentement vicieux par erreur sur *la qualité* de l'individu. Il épouse bien la femme qu'il croit épouser ; seulement il
croit cette femme héritière de la principauté, et elle ne l'est
pas ; l'erreur frappe sur la qualité d'héritière et non pas sur la
femme. Pour rendre de suite la chose évidente, supposons que
cette femme ait passé aux yeux du futur époux, non pas pour
fille aînée, tandis qu'elle est fille cadette, mais pour fille unique,
tandis qu'elle a un frère. Il est clair que l'erreur est tout-à-fait
analogue, tout-à-fait équivalente, et qu'elle doit produire les
mêmes effets juridiques. Dans le premier cas, le prince voulait la
fille avec la qualité d'aînée et d'héritière, il ne l'aurait pas prise
s'il l'avait sue cadette ; dans le second, il la veut avec la qualité
d'enfant unique, héritière également, il ne la prendrait pas s'il
lui savait un frère. La position est la même ; or, dans cette dernière hypothèse, il est clair qu'il n'y a pas lieu de parler de non-
consentement, de non-formation du contrat par erreur sur l'individu. Donc, on n'en peut pas parler non plus dans le cas de
substitution de la fille cadette à la fille aînée, quand l'esprit ne
connaît pas cette fille aînée.

En deux mots, pour qu'il y ait absence du consentement, malgré ces paroles par moi prononcées : *J'épouse la femme ici présente*,
il faut que la volonté apparente exprimée par ma bouche soit en
contradiction avec la volonté réelle de mon esprit ; mais, pour

I.   35

que mon esprit ait une volonté autre que celle exprimée par ma bouche, il faut que mon esprit se représente un autre objet, une autre femme que celle qui est là ; or, mon esprit ne peut pas se représenter, comme différente de celle qui est là, une femme que je n'ai jamais vue.

Donc, la substitution à une personne inconnue ne devait pas être confondue avec la substitution à une personne connue.

3° Enfin, c'est une nouvelle et troisième absurdité de parler de confirmation du mariage dans le cas d'erreur sur l'individu même. Puisque alors le mariage n'existe pas ; puisque, comme Pothier lui-même l'explique si bien, il n'y a *pas de consentement, pas de contrat*, comment donc pourrait-on dire, comme le fait Pothier (n° 309), que ce mariage devra être ataqué et annulé dans un délai assez court ? Comment détruire ce qui n'existe pas ?... Comment Pothier peut-il dire qu'à défaut d'une action intentée dans un certain délai, le mariage sera *réhabilité* ? La réhabilitation est la remise au même état que devant ; or, comment voulez-vous remettre dans un état de validité le contrat qui a toujours été et qui est encore dans le néant ?... Ce mariage pourrait tout au plus (et Pothier finit par le reconnaître) *se former* par le consentement donné postérieurement, après la découverte de l'erreur ; mais, comme la formation de ce contrat n'est pas possible par un consentement exprimé arrière de l'officier civil, c'est une nouvelle déclaration devant cet officier, c'est-à-dire une nouvelle célébration, qui serait nécessaire. L'exemple de Jacob et de Lia, cité par Pothier, n'a rien à faire ici. Que Lia se soit trouvée l'épouse de Jacob par la seule volonté que celui-ci joignit à la sienne, c'était excellent alors qu'il suffisait du consentement exprimé, n'importe comment et n'importe devant qui ; mais on conçoit de reste que le fait eût dû s'apprécier tout autrement sous notre législation française.

Voyons maintenant jusqu'à quel point était morale la législation dont nous venons de retracer les principes.

Pour toute substitution, même à une personne complètement inconnue, nullité. Pour erreur sur les qualités, sans substitution de personnes, jamais de nullité ; excepté dans le seul cas où cette erreur tombait sur la liberté de la personne. Ainsi, un prince veut et croit épouser la fille d'un prince voisin ; on lui fait épouser la fille d'un simple gentilhomme qui, elle, ainsi que son père, est fort innocente de la supercherie ; ce mariage sera nul. Un jeune seigneur, débauché et ruiné, veut et croit épouser la riche veuve d'un de ses amis ; celle-ci lui fait épouser une jeune villageoise qui ignore la ruse qui s'accomplit ; le mariage sera nul. Maintenant, une jeune orpheline, douée de beaux sentimens, croit épouser un homme honorable, et elle découvre bientôt que cet homme est un forçat libéré qui l'a trompée par une machination infernale ; le mariage restera valable.

Dans le premier cas, l'époux cherchait un titre, il ne l'a pas trouvé ; on vient à son secours. Dans le second, il cherchait de l'argent, il n'en a pas trouvé ; on vient à son secours. Dans le dernier, une malheureuse jeune fille cherchait un homme d'honneur pour protéger son propre honneur, elle a trouvé l'infamie ; cela ne vaut pas qu'on s'en occupe. Quelle moralité !

Et d'où venait donc une législation qui paraîtrait si bizarre aujourd'hui ? Pourquoi l'erreur sur les qualités n'était-elle *jamais* une cause de nullité, quand il n'y avait pas substitution, tandis que, quand il y avait substitution, elle l'était *toujours* ? Deux causes, qui aujourd'hui ont disparu toutes deux, avaient amené ce résultat : la fréquence des mariages par procureur, qui donnait la crainte sérieuse des substitutions de personnes ; puis, le préjugé de la distinction des castes, qui faisait craindre les mésalliances pour les familles nobles, au moyen de ces substitutions.

Que l'habitude qu'avaient les grandes familles de se marier par procureur et avec des personnes inconnues, ait été la cause des règles adoptées sur les substitutions de personnes, c'est évident. Que ce fussent ensuite les mésalliances que l'on redoutât pardessus tout, une circonstance le prouve assez ; c'est que l'erreur de qualités arrivée sans substitution, qui n'était pas en général une cause de nullité, le devenait aussi quand il s'agissait de la mésalliance extrême, c'est-à-dire du mariage avec une personne esclave.

Or, en 1804, alors que ni l'une ni l'autre de ces deux causes n'existait plus, rien n'empêchait de revenir à des idées logiques, à des règles rationnelles. Pour cela, que fallait-il dire ?...

Nous avons vu plus haut que toutes les hypothèses qui peuvent se présenter relativement au consentement se réduisent à deux : 1° Le défaut de consentement, qui comprend l'erreur sur l'individu, c'est-à-dire la substitution à une personne connue ; 2° le simple vice de ce consentement, qui comprend d'abord le défaut de liberté (soit par violence, soit par séduction), puis l'erreur sur les qualités se réalisant avec ou sans substitution.

Dans le premier cas, pas de mariage et dès-lors pas d'action en nullité à organiser ; dans le second, mariage annulable, et dès-lors il faut indiquer par qui et dans quel délai l'action doit être intentée.

Eh bien ! cette théorie si simple, c'est précisément celle des art. 146 d'une part, 180 et 181 d'autre part.

Loin donc que notre art. 180 soit l'application et la mise en exercice de l'art. 146, il prévoit au contraire un cas tout différent. Toutes les fois qu'il n'y a pas de consentement, soit par suite de folie, d'interdiction judiciaire ou de mort civile, soit (si le cas pouvait jamais se réaliser) par erreur sur l'individu au moyen d'une substitution à une personne connue, pour tous ces cas, l'art. 146 déclare que puisqu'il n'y a pas de consentement, il n'y a pas de mariage. Pour les cas, maintenant, où le consentement existe mais se trouve vicié, vient la règle de l'art. 180, qui prévoit d'abord le défaut de liberté par son alinéa 1er, puis l'erreur sur les qualités de la personne par l'alinéa 2. C'est pour cela que ce second alinéa, au lieu de dire erreur *sur la personne*, comme faisait Pothier, ou mieux encore, erreur *sur l'individu*, comme le proposa positivement le tribunal de cassation pour exprimer plus clairement la même idée, a rejeté l'une et l'autre rédaction pour dire erreur *dans* la personne, ce qui indique une erreur se réalisant avec une seule personne en jeu, et sans aller d'un individu à un autre.

Ce qui est péremptoire d'ailleurs, c'est ceci : Si le second alinéa voulait parler de l'erreur sur l'individu, c'est-à-dire d'un cas de non-consentement, ce serait donc aussi d'un cas de non-consentement que devrait parler l'alinéa 1er. Or, les textes prouvent que cela n'est pas ; puisque la loi parle ici, non pas d'un époux qui n'a pas consenti, mais d'un époux *dont le consentement n'a point été libre;* après quoi elle parle, dans l'article suivant, d'un délai qui courra, non pas du moment où le consentement serait intervenu, mais du moment où l'époux aura recouvré sa liberté. Enfin, s'il s'agissait de l'erreur sur l'individu, c'est-à-dire d'un cas de non-consentement, le mariage, d'après le texte positif de l'art. 146, n'existerait pas, et dès lors l'art. 181 ne parlerait pas de le faire casser dans les six mois, car on ne détruit pas ce qui n'existe point ; et il ne pourrait pas non plus reconnaître ce mariage valable après ces six mois, puisque le néant ne peut pas se confirmer. Donc, il ne s'agit que de l'erreur sur les qualités, soit que cette erreur se réalise sans substitution de personnes, soit qu'elle résulte d'une substitution à une personne non connue.

Et en effet, si la loi s'occupait ici d'un cas de non-consentement par erreur *sur l'individu*, cas rentrant déjà dans la règle générale de l'art. 146, notre alinéa 2 serait donc fait pour prévoir d'une manière toute spéciale un cas déjà prévu ailleurs. Or, quelle serait cette hypothèse tant à craindre et dont la loi s'occuperait avec tant de sollicitude? Ce serait la substitution à une personne connue, c'est-à-dire un cas purement chimérique et dont la réalisation est complètement impossible, aujourd'hui qu'on ne se marie plus par procureur. Car enfin, la personne

qu'on substitue devant l'officier public à celle que je voulais
épouser aura donc la même taille, la même figure, la même voix
que l'autre! Elle aura donc le même nom et les mêmes prénoms;
elle sera soumise, quant au mariage, à des parens du même degré et portant aussi les mêmes noms que ceux auxquels l'autre
était soumise! Est-ce assez d'impossibilités réunies?... Et ce serait
pour ce cas absurde, et qui d'ailleurs rentrerait au besoin dans
l'art. 146, que le législateur serait revenu écrire une disposition
expresse dans notre art. 180! En vérité, ce serait par trop fort.

Mais ce n'est pas tout encore, et quand la réunion de toutes
ces chimères aurait paru possible au législateur, il n'aurait pas
encore écrit l'art. 181 tel qu'il est. En effet, une erreur comme
celle dont il s'agit ici, en supposant qu'elle pût exister au moment de la célébration et dans les premiers momens qui la suivront, serait toujours découverte à un moment quelconque du
jour de la célébration, au diner, au bal, au coucher. Donc,
l'art. 181 aurait fait courir le délai de six mois à partir du mariage même, et non pas, comme il le fait, à partir du jour *où
l'erreur a été reconnue*, ce qui suppose une erreur qui peut n'être
découverte que plus ou moins longtemps après le mariage. Donc,
par ces motifs encore, s'il s'agit d'une substitution, ce ne peut
être qu'une substitution à une personne inconnue, et par conséquent, comme nous l'avons démontré plus haut, un cas d'erreur
sur les qualités et non sur l'individu.

Tout se réunit donc, et absolument tout, pour prouver que
dans nos deux articles il n'est question et ne peut être question
que d'une erreur tombant *sur les qualités* de la personne, soit
que cette erreur ait lieu sans aucune substitution de personnes,
soit qu'elle résulte d'une substitution à une personne inconnue.

Et comment en eût-il été autrement? Si notre article avait été
fait avec un autre sens et que son second alinéa eût été relatif à
l'erreur sur l'individu, notre Code, au lieu de corriger les conséquences immorales de l'ancien droit, les aurait donc reproduites
et aggravées encore! En effet, dans l'ancien droit, il y avait encore quelques causes de nullité en dehors de l'erreur sur l'individu. Ainsi, le mariage était nul pour erreur sur la qualité, quand
on avait épousé comme libre une personne esclave; il l'était encore, même sans aucune allégation d'erreur, pour l'impuissance
naturelle ou accidentelle d'un des époux (Pothier, n°s 96, 97, 98);
il l'était également, quand l'un des époux était lié par des
vœux solennels de religion. (*Ibid.*, n° 108.) Or, aujourd'hui, ces
causes mêmes de nullité n'existeraient plus, et si, par exemple,
une femme catholique épousait par erreur un prêtre, la loi ne
lui permettrait pas de faire casser son mariage et lui comman-

derait, malgré le cri de sa conscience, de vivre dans un état perpétuel de sacrilége. Ce serait beau, n'est-ce pas!

Il fallait donc être bien fortement imbu d'un passé avec lequel
notre Code devait rompre complètement, pour professer, comme
le font les divers auteurs, que notre article ne fait que reproduire
l'ancienne théorie de l'erreur sur l'individu. Pourtant, pour être
juste, il faut dire que ces auteurs n'ont pas de système bien fixe
sur la matière qui nous occupe, et qu'on les voit aller et venir
d'une idée à l'idée contraire, sans présenter jamais un ensemble
de principes arrétés. C'est ainsi que Delvincourt, tout en ne reconnaissant comme cause de nullité que l'erreur sur l'individu,
loue cependant comme *très-moral* un arrêt de Colmar qui a cassé
le mariage qu'une femme catholique avait contracté par erreur
avec un moine profès (t. I, note 3 de la p. 73). C'est ainsi également que M. Duranton, tout en ne voyant dans notre article
que l'erreur sur l'individu, approuve cependant ce même arrêt
et donne de nouvelles raisons pour le justifier (t. II, n° 66).

Au milieu de cette incohérence d'idées, nous sommes heureux
de rencontrer un auteur qui ait su donner, sur cette matière du
consentement au mariage, une théorie logique: M. Zachariæ.
Cet auteur, il est vrai, faute d'avoir fait la distinction entre la
substitution à une personne connue et la substitution à une personne inconnue, s'est mis lui-même en contradiction avec ses
propres principes (t. III, p. 260); mais enfin ces principes premiers, que nul auteur jusque-là n'avait mis en relief, sont si bien
précisés chez lui, que nous ne pouvons résister au désir de le citer ici. Le passage que nous allons transcrire sera tout à la fois
la confirmation et le résumé des principaux développemens que
nous avons dû donner dans nos observations préliminaires et
dans l'explication de cet article.

« Trois conditions, dit M. Zachariæ (t. III, p. 210), sont, d'a-
« près le droit français, essentielles à l'existence du mariage,
« savoir : 1° la capacité des parties contractantes, qui doivent
« jouir de l'état civil et être de sexe différent; 2° leur consente-
« ment respectif de se prendre pour mari et femme; 3° la célé-
« bration solennelle de l'union.

« L'une ou l'autre de ces conditions venant à défaillir, le ma-
« riage est à considérer comme non avenu, indépendamment
« de tout jugement qui le déclare tel. Si, au contraire, toutes ces
« conditions concourent, le mariage doit être considéré comme
« existant et ne peut être détruit que par un jugement qui en
« prononce la nullité, pour l'une des causes déterminées par la
« loi. »

Ses annotateurs ajoutent : « La non-existence d'un acte juridi-

« que est indépendante de toute déclaration judiciaire... On con-
« çoit fort bien l'immense différence qui existe entre la demande
« intentée dans le but unique de faire statuer, en fait, qu'un
« prétendu mariage se trouve dépourvu de telle ou telle condition
« sans laquelle il ne saurait exister; et une demande en nullité
« de mariage, qui a tout à la fois pour objet 1° de faire déclarer
« en fait que le mariage se trouve entaché de tel ou tel vice, 2° de
« faire juger en droit que ce vice est de nature à entraîner la nul-
« lité du mariage, et 3° de faire enfin prononcer cette nullité qui
« ne peut résulter que de la déclaration du juge... La distinction
« entre la non-existence (ou *nullité propre*) et l'*annulabilité* (ou
« *nullité impropre*) du mariage est écrite dans le Code civil : la
« combinaison des art. 146 et 180 la fait ressortir d'une manière
« non équivoque... La plupart des commentateurs paraissent ce-
« pendant confondre le mariage non existant (*nul proprement*)
« et le mariage simplement nul (*annulable*). Du moins, leur
« théorie est tellement vague, qu'on ne saurait reconnaître s'ils
« ont voulu admettre ou rejeter la distinction. Peut-être n'en
« ont-ils pas compris l'importance; peut-être aussi qu'ils ont été
« arrêtés par la difficulté de déterminer d'une manière bien
« tranchée les conditions essentielles à l'existence du mariage,
« et qu'ils ont trouvé plus simple d'esquiver la difficulté que de
« la résoudre » (p. 210, note 2; p. 211, note 5).

Après les explications détaillées dans lesquelles nous venons
d'entrer, cette question de l'erreur quant au mariage devrait parai-
tre suffisamment traitée; et pourtant il n'en est rien. Il reste ici à
faire une appréciation de faits qui présente autant d'importance,
sinon plus, que la théorie même du droit, de telle sorte que ce
débat qui, sous le rapport juridique et philosophique, est en effet suffisamment éclairci, renaît et se retrouve intact sur le terrain de l'histoire. Nous avons dit que la plupart des rédacteurs
du Code étaient imbus, sur la question qui nous occupe, des
idées illogiques de l'ancienne jurisprudence, idées qui se produi-
sirent constamment lors de la discussion de notre titre au Conseil d'État. Eh bien! c'est cette circonstance qui ressuscite la
contestation et qui nous force, après la discussion que nous venons de terminer, d'en reprendre une autre, laquelle, fort heureusement, sera plus brève.

« Vos théories, disent nos adversaires, peuvent être très-logiques, mais elles n'ont pas été admises; le sens que vous donnez
à la loi, et qu'en effet elle paraît présenter, peut bien être celui
qu'on eût dû lui donner, mais ce n'est certainement pas celui
qu'elle a reçu; votre pensée n'a pas été la pensée des législateurs.
Une loi, quels que soient ses termes, doit être prise dans le sens

de ceux qui l'ont faite; or, lisez les longues discussions du Conseil d'État, et vous verrez partout les rédacteurs présenter et développer une théorie toute contraire à la vôtre. Vous y verrez que les art. 180 et 181, qui, selon vous, prévoient un cas tout différent de l'art. 146, n'étaient pour eux que le développement et la mise en exercice de ce même art. 146. Vous y verrez que ces articles sont relatifs tous trois au défaut de consentement aussi bien qu'au consentement vicieux, lesquels sont mis sur la même ligne et produisent un mariage seulement annulable et qui peut être ratifié. Ceci est un fait, et dès-lors, si logiques que puissent être vos raisonnemens, ils tombent; si juste que soit votre critique, elle reste impuissante pour la loi aujourd'hui écrite, et ne pourrait conserver de valeur que pour les lois à faire. »

S'il en était vraiment ainsi, si ces assertions étaient fondées, la conclusion serait bonne. Nous aurions raison en législation; mais en droit nous aurions tort.

Heureusement, les choses ne se sont point ainsi passées. Les étranges incohérences et les bizarreries immorales de l'ancien droit étaient, à la vérité, dans *presque toutes* les têtes, mais non pas dans *toutes*. Au milieu de ces vieux jurisconsultes pleins de science et riches de souvenirs, mais qui (nous sommes bien forcé de le dire ici) obéissaient à l'autorité de la tradition, c'est-à-dire de la routine, plus souvent qu'à l'autorité de la logique, on voit un homme qui, tout jeune encore, s'élève au-dessus d'eux de toute la hauteur du génie; un homme que sa raison supérieure, et aussi son heureuse ignorance d'une législation désormais usée, affranchissaient de cette routine funeste; et qui, saisissant avec sa vue d'aigle les théories droites, les idées justes, les hautes conceptions, qui échappaient souvent aux autres, usait de sa magique et précieuse influence pour les faire pénétrer dans les textes, à l'insu quelquefois, ou même contre le gré de ces vieux légistes, qui se disaient avec étonnement : « Mais cet homme-là « est à lui seul la législation incarnée. » (*Paroles du Consul Cambacérès.*)

Napoléon, qui, âgé alors de trente-un ans seulement, exerçait cependant sur les conseillers une autorité beaucoup plus grande qu'on ne pourrait le croire; qui, dans le titre des *Actes de l'état civil*, avait fait admettre de vive force et malgré tout le Conseil, le principe, honni tout d'abord, mais bientôt admiré, que « Là où est le drapeau français, là est la France; » qui, dans la discussion de notre titre, alla jusqu'à reprocher aux conseillers de ne pas même se faire une idée de l'institution du mariage; Napoléon sut ici saisir et faire écrire dans ces articles les idées que nous avons développées plus haut, et ce n'est point par hasard que le texte du Code se trouve d'accord avec la théorie que nous venons de présenter.

Pendant que Portalis, Tronchet, Maleville, Berlier, Cambacérès, Réal et les autres reproduisent éternellement les idées fausses critiquées ci-dessus ; par exemple, celle *qu'un mariage non existant pour défaut de consentement se ratifie s'il n'est pas attaqué*, celle encore *qu'il n'y a pas consentement quand il y a violence ou séduction*, Napoléon, entraîné tout d'abord par cette manière générale de voir (Fenet, t. IX, p. 15), s'en affranchit bientôt, et c'est pour n'y revenir jamais. A partir du milieu même de la première séance tenue sur ce titre (26 fruct. an IX, 13 sept. 1801), on le voit reproduire avec la parole brève, saccadée, énergique et saisissante qui lui était propre, et quelquefois avec humeur de n'être pas mieux compris, le grand principe de la différence entre le mariage non-existant pour défaut de consentement, et le mariage annulable pour consentement vicieux ; la réalité du consentement dans les cas de violence, de séduction ou d'erreur par substitution à une personne *qu'on ne connaît pas*, et dès-lors existence du mariage dans ces différens cas, sauf annulation, s'il y a lieu ; l'immoralité de la faculté absolue d'annuler pour cette substitution à une personne inconnue ; la chimère, l'impossibilité complète d'une substitution à une personne connue ; la source du droit ancien dans le préjugé de la distinction des castes, dans la crainte des mésalliances pour les familles riches et nobles et dans l'habitude de se marier par procureur ; en un mot, toutes les idées, précisément, que nous avons essayé nous-même de faire comprendre plus haut.

Ainsi, dès la première séance, M. Tronchet, embarrassé sur la rédaction et la place de l'art. 146, propose, comme chose toute simple, de le reporter dans notre chap. IV *des Demandes en nullité*. « *Vous ne pouvez pas*, s'écrie le premier Consul, *ce serait* « MÊLER LES CAS OU IL N'Y A PAS MARIAGE AVEC LES CAS OU LE MA-« RIAGE PEUT ÊTRE CASSÉ. (*Ibid.*, p. 16.) Plus loin, comme on discutait un article de ce même chapitre IV qui organisait l'action en nullité contre le mariage contracté par le mort civilement, « Votre article est absurde, dit Napoléon ; il suppose un mariage « quelconque de la part du mort civilement. Ce mariage subsis-« terait donc s'il n'était pas attaqué ! Ne parlez pas de ces sortes « de mariage. » (*Ibid.*, p. 50.)

Dans la séance du 24 frimaire (15 décembre), les rédacteurs revenaient avec leur art. 146 rédigé sous l'influence de leurs idées fausses et présentant ces deux propositions, la première juste, la seconde absurde : *Il n'y a pas de mariage, quand il n'y a pas de consentement.—Il n'y a pas de consentement, quand il y a violence ou erreur sur la personne.* Le Premier Consul leur dit : « On avait « distingué deux cas, dans la première discussion; votre rédac-« tion ne maintient pas cette distinction : 1º A défaut de con-« sentement, il n'y a pas de mariage; 2º si la femme, ayant dit « oui, prétend avoir été violentée, IL Y A MARIAGE, MAIS IL PEUT « ÊTRE ANNULÉ. La même distinction existe pour l'erreur de per-« sonne : si je voulais épouser une blonde aux yeux noirs et « qu'on m'ait donné une brune aux yeux bleus, il n'y a pas de « mariage; s'il n'y a eu erreur que sur la qualité, IL Y A MARIAGE, « MAIS IL PEUT ÊTRE NUL. — Cependant, dit le conseiller Réal, « j'ai cru rendre les idées du Premier Consul : Il n'y a pas con-« sentement quand il y a violence. — Si fait, répond Napoléon, « il y a consentement; pour consentir, il suffit d'une minute; « seulement le consentement n'est pas libre. »

Sur le prétendu défaut de consentement par substitution à une personne qu'on n'a pas vue, il s'écrie dans la même séance : «On « n'a pas même une idée de l'institution du mariage; à présent « qu'il n'y a plus de castes, c'est la plus imposante devant la « nature humaine. J'ai épouse une femme brune qui m'était « connue depuis six mois, et parce que je reconnais ensuite « qu'elle n'est pas fille de celui que j'avais cru son père, le ma-« riage serait nul! Non; il n'y a point là erreur de personne. « Votre article est immoral; vous regardez le mariage comme « une partie de pêche. On sifflerait un drame qui serait con-« traire à mon système. — Mais enfin, dit le second Consul, un « militaire revient de l'armée après dix ans d'absence; il croit « épouser sa cousine, mais le tuteur lui a substitué sa fille. Il « n'y a pas consentement. — Il y a consentement, le mariage « est bon; vous traitez cela en homme d'affaires. La dot n'est « que l'accessoire, et le législateur ne peut pas s'arrêter à ces con-« sidérations-là. L'union des corps, l'échange des âmes, voilà le « principal... Tout votre système a pris naissance quand on se « mariait par procuration; à présent, on se marie corps à « corps. » (*Ibid.*, p. 99 et suiv. *Voyez aussi* Thibaudeau, *Mé-moires sur le consulat;* Locré, *Esprit du Code civil.*)

Plus loin, dans la discussion du titre du Divorce, Bonaparte di-sait encore aux conseillers : « Rappelez-vous ce que vous avez dit sur les nullités. L'erreur *de qualité*, que vous appelez erreur *de personne,* permet de faire annuler le mariage. » (*Ibid.*, 261.)

Nous nous abstiendrons de tout commentaire; de telles paroles n'en demandent pas. On voit suffisamment maintenant si c'est par hasard que les cas de l'art. 146 n'ont point été *mêlés* avec les cas des art. 180 et 181 ; si c'est par hasard qu'aucun cas de mariage non existant n'a été mis dans notre chapitre, et s'il est possible de soutenir que c'est pour l'erreur *sur l'individu même*, c'est-à-dire pour un cas de *non-consentement*, qu'a été fait le deuxième alinéa de notre article.

Il reste donc démontré, et surabondamment ce nous semble, que non-seulement ce deuxième alinéa prévoit l'erreur sur les qualités; mais même qu'il ne prévoit qu'elle et qu'il ne pouvait prévoir qu'elle.

IV. — Nous venons d'établir que l'erreur *dans la personne*, c'est-à-dire sur les qualités de la personne, laquelle n'était autrefois une cause de nullité que par exception et dans le cas où j'aurais épousé une personne esclave la croyant libre, l'est aujourd'hui en principe et d'une manière absolue.

Mais quelles seront les limites de cette règle? La nullité devra-t-elle être prononcée pour toute erreur sur les qualités ayant une certaine importance?

Évidemment non, et si j'avais épousé une personne que je croyais avoir une science et un talent qu'elle n'a pas, jouir d'une belle fortune tandis qu'elle n'a rien, être d'une haute noblesse tandis qu'elle est roturière, ces circonstances, dont la connaissance aurait suffi probablement pour m'empêcher de contracter mon mariage, ne suffiraient cependant pas pour le faire annuler. Pour briser un contrat aussi sacré que le mariage, un contrat qui, comme nous l'avons dit et comme le disait le Premier Consul, a pour objet direct le corps et l'âme de l'homme, il faut une erreur dont l'objet soit d'abord profondément grave, et qui de plus réside en l'individu même. Ainsi, l'impuissance certaine et telle qu'elle s'oppose à la consommation même du mariage, la prostitution publique d'une fille qu'on croyait pure, un vœu solennel de continence de la personne, alors que l'autre conjoint est catholique, l'état de forçat libéré de l'homme qu'on a cru honorable, seraient de justes causes d'annulation.

Du reste, on comprend que les circonstances diverses de chaque affaire devront exercer une grande influence sur la décision. Ainsi, la prostitution de la femme ou l'état de forçat libéré de l'homme pourraient bien n'être plus des causes suffisantes d'annulation, si le conjoint n'avait pas lui-même une grande moralité. Il en pourrait être de même dans le second cas, si les circonstances du fait qui a motivé la condamnation montraient un homme plutôt malheureux que vraiment scélérat, et qui depuis l'expiration de sa peine se serait conduit honnêtement. Tout ceci est laissé à l'appréciation des juges.

L'annulation du mariage pour erreur sur les qualités a été prononcée par l'arrêt déjà cité, de Colmar, du 6 décembre 1811, vu l'état de moine profès du mari; puis, par un arrêt de Bourges, du 6 août 1827, contre un vil aventurier qui s'était fait passer pour baron italien par la fabrication de faux papiers.

V.—Nous avons indiqué avec la loi deux causes d'annulation du mariage : 1° le défaut de liberté dans le consentement; 2° l'erreur sur les qualités principales de la personne. Faut-il, conformément à l'art. 1109, admettre aussi le dol comme troisième cause d'annulation?

On entend par *dol* des manœuvres frauduleuses pratiquées pour déterminer une personne, en la trompant, à former un contrat qui lui est préjudiciable.

Dans les contrats ordinaires, le dol produit quelquefois la nullité; mais ce n'est jamais qu'indirectement et dans un cas tout particulier. En effet, de trois choses l'une : ou bien 1° le dol n'a pas réussi à tromper la personne; il n'y a pas eu d'erreur, ou du moins l'erreur a porté sur des circonstances si peu importantes, que sans elles la personne aurait également contracté; ou bien 2° le dol a engendré dans l'esprit de la personne une erreur portant sur les qualités essentielles de la chose, sur la *substance* même de cette chose, pour parler le langage juridique (car *substance* n'a pas en droit le même sens qu'en physique et en philosophie, où il est pris par opposition aux *modes* et pour signifier l'être intime qui supporte ces modes : SUBSTANTIA *quod* STAT SUB *modis;* en droit, au contraire, il exprime seulement l'ensemble des qualités qui rendent la chose propre à ce à quoi elle est destinée); ou bien, enfin, 3° l'erreur produite, sans tomber sur la substance même de la chose, est cependant tellement grave, que sans elle le contrat n'aurait pas été formé.

Dans le premier cas, quand le contrat se serait également formé sans qu'aucune manœuvre eût été employée, le dol ne produit aucun effet. Dans le second, c'est-à-dire quand le dol a produit l'erreur sur la substance de la chose, le contrat peut être annulé; mais ce n'est pas à cause du dol; c'est à cause de l'erreur sur la substance, laquelle aurait également motivé l'annulation, alors même qu'il n'y aurait eu aucun dol (art. 1110). Dans le troisième cas, enfin, quand l'erreur engendrée par le dol, sans tomber sur la substance de la chose, est cependant assez importante pour que sans elle le contrat n'eût pas eu lieu, alors le dol peut devenir, au moyen d'une circonstance spéciale, un principe indirect d'annulation. En effet, le dol n'ayant pas produit alors l'erreur sur la substance, et la loi n'admettant que celle-là comme cause de nullité (art. 1110), le contrat ne se trouve donc pas atteint du vice qui en motive l'annulation absolue; seulement, la personne se trouvant lésée, blessée dans ses intérêts (puisqu'on suppose que sans l'erreur produite elle n'aurait pas contracté), cette personne doit être indemnisée, et le dol fait ainsi naître une action en dommages-intérêts contre celui qui l'a pratiqué. Mais, maintenant, si c'est précisément mon cocontractant qui est l'auteur du dol, cette circonstance offre un moyen d'obtenir les dommages-intérêts les plus exacts qu'il soit possible d'imaginer, des dommages-intérêts sur l'appréciation desquels il n'y aura pas lieu de disputer : c'est de remettre les choses au même état que devant, en annulant ce qui a été fait

C'est ainsi que le dol peut devenir un motif d'annulation, sous la double condition d'avoir été la cause efficiente du contrat, et d'être émané de celui avec qui on contractait. Telle est, en effet, la théorie du Code, dans l'art. 1116.

Pour exprimer cette idée, que le dol ne devient une cause d'annulation qu'indirectement et quand il émane de la personne même du cocontractant, tandis que la violence et l'erreur sur la substance sont des vices absolus affectant l'essence de la convention, on dit que le dol est seulement *in personam*, et qu'au contraire l'erreur et la violence sont *in rem*. Ceci signifie que, comme cause de nullité, ces dernières tombent sur le contrat même, *in rem*; le dol, sur la personne seulement qui a contracté, *in personam*.

Au moyen de ces explications, notre question, de savoir si le dol peut annuler le mariage dans le cas où il annulle les autres contrats, va recevoir une solution facile : la négative doit paraître certaine à tous. En effet, puisque l'annulation ne peut résulter du dol qu'à titre de dommages-intérêts et comme moyen d'obtenir une indemnité d'une rigoureuse exactitude, cette annulation ne peut donc avoir lieu que dans les contrats dont l'objet est susceptible de compensations, de réparations matérielles. C'est-à-dire que l'annulation pour dol n'est possible que dans les contrats où sont en jeu des intérêts pécuniaires, des valeurs que l'argent peut représenter. Or, il n'en saurait être ainsi dans le mariage, où l'homme lui-même est l'objet du contrat, où par conséquent toute compensation, toute indemnité, toute remise des choses au même état que devant, est impossible. Une considération bien simple suffit pour rendre la chose évidente. Dans les autres contrats, si le dol sans lequel je n'aurais pas contracté émane d'un tiers, que fera-t-on ? Le contrat sera maintenu, et le tiers me dédommagera. Eh bien ! essayez donc d'appliquer cette idée au mariage ! J'ai épousé Marie à cause du dol pratiqué envers moi par Pierre; quelle indemnité Pierre pourrait-il me payer pour le préjudice moral que je subis ? Est-ce que la nature des choses ne rend pas impossible toute espèce de dédommagement ?... Mais si les dommages-intérêts sont impossibles, il ne peut donc pas être question d'une annulation qui, elle-même, n'est possible qu'à ce titre de dommages-intérêts.

C'est donc à dessein, et par une consécration raisonnée des principes de la morale et du droit, que notre article se tait sur le dol. Les causes d'annulation du mariage devaient être et sont différentes des causes d'annulation des contrats ordinaires. Des trois causes générales d'annulation, deux (le *défaut de liberté* et le *dol*) sont changées ici ; une seule (l'*erreur*) produit ses effets ordinaires. 1° La nullité pour défaut de liberté est élargie ; car, tandis qu'elle n'est admise ailleurs que quand la liberté a été détruite par la violence, elle l'est ici pour la suppression de la liberté par toute cause immorale (art. 180 ; 1109 et 1111); 2° la nullité pour dol est supprimée (art. 180 ; 1109 et 1116); 3° l'erreur engendre l'annulation, ici comme partout, quand elle tombe sur la substance, c'est-à-dire sur les qualités principales de la chose (art. 180 ; 1109 et 1110). Quant à la *lésion* (lésion d'intérêts purement pécuniaires), laquelle devient aussi en certains cas une cause de nullité (art. 1118), il est clair qu'elle ne pouvait pas figurer parmi les causes d'annulation d'un mariage.

Du reste, on conçoit parfaitement que si le dol, même émanant de l'autre partie, ne peut pas être une cause de nullité du mariage, il peut très-bien devenir un des élémens de l'appréciation qui ferait annuler le mariage pour erreur sur les qualités. C'est ainsi que l'un des motifs qui ont déterminé la Cour de Bourges à casser le mariage du faux baron de Ferri a été qu'il s'était fait faussaire pour usurper ce titre. La Cour aurait sans doute maintenu le mariage, si le prétendu baron avait été un homme honnête et qu'il eût passé, à son insu, pour un personnage distingué, alors qu'il appartenait aux dernières classes de la société. Le Premier Consul disait également au Conseil d'État, que le mariage contracté avec une aventurière qu'on croyait une femme distinguée ne pourrait pas être annulé, *à moins qu'elle ne fût elle-même auteur ou complice de la fraude.* (Fenet, t. IX, p. 103.)

VI. — Le droit accordé, par notre article, à l'époux trompé ou non libre, de faire annuler son mariage, n'appartient qu'à cet époux et ne passerait pas à ses héritiers.

Ce n'est pas, comme l'ont dit plusieurs auteurs, parce que l'époux seul peut savoir s'il a été trompé ou dénué de sa liberté ; car cette raison s'appliquerait également aux autres contrats, et dans ceux-ci l'action passe aux héritiers, à la charge par eux, bien entendu, de donner la preuve de l'erreur ou du défaut de liberté, ce qui certainement n'est pas toujours impossible.

Ce n'est pas non plus parce qu'après la mort de l'époux on doit présumer ou supposer qu'il ne voulait pas intenter l'action ; car, ici encore, la présomption ou la supposition se présenteraient avec la même force pour les contrats ordinaires, dans lesquels cependant, nous le répétons, l'action passe aux héritiers. Cette supposition pourrait même avoir beaucoup plus de force dans les contrats ordinaires, puisqu'il est possible pour eux qu'au moment où l'action passe aux héritiers par la mort du contractant, celui-ci ait gardé le silence pendant neuf ans onze mois, tandis qu'ici, il ne l'aurait gardé au plus que cinq mois et quelques jours. Enfin, l'époux peut mourir avant la découverte de l'erreur ou la recouvrance de sa liberté, et alors il n'y a plus lieu à aucune présomption ; et cependant l'incapacité, pour les héritiers, d'intenter l'action, n'en existe pas moins.

L'unique raison de cette restriction est que le législateur a entendu que l'action en nullité ne pourrait appartenir qu'à ceux à qui il l'accorderait expressément. On conçoit cette idée dans un contrat que tout un abîme sépare des autres contrats. Lors de la discussion, on s'expliqua sur ce point ; quelques conseillers voulaient que l'action passât aux héritiers quels qu'ils fussent, d'autres demandaient qu'elle fût du moins accordée aux héritiers ascendans, et l'article du projet, en effet, était rédigé dans ce sens. Mais tout ceci fut rejeté, et l'article, comme on le voit, déclare positivement et à deux reprises que le mariage *ne peut être attaqué que* par l'époux. Pourrait-il rester place au doute après de pareils faits ?

Il faut donc tenir, et tenir rigoureusement, que l'époux seul peut intenter l'action et que toujours sa mort éteindra le droit, alors même qu'il mourrait pendant une instance qu'il aurait ouverte. En vain invoquerait-on la vieille maxime romaine : *Omnes actiones quæ morte vel tempore pereunt, judicio semel inclusæ, salvæ manent ;* toutes les règles romaines réunies ne pourraient rien en face de la volonté expresse du législateur qui déclare que, dans la circonstance spéciale dont il s'agit ici, l'époux lui-même est le seul au profit duquel il permette de briser le contrat sacré qui existe. Qui vous a dit que cet époux lui-même ne se serait pas laissé fléchir et n'aurait pas renoncé à son action ?... Quoi qu'il en soit, il est mort ; son intérêt, qui était sacré, lui aussi, ne parle plus, tous autres doivent se taire.

Cette maxime, d'ailleurs, comme on va le voir bientôt, n'a pas le sens qu'on voudrait lui donner ici.

M. Duranton qui, au n° 270 du tome II, présente une longue discussion tendant à prouver que le droit d'intenter la nullité *doit toujours passer aux héritiers*, mais qui en tire pourtant cette conclusion, qu'IL FAUT TENIR QUE L'ÉPOUX SEUL A L'ACTION; M. Duranton, disons-nous, d'accord avec nous sur le principe, veut qu'on y fasse exception dans le cas de la règle que nous venons de citer. Il fonde sa décision sur l'analogie, par lui prétendue, des art. 330 et 957. (*Ibid.*, n° 271.)

Cette décision est également donnée par M. Zachariæ et ses annotateurs (t. III, p. 262).

Comparons ces deux derniers articles à notre art. 180, et voyons quel rapport existe entre ceux-ci et celui-là.

Dans les art. 328, 329 et 330 la loi organise l'action par laquelle il s'agit de réclamer l'état d'un enfant, et après avoir dit que, pour l'enfant, l'action dure toujours, qu'elle est imprescriptible (art. 328), elle accorde aussi cette action aux héritiers, non pas absolument, mais lorsque l'enfant, sans l'avoir intentée, meurt avant l'expiration des cinq années depuis sa majorité (art. 329). Que si, après ces cinq années, l'enfant a lui-même intenté l'action et meurt pendant l'instance, l'action peut être suivie, continuée par les héritiers (art. 330).

Ainsi d'abord, l'action, dans ce cas, est de nature à être exercée par les héritiers. A la vérité, elle leur est refusée si l'enfant, sans avoir réclamé, meurt après vingt-six ans; et pourquoi? C'est que le silence de cet enfant pendant cinq ans de majorité établit aux yeux de la loi la présomption que cet enfant ne voulait pas agir. Mais si, plus ou moins longtemps après l'expiration de ces cinq années, l'enfant a enfin intenté l'action, son fait détruit péremptoirement cette présomption, et ses héritiers, dès-lors, pourront continuer l'instance par lui ouverte. C'est ainsi que l'action, qui devait s'éteindre par sa mort, redevient efficace, une fois que la procédure est entamée : *Actio quæ morte perit, judicio semel inclusa, salva manet.* Ainsi, la circonstance que l'instance est ouverte par l'auteur peut bien *renouveler* et étendre le droit d'action, lorsque ce droit (éteint par un accident postérieur) existait en principe; mais il est clair qu'elle ne peut pas le *créer* au profit d'héritiers qui, en principe et absolument, sont incapables d'exercer l'action.

Quant à l'art. 957, son insignifiance pour le cas qui nous occupe est beaucoup plus claire encore. Il s'agit dans cet article de l'action tendant à faire annuler une donation pour l'ingratitude du donataire. La loi y déclare que l'action ne peut être *intentée* que dans l'année à partir du délit ou de la connaissance acquise du délit, et que, dans ce délai, elle peut l'être soit par le donateur, soit par ses héritiers; elle ajoute que, passé ce délai, elle peut être *continuée* par ses héritiers, si le donateur vient à mourir après l'avoir intentée pendant le délai. C'est-à-dire que là les héritiers sont absolument sur la même ligne que l'auteur lui-même : ils peuvent, comme lui, intenter l'action dans l'année; ils peuvent, comme lui toujours, la continuer après l'année, quand elle a été intentée dans cette année. Quel argument veut-on tirer de semblables hypothèses pour le cas où l'auteur seul peut exercer l'action, et où tout autre que lui est inhabile à en user?

Tenons donc pour certain que, quelles que soient les circonstances, l'époux trompé ou dépouillé de sa liberté est toujours le seul qui puisse faire annuler son mariage.

ARTICLE 181.

Dans le cas de l'article précédent, la demande en nullité n'est plus recevable, toutes les fois qu'il y a eu cohabitation continuée pendant six mois, depuis que l'époux a acquis sa pleine liberté ou que l'erreur a été par lui reconnue.

SOMMAIRE.

I. Le vice du consentement se couvre par ratification expresse ou tacite et par prescription. — Quand y a-t-il ratification tacite? — La grossesse de la femme serait insignifiante.

II. Controverse sur la ratification expresse. — Comment elle se réalise. Dissentiment avec M. Duranton.

III. La prescription de l'action ne s'accomplit que par trente ans.

EXPLICATION.

I. — Les deux vices du consentement indiqués par l'article précédent peuvent être couverts par trois causes, dont une seulement est présentée dans notre article : 1° la ratification tacite; 2° la ratification expresse; 3° la prescription.

La ratification tacite résulte, aux termes de notre art. 181, d'une cohabitation continuée pendant six mois depuis la recouvrance de la liberté ou la découverte de l'erreur. Elle ne pourrait se trouver dans aucune autre circonstance quelle qu'elle fût. Ainsi, la grossesse de la femme, même arrivée après la découverte de l'erreur ou la recouvrance de la liberté, ne signifierait rien. Cette grossesse, en effet, prouve tout simplement qu'il y a eu cohabitation; or, ce n'est pas une cohabitation quelconque que la loi demande, c'est une cohabitation continuée pendant six mois.

Il ne suffirait pas non plus qu'à compter du point de départ indiqué par l'article il y eût pendant six mois, ou même pendant six ans, non-réclamation de l'époux; car ce n'est pas six mois de non-réclamation que demande le législateur, c'est six mois de cohabitation. Si donc l'époux trompé ou privé de sa liberté s'est enfui, ou du moins s'est séparé de son conjoint, cette circonstance présentant plutôt une protestation qu'une ratification, le silence de l'époux ne couvrirait pas la nullité, si ce n'est par prescription, lorsqu'il aurait duré pendant trente ans, ainsi que nous allons le voir au 3°.

II. — Puisque l'époux ratifie son mariage et le rend inattaquable par une cohabitation continuée pendant six mois sans réclamation, il nous paraît évident qu'il le ratifierait également, et d'une manière plus satisfaisante encore, par un consentement donné formellement après la recouvrance de la liberté ou la découverte de l'erreur. Car enfin, pourquoi la cohabitation continuée pendant six mois emporte-t-elle ratification? c'est parce qu'on y voit une approbation, non exprimée mais certaine, du mariage d'abord annulable. Mais cette approbation est bien moins équivoque encore lorsqu'elle est donnée par une déclaration expresse et *ad hoc*.

Tout le monde cependant ne partage pas cette doctrine. On objecte que le texte de la loi ne consacre pas cette ratification expresse, et on en donne pour raison que le législateur a dû avoir beaucoup plus de confiance dans un consentement manifesté matériellement, par des faits quotidiennement répétés pendant six mois, que dans le consentement donné instantanément, par un mouvement irréfléchi peut-être, et que l'époux pourrait regretter un moment après.

Cette considération ne manque pas de gravité; mais nous ne saurions en déduire l'impossibilité d'une ratification formelle. Les tribunaux, au besoin, pourront toujours décider en fait que l'acte dont on argumente ne constitue pas une ratification suffisante; mais il nous paraîtrait vraiment étrange de professer comme principe la nullité de toute approbation expresse. On ne peut pas refuser cet effet réhabilitant *au consentement* de l'époux, alors que le mariage est annulable, non pas pour défaut des formalités ou pour tel autre motif, mais précisément et uniquement pour l'insuffisance primitive de *ce consentement*. Quant au silence gardé par notre article, il nous paraît plutôt favorable que contraire à notre décision. C'est précisément à cause de la valeur, évidente ici, d'un consentement formellement donné, que la loi a dû se préoccuper d'organiser d'une manière certaine la ratification tacite, dont l'ancien droit ne précisait pas les conditions (Pothier, n° 318); tandis qu'elle a dû trouver inutile de parler de la ratification expresse, qui va de soi et qu'on a toujours admise. (*Ibid.*, n° 309.)

Du reste, il faudra, bien entendu, que la volonté de réhabiliter le mariage ne soit pas douteuse, et dès lors nous nous gar-

derons bien d'admettre, avec M. Duranton (n° 283, en note),
qu'elle résulterait, contre le mari, du fait d'avoir autorisé sa
femme à contracter ou à plaider. Et en effet, un mois après la
découverte de l'erreur dans laquelle j'étais, il se trouve urgent
pour ma femme de passer tel contrat ou d'intenter telle action ;
je m'empresse, pour ne pas nuire à ses intérêts, de lui donner
l'autorisation sans laquelle elle ne peut rien faire. Que conclure
de là ? Le fait prouve parfaitement que je sais qu'il y a mariage
entre nous ; mais il ne prouve pas le moins du monde que j'aie
l'intention de le laisser subsister toujours. Ce fait n'empêche pas
que je ne me sois consulté déjà et que je ne me consulte encore
avant d'intenter une action aussi grave que celle d'annulation
de ce mariage et pour laquelle la loi m'accorde encore cinq
mois de réflexion.

III. — Toutes les actions organisées par la loi civile deviennent
sans force, se prescrivent, après un temps plus ou moins long,
selon les cas (art. 2262), à l'exception de celles qu'une disposition
spéciale déclarerait imprescriptibles, comme l'est, pour un enfant, l'action en réclamation d'état (art. 328). Donc, l'action en
nullité ouverte par l'article précédent finirait, s'il n'intervenait
pas de ratification expresse ou tacite, par tomber devant la prescription. Mais par quel délai serait produit ce résultat ?

M. Duranton fait rentrer cette action sous la règle de l'article 1304, qui déclare que toutes les actions en nullité d'une convention se prescrivent par dix ans. Mais ni cette règle du titre
des obligations conventionnelles, ni la plupart des autres règles
du même titre, ne sauraient s'appliquer au mariage, qui a son
organisation à part et ses règles toutes particulières. Les art. 1304
et suivans sont le complément et la mise en exercice des art. 1109
à 1118, expliquant les quatre causes de nullité des contrats ordinaires : l'erreur, la violence, le dol et la lésion. Or, nous avons
vu, au n° V de l'article précédent, **que ce n'est point par ces
élémens** que la loi a organisé son système d'annulation du mariage. La règle de l'art. 1304, posée pour les contrats ordinaires,
pour les contrats d'*argent*, appartient donc à un ordre d'idées qui
n'a rien à faire ici, et l'action en nullité d'un mariage, échap-
pant à cet art. 1304, ne peut plus être atteinte que par la disposition extrême de l'art. 2262, qui déclare qu'aucune action ne
peut durer plus de trente ans.

ARTICLE **182**.

Le mariage contracté sans le consentement des père et
mère, des ascendans ou du conseil de famille, dans les cas
où ce consentement était nécessaire, ne peut être attaqué

que par ceux dont le consentement était requis ou par celui des deux époux qui avait besoin de ce consentement.

EXPLICATION.

I. — Les deux articles précédens nous ont présenté une première cause de nullité purement relative, comme on l'a vu ; une
seconde nullité, relative comme la première, est prévue par notre article et par l'article suivant. Elle a lieu quand on n'a pas
obtenu le consentement de ceux sans la volonté desquels le mariage ne pouvait pas se faire. L'action est accordée alors et à celui ou ceux dont le consentement, déclaré indispensable par la
loi, n'a pas été donné, et à l'époux qui devait être protégé par ce
consentement.

C'est uniquement pour le défaut de consentement, et non
pour le défaut de conseil ou de consultation, que la nullité est
admise.

Ainsi, le mariage contracté par un fils majeur de vingt-cinq
ans, ou par une fille majeure de vingt-un ans, sans aucun avertissement donné par eux à leurs ascendans, ne pourrait pas être
attaqué en nullité pour cette cause ; il y aurait seulement lieu,
contre l'officier public, à l'amende et à l'emprisonnement prononcés par l'art. 157.

Ainsi encore, si le mariage de l'enfant mineur a été célébré
avec le consentement du père, sans que la mère, encore existante, ait été consultée ; ou bien si, à défaut des père et mère, il
l'a été avec le consentement des ascendans d'une ligne, sans
qu'on ait consulté ceux de l'autre ligne, ce mariage ne peut pas
être attaqué. En effet, on n'avait pas besoin du consentement de
la mère dans le premier cas, ni de celui de la ligne non consultée,
dans le second ; puisque, dans le cas de dissentiment entre le père
et la mère, ou entre les deux lignes, le consentement du père ou
d'une des lignes est suffisant (art. 148 et 150). Il suit de là que
dans le cas, par nous prévu sous l'art. 150, d'un enfant qui,
ayant perdu ses père, mère, aïeuls et aïeules, aurait encore ses
deux bisaïeuls et ses deux bisaïeules paternels, puis un seul

bisaïeul et ses deux bisaïeules maternels, dans ce cas, disons-nous, si l'enfant se mariait avec le consentement de celle des bisaïeules maternelles qui est veuve, sans consulter aucun des six autres ascendans, le mariage serait inattaquable.

II. — Voyons maintenant dans quel ordre et d'après quelles règles l'action en nullité pourra être intentée soit par les ascendans, soit par le conseil de famille.

Nous savons déjà qu'une action en nullité de mariage n'appartient qu'à ceux, rigoureusement, à qui la loi l'accorde expressément; or, notre article nous dit que le mariage ne pourra être attaqué que par ceux dont le consentement était requis. C'est donc à ceux dont l'autorité a vraiment été méprisée que l'action sera exclusivement réservée, sans pouvoir passer, par la mort d'un ascendant, à ses héritiers ou aux ascendans supérieurs.

Ainsi, quand un fils mineur, ayant son père et sa mère, s'est marié sans le consentement d'aucun des deux, le père seul peut agir, puisqu'il est le seul dont le consentement fût indispensable. Quand même le père viendrait à mourir quelques jours après le mariage, la mère n'en serait pas moins dans l'impossibilité d'agir, attendu que l'autorité du père, encore existante et souveraine lors du mariage, est la seule qui ait été bravée. De même, le mariage du mineur qui avait encore sa mère et un aïeul, et qui n'a obtenu aucun consentement, ne peut pas être attaqué par l'aïeul, non-seulement tant que la mère est vivante, mais même après sa mort; la raison en est toujours que la mère est la seule dont le consentement fût requis et dont l'autorité, dès lors, ait été méprisée.

Quand c'est le consentement du conseil de famille qu'il fallait pour un mariage, et qu'il n'a pas été obtenu, ce n'est pas tel ou tel membre du conseil qui peut, en son nom particulier, attaquer le mariage: car ce n'est pas son consentement particulier qui était demandé. L'action ne peut s'exercer qu'au nom du conseil entier, qui devra se réunir pour prendre une délibération sur ce point, et charger soit le tuteur, soit quelqu'un de ses membres, d'intenter l'action comme son représentant. Si, dans l'intervalle entre la célébration du mariage et l'exercice de l'action, le conseil avait subi quelque modification, par exemple par la mort d'un ou de plusieurs, ou même de la totalité de ses membres, que de nouveaux membres seraient venus remplacer, le droit d'agir ne lui en appartiendrait pas moins; car c'est toujours le même conseil de famille. Le conseil, en effet, est une personne morale, un être collectif, qui reste identiquement le même, quelle que soit la mutation de membres qu'il subisse. Mais il en serait autrement si le conseil de famille n'existait vraiment plus. Par exemple, si une personne qui n'a plus d'ascendans s'est mariée à vingt ans et demi, sans le consentement de son conseil, et que ce conseil n'apprenne le mariage que sept mois plus tard, l'action ne pourra plus être intentée, quoique, d'après la règle de l'art. 183, on ait un an pour agir à partir de la connaissance acquise du mariage; car après les six mois depuis le mariage l'époux a atteint sa majorité, et dès lors le conseil de famille a cessé d'exister. Sans doute les personnes qui composaient ce conseil existent encore individuellement; mais ce n'est pas le consentement individuel de ces personnes qui était nécessaire, c'est celui de l'unité morale appelée conseil de famille; c'est donc au conseil de famille seul qu'appartenait l'action; or, il n'y a plus de conseil de famille.

III. — Une conséquence importante et remarquable des principes que nous venons d'établir, c'est que le mariage d'un mineur, enfant naturel non reconnu, ou dont les auteurs légalement connus sont morts ou dans l'impossibilité de manifester leur volonté, ne peut jamais être attaqué par celui dont le consentement était requis pour ce mariage. En effet, dans ce cas d'un enfant naturel mineur n'ayant pas d'auteur légalement connu, ce n'est pas le consentement du conseil de famille, alors même qu'il en existerait un, qui est nécessaire; c'est le consentement d'un tuteur *ad hoc*. Or, ce tuteur *ad hoc* n'ayant pas d'autre mission, d'autre pouvoir, que de consentir ou de ne pas consentir au mariage projeté, il s'ensuit que, quand il n'y a plus de mariage à célébrer, il n'y a plus de tuteur *ad hoc*. La célébration du mariage n'empêche pas l'ascendant d'être toujours l'ascendant, ni le conseil de famille d'être encore le conseil de famille; mais, au contraire, elle fait disparaître le tuteur *ad hoc*, puisque, comme son nom le dit, il n'était quelque chose que *pour cela* et que *cela* n'est plus à faire. Que si un tuteur *ad hoc* n'avait pas même été nommé, l'absence de toute personne ayant qualité pour attaquer le mariage, vu le mépris fait de son autorité, serait, non pas plus vraie, mais plus claire encore.

Ainsi, le mariage contracté par l'enfant naturel mineur n'ayant pas d'auteur légalement connu ne peut *jamais* être attaqué par une personne dont l'autorité aurait été méprisée, parce que cette personne n'a jamais existé (quand on n'a pas nommé de tuteur *ad hoc*), ou bien (quand ce tuteur a été nommé) parce que cette personne a cessé d'exister, comme telle, par le fait même du mariage. Mais il est clair que l'enfant, lui, n'en aurait pas moins le droit d'attaquer son mariage vu le défaut de la protection dont il avait besoin.

M. Zachariæ, cependant, et ses deux annotateurs, enseignent (t. III, p. 272) que l'enfant lui-même n'aurait pas ce droit et que le mariage, par conséquent, est complétement inattaquable dans ce cas. MM. Aubry et Rau fondent cette décision, évidemment inadmissible, sur ces deux idées, fausses l'une et l'autre : 1° que notre article est le seul texte qui indique dans quels cas le mariage est nul pour défaut d'assentiment des personnes dont l'époux dépend, et 2° que cet article, en ne parlant que des ascendans et du conseil de famille, entend repousser le cas du tuteur *ad hoc*.

Mais il est évident, d'abord, que, pour bien comprendre l'effet légal du défaut de concours des personnes dont l'époux dépend, ce n'est pas du point de vue étroit d'un article isolé qu'il faut juger ; c'est à la considération du système pris dans son entier qu'il faut remonter.

Or ce système ne résulte pas uniquement de notre article ; il ressort de la combinaison et de l'ensemble des art. 148, 149, 150, 156, 158, 1re *partie*, 159, 160, 182 et 192, d'une part ; puis 151, 152, 153, 157 et 158, 2e *partie*, d'autre part. De la comparaison de ces différens textes, il résulte clairement 1° que les mariages se divisent en deux grandes classes : ceux des mineurs (mineurs de mariage), pour lesquels il faut *obtenir consentement;* et ceux des majeurs, pour lesquels il suffit de *requérir conseil;* puis 2° que les effets de la non-réquisition de conseil sont seulement : le droit d'opposition d'abord, et après le mariage contracté, la prononciation, contre l'officier public, de 300 fr. d'amende et d'un mois de prison ; tandis que les effets de la non-obtention du consentement sont, outre le droit d'opposition, la même amende de 300 fr. avec six mois de prison, et de plus la nullité du mariage. Donc, cette nullité du mariage a lieu toutes les fois que c'était un *consentement*, et non pas un simple *conseil*, que la loi demandait, quelle que fût, d'ailleurs, la personne dont le consentement était nécessaire.

Mais maintenant, quand même notre article serait le seul qui nous fît comprendre dans quels cas le mariage sera nul pour défaut de concours des personnes dont l'époux dépendait, est-il vrai que les termes de cet article empêcheraient d'appliquer la nullité au cas d'un tuteur *ad hoc* ? est-il vrai que l'article, en ne parlant que des mariages pour lesquels il fallait le consentement des ascendans ou de la famille, l'a fait par opposition à ceux pour lesquels la loi demandait le consentement d'un tuteur *ad hoc* ? Non ; les expressions *de la famille*, ou *du conseil de famille*, employées dans notre article et aussi dans l'art. 156, sont mises par le législateur pour tous les cas où il ne s'agit plus des ascendans.

Elles s'appliquent, ces expressions, au conseil composé de parens, et à celui composé d'étrangers, vu le défaut ou l'empêchement de parens, et au cas même d'un tuteur *ad hoc*, puisque si ce n'est pas alors le conseil lui-même qui consent ou refuse, c'est lui qui choisit et envoie le tuteur qui doit refuser ou consentir. C'est pour cette raison que quand le Tribunat demanda qu'on mît dans notre article, après les mots *conseil de famille*, ceux de *tuteur ou curateur*, on ne tint pas compte de sa demande. (Fenet, t. IX, p. 122.) A la vérité, nous disons nous-même que le tuteur *ad hoc* ne peut jamais être reçu à intenter l'action. Mais ce n'est pas parce que le texte de notre article serait insuffisant pour l'admettre; c'est parce que l'accomplissement du mariage fait évanouir sa qualité de tuteur, comme l'avénement de la majorité de l'enfant légitime fait disparaître le conseil de famille: l'individu qui était tuteur, les parens qui étaient membres du conseil, existent toujours; mais le conseil, lui, et le tuteur, ont cessé d'être; en sorte que, dans les deux cas, l'autorité qui a été méprisée n'existe plus.

Il est facile de prouver que ces mots *la famille*, *le conseil de famille*, comprennent le tuteur *ad hoc*. En effet, s'il en était autrement, l'art. 156, qui prononce six mois de prison contre l'officier qui ne s'est pas assuré de l'existence du consentement requis, ne serait pas applicable au cas de ce tuteur; et comme l'art. 157, qui prononce l'emprisonnement d'un mois, n'est relatif qu'au cas de simple conseil, il s'ensuivrait que l'officier qui aurait procédé, sans aucun consentement, au mariage d'un enfant naturel mineur n'ayant pas d'auteur légalement connu, ne serait cependant passible ni de l'une ni de l'autre de ces deux peines. Bien mieux; si l'on argumentait des termes de la loi aussi judaïquement que le font MM. Aubry et Rau, il faudrait dire que l'emprisonnement de six mois, encouru d'après l'art. 156, quand le conseil se composera de parens de l'époux, ne le serait plus quand il se composera d'individus non parens, attendu que cet article ne parle que du consentement *de la famille,* et que des étrangers ne font pas partie de la famille!... Mais enfin, sans aller jusque-là et en prenant la doctrine de ces auteurs telle qu'ils la présentent, il faudrait dire que l'officier qui marierait un homme de trente-cinq ou quarante ans, fils naturel reconnu d'une femme encore existante, sans réquisition du *conseil* de cette femme, devra subir l'emprisonnement d'un mois; tandis que l'officier qui marierait un enfant naturel de quinze ou seize ans, sans le *consentement* d'un tuteur, ne serait passible d'aucune peine!

Il est donc évident que les mots *consentement de la famille, du conseil de famille*, se réfèrent à tous les cas dans lesquels le consentement doit émaner de personnes autres que les ascendans, et que notre article, par conséquent, ouvre l'action en nullité à tout enfant mineur marié sans le *consentement* de ceux auxquels la loi le soumettait. Et en effet, comment admettre que le législateur, qui permet à un jeune homme *de vingt-quatre ans*, marié sans le consentement d'un ascendant, d'attaquer son mariage pour défaut de protection, n'autoriserait pas l'action au profit d'une jeune fille de quinze ans mariée sans l'avis de personne?

ARTICLE 183.

L'action en nullité ne peut plus être intentée, ni par les époux, ni par les parens dont le consentement était requis, toutes les fois que le mariage a été approuvé, expressément ou tacitement, par ceux dont le consentement était nécessaire, ou lorsqu'il s'est écoulé une année sans réclamation de leur part, depuis qu'ils ont eu connaissance du mariage. Elle ne peut être intentée non plus par l'époux, lorsqu'il s'est écoulé une année sans réclamation de sa part, depuis qu'il a atteint l'âge compétent pour consentir par lui-même au mariage.

SOMMAIRE.

I.   Le mot *parens* signifie tous ceux qui devaient consentir.—Leur ratification, expresse ou tacite, éteint l'action de l'enfant; mais la réciproque n'a pas lieu.

II.   La ratification des ascendans d'une ligne éteindrait l'action de l'autre ligne.

III. La ratification de l'enfant peut aussi être expresse ou tacite. — Quel est l'âge compétent dont parle l'article.

EXPLICATION.

I. — Il est évident que, dans la pensée de la loi, ces mots de notre article, *les parens dont le consentement était requis*, signifient toutes les personnes, quelles qu'elles soient, qui étaient appelées à consentir. Ainsi, ils comprennent, selon les cas, les membres du conseil de famille, alors même que ce conseil serait en entier composé d'amis. C'est qu'en effet, ce conseil devient, pour ainsi dire, la famille légale de l'époux.

Le texte nous indique deux causes extinctives de la nullité dont il s'agit. L'une, la ratification des parens, éteint l'action absolument, et aussi bien pour l'enfant que pour les parens eux-mêmes; l'autre, la ratification de l'enfant, ne l'éteint que par rapport à lui.

L'assentiment donné par les parens au mariage, soit expressément, soit tacitement, éteint l'action absolument, et cela devait être. Car, que manquait-il au mariage pour qu'il fût inattaquable? Rien que leur consentement; comment, dès lors, la nullité pourrait-elle en être demandée après que ce consentement est intervenu?

Ce consentement postérieur des parens peut être exprès ou tacite; et il est évident que le silence gardé par eux pendant une année, à partir du moment où ils ont eu connaissance du mariage, est un des cas de ratification tacite. L'article, dès lors, présente une rédaction mauvaise quand il indique comme deux circonstances distinctes, celle où le mariage a été tacitement approuvé, et celle où il s'est écoulé une année sans réclamation. Du reste, ce vice de rédaction prouve que dans la pensée de la loi la ratification tacite peut résulter de circonstances autres que le silence gardé pendant un an. Ainsi, par exemple, si les parens de l'époux marié sans le consentement nécessaire ont reçu fréquemment et cordialement son conjoint, s'ils lui ont donné à l'occasion des marques non équivoques d'estime et d'amitié, ils pourraient bien, pour ce seul fait, être déclarés non recevables dans l'action qu'ils voudraient intenter ensuite, quoiqu'il ne se fût écoulé que deux ou trois mois depuis qu'ils ont connu le mariage. Mais toutes les fois que quelque circonstance significative ne pourra pas être invoquée contre les parens, et que la preuve de l'assentiment donné ne se trouvera que dans le silence gardé, ce silence ne sera suffisant qu'après une année depuis la connaissance acquise.

II. — Il est clair que l'action ne peut plus être intentée ou continuée toutes les fois qu'il y a ratification d'une personne dont le consentement rendrait le mariage possible. Ainsi, quand l'enfant mineur qui s'est marié sans consentement dépendait de ses deux aïeuls paternel et maternel, tant qu'il n'intervient aucune ratification, l'un ou l'autre des deux ascendans peut intenter l'action; mais si l'un des deux ratifie expressément ou tacitement, le droit d'action s'éteint non-seulement pour lui, mais aussi pour le second, et ce quand même l'action serait intentée déjà au moment qu'intervient la ratification du premier.

III. — La loi, en organisant la ratification tacite de l'époux marié en minorité sans le consentement de ses ascendans ou de sa famille, garde le silence sur sa ratification expresse. Est-ce à dire que cette ratification n'aurait pas d'effet, et que, malgré la déclaration formelle que l'époux passerait à ce sujet après avoir atteint sa majorité de mariage, il conserverait toujours la faculté d'agir?

Nous ne le croyons pas. Pourquoi, en effet, l'époux ne pour-

rait-il pas, alors qu'il est parvenu à l'âge où il pourrait contracter son mariage seul et malgré ses parens, briser lui-même
l'action en nullité de ce mariage, par une renonciation que les
tribunaux, nous le supposons, reconnaissent libre et réfléchie?
Il le pouvait dans l'ancien droit (Pothier, *Contrat de mariage*,
n° 447); si donc le législateur avait entendu qu'il en fût autrement, il s'en serait expliqué. (*Voy.* le n° II de l'art. 181.)

La ratification tacite de l'époux, à la différence de celle des
parens, ne peut pas résulter de toute circonstance que ce soit,
mais seulement du silence gardé pendant une année entière à
partir du moment où cet époux sera devenu majeur quant au
mariage. Mais à quel âge sera-t-il majeur? Pour les filles, ce
sera toujours à vingt-un ans (art. 148); il en sera de même des
enfans mâles qui, au moment de leur mariage, n'avaient plus
d'ascendans en état de manifester leur volonté (art. 160). Mais à
quel moment la majorité se réalisera-t-elle pour l'homme qui
verrait mourir, après son mariage, l'unique ascendant dont il
dépendait? Sera-ce à vingt-un ans, ou seulement à vingt-cinq?

On a disputé sur cette question; mais, en vérité, il n'y a pas
de quoi. Pour l'homme, la majorité de mariage ne résulte pas
seulement, comme la majorité ordinaire, d'un âge préfix; elle
dépend en outre d'événemens qui se réalisent ou plus tôt ou plus
tard. En effet, celui-là est majeur de mariage qui a vingt-cinq
ans, ou qui, ayant au moins vingt-un ans, n'a pas d'ascendans,
légitimes ou légalement connus, en état de consentir. Donc,
c'est à partir du moment où l'époux dont il s'agit se trouvera
dans l'une de ces deux conditions, que courra l'année dont l'expiration doit amener la ratification tacite. Ainsi, que le fils marié
à vingt-un ans sans le consentement de l'unique ascendant qui
lui restait perde cet ascendant à vingt-un ans et demi, comme
à partir de ce moment il est dans les conditions voulues pour
qu'un jeune homme puisse consentir lui-même à son mariage,
c'est quand il aura vingt-deux ans et demi que son silence aura
produit la ratification tacite demandée par notre article. Supposons au contraire que l'enfant, lors de son mariage, avait encore
son père et une aïeule, et que le père meurt quand l'enfant arrive
à l'âge de vingt-deux ans; quoique cet événement éteigne l'action
qu'avait le père, laquelle ne passera point à l'aïeule, cependant,
comme l'époux n'est pas encore dans les conditions voulues pour
consentir seul, l'année de ratification ne courra pas, et si l'aïeule
continue de vivre, ce ne sera que quand l'enfant aura vingt-
cinq ans qu'il sera majeur de mariage et que courra cette année
de ratification. Ce ne serait également qu'après cet âge de vingt-
cinq ans, qu'il pourrait donner une ratification formelle.

Article 184.

Tout mariage contracté en contravention aux dispositions contenues aux art. 144, 147, 161, 162 et 163, peut être attaqué, soit par les époux eux-mêmes, soit par tous ceux qui y ont intérêt, soit par le ministère public.

SOMMAIRE.

Nullités absolues. — L'époux coupable lui-même peut intenter l'action. — Quelle espèce d'intérêt permet à d'autres de l'intenter.

EXPLICATION.

Nous arrivons maintenant aux nullités absolues. Elles sont au nombre de cinq, dont trois indiquées par notre article, et les deux autres par l'art. 191. Ces cinq causes de nullité absolue sont : 1° l'impuberté, lors du mariage des époux ou de l'un d'eux, c'est-à-dire la circonstance que l'époux avait moins de dix-huit ans, ou la femme moins de quinze (art. 144). Ce cas est prévu par notre art. 184, et les deux art. 185 et 186. — 2° L'existence d'un premier mariage valable (art. 147). Le cas est réglé par notre article et les deux art. 188 et 189. — 3° La parenté des époux au degré prohibé (art. 161, 162 et 163). — 4° Le défaut de publicité du mariage (art. 191); — et 5° l'incompétence de l'officier qui l'a célébré (ibid.).

Dans ces cinq cas, la nullité du mariage peut être invoquée : 1° par les époux eux-mêmes; 2° par le ministère public; 3° par toute personne intéressée à la proposer.

1° Ordinairement et en principe, une personne n'est pas admise à argumenter de sa propre faute et ne peut pas, dès lors, intenter une action qui se fonderait sur le délit dont elle-même s'est rendue coupable : Nemo auditur propriam turpitudinem allegans. Ici, il en est autrement, et, pour atteindre plus sûrement les mariages dont il s'agit, la loi, dans les art. 184 et 191, permet aux deux époux, et par conséquent à l'époux bigame, par exemple, aussi bien qu'à l'autre, d'exercer l'action en nullité.

2° Le ministère public, mandataire et représentant légal de la société blessée par l'atteinte que les mariages dont il s'agit portent aux bonnes mœurs, est chargé d'attaquer ces mariages et de faire séparer les époux ; et comme ce haut intérêt de la société n'existerait plus si le mariage illégal se trouvait brisé par la mort d'un des époux, le ministère public cesserait alors d'avoir l'action. C'est donc du vivant des deux époux que le ministère public doit agir (art. 190).

3° Enfin, l'action en nullité est ouverte au profit de toute personne ayant un intérêt, moral ou pécuniaire, à l'annulation.

Et d'abord, un intérêt moral : ainsi, 1° l'époux au préjudice duquel a été contracté un second mariage (art. 188); 2° les ascendans et le conseil de famille, que leur seule qualité intéresse puissamment au maintien des mœurs dans la famille. Donc, ce n'est pas seulement aux ascendans les plus proches que l'action appartient, de manière à ne passer aux aïeuls, par exemple, que quand les père et mère seraient morts ou dans l'impossibilité de manifester leur volonté, ou bien encore, auraient refusé d'agir; c'est à tous les ascendans concurremment que l'action est offerte. Il n'en est plus ici comme du défaut d'obtention du consentement nécessaire : le motif de l'autorité méprisée ne peut être invoqué que par celui en qui résidait cette autorité; ici, au contraire, chacun des ascendans, à quelque degré qu'il soit, est directement intéressé au maintien des mœurs, et tous, par conséquent, sont compris dans la règle générale qui donne l'action *à tous ceux qui y ont intérêt*. On n'en excepte que les parens qui, dans le cas particulier d'un mariage contracté par un impubère, ont donné leur consentement à ce mariage. Ainsi, quand une fille s'est mariée à quatorze ans, avec le consentement de ses père et mère, ceux-ci ne peuvent pas attaquer le mariage; mais l'action n'en appartient pas moins, alors, aux ascendans plus éloignés (art. 186). Ce qui prouve que la règle de notre article a bien, dans la pensée du législateur, la généralité que nous lui donnons, c'est précisément l'exception de l'art. 186 qui, en retirant l'action, dans tel cas particulier, aux parens de différens degrés, suppose bien qu'en principe tous ces parens l'avaient. Du reste, la nullité pour impuberté est la seule des cinq nullités absolues dans laquelle l'action soit refusée aux parens qui ont consenti. Ainsi, dans les quatre autres cas de bigamie, d'inceste, de clandestinité et d'incompétence, les parens qui ont consenti n'en ont pas moins la faculté d'attaquer le mariage. Dans tous ces cas, le désir de rendre l'annulation plus sûre, en ouvrant l'action à un plus grand nombre de personnes, l'a emporté sur la pensée de punir les parens.

L'intérêt pécuniaire, maintenant, fait aussi naitre le droit d'action; car notre article ne distingue pas. Ainsi, des enfans d'un premier lit, ou des parens collatéraux, pour des questions de succession; des créanciers, pour faire disparaître l'hypothèque légale de la femme; tous ceux qui peuvent avoir intérêt à critiquer les conventions matrimoniales des époux; tous ceux-là ont le droit de faire prononcer l'annulation du mariage. Mais, bien entendu, il ne suffit pas, pour attaquer aujourd'hui le mariage, qu'on puisse se trouver intéressé plus tard à l'annulation; il faut y être intéressé réellement aujourd'hui : il ne suffit pas d'un intérêt éventuel, de la probabilité d'un intérêt futur; il faut *un intérêt né et actuel*, lequel, le plus souvent, n'existera, pour les enfans d'un autre lit et les collatéraux, qu'à la mort de leur auteur ou de leur parent (art. 187), mais qui pourrait, selon les cas, exister plus tôt.

On comprend de reste pourquoi la loi ne range les enfans et les collatéraux que parmi les individus intéressés pécuniairement. Des enfans ne peuvent pas jouer, vis-à-vis de leurs auteurs, le rôle de surveillans, de vengeurs de la morale. Il en est de même des parens collatéraux; excepté, pourtant, quand ils sont constitués en conseil de famille; car ce conseil (alors même qu'il se composerait d'étrangers, ce qui ne l'empêcherait pas d'être encore la famille légale de l'enfant) aura toujours l'action, comme le prouve, par son exception, la disposition de l'art.186.

ARTICLE **185**.

Néanmoins, le mariage contracté par des époux qui n'avaient point encore l'âge requis, ou dont l'un des deux n'avait point atteint cet âge, ne peut plus être attaqué, 1° lorsqu'il s'est écoulé six mois depuis que cet époux ou les époux ont atteint l'âge compétent; 2° lorsque la femme qui n'avait point cet âge a conçu avant l'échéance de six mois.

SOMMAIRE.

Deux causes pour la femme, une seule pour l'homme, peuvent couvrir la nullité pour impuberté. — Mauvaise rédaction de l'article.

EXPLICATION.

La nullité du mariage contracté par un époux impubère est couverte quand il s'est écoulé six mois sans réclamation de personne, à partir du moment où cet époux a atteint l'âge voulu. C'est là une règle qui s'applique indistinctement au mari et à la femme, et quel que soit celui des deux qui fût impubère lors du mariage. Que s'ils étaient impubères tous deux, et que le mariage fût ainsi attaquable du chef de l'un et de l'autre, il est clair que six mois après la puberté de l'un le mariage resterait annulable du chef de l'autre, et que cette nullité, double pour ainsi dire, ne serait couverte que six mois après le moment où tous deux auraient atteint l'âge de puberté.

Outre cette première cause d'extinction de la nullité, qui opère pour l'homme comme pour la femme, il en est une seconde qui n'a d'effet que quant à l'impuberté de cette dernière : c'est sa grossesse, réalisée avant l'échéance des six mois depuis sa puberté. Ainsi, qu'une femme se marie à quatorze ans, le mariage, si elle ne devenait pas enceinte, pourrait être attaqué pendant dix-huit mois; que si, au contraire, elle se trouve grosse à un moment quelconque de ces dix-huit mois, à cet instant même la nullité tombera. Ainsi, que six mois après le mariage une action en nullité soit intentée, peu importe par qui; si la femme déclare qu'elle est enceinte et que le fait devienne constant, l'action n'aura pas de suite, quoique la femme n'ait pas encore l'âge exigé pour le mariage. Le législateur a pensé que quand les circonstances dénotent chez la femme, d'une manière aussi péremptoire, une puberté réelle plus avancée que la puberté légale, c'est une raison suffisante de ne pas attaquer désormais, pour absence de cette puberté, un mariage déjà subsistant.

Mais la loi n'a pas voulu que cette circonstance de la grossesse de la femme pût couvrir la nullité pour impuberté du mari; car, de ce que la femme est enceinte, il ne s'ensuit pas du tout que le mari, lui, soit capable d'engendrer; il n'y a pas certitude que l'enfant soit de lui. C'est donc seulement du chef de *la femme qui n'a point l'âge*, comme le dit notre article, que la grossesse rend le mariage inattaquable. En vain on invoquerait ici la règle portée par l'art. 312, que tout enfant conçu pendant le mariage est légalement présumé appartenir au mari; elle ne peut pas s'appliquer dans ce cas. Cette impossibilité d'appliquer ici la présomption ordinaire de paternité ne résulte pas, comme on l'enseigne quelquefois, de ce que le mariage étant nul, il ne pourrait produire aucun effet et ne saurait dèslors, faire naître la présomption de l'art. 312. Le mariage n'est pas nul, il n'est qu'annulable. Ce mariage subsiste donc tant que l'annulation n'en est pas prononcée, et par conséquent, il pourrait en principe produire la présomption, si une raison particulière ne s'y opposait ici. Cette raison est que le mariage étant contracté par cet époux avant l'âge voulu, il y a dans ce cas une présomption légale de non-puberté qui combat et neutralise la présomption de paternité de l'art. 312. D'ailleurs, et ceci est décisif, le texte de notre article est formel à cet égard; c'est *lorsque la femme* QUI N'AVAIT POINT L'AGE COMPÉTENT *a conçu*, que la nullité tombe.

Il est vrai que l'article, dans son ensemble, est fort mal rédigé; puisque, si on le prenait à la lettre, il faudrait dire que *le mariage contracté par* DES ÉPOUX QUI N'AVAIENT POINT L'AGE REQUIS *ne peut plus être attaqué, quand la femme qui n'avait point cet âge a conçu.* Mais il est évident que la rédaction embarrassée de l'article, prise littéralement, ne donnerait pas la pensée du législateur. Car si la grossesse de la femme avait dû être une fin de non-recevoir contre la nullité pour impuberté du mari, elle aurait eu cet effet tout aussi bien chez la femme pubère que chez la femme impubère; chez une femme de seize ans aussi bien que chez celle de treize ou quatorze, et le législateur n'aurait pas restreint sa disposition finale à la femme *qui n'avait pas l'âge compétent.*

Il est donc incontestable que des deux fins de non-recevoir présentées par l'article, une seule s'applique à l'impuberté des deux époux, et l'autre à celle de la femme seulement.

ARTICLE 186.

Le père, la mère, les ascendans et la famille, qui ont consenti au mariage contracté dans le cas de l'article précédent, ne sont point recevables à en demander la nullité.

N. B. — Nous ferons remarquer de nouveau que cet article, en déclarant les ascendans et le conseil de famille incapables d'intenter l'action, dans un cas particulier et par exception, prouve bien qu'ils ont ce droit en principe et d'après cette règle générale de l'art. 184 : « Tous ceux qui y ont intérêt » (soit pécuniaire, soit moral).

Nous répétons aussi que cette exception, précisément parce que c'est une exception, doit se restreindre à ceux que l'article prévoit, à ceux *qui ont consenti.* Ainsi, la circonstance que le père, encore existant, a consenti au mariage de l'enfant impubère, n'empêchera pas l'aïeul ou tout autre ascendant d'intenter l'action. (Toutefois, on sait que quand il s'agit de deux époux, l'autorité de la femme se confond et se perd dans l'autorité du mari; d'où il suit que quand ce mari aura consenti, sa femme ne pourra pas agir de son vivant.)

ARTICLE 187.

Dans tous les cas où, conformément à l'art. 184, l'action en nullité peut être intentée par tous ceux qui y ont un intérêt, elle ne peut l'être par les parens collatéraux, ou par les enfans nés d'un autre mariage, du vivant des deux époux, mais seulement lorsqu'ils y ont un intérêt né et actuel.

N. B. — Ce que nous avons dit sous l'art. 184 suffit pour faire comprendre que la règle de cet art. 187 ne se trouve pas dans les mots : *Du vivant des deux époux,* mais dans ceux-ci : *Lorsqu'ils y ont un intérêt né et actuel.* La pensée de la loi est que tous ceux pour lesquels l'action se fonde seulement sur un intérêt pécuniaire, ne peuvent pas agir pour un intérêt éventuel, possible, probable; mais seulement pour un intérêt certain et déjà existant. Or, cet intérêt actuel pourrait très-bien se présenter pour les collatéraux ou pour les enfans d'un premier lit, du vivant des époux; par exemple, pour écarter les enfans du mariage d'une succession à laquelle l'époux aurait renoncé, et dans ce cas ils pourraient très-bien faire prononcer l'annulation du mariage. Mais le plus souvent cet intérêt ne naîtra que par la mort de l'époux, et c'est là ce qui explique la rédaction de notre article, qui serait plus clair et tout aussi complet s'il disait seulement : *Les personnes qui n'exercent l'action que dans un intérêt pécuniaire, ne peuvent l'intenter que quand cet intérêt est né.* L'art. 191, qui reproduit la même règle, est beaucoup mieux rédigé.

ARTICLE 188.

L'époux au préjudice duquel a été contracté un second mariage, peut en demander la nullité du vivant même de l'époux qui était engagé avec lui.

N. B. — La raison de cet article est évidente. L'époux est un de ceux qui ont, pour agir, un haut intérêt moral, un intérêt qui existe dans toute sa force dès l'instant même de la célébration du mariage illégal, et qui ne pourrait plus que diminuer par la mort du conjoint. Il est donc clair que son action, comme celle des ascendans ou de la famille, et pour le même motif, est recevable pendant l'existence de ce mariage illégal.

ARTICLE 189.

Si les nouveaux époux opposent la nullité du premier mariage, la validité ou la nullité de ce mariage doit être jugée préalablement.

N. B. — L'existence d'un premier mariage, fût-il annulable, forme obstacle à la célébration d'un mariage subséquent. L'article 147 dit sans distinguer : *On ne peut contracter un second mariage avant la dissolution du premier.* Mais cependant la loi met une grande différence entre le cas où le premier mariage était valable, et celui où ce mariage était de nature à être cassé. Dans le premier cas, le second mariage sera annulé; dans le second cas, il doit être maintenu.

Il suit de là que l'existence d'un premier mariage, alors que ce mariage est entaché de nullité, n'est qu'un empêchement *prohibitif* au mariage subséquent. Il en est de même d'un premier mariage valable, quand le conjoint est absent. (Art. 139.)

I.   37

ARTICLE 190.

Le procureur du Roi, dans tous les cas auxquels s'applique l'art. 184, et sous les modifications portées en l'art. 185, peut et doit demander la nullité du mariage du vivant des deux époux, et les faire condamner à se séparer.

N. B. — Nous avons déjà vu que le ministère public, par la nature même du motif qui ouvre son action, peut toujours agir du vivant des époux ; en quoi il diffère des parens collatéraux et des enfans d'un premier lit, qui ne le peuvent ordinairement qu'après la mort. Nous avons vu de plus qu'il ne le peut que du vivant des époux, à la différence des ascendans et de la famille, qui le peuvent et du vivant, et aussi après le décès de l'époux, attendu que l'honneur de la famille présentera toujours un intérêt moral que ce décès ne détruit pas, et auquel il pourrait encore ajouter un intérêt pécuniaire.

Du reste, l'action dont il s'agit ici s'intentera toujours, on le conçoit, devant les tribunaux civils, et il ne faut pas la confondre avec l'action criminelle que le ministère public pourrait avoir à exercer ; par exemple, dans le cas de bigamie (art. 340 C. pén.).

Si le ministère public peut agir pour faire prononcer la nullité du mariage dans les cinq cas prévus par les art. 184 et 191, il est de toute évidence qu'il peut aussi, ou plutôt qu'il doit, quand des époux ou tous autres viennent demander cette nullité contre un mariage qu'il voit valable, soutenir et faire déclarer la validité de ce mariage.

ARTICLE 191.

Tout mariage qui n'a point été contracté publiquement, et qui n'a point été célébré devant l'officier public compétent, peut être attaqué par les époux eux-mêmes, par les père et mère, par les ascendans, et par tous ceux qui y ont un intérêt né et actuel, ainsi que par le ministère public.

SOMMAIRE.

I. Quatrième et cinquième nullités absolues. — La clandestinité et l'incompétence de l'officier, présentées partout comme deux causes distinctes de nullité, ne sont, dans la pensée de la loi, que les élémens d'une nullité unique.

II. On ne peut adopter le système des deux nullités, sans inconvénient, que sous la condition de reconnaître ces nullités facultatives l'une et l'autre.

III. Ces deux nullités peuvent se couvrir par la possession d'état.

IV. Il ne faut pas confondre le mariage clandestin avec le mariage secret ; ni le cas d'incompétence de l'officier avec celui d'absence de
tout officier.

EXPLICATION.

I. — Après avoir expliqué dans les sept articles précédens les
trois premières nullités absolues, qui sont l'impuberté, la bigamie
et l'inceste, la loi, dans cet art. 191, nous présente les deux dernières, savoir : la clandestinité du mariage, et l'incompétence de
l'officier public. Les trois premières résultaient de l'existence
d'empêchemens dirimans ; celles-ci découlent de l'inobservation
de formalités voulues par la loi.

Quoique nous présentions ici, ainsi que nous l'avons fait déjà
sous l'art. 170, la clandestinité et l'incompétence de l'officier,
comme deux causes distinctes de nullité, il est vrai de dire, cependant, que dans la pensée de la loi, ce ne sont là que les élémens
d'une seule et même cause de nullité, laquelle consiste uniquement et toujours dans le défaut de la publicité voulue ; en sorte
que l'absence de l'officier compétent rentre dans la clandestinité.
Il est vrai que la généralité des auteurs enseignent le contraire et
affirment que le législateur a vu là deux cas différens de nullité ;
mais leur doctrine sur ce point nous paraît erronée.

Et d'abord, en raison et en philosophie, il est évident que ces
deux nullités doivent se résumer en une seule ; car quel est le rôle
de l'officier de l'état civil, par rapport à un mariage ? quelle mission a-t-il à remplir?.. Pas d'autre que celle de *témoin*. Qu'on ne
s'y trompe pas ; le maire à la maison commune, le prêtre à l'é-
glise, ne sont pas chargés de réaliser le mariage ; ils n'en sont
que les spectateurs passifs. Le maire et le prêtre ne marient pas ;
ce sont les parties qui se marient elles-mêmes. C'est à l'église que
le point pourrait paraître plus douteux ; or, les théologiens les
plus exacts enseignent que les époux sont eux-mêmes *les ministres du sacrement* et que le prêtre n'est et ne peut être que *le témoin*
de l'union formée par ces époux. Tout le monde sait que, pendant la désorganisation momentanée qu'amena notre Révolution
française, alors que dans chaque commune un prêtre intrus rem-
plaçait le pasteur légitime, celui-ci, quand il pouvait se tenir ca-
ché dans le pays, avait soin, lorsqu'un mariage devait avoir lieu,
de venir se placer dans quelque coin de l'Église et rendait ainsi
valable, par sa seule présence, une union qui sans elle aurait été
nulle aux yeux des lois ecclésiastiques. Or, cette mission du propre curé dans les lois de l'Église et dans notre ancien droit civil,
n'est-ce pas elle que le droit intermédiaire et le droit actuel **ont**
transférée aux nouveaux officiers de l'état civil? N'est-il pas évident
d'ailleurs, que notre Code ne pouvait pas leur attribuer un autre

rôle, attendu que nul autre n'est possible?... Lisez l'art. 75, et voyez comment se forme le mariage : le maire présent, l'homme déclare qu'il prend telle femme ici présente pour son épouse; la femme déclare qu'elle prend cet homme pour son époux, et le maire prononce qu'ils sont mariés. Ainsi, l'officier proclame et fait ensuite constater par écrit le mariage qui vient de se faire; mais qu'est-ce qui le fait, ce mariage, si ce n'est la déclaration même des époux? Donc, le mariage, comme cela a toujours été, comme cela sera toujours, s'effectue par la seule volonté des parties : NUPTIAS CONSENSUS FACIT (D. 3o, *de Reg. jur.*); seulement la loi, qui ne doit consacrer cet effet de la volonté que sous certaines conditions, désigne un fonctionnaire qui vient écouter l'expression formelle de cette volonté et en prendre acte, au nom et comme représentant de la société.

Ainsi, l'officier de l'état civil n'est et ne peut être rien autre chose que le premier témoin, le témoin indispensable du mariage. Donc, l'absence, lors d'un mariage, du fonctionnaire délégué pour représenter la société à ce mariage, en d'autres termes, l'absence de l'officier compétent, n'est rien autre chose que le défaut de la publicité voulue. Sans doute, il y a d'autres élémens de publicité que la présence de l'officier compétent. Ainsi, les deux publications; l'intervalle entre la première publication et la seconde, puis entre la seconde et le mariage; la présence des quatre témoins ordinaires; la célébration à la mairie, et non dans une maison particulière; l'admission du public à cette célébration, etc., voilà autant de circonstances qui concourent à produire la publicité, et dont l'absence pourrait diminuer ou détruire cette publicité; en sorte que le mariage pourrait, selon les cas, être annulé comme clandestin, malgré cette présence de l'officier compétent. Mais enfin, cette présence est elle-même l'un de ces élémens; elle en est le plus important aux yeux de la loi. Les élémens autres que la présence de l'officier produisent la publicité matérielle, la publicité de fait; quant à cette présence de l'officier public, outre qu'elle contribue puissamment à cette même publicité matérielle, elle produit seule une publicité juridique, civile, qui doit nécessairement concourir avec la première.

Maintenant, en fait, cette théorie si claire et si rationnelle est-elle bien celle du Code? Est-il vrai que les deux premières lignes de notre article entendent parler d'une seule et même cause de nullité, celle pour défaut de publicité, résultant, soit, spécialement, de l'incompétence de l'officier, soit, en général, des différens moyens matériels de notifier le mariage? L'affirmative, à nos yeux, n'est pas seulement certaine, mais évidente. Les textes concourent à l'établir ; et elle a été successivement proclamée au Conseil d'État, au Tribunat, et au Corps législatif.

Quant aux textes d'abord, c'est dans un même article (165), et par une disposition dont les termes n'ont rien de complexe, que la loi, antérieurement, a exigé que le mariage soit *célébré publiquement devant l'officier du domicile d'une des parties.* Elle n'a pas même dit *publiquement* ET *devant l'officier ;* parce qu'il s'agissait non pas d'ajouter une seconde idée à l'idée première, mais seulement de continuer cette idée première. Ici, c'est encore dans un même article qu'on prononce la nullité résultant de la violation de l'art. 165, et l'on parle d'un seul et même mariage non contracté publiquement ET non célébré devant l'officier compétent. Il est vrai qu'il y a deux membres de phrase au lieu du membre unique qu'emploie l'art. 165 ; mais nous allons voir que c'est là le reste d'une rédaction primitive qui favorisait le sens contraire et qui fut rejetée au Conseil d'État.

Voyons maintenant ce qui s'est passé lors de la confection de la loi.

Au Conseil d'État, notre article fut d'abord présenté avec une rédaction qui, sans être suffisamment explicite, favorisait cependant le système de la distinction des deux nullités. Cet article disait : « Tout mariage qui n'a point été contracté publi- « quement, *ou* qui n'a point été célébré devant, etc. » Cette rédaction, au moyen de la disjonctive *ou,* posait bien la distinction entre la nullité pour défaut de publicité, et celle pour incompétence de l'officier ; elle prononçait l'annulation d'un mariage pour deux causes différentes : 1° quand ce mariage n'aurait pas été public ; 2° quand il n'aurait pas été célébré par l'officier compétent. Or, qu'arriva-t-il ? M. Rœderer critiqua cette rédaction, en présentant l'idée que la célébration devant l'officier compétent n'est qu'un des élémens de la publicité, en sorte que le mariage ne peut pas être public sans cette célébration. Son observation tendait donc à réunir les deux idées que la disjonctive *ou* séparait. Et, en effet, après une observation de M. Tronchet, dans le sens de la séparation, c'est-à-dire dans le sens de la rédaction critiquée, on substitua à la disjonctive *ou,* sur la demande du premier opinant, M. Rœderer, la conjonctive *et,* qui est restée dans l'article. (Fenet, t. IX, p. 90.)

Au Tribunat, le système de la nullité unique pour défaut de publicité fut également adopté ; il est une circonstance qui nous en donne la preuve. En effet, l'art. 193 se réfère à l'objet entier de l'art. 165 ; il s'occupe de *toute contravention aux règles prescrites* par cet article. Il tombe donc sur les mots *devant l'officier civil,* etc., aussi bien que sur le mot *publiquement.* Or, cet art.

193 a été mis dans le Code sur la demande du Tribunat qui le
rédigea lui-même tel qu'il est, dans le but *d'assurer*, fut-il dit,
l'observation des conditions proposées par la loi pour constater LA
PUBLICITÉ DU MARIAGE. (*Ibid.*, p. 124.)

Au Corps législatif, enfin, ce système d'une nullité unique se
reproduisit encore, non plus d'une manière virtuelle et implicite seulement, mais en termes exprès et positifs. Voici ce que
dit, sur notre article, l'orateur du Gouvernement, M. Portalis :

« *La plus grave* de toutes les nullités *est celle* qui dérive de ce
« qu'un mariage n'a pas été célébré *publiquement et en présence*
« *de l'officier civil compétent.....*, *témoin* nécessaire du contrat. »
(*Ibid.*, p. 172.)

Certes, si le doute est possible sur une idée qu'établissent à la
fois, et la raison philosophique, et les textes, et toutes les circonstances historiques de la confection de la loi, il faudra renoncer à avoir jamais une certitude sur quelque point que ce soit.

II. — Maintenant, de ce principe, que la loi, dans l'art. 165
d'abord, puis dans notre art. 191 qui n'en est que la sanction,
n'entend parler que d'une règle unique, *la publicité*, dont la violation entraînerait nullité, il résulte une conséquence importante :
c'est que l'art. 193, en reconnaissant que les contraventions à
cet art. 165 pourront bien être jugées insuffisantes pour faire
prononcer la nullité, laisse aux tribunaux une pleine discrétion,
une entière latitude pour juger dans chaque cas particulier, et
d'après les circonstances de chaque affaire, s'il y a eu ou non
publicité suffisante pour maintenir le mariage.

Et, en effet, la publicité résultant de cent élémens divers, il
eût été bien imprudent au legislateur de déclarer clandestin, à
l'avance et d'une manière absolue, le mariage pour lequel on
aurait omis telle ou telle formalité. Ainsi, l'union célébrée par
l'officier compétent, en présence de deux témoins seulement, au
lieu de quatre, mais après des publications dans plusieurs communes ; de même, celle pour laquelle aucune publication n'a eu
lieu, parce que, par oubli, l'affiche rédigée n'a point été apposée, mais dont le projet était connu à l'avance de toute une ville ;
celle encore qui s'est formée devant un officier incompétent
(parce qu'un maire de campagne, se voyant malade et sans adjoint, a cru pouvoir être remplacé par le maire d'une commune
voisine) mais pour laquelle tous les autres élémens de publicité
se sont rencontrés ; de telles unions ne devraient pas être annulées pour défaut de publicité. Il en serait de même du mariage
auquel on reprocherait seulement d'avoir été célébré hors de la
maison commune. La célébration dans la maison commune,
exigée par l'art. 75, est encore un des élémens de la publicité

et rentre dans le mot *publiquement* de l'art. 165. La preuve que cette circonstance ne serait point une cause de nullité, c'est que les mariages *in extremis*, prohibés par l'ancien droit, sont permis aujourd'hui (Fenet, t. IX. p. 164, 165), et que, dans ce cas, il faudra bien que l'officier se transporte au lit du moribond. Donc, dans ces diverses circonstances, il y aurait seulement lieu; d'après les art. 192 et 193, de prononcer contre les officiers en contravention une amende de 300 fr., et contre les parties une amende proportionnée à leur fortune. Cette amende est la seule sanction posée par la loi pour tous les cas dans lesquels le juge reconnaît en fait que la violation des règles de la publicité n'est pas assez grave pour faire annuler.

Or, il n'en pourrait plus être ainsi, quant à la compétence de l'officier, s'il était vrai que la loi a entendu organiser à part la règle de cette compétence, et faire, pour le défaut de compétence d'un côté, et ensuite, pour le défaut de publicité matérielle résultant d'autres élémens, deux causes distinctes de nullité. Dans ce cas, en effet, le pouvoir discrétionnaire accordé aux tribunaux par l'art. 193 s'appliquerait bien encore pour l'une des deux causes de nullité, savoir, le défaut de publicité matérielle, parce que cette publicité ne pourrait toujours résulter que d'élémens multiples qui ne permettraient de résoudre que par l'appréciation des faits, la question de savoir si cette publicité a existé ou non; mais ce pouvoir discrétionnaire ne se comprendrait plus, ne serait plus possible, pour la seconde nullité, celle pour défaut de compétence. En effet, la compétence, et par suite l'incompétence, résulte partout et toujours d'une circonstance unique qui ne laisse pas de place à un choix : l'officier était ou n'était pas celui du domicile d'un des époux; donc, il était ou il n'était pas compétent. Il faudrait donc, dans ce système des deux nullités distinctes, dire que le pouvoir discrétionnaire de l'art. 193 ne tombe que sur une de ces nullités; que sur une partie de notre art. 191 et de l'art. 165, et reconnaître que, toutes les fois que le mariage aura été célébré par un officier incompétent, le tribunal sera forcé, quelque favorables que soient toutes les autres circonstances, de prononcer l'annulation de ce mariage.

Au contraire, quand la compétence de l'officier n'est plus qu'un des élémens qui vient s'ajouter aux autres élémens de publicité, pour former une règle unique, à propos de laquelle la loi dit au juge : *Vous annullerez, si cette règle de publicité est suffisamment violée,* il est évident que la faculté laissée au juge existe pour cette compétence comme pour les autres élémens. Or, il est clair que c'est là le sens de la loi; il est clair que l'art. 193 se réfère sans distinction à toutes les contraventions qui peuvent se réaliser contre les règles prescrites par l'art. 165.

Donc, si l'on prend la théorie des deux nullités, il faut la présenter seulement *comme manière de parler*, et non pas comme principe dont on puisse déduire les conséquences; si l'on parle de deux nullités, il faut dire que toutes deux sont facultatives et dépendent de l'appréciation des faits par le juge. C'est sous cette condition que cette théorie peut, sans inconvénient, être substituée, dans la doctrine, au système de nullité unique consacré par le Code.

—Nous devons répéter ici ce que nous avons dit sous l'art. 170, n° II, que, dans le cas de mariages faits à l'étranger, le seul défaut de publications en France constitue à lui seul une absence de publicité suffisante pour motiver l'annulation du mariage; tandis que, quand le mariage se contracte en France, ce défaut de publications ne donnerait lieu qu'à l'amende prononcée par l'art. 192. On se rappelle également que la loi n'autorise la célébration du mariage des Français par l'officier d'un pays étranger, que sous la condition, par chaque époux, de ne contrevenir à aucune disposition du chap. Ier de notre titre. La contravention à quelqu'une de ces dispositions rend donc l'officier étranger incompétent pour procéder au mariage, et autorise dès-lors l'annulation. Du reste, les contraventions possibles à ce chap. Ier formant toutes des causes de nullité par elles-mêmes (impuberté, bigamie, défaut de consentement de la famille, inceste), à l'exception d'une seule, la non-réquisition du conseil des ascendans, il s'ensuit que la nullité pour incompétence ne présente une règle nouvelle, et ne produit un effet spécial, que dans ce dernier cas.

III. — La nullité, ou, pour parler comme tout le monde, les deux nullités de notre article, sont-elles susceptibles d'être couvertes par une cause quelconque? Le Code est muet sur ce point; mais nous croyons que c'est entrer dans l'esprit de la loi que de répondre affirmativement.

Sans doute, il ne peut pas être question ici d'une ratification émanant de la volonté des parties; mais, puisque les mariages dont il s'agit ne sont nuls que par le défaut d'une publicité antérieure ou contemporaine à la célébration, pourquoi la publicité suffisante donnée à ces mariages après la célébration, mais avant l'attaque dirigée contre eux, ne rendrait-elle pas cette attaque non recevable? La personne qui vient alors demander l'annulation d'un mariage s'appuie sur le seul fondement que ce mariage, par sa clandestinité, n'a pas eu les caractères d'un vrai mariage et n'a paru être que l'union illicite et passagère d'un homme et d'une femme. Comment donc cette personne verrait-elle admettre sa prétention, lorsqu'avant sa demande cette union a pris, aux yeux de tous, les signes certains d'un mariage véritable ? Il nous paraît que le pouvoir discrétionnaire donné aux tribunaux par l'art 193 pour l'appréciation des faits leur attribue tout naturellement le droit de puiser une fin de non-recevoir, contre l'action en nullité, dans la publique possession d'état des époux. Le cas le plus grave et le plus douteux serait assurément celui de la clandestinité par incompétence de l'officier public; eh bien! l'ancien droit, que notre Code ne contredit en rien sur ce point, admettait positivement la fin de non-recevoir pour ce cas, tellement que le procureur du Roi lui-même ne pouvait plus agir quand une année s'était écoulée depuis le mariage. Passé ce délai, l'irrégularité était couverte. (Pothier, n° 451, *avant-dernier alinéa*.)

Mais quand et par quels moyens y aura-t-il possession d'état suffisante d'époux légitime? Après combien de temps une action en nullité devrait-elle être déclarée non recevable? C'est là, on le conçoit, un point de fait qui dépendrait des circonstances spéciales à chaque affaire, et pour lequel les tribunaux auraient une entière latitude.

IV. — Il ne faut pas confondre les mariages *clandestins* proprement dits, c'est-à-dire nuls pour absence des conditions de publicité matérielle, avec les mariages simplement *secrets* qui sont parfaitement valables. On appelle mariage secret celui qu'on est parvenu à cacher dans le monde, quoiqu'on l'ait contracté avec toutes les formalités voulues par la loi. Ainsi, que deux familles de Strasbourg partent ensemble, sous le prétexte d'aller faire un long voyage d'agrément, et qu'elles aillent se fixer dans une petite commune de Bretagne; que là, après six mois de résidence, un mariage soit célébré entre les deux familles, et qu'elles retournent ensuite à Strasbourg où la nouvelle épouse continuera de se présenter sous son nom de fille; il est clair que, dans cette ville, le public n'aura aucune connaissance de ce mariage, que les deux familles veulent tenir secret. Mais ce mariage n'en sera pas moins valable, et l'individu qui, après deux ans, quatre ans, dix ans ou plus, arriverait à le découvrir ne serait pas reçu à en demander la nullité. Dans l'ancien droit, les graves inconvéniens que présentait la fréquence de ces mariages avaient porté le législateur à les priver des droits civils (*Déclar. du 26 nov.* 1639); mais notre législateur, comprenant que la cause de ces mariages (le préjugé de la distinction des castes et, par suite, la honte des mésalliances) avait disparu de nos mœurs, et qu'ils ne pourraient désormais se réaliser qu'avec une extrême rareté, leur a rendu toute leur efficacité. L'orateur du Gouvernement s'est positivement expliqué dans ce sens au Corps législatif. (Fenet, t. IX, p. 162, 163.)

Bien entendu, la validité de ces mariages n'empêcherait pas le tiers, avec qui un époux aurait passé un contrat que ce mariage ignoré rendrait désavantageux, de s'opposer à la réalisation des effets pécuniaires de ce mariage; car l'ignorance dans laquelle se trouvait le tiers est un fait imputable aux époux, et l'on est toujours responsable du dommage que l'on cause par sa faute (art. 1382). Un arrêt de la cour royale d'Agen a été rendu dans ce sens, le 8 novembre 1832.

De même qu'il ne faut pas confondre le mariage clandestin, dont tous les intéressés peuvent demander la nullité, avec le mariage secret, parfaitement valable; de même il ne faut pas confondre l'*incompétence* de l'officier, qui rend le mariage annulable, avec l'absence *de tout officier* qui serait un cas de non-existence du mariage, ainsi qu'on l'a dit dans les observations préliminaires de ce chapitre. On conçoit en effet que quand aucun fonctionnaire n'a reçu la déclaration de mariage, il peut bien y avoir tout au plus un contrat naturel, obligatoire aux yeux de la conscience; mais non pas un contrat civil, un mariage légal, existant aux yeux de la loi, arrière de laquelle ce pacte s'est formé.

ARTICLE 192.

Si le mariage n'a point été précédé des deux publications requises, ou s'il n'a pas été obtenu des dispenses permises par la loi, ou si les intervalles prescrits dans les publications et célébrations n'ont point été observés, le procureur du Roi fera prononcer contre l'officier public une amende qui ne pourra excéder 300 francs, et contre les parties contractantes, ou ceux sous la puissance desquels elles ont agi, une amende proportionnée à leur fortune.

ARTICLE 193.

Les peines prononcées par l'article précédent seront encourues par les personnes qui y sont désignées, pour toutes contraventions aux règles prescrites par l'art. 165, lors même que ces contraventions ne seraient pas jugées suffisantes pour faire prononcer la nullité du mariage.

N. B. — Les développemens donnés sur l'art. 191 expliquent suffisamment ces deux derniers qui n'en sont que les accessoires.

ARTICLE 194.

Nul ne peut réclamer le titre d'époux et les effets civils du mariage, s'il ne représente un acte de célébration inscrit sur le registre de l'état civil, sauf les cas prévus par l'art. 46, au titre *des Actes de l'état civil.*

SOMMAIRE.

I. De la preuve de célébration du mariage. — Observation sur les expressions qu'emploient ici les auteurs.

II. Les moyens de preuve offerts à des intéressés autres que les enfans sont au nombre de trois.

EXPLICATION.

I. — Après avoir épuisé les causes d'annulation du mariage, la loi, dans cet art. 194 et dans les six articles suivans, s'occupe des moyens de prouver la réalité d'une célébration de mariage qu'on prétendrait ne pas avoir eu lieu.

La plupart des auteurs, Delvincourt, Toullier, M. Duranton, etc., en traitant la matière à laquelle nous arrivons, disent toujours qu'il s'agit là *de la preuve du mariage;* ceci n'est pas exact. Ce n'est pas la validité du mariage, ce n'est pas même son existence légale, qu'il s'agit de prouver par les moyens qu'indiquent ces articles; c'est uniquement le fait de la célébration. Or, il se peut, on le sait, que la célébration ait eu lieu et que cependant le mariage, non-seulement ne soit pas valable, mais même n'existe pas. Ainsi, que l'une des parties soit folle ou morte civilement, il y aura une célébration, et pourtant le mariage n'existera pas. Sans doute, les explications que donnent ces auteurs conduisent définitivement à cette idée, et notre observation n'est qu'une affaire de mots; mais puisque les mots sont les signes des idées, pourquoi ne pas les rendre aussi exacts que possible?

C'est donc uniquement de la preuve *de la célébration* qu'il s'agit dans nos sept articles. Quant aux questions qui peuvent s'élever sur l'existence même du mariage, sur la formation du contrat (par exemple, si l'on prétend qu'il y avait folie, mort civile, ou que la prétendue femme était un homme, etc.); ou bien sur la validité de ce contrat (bigamie, inceste, incompétence de l'officier, etc.), elles ne sont point l'objet de règles spéciales; les faits allégués de part et d'autre se prouveraient, comme dans toutes les affaires, soit par actes, soit par témoins, soit par l'un et l'autre moyen, selon les cas.

Les preuves autorisées par la loi pour établir la célébration d'un mariage sont différentes, selon que la réalité de cette célébration est invoquée par les enfans issus du prétendu mariage, ou par tous autres. Quand les réclamans sont d'autres que les enfans, et tout d'abord, quand ce sont les époux eux-mêmes, trois moyens de preuve leur sont offerts, selon le cas dans lequel on se trouve. Quand il s'agit d'enfans, outre ces trois moyens offerts à eux comme à tous autres, la loi en permet un quatrième qui va nous être indiqué par l'art. 197.

Arrivons maintenant au texte de notre article, qui ne parle que des époux; mais dont la disposition, nous le répétons, s'applique également à tous autres intéressés.

II. — Toute personne qui réclame le titre d'époux et les effets de ce titre n'a, disons-nous, que trois moyens d'établir la célébration du mariage qu'elle invoque.

Le premier, qui se présente tout naturellement et pour les cas ordinaires, c'est de rapporter l'acte même de célébration du mariage régulièrement inscrit sur les registres de l'état civil.

Le second consiste à prouver par témoins, conformément à la règle générale de l'art. 46-1°, que l'acte a été détruit, supprimé, rendu illisible; ou non rédigé par suite de la non-tenue de registres, ou de l'interruption de cette tenue à l'époque de la célébration; et 2° que cette célébration a vraiment eu lieu. On se rappelle que, pour être admis à prouver ces deux faits par témoins, il faut qu'il apparaisse un fait matériel qui rende déjà vraisemblable la prétention soulevée : la non-existence des registres de l'année, la destruction ou la détérioration d'un ou de plusieurs feuillets, ou encore des blancs attestant une interruption de rédaction (art. 46, n°s I, II et III). Du reste, on voit que l'art. 46 admet, pour les hypothèses qu'il suppose, la preuve testimoniale pure, et qu'il n'est pas nécessaire alors, comme dans certaines circonstances, que les témoignages, pour être recevables, s'appuient sur une écriture donnant déjà un commencement de preuve. Ces deux moyens, on le voit, sont indiqués par notre art. 194.

Le dernier moyen offert aux prétendus époux de prouver la célébration de leur union est présenté par la loi pour le cas où l'acte a été mis hors d'état de servir aux ayans-droit, par un délit, soit de l'officier public, soit de tout autre. On peut alors rétablir la preuve de la célébration au moyen de l'action intentée contre le coupable ou ses héritiers (art. 198, 199 et 200). Que si le crime consistait à avoir rendu l'acte illisible ou à l'avoir supprimé en enlevant un feuillet du registre, on rentrerait dans le cas précédent, puisqu'il existerait des traces matérielles permettant d'appliquer l'art. 46. On pourrait donc choisir alors entre le moyen de cet art. 46 et celui de l'art. 198.

Ainsi, la représentation même de l'acte, ou bien, dans les cas extraordinaires, l'application de la règle posée par l'art. 46, ou de la disposition spéciale de l'art. 198 ; voilà les seuls moyens offerts aux époux prétendus. Ils ne pourraient pas, et l'article suivant le déclaré positivement, venir dire qu'ils ne se rappellent pas où leur mariage a été célébré; mais que ce mariage est suffisamment prouvé par leur longue et publique possession d'état d'époux légitimes. Un époux, en effet, ne peut pas oublier le lieu de son mariage ; et, quant à la possession d'état, il est trop facile de s'en procurer une fausse.

Et quand même les époux prétendraient et offriraient de prouver que leur mariage a vraiment été célébré en tel endroit, à telle époque, par tel officier de l'état civil qui n'a pas eu soin d'en dresser l'acte, si le registre ne présentait aucun blanc, aucune interruption; alors, comme on ne serait pas dans le cas de l'art. 46, et qu'on ne serait pas non plus dans le cas de procès criminel prévu par l'art. 198, les réclamans ne devraient pas être admis à faire cette preuve. C'était à eux de veiller à ce que l'acte fût rédigé par l'officier : *Vigilantibus jura subveniunt, non dormientibus.*

ARTICLE 195.

La possession d'état ne pourra dispenser les prétendus époux qui l'invoqueront respectivement, de représenter l'acte de célébration du mariage devant l'officier de l'état civil.

ARTICLE 196.

Lorsqu'il y a possession d'état et que l'acte de célébration du mariage devant l'officier de l'état civil est représenté, les époux sont respectivement non recevables à demander la nullité de cet acte.

SOMMAIRE.

I. C'est la nullité de l'acte et non la nullité du mariage que couvre la possession d'état. — Renvoi à l'art. 191.
II. C'est seulement par les époux que l'acte ne peut être critiqué.
III. L'article ne s'applique point au cas d'un acte rédigé sur une feuille volante.

EXPLICATION.

I. — C'est toujours de la célébration et de l'acte qui doit la constater qu'il s'agit ici; la loi, dans tous ces articles, s'occupe uniquement des moyens d'établir ce fait, que le mariage a vraiment été célébré, et elle déclare ici que quand il existera un acte présentant comme mariés deux individus qui ont en effet la possession publique d'état d'époux légitimes, le fait que la célébration à réellement eu lieu sera pleinement établi vis-à-vis de chacun d'eux et se trouvera à l'abri de toute attaque de leur part. Ainsi, quand même l'acte présenterait de grandes et nombreuses irrégularités, que plusieurs des mentions voulues par l'art. 76 y manqueraient, et qu'il serait de nature à être déclaré insuffisant dans d'autres circonstances; en un mot, si informe que fût cet acte, du moment qu'il est vraiment applicable aux deux individus qui ont la possession d'état, cette possession d'état, qui par elle seule serait insignifiante, couvre l'irrégularité de l'acte et ne permet plus aux époux de contester ce fait, que leur mariage a été célébré.

Mais, bien entendu, ces deux circonstances n'empêcheraient pas l'un des époux de soutenir que le mariage qui a eu lieu est frappé de nullité, vu l'existence, lors de la célébration, d'un empêchement dirimant; par exemple, pour parenté au degré prohibé. Notre article ne parle et ne devait parler que de la nullité *de l'acte.*

On sait cependant qu'il est un cas où la nullité du mariage lui-même serait couverte par la possession d'état, non pas en vertu de notre article, mais d'après les principes généraux du droit. Ce cas est celui du défaut de publicité (art. 191, n° III), ce qui comprend le défaut de publicité proprement dite, et aussi l'incompétence de l'officier civil. (*Ibid.*, n° I.)

II. — Du reste, ce n'est pas absolument que l'acte de mariage non régulier devient inattaquable au moyen de la possession d'état; c'est seulement par rapport aux époux. La loi ne dit pas d'une manière absolue que la nullité de l'acte ne pourra plus être demandée; elle dit seulement que les époux seront non recevables à la demander. Ainsi, l'un des époux ne pourrait, ni contre son conjoint, ni contre des tiers, prétendre, dans ce cas, la nullité de l'acte de mariage; mais les tiers, au contraire, pourraient très-bien l'invoquer contre les époux ou l'un d'eux. On conçoit que la loi ne veuille pas donner à la possession d'état autant d'effet contre les tiers que contre les époux dont elle est l'œuvre. Les tribunaux resteraient donc libres de juger, selon les circonstances, que, malgré la possession d'état, l'acte irrégulier n'est pas suffisant pour établir la célébration contre un tiers intéressé à la nier.

III. — C'est une question parmi les auteurs que de savoir si notre article s'applique même au cas d'un acte rédigé sur une feuille volante. Delvincourt et Toullier enseignent l'affirmative; mais nous croyons, comme M. Duranton, que c'est là une erreur. En effet, d'après la disposition de l'art. 52, une rédaction sur feuille volante, ou partout ailleurs que sur les registres à ce destinés, ne constitue point un acte de l'état civil; donc, on n'est pas alors, comme le suppose notre article, dans le cas d'un acte irrégulier. L'enchaînement des art. 194, 195 et 196 prouve d'ailleurs cette pensée de la loi. Elle nous dit dans l'art. 194 : Nul ne peut réclamer le titre d'époux sans représenter un acte de célébration *inscrit sur le registre;* la possession d'état, continue l'art. 195, ne peut dispenser de représenter cet acte; enfin, lorsqu'il y a, dit l'art. 196, possession d'état, et que l'acte est représenté, cet acte ne peut être critiqué par les époux. On le voit, c'est toujours du même acte, de l'acte inscrit sur le registre, qu'il s'agit.

Du reste, dans ce cas de rédaction sur une feuille volante, l'époux contre lequel on contesterait l'existence du mariage pourrait prouver cette existence au moyen d'un procès criminel contre l'officier rédacteur, ainsi que nous le verrons en expliquant l'art. 198.

Article 197.

Si néanmoins, dans les cas des art. 194 et 195, il existe des enfans issus de deux individus qui ont vécu publiquement comme mari et femme et qui soient tous deux décédés, la légitimité des enfans ne peut être contestée sous le seul prétexte du défaut de représentation de l'acte de célébration, toutes les fois que cette légitimité est prouvée par une possession d'état qui n'est point contredite par l'acte de naissance.

SOMMAIRE.

I. Quatrième moyen d'établir la célébration du mariage. — Il n'est ouvert que pour les enfans des prétendus époux.

II. Il n'est pas nécessaire que les père et mère soient morts; il suffit que l'enfant ne puisse pas se faire renseigner par eux.

III. Dans le cas de l'article, la légitimité de l'enfant peut toujours être combattue par d'autres motifs que le défaut de présentation de l'acte. — En quoi consiste la possession d'état.

EXPLICATION.

I. — Les trois moyens par lesquels deux époux peuvent administrer la preuve de la célébration de leur union, savoir : pour les cas ordinaires, la présentation de l'acte de célébration; et pour les cas extraordinaires, la preuve testimoniale de l'art. 46, ou la procédure criminelle prévue par l'art. 198, ces trois moyens, disons-nous, peuvent être employés par les enfans ou par toute personne intéressée à établir le fait de cette célébration, aussi bien que par les époux eux-mêmes. En outre de ces trois moyens offerts à tous les intéressés , la loi en présente ici un quatrième, qui est tout spécial pour les enfans, et qui, introduit en faveur de la légitimité , ne peut jamais être invoqué que par eux. Ce moyen, qui n'est applicable que quand il y a pour l'enfant impossibilité matérielle de se faire renseigner par ses père et mère sur l'époque et le lieu de la célébration du mariage, consiste dans la possession publique de l'état d'enfant légitime, confirmée par la possession d'état d'époux chez les père et mère, et non contredite par l'acte de naissance.

Ainsi, quand l'enfant né de Titius et de Marie a toujours porté le nom de Titius, que partout et toujours il a été traité, par eux et par leur famille, comme leur enfant légitime, et qu'il a passé constamment pour tel dans le monde ; quand, en outre, Titius et Marie ont eux-mêmes été traités et regardés comme époux légitimes, il y a là, aux yeux de la loi, au profit de cet enfant, une présomption de légitimité qui tiendra jusqu'à la preuve contraire, pourvu, bien entendu, que l'acte de naissance de l'enfant ne vienne pas contredire cette présomption. Si, en effet, l'acte de naissance déclarait positivement l'enfant fils naturel de Titius et de Marie, ou né de Marie non mariée et d'un père inconnu, ce démenti donné par un acte à la possession d'état de l'enfant et de ses auteurs ferait évanouir la présomption que la loi voulait bien tirer de cette double possession d'état.

II. — Du reste, cette possession d'état de l'enfant, confirmée par la possession d'état de ses auteurs et non contredite par son acte de naissance , ne devient pour lui une preuve suffisante et ne le dispense de la preuve ordinaire et régulière (savoir, la présentation de l'acte de mariage) que quand il y a pour l'enfant impossibilité absolue de se faire renseigner par ses auteurs sur l'époque et le lieu de la célébration. Ainsi, quand le père et la mère sont morts, c'est le cas pour l'enfant d'invoquer ce moyen extraordinaire de preuve. Mais le cas de mort des deux auteurs n'est pas le seul auquel l'article puisse s'appliquer; si ma mère est atteinte de folie et que mon père soit déclaré absent, il est bien clair que je ne puis pas obtenir d'eux plus de renseignemens que si tous deux étaient morts. Si donc la loi a spécialement parlé du décès, c'est que cette cause de privation de renseignement était la plus ordinaire, la plus naturelle à prévoir; la loi , ici comme dans cent autres circonstances, a parlé *de eo quod plerumquè fit.* Il est donc permis de s'étonner que M. Zachariæ et ses annotateurs tiennent rigoureusement à la condition du décès (t. III, p. 222), d'autant plus qu'eux-mêmes, sur les deux art. 199 et 200 auxquels nous allons arriver, enseignent, avec beaucoup de raison , que les mots : *Sans avoir découvert la fraude,* sont mis pour ceux-ci : *Sans avoir intenté l'action ;* et que ceux-ci ; *Si l'officier public...,* signifient : *Si l'auteur quelconque du crime...* La règle d'interprétation est exactement la même dans notre cas que dans les deux autres, et entendre notre article autrement, c'est évidemment étouffer l'esprit de la loi sous sa lettre. Aussi, tous les auteurs, notamment Maleville, Delvincourt, Toullier, M. Duranton, M. Vazeille, professent sur ce point la doctrine que nous venons de présenter.

Mais il faut, pour ne pas dépasser l'esprit de la loi, et si l'on ne veut pas faire de l'arbitraire, se restreindre au cas où il y a impossibilité physique et absolue d'obtenir le renseignement des auteurs. Ainsi, l'enfant qui, après le décès d'un de ses auteurs, invoquerait les effets du mariage par lui prétendu, contre le survivant qui, lui, nierait la célébration du mariage, ne pourrait pas se prévaloir du moyen de preuve offert par notre article. En vain on dirait que le père ou la mère étant mort, et l'autre devenant l'adversaire de l'enfant, il y a complète impossibilité d'avoir un renseignement soit de l'un, soit de l'autre. Le cas est loin d'être le même. La négation positive d'un père qui avoue lui-même sa honte, qui vient briser ainsi la double possession d'état qu'il avait faite à lui-même et à son enfant, est une chose trop grave pour ne pas détruire la fragile présomption que la loi voulait bien tirer de cette possession d'état. On ne peut pas poser comme principe, la loi ne pouvait pas consacrer comme règle, qu'un père, qu'une mère viennent ainsi, par plaisir ou par intérêt pécuniaire, briser l'honneur de leur enfant et leur honneur en même temps. En deux mots : la loi pose le cas du décès des deux parens ; la raison commande d'y joindre les cas vraiment analogues, c'est-à-dire l'impossibilité pour tous deux d'exprimer leurs idées ; mais aller plus loin, ce ne serait plus interpréter la loi, ce serait la faire. Arrêts conf. Paris, 20 mai 1808 ; Toulouse, 24 juin 1820 ; même Cour, 24 juillet 1826.

Il est inutile de dire que, par le décès des époux, la loi entend leur mort naturelle et non pas leur mort civile ; la mort civile n'empêche pas de donner un renseignement. Ce point ne fait de doute pour personne.

Ainsi, quatre conditions sont nécessaires à l'enfant pour que la célébration soit prouvée à son profit au moyen de notre article : 1° qu'il soit dans l'impossibilité physique d'obtenir des renseignemens d'aucun de ses deux auteurs ; 2° qu'il jouisse de la possession d'état d'enfant légitime ; 3° que ses deux auteurs aient, ou aient eu pendant leur vie, la possession d'état d'époux ; 4° que sa possession d'état ne soit pas démentie par son acte de naissance.

III. — Mais si, au moyen des quatre conditions ci-dessus, la

1.   38

légitimité de l'enfant, c'est-à-dire sa descendance de deux individus vraiment mariés, se trouve suffisamment établie, ce n'est que jusqu'à preuve contraire. Les adversaires de l'enfant seraient toujours admis à prouver ou que le mariage qui est présumé avoir été célébré ne l'a cependant pas été; ou que ce mariage, dont la célébration a vraiment eu lieu, ne pouvait pas avoir d'existence légale, vu la mort civile d'une des parties ; ou bien qu'il était entaché de nullité, pour bigamie, par exemple. Notre article, en effet, ne dit pas et ne pouvait pas dire, que la réunion des circonstances dont il parle rendrait le mariage inattaquable, ou même prouverait péremptoirement sa célébration; il dit seulement qu'alors la légitimité, et dès-lors la célébration du mariage, qui est un de ses élémens, ne pourra pas être contestée *sous le seul prétexte du défaut de présentation de l'acte.* Cette légitimité pourra donc toujours être contestée pour toute autre raison.

N. B. — Ce que nous avons dit au dernier alinéa du n° I explique suffisamment en quoi consiste la possession d'état. Cette possession d'état peut se définir : Le droit résultant de la notoriété que produit un ensemble de faits tendant tous à prouver la qualité dont une personne jouit dans une famille et dans la société. Pour l'épouse et pour l'enfant, elle résulte de trois élémens : *Nomen, tractatus, fama ; Nomen,* avoir porté le nom de l'époux ou du père; *tractatus,* avoir été traité comme épouse ou comme enfant légitime dans la maison et dans la famille; *fama,* avoir passé pour tel aux yeux de tous. Pour l'époux, le premier des trois élémens, *nomen,* n'a plus lieu; ou bien il consisterait, si l'on veut, à *avoir donné* son nom à l'épouse.

ARTICLE 198.

Lorsque la preuve d'une célébration légale du mariage se trouve acquise par le résultat d'une procédure criminelle, l'inscription du jugement sur les registres de l'état civil assure au mariage, à compter du jour de la célébration, tous les effets civils, tant à l'égard des époux qu'à l'égard des enfans issus de ce mariage.

SOMMAIRE.

I. Troisième moyen général, déjà indiqué, de prouver la célébration du mariage.

II. Les mots *procédure criminelle* sont pris dans leur sens générique et embrassent le cas d'une action correctionnelle.

EXPLICATION.

I. — Cet article et les deux suivans s'occupent du troisième

moyen offert par la loi à tous les intéressés, de prouver la célébration d'un mariage : il s'agit du cas où l'acte qui devait être
la preuve ordinaire et naturelle de cette célébration a été mis,
par un délit, hors d'état de servir aux intéressés. Ainsi, l'officier
public, en rédigeant l'acte, a mis des noms et des qualifications
qui ne sont pas ceux des parties et qui font que cet acte ne paraît
pas applicable à ces parties ; ou bien, il a rédigé l'acte sur une
feuille volante ; ou bien, après avoir été rédigé régulièrement,
l'acte, au moyen de quelques changemens de lettres, a été tellement dénaturé, qu'il semble aujourd'hui ne pas appartenir
aux époux ; ou bien, il a été raturé de manière à ne pouvoir
plus être lu, ou encore, supprimé par la lacération du feuillet
qui le contenait. Dans le cas de rédaction sur une feuille volante,
il y a simple contravention donnant lieu contre l'officier public
à une poursuite correctionnelle (C. pén., art. 192) ; dans les autres cas, il y a crime devant amener le coupable, quel qu'il soit,
sur les bancs de la Cour d'assises. (C. pén., art. 145, 146, 147,
173, 255.) Or, dans tous ces cas, le jugement qui interviendra
peut, en constatant le crime, établir le fait de la célébration ;
eh bien ! la loi permet alors aux parties intéressées de prendre
comme preuve légale de cette célébration, et comme remplacement exact de l'acte primitif, le jugement, qui devra, à cet
effet, être inscrit sur les registres de l'état civil de l'année, à la
diligence de ces parties. Et, bien entendu, ce ne sera pas seulement à compter du jour de l'inscription que la preuve de la célébration se trouvera ainsi rétablie ; ce sera à partir de cette célébration même et comme si l'acte, dont ce jugement est l'équivalent, avait toujours été intact. Du reste, pour que le jugement
criminel produise cet effet, il faut, comme nous le verrons à
l'article suivant, n° IV, que les parties intéressées se soient
portées parties civiles dans le procès.

   Puisque ce jugement, par son inscription sur les registres de
l'état civil, devient l'équivalent de l'acte de mariage, il faudrait
donc bien se garder de prendre à la lettre ces mots de notre article, que cette inscription *assure au mariage tous les effets civils*.
Il serait très-possible, en effet, que la célébration eût eu lieu et
que l'acte qui en a été dressé eût été rédigé dans des circonstances
telles qu'aucun effet civil ne fût assuré au mariage ; or, le jugement inscrit sur les registres aura ni plus ni moins d'efficacité
que n'en aurait eu l'acte de célébration. Il fallait donc se contenter de dire que ce jugement ferait preuve légale de la célébration.

   11. — Nous venons de dire que notre article s'applique aussi
bien au cas d'un jugement correctionnel qu'à celui d'un arrêt de

Cour d'assises. En effet, quoique rigoureusement les méfaits soient rangés en trois classes, 1° les contraventions, attribuées aux tribunaux de simple police; 2° les délits, dont connaissent les tribunaux correctionnels; et 3° les crimes, réservés aux Cours d'assises; cependant l'adjectif *criminel*, outre le sens spécial que lui donne cette qualification, a aussi un sens générique qui embrasse les trois classes indistinctement : c'est ainsi qu'on parle du *droit criminel*, des *lois* et des *matières criminelles*, et que nous avons le Code d'*instruction criminelle*. D'ailleurs, les circonstances historiques de la rédaction de notre article ne laissent aucun doute là-dessus.

Dans le projet présenté au Conseil d'État, le point qui nous occupe était prévu par deux articles. Le premier portait : « S'il « existe un acte de célébration qui n'ait été rédigé que sur une « feuille volante, l'officier civil doit être poursuivi *criminellement*, « tant par les époux que par le commissaire du Gouvernement; » puis le second ajoutait : « Si la preuve d'une célébration légale « se trouve acquise par l'événement *de la procédure criminelle*, « l'inscription, etc. »

Le premier de ces articles fut rejeté, sur cette réflexion de M. Thibaudeau, que cet article ne faisait que répéter inutilement ce qu'avait déjà dit l'art. 52; et notre article, qui d'abord ne se rapportait qu'au cas de rédaction sur une feuille volante, se trouva ainsi généralisé, et reçut plus tard, au lieu de ces mots, « par l'événement *de la* procédure criminelle, » ceux-ci : « par « le résultat *d'une* procédure criminelle. » (Fenet, t. IX, p. 95.) Loin donc que le poursuite simplement correctionnelle à laquelle donne lieu la rédaction sur une feuille volante ne rentre pas dans notre article, elle est au contraire celle dont il se préoccupe surtout, la seule à laquelle il s'appliquait d'abord. Et en effet, comment le législateur du Code civil aurait-il pu soumettre la signification de son texte aux qualifications et classifications d'une législation criminelle qui n'existait pas encore; les deux Codes d'instruction criminelle et pénal n'ayant été faits que cinq ou six ans plus tard?

D'après cela, notre article s'appliquera donc aussi au jugement simplement correctionnel qui serait prononcé d'après l'art. 254 du Code pénal, lequel prononce une peine de trois mois à un an de prison, et de 100 à 300 fr. d'amende, contre le dépositaire public qui par négligence a laissé soustraire ou détruire les registres ou les actes dont la garde lui était confiée.

ARTICLE 199.

Si les époux ou l'un d'eux sont décédés sans avoir découvert la fraude, l'action criminelle peut être intentée par tous ceux qui ont intérêt de faire déclarer le mariage valable, et par le procureur du Roi.

SOMMAIRE.

I.   Mauvaise rédaction de l'article.
II. Il ne s'agit pas là de l'action criminelle, mais de l'action civile en réparation du dommage causé par le crime.
III. L'action passe aux représentans de chaque époux toutes les fois que celui-ci meurt sans l'avoir intentée.
IV. Le procureur du Roi, sauf le cas de l'article suivant, ne peut jamais intenter l'action civile. Il peut toujours intenter l'action publique.
V.   Il n'existe point d'antinomie entre notre article et l'art. 327.

EXPLICATION.

I. — Cet article est fort mal rédigé. S'il était pris à la lettre, il en résulterait plusieurs propositions aussi fausses l'une que l'autre. Ainsi, 1° l'action criminelle, l'action tendant à l'application de la peine, pourrait toujours être intentée par les époux et ne pourrait même l'être que par eux, tant qu'ils vivent tous deux; 2° l'un d'eux étant mort avant la découverte de la fraude, cette action pourrait être intentée par toute personne intéressée à la validité du mariage; 3° c'est seulement sous cette même condition qu'elle pourrait l'être par le procureur du Roi; 4° enfin, si les époux étaient morts tous deux, après avoir connu la fraude, mais sans avoir agi, le procureur du Roi ne pourrait pas plus après leur mort que pendant leur vie faire punir le délit ou le crime, et les enfans ou tous autres intéressés n'auraient aucun moyen d'obtenir un jugement qui remplaçât pour eux l'acte de célébration. Eh bien! de tout cela il n'en est rien; pas une seule de ces propositions n'est vraie.

Les nombreuses erreurs qui résulteraient de cet article entendu littéralement proviennent de deux causes : d'abord, la confusion, l'identification, faite par l'article, de l'action criminelle avec l'action *civile* tendant à la réparation du dommage causé par le crime; puis, l'emploi des mots *sans avoir découvert la fraude*, lesquels sont mis pour ceux-ci, *sans avoir intenté l'action*.

II. — Nous avons déjà expliqué, sous l'art. 31, n° III, la différence qui existe entre l'action criminelle tendant à l'application de la peine que mérite le crime, et l'action civile tendant à la réparation du dommage matériel ou moral que ce crime a causé à un ou plusieurs individus. L'action criminelle ne peut jamais être intentée que par le ministère public, et elle peut *toujours* l'être par lui; l'action civile ne peut l'être que par la personne ou les personnes intéressées. L'action criminelle ne se poursuit jamais que devant les tribunaux criminels. L'action civile, en principe rigoureux, ne pourrait être poursuivie que devant les tribunaux civils; mais, pour plus de célérité et d'économie, elle peut l'être aussi devant les tribunaux criminels concurremment avec l'action criminelle, en sorte qu'il y a alors simultanément action de la partie publique et action de la partie civile. En matière criminelle proprement dite, c'est-à-dire devant les Cours d'assises, la partie civile ne peut que joindre son action à celle déjà intentée par le ministère public; en matière correctionnelle, au contraire, elle peut citer directement le prévenu pour débattre avec lui la question du dommage causé, sauf au ministère public à requérir, s'il le juge à propos, l'application de la peine. (C. d'Instr. crim., art. 1, 2, 3 et 182.) — Par *action criminelle*, notre article veut dire *action dirigée au criminel* (civilement, par les parties intéressées, et criminellement par le procureur du Roi).

Ainsi, d'abord, pour les différens crimes ou délits relatifs aux actes de l'état civil, comme pour tous autres crimes ou délits, et spécialement pour les méfaits qui ont mis un acte de mariage hors d'état de servir, le procureur du Roi, malgré ce que semble dire notre article, peut toujours agir, aussi bien du vivant des époux qu'après leur mort; l'action pour l'application de la peine peut toujours et sans aucune condition être intentée par lui et ne peut jamais l'être que par lui.

Quant à l'action civile en réparation du dommage qu'a causé le méfait, elle ne peut pas, en principe, être intentée par le procureur du Roi, mais seulement par les parties intéressées. Ici, cependant, nous allons voir l'article suivant apporter un changement à ce principe général, et non-seulement permettre, mais ordonner, dans la crainte d'une collusion entre les adversaires, que l'action civile soit intentée par le procureur du Roi et non par les parties intéressées, lorsque le coupable est mort et que l'action s'intente contre les héritiers. Mais dans tous les autres cas, et même ici, tant que c'est le coupable qui est poursuivi, l'action civile, tendant ici au rétablissement de la preuve de la célébration du mariage, ne peut être intentée que par les parties intéressées; et voici maintenant dans quel ordre elle peut l'être pour le cas de nos articles.

III. — Tant que les deux époux sont vivans, eux seuls peuvent agir. Ni leurs enfans, ni d'autres parens, ni leurs créanciers, ne le peuvent. Eux seuls sont, quant à présent, les vrais intéressés; car leur intérêt absorbe et représente l'intérêt de tous autres, et s'ils se taisent, nul autre n'a le droit de se plaindre à leur place. C'est pour cela que notre article n'attribue l'action à d'autres que ces époux, que quand l'un, au moins, de ces époux est mort. Une fois qu'un des époux est mort, les enfans ou d'autres parens, ses héritiers ou ses créanciers, en un mot, toute personne intéressée à venir, du chef du défunt, soutenir la validité du mariage et prouver tout d'abord sa célébration, peut intenter l'action. Et il n'est pas nécessaire pour cela que cet époux soit mort avant d'*avoir découvert la fraude*; il suffit qu'il soit mort avant d'avoir intenté l'action, laquelle, si elle avait été intentée par le défunt, décédé ensuite pendant l'instance, serait continuée par ces personnes intéressées.

Si l'époux, en effet, après avoir découvert la fraude, est mort avant d'avoir eu le temps de se mettre en mesure d'agir; ou quand même un âge avancé, ou la crainte des embarras d'une affaire, l'auraient fait rester long-temps dans l'inaction, ce n'est pas une raison pour que les autres intéressés ne puissent pas agir après lui. Si la loi, dans notre article, avait voulu dire que l'action serait éteinte au moyen du silence gardé par l'époux en connaissance de cause, elle aurait indiqué un delai quelconque après lequel cet effet aurait été produit; elle n'aurait pas dit d'une manière absolue : « Si l'époux est décédé *sans avoir découvert la fraude*; » ce qui éteindrait l'action dans le cas même où le décès arriverait huit jours, ou trois jours seulement, après la découverte : un pareil résultat est evidemment impossible à admettre. Si donc la loi a dit *sans avoir découvert la fraude*, c'est, comme elle l'a fait déjà dans l'art. 197, et comme elle va le faire encore dans l'art. 200, en se préoccupant *de eo quod plerumque fit;* parce qu'en effet, lorsque des individus mourront sans avoir agi, leur inaction, le plus souvent, proviendra de l'ignorance où ils étaient de la fraude commise. Dans l'art. 200, nous allons voir la loi répéter ces mêmes mots, « lors de la découverte de la fraude, » dans un cas où il est *évident* qu'elle a voulu dire, « au moment « où l'action s'intente. »

Du reste, après la mort d'un seul des époux, l'action n'est ouverte qu'aux intéressés représentant cet époux, c'est-à-dire à ses héritiers ou créanciers; quant à ceux qui pourraient avoir intérêt du chef de l'autre époux, l'action n'existe pas encore pour eux, puisque celui au nom et comme représentans duquel ils pourraient agir existe lui-même.

IV. — Quant au procureur du Roi, que notre article met ici, bien à tort, sur la même ligne que les parties intéressées, il n'a pas, sauf le cas où l'action est dirigée contre les héritiers du coupable, le droit d'intenter l'action civile. Le ministère public, en effet, n'est pas le protecteur des intérêts privés de tel ou tel : à lui l'action tendant à l'application de la peine, l'action publique, qu'il peut intenter toujours et sans rechercher si les intéressés se plaignent ou ne se plaignent pas. Mais, pour l'action relative à l'intérêt privé, c'est aux parties lésées à l'intenter elles-mêmes.

Ainsi, la disposition de l'article précédent, qui déclare que, quand un jugement criminel donnera la preuve de la célébration d'un mariage, ce jugement pourra remplacer l'acte primitif de célébration, cette disposition, disons-nous, n'est vraie qu'avec la condition, sous-entendue par la loi, que dans ce jugement la partie lésée s'est portée partie civile. Sans cela, ce jugement, rendu entre le coupable et le ministère public seulement, serait, relativement aux parties intéressées, *res inter alios judicata*.

Donc, quand les parties intéressées veulent que le jugement criminel leur profite, elles doivent se mettre en cause, soit en joignant leur action à celle déjà intentée par le ministère public; soit, quand celui-ci n'agit pas, en intentant elles-mêmes l'action, s'il s'agit d'une action correctionnelle, ou en provoquant par une dénonciation les poursuites du ministère public, si l'affaire doit aller en Cour d'assises.

Ainsi, pour donner à notre article une rédaction exacte, il faudrait dire : « Si les époux ou l'un d'eux sont décédés sans avoir « agi, l'action *civile* peut être intentée *au criminel* par leurs re-« présentans, soit seuls, soit concurremment avec le ministère « public agissant criminellement. »

Au surplus, les parties intéressées peuvent aussi intenter leur action au tribunal civil. En effet, la poursuite devant la juridiction civile étant la règle pour toute action civile, tandis que la poursuite devant la juridiction criminelle est l'exception; et la première présentant d'ailleurs plus de garanties que la seconde, il s'ensuit que notre article, en permettant la preuve au moyen d'une procédure criminelle, présente une disposition dérogatoire et toute de faveur, dont on doit conclure *à fortiori* l'admission du principe général.

V. — Il ne faudrait pas croire qu'il y a contradiction entre notre art. 199, qui permet à un enfant comme à tous autres intéressés d'obtenir la preuve de la célébration d'un mariage au moyen d'une procédure criminelle, et les art. 326 et 327, qui ne permettent à cet enfant de prouver sa filiation que devant les tribunaux civils. Ces articles, en effet, s'appliquent à deux cas différens l'un de l'autre.

Les moyens de preuve étant plus faciles devant les tribunaux criminels que devant les tribunaux civils, la loi dans une matière aussi grave que la filiation, n'a pas cru devoir abandonner aux chances d'un débat de Cour d'assises le point de savoir si tel individu est ou non le fils de tel et de telle ; elle a poussé si loin la précaution sous ce rapport que, dans le cas d'un crime qui aurait détruit les preuves d'une filiation, elle n'a permis d'intenter l'action criminelle qu'après la décision des tribunaux civils, dans la crainte que les juges civils ne fussent influencés par la sentence du jury : telle est la disposition de l'art. 327. Le Code est moins sévère quand il s'agit de recueillir la preuve d'une célébration de mariage. Il n'y a là aucune contradiction.

Ainsi, l'enfant qui se dit fils légitime de Pierre et de Marie, et qui prétend qu'un ou plusieurs crimes ont détruit les preuves de son état, ne pourra prouver que par décision des tribunaux civils qu'il est le fils de Pierre et de Marie, tandis qu'il pourrait faire résulter d'un jugement criminel la preuve que Pierre et Marie étaient mariés.

Nous le répétons, les deux art. 199 et 327 ne sont point en opposition, parce qu'ils prévoient deux hypothèses différentes. La loi se montre plus facile pour la preuve d'une célébration de mariage que pour la preuve de la filiation; voilà tout. Et ce n'est pas étonnant; car il serait bien plus funeste de se tromper en reconnaissant comme descendans de deux individus des enfans qui leur sont étrangers, que de se tromper en reconnaissant comme époux deux individus qui ne l'étaient pas.

ARTICLE 200.

Si l'officier public est décédé lors de la découverte de la fraude, l'action sera dirigée au civil contre ses héritiers par le procureur du Roi, en présence des parties intéressées et sur leur dénonciation.

SOMMAIRE.

I. Motif de l'exception qui réserve ici l'action civile au procureur du Roi.
II. Rédaction inexacte de l'article : sa règle s'applique toutes les fois que l'action ne donne pas lieu, contre le défendeur, à une condamnation pénale.

EXPLICATION.

I. — Cet article ne fait que consacrer les principes généraux, en déclarant qu'après la mort du coupable l'action devra être dirigée au civil. Car, si pendant la vie de ce coupable les parties intéressées, ainsi que nous l'avons enseigné sous l'article précédent et comme le dit positivement l'art. 3 du Code d'Instr. crim., ont le choix d'agir soit au criminel en concours avec le ministère public, soit au civil par une action séparée, il est clair que ce choix ne peut plus exister quand la mort du coupable a rendu l'action publique impossible.

Mais l'article apporte une dérogation importante à ces mêmes principes quand il veut que cette action, portée devant les tribunaux civils, soit intentée non pas par les parties intéressées, mais par le procureur du Roi, en présence et sur la dénonciation de ces parties.

Le motif de cette exception se touche du doigt. Quand l'action de la personne qui prétend qu'un crime l'a privée de son acte de célébration est dirigée contre le coupable lui-même, il est clair que la défense de celui-ci sera sérieuse; il n'y a pas lieu de présumer que pour une somme d'argent il acceptera volontairement la prison, les galères, en se laissant condamner comme coupable d'un méfait qu'il n'aurait pas commis. Au contraire, quand l'action est dirigée contre ses héritiers, qui n'ont à craindre aucune pénalité, mais seulement une condamnation à des dommages-intérêts, à une somme d'argent, la loi craint que le demandeur, en offrant à ses adversaires une somme beaucoup plus forte que celle à laquelle on les condamnerait, ne les décide à laisser constater un crime chimérique. C'est pour rendre cette fraude, non pas impossible, malheureusement, mais au moins plus difficile, que la loi remet dans ce cas la direction du procès au procureur du Roi lui-même

II. — Ce motif de l'exception posée par notre article fait assez comprendre qu'il ne faut pas prendre à la lettre ces mots : « si l'*officier public* est décédé; » car le crime peut bien n'avoir pas été commis par l'officier public. Il est évident qu'ici encore, comme dans plusieurs des articles qui précèdent, le législateur a parlé du cas qui se présentait le plus naturellement à son esprit. Ces mots doivent donc être remplacés par ceux-ci : « si *le coupable* est décédé; » de même que les mots suivans, « *lors de la découverte de la fraude,* » doivent se remplacer par ceux-ci, « *lorsque l'action est intentée.* » Il est palpable, en effet, que si je découvre la fraude dans le mois de février et que le coupable meure dans le mois de mars, l'action intentée dans le mois d'avril contre ses héritiers devra l'être d'après la règle de notre article, par cela seul que je l'intente contre les héritiers et quoique le coupable ne fût pas encore décédé quand j'ai découvert la fraude.

Et le cas de mort du coupable n'est pas le seul auquel il faudrait appliquer cette règle. Si, au moment où l'action s'intente, le coupable était déclaré absent et que, conformément à l'art. 134, cette action fût dirigée contre les héritiers présomptifs envoyés en possession des biens de cet individu, il est bien clair que ce serait encore le cas d'appliquer la règle que présente ici la loi. Donc, pour formuler d'une manière exacte la pensée des premiers mots de l'article , il faut les remplacer par ceux-ci : *lorsque l'action, au lieu d'être intentée contre l'individu coupable du crime ou délit, le sera contre ceux qui n'en sont responsables que civilement.*

Comment nier, en effet, que cette formule soit l'expression vraie de la pensée du Code ?... Dans l'action dont s'occupent nos différens articles, celui qui se trouve votre adversaire de fait n'est pas, au fond, votre adversaire le plus intéressé ; les héritiers de votre prétendu époux., ses créanciers, vos propres héritiers ou créanciers, cent personnes peut-être, par des circonstances qui leur donnent un intérêt moral ou pécuniaire à ce que vous n'usurpiez pas un titre qui ne vous appartient point ; cent personnes, disons-nous, sont peut-être vos adversaires réels, dans ce procès où pourtant elles ne figurent pas. C'est pour cela que la loi s'inquiète de ce qui peut se passer entre vous et cet adversaire imparfait. Tant qu'une condamnation criminelle serait pour cet adversaire le résultat d'une mauvaise défense, la loi ne demande pas d'autre garantie ; mais du moment que tout se réduit à une question d'argent, la loi vous retire l'action et la transporte au ministère public. La règle de notre article consiste donc uniquement à voir si l'adversaire a lieu de craindre une pénalité.

Ainsi, l'article s'étend, selon nous, au cas où l'on veut attaquer l'officier dépositaire des registres comme responsable civilement seulement, en vertu de l'art. 51 ; puisqu'alors il n'y a pas de pénalité à craindre pour ce dépositaire.

Article 201.

Le mariage qui a été déclaré nul produit néanmoins les effets civils, tant à l'égard des époux qu'à l'égard des enfans, lorsqu'il a été contracté de bonne foi.

Article 202.

Si la bonne foi n'existe que de la part de l'un des deux époux, le mariage ne produit les effets civils qu'en faveur de cet époux et des enfans issus du mariage.

SOMMAIRE.

I. Mariage putatif. — Les mariages nuls proprement, aussi bien que les mariages annulés, sont susceptibles d'obtenir ce caractère. — Dissentiment avec Merlin et M. Zachariæ.

II. L'union susceptible de constituer un mariage putatif obtient ce caractère sous la seule condition de la bonne foi au moment de la célébration. Cette bonne foi se présume toujours.

III. Le mariage putatif produit tous les effets d'un mariage valable dont la dissolution arriverait lors du jugement qui déclare la nullité.

IV. *Quid*, quant au partage de la communauté et quant aux avantages matrimoniaux , soit qu'il y ait bonne foi des deux époux, ou de l'un d'eux seulement ?— *Quid* de la confusion de deux communautés par suite de bigamie ?

V. Il faut, pour détailler tous les cas, distinguer quatre classes de mariages ; mais elles se réduisent définitivement à deux.

EXPLICATION.

I. — Il s'agit, dans nos deux articles, de l'union que la doctrine appelle *mariage putatif*, c'est-à-dire de l'union qui ne constitue point un mariage valable, mais que les parties ou l'une d'elles ont *réputé*, ont cru tel, et que la loi, en considération de cette bonne foi, veut bien aussi *réputer* tel, en lui donnant les effets civils.

La matière du mariage putatif donne lieu à plusieurs questions sur lesquelles les jurisconsultes sont loin d'être d'accord.

Et d'abord, quelles unions sont susceptibles de constituer un mariage putatif et de produire ainsi, par suite de la bonne foi, les effets civils qu'elles ne devaient pas avoir d'après les principes?

M. Zachariæ et ses annotateurs (t. III, p. 243 et 244) enseignent que le mariage vraiment existant et simplement annulable est le seul qui puisse former un mariage putatif; en sorte que, si complète que puisse être la bonne foi des parties, si excusable que soit leur erreur, les effets civils ne pourraient jamais avoir lieu, dès là qu'il s'agirait d'une union qui ne réunissait pas les trois conditions essentielles à l'existence même du mariage, à la formation du contrat civil. Ainsi, le mariage apparent qu'un homme mort civilement contracterait devant un officier civil ne pourrait pas recevoir le bénéfice de notre art. 202 et ne pourrait produire aucun effet légal ni pour la femme de bonne foi, ni pour les enfans. M. Merlin donne aussi cette décision dans ses *Questions de droit*, au mot *Légitimité*, § 5.

Ces auteurs basent leur décision sur deux argumens qui n'ont, à nos yeux, aucune force ni l'un ni l'autre, et nous n'hésitons pas à rejeter cette doctrine comme erronée.

Le premier de ces argumens serait décisif, si l'idée qu'il suppose était exacte. Il consiste dans cette maxime de raison : *Priùs oportet esse, quàm operari*; avant de pouvoir produire aucun effet, il faut exister ; c'est ce que nous avons fait remarquer nous-même dans les observations préliminaires de ce chapitre : *Nihili nulla sunt qualitates; quod nullum est nullum producit effectum*; or, l'union du mort civilement ne constitue point un mariage, elle n'a point d'existence légale.

Cet argument présuppose, comme on voit, que, dans le mariage putatif, la loi n'a et ne peut avoir pour but que de *conserver* à un mariage que l'on brise les effets qu'il a produits jusqu'au moment où il est cassé, et que sa pensée ne peut pas être d'attribuer, sans cause juridique et par le seul effet de sa volonté bienveillante, ces mêmes effets civils à un mariage qui, rigoureusement et d'après les principes, ne devait rien produire. Ainsi, le point de départ des auteurs que nous combattons réside dans cette idée, que la loi a bien pu *maintenir* les effets vraiment produits que, d'après les principes, l'annulation devrait faire évanouir; mais qu'elle n'a pas pu aller jusqu'à les *créer* au profit d'une union qui, rigoureusement, n'en peut produire aucun. Mais d'abord, de quel droit pourrait-on venir ainsi mettre des limites à la bienveillance du législateur et tronquer sa toute-puissance? De quel droit viendrait-on lui dire, comme Dieu à l'océan : *Usque huc venies, et non procedes ampliùs ?* Comment ! le législateur qui anéantit et crée à son gré, qui, spécialement, rend légalement mort et légalement ressuscité l'homme dont la vie naturelle ne subit aucune modification, ce législateur ne pourrait pas faire subsister les effets légaux au profit d'une union qui n'est pas un mariage civil! Évidemment, il le peut; et non-seulement il le peut, mais il le fait : il le fait dans votre propre système. En effet, quand un mariage légalement existant, mais annulable, est une fois annulé, ce mariage, du point de vue juridique et dans la théorie du droit, se trouve n'avoir jamais existé; ce n'est pas seulement pour l'avenir qu'il disparaît, c'est aussi pour le passé, c'est rétroactivement et de telle manière qu'il n'a jamais eu de réalité légale. Et pourtant, s'il y a bonne foi, ce mariage, qui en droit a toujours été nul, produira les effets civils. Donc, il y a là existence de résultats produits, sans qu'il ait jamais existé aucun principe producteur; il y a là des effets dont la cause efficiente se trouve *uniquement* dans le *sic volo, sic jubeo* du législateur; il y a là fiction légale, création.

Donc, pour que cette volonté toute-puissante du législateur, cette volonté *créatrice* d'effets civils, ne s'appliquât pas aux mariages rigoureusement nuls aussi bien qu'aux mariages simplement annulables, il ne suffit pas du *priùs oportet esse quàm operari*, qui ne peut rien signifier ici; il faudrait que le législateur, en appliquant sa création aux mariages non existans par suite d'annulation, *n'eût pas voulu* l'appliquer à ceux non existans dès l'origine. Or, c'est pour prouver cette prétendue volonté chez le législateur, que MM. Aubry et Rau présentent leur second argument, lequel est tiré de la place que les art. 201 et 202 occupent dans le Code. Ce chap. IV, disent-ils, n'est fait que pour les mariages annulables; donc, les art. 201 et 202, qui le terminent et en font partie, ne s'appliquent qu'à ces mariages.

Eh bien! c'est là une erreur. Le chapitre que nous terminons présente trois parties distinctes, dans lesquelles il s'occupe successivement 1° des causes de nullité (art. 180-193); 2° des preuves de la célébration du mariage (art. 194-200); et 3° des mariages putatifs (art. 201, 202) : ce qui prouve, pour le dire en passant, que la rubrique de ce chapitre est inexate et incomplète, puisqu'elle n'indique que l'un des trois objets du chapitre. Or, de ces trois parties, la première est la seule qui soit exclusivement relative aux mariages annulables; la preuve, c'est que la seconde est faite, non pas seulement pour les mariages annulables, ou même les mariages nuls, mais encore pour les mariages valables eux-mêmes. S'il en était autrement, qu'on nous dise donc suivant quelles règles et d'après quels articles deux époux dont l'union est valable devraient prouver la célébration de cette union... Ainsi, dans notre chapitre, trois systèmes de règles pour chacun desquels la portée du système est indiquée par son but même et par la force des choses :

1° *Les causes de cassation du mariage.* Là, il est clair qu'il ne peut s'agir que des mariages annulables; car on ne peut casser ni le mariage valable, inattaquable, ni le mariage qui n'existe pas.

2° *Les preuves d'une célébration de mariage.* Là, il fallait bien que la loi s'appliquât aux trois classes de mariages, puisque la célébration est un fait qui se réalise et pour des mariages valables, et pour des mariages annulables, et pour des mariages nuls.

3° *Mariages putatifs,* c'est-à-dire attribution des effets légaux, par faveur et par pitié, à des unions auxquelles les principes les refusent. Là, il ne pouvait plus être question des mariages valables, puisqu'eux ont les effets civils d'après les principes mêmes; mais les deux autres classes de mariages s'y plaçaient tout naturellement, disons mieux, forcément.

Forcément, car, quoiqu'on distingue trois classes de mariages, il est vrai de dire cependant que ces trois classes se réduisent à deux, savoir : le mariage qui produit les effets civils, et celui qui ne les produit pas, c'est-à-dire le mariage valable et le mariage nul; quant au mariage annulable, on peut dire qu'il ne forme pas précisément une troisième classe, mais qu'il rentre, selon les circonstances, tantôt dans la première et tantôt dans la seconde. En effet, dans l'intervalle entre sa célébration et sa cassation, le mariage annulable produit tous les effets civils; s'il n'est jamais cassé, il produira toujours ces effets; s'il est cassé une fois, il disparaît rétroactivement, et tous ses effets avec lui. Donc, quand, à la suite du mariage *valable* et du mariage *nul* on parle du mariage annulable, on n'indique pas précisément une classe nouvelle, puisqu'il s'agit tout simplement d'un mariage qui provisoirement est *valable*, et qui peut, plus tard, être et avoir toujours été *nul*. Ainsi, nul ou valable, valable ou nul, le mariage ne peut pas sortir de ces deux catégories. Jusqu'à l'annulation, le mariage annulable est efficace ni plus ni moins que le mariage régulier, il est dans la même catégorie que lui, et s'il diffère de ce dernier, c'est uniquement en ce qu'il peut un jour être exclu de cette catégorie comme n'ayant jamais eu le droit d'y être ; une fois qu'il est annulé, rendu *nul*, il tombe dans la classe de tous les mariages nuls, et n'en diffère légalement *en rien que ce soit*, puisqu'il n'est pas même regardé comme ayant été valable momentanément. Mais si telle est la théorie de la loi, comment cette loi pourrait-elle traiter différemment tel mariage nul et tel autre mariage nul?... D'ailleurs, quelle est en définitive la règle de nos deux articles? C'est une disposition d'humanité, de pitié pour le malheur, d'excuse pour l'erreur ; or, pourquoi le législateur se préoccuperait-il moins de la bonne foi de la femme qui épouse par erreur un mort civilement que de la bonne foi de celle qui épouse par erreur un individu déjà marié?... Les principes de l'équité se réunissaient donc aux principes du droit, pour demander l'attribution des effets civils à toute espèce de mariage nul.

Aussi, le Code dans nos articles s'est exprimé de manière à embrasser tous les cas. Il parle du mariage *déclaré nul*, ce qui comprend aussi bien le mariage que le juge a reconnu être nul que celui qu'il a annulé ; puis, au lieu de dire, comme on le devrait dans le système contraire, que ce mariage *conserve ses* effets civils, il dit et répète dans les deux articles qu'il *produit les* effets civils.

Enfin, et nous l'avons dit déjà sous l'art. 25, n° VII, cette attribution des effets civils au mariage contracté de bonne foi avec un mort civilement a été proclamée au Conseil d'État, non pas comme un point douteux et sur lequel il était bon de s'expliquer, mais au contraire comme une conséquence tellement claire de l'art. 202, qu'il était inutile d'en parler, et personne, en effet, n'eut la pensée d'élever la voix contre cette idée.

Il est vrai que l'article à l'occasion duquel cette réflexion fut faite n'a pas été mis dans le Code, et MM. Aubry et Rau soutiennent que cette idée, qu'ils qualifient d'*opinion individuelle*, s'est trouvée implicitement rejetée par le retranchement de cet article. Mais, évidemment, il n'en est rien. Voyons : Dans la

séance du 5 vendémiaire an **X**, on présente et on discute un article destiné à organiser l'action en nullité contre le mariage contracté par un mort civilement; Maleville, Réal, Tronchet, Regnauld, Cambacérès et le Premier Consul prennent part à la discussion. Maleville veut que l'action soit ouverte à tous; Réal voudrait qu'on la restreignît à l'époux trompé; Tronchet et Regnauld lui disent que l'un des contractans étant légalement mort, il y aurait contradiction à supposer à son mariage aucun effet vis-à-vis des tiers, et que la loi ne peut pas même reconnaître ses enfans. — « Cependant, répond Réal, l'état de ces enfans pour-
« rait être assuré par la bonne foi de l'autre époux. » — « Oui,
« dit Tronchet; mais les effets de cette bonne foi sont une *excep-*
« *tion* aux principes, et ils seront bornés à l'époux trompé et à ses
« enfans. » Après cette réflexion de Tronchet, laquelle faisait voir que l'observation de Réal, très-juste d'ailleurs, n'avait aucun trait à la question, puisque l'article en discussion ne s'occupait pas de l'exception, mais du principe, Cambacérès revient à cet article, et dit qu'on ferait peut-être mieux de laisser les tribunaux décider, selon les circonstances, dans quel délai et par qui l'action pourra être intentée. Enfin, Bonaparte, avec sa haute raison, dit que, légalement, l'individu étant mort, un mariage quelconque ne peut légalement subsister de sa part, et que dès-lors on ne peut pas écrire un article pour organiser l'annulation de ce mariage; et l'article est rejeté, comme il devait l'être en effet. (*Voy.* Fenet, t. IX, p. 48, 49 et 50.)

Donc, le retranchement de cet article prouve très-bien ce que nous avons dit, et sous l'art. 25, et dans les observations préliminaires de ce chapitre, et sous l'art. 180, que, légalement et dans les principes du droit, le mariage du mort civilement n'existe pas et dès lors n'a pas besoin d'être cassé, ou plutôt ne peut pas être cassé; mais il est clair qu'il ne peut rien prouver contre l'*exception* que la bonne foi fait apporter à cette règle du droit. L'ensemble de la discussion prouve précisément tout le contraire, puisque l'observation de M. Réal, loin de paraître à personne erronée, ou seulement douteuse, a été positivement approuvée par son adversaire, M. Tronchet, sans que ni le Premier Consul, ni Cambacérès, ni aucun autre des opinans, ait songé à la critiquer.

Ainsi donc, et les principes de l'équité, et la théorie juridique, et l'historique de la rédaction du Code, tout prouve que tous les mariages nuls, c'est-à-dire ceux proprement nuls *ab initio*, aussi bien que ceux rendus nuls par la cassation, doivent produire les effets civils d'un mariage valable, quand il y a eu bonne foi.

II. — C'est sous la condition de la bonne foi des époux, ou de l'un d'eux, que le mariage nul produit les effets civils; et cette condition, comme on le voit par nos deux articles, est la seule qu'exige la loi. Cette bonne foi consiste dans la pensée, erronée mais raisonnable, chez la personne, que le mariage qu'elle contractait était vraiment valable devant la loi.

Nous disons *pensée raisonnable*. Ainsi, on ne pourrait pas reconnaître la bonne foi, l'ignorance pardonnable, chez celui qui viendrait dire qu'il ne savait pas qu'un même homme ne peut pas avoir plusieurs femmes; que la loi ne reconnaît pas le mariage reçu seulement par un prêtre et arrière du maire; qu'un mort civilement ne peut pas contracter un mariage civil. En effet, on sait partout dans le monde que la bigamie est punie comme un crime, et que la loi ne reconnaît que les mariages contractés devant l'officier civil; quant à la mort civile, assez peu connue dans le peuple, nous l'avouons, c'est là une institution dont le nom seul est assez grave pour que la personne la moins intelligente ait la précaution de se faire renseigner sur ses effets. Donc, les parties mariées seulement à l'église, le bigame, le mort civilement, et aussi celles qui auraient épousé sciemment ce mort civilement ou ce bigame, seraient incapables de réclamer les effets de leur prétendue bonne foi.

Ainsi, ce qu'il faut toujours exiger, mais aussi l'unique chose qu'on doive exiger, c'est l'ignorance *vraiment pardonnable* de l'existence même ou de l'effet légal du fait qui s'opposait à la validité ou à la formation du mariage; c'est en un mot, et pour répéter la règle deux fois exprimée par nos articles, qu'il y ait eu BONNE FOI. Tout se réduit à cela; et comme c'est là un point de fait qui dépend, pour chaque espèce, des mille circonstances de l'espèce, nous ne concevons guère l'utilité des cent et une questions que les auteurs ont agitées sur ce point. Ce point, il est abandonné tout entier au pouvoir discrétionnaire du juge.

Ainsi, par impossible, un infâme gagne à prix d'argent le greffier d'une mairie de campagne, aussi infâme que lui, et dans l'impossibilité de séduire une jeune orpheline qui tenait à son honneur, il s'envient, après toutes les publications et toutes les formalités voulues, former devant ce greffier, qui passe pour le maire, une union que la jeune fille et ses amis croient un mariage légal. Si vous le voulez encore, ce greffier, qui est aussi le clerc de la paroisse, fait jouer par un troisième misérable la comédie nocturne d'une bénédiction nuptiale, et après cette infernale machination on se sauve en pays étranger. Lorsque la jeune fille, abandonnée au bout de quelques mois, verra déclarer judiciairement la nullité du prétendu mariage, pour défaut de célébration par un officier public, le contrat purement naturel qui s'était formé dans ce cas pourra-t-il produire les effets légaux?

Oui; car il y a eu bonne foi. Et pourquoi donc ne les produi-rait-il pas? Pourquoi la malheureuse fille serait-elle légalement une concubine, et l'enfant qu'elle porte, un bâtard? Est-ce que la loi n'est pas assez juste pour vouloir, et assez puissante pour faire qu'il en soit autrement?

Le juge n'aura donc jamais à examiner que cette question : Y a-t-il eu bonne foi des époux ou de l'un d'eux? S'il répond oui, et que la décision émane d'une Cour royale, toujours souveraine pour l'appréciation des faits, la Cour suprême ne pourra jamais casser l'arrêt, et les effets légaux seront assurés au mariage.

C'est seulement au moment de la célébration du mariage que la bonne foi est nécessaire, et, alors même que les époux seraient restés unis longtemps encore après la découverte de l'erreur, cette bonne foi primitive suffirait et produirait les mêmes effets que si elle avait continué jusqu'à la déclaration de nullité. La loi devait être indulgente en pareil cas; la pensée que la cause de nullité pourrait cesser et rester ignorée de tous, l'espérance de la voir se couvrir, la crainte d'exposer un conjoint à une condam-nation criminelle, la honte qui a dû retenir les époux et les em-pêcher de divulguer leur état; ce sont là de puissans motifs d'excuse, et nous ne devons pas nous étonner de voir la loi accor-der les effets civils, par cela seul que le mariage *a été contracté de bonne foi.* La loi donne donc à la bonne foi, sous ce rapport, et devait effectivement lui donner, un effet plus étendu que quand il s'agit, pour le possesseur non-propriétaire, de recueillir les fruits d'un bien. En effet, d'après l'art. 549, il ne suffit pas à celui-ci, pour gagner les fruits, d'avoir été mis de bonne foi en possession de la chose, il faut qu'*il possède* de bonne foi actuel-lement, au moment où il recueille.

Une dernière question nous reste à décider quant à cette con-dition de la bonne foi. Lorsqu'il s'élèvera un débat dans lequel les deux adversaires prétendront, l'un que le mariage doit pro-duire les effets civils par suite de la bonne foi, l'autre, que ce mariage a été contracté avec pleine connaissance de la nullité de la part des époux, sera-ce au premier de prouver que la bonne foi existait, ou bien au second d'établir qu'elle n'existait pas? En d'autres termes, est-ce la bonne foi, ou la mauvaise foi, qui se présumera jusqu'à la preuve du contraire?

C'est la bonne foi qui se présumera; car on doit présumer ce qui est de règle et non ce qui est d'exception; or, le crime, la fraude, c'est l'exception. Ce principe est proclamé par le Code dans un cas beaucoup moins favorable et pour des intérêts pé-cuniaires, en matière de prescription (art. 2268).

Cette décision, toutefois, ne peut s'appliquer qu'à l'erreur de fait, non à l'erreur de droit. En effet, c'est une règle de raison, incontestable, incontestée, et qui forme la base première de toute législation, qu'au moyen de la promulgation d'une loi, tous sont réputés connaître ses dispositions : *Nemo jus ignorare censetur.* C'est donc à celui qui réclame les effets civils du mariage, en alléguant seulement son ignorance excusable du droit, à faire la preuve de son ignorance excusable, pour renverser la présomption générale qui s'élève contre lui. Ainsi, par exemple, si une femme venait dire qu'au moment de la célébration elle savait bien que le conjoint était son beau-frère, ou qu'il était en état de mort civile, mais qu'elle ignorait, et d'une manière pardonnable, qu'il y eût là une cause de nullité, il est clair que ce serait à elle de justifier cette double assertion. Elle n'y arriverait, bien entendu, qu'en prouvant qu'elle avait été indignement trompée par des personnes capables de la renseigner, auxquelles elle s'était adressée à ce sujet et que son conjoint avait gagnées.

III. — Maintenant, quels effets produit le mariage putatif ? C'est encore là un point sur lequel disputent les auteurs les plus graves ; mais, en vérité, il n'y a pas de quoi. Ainsi, le mariage putatif légitimera-t-il, d'après l'art. 331, les enfans naturels que les parties avaient eus ensemble avant leur union ? Donnera-t-il à une partie, vis-à-vis de l'autre, le droit de successibilité que l'art. 767 accorde au conjoint survivant, lorsque le défunt ne laisse ni parens du douzième degré, ni enfans naturels reconnus ? Ces questions, et toutes celles qu'on pourrait faire, cessent d'être des questions, du moment qu'on a bien compris ce que c'est qu'un mariage putatif. Or, pour le bien comprendre, il suffit de rapprocher quelques idées bien simples.

L'art. 201 nous dit que, sous la condition d'avoir été contracté de bonne foi, le mariage déclaré nul *produit néanmoins les effets civils*, c'est-à-dire que, bien que réellement il soit nul, il a cependant les mêmes effets que s'il n'était pas nul, les effets ordinaires d'un mariage valable. Mais ces effets, maintenant, les produira-t-il, même après la déclaration de nullité ? Assurément, c'est là une idée qui ne peut venir à la pensée de personne. Ainsi, tout mariage non valable, mais contracté de bonne foi, produit les effets d'un mariage valable, dans l'intervalle entre la célébration et la déclaration judiciaire de nullité. Une fois cette déclaration intervenue, il ne produit plus aucun effet ; mais, bien entendu, les effets produits se maintiennent à perpétuité.

Donc, par la faveur toute-puissante du législateur et en dehors des principes rigoureux, le mariage putatif se trouve devenir un mariage valable dont la déclaration de nullité opère la dissolution. Donc, il produira, ni plus ni moins, les effets que produirait un mariage, valable d'après les principes, qu'un divorce viendrait rompre au moment que la nullité est déclarée.

Eh bien! avec ces idées bien simples, tout devient facile.

Ainsi, le mariage putatif légitimera-t-il les enfans naturels? Oui, évidemment. Est-ce que la légitimation des enfans naturels n'est pas un des effets civils du mariage? Loin de nous expliquer que des auteurs comme Merlin, Proudhon et Toullier aient pu répondre négativement à une pareille question, nous avouons franchement ne pas comprendre comment le doute a jamais pu exister pour personne.

A la vérité, on a trouvé le moyen de faire une objection à cette théorie si claire, en s'emparant des derniers mots de l'article 202. La loi, a-t-on dit, ne fait exister les effets civils qu'au profit des enfans *issus du mariage;* ces effets ne pourront donc pas être réclamés par les enfans nés avant ce mariage.

Pour réfuter cette objection, nous ne dirons pas, comme MM. Aubry et Rau (t. III, p. 246, note 6), que l'art. 333 mettant les enfans légitimés sur la même ligne que les enfans légitimes, ces légitimés se trouvent, légalement, réputés issus du mariage, et que dès lors ils rentrent dans les expressions finales de l'art. 202. Il y a là une pétition de principe, un cercle vicieux évident, puisque c'est par sa légitimation que l'enfant est réputé issu du mariage, et qu'ici la question est précisément de savoir s'il y aura légitimation. L'argument de ces auteurs suppose la légitimation accomplie, pour prouver que la légitimation est possible!

Mais l'objection n'en est pas moins insignifiante. Car c'est dans l'ensemble de nos deux articles qu'il faut chercher la pensée du législateur sur les effets du mariage putatif, et non isolément dans les derniers mots du second article.

En effet, si l'on pouvait procéder ainsi par des argumens *à contrario* tirés de l'interprétation judaïque d'un membre de phrase, il faudrait dire d'abord que si l'enfant naturel ne peut pas être légitimé dans le cas de l'art. 202, qui ne parle que des enfans *issus du mariage*, il pourrait l'être au contraire dans le cas de l'art. 201, puisqu'il parle des enfans en général. Or, cette doctrine paraîtrait ridicule à tous. Il faudrait dire ensuite que, même dans le cas de l'art. 201, les effets civils du mariage putatif ne pourront pas être invoqués par des intéressés autres que les époux ou les enfans, puisque l'article ne parle que de ceux-ci; or, personne encore n'aura la pensée d'accepter une pareille décision.

Il est clair que la vraie pensée des deux articles est celle-ci :
1° Quand il y a bonne foi des deux époux, les effets légaux peuvent
être invoqués par tout le monde; par les deux époux, par leurs
enfans et par tous les intéressés représentans de ces époux ou de
ces enfans; 2° quand un seul époux est de bonne foi, ces effets sont
attribués à cet époux, aux enfans et à leurs représentans, ils
sont refusés à l'époux de mauvaise foi et aux représentans de
cet époux.

La règle est dans l'art. 201, qui attribue les effets à tout le
monde. L'art. 202 vient uniquement pour dire que celui des
époux qui serait de mauvaise foi est excepté de cette règle, et
avec lui, bien entendu, ses ayans-cause.

Le mariage putatif opèrera donc la légitimation des enfans; il
faudrait renoncer à toute idée d'ensemble dans la loi, non pas
seulement pour adopter une décision contraire à celle-ci, mais
même pour balancer entre les deux. Du reste, il est clair que
cette légitimation ne serait pas possible au profit d'enfans incestueux ou adultérins, puisque pour eux le mariage valable lui-
même ne peut pas la produire aux termes de l'art. 331. Ainsi,
qu'une fille ait un enfant d'un homme marié qu'elle croit libre,
et qui l'épouse ensuite en trompant l'officier public, les enfans
qu'elle pourrait avoir dans l'intervalle entre la célébration du
mariage et son annulation seront légitimes, vu la bonne foi; mais
celui qu'elle a eu avant le mariage ne sera pas légitimé. Et on
ne peut pas s'en étonner, puisque l'art. 331, qui s'oppose à la légitimation, s'y serait opposé également, alors même que la mort
de la première épouse aurait rendu possible un mariage valable
et vraiment légitime. On voit par là que des enfans incestueux
ou adultérins peuvent quelquefois se trouver légitimes, mais que
jamais ils ne peuvent être légitimés.

Maintenant, il ne saurait y avoir non plus aucune difficulté
quant au point de savoir si, après la déclaration de nullité, l'é-
poux de bonne foi aura vis-à-vis de l'autre le droit de successibilité établi par l'art. 767. La négative est évidente. Ce droit, en
effet, n'est pas accordé à celui qui *a été* l'époux légitime du défunt, mais à celui qui a cette qualité au moment où la succession
s'ouvre; c'est *au conjoint non divorcé* que l'art. 767 accorde ce
bénéfice. Donc, l'époux putatif ne pourrait succéder à son conjoint qu'autant que celui-ci mourrait avant la déclaration de
nullité.

Et comment se réglerait ce droit de succession s'il était invoqué, en cas de bigamie, par les deux épouses, l'une légitime,
l'autre putative, d'un même individu, qui avant la dissolution
d'un premier mariage valable, en a contracté un second, annulé

lors de sa mort?... Toutes deux se partageraient sa succession par moitié; elles puisent, l'une dans les principes mêmes, l'autre dans la faveur de la loi, un droit identique. Elles sont, à défaut de parens, dans la position où seraient deux enfans de cet homme, issus, l'un du mariage valable, l'autre du mariage contracté de bonne foi par la seconde femme.

IV. — Voyons enfin comment s'effectueront le partage de la communauté et l'attribution des avantages, réciproques ou non, que les époux ont pu se faire, soit quand il y a bonne foi chez les deux époux, soit quand cette bonne foi n'existe que d'un côté.

Quand il y a bonne foi de part et d'autre, le mariage produisant alors les effets légaux pour les deux époux, le partage de la communauté se fera comme il se serait fait entre les deux époux divorcés, ou comme il se ferait entre un époux et les héritiers de l'autre lors de la mort de celui-ci; c'est-à-dire que ce partage s'effectuera d'après les règles du Code, s'il y a communauté légale, et conformément aux clauses du contrat, s'il y a communauté conventionnelle. De même, les avantages que les époux auraient pu se faire s'exécuteraient comme dans le cas de mariage légitime, avec cette observation que, s'il s'agit de libéralités qui ne devaient avoir leur effet qu'à la mort d'un des contractans, ce ne sera toujours qu'à ce moment de la mort qu'elles pourront se réaliser.

Lorsqu'un seul des époux sera de bonne foi, les résultats légaux du mariage n'étant alors consacrés qu'à son profit, et rien par conséquent ne l'empêchant d'y renoncer, il pourra, selon son intérêt, demander que les biens communs soient partagés comme produits d'une société ordinaire, pour prendre une part proportionnelle à sa mise, ou invoquer les effets civils, pour partager la communauté comme telle, d'après les règles du Code, ou d'après les clauses du contrat. Quant aux avantages stipulés dans le contrat, cet époux de bonne foi pourra seul, et pourra toujours, réclamer ceux faits à son profit, alors même qu'ils seraient réciproques à ceux dont on prive l'époux de mauvaise foi. La raison en est que la libéralité faite par une personne ne doit pas être regardée, et n'est pas regardée par la loi, comme ayant sa cause dans la libéralité réciproque dont cette personne est l'objet, mais seulement dans la pensée bienveillante de procurer un service. Si, en effet, de deux donations réciproques, chacune avait sa cause dans l'autre, il s'ensuivrait que l'une venant à défaillir, l'autre se trouverait être sans cause et deviendrait nulle aux termes de l'art. 1131. Mais il n'en peut pas être ainsi; puisque reconnaître la cause d'une libéralité, dans une autre libéralité, ce serait enlever à la première la gratuité, qui est précisément constitutive de la donation. Le Code consacrait expressément ce principe de raison, dans le cas de divorce, par son art. 3oo.

Dans le cas de bigamie, comment règlerait-on le partage des deux communautés que le bigame aurait formées successivement avec chacune de ses deux épouses?... La première femme aura toujours la moitié (ou telle autre fraction stipulée au contrat) de tout le fonds commun, diminué seulement de la mise de la seconde femme et des bénéfices en résultant. Quant à celle-ci, elle aura, si elle est de mauvaise foi, cette mise et ces bénéfices proportionnels; que si elle est de bonne foi, elle pourra, à son choix, ou bien partager sur cette même base, comme par suite d'une société ordinaire, ou bien exiger sur les biens du bigame ce que le mariage lui aurait procuré s'il avait été légitime.

Ainsi, Titius, marié en communauté avec Prima et se trouvant à la tête d'un fonds social de 60,000 fr., épouse, avec communauté également, Secunda qui lui apporte 40,000 fr. Le nouveau mariage dure deux ans, pendant lesquels la nouvelle communauté, confusion de deux communautés successives, réalise 10,000 fr. de bénéfices. Après ces deux ans Titius meurt, laissant ainsi une communauté montant, en somme, à 110,000 fr. Voici comment se règleront les comptes.

Pour fixer la part de Prima, on déduira les 40,000 fr. apportés par Secunda et les 4,000 de bénéfices proportionnels en résultant; il restera donc 66,000 fr. sur lesquels Prima prendra la fraction à elle attribuée par son contrat, si elle est mariée en communauté conventionnelle; que si elle est mariée en communauté légale, elle aura moitié, c'est-à-dire, 33,000 fr. Pour Secunda, maintenant, elle aura, si nous la supposons de mauvaise foi, la mise et les bénéfices dont nous venons de parler, c'est-à-dire 44,000 fr. qui lui appartiennent par suite de la société de fait qui a existé entre elle et Titius; mais si elle est de bonne foi, elle aura le choix entre ce même résultat et ce que le mariage considéré comme légitime aurait dû lui donner. Ainsi, qu'on la suppose mariée en communauté légale, le fonds commun se trouvant être de 110,000 fr., elle aura droit à 55,000 fr., lesquels, se joignant aux 33,000 fr. déjà pris par Prima, ne laisseront aux héritiers de Titius qu'une somme de 22,000 fr.; que si elle avait adopté par son contrat une communauté conventionnelle qui ne lui attribuât que le tiers, ce qui, sur 110,000 fr., ne lui donnerait que 36,666 fr., elle aurait le droit de répudier les effets légaux du mariage et de considérer la communauté comme une société ordinaire, pour prendre les 44,000 fr. indiqués plus haut.

Le résultat que nous venons d'indiquer pour Secunda serait identiquement le même, si au lieu de la mort de Titius, c'était l'annulation du second mariage qui intervînt; cette femme prendrait toujours sur le fonds commun, tel qu'il est au jour de l'annulation, sa mise et les bénéfices en résultant, ou bien la fraction déterminée soit par la loi, soit par son contrat. Mais, dans ce cas, Prima, elle, n'aurait rien à prendre, la communauté continuant d'exister entre Titius et elle.

Nous avons entendu soutenir que, dans le mariage putatif, c'est du jour où s'intente l'action en nullité, et non pas du jour où cette nullité est prononcée, que l'union cesse de produire les effets légaux *quant aux biens,* en sorte que ces effets ne se produiraient, jusqu'au jour de l'annulation, que sous les autres rapports. On fonde cette doctrine sur le deuxième alinéa de l'art. 1445, qui déclare que le jugement de séparation de biens remonte, quant à ses effets, au jour de la demande. On sent l'importance de cette idée pour les biens qui tomberaient dans la masse commune dans l'intervalle, quelquefois assez long, de la demande au jugement. Or, c'est là une erreur; le mariage putatif dure, pour les biens comme pour tout le reste, jusqu'au jour de la déclaration de nullité, et l'art. 1445 n'a aucune analogie avec la matière qui nous occupe.

Il s'agit, dans cet article, de la demande formée par la femme, dans le but unique de faire séparer ses intérêts pécuniaires de ceux de son mari, dont la mauvaise administration compromet les biens communs ; et la loi, dans la crainte que le mari, pendant l'intervalle de la demande au jugement, ne dissipe le reste des biens, déclare que par l'effet postérieur du jugement tout pouvoir d'administrer lui sera enlevé rétroactivement, à partir de la demande même. Or, cet effet rétroactif n'a lieu et ne devait avoir lieu que dans les demandes où il s'agit précisément et *principaliter* de la séparation de biens, et non dans les cas où la séparation de biens ne se réalise que comme conséquence d'un autre fait. Ainsi, dans le cas de divorce, la séparation de biens n'avait lieu que du jour où la prononciation du divorce brisait le mariage lui-même; on chercherait en vain dans le titre du divorce une disposition qui reproduise la règle du deuxième alinéa de l'art. 1445. Ainsi encore, dans le cas de séparation de corps, nous verrons, sous l'art. 311, que la séparation de biens, qui a lieu comme conséquence forcée de celle-ci, ne commence qu'à partir du jugement. Et il y a deux raisons pour qu'il en soit ainsi, puisque la dissipation du mari n'étant pas alléguée alors, la crainte qui forme le motif de l'art. 1445 n'existe plus; et qu'ensuite, la séparation de biens ayant lieu alors non pas comme concession d'une demande formelle, mais seulement comme conséquence d'un autre fait, savoir, le divorce ou la séparation de corps, ce serait placer l'effet avant la cause que de la faire commencer avant le commencement de cette séparation de corps ou de ce divorce.

Donc, dans le mariage putatif, la dissolution de la société pécuniaire n'ayant lieu que par suite et comme conséquence de la cessation de l'union des époux, cette dissolution n'aura lieu que du jour de la déclaration de nullité, et jusqu'à ce moment le mariage putatif produira les effets légaux pour les biens comme pour tout le reste.

Pour ce qui est des enfans, nous n'avons pas besoin de dire qu'ils auront les effets civils du mariage aussi bien quant à l'époux de mauvaise foi que quant à l'époux de bonne foi. Ainsi, quand c'est le père qui est de mauvaise foi, ils seront enfans légitimes vis-à-vis de lui, quoique lui ne soit que leur père naturel; ils succèderaient à tous ses parens et à lui-même, de même que ses parens leur succèderaient aussi, tandis que lui ne succèderait pas à ses enfans. Bien entendu, quand nous disons que ces enfans succèderaient à leur père, nous supposons que celui-ci n'est pas mort civilement; car s'il l'était, la succession ne serait plus possible, non pas que les enfans devinssent incapables de recueillir, puisqu'ils sont toujours légitimes, mais parce que le père, lui, est incapable de transmettre. Du reste, cette idée et celles qui s'y rattachent ont été suffisamment expliquées sous l'art. 25, nos VIII, IX et X, où nous avons réfuté les deux erreurs contraires professées sur cette matière par Merlin et Delvincourt.

Puisque les père et mère se trouvent, dans ce cas, par la faveur de la loi, ou tous deux auteurs légitimes, ou l'un auteur légitime et l'autre auteur naturel légalement connu (car, pour le conjoint de mauvaise foi, le mariage nul équivaut forcément à une reconnaissance, hors le cas d'inceste et d'adultère), il s'ensuit qu'il faut appliquer à l'un et à l'autre, d'une manière distributive, les règles qui ont été ou qui seront expliquées pour les droits pécuniaires ou de puissance des parens, naturels ou légitimes, sur leurs enfans, et notamment celles présentées dans le chap. I de ce titre quant au consentement et au conseil demandés pour le mariage.

V. — D'après les explications données sur ces deux articles, on voit que pour bien comprendre les effets, différens selon les cas, qu'un mariage peut produire, et pour détailler les catégories diverses dans l'une ou l'autre desquelles un mariage doit être rangé, il faut distinguer quatre classes de mariage :

1° Le mariage nul, contracté de mauvaise foi par les deux parties, et qui ne peut jamais produire aucun effet;

2° Le mariage annulable, également contracté de mauvaise foi par les deux parties, lequel produit tous les effets du mariage tant qu'il n'est pas cassé, et peut même devenir inattaquable sous certaines conditions; mais que l'on voit s'évanouir rétroactivement, avec tous ses effets, quand l'annulation en est prononcée;

3° Le mariage nul ou annulable, mais contracté de bonne foi par les parties ou l'une d'elles, lequel, pour l'intervalle de la célébration à la déclaration de nullité, est mis par faveur au rang d'un mariage valable et en produit les effets, qu'il conserve pour l'avenir; en sorte que sa déclaration de nullité se trouve être une simple dissolution;

4° Enfin, le mariage valable par les principes mêmes.

Ainsi, 1° *mariage nul* complètement; 2° *mariage annulable* complètement; 3° *mariage putatif*, c'est-à-dire nul ou annulable d'après les principes, mais valable par faveur; 4° *mariage valable*.

Du reste, et les explications déjà données le font également comprendre, ces quatre classes se réduisent définitivement à deux : 1° le mariage valable, et 2° le mariage nul.

En effet, le mariage valable comprend 1° le mariage valable par les principes; 2° le mariage putatif; 3° le mariage annulable s'il n'est pas cassé et tant qu'il n'est pas cassé;

Le mariage nul embrasse le reste, c'est-à-dire le mariage nul *ab origine*, et le mariage annulable une fois qu'il est rendu nul par la cassation.

CHAPITRE V.

Des Obligations qui naissent du mariage.

Le mariage fait naître, soit de l'un à l'autre des époux, soit des époux à d'autres personnes, des obligations de diverse nature, que l'on pourrait croire réunies, toutes ou pour la plupart, dans notre chapitre, si l'on acceptait comme exacte la généralité de sa rubrique : *Des obligations qui naissent du mariage*. Mais il n'en est pas ainsi. D'abord, celles de ces obligations dont l'objet est purement pécuniaire ne sont pas tracées dans ce titre; *Du mariage*; mais dans le titre V du livre III, *Du contrat de mariage* (art. 1387 et suiv.). Quant aux droits et devoirs d'un ordre plus élevé, tous ne sont pas encore dans notre titre; car c'est surtout eux qui font l'objet du titre IX, *De la puissance paternelle*. Enfin, ceux même dont ce titre traite, sont la matière de deux chapitres : le chap. VI, qui parle des droits et devoirs existant d'un époux à l'autre, et notre chap. V, qui ne s'occupe que *de quelques-unes des obligations que le mariage fait naître entre les époux et d'autres personnes*.

ARTICLE 203.

Les époux contractent ensemble, par le seul fait du mariage, l'obligation de nourrir, entretenir et élever leurs enfans.

SOMMAIRE.

I.   Inexactitude de l'article. L'obligation naît, en mariage ou hors mariage, du fait de la génération.
II. Il ne s'agit ici que du devoir d'éducation.
III. Ce devoir est aussi consacré par la loi pour les enfans naturels. — Il est indépendant de la puissance paternelle.

EXPLICATION.

I. — La pensée de cet article est fort inexacte. L'obligation pour des père et mère d'*élever* leurs enfans (ce qui comprend nourrir et entretenir) ne se forme pas par un contrat et ne naît pas du mariage ; car elle est identiquement la même, que les père et mère soient mariés ou non. En mariage et hors mariage, c'est uniquement et toujours le fait de la génération qui donne naissance à l'obligation consacrée par notre article. Cette obligation, dès lors, ne résulte pas d'un contrat, d'une convention ; mais d'un quasi-contrat, ainsi qu'on le voit par les art. 1370 et 1371. Et ce n'est pas seulement le droit naturel qui proclame cette vérité, c'est aussi le Code civil, puisqu'il reconnaît le droit à des alimens, non pas seulement aux enfans naturels simples, mais même aux enfans incestueux ou adultérins (art. 762, 763, 764). La disposition de notre article demandait donc une rédaction différente et ne devait pas se placer au titre du mariage.

II. — C'est uniquement du devoir d'éducation que notre article entend parler, et non pas de la dette alimentaire qui est une chose toute différente.

Le devoir d'éducation, le devoir d'élever les enfans, ce qui comprend la nourriture et l'entretien, ne dure qu'autant que les enfans ne sont pas assez formés pour subvenir à leurs besoins, et cesse, par conséquent, par la majorité ou l'émancipation de ceux-ci ; la dette alimentaire ne peut naître que quand le premier devoir est éteint, et elle existe, quelque âge qu'ait l'enfant, sous la double condition du besoin actuel de l'enfant et de la possi-

bilité pour les père et mère de satisfaire à ce besoin. Le devoir
d'éducation des auteurs vis-à-vis des enfans n'a pas de réciprocité possible ; la dette alimentaire, au contraire, existe contre les
enfans vis-à-vis de leurs auteurs sous les deux conditions inverses
à celles indiquées ci-dessus. Le devoir d'éducation, qui existe
toujours de haut en bas, jamais de bas en haut, frappe spécialement sur le père et la mère ; il ne passe jamais à des beau-père
ou belle-mère, et ne peut remonter aux aïeuls et aïeules qu'à défaut du père et de la mère ; la dette alimentaire, au contraire,
existe pour les beau-père et belle-mère, et elle se réalise pour
les aïeuls et aïeules concurremment avec le père seul ou la mère
seule. (*Voyez* art. 205, 206, 207.)

Nous disons que notre article ne prévoit que le devoir d'éducation. La marche des idées du législateur dans notre chapitre
le prouve assez. En effet, cet art. 203 considère l'enfant depuis
sa naissance jusqu'au moment où il est élevé, et consacre à son
profit, pour tout ce temps, le devoir d'éducation ; l'art. 204 le
prend à l'époque où il est en âge de s'établir ; l'art. 205 l'envisage
alors qu'il est devenu homme, et proclame contre lui la dette
alimentaire au profit de ses père et mère et autres ascendans ;
l'art. 206, prévoyant le cas de son mariage, étend cette obligation de l'enfant devenu époux, au profit de ses beau-père et
belle-mère ; puis l'art. 207 finit par dire que tous ceux auxquels
cet enfant doit des alimens lui en doivent également, en sorte
que c'est seulement dans cet art. 207 que la dette alimentaire est
imposée aux père et mère.

Cette distinction, d'ailleurs, était si bien dans la pensée des
rédacteurs du Code, qu'après l'adoption de notre article et des
art. 205 et 206, c'est-à-dire après avoir imposé aux père et mère
le devoir d'éducation, et aux enfans adultes la dette d'alimens,
on n'était pas d'accord sur le point de savoir si on imposerait
aux père et mère cette même dette d'alimens, dont le projet ne faisait pas même mention. (Fenet, t. IX, p. 67.) Dans la
discussion de l'art. 207, le conseiller Réal disait que c'était précisément pour faire sentir que l'obligation de nourrir et entretenir, imposée par l'art. 203, était restreinte au premier âge, que
la section de législation avait ajouté le mot *élever*. (*Ibid.*)

Nous croyons donc qu'il y a inexactitude et aussi du danger
à confondre, comme paraît le faire M. Demante (t. I, n° 238-2°),
l'obligation de nourrir et entretenir, faisant partie intégrante de
l'obligation d'élever, et que consacre notre article, avec l'obligation de nourrir et entretenir, constituant la dette alimentaire,
et qui n'est imposée aux père et mère que plus loin, par l'art. 207.
Nous reviendrons sur cette idée en expliquant ce dernier article.

III. — Quelle que soit l'inexactitude de la pensée de notre article, il n'en est pas moins vrai que sa rédaction et la place qu'il occupe dans le Code ne le rend applicable qu'aux enfans légitimes, et que le devoir d'éducation qu'il consacre pour ceux-ci n'aurait pas de sanction civile pour les enfans naturels, s'il n'existait d'autres textes à ce sujet. Heureusement ces autres textes existent; les art. 762, 763 et 764 indiquent, non pas explicitement, il est vrai, mais d'une manière non équivoque, la volonté du législateur à cet égard. En effet, le devoir d'élever l'enfant est bien plus sacré encore que celui de lui fournir des alimens quand il est adulte. Or, ce dernier devoir est proclamé par ces trois articles.

Du reste, quoique ce devoir naturel et civil d'éducation vienne de la même cause que la puissance paternelle, on conçoit qu'il en est indépendant et qu'il n'en subsisterait pas moins après qu'une interdiction judiciaire ou une condamnation aurait éteint ou suspendu la puissance paternelle.

Article 204.

L'enfant n'a pas d'action contre ses père et mère pour un établissement par mariage ou autrement.

N. B. — C'est pour les parens une obligation naturelle d'établir convenablement leurs enfans. Cependant, pour donner plus de force à la puissance paternelle, assez faible dans nos mœurs, et dans la pensée que les parens n'useront de cette puissance que dans l'intérêt même des enfans, notre Code, conformément à l'ancien droit français et contrairement au droit romain, refuse positivement à ceux-ci toute action en justice à cet effet. (Voy. Pothier, Communauté, n° 646; Dig., l. 19, de Ritu nupt.)

Article 205.

Les enfans doivent des alimens à leurs père et mère et autres descendans qui sont dans le besoin.

Article 206.

Les gendres et belles-filles doivent également, et dans les mêmes circonstances, des alimens à leurs beau-père et belle-mère; mais cette obligation cesse, 1° lorsque la belle-mère a convolé en secondes noces; 2° lorsque celui des époux qui produisait l'affinité, et les enfans issus de son union avec l'autre époux, sont décédés.

Article 207.

Les obligations résultant de ces dispositions sont réciproques.

SOMMAIRE.

I. Organisation de la dette alimentaire entre parens légitimes et alliés. — L'art. 216 ne comprend point le *parâtre* ni la *marâtre*. Mais il comprend tous les ascendans du conjoint. — La réciprocité, posée par l'art. 207, l'est pour l'art. 205 aussi bien que pour l'art. 206. Erreur de Toullier.

II. Le convol en secondes noces de la bru éteint son droit, mais non celui de ses enfans. — Ce convol, en éteignant le droit d'exiger les alimens, n'éteint pas l'obligation de les fournir.

III. Ordre dans lequel les parens et alliés sont tenus de la dette alimentaire. — Application du système des successions.

IV. La dette alimentaire n'est ni solidaire ni indivisible. — Erreur de Toullier. — Elle ne fait point naître le bénéfice de compétence.

V. Cas dans lesquels l'obligation de fournir des alimens engendrerait celle de payer les dettes contractées pour ces mêmes alimens.

VI. Le droit aux alimens ne passe jamais aux héritiers du créancier; quand l'obligation passe-t-elle aux héritiers du débiteur?

EXPLICATION.

I. — Nos trois articles organisent la dette d'alimens entre parens légitimes et alliés. Ils se résument à dire que chaque individu doit des alimens à ses ascendans, aux ascendans de son conjoint, à ses descendans, aux conjoints de ses descendans; et que, réciproquement, il peut en exiger de ces mêmes personnes.

Nous disons qu'il ne s'agit ici que des alimens dus entre parens *légitimes* et alliés. Quant aux autres cas dans lesquels la dette d'alimens existe, ils sont prévus par d'autres textes, savoir: entre époux, l'art. 212; pour un donateur contre son donataire, l'art. 955; entre un adoptant et son enfant adoptif, l'art. 349; enfin, entre les père et mère et leurs enfans naturels, par les art. 762, 763, 764 et l'ensemble de la législation.

Quant au cas spécial qui nous occupe, nous disons que, pour chaque individu, la demande peut être formée par ou contre lui, contre ou par ses ascendans, les ascendans de son conjoint, ses descendans et leurs conjoints.

Ainsi formulée, notre règle ne se trouve pas en accord parfait avec le sens littéral de l'art. 206. C'est cependant à cette règle qu'il faut s'en tenir; car elle donne la vraie pensée du législateur.

D'abord, nous disons que la dette existe bien entre un individu et les ascendans de son conjoint, mais nous ne l'admettons pas entre lui et les conjoints de ses ascendans. Ainsi, je devrai des alimens au père et à la mère de ma femme, *socero*, *socrui*; mais je n'en devrai pas au second mari de ma mère *vitrico*, ni à la seconde femme de mon père, *novercæ*, que les anciens auteurs, pour les distinguer du beau-père et de la belle-mère proprement dits, appelaient *parâtre* et *marâtre*. De même je devrai des alimens à mon gendre, l'époux de ma fille, *genero*, et à ma bru, la femme de mon fils, *nurui*, mais je n'en devrais pas à mon beau-fils ou à ma belle-fille, enfans du premier lit de ma femme, *privigno vel privignæ*, que nos anciens auteurs appelaient *filiastres*.

Sous ce premier rapport, notre règle ne fait que reproduire plus clairement le texte de l'art. 206; puisque cet article qui, à la vérité, parle de beau-père et de belle-mère, ce qui, dans le langage du monde, embrasse le parâtre et la marâtre, n'en parle que par corrélation avec le gendre et la bru, ce qui prouve qu'il ne s'agit que des beau-père et belle-mère proprement dits, *socer* et *socrus*, c'est-à-dire des ascendans du conjoint, et non pas des conjoints de l'ascendant. D'ailleurs, le doute n'est pas possible sur ce point, puisque c'est précisément pour qu'on ne pensât pas aux parâtre et marâtre que le Conseil d'État a fait rejeter la rédaction première du projet: *Les enfans doivent des alimens à leurs ascendans... et* A LEURS ALLIÉS *dans la même ligne.* (Fenet, p. 66 et 70.)

Mais nous disons ensuite que les alimens sont dus à tous les ascendans du conjoint et aux conjoints de tous les descendans; ainsi, j'en devrai au grand-père et à l'arrière-grand-père de ma femme, à la femme de mon petit-fils et au mari de mon arrière-petite-fille. Or, ici, nous contredisons le texte de l'art. 206, ou du moins nous l'étendons bien au-delà de ses termes; puisqu'il ne parle, lui, que des beau-père, belle-mère, gendre et bru.

C'est qu'en effet la rédaction de cet article deviendrait inexacte sous ce rapport, et rendrait mal la pensée de la loi si l'on prenait dans un sens limitatif les expressions *beau-père*, *belle-mère*, *gendre* et *bru*, qui n'y ont été mises que dans le seul but d'exclure le parâtre et la marâtre, les beaux-fils et belles-filles, auxquels on craignait de voir appliquer l'expression trop large *d'alliés*. Ainsi, M. Tronchet, en proposant l'emploi des mots *beau-père* et *belle-mère*, dit positivement que c'était pour exclure le parâtre et la marâtre et *restreindre l'effet de la disposition aux ascendans de l'autre époux.* (*Ibid*, p. 66.) M. Berlier proposait de retrancher la disposition relative aux alimens dus aux *alliés de la ligne ascendante*, comme étant inutile; attendu que le père ayant toujours action contre sa fille après le mariage de celle-ci, et cette action devant se diriger contre son gendre, on arriverait toujours au même résultat. (*Ibid.*, p. 69.) Or, le grand-père a également l'action contre sa petite-fille, et par suite contre l'époux de celle-ci ; la pensée de M. Berlier était donc qu'après le retranchement de la disposition, l'action appartiendrait toujours à tous les ascendans du conjoint. Enfin, c'est avec cette même pensée, qui était d'ailleurs celle du conseil entier, que le consul Cambacérès indiqua les termes qui forment aujourd'hui l'article. (*Ibid.*, p. 70.)

Tenons donc pour certain que les expressions corrélatives *beau-père et belle-mère, gendre et bru*, sont employées par l'article, non par opposition aux ascendans supérieurs du conjoint ; mais seulement par opposition aux parâtre et marâtre. Tenons pour certain qu'en ce qui touche ces ascendans, ces expressions sont mises *enuntiativè*, et que ce mode de rédaction tient au défaut d'une expression générique après le rejet du mot *alliés*.

Ce point une fois éclairci, la règle que nous avons présentée ne peut pas offrir d'autre difficulté ; car l'existence de la dette alimentaire entre tous ascendans et descendans est évidente par la simple lecture des deux art. 205 et 207.

Cependant, Toullier, qui donne sur le point précédent la décision que nous avons critiquée et rejetée (t. II, n° 612 *in fine*), présente sur celui-ci une doctrine aussi étrange qu'erronée en disant (*ibid., in princ.*) qu'à la vérité, à défaut de père et mère, les ascendans supérieurs doivent les alimens ; mais que, néanmoins, cette obligation ne leur étant point imposée littéralement, les tribunaux pourraient rejeter l'action sans violer la loi, et par conséquent, sans craindre la cassation. D'après la théorie formelle de cet auteur, la réciprocité de l'art. 207 n'est pas établie pour l'art. 205, mais seulement pour l'art. 206 ; en sorte que si la loi oblige les père et mère à la dette d'alimens, ce n'est pas par cet art. 205, mais par l'art. 203.

On voit donc que cette erreur de Toullier provient de la confusion par lui faite entre le devoir d'éducation et la dette alimentaire, et l'on comprend maintenant pourquoi nous avons dit que cette confusion était dangereuse.

Si la réciprocité de l'art. 207 ne s'appliquait pas à l'art. 205, ce ne seraient pas seulement les ascendans supérieurs, mais aussi les père et mère eux-mêmes qui seraient exempts de la dette alimentaire, une fois le devoir d'éducation rempli. Cela est si vrai que, comme nous l'avons dit déjà, l'art. 203 était déjà adopté, que l'on disputait encore au Conseil d'État sur la dette alimentaire imposable même aux père et mère : « Un père, disait « M. Boulay, ne doit pas d'alimens à son fils majeur ; il n'est tenu « que d'élever ses enfans. » Et M. Réal ajoutait que c'était pour restreindre l'obligation au premier âge que la section avait placé le mot *élever* après celui *entretenir*. (Fenet, p. 67.)

Donc, l'art. 203 n'a plus rien à faire ici, et si les ascendans supérieurs ne sont pas tenus de la dette alimentaire, qui naît après l'éducation, les père et mère ne le sont pas davantage; que si les père et mère sont tenus, c'est par l'art. 207, et dès-lors, les autres ascendans le sont comme eux et aussi littéralement qu'eux. Et sans doute ils le sont; l'art. 207 s'applique aussi bien à l'art. 205 qu'à l'art. 206; tout le prouve, tout, et on s'attriste, en vérité, de voir des auteurs aussi graves que Toullier traiter des questions d'une manière aussi superficielle.

En discutant l'art. 207 au Conseil, ce n'était pas seulement du beau-père qu'on parlait, c'était aussi du père; les paroles de MM. Boulay et Réal, citées plus haut, et que nous trouvons dans la discussion de ce principe de réciprocité, le montrent sans doute assez clairement. Mais puisque ce principe de réciprocité, définitivement admis, comprend le père; donc il tombe sur l'art. 205; donc il embrasse aussi les autres ascendans. Mais il y a plus encore : les dispositions qui forment aujourd'hui les art. 205 et 206 étaient si bien assimilées entre elles, les ascendans parens et les ascendans alliés, c'est-à-dire les ascendans du conjoint, étaient si bien mis sur la même ligne, que ces deux dispositions ne formaient alors qu'un seul article, l'art. 2 du chapitre. Donc, quand le principe de réciprocité qui forme l'art. 207 a été discuté et admis, c'est pour *cet article unique* qu'il l'a été, et par conséquent, pour les ascendans parens, comme pour les ascendans du conjoint. En vérité, il est malheureux qu'on soit obligé de grossir un volume par des développemens portant sur des points aussi clairs.

II.— D'après l'art. 206, le convol en secondes noces fait perdre à la belle-mère le droit qui lui est accordé vis-à-vis de son gendre ou de sa bru. Ainsi, quand la mère de ma femme, devenue veuve, se remarie, je ne lui dois plus d'alimens; ma femme, bien entendu, lui en doit toujours, mais moi, personnellement, je ne lui en dois pas, et si ma femme est morte ou vient à mourir, ma belle-mère n'a plus rien à réclamer de ma maison, à cause de son nouveau mariage.

Quoique la loi ne le dise pas catégoriquement, il est clair que, réciproquement, la bru, devenue veuve, perd en se remariant le droit d'agir contre son beau-père ou sa belle-mère; par le nouveau mariage, la bru comme la belle-mère se placent dans une nouvelle famille, dans la dépendance et sous la protection d'un étranger, par l'alliance duquel elles vont trouver de nouveaux droits. Mais, bien entendu, le convol de la belle-mère n'empêche pas la dette et la créance d'alimens d'exister toujours entre elle et les enfans de son gendre ou de sa bru, qui sont les enfans de sa fille ou de son fils, et dès-lors ses petits-enfans. Il en est de même du convol de la bru, lequel laisse subsister le devoir réciproque entre ses enfans et ses beau-père et belle-mère, qui restent les aïeul et aïeule paternels de ces enfans. En effet, le nouveau mariage de la femme alliée peut bien relâcher l'alliance, mais il ne peut pas modifier la parenté.

Quand c'est le convol d'un beau-père ou d'un gendre qui a lieu, le devoir réciproque d'alimens n'est pas modifié, à cause de cette considération que ce n'est pas le mari, mais la femme, qui par le mariage change de famille et d'état.

Du reste, si le convol en secondes noces de la femme alliée éteint son droit, il n'éteint pas également ses obligations. Si le nouveau mariage de ma belle-mère éteint mon obligation de lui fournir des alimens, parce que, le cas échéant, elle en pourra demander aux père, mère et autres ascendans de son nouveau mari, il n'éteint pas le droit que j'aurai de lui en demander, si je me trouve dans le besoin et qu'elle soit en état de m'en fournir.

Outre cette première cause éteignant pour la femme alliée son droit aux alimens, il en est une seconde qui brise en même temps et le droit d'exiger et l'obligation de fournir, et qui s'applique aux alliés mâles aussi bien qu'aux femmes : c'est la mort du conjoint dont l'union avait formé l'alliance et la non-existence d'enfans issus de cette union. Ainsi, après la mort de ma femme, si j'ai, et tant que j'aurai, un ou plusieurs enfans d'elle, je devrai des alimens à mon beau-père, à ma belle-mère, et à tous les ascendans de ma femme défunte, lesquels m'en devront réciproquement; mais si ces enfans viennent à mourir, cette obligation cessera réciproquement et pour tous. La loi pense que quand il n'existe plus aucune des personnes qui formaient le lien commun des deux familles, l'alliance se trouve par trop relâchée pour produire de part et d'autre la dette d'alimens.

III. — Le Code, en organisant la dette alimentaire, reste muet sur l'ordre suivant lequel les différens parens et alliés devront être appelés à l'acquitter, il est évident, cependant, que la pensée de la loi ne peut pas être que tous les parens et alliés en seront tenus de la même manière et indistinctement; le devoir de tels et tels n'existera qu'à défaut de tels ou tels autres. Ainsi, quand j'ai un fils jouissant de 30,000 f. de revenu, je ne serai pas reçu, évidemment, à demander des alimens à mon beau-père. Les rédacteurs de notre chapitre pensaient bien qu'il y aurait un certain ordre à suivre et que l'obligation de celui-ci primerait, comme plus sacrée, l'obligation de celui-là, eux qui, après avoir admis dans les art. 205 et 206 la dette des descendans envers les ascendans, ont tant balancé pour admettre celle réciproque des ascendans envers leurs descendans. Mais quel sera cet ordre sur lequel la loi garde le silence?

D'abord, il nous parait évident que les parens devront, par la force des choses et dans l'esprit de la loi, passer avant les alliés. Le Code s'occupe des parens en premier lieu, avant d'arriver aux alliés. Et en effet, le lien qui unit les parens est d'une toute autre force que l'alliance; il donne d'ailleurs des droits de successibilité que la seconde ne donne jamais, et il est bien juste que la cause qui engendre le droit de recueillir les avantages dans la prospérité, fasse naître aussi l'obligation de supporter les charges dans le malheur : *Ubi emolumentum, ibi onus esse debet*. Aucun allié ne devra donc être tenu de la dette alimentaire, que quand aucun parent ne sera en état d'y pourvoir suffisamment.

Mais maintenant, et après cette division des débiteurs en deux classes, quel ordre suivra-t-on dans chacune de ces classes?

La règle nous parait facile à trouver. Cette idée de justice, de mettre les charges, en cas d'adversité, là où seraient les avantages si la prospérité renaissait, commande d'appliquer entre les parens, pour la dette alimentaire, les règles que la loi a posées entre eux quand il s'agit de recueillir les successions; en sorte que nous dirons absolument : *Ubi successionis emolumentum, ibi onus alimentorum esse debet*. La loi commence elle-même l'application de ce système, en imposant l'obligation aux descendans, avant de l'imposer aux ascendans, de même qu'elle appelle ces descendans à l'hérédité, à l'exclusion des derniers.

Quant aux alliés, quoique entre eux le droit de successibilité n'existe plus, on leur appliquera néanmoins le même système. En effet, l'alliance étant une imitation de la parenté, il est clair que dans les cas et les limites où la loi lui donne les mêmes effets qu'à cette parenté, elle devra produire ces effets d'après les mêmes règles.

Ainsi, l'ordre dans lequel se présentent les personnes desquelles les alimens peuvent être exigés est celui-ci : 1° les enfans, et, avec eux, ceux des petits-enfans dont l'auteur serait décédé, comme représentant cet auteur; 2° les petits-enfans, et avec eux également des arrière-petits-enfans à la représentation d'un petit-enfant décédé; en observant que quand plusieurs descendans sont appelés à payer la dette comme représentant leur auteur, ils ne sont tenus, à eux tous, que de la part dont cet auteur serait tenu, s'il vivait (art. 731, 740, 743, 745;) 3° les père et mère, s'ils vivent tous deux; que si l'un d'eux est mort, le survivant avec les aïeul et aïeule de l'autre ligne, c'est-à-dire avec les père et mère de l'auteur décédé, lesquels ne supporteront que chacun un quart, tandis que l'auteur survivant sera tenu de l'autre moitié; 4° à défaut de père et de mère, les aïeuls et aïeules, et ainsi de suite (art. 746). Enfin, à défaut de descendans et d'ascendans, on appellera les alliés, pour lesquels le même ordre sera suivi.

Il est évident, du reste, que quand nous parlons ici du *défaut* de telles personnes nous ne parlons pas seulement du cas où ces personnes seraient mortes, mais aussi du cas où elles seraient hors d'état de fournir les alimens, ou ne pourraient les fournir qu'en partie. Même dans ce dernier cas, il y aurait lieu d'imposer la dette aux personnes qui viennent ensuite, pour la portion que les premières ne pourraient donner.

Le système que nous indiquons ici pour l'ordre à suivre dans la prestation de la dette alimentaire est loin d'être accepté par tous les jurisconsultes; la plupart ne l'admettent que pour partie, et en rejetant, ceux-ci telle règle, ceux-là telle autre règle. Or, un choix quelconque nous paraît ici impossible. Car de deux choses l'une : ou bien l'on reconnaît comme étant dans l'esprit de la loi l'analogie et la corrélation de notre matière avec la délation des successions, et alors il faut admettre le système entier, si l'on ne veut pas tomber dans l'arbitaire; ou bien il faut rejeter le système entier et imposer également la dette à tous les parens et alliés, ce qui contredirait et les principes du droit naturel et la pensée que manifeste déjà l'ordre de nos trois articles.

Un point, contraire à notre système, sur lequel la plupart des auteurs paraissent d'accord, c'est de n'imposer la dette aux ascendans supérieurs qu'à défaut des père *et* mère. Ainsi, d'après M. Duranton (t. II, n° 389), le petit-fils qui a encore ses père et mère, *ou l'un d'eux*, ne peut s'adresser à l'aïeul; et Toullier, moins explicitement, professe la même doctrine. Donc, après la mort de ma mère, mon père serait tenu de me fournir des alimens en entier et sans qu'aucune partie de la dette pût retomber sur mes aïeul et aïeule maternels.

Cette doctrine, erronée selon nous, nous la comprenons chez Toullier; elle résulte chez lui de cette idée fausse, que la dette alimentaire n'est proclamée au profit des enfans que par l'article 203, qui ne l'impose rigoureusement qu'aux père et mère; elle est une conséquence de la confusion par lui faite entre le devoir d'éducation, qui n'existe en effet pour les ascendans supérieurs qu'à défaut et du père et de la mère, et la dette d'alimens, que les art. 205 et 207 organisent différemment. Mais nous ne saurions nous expliquer cette erreur chez M. Duranton, qui comprend et développe la portée de l'art. 207, et qui appuie précisément sa décision sur ce principe qui la renverse : *Ubi emolumentum successionis, ibi onus alimentorum.* C'est par la qualilé d'*hérititier présomptif de l'enfant* que M. Duranton veut, comme nous, qu'on détermine la dette ; or, quand l'enfant, au lieu d'avoir ses deux auteurs, n'a plus que *l'un d'eux* et son aïeul de l'autre ligne, cet aïeul est héritier présomptif pour moitié, et l'auteur survivant ne l'est que pour l'autre moitié (art. 746). La conclusion contraire à celle de M. Duranton est assurément facile à tirer de là. Aussi croyons-nous que M. Duranton n'a écrit que par inadvertance les mots *ou l'un d'eux.*

IV. — C'est une de ces questions fort simples, au fond, et qui sont pourtant très-controversées par les auteurs, que celle de savoir si la dette alimentaire n'est pas solidaire, ou si du moins elle n'est pas indivisible.

On appelle *solidaire*, la dette qui, existant sur plusieurs codébiteurs qui se sont obligés ou que la loi oblige à payer l'un pour l'autre, comme mandataires réciproques, peut être exigée en entier, *in solidum*, de celui de ces codébiteurs que le créancier voudra attaquer (art. 1200). La dette *indivisible* est celle qui, par sa nature même (nature réelle ou seulement légale, fictive), n'est pas susceptible d'être exécutée pour partie (art. 1217 et 1218). La nature et les effets de ces deux obligations, ainsi que les différences qui les séparent, seront expliqués plus tard, sous les art. 1197 à 1225.

Toullier enseigne que l'obligation alimentaire est solidaire et indivisible (t. II, 613 ; t. VI, 779) ; M. Duranton (t. II, 424 et 425), en établissant qu'elle n'est pas solidaire, en admet l'indivisibilité. Nous pensons, nous, qu'elle n'est ni indivisible ni solidaire. Telle est aussi la doctrine de MM. Zachariæ, Rau et Aubry, et parmi les arrêts contradictoires et souvent obscurs rendus sur cette matière, il en est un de la Cour de Lyon, du 3 janvier 1832, motivé d'une manière aussi logique que concise, qui décide dans ce même sens.

Cette obligation n'est pas indivisible ; car, soit les alimens en nature, soit l'argent au moyen duquel on se les procurera, peuvent sans aucun doute être fournis par deux, trois ou quatre personnes. C'est ce que dit fort bien, dans son *Extricatio labyrinthi* (2° part., n° 238), le célèbre Dumoulin, que Toullier pourtant indique (t. VI, n° 779) comme autorité à l'appui de son opinion : « *Quamvis quis pro parte vivere non possit, tamen « alimenta dividua sunt : id est, res quibus alimur, pro parte, sive « ab uno sive à pluribus, præstari possunt, ut natura et experien- « tia docent.* »

Divisible par le fait et aux yeux de la raison, la dette d'alimens l'est aussi dans la volonté expresse du législateur, puisque, d'après l'art. 208, ils ne sont accordés que *dans la proportion de la fortune de celui qui les doit*. Ainsi, s'ils me sont dus par deux enfans dont l'un est moitié plus riche que l'autre, ce dernier ne devra être condamné qu'à un tiers, et les premiers à deux tiers. Donc, d'après l'art. 208, non-seulement il y aura des parts; mais de plus, ces parts seront souvent inégales.

Maintenant, cette obligation n'est pas solidaire. En effet, d'après l'art. 1202, la solidarité ne naît jamais de la nature de la créance; elle n'existe que quand elle est formellement convenue, ou quand la loi l'a imposée par une disposition expresse. Or, aucun texte ne déclare solidaire la dette dont il s'agit ici. Il est vrai que, dans l'ancien droit, le juge pouvait charger un seul des héritiers d'acquitter en entier le legs d'alimens imposé à tous par le testament. Dumoulin nous le dit; mais il a soin d'expliquer que c'est là un effet du pouvoir du juge, et non un résultat direct de la disposition : « *Hoc autem fit officio judicis; quia, vi ipsâ, nemo plurium debet in solidum.* » Mais il est clair que ce pouvoir arbitraire n'appartient pas aux tribunaux aujourd'hui, et que le jugement qui en userait serait cassé, comme violant, et les principes généraux de notre droit, et spécialement l'art. 1202.

Proudhon, qui, après avoir professé l'indivisibilité proprement dite de la prestation alimentaire, finit (*Usufruit*, t. I, nos 61, 62) par la présenter comme indivisible, en ce sens seulement que si, parmi les personnes qui pourraient la devoir, une seule est en état de la fournir, elle seule la devra en entier (ce qui n'est plus un cas d'indivisibilité, mais l'application pure et simple de l'art. 208, qui ne fait naître la dette que contre celui qui est en état de l'acquitter); Proudhon, disons-nous, semble dire (*ibid.*, no 157), contrairement à la doctrine de tous les auteurs, que le droit aux alimens entraîne, au profit de ceux auxquels il appartient, le bénéfice de compétence.

Les commentateurs du droit romain ont appelé *beneficium competentiæ* le droit qu'avaient les ascendans, le patron, les coassociés, le donateur, le beau-père pour la dot par lui promise, et d'autres personnes encore, de ne pouvoir être poursuivis par leurs descendans, affranchis, donataires, etc., que jusqu'à concurrence de ce qu'ils pouvaient payer et sous la déduction de ce qui leur était nécessaire pour subsister. (*Instit.*, l. 4, t. 6, § 38; *Dig.*, l. 23, t. 3, *passim*.) Il suit de là que les personnes dont il s'agit ne pouvaient jamais être expropriées en entier par ces descendans, affranchis, etc.

Or, rien de semblable n'a jamais été admis en France; il y a long-temps que Bugnyon rangeait ce bénéfice dans son livre *de Legibus abrogatis et inusitatis in regno Franciæ* (l. 1, sect. 12). Chez nous, le fils même, créancier de son père, a contre lui tous les moyens d'exécution, à l'exception seulement de la contrainte par corps (L. 17 avr. 1832, art. 19); et dès-lors, il peut l'exproprier en entier, sauf à lui fournir des alimens, si ce père n'a pas une profession qui fournisse à ses besoins.

Mais de ce que le père n'a pas le bénéfice de compétence pour restreindre l'effet des poursuites d'un fils son créancier, il n'en faut pas conclure, comme le fait Toullier (*ibid.*), qu'un père ne pourra jamais demander d'alimens à son fils qu'en lui abandonnant le peu de bien qu'il possède. On ne conçoit guère d'où a pu venir à Toullier une telle idée. Le père gardera son bien ; et puisque, par hypothèse, ce bien est insuffisant, le fils fournira au reste.

V. — La dette d'alimens peut-elle entraîner, pour celui qui en est tenu, l'obligation de payer les dettes de celui à qui elle est due? Il est évident que non ; l'obligation de nourrir et entretenir une personne n'a aucun rapport avec celle d'acquitter les dettes plus ou moins considérables dont cette personne peut être grevée.

Mais s'il en est ainsi en principe, on conçoit qu'il en serait autrement s'il s'agissait de dettes dont l'acquittement serait précisément l'exécution de l'obligation d'alimens. Ainsi, mon père, demeurant très-loin de moi, se trouve tout-à-coup sans aucune ressource, et pendant les quelques mois qui s'écoulent jusqu'à ce qu'il reçoive de moi les secours auxquels il a droit, il vit au moyen de l'argent que lui prête un ami. Il est clair que je serai tenu, précisément comme devant des alimens à mon père, de rembourser les emprunts qu'il a dû faire.

En effet, dès-là que le tribunal, s'il y a procès, reconnaîtra que mon père a été dans le besoin à partir de telle époque, il s'ensuivra qu'à compter de cette époque, c'est moi qui me suis trouvé obligé de fournir à son entretien, et par conséquent, le prêteur de deniers, en y subvenant lui-même, a fait ce que je devais faire; il a payé pour moi à mon insu, il a exécuté ma propre obligation; il y a donc là le quasi-contrat de gestion d'affaires, qui, aux termes de l'art. 1375, oblige celui dont l'affaire a été administrée à rembourser toutes les dépenses utiles qui ont été faites.

D'ailleurs, celui qui, dans cette circonstance, ou dans toute autre circonstance analogue, aurait donné soit les choses nécessaires en nature, soit l'argent pour les acheter, aurait encore une autre voie pour se faire payer de celui qui devait les alimens. Il est, en effet, créancier du père; or, il peut, à ce titre, exercer, en vertu de l'art. 1166, les actions appartenant à ce père, son débiteur, et par conséquent venir attaquer ce fils, pour se faire donner ce que pourrait se faire donner le père lui-même.

VI. — La mort de celui à qui les alimens sont dus éteint la créance alimentaire, laquelle ne peut jamais passer à ses héritiers ou légataires, puisqu'elle est rigoureusement attachée à la personne. Mais il n'en est pas de même de la dette, laquelle passe très-bien contre les héritiers ou légataires du débiteur, dès-là qu'elle a existé avant la mort de ce débiteur.

Ainsi, quand je suis condamné à faire à mon gendre une pension alimentaire de 600 fr., il est évident que la mort de ce gendre éteindra sa créance, laquelle ne saurait passer au cousin qui se trouve être son héritier. Au contraire, si c'est moi, débiteur de la pension alimentaire, qui viens à mourir, le cousin, ou même l'étranger, légataire universel, qui vient prendre mes biens, sera toujours tenu de servir la pension à mon gendre, parce qu'il n'est pas nécessaire que mon successeur ait telle ou telle qualité pour que cette obligation, née contre moi, se continue en sa personne.

En deux mots : Toutes les obligations existant contre une personne font partie de son passif, comme ses créances font partie de son actif; les unes comme les autres, par conséquent, font partie de son patrimoine et doivent passer à ses représentans, si une raison particulière ne s'y oppose. Or, cette raison particulière existe bien pour empêcher la transmission de la créance, que la raison dit ne devoir profiter à aucun autre que le créancier pour lequel on l'a établie; mais, au contraire, rien n'empêche que la dette soit acquittée par un individu quelconque.

N. B. — Pour que la réalisation de notre hypothèse soit possible, il faut que ma fille, épouse de mon gendre, existe encore, sans quoi, d'après l'art. 206, les alimens ne seraient pas dus. Maintenant, pour que, dans ce cas d'existence de ma fille, je puisse avoir un légataire qui prenne tout mon bien, il faut supposer que ma fille avait reçu de son vivant, et par avancement d'hoirie, par présuccession, le montant de sa réserve qui avait été dissipé ensuite.

Du reste, pour que la dette passe aux héritiers ou légataires, il n'est pas nécessaire, comme nous l'avons supposé, qu'un jugement soit intervenu contre le débiteur. En effet, pour qu'une obligation fasse partie du passif d'une succession, il n'est pas nécessaire qu'elle soit établie, prouvée, avant la mort du défunt; il suffit qu'avant ce moment elle soit née, sauf aux ayant-droit à la prouver plus tard. Or, un jugement ne fait pas naître les droits, il les déclare et les constate. D'après ce principe, qui est incontestable, il n'est pas nécessaire non plus que l'obligation ait été reconnue par une convention formelle; il suffit, nous le répétons, qu'elle soit née. Or, le texte formel de l'art. 205, et avec lui la raison, disent que la dette existe par cela seul que le parent ou l'allié est dans le besoin; donc, c'est le fait de l'indigence antérieure au décès qui donne existence à la dette et qui la fait passer aux successeurs du débiteur.

M. Vazeille commet donc une erreur quand il enseigne (t. II, nᵒˢ 525 et 526) que l'obligation ne se transmet qu'autant qu'elle a été fixée par un jugement ou par un traité; et M. Duranton tombe dans l'erreur contraire (II, 407), quand il dit qu'elle fait *toujours* partie de la succession, alors même que l'indigence serait postérieure au décès.

L'erreur de M. Duranton, plus favorable et aussi plus spécieuse que celle de M. Vazeille, repose sur cette idée que l'indigence du parent est, non pas la cause génératrice de l'obligation, mais seulement *une condition* qui suspend l'effet de cette obligation. L'obligation conditionnelle, ainsi qu'on l'a vu déjà, est celle qui peut-être existe et peut-être n'existe pas, selon que la condition sera ou non accomplie plus tard. Ainsi, je contracte aujourd'hui une obligation sous telle condition; eh bien! si cette condition s'accomplit plus tard, non-seulement je serai obligé pour l'avenir, mais je l'aurai toujours été à partir d'aujourd'hui même; que si la condition ne s'accomplit pas, l'obligation n'existera pas et n'aura pas existé. Donc, et c'est ce qu'il ne faut jamais perdre de vue, lorsque la condition, qui suspend l'effet d'une obligation, vient à s'accomplir, l'effet se produit rétroactivement et à compter du moment même où le contrat s'est formé. C'est ce que dit positivement l'art. 1179.

Or, M. Duranton, qui ne fait en cela que reproduire la théorie fausse déjà présentée par Delvincourt, prétend que la ruine qui met mon père hors d'état de subvenir à ses besoins n'est que l'accomplissement de *la condition* qui suspendait mon obligation de l'entretenir, et que *la cause* génératrice de cette obligation, c'est ma naissance même.

Mais c'est là une erreur profonde et qu'un peu de réflexion fait toucher du doigt. En effet, d'après la doctrine de M. Duranton, si mon père meurt à soixante-dix ans, après avoir conservé sa fortune jusqu'à la fin, je ne lui aurai jamais dû d'alimens, ce qui est vrai; mais si, au moment de sa mort, il est dans la misère depuis cinq ans, ce ne sera pas seulement à partir de sa ruine et pour ces cinq années que mon obligation aura existé, mais à partir de ma naissance même. Ainsi, en 1840, mon père qui avait toujours eu un patrimoine considérable se trouve complè-

tement ruiné; moi, qui n'avais eu rien jusqu'en 1835, j'ai fait ra-
pidement une belle fortune dans ces cinq dernières années;
M. Duranton nous dit que par l'accomplissement de la double
condition de ma fortune et du besoin de mon père, je lui dois et
je lui ai toujours dû des alimens. Ainsi, en 1830, alors que mon
père avait 25,000 f. de revenu et que moi je n'avais pas un sou,
c'est moi qui étais obligé de nourrir mon père!... Et s'il en est
ainsi; si mon devoir de le nourrir, et son droit de se faire nourrir par moi, ont toujours existé, je lui dois les arrérages de toutes
les années écoulées depuis ma naissance!... Nous croyons inutile
d'insister davantage. Qui ne voit que mon aisance et le besoin
de mon père sont précisément les faits qui constituent, qui créent
son droit à mon obligation; qu'au lieu d'en être simplement la
condition, ils en sont la cause efficiente, et que le fait de ma
naissance, au lieu d'en être le principe générateur, est tout simplement la circonstance qui rend le droit et l'obligation possibles
par le lien de parenté qu'il fait exister.

C'est uniquement pour le devoir d'éducation, lequel est unilatéral et n'existe que sur les auteurs, au profit des enfans, que l'i-
dée de M. Duranton présente quelque chose de vrai. Nous disons
quelque chose, car tout n'est pas exact encore; on ne peut pas encore dire que l'obligation est *contractée par la naissance*. Ce n'est
point par la naissance seulement, c'est par la génération même
que l'obligation des auteurs se forme; car quand l'enfant est encore dans le sein de sa mère, ses auteurs sont déjà obligés de lui
donner les soins que son état réclame. Il est évident aussi que
ce n'est pas par un *contrat* que l'obligation se forme alors, comme
le dit inexactement M. Duranton.

ARTICLE 208.

Les alimens ne sont accordés que dans la proportion
du besoin de celui qui les réclame, et de la fortune de celui
qui les doit.

ARTICLE 209.

Lorsque celui qui fournit ou celui qui reçoit des alimens
est replacé dans un état tel, que l'un ne puisse plus en
donner, ou que l'autre n'en ait plus besoin, en tout ou en
partie, la décharge ou réduction peut en être demandée.

SOMMAIRE.

I. C'est toujours sur le besoin actuel et sur les facultés actuelles, que
    se mesure la pension alimentaire.
II. Cas de plusieurs codébiteurs.

EXPLICATION.

I. — Ces deux articles, dont le second n'est que la conséquence du premier, posent des règles que la raison seule aurait proclamées, et que l'on aurait certainement appliquées, alors même qu'elles n'auraient pas été écrites dans la loi.

C'est sur le besoin de celui qui demande et sur les facultés de celui à qui l'on demande, que doit évidemment se mesurer la quotité des alimens, c'est-à-dire le chiffre de la somme qui doit les représenter.

Ainsi, quand la fortune du débiteur est suffisante pour faire face à toutes les nécessités possibles, la dette n'aura pas d'autres limites que les besoins mêmes du réclamant, si onéreux qu'ils puissent être. Quand au contraire les facultés du débiteur ne permettront pas de dépasser telle somme, il faudra bien rester dans ces limites, alors même que le besoin du réclamant demanderait qu'on les dépassât. Du reste, l'appréciation, soit du besoin, soit des facultés, ne devra jamais se faire d'une manière absolue, mais relativement à la personne et en tenant compte de son éducation, de sa position sociale, de son genre de vie. Ainsi, le pair de France qui a toujours joui, et dont l'enfant jouit également de 60,000 fr. de rentes, est dans le besoin quand il est réduit à un revenu de 800 fr.; tandis qu'un petit cultivateur, désormais hors d'état de travailler, n'est pas dans le besoin avec 5 ou 600 fr. de revenu. Bien mieux, on devra accorder au premier, malgré le peu de bien qu'il a encore, une somme plus forte que celle qu'on accorderait au cultivateur qui n'aurait rien.

De même pour les facultés de celui à qui l'on demande; de deux individus dont chacun gagne 4,000 fr. par an, celui qui n'est tenu à aucune espèce de représentation, le commis d'une maison de commerce, a des facultés bien plus grandes que celui qui est obligé de jouer un rôle dans la société, par exemple, le conseiller d'une Cour.

Maintenant, la fixation primitive peut et doit recevoir postérieurement, d'après les circonstances, des modifications en sens contraire que la raison indique assez.

Si les facultés du débiteur augmentent, soit par augmentation effective de fortune, soit par diminution de charges ou changement de rang social, la pension, si elle n'avait pas été portée d'abord à son plus haut chiffre, peut être élevée. Si, au contraire, les facultés diminuent, cette pension, quoique restreinte déjà dans l'origine, peut être restreinte encore davantage. Si les besoins augmentent, la pension, pourvu qu'elle n'atteigne pas les limites de ce que peut faire le débiteur, doit être augmentée. Quand ces besoins diminuent, la pension, si elle avait été mise à son plus haut chiffre, doit être diminuée. Enfin, si le besoin de la pension ou la possibilité de la payer disparaissent en entier, cette pension sera supprimée.

En un mot, c'est toujours par les limites réciproques du besoin actuel du créancier, et des facultés actuelles du débiteur, que la pension doit être mesurée; et il est bien évident que, si l'art. 209 ne parle que du cas de suppression ou de diminution, ce n'est pas pour exclure le cas réciproque d'augmentation.

II. — Dans le cas de plusieurs débiteurs, c'est toujours d'après ces mêmes principes que la dette et la créance alimentaires doivent se régler, soit pour la fixation primitive, soit pour les modifications postérieures que les circonstances peuvent apporter. Il est évident, en effet, que ce qui est dit par la loi de *celui qui doit les alimens* s'entend aussi de ceux qui les doivent concurremment.

Ainsi, quand un père privé de toutes ressources a trois enfans dont les fortunes réunies présentent une valeur considérable, on devra fixer une somme qui satisfasse complètement à tous les besoins du père, et la part à fournir par chacun des trois enfans sera déterminée en proportion de sa fortune comparée à celle de ses frères. Si donc on alloue au père une pension de 1,500 fr., et que, des trois enfans, l'un possède 250,000 fr., l'autre 100,000 fr., et le dernier 25,000 fr. seulement, la part contributoire devra être de 100 fr. pour le dernier, de 400 fr. pour le second, et de 1,000 fr. pour le premier; sauf, toujours, les changemens que les circonstances postérieures rendraient nécessaires, soit dans la fixation du prix total de la pension, soit dans la proportion des parts à fournir par les enfans.

Du reste, il faut appliquer ici la règle déjà indiquée sous l'art. 207, que pour imposer la dette à un parent ou un allié plus éloigné, il n'est pas nécessaire que l'allié ou le parent plus proche soit mort ou même dans l'impossibilité d'acquitter aucune partie de cette dette; mais qu'il suffit que les parens ou alliés plus proches ne puissent l'acquitter en entier. Ainsi, quand j'ai besoin d'une pension de 1,000 fr., et que les seules personnes en état de me fournir quelque chose sont mon fils et mon beau-père, si ce fils qui est débiteur avant mon beau-père ne peut pas payer plus de 700 fr., c'est le beau-père qui sera tenu de payer les 300 fr. restant. Que si, plus tard, mon fils peut payer les 1,000 fr., ou que, mes besoins diminuant, 700 fr. me suffisent, mon beau-père aura le droit de demander sa décharge.

ARTICLE 210.

Si la personne qui doit fournir les alimens justifie qu'elle ne peut payer la pension alimentaire, le tribunal pourra, en connaissance de cause, ordonner qu'elle recevra dans sa demeure, qu'elle nourrira et entretiendra celui auquel elle devra des alimens.

ARTICLE 211.

Le tribunal prononcera également si le père ou la mère qui offrira de recevoir, nourrir et entretenir, dans sa demeure, l'enfant à qui il devra des alimens, devra dans ce cas être dispensé de payer la pension alimentaire.

SOMMAIRE.

I. Que comprend la dette d'alimens. — Elle doit se payer en argent. — Quand les tribunaux peuvent dispenser de cette règle.
II. Le droit aux alimens se brise dans deux cas.

EXPLICATION.

I. — Chacun de ces articles prouve deux choses que nous avons supposées dans l'explication des articles précédens ; c'est : 1° que sous le nom d'*alimens* la loi comprend aussi bien le vêtement, le logement et tout l'entretien, que la nourriture, et que dès-lors la dette embrasse tout ce qui est nécessaire aux besoins de la vie, tant dans la maladie qu'en état de santé ; 2° que c'est au moyen d'une somme d'argent que cette dette doit s'acquitter.

Toutefois, la loi a senti que cette dernière règle devrait quelquefois recevoir une exception, et c'est pour organiser cette exception qu'elle a écrit nos deux articles.

Cette exception n'a jamais lieu de plein droit ; il faut qu'elle soit prononcée par le tribunal. Le tribunal ne peut même l'admettre, pour d'autres que les père et mère, que quand il y a impossibilité de payer la pension (art. 210) ; quant aux père et mère, les tribunaux sont libres de leur accorder dispense du paiement en argent, dès là qu'ils n'y verront pas d'inconvénient.

On conçoit facilement la raison de cette différence. A moins de circonstances spéciales qui rendent la vie commune dangereuse, ou au moins trop gênante pour un enfant, celui-ci aurait mauvaise grace à refuser de recevoir les alimens en nature, des mains de ceux qui l'ont élevé, dans la maison où il est né et qui fut la sienne. Mais il en est autrement de tous autres que les père et mère, même des aïeuls et aïeules ; aussi, la loi, hors le cas de l'impossibilité du paiement en argent, ne permet de prononcer l'exception qu'au profit des père et mère, et nous ne croyons pas qu'on puisse l'étendre aux autres ascendans. Nous ne le croyons pas, parce que, d'abord, c'est une exception; parce que, de plus, les deux cas, comme nous venons de le dire, ne sont pas entièrement analogues; parce qu'enfin, lorsqu'on adopta au Conseil d'État l'ancien principe, proclamé par notre art. 210, que les alimens étaient dus en argent, à moins d'impossibilité de payer, le père fut le seul au profit duquel on parla de modifier la rigueur de la règle; il ne fut pas question des ascendans plus éloignés. (Fenet, p. 71.)

Lors donc qu'il s'agira des père et mère, le tribunal ne devra les contraindre à payer une pension qu'autant que la vie commune offrirait des inconvéniens sérieux; mais quand il s'agira de tous autres parens ou d'alliés, la pension en argent sera obligatoire, hormis le seul cas d'impossibilité de la payer.

II. — Le droit aux alimens existe toujours, quels que puissent être les torts de celui qui les réclame vis-à-vis de celui qui les doit. Il n'y aurait exception que dans deux cas : 1° si celui qui réclame avait été condamné comme ayant tenté de donner la mort à l'autre; 2° s'il avait porté contre lui une accusation capitale jugée calomnieuse. Dans ces deux cas, en effet, la loi brise les droits attachés à la parenté, comme on le voit par l'art. 727.

CHAPITRE IV.

Des Droits et des Devoirs respectifs des époux.

ARTICLE 212.

Les époux se doivent mutuellement fidélité, secours et assistance.

N. B. — Ce sont là trois devoirs distincts; car l'assistance n'a rien de commun avec le secours. Le secours consiste dans la prestation, faite en nature ou en argent, des choses nécessaires à la vie; l'assistance (de *sistere-ad*) consiste à rendre personnellement les bons soins qu'on est en état de donner. Le secours sort de la bourse, *ex arcâ*; l'assistance vient du cœur, *ex virtute*.

Quant à la fidélité conjugale, quoique chacun des époux la doive au même titre et d'une manière aussi étroite, la loi cependant ne sanctionne pas et ne devait pas sanctionner le devoir du mari aussi sévèrement que celui de la femme. L'infidélité de la femme est beaucoup plus grave, d'abord en elle-même, parce que la nature de la femme demande plus de retenue, de modestie et de réserve; puis et surtout, par ses conséquences, puisque cette infidélité peut toujours mettre à la charge et dans la famille du mari des bâtards qui viendront voler sa succession. En conséquence, la loi permet la séparation de corps et prononce une peine correctionnelle pour tout adultère de la femme ; tandis qu'elle n'attache ces effets, pour le mari, qu'à la circonstance d'avoir entretenu sa concubine dans la maison commune. Encore, la peine correctionnelle est-elle plus légère. (*Voy.* art. 229, 230, 306; Cod. pén., 337, 339.)

Article **213.**

Le mari doit protection à sa femme ; la femme obéissance à son mari.

Article **214.**

La femme est obligée d'habiter avec le mari et de le suivre partout où il juge à propos de résider ; le mari est obligé de la recevoir, et de lui fournir tout ce qui est nécessaire pour les besoins de la vie, selon ses facultés et son état.

SOMMAIRE.

I.   Devoir de soumission pour la femme. — Double conséquence qui en résulte.
II. La femme peut être contrainte à l'exécution par la saisie de ses revenus et même *manu militari*.
III. L'obligation souffre exception dans trois cas.

EXPLICATION.

I. -- Le mari est établi, par la nature même, le protecteur et le surveillant de l'épouse, le chef de la société intime et sacrée qui se forme entre eux. L'épouse doit donc soumission au mari, selon ce précepte de S. Paul : *Mulieres viris suis subditæ sint.*

De ce devoir de soumission naît, pour la femme, l'obligation, proclamée par l'art. 214, de suivre partout son époux ; puis, celle, consacrée et développée par les articles suivans, de ne procéder en général aux actes de la vie civile que sous la surveillance et avec l'autorisation de cet époux.

II. — La femme est, en principe, tenue de suivre partout son mari, dont le domicile est le sien (art. 108), et ce, alors même qu'il s'agirait d'aller demeurer en pays étranger ; car la loi ne distingue pas, et le mari peut avoir, pour prendre ce parti, des raisons d'avenir pour lui, sa femme et ses enfans, ou d'autres motifs graves dont sa qualité de chef de la société conjugale le rend juge. Ce point d'ailleurs a été proclamé au Conseil d'État, et c'est pour cela qu'on a retranché un alinéa de l'art. 214, qui restreignait l'obligation au sol français. (Fenet, p. 75.)

Et pour forcer l'épouse récalcitrante à remplir ce devoir d'habitation, pour la contraindre à rentrer au domicile conjugal, l'époux peut se faire autoriser à user des moyens coercitifs que notre législation rend possibles, c'est-à-dire la saisie de ses revenus, et même l'emploi de la force publique.

En ce qui touche ce second moyen, notre doctrine, professée par MM. Vazeille, Zachariæ, Aubry et Rau, et appuyée de sept ou huit arrêts, dont un de la Cour suprême du 9 août 1826, est contredite par Delvincourt (I, p. 75, note 4) et M. Duranton (II, nº 440). On objecte contre notre décision, que c'est là un moyen aussi scandaleux qu'il est inutile, puisqu'on ne pourra pas tenir la femme en chartre privée et que, ramenée par la force aujourd'hui, elle pourra se remettre en fuite demain ; qu'il s'agit là d'une obligation de faire, et que dans toutes les obligations qui ont pour objet un fait on ne peut pas condamner à l'exécution directe, mais seulement à des dommages-intérêts : *nemo potest præcisè cogi ad factum;* enfin, on argumente de l'art. 2063, qui défend énergiquement au juge de prononcer la contrainte par corps hors les cas positivement prévus par la loi.

Mais d'abord, ce n'est pas là un cas de contrainte par corps ; il ne s'agit pas d'emprisonner la femme, mais seulement de la faire conduire au domicile conjugal. Le moyen, ensuite, n'est pas aussi scandaleux qu'on le crie : un mari peut, sans grand éclat, se présenter avec deux huissiers, même avec deux gendarmes sans uniforme, au domicile d'une belle-mère, ou de toute autre personne, et faire monter sa femme dans une voiture qui l'emmènera à son domicile. Ce moyen ne sera pas toujours inutile non plus ; car il est possible qu'une femme ne résiste à son mari que parce qu'elle a la tête montée par les conseils d'une commère à l'influence de laquelle elle-même, peut-être, regrette de ne pouvoir s'arracher. Enfin, il est faux qu'il s'agisse ici d'une de ces obligations ordinaires *de faire,* dans lesquelles on ne peut contraindre à l'exécution directe et qui se résolvent en dommages-intérêts. La règle *Nemo potest,* etc., est faite pour les obligations relatives à des intérêts pécuniaires, matériels et appréciables en argent. Ainsi, le peintre et l'entrepreneur qui ne veulent pas exécuter leur obligation de me faire un tableau ou de me bâtir une maison seront condamnés à me payer une somme avec laquelle je ferai faire la maison ou le tableau par un autre. Et quand même le fait ne serait pas de nature à être accompli par un autre, dès là qu'il s'agit en définitive d'intérêts pécuniaires, il est tout simple que je me contente de dommages-intérêts, c'est-à-dire d'une somme qui représente pour moi la perte que l'inexécution me fait faire, ou le gain qu'elle m'empêche de réaliser. Alors donc, on conçoit qu'on respecte la liberté de l'individu et qu'on ne mette pas la main sur sa personne. Mais, dans le mariage, il n'est plus question d'argent, il n'est plus question de gains ni de pertes; que vient-on donc parler de dommages-intérêts, de réparations en écus? Dans le mariage, ce n'est plus seulement un fait personnel, c'est sa personne même que la femme m'a promise : pourquoi donc ne pourrais-je pas poursuivre par les voies légales la possession de cette personne, objet direct du contrat? Pourquoi, pour y arriver, ne pourrais-je pas user même de la force publique, quand je n'ai plus que cette ressource et qu'il y a lieu d'en espérer un bon résultat?

Il ne faut donc pas s'étonner, comme M. Duranton, que cette doctrine se soit *accréditée* et qu'il y ait, à peu près, sur ce point, *uniformité de jurisprudence.*

Il est évident, du reste, que les tribunaux ne devront autoriser de semblables mesures qu'avec une extrême prudence et quand les circonstances en rendront le succès probable.

III. — La règle d'après laquelle la femme est tenue d'habiter avec le mari souffrirait exception dans trois cas.

C'est, 1° si le mari n'offrait pas à la femme une résidence convenable; car, ainsi qu'on le voit par le texte même de notre article, le devoir d'habitation imposé à la femme est corrélatif à l'obligation où est le mari de la *recevoir* et de l'entretenir selon ses facultés et son état; — 2° si le mari, sans y être contraint par une triste nécessité, voulait traîner sa femme de pays en pays sans jamais s'arrêter nulle part; car l'obligation imposée à la femme est celle de suivre le mari là où il juge à propos de *résider*, et non celle de mener avec lui une vie errante et vagabonde, — 3° enfin, si c'était malgré la prescription contraire d'une loi spéciale que le mari voulût sortir de France; car l'obéissance de la femme ne peut plus être un devoir, alors qu'elle devient un délit.

Nous ne parlerons pas ici du cas de séparation de corps : ce n'est plus là une exception à la règle, mais la disparition même de cette règle; puisque la femme, alors, a son domicile séparé, dans lequel le mari n'a pas le droit de venir, comme la femme n'a pas le droit d'entrer chez son mari.

Article 215.

La femme ne peut ester en jugement sans l'autorisation de son mari, quand même elle serait marchande publique, ou non commune, ou séparée de biens.

I.	41

ARTICLE 216.

L'autorisation du mari n'est pas nécessaire lorsque la femme est poursuivie en matière criminelle ou de police.

SOMMAIRE.

I. Autorisation maritale. — Son double objet. — Elle est nécessaire à la femme pour procéder en justice, hormis le cas de poursuites criminelles.

II. Elle n'est pas nécessaire pour les significations extrajudiciaires. — Observation sur les mots *non communes*.

III. Renvoi au Code de procédure pour plusieurs questions.

EXPLICATION.

I. — Nous avons déjà vu qu'une conséquence de la soumission que la femme doit à son époux, c'est l'*incapacité* pour celle-ci de procéder, en général, à aucun acte civil sans l'assentiment de cet époux. Cette incapacité est appliquée par la loi, d'abord, dans nos deux articles, au cas de procès à soutenir; puis, dans les articles suivans, aux contrats que la femme peut avoir à passer.

Ainsi d'abord, la femme ne peut, sans l'autorisation maritale, *ester* en jugement *stare in judicio*, c'est-à-dire se présenter devant un tribunal pour plaider soit comme demanderesse, soit comme défenderesse.

Nous disons pour plaider, car s'il s'agissait de comparaître comme témoin, le consentement du mari ne serait pas nécessaire; mais dès que la femme est en cause comme partie au procès, comme intéressée au jugement à intervenir, l'autorisation maritale est indispensable, sauf la seule exception indiquée par le second de nos articles.

Lorsqu'il s'agit d'une action criminelle (soit *criminelle* proprement dite, soit *de police* correctionnelle, soit *de police* munipale), la femme contre laquelle l'action est dirigée peut se défendre sans attendre aucune autorisation; le droit de défense, en pareille matière, est trop sacré pour être subordonné à aucune espèce de formalité. Mais il faut qu'il s'agisse bien d'une action criminelle, d'une action dirigée contre la femme par le ministère public; il n'en serait plus de même de l'action civile en réparation du dommage causé par un délit, alors même que la partie lésée intenterait cette action devant le tribunal correctionnel, comme le permet l'art. 182 du Code d'inst. crim. (*Voy.* art. 199, II.) Toutefois, la dispense d'autorisation existerait également si l'action civile n'était intentée que conjointement et accessoirement à la poursuite du ministère public; parce que *accessorium sequitur principale*, et que le juge qui se trouve suffisamment et régulièrement saisi de la demande principale l'est par là même de la demande accessoire. Ce qui le prouve, c'est l'art. 359 du C. d'inst. crim., qui permet à la partie lésée de former sa demande, même dans le cours du débat, tant que le jugement n'est pas prononcé; puis, les termes mêmes de notre art. 216, qui admet l'exception par cela seul que la femme est poursuivie criminellement.

Mais sauf cette exception, la femme défenderesse, et sans exception aucune la femme demanderesse, doit, pour la validité de la procédure, être pourvue de l'autorisation maritale. Il suit de là que, quand la femme intente une action, son exploit introductif d'instance doit mentionner qu'elle agit sous l'assistance de son mari et que, lorsqu'elle est attaquée, il faut assigner le mari avec elle. (Arrêts conf. de la C. supr., des 7 oct. 1811 et 25 mars 1812.) Du reste, il n'est jamais besoin d'une autorisation par écrit; il suffit, ainsi que nous l'établirons sous l'article suivant, qu'il soit constaté que le mari consent. Ainsi, la circonstance que le mari est lui-même en cause donne une suffisante autorisation.

II. — Nos deux articles, on le voit, se réfèrent uniquement au cas où il est question d'ester en jugement. Si donc il s'agissait d'exploits non relatifs à une instance, de significations, protêts, sommations et autres actes du ministère de l'huissier, mais extrajudiciaires, c'est-à-dire s'accomplissant tout-à-fait en dehors d'un procès, l'autorisation ne serait plus nécessaire; pourvu, bien entendu, que la femme eût le droit d'administration quant aux choses qui feraient l'objet de ces actes.

Ce droit d'administration est plus ou moins étendu pour la femme mariée, selon le régime auquel elle est soumise, ainsi qu'on l'a vu déjà sous l'art. 124, n° 1. Il peut aussi s'étendre au profit de la femme autorisée à faire le commerce. Mais qu'elle que soit sa qualité et quelque régime qu'elle ait adopté, la femme mariée ne peut jamais, sauf l'exception ci-dessus, ester en jugement. Elle ne le peut pas, nous dit l'art. 215, *même* quand elle est *non commune* ou séparée de biens.

N. B. — Remarquons que le mot *même* est un contre-sens en tant qu'il s'applique à la femme non commune; puisque le régime exclusif de communauté est précisément celui où la femme a le moins de droits. Alors, en effet, le mari a, comme sous la communauté légale, la pleine administration des biens de la femme; mais de plus, au lieu de mettre alors les revenus de ces biens dans une masse commune que la femme partagera plus

tard, il les garde pour lui-même, après avoir prélevé ce qui est
nécessaire pour les besoins du ménage (art. 1530 et 1531). Les
mots *non commune* doivent donc être effacés de l'article.

III.—Quant aux questions de savoir par quelle voie il faut attaquer, selon les cas, le jugement en dernier ressort rendu contre
une femme non autorisée; à partir de quel acte, l'instance poursuivie par ou contre une femme non mariée peut, malgré le
mariage de celle-ci pendant le procès, se continuer sans l'autorisation du mari, elles appartiennent, ainsi que plusieurs autres,
au Code de procédure. Ce serait donc se jeter dans un hors-
d'œuvre que de s'en occuper ici.

ARTICLE 247.

La femme, même non commune ou séparée de biens, ne
peut donner, aliéner, hypothéquer, acquérir à titre gratuit
ou onéreux, sans le concours du mari dans l'acte, ou son
consentement par écrit.

SOMMAIRE.

I.   Incapacité pour la femme d'aliéner et d'acquérir. —Cette incapacité
entraîne celle de s'obliger.
II.   Comment s'entend cette incapacité pour ce triple objet.
III. L'incapacité est plus ou moins étendue selon les cas.
IV. Double dérogation apportée aux anciens principes par notre Code.

EXPLICATION.

I. — Nous n'avons pas besoin de répéter pour les mots *non
commune* l'observation que nous venons de leur appliquer dans
l'art. 215; il est clair qu'ici encore ces mots doivent être retran-
chés, et que la conjonction *même* n'a de sens que quant à la séparation de biens.

Toute femme mariée, même celle qui est séparée de biens, est
donc déclarée par notre article incapable, en principe, d'aliéner
ou d'acquérir, soit à titre gratuit, soit à titre onéreux, sans l'autorisation de son mari.

Incapacité d'aliéner, incapacité d'acquérir; tout l'article rentre
dans ces deux idées, dont la première est exprimée par des expressions redondantes et inutiles. En effet, *donner* c'est aliéner
gratuitement, et *hypothéquer* c'est encore aliéner, puisque l'hypothèque est un droit réel, un démembrement du droit de propriété, que le concédant fait sortir de son patrimoine, pour le
faire passer dans le patrimoine du concessionnaire. Il eût donc
été plus logique et plus simple de dire que la femme, sans l'autorisation du mari, ne pouvait ni aliéner ni acquérir.

Et d'abord la femme ne peut aliéner; donc, elle ne peut faire ni donation, ni vente, ni échange, ni renonciation, ni payement, ni concession de servitudes, soit réelles, telles que droit de passage, de vue, etc.; soit personnelles, telles que l'usufruit ou l'usage. Elle ne peut non plus acquérir; donc, elle ne peut ni recevoir une somme, ni acheter, ni accepter une donation, ni recueillir une succession ou un legs, ni se faire consentir un droit d'usufruit ou autre servitude.

On ne peut pas s'étonner de voir prohibée l'acquisition à titre onéreux, puisqu'elle ne serait possible qu'au moyen d'une aliénation réciproque; l'incapacité de s'obliger emporte celle d'acquérir à titre onéreux. La prohibition de l'acquisition gratuite, qui est fondée sur une autre cause, se comprend tout aussi facilement; car il n'est jamais convenant qu'une femme reçoive rien à l'insu de son mari, *ne turpem quæstum faciat.*

De l'incapacité d'aliéner découle, pour la femme, l'incapacité de s'obliger par aucun contrat. En effet, la raison proclame que celui qui s'oblige engage par là même, tous les biens qu'il a ou qu'il pourra avoir, à l'acquittement de son obligation, et le Code consacre ce principe dans les art. 2092 et 2093: « Quiconque « s'est obligé, dit la loi, est tenu sur tous ses biens présens et à « venir. Les biens du débiteur sont le gage commun de ses « créanciers. » Or, la raison dit également, et la loi proclame aussi dans l'art. 2124, que, pour engager des biens, il faut avoir le droit de les aliéner. Que signifierait en effet l'obligation prise par une personne qui ne peut rien laisser sortir de son patrimoine? Si c'est une obligation de me donner une somme, de me livrer une des choses qui lui appartiennent, il lui est défendu de l'exécuter; si c'est l'obligation de faire pour moi quelque chose, je ne pourrais l'y contraindre que par une condamnation à des dommages-intérêts, mais il lui est défendu de se dépouiller de son argent, d'aucune partie de sa fortune. La personne contracterait donc là une obligation qu'on ne pourrait pas la forcer de remplir, c'est-à-dire une obligation sans lien, une obligation qui ne serait plus une obligation.

Donc, parce qu'elle est incapable d'aliéner, la femme se trouve incapable de contracter, de s'obliger. C'est en effet ce qui résulte des art. 219, 220, 221, 222, 224, dans lesquels la loi parle toujours de *contracter*, de *s'obliger*, de *passer un acte*; et c'est ce que proclame très-catégoriquement l'art. 1124, qui dit que « les in- « capables de contracter sont: les mineurs, les interdits, les fem- « mes mariées. »

II. — Ainsi, la femme mariée ne peut, ni aliéner, ni acquérir, ni s'obliger; mais il faut bien saisir le sens de cette règle. C'est uniquement des actes tendant *intentionnellement* de la part de la femme à la diminution de sa fortune, ou à l'augmentation de cette fortune, ou à la création d'une obligation, que la règle s'entend :

1° La femme ne peut aliéner, *rem suam alienam facere*, c'est-à-dire se dépouiller elle-même de sa chose et la faire devenir, par sa volonté, la chose d'une autre personne. Mais son bien n'est pas pour cela inaliénable ; sa chose peut devenir la chose d'une autre, *aliena ;* la femme peut être dépouillée, se voir expropriée, par suite d'engagemens nés sans la volonté de s'obliger, ainsi que nous allons le voir au 3°. Elle peut de plus aliéner elle-même directement, quand il s'agit de la disposition de dernière volonté qui n'est, pendant la vie, qu'un projet révocable à volonté, c'est-à-dire d'un testament (art. 226);

2° De même, la femme ne peut recevoir par sa seule volonté le bénéfice de l'aliénation volontaire d'un tiers ; mais toute espèce de biens peut lui être acquise, quand l'acquisition résulte de la nature même des choses, des seules règles de la loi. Ainsi, elle acquerra très-bien par accession (art. 546 à 577), par occupation (art. 715, 716, 717), et par prescription (art. 2219). Elle peut aussi, bien entendu, prendre les mesures qui ont pour objet la simple conservation de droits déjà acquis; par exemple, requérir la transcription nécessaire d'actes la concernant, ou l'inscription d'une hypothèque a elle concédée (art. 940, 2139);

3° La femme ne peut pas s'imposer à dessein une obligation, mais elle peut se trouver dans les liens d'une obligation très-valable, lorsque ce lien naît d'une autre cause que son intention de s'obliger.

Les obligations dans notre droit français naissent de cinq sources : les contrats, les quasi-contrats, les délits, les quasi-délits, puis, la loi (art. 1370). Or, si la femme n'est jamais obligée par la première source, le contrat, elle l'est quelquefois par la seconde, et toujours par les trois autres. Ainsi, dans le cas de tutelle de ses enfans d'un premier lit; ainsi encore, quand une valeur qui se trouve perdue pour un autre vient augmenter son avoir et tourner à son profit, *quandò aliquid in rem ejus versum erit,* la femme sera obligée; car l'obligation ne naît pas alors de sa volonté, mais de la disposition de la loi, qui impose à la mère la tutelle de ses enfans (art. 390) et qui ne veut pas qu'une personne, même incapable de s'obliger, s'enrichisse jamais aux dépens d'autrui (art. 1241). Elle l'est par ses délits et quasi-délits, comme le serait alors un mineur lui-même, parce que le fait qui les constitue, bien qu'étant volontaire, ne s'accomplit pourtant pas dans le dessein de s'obliger (art. 1310). Elle l'est enfin dans le quasi-contrat, lorsque le fait volontaire qui le constitue n'émane pas d'elle. Ainsi, quand c'est elle qui s'est occupée des affaires d'un tiers, sans que celui-ci l'en ait chargée (ce qui fait qu'il n'y a pas contrat de mandat), l'absence de l'autorisation maritale l'empêche d'être tenue des obligations du gérant d'affaires (argum. de l'art. 1990) et le tiers n'aurait action contre elle qu'en cas de faute qui constituerait un quasi-délit; mais si c'est ce tiers qui a géré ses affaires, elle est tenue de toutes les obligations réciproques, conformément à l'art. 1375 (Pothier, *Puissance du mari,* n° 50), et non pas, comme l'enseigne M. Duranton (n° 497) *jusqu'à concurrence de ce dont elle aura profité;* car le tiers ayant alors l'action du quasi-contrat de gestion n'est pas réduit à celle *de in rem verso.*

III. — Cette incapacité des femmes mariées pour aliéner, acquérir et s'obliger, n'existe pas d'une manière absolue et identique pour toutes; elle est plus ou moins absolue selon la profession de la femme et le régime sous lequel elle est mariée.

Ainsi, quand la femme est marchande, elle peut aliéner, acquérir et s'obliger, pour ce qui concerne son commerce (art. 220).

Ainsi encore, quand la femme a le droit d'administrer elle-même tout ou partie de sa fortune, ce droit emporte pour elle celui de passer tous les actes nécessaires à cette administration et d'aliéner les biens meubles qui lui appartiennent. Or, ce droit d'administration appartient, pour toute sa fortune, à la femme séparée de biens par son contrat ou par jugement (art. 1449, 1536); à la femme dotale, pour ses biens paraphernaux (art. 1576); enfin, à la femme commune ou non commune, pour les biens dont elle se serait réservé la jouissance (art. 1534, 1387).

C'est parce que la femme mariée a très-souvent, d'après ces règles, le droit de contracter, dans des limites plus ou moins larges, que l'art. 1124, après avoir dit que les incapables de contracter sont les mineurs et les interdits, ajoute avec restriction : les femmes mariées, *dans les cas exprimés par la loi.*

Du reste, la femme non marchande n'ayant ce droit d'aliéner ses biens meubles et de s'obliger, que comme conséquence du droit d'administration, elle ne peut donc passer sans autorisation que les actes que cette administration rend nécessaires. Ainsi, la femme séparée de biens, à laquelle l'art. 1449 accorde positivement, comme cela devait être, le droit d'aliéner tout son mobilier, ne peut cependant s'obliger jusqu'à concurrence de ce mobilier, que pour ce qui concerne l'administration de ses biens.

IV. — Notre Code apporte aux anciens principes deux dérogations. L'une sera indiquée sous l'art. 225; voici en quoi l'autre consiste :

Il fallait autrefois que l'autorisation donnée par le mari à sa femme, pour passer un acte, fût expresse et formelle. Il n'aurait pas suffi de l'autorisation tacite résultant de ce que le mari était lui-même partie dans cet acte ; c'était seulement pour ester en jugement que l'autorisation tacite résultant du concours du mari suffisait. (Pothier, *Obligat.*, partie 4, chap. 3, sect. 3, n° 30.) Le Code a rejeté cette subtilité, et l'autorisation tacite suffit aujourd'hui pour les actes extrajudiciaires comme pour les procès.

Nous disons comme pour les procès ; il est évident en effet que le Code, qui rejette la règle d'une autorisation en termes exprés dans le cas où l'ancien droit l'exigeait impérieusement, ne peut pas l'exiger dans le cas où l'ancien droit lui-même ne la demandait pas. Que si notre article s'exprime positivement sur le concours du mari, tandis que l'art. 215 ne s'en explique pas, cela tient à ce qu'il fallait ici, pour changer l'ancienne jurisprudence, une disposition explicite inutile dans l'art. 215 (1).

Mais l'autorisation tacite ne peut résulter, on le voit, que du concours du mari. Toute autre circonstance de laquelle on prétendrait inférer le consentement du mari serait insignifiante et laisserait subsister la nécessité d'un consentement écrit. Du reste, un écrit quelconque, une lettre missive, par exemple, serait suffisant.

Il est inutile d'ajouter qu'il faut un concours prouvant le consentement du mari. Ainsi, qu'un mari signe un billet et que la femme écrive au-dessous qu'elle s'oblige, conjointement avec lui, au payement du même billet, il est clair que rien ne prouve l'autorisation. Il n'y a pas même concours des époux dans un même acte ; il y a deux actes, deux obligations, dont la seconde, celle de la femme, a pu se former arrière du mari. Il en serait autrement dans le cas inverse.

Article 218.

Si le mari refuse d'autoriser sa femme à ester en jugement, le juge peut donner l'autorisation.

Article 219.

Si le mari refuse d'autoriser sa femme à passer un acte, la femme peut faire citer son mari directement devant le tribunal de première instance de l'arrondissement du do-

---

(1) La preuve que le concours, l'assistance de fait, suffit aussi pour un procès, c'est que le mot *assistance* était d'abord celui de l'art. 215 ; et que s'il a été remplacé par *autorisation*, c'est uniquement parce qu'il venait d'être employé avec un autre sens dans l'art. 212. (*Voy.* Fenet, p. 74.)

micile commun, qui peut donner ou refuser son autorisation après que le mari aura été entendu, ou dûment appelé en la chambre du conseil.

SOMMAIRE.

I.   Quel est le juge compétent dans le cas de l'art. 218.
II.   Dérogation apporté à l'art. 219 par l'art. 681 du Code de procédure.
III. Le droit d'autoriser la femme à ester en jugement est retiré au mari
      dans deux cas.

EXPLICATION.

I. — Il ne faudrait pas prendre à la lettre la différence de rédaction de ces deux articles, dont l'un parle d'une autorisation
donnée par *le juge*, tandis que l'autre exige que l'autorisation
émane du *tribunal*. Dans ces deux cas, c'est le tribunal entier qui
autorise. *Le juge* est mis dans l'art. 218 pour signifier l'autorité
judiciaire.

Mais quel tribunal autorisera dans le cas de cet art. 218 ? La
loi, qui prend soin de désigner dans l'article suivant le tribunal
du domicile des époux, quand il s'agit de passer un acte, ne nous
dit pas quel juge, quel tribunal sera compétent, quand il s'agit
d'ester en jugement.

Il y a une distinction toute naturelle à faire, et c'est à cause de
cette distinction que l'article a bien fait de ne pas préciser. Quand
la femme sera demanderesse, il lui faudra être autorisée avant
d'attaquer son adversaire, et, au refus du mari, c'est au tribunal
du domicile commun qu'elle ira demander l'autorisation. Que si
elle est défenderesse, comme alors le demandeur devra, pour la
validité de la procédure, assigner son mari en même temps
qu'elle, elle se présentera directement devant le tribunal où elle
est appelée, et si son mari ne s'y présente pas avec elle pour l'assister, ou ne la pourvoit pas d'une autorisation écrite, c'est le
tribunal saisi de l'affaire qui l'autorisera en statuant sur la demande.

II. — Postérieurement à la publication du Code civil, l'art.
219 a été modifié par l'art. 861 du Code de procédure, qui ne
permet plus à la femme de citer *directement* son mari. D'après
cet art. 861, la femme, après avoir fait constater le refus du mari
au moyen d'une sommation, doit présenter requête au président
du tribunal pour obtenir permission de citer son mari à la
Chambre du conseil.

C'est dans cette Chambre du conseil, c'est-à-dire dans une salle
distincte de l'auditoire, et dans laquelle le public n'est pas admis, que le tribunal entend les explications du mari ; mais, d'a-
près l'art. 862, c'est à l'audience publique que le tribunal, après

les plaidoiries des avocats, s'il y a lieu, et toujours sur les conclusions du ministère public, rend un jugement statuant sur la demande de la femme (1).

III. — Il est deux cas dans lesquels le mari, quoique présent, majeur et non interdit, est cependant déclaré incapable d'autoriser sa femme à plaider. C'est quand il s'agit de la séparation de corps (art. 878 C. pr.), ou seulement de la séparation de biens (art. 865, *ibid.*). C'est alors, non pas le tribunal, mais le président du tribunal, qui donne l'autorisation.

Ce n'est pas, comme on pourrait le croire, parce que le mari ne pourrait autoriser sa femme à plaider contre lui, que la loi ne se contente pas ici de son autorisation. Au contraire, le seul fait, par un mari, d'assigner sa femme, emporte ordinairement autorisation suffisante, ainsi qu'on l'a dit au Conseil d'État et au corps législatif, et que l'ont décidé plusieurs arrêts. Mais c'est qu'il s'agit ici de matières toutes spéciales, de procès que la loi veut éviter autant que possible, et pour lesquels le président doit avant tout user de toute son influence pour empêcher l'action. (Voy. les art. 865 et 875 à 878 C. pr.; puis 237, 239, 282, 286 C. civ.)

ARTICLE 220.

La femme, si elle est marchande publique, peut, sans l'autorisation de son mari, s'obliger pour ce qui concerne son négoce; et audit cas, elle oblige aussi son mari, s'il y a communauté entre eux.

Elle n'est pas réputée marchande publique, si elle ne fait que détailler les marchandises du commerce de son mari, mais seulement quand elle fait un commerce séparé.

---

(1) Si l'on s'en tenait à la lettre des deux art. 861 C. pr. et 219 C. civ., on pourrait croire qu'ils doivent s'appliquer séparément, le premier, au cas de procès; le second, au cas d'actes extrajudiciaires. En effet, l'art. 861 C. pr. ne parle que de la femme qui veut se faire autoriser *à la poursuite de ses droits*, et semble dès-lors n'avoir pour but que de combler la lacune de notre art. 218, sans se référer au cas de l'art. 219. Cependant, comme l'art. 861 C. pr. est postérieur à nos deux articles; qu'on ne voit pas de raison pour que le législateur n'ait point voulu appliquer à l'autorisation, à l'effet de contracter, le système qu'il adoptait pour l'autorisation à l'effet de plaider; que, dans les deux cas, le respect dû par la femme au mari doit produire les mêmes résultats; qu'en effet, cet art. 861 est expliqué comme s'appliquant aux deux cas, par M. Pigeau, qui fut l'un des rédacteurs du C. de pr., nous croyons qu'on doit regarder cet article 861 comme dérogeant à notre art. 219, d'autant mieux qu'il ne peut y avoir en cela aucune espèce d'inconvénient. Telle est, du reste, la jurisprudence admise par tous les tribunaux.

EXPLICATION.

I. — Pour être *marchande publique*, la femme n'a pas besoin de tenir une boutique, un magasin ouvert; elle est marchande publique, commerçante, d'après l'art. 1er du Code de commerce, par cela seul qu'elle exerce des actes de commerce et qu'elle en fait sa profession habituelle.

La femme commerçante ne peut pas plus qu'une autre plaider sans l'autorisation de son mari ou de la justice, même pour ce qui concerne son commerce (art. 215); mais elle peut, en ce qui touche ce commerce, s'obliger, contracter, consentir tous actes quelconques, et même d'après l'art. 7 C. comm., engager, aliéner et hypothéquer ses immeubles, excepté, bien entendu, ceux qui sont inaliénables comme frappés de dotalité (art. 1554).

Mais il faut bien remarquer que la femme ne peut avoir cette qualité de commerçante que d'après le consentement au moins tacite de son mari. Le consentement tacite suffit, car l'art. 4 du Code de commerce ne demande point un consentement écrit ou formellement exprimé, mais seulement le consentement; or, quand une femme se livre publiquement à des opérations commerciales au su et au vu de son mari qui ne s'y oppose pas, il serait ridicule à celui-ci de venir dire qu'il n'a point consenti.

Mais les tribunaux pourraient-ils, au refus du mari, ou quand il est absent ou incapable, autoriser la femme à faire le commerce? Quand le mari présent et capable refuse, non. Pour accorder à la femme, contre la volonté formelle du mari, un droit qui ne doit résulter pour elle que du consentement de celui-ci, il est clair qu'il faudrait un texte spécial qui le permît, et ce texte n'existe pas. Mais quand le mari est incapable ou absent, nous pensons que les tribunaux pourraient autoriser, selon les circonstances. Si, par exemple, le commerce de la femme est le seul moyen de la faire vivre, elle et ses enfans, et avec eux, peut-être, le mari lui-même; si l'on voit que le mari, s'il était présent et capable, n'aurait pas de raison pour refuser son consentement, les tribunaux pourront donner une autorisation qui ne sera plus

alors, on le voit, la contradiction, mais au contraire, une substitution à la volonté, présumée conforme, du mari.

II. — La femme marchande, dit notre article, oblige aussi
son mari, quand il y a communauté entre eux. En effet, quand
la femme commerçante est commune en biens, tous les bénéfices
qu'elle peut réaliser appartiennent à la communauté, c'est pour
la communauté qu'elle travaille; donc, et réciproquement, cette
communauté est tenue de ses engagemens (art. 1409-2°); et
comme le mari, chef suprême de cette communauté, et par le
consentement duquel la femme faisait commerce, est tenu personnellement et sur ses propres biens des dettes de la communauté, il s'ensuit que toutes les obligations que la femme contracte dans ces circonstances réfléchissent sur ce mari. Dans ce
cas, donc, les créanciers de la femme peuvent agir et contre les
biens propres de la femme, et contre les biens communs, et contre les biens propres du mari. Et il n'est pas nécessaire pour cela
que les époux soient mariés sous la communauté légale; une
simple communauté réduite aux acquêts suffit pour amener ce
résultat, puisque tous les bénéfices que peut produire l'industrie de la femme tombent dans cette société d'acquêts (article 1498).

Le mari serait-il légalement tenu des dettes de la femme lorsqu'il y a entre eux exclusion de communauté ou régime dotal
sans biens paraphernaux? Delvincourt et M. Duranton (t. II,
n°480) répondent affirmativement, en se fondant sur ce que,
dans les deux cas, le mari est l'usufruitier de tous les biens de la
femme (art. 1530, 1533, 1549) et que dès-lors c'est lui qui recueillera les gains que cette femme fera dans son commerce. Nous
pensons que c'est là une erreur; car les gains que la femme réalise
par son industrie ne sont pas des fruits de ses biens, et n'appartiennent pas, dès-lors, à l'usufruitier de ces mêmes biens. Il faut
s'en tenir au texte de la loi qui déclare, dans notre article et dans
l'art. 5 du Code de commerce, que la femme marchande n'oblige
son mari que quand il y a communauté. Encore, ceci n'est-il
vrai que quand c'est par le consentement du mari lui-même que
la femme fait le commerce, comme notre article le suppose. Si
c'était seulement en vertu de l'autorisation de justice que la
femme fût marchande, vu l'absence ou l'incapacité du mari, elle
seule serait obligée, quand même il y aurait communauté; les
créanciers ne pourraient agir alors, ni sur les biens du mari, ni
sur les biens de sa communauté, puisque celui-ci n'a pas donné
son assentiment.

Du reste, quand le mari sera ainsi obligé par suite des engagemens de sa femme, il ne sera pas pour cela soumis à la con-

trainte par corps, puisque lui n'est pas commerçant et que son obligation, à lui, n'a rien de commercial. Au Conseil d'État la question fût posée, et M. Tronchet dit avec raison que « l'acte « emportant contrainte par corps n'y soumet que la personne « qui le signe. » (Fenet, tom. IX, pag. 77.)

III.—C'est un point controversé parmi les auteurs que celui de savoir si l'engagement contracté par la femme marchande, sans que la cause ait été énoncée dans l'acte, doit être réputé avoir eu lieu pour fait de commerce. On conçoit l'importance de la question : Si on présume la commercialité de l'acte, ce sera à la femme qui en demande l'annulation de prouver qu'il n'a pas eu lieu pour son commerce, si on admet la présomption contraire, ce sera au tiers qui a contracté avec la femme d'établir que l'acte était relatif au négoce de la femme. Par qui donc la preuve de-vra-t-elle être faite ?

La décision, selon nous, dépendra des circonstances de l'acte, de la forme suivant laquelle l'engagement a été pris. Ainsi, quand l'acte a été fait par-devant notaire, comme ce n'est point ainsi que se font le plus souvent les actes commerciaux, pour les-quels il faut plus de célérité, et que dans l'acte notarié on a le temps de réfléchir et de prendre ses précautions, on devra s'en tenir à la présomption contraire au tiers, et mettre à sa charge la preuve de la commercialité du contrat. Mais s'il s'agit d'un billet, d'un de ces actes souscrits avec la rapidité que demande ordinairement le commerce, on devra décider contre la femme, jusqu'à ce que la preuve de non-commercialité soit administrée par elle (art. 638 du Code de commerce).

Du reste, dès que l'acte sera reconnu avoir été fait pour le com-merce de la femme, soit par la présomption de commercialité non détruite par la femme, soit par la preuve administrée par le tiers, soit enfin par l'énonciation que contient l'acte, la vali-dité de cet acte ne sera nullement soumise à l'emploi commer-cial des fonds reçus par la femme, soit par suite d'emprunt, soit par suite d'aliénation. Le tiers qui a contracté avec la femme ne peut pas être tenu de venir surveiller la conduite de celle-ci, et ce serait rendre le commerce impossible que de consacrer de semblables exigences. La femme régulièrement autorisée à faire le commerce jouit d'une pleine capacité pour tout ce qui touche à ce commerce; or, l'acte est reconnu commercial; donc, il n'y a pas plus lieu à rescision pour ce cas que pour tous les actes passés par des parties capables.

IV. — D'après le dernier alinéa de notre article, la femme n'est plus marchande publique quand elle ne fait que détailler les marchandises du commerce de son mari. Alors, en effet, ce n'est plus elle qui fait le commerce, c'est son mari, dont elle est simplement mandataire. Toutes les fois que la femme n'a pas l'établissement de commerce en son nom, c'est pour le compte du mari, chef de cet établissement, qu'elle vend et achète; alors donc, elle oblige toujours le mari, sans jamais s'obliger elle-même, comme le ferait un commis de ce mari. Par conséquent, il n'y a pas lieu de rechercher alors sous quel régime les époux sont mariés.

Article 221.

Lorsque le mari est frappé d'une condamnation emportant peine afflictive ou infamante, encore qu'elle n'ait été prononcée que par contumace, la femme, même majeure, ne peut, pendant la durée de la peine, ester en jugement, ni contracter, qu'après s'être fait autoriser par le juge, qui peut, en ce cas, donner l'autorisation, sans que le mari ait été entendu ou appelé.

N. B. — Le mari, par diverses causes, peut se trouver dans l'impossibilité, soit physique, soit légale, d'autoriser sa femme; c'est le cas pour celle-ci de recourir à l'autorisation de la justice. La loi applique cette règle, 1° au cas de condamnation du mari à une peine criminelle (art. 6, 7 et 8 C. pén.); 2° au cas d'interdiction ou d'absence (art. 222); 3° au cas de minorité (art. 224); 4° au cas d'action en séparation de corps ou de biens (art. 865 et 878 C. p.).

Delvincourt enseigne que l'incapacité pour le mari d'autoriser sa femme, par suite de condamnation à une peine infamante, existe, non pas seulement tant que dure la peine, mais tant que dure la conséquence de cette peine, c'est-à-dire la dégradation civique (art. 28 du C. pén.). Or, celle-ci continue jusqu'à la mort du mari, hors le cas fort rare de réhabilitation (art. 633, Inst. crim.).

C'est là une erreur. Il n'en pourrait être ainsi qu'autant que la dégradation civique entraînerait déchéance de la puissance maritale; or, elle ne produit point cet effet, comme le prouve l'art. 34 du C. pén., qui énumère les droits dont prive la dégradation civique, sans faire mention des droits du mari sur sa femme. C'est donc seulement *pendant la durée de la peine*, comme le dit positivement notre article, que le mari frappé d'une peine infamante est incapable d'autoriser sa femme.

Article 222.

Si le mari est interdit ou absent, le juge peut, en connaissance de cause, autoriser la femme, soit pour ester en jugement, soit pour contracter.

N. B. — C'est de l'absence proprement dite et non de la simple non-présence qu'il s'agit ici. L'art. 863 du Code de procédure qui, avec l'art. 864, règle la mise en exercice de notre article, nous explique qu'il s'agit de l'absence présumée ou déclarée du mari. Il est vrai que lors de la discussion de cet article 222, quelques membres du Conseil d'État parurent l'entendre dans le sens de la non-présence; mais quand même il aurait été écrit et voté dans ce sens, tout ce qu'il en faudrait conclure, c'est que l'art. 863 du Code de procédure serait venu y déroger.

La femme devra donc, dans le cas de simple non-présence, ou attendre le retour du mari, ou lui demander une autorisation par lettre.

Article 223.

Toute autorisation générale, même stipulée par contrat de mariage, n'est valable que quant à l'administration des biens de la femme.

N. B. — Cette disposition n'est qu'une conséquence des art. 6 et 1388.

Article 224.

Si le mari est mineur, l'autorisation du juge est nécessaire à la femme, soit pour ester en jugement, soit pour contracter.

SOMMAIRE.

I.   Il est bon que le mari mineur soit appelé officieusement par le tribunal.
II. Observations auxquelles l'article donne lieu, sur le fondement de l'autorisation maritale. — Conséquences.
III. *Quid,* quand c'est la femme qui est mineure?

EXPLICATION.

I. — Il ne s'agit pas ici, bien entendu, d'un mari mineur quant au mariage, mais d'un mari mineur ordinaire de vingt-un ans.

Il est assurément convenable que le tribunal, avant d'autoriser la femme, se fasse éclairer par le mari mineur sur l'affaire pour laquelle l'autorisation est demandée; un jeune homme de dix-neuf ou vingt ans peut être en état de présenter aux juges de sages réflexions. Mais les renseignemens qu'on lui demandera seront moins officiels qu'officieux, et le tribunal ne violerait pas la loi en ne l'entendant pas. La femme ne sera pas tenue non plus de suivre ici les règles tracées par l'art. 861. C. pr. ; ce n'est pas parce que le mari refuse d'autoriser, c'est parce qu'il ne le peut pas, que la femme s'adresse à la justice.

II.— Les auteurs, soit anciens, soit modernes, sont loin d'être d'accord sur le fondement de l'autorisation maritale, c'est-à-dire, sur les causes qui font déclarer la femme incapable d'exercer les actes civils sans l'assistance de son mari.

Les uns prétendent que l'incapacité de la femme est établie *propter fragilitatem sexûs*, comme celle des mineurs l'est *propter fragilitatem œtatis*; en sorte que, dans les deux cas, ce serait l'in-habilité naturelle de la personne, son *imperitia*, qui motiverait son incapacité légale. Or, cette idée est inadmissible. Elle était vraie dans le droit romain primitif, où la femme subissait une incapacité perpétuelle qui la tenait en tutelle toute sa vie; en sorte que la tutelle se définissait alors, une institution orga-nisée *ad tuendum eum eamve qui propter œtatem* VEL SEXUM *se défendere nequit*. Mais chez nous, où les filles et les veuves ont la même capacité que les hommes, où même la femme actuelle-ment mariée peut être tutrice de ses enfans d'un premier lit (art. 396) et devenir la tutrice de son propre mari interdit (art. 507), ce principe serait d'une fausseté qui se touche du doigt. La force de la routine peut seule expliquer, dès-lors, que de nos jours encore on aille chercher dans des accusations aussi peu convenantes que peu logiques, d'étourderie et de légèreté, les causes qui ont conduit le législateur à proclamer l'incapacité accidentelle de la femme mariée.

D'autres auteurs, notamment Delvincourt (note 11 de la p. 75), en rejetant comme nous cette idée, enseignent que l'au-torisation est exigée *uniquement* comme marque de soumission de la femme, comme conséquence du respect dû au mari, et que dès-lors l'incapacité de la femme n'est établie, exclusivement, que dans l'intérêt moral du mari. Cette théorie, beaucoup plus près de la vérité que la première, devient cependant inexacte dans ce qu'elle a d'exclusif; elle paraît avoir été celle de notre ancien droit français, mais elle n'est certainement pas celle du Code civil. C'est précisément notre article qui le prouve, et après lui l'art. 225 et les art. 1124 et 1125.

En effet, si l'obtention de l'autorisation maritale n'était exigée que comme marque de respect et de déférence de la femme pour son mari, sans qu'aucune considération d'intérêt pécuniaire, sans qu'aucune crainte de lésion entrât dans la pensée de la loi, il importerait peu que le mari fût majeur ou mineur, car le jeune homme assez âgé pour avoir la qualité d'époux, et assez âgé pour recevoir les marques de déférence qui lui sont données à ce titre. Aussi, notre ancienne jurisprudence admettait-elle comme suffisante l'autorisation accordée par un mari mineur. (Pothier, *Puissance du mari*, 29, 30, 31.) Le Code civil, au contraire, déclare dans notre article que, d'après la manière dont il comprend l'incapacité de la femme, cette incapacité n'est pas levée par l'autorisation d'un mari mineur. Donc, il y a là, aux yeux de la loi, autre chose qu'une pure question de respect ; la femme, par sa qualité d'épouse, voit réellement diminuer sa capacité personnelle, laquelle doit être suppléée et complétée par la capacité du mari. C'est pour cela évidemment, que quand le mari, tout capable qu'il est de comprendre et d'agréer une marque de respect, est incapable des actes civils, son autorisation ne peut plus remplir le but de la loi.

De plus, si la nécessité de l'autorisation était imposée uniquement dans l'intérêt moral du mari, l'annulation de l'acte fait sans autorisation ne pourrait être demandée que par l'unique intéressé, le mari, et non pas par la femme. Or, l'art. 225 déclare qu'elle peut l'être aussi par la femme ; c'est même de cette femme que l'article parle tout d'abord, comme étant la principale intéressée.

Enfin, les art. 1124, 1125 et 1304 viennent reproduire ces mêmes idées et compléter la démonstration, en mettant sur la même ligne, comme touchant toutes aux intérêts pécuniaires, les trois nullités 1° du mineur, 2° de l'interdit, 3° de la femme mariée ; et en disant que toutes trois rendent l'acte, non pas nul radicalement, pour toujours et vis-à-vis de tout le monde, mais annulable pendant dix ans, et au profit des intéressés : le mineur, l'interdit et la femme.

Donc, la nécessité de l'autorisation n'est point fondée sur la faiblesse ou la légèreté de la femme ; mais elle ne l'est point non plus uniquement sur le respect dû au mari.

Voici quelle est, selon nous, la pensée du Code sur ce point.

La femme, par le fait de son mariage et tant que dure ce mariage, se trouve mise, pour ses biens comme pour sa personne, sous la garde de l'époux qu'elle se donne pour protecteur. Il est donc naturel, quoiqu'au fond elle conserve toute son expérience, toute la portée de son intelligence, tout l'*animi judicium* qu'elle avait, il est naturel qu'elle se préoccupe moins de ses affaires, qu'elle médite moins ses projets, qu'elle ne se jette plus dans les mêmes calculs, par la pensée qu'un autre est là qui s'acquittera pour elle et mieux qu'elle de tous ces soins. Il est tout naturel qu'elle se réduise au rôle d'instrument passif, dans la main et sous la direction de l'époux. C'est d'autant plus naturel que l'éducation des enfans, les soins du ménage, les mille travaux d'intérieur qui pèsent sur elle, vont absorber ses pensées, ses instans; tandis que l'époux, affranchi précisément par son mariage des quelques petits travaux de ménage que lui imposait la vie de garçon, se trouve dans les conditions les plus favorables à la gestion du patrimoine de la famille. Donc, la femme, tout en conservant au fond, et de manière à s'en servir encore au besoin, sa pleine capacité, la voit s'étouffer, sommeiller, s'évanouir, sous la force des circonstances, et elle tombe, pour les cas généraux et ordinaires, presque dans l'état où nous place la minorité même : il y a, pour ainsi dire, de la part de la femme, démission forcée de sa capacité. La femme sera donc déclarée incapable en général, et ce sera pour son incapacité, aussi bien que pour le respect dû au mari, qu'il lui faudra l'autorisation, l'assistance de celui-ci. C'est pour cela que, quand le mari est mineur, comme la minorité de celui-ci n'empêcherait probablement pas la femme de se reposer sur lui, de se livrer exclusivement à ses soins de ménage en comptant sur l'activité et l'intelligence du protecteur de son choix, la loi, qui voit là deux aveugles s'appuyant l'un sur l'autre, déclare que l'autorisation du mari, qui serait suffisante pour le respect dû par la femme, ne l'est pas pour l'incapacité de celle-ci, et elle exige, dans notre article, que l'autorisation de la justice intervienne. Mais vienne une circonstance extraordinaire, une circonstance dans laquelle il est impossible à la femme de se reposer sur le mari (par exemple, si le mari est absent ou interdit, ou s'il se trouve être lui-même l'adversaire de l'épouse) alors la pleine capacité qui dormait chez celle-ci se réveille forcément, et la question d'autorisation n'est plus qu'une question de respect.

Des trois cas que nous venons de citer, 1° interdiction du mari, 2° son absence, 3° la contrariété de ses intérêts et de ceux de la femme, il en est deux où notre théorie amène les mêmes résultats que la théorie, toute contraire, de l'incapacité absolue de la femme. En effet, quand le mari est interdit ou absent, il importe peu que la femme doive ou non être considérée comme capable en soi, il importe peu que l'autorisation du tribunal soit nécessaire pour le seul motif du respect dû par la femme, ou qu'elle le soit aussi et en même temps pour le motif de l'incapacité de cette femme; puisque, dans les deux systèmes, il faudra toujours que l'autorisation judiciaire intervienne : la loi d'ailleurs est formelle sur ce point (art. 222). Mais dans le troisième cas, notre théorie produit des conséquences importantes et donne la solution d'une question très-controversée par les auteurs. En effet, si la femme, alors même qu'elle a son mari pour partie adverse et qu'il y a contrariété d'intérêts entre eux, restait cependant incapable; comme on ne peut pas protéger et défendre une personne contre soi-même, comme il est absurde, impossible, que je m'occupe de préserver une personne des attaques que moi-même je lui porte, «*Nemo potest auctor esse in rem suam,*» alors l'autorisation du mari serait une dérision et la loi devrait, de toute nécessité, exiger l'autorisation de justice. D'après notre explication, au contraire, la capacité de la femme se réveillant, se relevant entière, alors qu'il y a pour elle impossibilité de compter sur le mari, l'autorisation dont la femme a besoin ne sera plus qu'une question de déférence, et elle sera valablement donnée par l'époux; en sorte que le seul fait que c'est le mari qui contracte avec la femme suffira pour autoriser celle-ci, et l'intervention de la justice sera inutile. Eh bien! cette théorie que donne la nature même des choses, c'est évidemment celle du Code; car, l'autorisation judiciaire, que dans le système contraire la loi devrait exiger ici impérieusement, elle ne la demande pas; il n'est pas un texte qui y fasse même allusion. Ni dans notre chapitre, où la loi prévoit avec tant de soin les cas d'interdiction, d'absence, et de minorité du mari; ni dans les nombreux textes du titre du *Contrat de mariage,* ni nulle part ailleurs dans le Code, la loi ne parle d'autorisation de justice dès-là que le mari est présent et capable; nulle part on ne pourrait trouver un mot qui fasse seulement soupçonner l'inhabilité du mari à autoriser sa femme parce que l'affaire le concerne. La loi prouve même le contraire dans l'art. 1595, où, après avoir déclaré en principe que le contrat de vente est défendu entre époux, elle le permet dans trois cas, sans exiger aucune autorisation pour la femme.

Ainsi donc, la nécessité de l'autorisation maritale se fonde sur deux causes simultanées, dont l'une, le respect dû au mari, existe toujours, tandis que l'autre, l'inhabilité purement accidentelle de la femme, disparaît dans certaines circonstances. Avec cette théorie, tout s'explique, tout se coordonne dans la loi; si on la rejette, la lumière disparaît avec elle. Dire que le Code prend pour principe la fragilité du sexe, c'est tomber dans l'absurde, puisqu'alors l'incapacité devrait s'étendre aux filles et aux veuves; dire qu'il considère uniquement la déférence due au mari, c'est rendre incompréhensibles notre art. 224 et les art. 1124, 1125 et 1304.

III. — Le Code, en s'occupant dans notre article du cas où le mari est mineur, suppose, bien entendu, que la femme, elle, est majeure; quelles règles faudrait-il suivre si c'était elle qui se trouvât en minorité?

La femme mineure s'est trouvée de plein droit émancipée par

son mariage (art. 476), et il est tout naturel et conforme à l'esprit de la loi qu'elle ait pour curateur légal le mari auquel cette loi la soumet. Elle pourra donc passer ses actes avec l'assistance du mari majeur, sauf délibération du conseil de famille et homologation du tribunal dans les cas où c'est nécessaire (art. 482, 483, 484). Que si le mari était aussi mineur, ou qu'il fût interdit, absent, ou sous le coup d'une peine infamante, ou encore qu'il refusât d'autoriser sa femme, il faudrait d'abord à la femme l'autorisation de la justice, à cause de sa qualité de femme mariée; puis en outre, vu sa qualité de mineure, l'assistance d'un tuteur nommé *ad hoc* par le tribunal.

Nous trouvons l'application de ces principes dans l'art. 2208, alinéas 2 et 3. On y parle de l'expropriation des immeubles d'une femme mariée, et la loi porte une disposition qui présente ces quatre propositions : 1° Si la femme est majeure, l'assistance de son mari majeur suffit (alinéa 2); 2° si le mari refuse de l'assister ou qu'il soit mineur (ou interdit, ou absent, ou sous le coup d'une peine infamante), la femme peut être autorisée par justice (*ibid.*); 3° si la femme est mineure, l'assistance du mari majeur suffit encore (alinéa 3); 4° enfin, si, la femme étant mineure, le mari est lui-même mineur, ou refuse de l'assister (ou ne le peut), le tribunal doit nommer un tuteur à la femme (*ibid.*).

Remarquons, du reste, que quand la femme est mineure, les actes de l'art. 481, que l'émancipé peut faire sans son curateur, ne pourraient cependant être faits par la femme sans l'assistance du mari, considéré, non comme curateur, mais comme mari, et à cause, non pas de la minorité de la femme, mais de sa qualité de femme mariée.

Remarquons encore, que quand le mari autorisera sa femme en tant que mineure et comme lui servant de curateur, l'autorisation ne sera valable que pour les actes passés avec des tiers et non pour ceux qu'elle passerait avec lui-même. Alors, en effet, la femme est vraiment incapable, et c'est bien le cas d'appliquer la règle : *Nemo potest auctor esse in rem suam*. Il faudrait ici encore, en outre de l'autorisation du mari, donner à la femme un tuteur *ad hoc*.

Article 225.

La nullité fondée sur le défaut d'autorisation ne peut être opposée que par la femme, par le mari ou par leurs héritiers.

SOMMAIRE.

I, L'acte dépourvu d'autorisation n'étant qu'annulable, le mari peut toujours le ratifier postérieurement. — Effets différens de la rati-

fication du mari ou de la femme, selon l'époque où elle est donnée.

II. Quand il s'agit d'une donation, le défaut d'autorisation emporte nullité radicale.

III. *Quid*, si dans l'acte dépourvu d'autorisation la femme s'est fait passer
pour non mariée ?

IV. Le droit d'attaquer l'acte annulable passe aux héritiers et aux créanciers du mari aussi bien qu'à ceux de la femme.

EXPLICATION.

I. — Dans l'ancien droit, du moins dans la plupart des coutumes, l'acte passé par la femme sans l'autorisation du mari était
radicalement nul et sans existence légale; en sorte qu'il ne pouvait être validé ni par l'assentiment postérieur du mari, ni par
la ratification de la femme devenue veuve. (Pothier, *Puiss. du
mari*, nᵒˢ 5 et 74.) Aujourd'hui, ainsi que le prouvent notre article et l'art. 1125, l'acte n'est qu'annulable, et l'annulation n'en
peut être demandée que par la femme, le mari ou leurs représentans; elle ne pourrait pas l'être par ceux, ou les représentans de
ceux, qui ont contracté avec la femme.

L'action en annulation n'est prescrite qu'après dix ans, depuis
la dissolution du mariage (art. 1304).

Puisque sous le Code l'acte n'est plus qu'annulable, il peut donc
être postérieurement ratifié, soit par le mari et la femme, soit
par la femme seule devenue veuve, soit par le mari seul pendant
le mariage. Cette dernière idée, que le mari, pendant le mariage,
peut, même sans le concours de sa femme, confirmer, par son
consentement postérieur, l'acte non autorisé d'abord; cette idée,
disons-nous, nous paraît évidente et nous ne comprenons pas
qu'elle soit rejetée par de bons auteurs, et par beaucoup de tribunaux, alors que dans l'ancien droit on la voit admise sans
contestation, dans celles des coutumes qui ne considéraient point
l'autorisation comme forme substantielle de l'acte. Et en effet,
l'acte non autorisé n'étant plus nul, mais seulement vicieux et
annulable, il subsiste donc tant qu'il n'est pas cassé; dès-lors,
quand le consentement postérieur du mari arrive, il tombe sur un
acte réel, il rencontre le consentement non révoqué, non annulé
de la femme; il y a donc réunion des deux volontés de la femme
et du mari, et l'acte, par conséquent, réunit dès ce moment les
conditions voulues pour sa validité, le vice est couvert. Cette doctrine, professée aussi par Delvincourt, Proudhon, Vazeille et par
MM. Zachariæ, Rau et Aubry, nous paraît la seule conforme aux
principes.

La grande raison sur laquelle on appuie l'opinion contraire
est tirée de circonstances historiques de la rédaction de notre

chapitre, lesquelles, au contraire, sont favorables à notre décision.

Quand l'art. 217 fut présenté pour la première fois à l'assemblée générale du Conseil d'État, il contenait un second alinéa, disant positivement : « Le consentement du mari, quoique postérieur à l'acte, suffit pour le valider. » C'était la consécration du principe résultant forcément de ce que, dans le nouveau système, l'acte n'était plus nul, mais annulable seulement. Aussi, personne ne critiqua cette disposition, personne ne présenta la plus petite observation contre elle. Le premier alinéa, qui n'exigeait alors l'autorisation que pour les aliénations, sans parler des acquisitions autres qu'une succession, fut seul discuté et critiqué, notamment par M. Regnault, qui voulait qu'on défendît à la femme toute espèce d'acquisition. Cette idée fut admise, et avec l'amendement de M. Regnault, l'article fut adopté. (Fenet, p. 74, 75 et 76.) En conséquence, la section de législation dut s'occuper de donner à l'article une rédaction nouvelle ; or, dans cette rédaction nouvelle, le second alinéa ne fut pas remis. De là, nos adversaires concluent que l'idée fut rejetée.

La conclusion, en vérité, nous paraît étrange. L'idée fut rejetée ! Mais pourquoi donc, et surtout par qui ? Apparemment par la Section de législation, qui retira à dessein ce second alinéa pour faire tomber le principe. Mais on n'y pense pas ; car l'idée, qui était devenue celle du Conseil tout entier, était surtout et avant tout l'idée de la Section ; c'était la Section qui l'avait écrite dans l'article pour la présenter à l'assemblée générale. Et voici que la Section va rejeter sa propre doctrine, quand elle est devenue celle du Conseil entier, et que l'assemblée générale, qu'elle engageait à l'accepter, l'a en effet acceptée à l'unanimité !!! Ne voit-on pas bien, au contraire, que si la Section, dans sa rédaction nouvelle, garda le silence sur ce point, c'est que ce point, qui lui paraissait à elle une conséquence toute simple des principes, ayant été adopté comme tel par tous les membres de l'assemblée générale et sans donner lieu à la moindre observation, elle crut peu utile de l'écrire en termes formels, et pensa qu'il ne paraîtrait douteux à personne.

Cette pensée de la Section de législation se trouve en effet indiquée, ce nous semble, par une transposition qu'elle a fait subir aux derniers mots du premier alinéa. Cet alinéa, dans sa première rédaction, demandait *le consentement par écrit ou le concours du mari dans l'acte*. Dans la seconde rédaction, en retranchant le deuxième alinéa, elle a interverti l'ordre des deux idées et a dit qu'il fallait *le concours du mari dans l'acte, ou son consentement par écrit*. Or, ou bien ce changement est puéril et n'a pas de sens, ou bien il a été fait pour que l'article, réduit à un seul alinéa, pût s'entendre dans le sens de l'alinéa qu'on retranchait. On demandait d'abord *consentement écrit ou concours dans l'acte*, ce qui semblait indiquer un consentement écrit existant au moment de la confection de l'acte; c'était alors indifférent pour la Section, puisque la validité du consentement écrit postérieurement à l'acte était proclamée par un alinéa exprès. Mais cet alinéa exprès disparaissant, la section a pu trouver utile d'arranger les mots de manière à signifier indistinctement un consentement antérieur ou postérieur à l'acte. C'est ce qu'elle a fait en reportant les mots *dans l'acte* avant ceux *consentement par écrit.* Cette transposition, nous le répétons, n'a pas pu avoir d'autre but.

Ainsi, le consentement donné postérieurement, mais pendant le mariage, par le mari, valide l'acte non autorisé d'abord, et brise l'action en nullité soit vis-à-vis du mari, soit vis-à-vis de la femme. Que si c'était après la dissolution du mariage que ce consentement du mari intervînt, comme alors il n'y a plus de puissance maritale, que l'époux survivant n'est plus mari et que dès-lors son consentement ne peut plus constituer une autorisation de mari, ce consentement rendrait bien l'acte inattaquable pour lui et ses ayans-cause, mais il ne produirait aucun effet pour les héritiers ou autres ayans-cause de la femme.

Quant à la ratification donnée par la femme seulement, si c'est pendant le mariage, elle ne produira aucun effet, ni vis-à-vis du mari, ni vis-à-vis de la femme elle-même, puisque sans autorisation la femme mariée ne peut rien faire. Si c'est après la dissolution du mariage, comme alors la femme est redevenue maîtresse de ses droits, l'acte se trouve validé vis-à-vis d'elle et de ses ayant-cause, mais il reste annulable pour les ayans-cause du mari. Il en serait de même, si la ratification était donnée par elle pendant le mariage avec autorisation de justice; car au moyen de cette autorisation le consentement de la femme produit son effet; mais cet effet ne peut pas se réaliser contre le mari, puisque lui n'a pas donné son assentiment (art. 1426).

II. — Il est un cas où le défaut d'autorisation du mari rendrait l'acte non plus seulement annulable, mais complètement nul, c'est quand il s'agit d'une donation. Nous verrons plus loin, par les art. 931 et suiv., que la donation est soumise à des formes sévères dont l'inobservation fait obstacle à l'existence même de la donation.

Ainsi, qu'une femme mariée accepte une donation sans y être autorisée; comme l'autorisation est alors exigée comme condition essentielle à la forme de l'acceptation (art. 934), cette acceptation sera nulle, et partant la donation nulle aussi, faute d'acceptation valable. Or, puisqu'il s'agit alors, non plus de demander l'annulation de l'acte, mais de faire reconnaître sa non-existence, l'action en reconnaissance de nullité pourrait, nonobstant notre article et les art. 1125 et 1304, être intentée par le donateur lui-même, et à quelque époque que ce soit.

Il en serait de même si c'était la femme qui eût fait une donation sans y être autorisée comme l'exige l'art. 509; l'action en constatation de la non-existence légale de cette donation pourrait s'intenter, non pas pendant dix ans seulement, mais à toute époque.

III. — Que déciderait-on si, dans l'acte dépourvu de l'autorisation maritale, la femme s'était fait passer pour non mariée? Devrait-on, malgré la bonne foi du tiers, annuler également pour défaut d'autorisation ?

La loi prévoit le cas quand il s'agit d'un mineur. Si le mineur est assez âgé et assez intelligent pour être *doli capax*, et qu'il ait employé des moyens frauduleux pour tromper le tiers, il ne peut demander l'annulation; car il y a là un dol dont il est responsable, un délit créant une obligation contre laquelle il ne peut être restitué (art. 1310); mais s'il s'est contenté, sans manœuvres tendant à circonvenir le tiers, de se dire majeur, cette simple déclaration n'empêche pas l'annulation de l'acte (art. 1307).

Plusieurs auteurs veulent qu'on applique cette théorie au cas d'une femme mariée. Nous ne saurions adopter leur sentiment; il n'y a aucune analogie entre les deux cas. Quand je suis en face d'un mineur, le seul aspect de sa figure doit me donner au moins des soupçons sur son incapacité, dès-lors je puis demander son acte de naissance, et s'il me présente un faux acte à l'appui de son mensonge, je ne serai plus dans le cas d'une *simple déclaration* de majorité, il y aura de sa part un délit des conséquences duquel sa minorité ne le garantira pas. Que si je me suis contenté de son assertion, alors qu'il était si naturel et si facile de demander l'acte de naissance, c'est à moi seul que je dois m'en prendre. On conçoit donc que dans ces circonstances, et quand il s'agit d'ailleurs d'un individu que sa minorité même, son inexpérience, empêchait de calculer les conséquences de son mensonge, l'art. 1307 permette l'annulation à son profit.

Mais quand il s'agit d'une femme de trente ans, je ne puis pas lire sur son visage qu'elle est mariée, je ne puis pas non plus lui demander un acte qui constate qu'elle ne l'est pas; enfin, elle de son côté comprend parfaitement la gravité du mensonge qu'elle fait dans l'acte. Pour elle, ce mensonge est vraiment un délit dont elle doit répondre par *à fortiori* de l'art. 1310. L'annulation ne devra donc pas être prononcée.

Il n'en pourrait être autrement qu'autant que le peu d'intelligence de la femme ou d'autres causes d'excuse diminueraient sa culpabilité, et que le tiers, de son côté, aurait été en état de se renseigner sur la qualité de la femme, en sorte qu'il y aurait à lui reprocher une grave négligence.

En définitive, comme on le voit, la décision dépendrait des circonstances, et par conséquent elle devait être laissée, comme elle l'est en effet par le silence du Code, à l'appréciation des tribunaux.

IV. — Nous avons vu, sous l'article précédent, que la règle de l'autorisation maritale n'est point seulement une question de respect pour le mari, mais aussi, et en même temps, une question de capacité personnelle, touchant aux intérêts pécuniaires. Or, l'intérêt pécuniaire qui existera toujours et qui se conçoit de suite pour la femme et ses représentans, peut exister aussi pour le mari et les ayans-droit du mari. Ainsi, qu'une femme commune renonce sans autorisation à une succession qui devait mettre dans la communauté des valeurs mobilières considérables (art. 1401); il est clair que le mari, ou après lui ses héritiers, auront un intérêt pécuniaire à faire annuler la renonciation, pour augmenter la communauté à la moitié de laquelle ils ont droit. L'action en nullité peut donc avoir pour cause, tantôt un intérêt moral, tantôt un intérêt pécuniaire. Quand elle n'est fondée que sur l'intérêt moral, l'action ne peut appartenir qu'au mari dont l'autorité a été méprisée, et seulement tant que dure le mariage, puisque la dissolution de ce mariage fait cesser cette autorité. Quand il s'agit au contraire d'intérêts pécuniaires, l'action appartient à la femme, au mari, et à tous leurs héritiers ou ayans-cause. C'est sans doute pour n'avoir pas aperçu l'intérêt d'argent qui peut exister alors pour le mari et ses représentans, que des auteurs ont enseigné que l'action ne pouvait jamais passer aux héritiers du mari, mais seulement à ceux de la femme. Notre article, du reste, donne un démenti formel à cette doctrine en accordant l'action à la femme, au mari et à *leurs* héritiers.

Et ce n'est pas seulement aux héritiers, c'est aussi aux créanciers qu'appartient l'action fondée sur l'intérêt pécuniaire; attendu que tous les biens d'un débiteur formant le gage de ses créanciers (art. 2093) et les actions pécuniaires étant vraiment des biens, ces actions peuvent dès-lors être exercées par les créanciers de la personne à laquelle elles appartiennent, ainsi que le dit l'art. 1166. Cet article excepte avec raison les actions exclusivement attachées à la personne, comme seraient une action en séparation de corps, en séparation de biens, ou, dans notre matière même, l'action appartenant au mari sur le seul motif du mépris fait de son autorité. Mais quand l'action est purement pécuniaire, on conçoit qu'elle ne rentre plus dans cette exception, et nous ne comprenons pas comment Toullier a pu y placer celle dont nous parlons ici.

ARTICLE 226.

La femme peut tester sans l'autorisation de son mari.

N. B. — Il est clair que la femme n'a pas non plus besoin d'autorisation pour révoquer le testament qu'elle a fait. Du reste, la disposition de notre article n'était pas inutile, car autrefois il y avait quelques coutumes dans lesquelles la femme ne pouvait tester qu'avec l'autorisation maritale, notamment la Coutume de Normandie, dont l'art. 417 dit : « Femme mariée ne peut « tester d'aucune chose, s'il ne lui est permis par son mari, ou « que par son traité de mariage il ne soit ainsi convenu. »

CHAPITRE VII.

De la Dissolution du mariage.

ARTICLE 227.

Le mariage se dissout,

1° Par la mort de l'un des époux;

2° Par le divorce légalement prononcé;

3° Par la condamnation devenue définitive de l'un des époux, à une peine emportant mort civile.

SOMMAIRE.

Il n'existe plus que deux causes de dissolution : la mort naturelle et la civile. — C'est la mort civile, et non la condamnation, qui dissout le mariage. Erreur de Delvincourt, Vazeille, et M. Duranton.

EXPLICATION.

Le divorce ayant été aboli, comme on le sait, par la loi du 8 mai 1816, il n'existe plus que deux causes de dissolution du mariage: la mort naturelle et la mort civile.

Le dernier alinéa de notre article est mal rédigé: ce n'est jamais la condamnation qui produit la dissolution du mariage; c'est la mort civile, ainsi qu'on l'a vu par l'art. 25. Delvincourt, Vazeille et M. Duranton, abusant de la rédaction inexacte de cet alinéa, lui donnent un sens qui est bien loin de la pensée de la loi, et qui conduirait à une étrange doctrine. En cas de contumace, disent-ils, la condamnation ne peut être dite définitive que quand le condamné ne peut plus se présenter pour obtenir un nouveau jugement; or, ceci n'a lieu, d'après les art. 635 et 641 du Code d'instruction criminelle, qu'après vingt ans depuis la prononciation de l'arrêt. C'est donc après ces vingt ans seulement que le mariage du condamné sera dissous.

Pour être conséquent avec cette manière d'interpréter l'article, il faudrait dire : En cas de sentence contradictoire, c'est après les trois jours accordés pour se pourvoir en cassation que la condamnation est définitive; donc, c'est après ces trois jours que le mariage du condamné est dissous. Il suivrait de là que, dans les condamnations contradictoires, le mariage pourrait être dissous deux ou trois mois *avant* la mort civile (puisque celle-ci n'a lieu que par l'exécution, laquelle peut ne se réaliser que long-temps après l'arrêt); tandis que, dans les condamnations par contumace, qui emportent mort civile après les cinq ans depuis l'exécution fictive, cette dissolution n'aurait lieu que quinze ans *après* la mort civile. Ainsi, ce ne serait *jamais* la mort civile qui produirait la dissolution ! Cette réflexion suffit pour apprécier la doctrine de ces auteurs.

Comment d'ailleurs a-t-on pu s'imaginer que les rédacteurs du Code entendaient soumettre le sens de leur article aux dispositions du Code d'instruction criminelle, qui n'existait pas encore, même en projet?... Est-il besoin de dire que c'est aux textes de la mort civile que les rédacteurs ont entendu se reporter? Or, ces textes sont très-clairs : Le mariage du condamné se dissout par la mort civile (art. 25, alin. 8); et la mort civile est encourue par l'exécution, dans les condamnations contradictoires (art. 26), et par l'expiration de cinq ans depuis l'exécution fictive, dans les condamnations par contumace (art. 27). Ne voit-on pas bien que c'est pour rappeler ces cinq années de grâce, pendant lesquelles la mort civile n'a pas lieu, qu'on a parlé ici de condamnations *devenues définitives*, lesquelles, dans le projet et dans la discussion du Conseil d'État, étaient mises en opposition avec les condamnations contradictoires? Ceci nous semble si clair que nous croyons inutile de nous jeter dans d'autres considérations sur ce point.

Les mots *condamnation devenue définitive* signifient donc condamnation arrivant à produire la mort civile, et notre article tout entier se résume à dire que le mariage se dissout par la mort, soit naturelle, soit civile, de l'un des époux.

CHAPITRE VIII.

Des seconds Mariages.

ARTICLE 228.

La femme ne peut contracter un nouveau mariage qu'après dix mois révolus depuis la dissolution du mariage précédent.

SOMMAIRE.

I. Deux causes de cet empêchement. — Il n'est que prohibitif. — Il s'applique aussi en cas de mariage déclaré nul.

II. *Quid* si la femme se remarie et qu'il naisse un enfant avant trois cents jours, depuis la dissolution du précédent mariage?

EXPLICATION.

I. — L'empêchement posé par cet article a surtout pour but d'éviter la confusion de part, *turbationem sanguinis,* et de prévenir l'incertitude où l'on serait de savoir si c'est au précédent mari, ou au mari actuel, que doit être attribuée la paternité de l'enfant né dans les premiers mois du mariage nouveau. Mais ce motif n'est pas le seul, et l'on conçoit que ce serait un outrage à la morale et à la décence publique, que de permettre à la femme de convoler à une nouvelle union immédiatement après la dissolution de la première. Aussi, notre article est-il rédigé d'une manière absolue et qui ne permettrait pas le mariage avant les dix mois, dans le cas même où l'accouchement de la femme, suivant de quelques jours seulement la mort du mari, ferait disparaître toute crainte d'une confusion de part.

Les motifs de la loi étant exactement les mêmes dans le cas d'un mariage déclaré nul, il est évident que notre article s'appliquerait également à ce cas.

Du reste, le chapitre des nullités n'indiquant point cette circonstance parmi les causes d'annulation du mariage, il s'ensuit que l'union contractée par la femme avant l'expiration des dix mois ne pourrait être déclarée nulle sur ce motif, et que la défense de notre article ne constitue qu'un empêchement prohibitif.

II. — Si, en fait, la femme, par suite de l'extrême négligence de l'officier de l'état civil, ou en trompant cet officier, s'était remariée fort peu de temps après la dissolution du mariage précédent, et qu'un enfant naquît avant la fin du dixième mois depuis cette dissolution, auquel des deux époux attribuerait-on la paternité de cet enfant?

La loi, dans l'art. 312, 2ᵉ al., établit comme présomption légale, que la grossesse d'une femme peut quelquefois ne durer que cent quatre-vingts jours, ou six mois, et qu'elle peut aller quelquefois jusqu'à trois cents jours, ou dix mois. C'est à cause de cette possibilité d'une gestation de dix mois que la loi exige ici ce délai avant la célébration du second mariage (1). Eh ! bien, que déciderait-on si l'enfant naissait avant trois cents jours depuis la dissolution du premier mariage, mais après cent quatre-vingts jours depuis la célébration du second ?

La présomption de la loi, la règle de l'art. 312, ne pouvant plus donner de résultat, puisqu'elle attribuerait l'enfant aux deux maris tout ensemble, il faudra décider, en fait et d'après le témoignage des gens de l'art, si l'enfant est venu après une courte ou une longue gestation. Que si le second mariage ayant eu lieu quelques jours seulement après la dissolution du premier, l'enfant naissait précisément après un délai tel qu'il serait tout-à-fait impossible de l'attribuer plutôt à l'un des maris qu'à l'autre, c'est au second qu'on devrait l'attribuer, 1° parce que l'empressement des nouveaux époux à se marier doit faire soupçonner qu'il y avait entre eux un commerce dont ils se sont hâtés de couvrir les suites ; 2° parce que ce second mari est en faute de s'être ainsi marié, contrairement aux prescriptions de la loi.

--o———o--

RÉSUMÉ DU TITRE CINQUIÈME.

DU MARIAGE.

I. — Le mariage, élevé par la religion chrétienne à la dignité de sacrement, n'est, aux yeux de la loi, qu'un contrat civil, par lequel l'homme et la femme s'unissent pour perpétuer leur espèce, et s'aider à porter le poids de la vie, en partageant leur commune destinée.

Nous aurons à voir successivement :

1° Quelles conditions sont requises pour le mariage, et quel effet produit l'absence de telle ou telle de ces conditions ;

2° Comment se prouve le mariage ;

3° Quels effets il produit ;

4° Enfin, par quelles causes il se dissout.

---

(1) Nous disons que, pour la loi, 180 jours faisaient 6 mois ; et 300 jours, 10 mois ; on sait, en effet, que le Code a été promulgué sous le calendrier républicain, dans lequel tous les mois étaient de 30 jours.

CHAPITRE PREMIER.

CONDITIONS REQUISES POUR LE MARIAGE ; EFFET DE LEUR ABSENCE.

II. — Les conditions exigées pour le mariage se divisent en trois classes. Les unes, au nombre de trois, sont essentielles à la formation même du contrat ; en sorte que quand l'une d'elles manque, le mariage n'existe pas. D'autres, au nombre de huit, sont nécessaires, non plus à l'existence, mais à la validité du contrat ; en sorte que leur absence n'empêche pas le mariage de se former, mais le rend annulable. D'autres enfin ne sont indispensables ni à l'existence, ni à la validité du contrat : leur absence est bien un obstacle à la célébration de l'union ; mais si, par le fait, cette célébration, toute prohibée qu'elle était, a cependant eu lieu, le mariage reste inattaquable.

Nous expliquerons séparément ces trois classes de conditions, dans trois sections ; puis, nous exposerons, dans une section quatrième et dernière, le droit d'opposition que la loi accorde à certaines personnes dans le but principal de faire connaître à l'officier de l'état civil les causes qui font obstacle à la célébration.

SECTION PREMIÈRE.

CONDITIONS NÉCESSAIRES A L'EXISTENCE MÊME DU MARIAGE.

III. — Trois conditions seulement sont indispensables à la formation du mariage : 1° la capacité, chez les deux contractans, d'être mari et femme, c'est-à-dire la différence de sexe ; 2° leur consentement naturel et civil de se prendre réciproquement pour époux ; 3° la célébration solennelle de leur union par un officier de l'état civil.

Nous disons qu'il faut le consentement naturel *et civil* des contractans. En effet, le mort civilement et l'interdit pour démence, tout capables qu'ils sont, l'un perpétuellement, l'autre pendant ses intervalles lucides, de donner un consentement de fait, ne peuvent cependant contracter un mariage civil, parce que, légalement, l'un est réputé mort, et l'autre toujours privé de raison.

Nous disons aussi que la troisième condition consiste dans la célébration de l'union par *un* officier de l'état civil, quand même ce ne serait pas celui spécialement désigné par la loi. En effet, ce n'est pas l'incompétence de l'officier, c'est l'absence de tout officier, qui empêcherait le mariage d'exister.

Par l'absence d'une de ces trois conditions, le mariage ne se forme pas, et dès-lors il n'y a pas lieu de parler d'annulation; car on n'annulle pas ce qui est nul, on ne détruit pas ce qui n'existe point. A la vérité, il faut ici, comme dans toute espèce de contestations, s'adresser aux tribunaux; mais ce n'est pas pour qu'ils brisent le mariage, c'est pour qu'ils proclament que ce prétendu mariage n'a jamais eu de réalité légale.

SECTION II.

CONDITIONS NÉCESSAIRES A LA VALIDITÉ DU MARIAGE. — EMPÊCHEMENS DIRIMANS. — DEMANDE EN NULLITÉ.

IV. — Les conditions exigées pour la validité du mariage, et dont l'absence constitue les *empêchemens dirimans*, parce que, tout en laissant le mariage se former, elle permet de le faire briser (*dirimere*), sont au nombre de huit.

Il y a donc huit empêchemens dirimans, et dès-lors huit causes de demande en nullité, ou, pour mieux dire, en annulation. Ce sont : 1° le défaut de liberté dans le consentement de l'un ou de l'autre époux; 2° l'erreur d'un des époux sur les qualités principales de l'autre; 3° le défaut de consentement des personnes dont dépend un époux mineur; 4° l'impuberté des époux ou de l'un d'eux; 5° l'engagement actuel d'un des époux dans les liens d'un mariage valable et dont le conjoint n'est pas absent; 6° la parenté ou alliance des époux au degré prohibé; 7° le défaut de publicité du mariage; 8° enfin, l'incompétence de l'officier qui a procédé à la célébration. Disons un mot de chacune de ces huit circonstances.

V. — 1° Le défaut de liberté dans le consentement peut résulter, soit de violence, soit de séduction; c'est aux tribunaux à décider, par l'appréciation des circonstances, si les causes qui ont détruit la liberté sont vraiment immorales, et si le défaut de liberté est suffisant pour annuler le mariage. Du reste, le mariage ne peut être attaqué pour cette cause que par l'époux dont le consentement n'a pas été suffisamment libre, et l'action, qui ne passerait pas même à son héritier et qui s'éteint toujours par sa mort, ne peut plus être intentée par lui-même quand le vice est couvert. Or, ce vice se couvre par trois causes : 1° une ratification formelle donnée par l'époux après la recouvrance de sa liberté; 2° une ratification tacite, résultant d'une cohabitation de six mois depuis cette même recouvrance; 3° enfin, la prescription, laquelle s'accomplirait par le laps de trente années à partir de cette même recouvrance de la liberté.

Quant au défaut, non plus de la liberté dans le consentement, mais du consentement lui-même, nous avons vu, à la section précédente, qu'il serait une cause de non-existence du mariage.

VI. — 2° La seconde cause de nullité est l'erreur d'un époux *dans la personne* de son conjoint, en d'autres termes sur les qualités principales de ce conjoint. Elle suit les mêmes règles que la précédente. Ainsi, 1° c'est au juge à décider, par les circonstances, si l'erreur est assez grave pour motiver l'annulation ; 2° l'action est rigoureusement personnelle à l'époux induit en erreur ; 3° elle ne pourrait plus être intentée, ni après une ratification formelle, ni après six mois de cohabitation, ni après le délai de trente ans ; pourvu que l'un de ces trois événemens se soit accompli postérieurement à la cessation de l'erreur.

Il importe peu, on le conçoit, que l'erreur sur les qualités du conjoint se soit réalisée sans aucune substitution de personnes, ou par la substitution faite à une personne que l'époux trompé ne connaissait pas ; le résultat est le même toutes les fois que l'erreur ne porte que sur les qualités. Mais si, par impossible, il y avait substitution à une personne que l'époux trompé connaissait, et, par conséquent, erreur sur l'individu même, il est clair que ce serait un cas de non-consentement, et dès-lors une cause, non plus d'annulation du mariage, mais de non-existence de ce mariage.

VII. — 3° Un consentement, autre que celui de l'époux, n'est demandé pour le mariage que quand l'époux est mineur.

Sont mineurs, quant au mariage, tous hommes et femmes ayant moins de vingt-un ans, et aussi les hommes qui, ayant plus de vingt-un et moins de vingt-cinq ans, ont encore des ascendans en état de manifester leur volonté. Donc, l'homme ou la femme ne peuvent, jusqu'à vingt-un ans, se marier sans le consentement de leurs ascendans ou de leur conseil de famille ; et les hommes entre vingt-un et vingt-cinq ans ne le peuvent pas sans le consentement de leurs ascendans.

VIII. — Le système de la loi, pour le consentement à obtenir des ascendans, se compose de ces quatres règles : 1° La présence d'un seul ascendant du premier degré en état de manifester sa volonté empêche le droit de consentir de passer aux ascendans supérieurs : ainsi, quand, après la mort de mon père, j'ai ma mère et mon aïeul paternel, ma mère seule exerce le droit. Cette règle ne s'applique plus au-delà du premier degré. 2° Quand les ascendans du premier degré sont tous deux morts ou hors d'état de consentir, le droit passe simultanément aux deux lignes paternelle et maternelle, et appartient à l'ascendant le plus proche ou aux ascendans les plus proches de chaque ligne. Si donc j'ai mon aïeul paternel et mes deux bisaïeuls maternels, le droit appartient à ces derniers aussi bien qu'au premier, quoique celui-ci soit d'un degré plus proche qu'eux ; 3° A quelque degré que ce soit, deux ascendans conjoints ne comptent que pour un ; c'est la volonté du mari qui l'emporte. La femme, à la vérité, doit être consultée ; mais cette consultation, dont l'absence serait un empêchement légal à la célébration, comme on va le voir dans la section III, n'est pas nécessaire à la validité du mariage. Le mariage, avec le consentement de l'ascendant sans consultation de l'ascendante sa femme, ne devrait pas être célébré ; mais si, en fait, il l'était, l'annulation ne serait pas possible ; 4° Enfin, pour les ascendans au-delà du premier degré, le consentement d'une des deux lignes est seul nécessaire à la validité du mariage ; et il en est de même, dans chaque ligne, pour les deux branches de cette ligne. Ici encore, la consultation de la seconde ligne ou de la seconde branche est exigée par la loi, et au défaut de cette consultation le mariage ne devrait pas être célébré ; mais s'il l'était cependant, il n'y aurait pas de nullité.

IX.— Ces règles, dans leur ensemble, ne sont relatives qu'aux enfans légitimes. Quant aux enfans naturels, ils ne peuvent, aux yeux de la loi, avoir d'autres ascendans que *les père et mère* qui les ont légalement reconnus ou contre lesquels est intervenue une déclaration judiciaire de paternité ou de maternité. On ne peut donc leur appliquer, dans ce qui vient d'être dit, que ce qui est relatif aux père et mère. Quand l'enfant naturel n'a ni père ni mère légalement connus, il ne peut se marier, au-dessous de vingt-un ans, qu'avec le consentement d'un tuteur *ad hoc*, qui lui est nommé par un conseil de famille composé d'amis.

X.—On peut donc dire d'une manière générale que l'une des conditions nécessaires à la validité du mariage, c'est, pour l'époux *mineur*, le consentement *de sa famille*. Dans ce cas, l'expression de *mineur* représente, selon les circonstances, une personne de moins de vingt-un ans ou un jeune homme entre vingt-un et vingt-cinq ans ; et celle de *famille* signifie, tantôt les ascendans légitimes de tout degré, tantôt les père et mère naturels légalement connus, tantôt le conseil de famille même composé d'étrangers (parce qu'il n'en constitue pas moins la famille légale de l'époux), tantôt enfin le tuteur *ad hoc*, qui nommé par le conseil de famille, représente encore la famille légale de l'enfant.

Le consentement dont il s'agit peut être donné, ou verbalement par la personne présente au mariage, ou par un acte écrit, lequel doit être passé devant notaire.

XI. — L'action en nullité pour défaut de consentement de la

I.   43

famille au mariage de l'époux mineur est rigoureusement réservée à l'époux qui avait besoin de ce consentement et à la personne revêtue de l'autorité qui a été méprisée. Il faut bien remarquer la portée de cette dernière partie de la règle. Ainsi, après la mort du père qui n'a pas consenti, la mère, quoique son consentement eût dû être demandé concurremment avec celui du père, ne peut cependant pas agir; car ce n'est pas le mépris de son autorité, à elle, qui causait la nullité. Ainsi encore, quand le mineur de vingt-un ans, marié sans le consentement du conseil de famille, arrive à sa majorité avant que ce conseil ait intenté l'action, cette action n'est plus possible, parce qu'il n'y a plus de conseil de famille. Enfin, dans le cas d'un tuteur *ad hoc*, l'action en nullité n'est jamais possible pour l'autorité méprisée, parce qu'une fois le mariage célébré, le tuteur, qui n'était tuteur que *ad hoc*, cesse d'avoir cette qualité.

XII.—L'action s'éteint, et vis-à-vis de la famille et vis-à-vis de l'enfant, par la ratification de la famille; elle s'éteint aussi par la ratification de l'enfant, mais vis-à-vis de lui seulement. La ratification de la famille, c'est-à-dire de celui ou de ceux qui devaient consentir, peut être expresse ou tacite; et il est à remarquer que la ratification tacite, qui résulte toujours du silence gardé par la famille pendant un an, à partir de la connaissance qu'elle a eue du mariage, peut résulter aussi de toute autre circonstance. La ratification de l'enfant, au contraire, ne peut être donnée expressément qu'après le moment où il est dans les conditions voulues pour consentir seul au mariage; et elle ne peut résulter tacitement que du silence gardé par lui pendant une année à partir de ce même moment.

Le défaut de consentement des ascendans ou de la famille au mariage des mineurs, outre l'action en nullité à laquelle il donne lieu, rend encore l'officier qui a procédé à la célébration passible d'un emprisonnement de six mois à un an et d'une amende de 16 à 300 francs.

XIII. — Dans les trois cas dont nous avons parlé jusqu'ici, on dit qu'il y a *nullité relative;* parce qu'en effet l'action en annulation n'existe, comme on le voit, que relativement à certaines personnes.

Dans les cinq cas qu'il nous reste à voir (1° impuberté, 2° bigamie, 3° inceste, 4° clandestinité, 5° incompétence de l'officier), il y a nullité *absolue,* c'est-à-dire que l'action est ouverte à tous ceux qui ont un intérêt, soit moral, soit pécuniaire, à l'intenter; puis aux deux époux, même à celui dont le mariage constituerait un crime.

Les personnes ayant intérêt moral sont : dans le cas de biga-

mie, le premier époux du bigame; dans tous les cas, les ascendans de tout degré, ou, à leur défaut, le conseil de famille; et
toujours aussi le ministère public, mandataire de la société. Il
y a cependant, entre ce dernier et tous les autres, cette différence,
que le conjoint, les ascendans ou le conseil de famille, peuvent
agir en nullité, soit pendant l'existence du mariage annulable,
soit après sa dissolution par la mort de l'époux du chef duquel
ils agissent; tandis que le ministère public ne peut agir que du
vivant des deux époux, pour faire cesser le scandale qu'ils donnent, en les forçant à se séparer.

Quant à ceux dont l'action se fonde sur un intérêt pécuniaire,
ils peuvent agir toutes les fois que leur intérêt existe actuellement. Le plus souvent cet intérêt n'existera qu'après la dissolution du mariage annulable; mais il pourra bien quelquefois
exister du vivant même des époux.

Arrivons maintenant aux cinq conditions qu'il nous reste à
indiquer, et sur lesquelles nous aurons moins de détails à donner, au moyen de ces observations générales.

XIV. — 4° L'homme avant dix-huit ans, la femme avant
quinze ans, ne peuvent se marier, à moins de dispenses que le
roi peut accorder pour des causes graves. Mais la loi ne donne
point à ces dispenses l'effet de valider le mariage antérieurement
contracté.

XV. — Il y a ceci de remarquable pour la nullité résultant du
défaut d'âge, qu'elle est la seule des cinq nullités absolues qui ne
puisse pas être demandée par les ascendans ou le conseil de famille qui auraient consenti au mariage. Mais les parens qui ont
consenti sont les seuls à qui le droit d'intenter l'action soit retiré.
Ainsi, quand le père ou la mère ont consenti, les autres ascendans et le conseil de famille, s'il en existe un, pourraient toujours agir.

XVI. — La nullité du mariage ne peut plus être prononcée
quand il s'est écoulé six mois depuis que l'époux marié avant sa
puberté a atteint l'âge compétent; elle ne peut plus l'être non plus
du chef de la femme, lorsque cette femme se trouve enceinte.

XVII. — 5° L'existence d'un premier mariage forme toujours
empêchement à un mariage subséquent; mais quand la première
union est annulable, ou que le conjoint est absent, la seconde
ne peut pas être annulée. C'est donc seulement l'existence d'un
premier mariage *valable*, et dont le conjoint est *certainement
vivant*, qui forme empêchement dirimant et devient une cause
de nullité. Cette nullité ne peut se couvrir par aucun moyen.

XVIII. — 6° Une sixième condition nécessaire à la validité du
mariage, c'est que les deux époux ne soient entre eux ni parens

ni alliés à un degré déterminé. En effet, le mariage est défendu, sous peine de nullité, à toute personne, avec ses descendans, ses frères ou sœurs, et les descendans de ses frères ou sœurs; puis avec ses alliés en ligne directe et ses beaux-frères ou belles-sœurs. Mais ici, comme dans le cas d'impuberté, le roi peut accorder des dispenses; non pas cependant pour tous les cas de parenté ou d'alliance, mais seulement pour les descendans de frères ou sœurs et pour les beaux-frères et belles-sœurs. Ici, comme dans le cas de bigamie, la nullité ne peut se couvrir par aucun moyen.

XIX. — 7° et 8° Les deux dernières conditions voulues pour la validité d'un mariage sont sa célébration par l'officier d'état civil compétent, et la publicité antérieure et contemporaine à cette célébration. L'officier compétent est celui du domicile de l'un des époux; et le domicile, en fait de mariage, ne s'établit que par six mois d'habitation dans une même commune. Une fois acquis dans une commune, ce domicile ne s'y perd que par six mois écoulés depuis la cessation de l'habitation.

Les deux conditions dont il s'agit ici ne sont, à proprement parler, que les deux parties d'une condition unique, savoir : la publicité du mariage, laquelle se divise en *publicité de fait*, résultant de l'accomplissement des moyens matériels de notification, et *publicité civile*, résultant de la célébration devant l'officier compétent, constitué par la société le premier témoin du mariage.

XX. — Cette condition de publicité, embrassant et la publicité de fait et la présence de l'officier compétent, est exigée, disons-nous, sous peine de nullité du mariage. Mais cette nullité, au lieu de résulter de causes catégoriquement précisées par la loi, est laissée, comme celles pour défaut de liberté ou pour erreur sur les qualités principales, à l'appréciation des tribunaux. C'est à eux de voir si, malgré l'inobservation de tels ou tels moyens de publicité, on n'en aurait pas encore accompli assez pour que le mariage fût suffisamment public. Et non-seulement la loi n'attache pas la nullité à l'inobservation de telle ou telle des règles concourant à la publicité, mais au contraire, en sens inverse, son texte ou son esprit nous disent qu'il est deux de ces règles dont la violation ne suffira jamais, par elle seule, pour faire annuler le mariage : c'est, 1° le défaut de publications, pour lequel un article formel prononce seulement une amende; 2° la célébration hors de la maison commune, que notre législation autorise, en ne prohibant pas les mariages contractés au lit de mort. Il est pourtant un cas, celui de mariages contractés à l'étranger par des Français, où le Code prononce la nullité (toujours sous le pouvoir discrétionnaire du juge) pour la seule inobservation de telle formalité par lui déterminée. Alors, en effet, les tribunaux peuvent annuler le mariage, soit pour le seul défaut de publications en France, soit même pour le défaut de réquisitions du conseil qu'un époux majeur doit demander à ses ascendans. (Ce défaut de conseil n'est jamais une cause de nullité pour les mariages contractés en France, ainsi qu'on va le voir par la section III.)

XXI. — Dans tous les cas, la nullité pour défaut de publicité matérielle ou civile se couvre par la possession d'état, c'est-à-dire par la publicité que le mariage acquiert postérieurement à sa célébration, et qui attribue aux conjoints, aux yeux de tous, la qualité d'époux légitimes. Ce sera encore aux tribunaux à décider, en fait, s'il y a publicité suffisante pour couvrir la clandestinité primitive de l'union.

SECTION III.

CONDITIONS DONT L'INACCOMPLISSEMENT NE FAIT OBSTACLE NI A L'EXIS-
TENCE, NI A LA VALIDITÉ DU MARIAGE; OU EMPÊCHEMENS PROHIBITIFS.

XXII. — Il est un grand nombre de conditions dont l'inobservation ne nuit ni à l'existence, ni même à la validité du mariage, mais qui sont cependant rigoureusement exigées par la loi, de telle sorte qu'en l'absence d'une seule, l'officier public ne doit pas procéder à la célébration. L'absence de ces conditions constitue donc des empêchemens, non plus dirimans, mais *prohibitifs* seulement.

Quatre de ces conditions, et par là même quatre empêchemens prohibitifs, ont été indiqués dans la section précédente; il nous faut dire ici un mot de chacun en particulier.

XXIII. — 1° L'existence d'un premier mariage annulable, ou dont le conjoint est absent, fait obstacle à la célébration d'un mariage nouveau, lequel reste défendu jusqu'à la déclaration de nullité du premier mariage ou la certitude acquise de la mort du conjoint absent.

XXIV. — 2° Les majeurs ayant encore des ascendans en état de manifester leur volonté ne peuvent se marier, à quelque âge que ce soit, qu'après avoir requis le *conseil* de leurs ascendans. La réquisition doit se faire par les fils de vingt-cinq à trente ans et par les filles de vingt-un à vingt-cinq ans, au moyen de trois actes respectueux signifiés successivement à un mois d'intervalle; après trente ans pour les fils, et vingt-cinq ans pour les filles, un seul acte respectueux suffit. Le mariage n'est permis qu'un mois après la signification du dernier acte ou de l'acte unique. La signification se fait, à la personne ou au domicile de l'ascendant, par deux notaires, ou par un notaire et deux témoins.

L'ordre à suivre entre les ascendans des différens degrés, pour cette réquisition de conseil, est celui que nous avons indiqué plus haut pour l'obtention du consentement.

L'officier public qui procède au mariage d'un majeur, sans que cette réquisition de conseil ait été faite, est passible d'un emprisonnement d'un mois à un an, et d'une amende de 16 à 300 fr.

XXV. — 3° L'enfant mineur qui, ayant encore ses père et mère, obtiendrait pour son mariage le consentement du premier; ou qui, n'ayant plus que ses ascendans supérieurs, obtiendrait le consentement d'une des deux lignes, ou dans une seule ligne le consentement d'une des deux branches, cet enfant n'aurait pas d'annulation à craindre pour le mariage qui se trouverait célébré avec ce seul consentement, et sans *consultation* de la mère de la seconde ligne, ou de la seconde branche; mais pourtant cette consultation est exigée, et à son défaut l'officier public ne doit pas célébrer le mariage.

XXVI. — 4° Le mariage ne peut être célébré qu'après deux publications faites à deux dimanches consécutifs. Un acte en doit être dressé sur un registre, tenu simple, coté et paraphé par le président du tribunal, et un extrait de cet acte doit être et rester affiché à la porte de la maison commune dans l'intervalle de l'un à l'autre dimanche. Le mariage n'est possible que le troisième jour après le second dimanche, et il ne peut être célébré, sans publications nouvelles, que pendant une année. Pour des causes graves, la dispense d'une des deux publications peut être accordée directement par le procureur du Roi.

Ces publications doivent avoir lieu, pour chacune des parties, 1° au lieu où elle a son domicile de mariage; 2° au lieu où elle a son domicile réel ordinaire, s'il est distinct du premier; 3° au domicile des ascendans ou de la famille dont cette partie doit obtenir le consentement ou demander le conseil.

La contravention à quelqu'une de ces règles donne lieu, contre l'officier public, à une amende de 16 fr. à 300 fr.; et contre les parties ou ceux sous la puissance desquels elles ont agi, à une amende proportionnée à leur fortune.

XXVII.—La publicité nécessaire avant le mariage et pour en notifier le projet est nécessaire aussi au moment de sa célébration.

Le mariage doit être célébré dans la maison commune du domicile d'une des parties, en présence de quatre témoins mâles et âgés de vingt-un ans; l'officier public donne lecture des actes authentiques du consentement des ascendans ou de la famille (quand ce consentement n'est pas donné en personne); de l'acte de naissance de chaque époux, ou, à son défaut, de l'acte de notoriété signé du juge de paix et de sept témoins, et homologué par le tribunal ; puis du chapitre de notre titre relatif aux *droits et devoirs respectifs des époux*. Il reçoit ensuite des deux époux la déclaration qu'ils se prennent pour mari et femme, et prononce qu'ils sont unies par mariage.

Or, si ces deux dernières conditions (la déclaration des parties et le prononcé formel de leur union) sont nécessaires à l'existence même du mariage, ainsi qu'on l'a vu à la section I, il n'en est pas de même des autres. Leur absence ne nuit ni à l'existence, ni même à la validité du mariage, pourvu que les tribunaux décident en fait qu'il reste une publicité suffisante ; elles donnent seulement lieu alors à l'amende qui vient d'être indiquée pour le défaut de publication.

XXVIII. — Mais ces quatre empêchemens prohibitifs ne sont pas les seuls.

Ainsi, le mariage est défendu, sans cependant pouvoir être annulé après sa célébration : 5° entre l'adoptant et l'adopté, entre l'adoptant et le conjoint ou les enfans de l'adopté ; entre l'adopté et le conjoint ou les enfans, même adoptifs, de l'adoptant ; 6° à la femme pendant les dix mois qui suivent la dissolution ou l'annulation d'un mariage précédent ; 7° entre l'époux contre lequel le divorce aurait été prononcé pour adultère, et son complice ; 8° au prêtre catholique qui a été ordonné, ou qui a continué ou repris l'exercice de son ministère, depuis la loi du 18 germinal an X ; 9° aux officiers, sous-officiers et soldats des armées de terre et de mer, sans la permission par écrit du Ministre de la guerre ou de la marine, pour les officiers ; et du conseil d'administration du corps, pour les sous-officiers et soldats ; 10° enfin, à celui contre le mariage duquel existe une opposition régulière.

SECTION IV.
DES OPPOSITIONS AU MARIAGE.

XXIX. — Le droit, accordé par la loi à certaines personnes, de former opposition à un mariage, a ordinairement pour but de faire connaître les causes d'empêchemens qui existent à ce mariage ; mais quelquefois aussi, il est offert aux ascendans comme un moyen de faire manquer en fait, ou du moins d'entraver, une union qu'ils jugent inconvenante, mais à laquelle cependant il n'existe aucune prohibition légale.

Dans tous les cas, et soit qu'il existe ou non une cause légale d'empêchement, l'opposition, dès là qu'elle est régulière, devient un empêchement par elle-même, et le mariage ne peut être célébré tant qu'elle n'est pas levée. L'officier qui y procéderait serait passible d'une amende de 300 fr.

XXX. — Les personnes auxquelle la loi permet de former opposition au mariage d'un futur époux sont : 1° ses ascendans : non pas tous concurremment, mais chacun dans l'ordre où il est appelé à donner son consentement ou son conseil; 2° à défaut d'ascendans, les frères, sœurs, oncles, tantes, cousins ou cousines germains, majeurs; 3° toujours à défaut d'ascendans, le tuteur, ou le curateur, autorisé par le conseil de famille; 4° l'époux actuel de celui qui voudrait contracter une nouvelle union; 5° enfin, le ministère public.

L'époux et les ascendans peuvent former opposition absolument et en toute circonstance : le premier, parce que sa seule qualité est la preuve d'un empêchement dirimant; les autres, parce qu'en l'absence d'une cause légale de prohibition, la loi leur suppose des motifs raisonnables de faire manquer le mariage. Du reste, si les futurs époux ne reculent pas devant un procès en main-levée, l'opposition d'un ascendant non fondée sur une cause légale d'empêchement ne pourra pas définitivement être maintenue.

Les parens collatéraux et les tuteur ou curateur, qui ne peuvent former opposition que quand il n'y a plus un seul ascendant en état de manifester sa volonté, ne le peuvent en outre que pour l'une de ces deux causes : 1° défaut de consentement du conseil de famille; 2° l'état de démence du futur époux; dans ce dernier cas, l'opposition ne peut être maintenue par le tribunal que sous la condition par l'opposant de provoquer l'interdiction dans le délai que le tribunal déterminera.

Le ministère public ne peut former opposition que quand il existe un empêchement dirimant, et peut-être aussi pour l'état de prêtre du futur époux. Pour les autres empêchemens prohibitifs, il peut seulement intimer à l'officier de l'état civil une simple défense de procéder au mariage.

XXXI. — Tout acte d'opposition doit énoncer la qualité qui donne droit de la former; il doit être signé, sur l'original et sur la copie, par l'opposant ou son fondé de procuration spéciale et authentique; il doit enfin, quand il n'a pas lieu à la requête d'un ascendant, indiquer le motif de l'opposition.

L'acte doit être signifié à l'officier de l'une des communes où se font les publications, et au futur époux; et pour que ce dernier ne soit pas contraint d'aller plaider en main-levée devant un tribunal éloigné, l'exploit doit contenir, de la part de l'opposant, élection de domicile dans la commune où ce futur époux a son domicile de mariage, c'est-à-dire sa résidence. Les règles qui viennent d'être indiquées dans ce n° XXXI sont exigées sous peine de nullité de l'opposition et d'interdiction de l'huissier qui a signé l'acte.

Cet huissier, du reste, alors même qu'il serait évident que la qualité sur laquelle l'opposant fonde son droit, et le motif qu'il donne de l'opposition, n'ont rien de légal, ne pourrait pas refuser son ministère : mandataire forcé, il doit être un instrument passif dans la main de son mandant. Il en serait autrement de l'officier de l'état civil, qui devrait, dans ce même cas, ne tenir aucun compte de l'opposition. Mais cet officier devra respecter l'opposition, dès là qu'il y aura doute sur la légalité de la qualité et du motif indiqués dans l'acte.

XXXII. — L'officier d'état civil qui reçoit une copie régulière d'opposition en fait mention sur le registre des publications ; et c'est en marge de cette mention qu'il mettra plus tard celle des jugemens ou des actes de main-levée qui lui seraient remis.

Le tribunal de première instance ou d'appel, saisi d'une question de main-levée, devra statuer, au moins préparatoirement, dans les dix jours. L'appel du jugement qui a levé l'opposition suspendra son exécution ; mais il en sera autrement du pourvoi en cassation contre l'arrêt qui aurait également donné main-levée ; en sorte que, malgré ce pourvoi, la célébration ne pourra être refusée. Mais si l'arrêt était cassé, le mariage se trouverait nul, par suite ; et si l'arrêt définitif levait encore l'opposition, il faudrait une célébration nouvelle.

Quand l'opposition sera rejetée, les dépens, en règle générale, seront à la charge des opposans ; mais quand ceux-ci seront des ascendans ou des frères et sœurs, ces dépens pourront être compensés. Quant à des dommages-intérêts, on n'en pourra jamais obtenir contre des ascendans ; le tribunal sera libre d'en prononcer contre tous autres.

L'officier civil du domicile d'une des parties ne peut procéder au mariage qu'autant qu'il n'a pas actuellement d'opposition entre les mains, et qu'on lui remet en outre un certificat de chacun des officiers dans la commune desquels les publications ont été faites, constatant qu'il n'existe pas d'opposition entre les mains de ceux-ci.

CHAPITRE II.

DE LA PREUVE DU MARIAGE.

XXXIII. — Pour établir que l'union de deux personnes constitue vraiment un mariage légitime, il ne suffit pas de prouver qu'une célébration régulière a eu lieu ; car, malgré cette célébration, le mariage pourrait bien ne pas exister, vu l'absence d'une des deux autres conditions essentielles ; ou bien encore, le mariage pourrait être entaché de nullité, vu l'existence de quelque empêchement dirimant.

Rigoureusement, donc, pour établir qu'un homme et une femme sont époux légitimes, il faudrait prouver 1º qu'une célébration de mariage a eu lieu entre eux ; 2º qu'ils étaient réellement capables de consentir ; 3º enfin, qu'il n'existait aucun empêchement dirimant à leur mariage. Mais s'il est rationnel de demander la première de ces trois preuves, il serait absurde d'exiger les deux autres ; car il serait souvent impossible de les administrer. Je ne puis pas prouver, par exemple, que quand je me suis marié je n'étais pas mort civilement ; je ne puis pas prouver que je n'étais pas déjà dans les liens d'un premier mariage.

Ainsi, tout ce qu'on peut me demander, à moi, c'est de prouver le fait de la célébration ; puis ce sera à celui qui prétendra qu'il existait un obstacle à la formation légale du mariage, ou à sa validité, de prouver la réalité de cet obstacle. C'est-à-dire que la preuve par moi faite de la célébration de mon union fera présumer, jusqu'à la preuve du contraire, l'existence légale et la validité de cette union. Telle est en effet la théorie de la loi, qui n'impose à ceux qui réclament les effets civils d'un mariage d'autre preuve à faire que celle de la célébration.

Du reste, la loi laisse sous l'empire du droit commun les moyens de preuve par lesquels on pourra soutenir ou combattre l'allégation de causes empêchant l'existence ou la validité de l'union ; en sorte que, dans ce débat, la preuve par témoins sera admise comme tout autre. Mais il n'en est pas de même pour la preuve à faire de la célébration de l'union ; le Code, pour cet objet, trace des règles spéciales, et c'est l'ensemble de ces règles que nous avons à présenter ici.

XXXIV. — Pour procurer un moyen régulier de prouver le fait d'une célébration de mariage, la loi exige qu'au moment même de cette célébration il soit dressé par l'officier public, sur les registres de l'état civil, un acte présentant : la désignation des époux, de leurs pères et mères et des témoins ; la mention de l'accomplissement des règles prescrites sur les consentemens à obtenir, sur les actes respectueux à faire, sur les publications, sur les oppositions et leur main-levée, puis sur les solennités de la célébration, notamment la déclaration réciproque des époux et le prononcé de l'union par l'officier.

C'est uniquement par la représentation de cet acte que la célébration peut se prouver, en règle générale ; mais cette règle souffre exception dans certaines circonstances.

XXXV. — Les moyens de preuve autorisés par la loi sont différens selon que la célébration est invoquée par des enfans du prétendu mariage, ou par tous autres intéressés. Quand il s'agit des prétendus époux ou d'intéressés autres que des enfans, il existe, selon les cas, trois moyens de preuve : un ordinaire, deux extraordinaires et exceptionnels. Les enfans, outre ces trois moyens, en ont un quatrième qui leur est exclusivement propre.

1º Les prétendus époux (et, comme eux, leurs représentans et ayans-cause) ne peuvent, dans les cas ordinaires, prouver la célébration de leur union que par la présentation de l'acte régulièrement inscrit sur les registres. Il ne leur suffirait jamais d'invoquer une possession d'état qu'il est trop facile de se procurer à soi-même.

Cependant cette possession d'état produirait un effet contre ces époux : ce serait de valider un acte irrégulier de célébration. Cet acte, si informe qu'il fût, deviendrait inattaquable par eux, au moyen de cet état conforme. Mais la nullité de cet acte pourrait toujours être invoquée contre eux par des tiers.

2º Quand des circonstances matérielles font soupçonner qu'au moment de la célébration alléguée il n'a pas été tenu de registres, ou que leur tenue a été interrompue, ou que les registres ont été perdus ou détruits en tout ou partie, il est permis de prouver par témoins, d'abord la réalité de ce fait déjà vraisemblable, puis ensuite le fait de la célébration.

3º Lorsqu'un acte de mariage a été mis hors d'état de servir par un crime ou un délit (ne fût-ce, par exemple, que par la faute de l'officier public qui aurait dressé l'acte sur une feuille volante au lieu de le dresser sur les registres), et que, par le résultat de la procédure criminelle ou correctionnelle, la preuve de la célébration se trouve acquise, les époux, lorsqu'ils se sont portés parties civiles au procès, peuvent remplacer leur acte de célébration par l'inscription du jugement sur les registres.

Lorsque l'action, au lieu d'être intentée criminellement contre le coupable, s'intente au tribunal civil contre les personnes civilement responsables de son délit, par exemple, ses héritiers, les époux ne peuvent plus agir eux-mêmes; ils doivent faire agir le procureur du Roi.

Après la mort des époux ou de l'un d'eux, les mêmes droits appartiennent à leurs représentans ou aux représentans de celui des deux qui est mort.

4º Quand ce sont des enfans du prétendu mariage qui invoquent la célébration comme un des élémens de la preuve de leur légitimité, la loi fait fléchir en leur faveur la règle ordinaire. L'enfant est alors dispensé de rapporter l'acte de célébration sous ces quatre conditions : 1° que ses deux auteurs soient morts, ou dans l'impossibilité physique de lui procurer des renseignemens; 2° qu'il jouisse de la possession d'état d'enfant légitime; 3° que ses deux auteurs aient, ou aient eu pendant leur vie, la possession d'état d'époux ; 4° enfin, que sa possession d'état ne soit pas démentie par son acte de naissance.

Comprenons bien, du reste, le sens de cette exception. La loi alors dispense l'enfant de prouver la célébration, et veut bien la présumer ; mais voilà tout. Donc, les adversaires de cet enfant pourraient fort bien prouver, eux, s'ils en avaient quelque moyen, que cette célébration prétendue n'a jamais eu lieu.

CHAPITRE III.

DES EFFETS DU MARIAGE.

XXXVI. — *Du mariage valable et du mariage putatif.* Avant de voir quels effets la loi attache au mariage, il faut dire à quelles unions sont attachés les effets légaux ; car il serait assez naturel de croire que le mariage valable est le seul qui les produise, et ce serait cependant une erreur.

Et d'abord, il est clair que le mariage annulable, tant qu'il ne sera pas annulé, produira tous les effets que produirait un mariage valable ; car tous deux sont sur la même ligne, tous deux sont de vrais mariages tant que la cassation judiciaire ne vient pas faire disparaître le premier. Bien plus, le mariage nul lui-même, tant que sa non-existence ne sera pas judiciairement constatée et qu'il passera pour un vrai mariage aux yeux de tous, produira, en fait, tous les effets ordinaires d'un mariage légitime. Mais une fois l'annulation du premier prononcée et la nullité du second proclamée, l'un et l'autre seront dépouillés de tous effets, même pour le passé. C'est évident pour le second, puisque la constatation de sa nullité fait voir qu'il n'a jamais eu de réalité. C'est également incontestable pour le premier, puisque son annulation le fait regarder, en droit, non pas seulement comme n'existant plus pour l'avenir, mais même comme n'ayant jamais existé dans le passé.

Toutefois, le mariage annulable et le mariage nul ne perdent ainsi les effets qu'ils ont produits dans le passé qu'autant qu'ils ont été contractés de mauvaise foi par les deux parties ; c'est-à-dire avec la connaissance qu'avaient ces parties de l'obstacle qui existait à la légitimité du mariage.

En effet (et c'est là une règle de la plus haute importance), l'union qui devient nulle, ou qui est déclarée nulle, produit néanmoins tous les effets civils d'un mariage légitime, dès là qu'il y a eu, au moment de la célébration, bonne foi des deux époux ou de l'un d'eux , quand même cette bonne foi aurait cessé depuis. Cette union se nomme *mariage putatif.*

Bien entendu , quand un seul époux est de bonne foi , les effets civils n'ont pas lieu pour l'époux de mauvaise foi, ni pour ses représentans. On comprend de reste aussi que le mariage putatif ne produit pas d'effets postérieurement à la déclaration de nullité, mais seulement dans l'intervalle de la célébration à cette déclaration. Mais ces effets, que la loi lui accorde ainsi par faveur, il les conserve ensuite à toujours; en sorte qu'il est absolument sur la même ligne qu'un mariage valable dont la dissolution arriverait au moment où a lieu la déclaration de nullité.

Du reste, la bonne foi se présume toujours quand il sagit d'une erreur de fait. Elle a au contraire besoin d'être positivement prouvée quand il s'agit d'une erreur de droit ; parce que tous sont présumés connaître la loi.

Ainsi donc, à côté des mariages valables par les principes mêmes, il y a des mariages valables par faveur ; les effets légaux sont attribués aux uns comme aux autres. Maintenant, quels sont ces effets ?

XXXVII. — Notre titre est loin de présenter le tableau complet des effets civils du mariage ; ils sont expliqués divisément dans les titres *de la Paternité, de la Puissance paternelle, de la Tutelle, des Successions, du Contrat de mariage,* et d'autres encore. La loi se contente ici d'indiquer les droits et devoirs respectifs des époux et quelques-unes seulement des obligations qui naissent des époux à d'autres personnes, ou réciproquement.

XXXVIII. — *Devoirs respectifs des époux.* Les époux se doivent réciproquement la fidélité conjugale, des secours pécuniaires, et les bons soins personnels qu'ils sont en état de se procurer.

Le mari doit protection à sa femme, et par suite il est obligé de la recevoir et de l'entretenir selon ses facultés et son état. La femme doit soumission à son mari, et, par conséquent, elle tenue d'aller habiter avec lui partout où il juge à propos de résider. Ce devoir d'habitation souffre exception dans trois cas : 1° si le mari ne remplit pas l'obligation corrélative de recevoir et entretenir la femme convenablement ; 2° s'il veut, sans nécessité, mener une vie toujours errante ; 3° s'il veut sortir de France, contrairement à la défense formelle d'une loi politique. Ce devoir disparaît complètement dans le cas de séparation de corps.

XXXIX. — *De l'autorisation maritale et de l'incapacité de la femme.* De la soumission que l'épouse doit au mari, et de la confiance qui la fait s'endormir, pour ainsi parler, sous la protection qu'elle attend de lui, naît pour la femme mariée la défense de procéder, en général, sans autorisation, aux différens actes de la vie civile. L'autorisation maritale est donc, tout à la fois, une question de respect pour le mari et d'incapacité personnelle.

Ainsi, la femme ne peut ni aliéner, ni, par conséquent, s'obliger, ni même acquérir sans le consentement de son mari dûment constaté et spécial pour chaque acte. Il y a exception 1° quand elle est autorisée à faire le commerce, pour tout ce qui concerne ce commerce; 2° quant à l'administration de ses biens, lorsque le mari lui a donné autorisation générale, soit par le contrat de mariage, soit postérieurement.

La femme ne peut jamais, même en vertu d'une autorisation générale ou quand elle est marchande publique autorisée, procéder en justice sans le consentement du mari, excepté seulement quand la femme est poursuivie pour crime, délit ou contravention.

Du reste, soit pour contracter, soit pour plaider, une autorisation tacite, suffisante, résulte toujours du concours du mari dans l'acte ou dans la procédure.

Quand le mari refuse d'autoriser sa femme, ou quand il est absent, interdit ou mineur, la femme peut être autorisée par le tribunal, soit pour plaider, soit pour contracter. Le tribunal pourrait aussi, en cas d'absence, d'interdiction ou de minorité du mari, autoriser la femme à faire le commerce; mais il ne le pourrait pas sur le refus du mari. Au reste, quand la femme est mariée en communauté, les obligations qu'elle contracte avec l'autorisation du mari réfléchissent sur la communauté, et par suite sur le mari lui-même; mais il en est autrement quand elle n'est autorisée que par la justice.

L'autorisation du mari suffit à la femme, aussi bien quand c'est avec lui qu'elle doit plaider ou contracter que dans d'autres cas. En effet, quand c'est le mari qui est l'adversaire de la femme, celle-ci n'a plus de protection à attendre et se retrouve dès-lors, sous le rapport de la capacité, dans la position d'une femme non mariée. L'autorisation, dans ce cas, n'est donc plus qu'une question de respect, et par conséquent rien ne s'oppose à ce que le mari la donne, même dans son propre intérêt.

Quand la femme est mineure, son mari se trouve être son curateur légal. Mais si le mari refuse son autorisation, ou s'il est lui-même mineur, ou interdit, ou absent, l'autorisation du tribunal ne suffit plus; car elle ne satisfait qu'au devoir de soumission de la femme. Il faut de plus, alors, un tuteur *ad hoc* à cause de l'incapacité pour minorité.

Dans ce même cas de femme mineure, l'autorisation du mari ne lui suffit plus si c'est avec lui qu'elle contracte. En effet, la circonstance que la femme a le mari pour adversaire et ne peut plus dès-lors attendre sa protection ne l'empêche pas de rester incapable comme mineure; c'est donc le cas d'appliquer au mari la règle : *Nemo potest auctor esse in rem suam.*

XL. — L'acte consenti par la femme sans autorisation n'est pas nul, mais annulable seulement. L'action en nullité fondée sur le mépris de l'autorité maritale, et sans aucune question d'intérêt pécuniaire, n'appartient qu'au mari et ne peut être exercée par lui que pendant le mariage. En tant qu'elle se fonde sur l'intérêt pécuniaire de celui qui agit, l'action appartient au mari, à la femme, et à leurs héritiers, créanciers ou autres représentans ; elle peut alors s'intenter tant qu'il n'y a pas prescription, et la prescription ne s'accomplit que par un délai de dix ans à partir de la dissolution du mariage.

Le contrat passé par la femme sans autorisation n'étant qu'annulable peut donc être ratifié postérieurement. La ratification donnée par le mari pendant le mariage couvre le vice complètement et absolument; celle qu'il donnerait après la dissolution ne le couvrirait que vis-à-vis de lui et de ses représentans. Celle que la femme consentirait pendant le mariage sans autorisation ne produirait aucun effet; si la femme était autorisée par la justice, l'autorisation couvrirait la nullité vis-à-vis de la femme et de ses représentans ; celle enfin qu'elle donnerait après la dissolution du mariage ne serait également efficace que pour elle et ses représentans, et non pour les représentans du mari.

Nous arrivons enfin aux obligations que la loi, dans notre titre, établit entre les époux, d'une part, et d'autres personnes. Ces obligations se réduisent à deux: 1° le devoir d'éducation des enfans; 2° la dette d'alimens entre parens légitimes et alliés en ligne directe.

XLI. — *Du devoir d'éducation.* Le devoir d'éducation, qui consiste dans l'obligation de procurer à l'enfant tous les secours et tous les soins dont il a besoin jusqu'à ce qu'il soit devenu homme, commence alors que cet enfant est encore dans le sein de sa mère, et ne cesse que quand il est suffisamment élevé. Ce devoir n'est imposé formellement qu'aux père et mère; et ce n'est qu'à défaut de tous deux, et d'après l'esprit seulement de la loi, qu'il incombe aux ascendans supérieurs.

Du reste, quoique l'obligation pour les père et mère d'établir convenablement leurs enfans ne soit que le complément et une partie du devoir d'éducation, la loi cependant n'accorde pas aux enfans d'action en justice pour exiger un établissement.

XLII. — *De la dette alimentaire.* Les alimens sont dus par chacun à ses ascendans, à ses descendans, aux ascendans de son conjoint et aux conjoints de ses descendans : réciproquement, il peut en exiger de ces mêmes personnes.

Tous ceux qui peuvent devoir des alimens à une personne ne sont pas appelés à les lui fournir concurremment et sans distinction; il y a un ordre à suivre, et tel ne sera tenu de la dette qu'à défaut de tel autre, c'est-à-dire, quand celui-ci est hors d'état de l'acquitter, ou ne peut l'acquitter qu'en partie. Pour régler cet ordre, on part de ce principe que là où seraient les avantages si la prospérité renaissait, là doivent être les charges dans l'adversité. En conséquence, 1° tous les parens passent avant aucun allié; 2°pour les parens entre eux, on suit les règles consacrées par la loi pour la délation des successions; 3° enfin, on applique ces mêmes règles à l'alliance, qui n'est qu'une imitation de la parenté.

Les *alimens* comprennent tout ce qui est nécessaire à la vie tant en état de maladie qu'en état de santé, et ils doivent se fournir en argent. Le chiffre de la pension alimentaire se fixe toujours d'après le besoin actuel de celui qui la demande et les facultés actuelles de celui qui la doit. Si donc, de deux débiteurs du même rang, par exemple, deux frères, l'un est moitié plus riche que l'autre, on devra mettre à sa charge les deux tiers de la pension, et un tiers seulement à la charge du second. Que si, postérieurement aux arrangemens primitifs, il survient des changemens dans le besoin du créancier, ou dans les facultés des débiteurs ou de l'un des débiteurs, il y aura lieu à modifier soit la proportion des parts des débiteurs, soit aussi le chiffre même de la pension. Ces règles disent assez que la dette alimentaire ne saurait être ni indivisible ni solidaire.

Le principe que les alimens doivent être fournis en argent ne souffre jamais exception de plein droit; mais les tribunaux sont autorisés à y déroger dans deux cas : 1° quand ce sont les père et mère ou l'un d'eux qui offrent de recevoir un enfant chez eux; 2° quand d'autres que les père et mère prouvent qu'il leur est impossible de payer la dette en argent. Sous l'une de ces deux conditions, les juges ont la faculté, mais ne sont jamais contrains, de remplacer la pension pécuniaire par la prestation des alimens en nature.

Le droit, aux alimens ne peut jamais se transmettre aux représentans du créancier; il est exclusivement personnel à celui-ci.

La dette au contraire, se continue contre les héritiers du débiteur, dès là qu'elle est née avant sa mort et qu'elle a existé en sa personne.

CHAPITRE IV.

DES CAUSES DE DISSOLUTION DU MARIAGE.

XLIII. — Le mariage ne se dissout aujourd'hui que par deux causes : la mort naturelle et la mort civile de l'un des époux.

Il est évident que dans le cas de mort civile, c'est au moment où cette mort civile vient frapper l'époux que la dissolution a lieu.

—o— —o—

TITRE VI.

(DU DIVORCE ET) DE LA SÉPARATION DE CORPS.

(Décrété le 21 mars 1803. — Promulgué le 31.)

Ce titre, divisé en cinq chapitres, ne s'occupe de la séparation de corps que dans le dernier, contenant six articles seulement. Les quatre autres chapitres, comprenant 77 articles, sont relatifs au divorce, lequel, ainsi que nous l'avons déjà dit, a été aboli par la loi du 8 mai 1816.

Comme le Code, en traitant si laconiquement de la séparation de corps, se référait expressément à plusieurs articles du divorce et entendait certainement se référer aussi à d'autres qu'il n'indiquait pas formellement, nous présenterons en texte ordinaire ceux des articles du divorce qui s'appliquent à la séparation de corps et ceux aussi sur l'application desquels il y a question. Quant à ceux que la loi du 8 mai rend évidemment sans application, nous les indiquerons cependant, pour ne pas tronquer le texte du Code; mais ils seront imprimés en petit caractère.

CHAPITRE I.

Des causes du Divorce (et de la Séparation de corps).

ARTICLE 229.

Le mari pourra demander le divorce (et la séparation de corps) pour cause d'adultère de sa femme.

ARTICLE 230.

La femme pourra demander le divorce (et la séparation de corps) pour cause d'adultère de son mari, lorsqu'il aura tenu sa concubine dans la maison commune.

ARTICLE 231.

Les époux pourront réciproquement demander le divorce

I.   44

(et la séparation de corps) pour excès, sévices ou injures graves, de l'un d'eux envers l'autre.

ARTICLE 232.

La condamnation de l'un des époux à une peine infamante sera pour l'autre époux une cause de divorce (et de séparation de corps).

Art. 233. Le consentement mutuel et persévérant des époux, exprimés de la manière prescrite par la loi, sous les conditions et après les épreuves qu'elle détermine, prouvera suffisamment que la vie commune leur est insupportable, et qu'il existe, par rapport à eux, une cause péremptoire de divorce.

CHAPITRE II.
Du Divorce pour cause déterminée.

SECTION PREMIERE.
DES FORMES DU DIVORCE POUR CAUSE DÉTERMINÉE.

ARTICLE 234.

Quelle que soit la nature des faits ou des délits qui donneront lieu à la demande en divorce pour cause déterminée, cette demande ne pourra être formée qu'au tribunal de l'arrondissement dans lequel les époux auront leur domicile.

ARTICLE 235.

Si quelques uns des faits allégués par l'époux demandeur donnent lieu à une poursuite criminelle de la part du ministère public, l'action en divorce restera suspendue jusqu'après l'arrêt de la Cour d'assises; alors elle pourra être reprise sans qu'il soit permis d'inférer de l'arrêt aucune fin de non-recevoir ou exception préjudicielle contre l'époux demandeur.

Art. 236. Toute demande en divorce détaillera les faits : elle sera remise, avec les pièces à l'appui, s'il y en a, au président du tribunal ou au juge qui en fera les fonctions, par l'époux demandeur en personne, à moins qu'il n'en soit empêché par maladie; auquel cas, sur sa réquisition et le certificat de deux docteurs en médecine ou en chirurgie, ou de deux officiers de santé, le magistrat se transportera au domicile du demandeur, pour y recevoir sa demande.

Art. 237. Le juge après avoir entendu le demandeur, et lui avoir fait les observations qu'il croira convenables, paraphera la demande et les pièces, et dressera procès-verbal de la remise du tout en ses mains. Ce procès-verbal sera signé par le juge et par le demandeur, à moins que celui-ci ne sache ou ne puisse signer; auquel cas il en sera fait mention.

Art. 238. Le juge ordonnera, au bas de son procès-verbal, que les parties comparaîtront en personne devant lui, au jour et à l'heure qu'il indiquera; et qu'à cet effet, copie de son ordonnance sera par lui adressée à la partie contre laquelle le divorce est demandé.

Art. 239. Au jour indiqué, le juge fera aux deux époux, s'ils se présentent, ou au demandeur, s'il est seul comparant, les représentations qu'il croira propres à opérer un rapprochement: s'il ne peut y parvenir, il en dressera procès-verbal, et ordonnera la communication de la demande et des pièces au ministère public, et le référé du tout au tribunal.

Art. 240. Dans les trois jours qui suivront, le tribunal, sur le rapport du président ou du juge qui en aura fait les fonctions, et sur les conclusions du ministère public, accordera ou suspendra la permission de citer. La suspension ne pourra excéder le terme de vingt jours.

Art. 241. Le demandeur, en vertu de la permission du tribunal, fera citer le défendeur dans la forme ordinaire à comparaître en personne à l'audience, à huis-clos, dans le délai de la loi; il fera donner copie, en tête de la citation, de la demande en divorce et des pièces produites à l'appui.

Art. 242. A l'échéance du délai, soit que le défendeur comparaisse ou non, le demandeur en personne, assisté d'un conseil, s'il le juge à propos, exposera ou fera exposer les motifs de sa demande; il représentera les pièces qui l'appuient et nommera les témoins qu'il se propose de faire entendre.

Art. 243. Si le défendeur comparaît en personne ou par un fondé de pouvoir, il pourra proposer ou faire proposer ses observations, tant sur les motifs de la demande, que sur les pièces produites par le demandeur et sur les témoins par lui nommés. Le défendeur nommera, de son côté, les témoins qu'il se propose de faire entendre, et sur lesquels le demandeur fera réciproquement ses observations.

Art. 244. Il sera dressé procès-verbal des comparutions, dires et observations des parties, ainsi que des aveux que l'une ou l'autre pourra faire; lecture de ce procès-verbal sera donnée auxdites parties, qui seront requises de le signer, et il sera fait mention expresse de leur signature, ou de leur déclaration de ne pouvoir ou ne vouloir signer.

Art. 245. Le tribunal renverra les parties à l'audience publique, dont il fixera le jour et l'heure, il ordonnera la communication de la procédure au ministère public, et commettra un rapporteur. Dans le cas où le défendeur n'aurait pas comparu, le demandeur sera tenu de lui faire signifier l'ordonnance du tribunal, dans le délai qu'elle aura déterminé.

Art. 246. Au jour et à l'heure indiqués, sur le rapport du juge commis, le ministère public entendu, le tribunal statuera d'abord sur les fins de non-recevoir, s'il en a été proposé. En cas qu'elles soient trouvées concluantes, la demande en divorce sera rejetée; dans le cas contraire, ou s'il n'a pas été proposé de fin de non-recevoir, la demande en divorce sera admise.

Art. 247. Immédiatement après l'admission de la demande en divorce, sur le rapport du juge commis, le ministère public entendu, le tribunal statuera au fond. Il fera droit à la demande, si elle lui paraît en état d'être jugée; sinon, il admettra le demandeur à la preuve des faits pertinens par lui allégués, et le défendeur à la preuve contraire.

Art. 248. A chaque acte de la cause les parties pourront, après le rapport du juge et avant que le ministère public ait pris la parole, proposer ou faire proposer leurs moyens respectifs, d'abord sur les fins de non-recevoir, et ensuite sur le fond; mais en aucun cas le conseil du demandeur ne sera admis, si le demandeur n'est pas comparant en personne.

Art. 249. Aussitôt après la prononciation du jugement qui ordonnera les enquêtes, le greffier du tribunal donnera lecture de la partie du procès-verbal qui contient la nomination déjà faite des témoins que les parties se proposent de faire entendre. Elles seront averties par le président, qu'elles peuvent encore en désigner d'autres, mais qu'après ce moment elles n'y seront plus reçues.

Art. 250. Les parties proposeront de suite leurs reproches respectifs contre les témoins qu'elles voudront écarter. Le tribunal statuera sur ces reproches, après avoir entendu le ministère public.

ARTICLE 251.

Les parens des parties, à l'exception de leurs enfans et descendans, ne sont pas reprochables du chef de la parenté, non plus que les domestiques des époux, en raison de cette qualité; mais le tribunal aura tel égard que de raison aux dépositions des parens et des domestiques.

Art. 252. Tout jugement qui admettra une preuve testimoniale, dénommera les témoins qui seront entendus, et déterminera le jour et l'heure auxquels les parties devront les présenter.

Art. 253. Les dépositions des témoins seront reçues par le tribunal séant à huis-clos, en présence du ministère public, des parties, et de leurs conseils ou amis, jusqu'au nombre de trois de chaque côté.

Art. 254. Les parties, par elles ou par leurs conseils, pourront faire aux témoins telles observations et interpellations qu'elles jugeront à propos, sans pouvoir néanmoins les interrompre dans le cours de leurs dépositions.

Art. 255. Chaque déposition sera rédigée par écrit, ainsi que les dires et observations auxquelles elle aura donné lieu. Le procès-verbal d'enquête sera lu tant aux témoins qu'aux parties : les uns et les autres seront requis de le signer; et il sera fait mention de leur signature, ou de leur déclaration qu'ils ne peuvent ou ne veulent signer.

Art. 256. Après la clôture des deux enquêtes, ou de celle du demandeur, si le défendeur n'a pas produit de témoins, le tribunal renverra les parties à l'audience publique, dont il indiquera le jour et l'heure; il ordonnera la communication de la procédure au ministère public, et commettra un rapporteur. Cette ordonnance sera signifiée au défendeur, à la requête du demandeur, dans le délai qu'elle aura déterminé.

Art. 257. Au jour fixé pour le jugement définitif, le rapport sera fait par le juge commis: les parties pourront ensuite faire, par elles-mêmes ou par l'organe de leurs conseils, telles observations qu'elles jugeront utiles à leur cause; après quoi, le ministère public donnera ses conclusions.

Art. 258. Le jugement définitif sera prononcé publiquement: lorsqu'il admettra le divorce, le demandeur sera autorisé à se retirer devant l'officier de l'état civil pour le faire prononcer.

Art. 259. — Lorsque la demande en divorce aura été formée pour cause d'excès, de sévices ou d'injures graves, encore qu'elle soit bien établie, les juges pourront ne pas admettre immédiatement le divorce. Dans ce cas, avant de faire droit, ils autoriseront la femme à quitter la compagnie de son mari, sans être tenue de le recevoir, si elle ne le juge à propos; et ils condamneront le mari à lui payer une pension alimentaire proportionnée à ses facultés, si la femme n'a pas elle-même les revenus suffisans pour fournir à ses besoins.

Art. 260. Après une année d'épreuve, si les parties ne se sont pas réunies, l'époux demandeur pourra faire citer l'autre époux à comparaître au tribunal, dans les délais de la loi, pour y entendre prononcer le jugement définitif, qui pour lors admettra le divorce.

ARTICLE 261.

Lorsque le divorce sera demandé par la raison qu'un des époux est condamné à une peine infamante, les seules formalités à observer consisteront à présenter au tribunal de première instance une expédition en bonne forme du jugement de condamnation, avec un certificat de la Cour d'assises, portant que ce même jugement n'est plus susceptible d'être réformé par aucune voie légale.

Art. 262. En cas d'appel du jugement d'admission ou du jugement définitif, rendu par le tribunal de première instance, en matière de divorce, la cause sera instruite et jugée par la cour royale comme affaire urgente.

Art. 263. L'appel ne sera recevable qu'autant qu'il aura été interjeté dans les trois mois à compter du jour de la signification du jugement rendu contradictoirement ou par défaut. Le délai pour se pourvoir à la cour de cassation contre un jugement en dernier ressort, sera aussi de trois mois mois à compter de la signification. Le pourvoi sera suspensif.

Art. 264. En vertu de tout jugement rendu en dernier ressort ou passé en force de chose jugée, qui autorisera le divorce, l'époux qui l'aura obtenu sera obligé de se présenter, dans le délai de deux mois, devant l'officier de l'état civil, l'autre partie dûment appelée, pour faire prononcer le divorce.

Art. 265. Ces deux mois ne commenceront à courir, à l'égard des jugemens de première instance, qu'après l'expiration du délai d'appel; à l'égard des arrêts rendus par défaut en cause d'appel, qu'après l'expiration du délai d'opposition; et à l'égard des jugemens contradictoires en dernier ressort, qu'après l'expiration du délai du pourvoi en cassation.

Art. 266. L'époux demandeur qui aura laissé passer le délai de deux mois ci-dessus déterminé, sans appeler l'autre époux devant l'officier de l'état civil, sera déchu du bénéfice du jugement qu'il avait obtenu, et ne pourra reprendre son action en divorce, sinon pour cause nouvelle, auquel cas il pourra néanmoins faire valoir les anciennes causes.

SECTION II.

DES MESURES PROVISOIRES AUXQUELLES PEUT DONNER LIEU LA DEMANDE EN DIVORCE POUR CAUSE DÉTERMINÉE.

ARTICLE 267.

L'administration provisoire des enfans restera au mari demandeur en divorce, à moins qu'il n'en soit autrement ordonné par le tribunal, sur la demande soit de la mère, soit de la famille; ou du ministère public, pour le plus grand avantage des enfans.

ARTICLE 268.

La femme demanderesse ou défenderesse en divorce pourra quitter le domicile du mari pendant la poursuite, et demander une pension alimentaire proportionnée aux facultés du mari. Le tribunal indiquera la maison dans laquelle la femme sera tenue de résider, et fixera, s'il y a lieu, la provision alimentaire que le mari sera obligé de lui payer.

ARTICLE 269.

La femme sera tenue de justifier de sa résidence dans la maison indiquée, toutes les fois qu'elle en sera requise : à défaut de cette justification, le mari pourra refuser la provision alimentaire, et si la femme est demanderesse en divorce, la faire déclarer non recevable à continuer ses poursuites.

Article 270.

La femme commune en biens, demanderesse ou défenderesse en divorce, pourra, en tout état de cause, à partir de la date de l'ordonnance dont il est fait mention dans l'art. 238, requérir, pour la conservation de ses droits, l'apposition des scellés sur les effets mobiliers de la communauté. Ces scellés ne seront levés qu'en faisant inventaire avec prisée, et à la charge par le mari de représenter les choses inventoriées, ou de répondre de leur valeur comme gardien judiciaire.

Article 271.

Toute obligation contractée par le mari à la charge de la communauté, toute aliénation par lui faite des immeubles qui en dépendent, postérieurement à la date de l'ordonnance dont il est fait mention dans l'art. 238, sera déclarée nulle, s'il est prouvé, d'ailleurs, qu'elle ait été faite ou contractée en fraude des droits de la femme.

SECTION III.

DES FINS DE NON RECEVOIR CONTRE L'ACTION EN DIVORCE POUR CAUSE DÉTERMINÉE.

Article 272.

L'action en divorce sera éteinte par la réconciliation des époux survenue soit depuis les faits qui auraient pu autoriser cette action, soit depuis la demande en divorce.

Article 273.

Dans l'un et l'autre cas, le demandeur sera déclaré non recevable dans son action; il pourra néanmoins en intenter une nouvelle pour cause survenue depuis la réconciliation, et alors faire usage des anciennes causes pour appuyer sa nouvelle demande.

Article 274.

Si le demandeur en divorce nie qu'il y ait eu réconciliation, le défendeur en fera preuve, soit par écrit, soit par témoins, dans la forme prescrite en la première section du présent chapitre.

CHAPITRE III.

Du Divorce par consentement mutuel.

Art. 275. Le consentement mutuel des époux ne sera point admis, si le mari a moins de vingt-cinq ans, ou si la femme est mineure de vingt et un ans.

Art. 276. Le consentement mutuel ne sera admis qu'après deux ans de mariage.

Art. 277. Il ne pourra plus l'être après vingt ans de mariage, ni lorsque la femme aura quarante-cinq ans.

Art. 278. Dans aucun cas le consentement mutuel des époux ne suffira s'il n'est autorisé par leurs pères et mères, ou par leurs autres ascendans vivans, suivant les règles prescrites par l'art. 150 au titre *du Mariage*.

Art. 279. Les époux déterminés à opérer le divorce par consentement mutuel seront tenus de faire préalablement inventaire et estimation de tous leurs biens meubles et immeubles, et de régler leurs droits respectifs, sur lesquels il leur sera néanmoins libre de transiger.

Art. 280. Ils seront pareillement tenus de constater par écrit leur convention sur les trois points qui suivent :

1° A qui les enfans nés de leur union seront confiés, soit pendant le temps des épreuves, soit après le divorce prononcé;

2° Dans quelle maison la femme devra se retirer et résider pendant le temps des épreuves;

3° Quelle somme le mari devra payer à sa femme pendant le même temps, si elle n'a pas de revenus suffisans pour fournir à ses besoins.

Art. 281. Les époux se présenteront ensemble, et en personne, devant le président du tribunal civil de leur arrondissement, ou devant le juge qui en fera les fonctions; et lui feront la déclaration de leur volonté, en présence de deux notaires amenés par eux.

Art. 282. Le juge fera aux deux époux réunis, et à chacun d'eux en particulier, en présence des deux notaires, telles représentations et exhortations qu'il croira convenables; il leur donnera lecture du chapitre IV du présent titre, qui règle *les effets du Divorce*, et leur développera toutes les conséquences de leur démarche.

Art. 283. Si les époux persistent dans leur résolution, il leur sera donné acte par le juge de ce qu'ils demandent le divorce, et y consentent mutuellement; et ils seront tenus de produire et déposer à l'instant, entre les mains des notaires, outre les actes mentionnés aux articles 279 et 280 :

1° Les actes de leur naissance et celui de leur mariage;

2° Les actes de naissance et de décès de tous les enfans nés de leur union;

3° La déclaration authentique de leurs père et mère ou autres ascendans vivans, portant que, pour les causes à eux connues, ils autorisent tel ou telle, leur fils ou fille, petit-fils ou petite-fille, marié ou mariée à tel ou à telle, à demander le divorce et à y consentir. Les pères, mères, aïeuls et aïeules des époux, seront présumés vivans jusqu'à la représentation des actes constatant leurs décès.

Art. 284. Les notaires dresseront procès-verbal détaillé de tout ce qui aura été dit et fait en exécution des articles précédens, la minute en restera au plus âgé des deux notaires, ainsi que les pièces produites, qui demeureront annexées au procès-verbal, dans lequel il sera fait mention de l'avertissement qui sera donné à la femme de se retirer, dans les vingt-quatre heures, dans la maison convenue entre elle et son mari, et d'y résider jusqu'au divorce prononcé.

Art. 285. La déclaration ainsi faite sera renouvelée dans la première quinzaine de chacun des quatrième, septième et dixième mois qui suivront, en observant les mêmes formalités. Les parties seront obligées à rapporter chaque fois la preuve, par acte public, que leurs pères, mères ou autres ascendans vivans, persistent dans leur première détermination; mais elles ne seront tenues à répéter la production d'aucun autre acte.

Art. 286. Dans la quinzaine du jour où sera révolue l'année, à compter de la première déclaration, les époux, assistés chacun de deux amis, personnes notables dans l'arrondissement, âgées de cinquante ans au moins, se présenteront ensemble et en personne devant le président du tribunal ou le juge qui en fera les fonctions : ils lui remettront les expéditions en bonne forme des quatre procès-verbaux contenant leur consentement mutuel, et de tous les actes qui y auront été annexés, et requerront du magistrat, chacun séparément, en présence néanmoins l'un de l'autre et des quatre notables, l'admission du divorce.

Art. 287. Après que le juge et les assistans auront fait leurs observations aux époux, s'ils persévèrent, il leur sera donné acte de leur réquisition et de la remise par eux faite des pièces à l'appui : le greffier du tribunal dressera procès-verbal, qui sera signé, tant par les parties (à moins qu'elles ne déclarent ne savoir ou ne pouvoir signer, auquel cas il en sera fait mention), que par les quatre assistans, le juge et le greffier.

Art. 288. Le juge mettra de suite, au bas de ce procès-verbal, son ordonnance portant que, dans les trois jours, il sera par lui référé du tout au tribunal en la chambre du conseil, sur les conclusions par écrit du ministère public, auquel les pièces seront, à cet effet, communiquées par le greffier.

Art. 289. Si le ministère public trouve dans les pièces la preuve que les deux époux étaient âgés, le mari de vingt-cinq ans, la femme de vingt-un ans, lorsqu'ils ont fait leur première déclaration ; qu'à cette époque ils étaient mariés depuis deux ans, que le mariage ne remontait pas à plus de vingt ans; que la femme avait moins de quarante-cinq ans; que le consentement mutuel a été exprimé quatre fois dans le cours de l'année, après les préalables ci-dessus prescrits et avec toutes les formalités requises par le présent chapitre, notamment avec l'autorisation des pères et mères des époux, ou avec celle de leurs autres ascendans vivans, en cas de prédécès des pères et mères; il donnera ses conclusions en ces termes:

La loi permet; dans le cas contraire, ses conclusions seront en ces termes : *La loi empêche.*

Art. 290. Le tribunal, sur le référé, ne pourra faire d'autres vérifications que celles indiquées par l'article précédent. S'il en résulte que, dans l'opinion du tribunal, les parties ont satisfait aux conditions et rempli les formalités déterminées par la loi, il admettra le divorce, et renverra les parties devant l'officier de l'état civil, pour le faire prononcer : dans le cas contraire, le tribunal déclarera qu'il n'y a pas lieu à admettre le divorce, et déduira les motifs de la décision.

Art. 291. L'appel du jugement qui aurait déclaré ne pas y avoir lieu à admettre le divorce, ne sera recevable qu'autant qu'il sera interjeté par les deux parties, et néanmoins par actes séparés, dans les dix jours au plus tôt, et au plus tard dans les vingt jours de la date du jugement de première instance.

Art. 292. Les actes d'appel seront réciproquement signifiés tant à l'autre époux qu'au ministère public près le tribunal de première instance.

Art. 293. Dans les dix jours, à compter de la signification qui lui aura été faite du second acte d'appel, le ministère public près le tribunal de première instance fera passer au procureur général près la cour royale l'expédition du jugement, et les pièces sur lesquelles il est intervenu. Le procureur général près la cour royale donnera ses conclusions par écrit, dans les dix jours qui suivront la réception des pièces : le président, ou le juge qui le suppléera, fera son rapport à la cour royale, en la chambre du conseil, et il sera statué définitivement dans les dix jours qui suivront la remise des conclusions du procureur général.

Art. 294. En vertu de l'arrêt qui admettra le divorce, et dans les vingt jours de sa date, les parties se présenteront ensemble et en personne devant l'officier de l'état civil, pour faire prononcer le divorce. Ce délai passé, le jugement demeurera comme non avenu.

CHAPITRE IV.
Des Effets du Divorce.

Art. 295. Les époux qui divorceront pour quelque cause que ce soit ne pourront plus se réunir.

Art. 296. Dans le cas de divorce prononcé pour cause déterminée, la femme divorcée ne pourra se remarier que dix mois après le divorce prononcé.

Art. 297. Dans le cas de divorce par consentement mutuel, aucun des deux époux ne pourra contracter un nouveau mariage que trois ans après la prononciation du divorce.

ARTICLE 298.

Dans le cas de divorce admis en justice pour cause d'adultère, l'époux coupable ne pourra jamais se marier avec son complice. La femme adultère sera condamnée, par le même jugement, et sur la réquisition du ministère public, à la réclusion dans une maison de correction, pour un temps déterminé, qui ne pourra être moindre de trois mois, ni excéder deux années.

ARTICLE 299.

Pour quelque cause que le divorce ait lieu, hors le cas du consentement mutuel, l'époux contre lequel le divorce aura été admis perdra tous les avantages que l'autre époux lui avait faits, soit par leur contrat de mariage, soit depuis le mariage contracté.

ARTICLE 300.

L'époux qui aura obtenu le divorce conservera les avantages à lui faits par l'autre époux, encore qu'ils aient été stipulés réciproques et que la réciprocité n'ait pas lieu.

ARTICLE 301.

Si les époux ne s'étaient fait aucun avantage, ou si ceux stipulés ne paraissaient pas suffisans pour assurer la subsistance de l'époux qui a obtenu le divorce, le tribunal pourra lui accorder, sur les biens de l'autre époux, une pension alimentaire qui ne pourra excéder le tiers des revenus de cet autre époux. Cette pension sera révocable dans le cas où elle cesserait d'être nécessaire.

ARTICLE 302.

Les enfans seront confiés à l'époux qui a obtenu le divorce, à moins que le tribunal, sur la demande de la famille ou du ministère public, n'ordonne, pour le plus grand avantage des enfans, que tous ou quelques uns d'eux seront confiés aux soins soit de l'autre époux, soit d'une tierce personne.

ARTICLE 303.

Quelle que soit la personne à laquelle les enfans seront confiés, les père et mère conserveront respectivement le droit de surveiller l'entretien et l'éducation de leurs enfans, et seront tenus d'y contribuer à proportion de leurs facultés.

Art. 3o4. La dissolution du mariage par le divorce admis en justice ne privera les enfans nés de ce mariage d'aucun des avantages qui leur étaient assurés par les lois, ou par les conventions matrimoniales de leurs père et mère, mais il n'y aura d'ouverture aux droits des enfans que de la même manière et dans les mêmes circonstances où ils se seraient ouverts s'il n'y avait pas eu de divorce.

Art. 3o5. Dans le cas de divorce par consentement mutuel, la propriété de la moitié des biens de chacun des deux époux sera acquise de plein droit du jour de leur première déclaration aux enfans nés de leur mariage : les père et mère conserveront néanmoins la jouissance de cette moitié jusqu'à la majorité de leurs enfans, à la charge de pourvoir à leur nourriture, entretien et éducation, conformément à leur fortune et à leur état ; le tout sans préjudice des autres avantages qui pourraient avoir été assurés auxdits enfans par les conventions matrimoniales de leurs père et mère.

CHAPITRE V.

De la Séparation de corps.

ARTICLE 306.

Dans le cas où il y a lieu à la demande en divorce pour cause déterminée, il sera libre aux époux de former demande en séparation de corps.

SOMMAIRE.

I. Ce que c'est que la séparation de corps. — Son rapport avec le divorce.
II. Elle peut être demandée pour trois causes : — 1º Adultère d'un des époux.
III. 2º Excès, sévices ou injures graves.
IV. 3º Condamnation à une peine infamante. Il faut qu'elle soit postérieure au mariage. Dissentiment avec M. Duranton.

EXPLICATION.

I. — La séparation de corps est l'état de deux époux qui, tout en conservant cette qualité, ne sont plus dans l'obligation ni dans le droit de vivre en commun. A la différence du divorce, qui brisait le lien du mariage, la séparation de corps le relâche seulement, et elle laisse subsister tous ses effets autres que ceux résultant de la vie commune.

Admise dans notre ancienne jurisprudence, la séparation de corps fut supprimée en 1792 par la Loi des 20-25 septembre, qui lui substitua le divorce ; et lors de la discussion de notre titre au Conseil d'État, il fut d'abord question de ne pas la rétablir. Mais l'idée contraire l'emporta par la raison que la religion catholique n'admettant pas le divorce, et la majorité des Français professant cette religion, il fallait bien donner au plus grand nombre des citoyens le moyen de se séparer sans blesser leurs croyances. En 1816, le législateur est revenu à une morale plus sévère et a fait disparaître complètement le divorce, pour ne maintenir que la séparation de corps. Espérons qu'au lieu de le rétablir désormais, on s'occupera de faire disparaître aussi la hideuse institution de la mort civile, qui déshonore plus que lui encore la majesté de notre Code.

Puisque dès 1804 la séparation de corps a été admise comme étant *le divorce des catholiques*, et que depuis 1816 c'est le seul divorce permis pour tous, il s'ensuit évidemment que, d'après la pensée des législateurs de ces deux époques, c'est dans les dispositions du divorce proprement dit que l'on doit chercher le complément des règles si brièvement tracées pour ce divorce imparfait.

II. — D'après les art. 229 à 232, auxquels notre article nous renvoie, la séparation de corps peut être demandée pour trois causes : 1° l'adultère de l'un des époux (229, 230); 2° ses excès, sévices ou injures graves contre son conjoint (231); 3° sa condamnation à une peine infamante (232). Quant au cas de consentement mutuel des époux, fondé sur toute autre cause que celles qui sont ici déterminées par la loi, quoiqu'elle pût aussi, d'après l'art. 233, motiver une demande en divorce, elle ne peut jamais être une cause de séparation de corps. L'art. 307 va nous le dire expressément. — Donnons un mot d'explication sur chacune des trois causes déterminées par la loi.

1° L'adultère d'un des époux produit des effets bien différens selon qu'il est reproché au mari ou à la femme. Contre celle-ci, c'est l'adultère par lui seul, à cause de la gravité que lui donnent ses funestes conséquences, qui motive la séparation. Contre le mari, au contraire, l'adultère ne produit cet effet que par la réunion des trois circonstances qui le font devenir une injure sanglante pour la femme. Il faut d'abord qu'il s'agisse d'une *concubine*, c'est-à-dire d'une femme avec laquelle le mari a eu des relations continuées pendant assez longtemps; des rapports fugitifs, des actes isolés d'infidélité, avec une ou plusieurs femmes, ne suffiraient pas. Il faut en outre que ces relations, longues et habituelles, aient eu pour théâtre la *maison commune* des époux; il ne suffirait pas que le mari eût entretenu une maîtresse dans un logement en ville. Il faut enfin que ce soit le mari qui ait *tenu* cette femme dans la maison, que ce soit par son autorité qu'elle y soit venue ou qu'elle y soit demeurée; les relations, mêmes fréquentes, du mari avec une servante qui n'est entrée et restée dans la maison que sous l'autorité et la surveillance de la femme, ne présenteraient pas le cas prévu par la loi; on ne peut pas dire que c'est là une *concubine tenue* dans la maison par le mari. Il en serait autrement si le mari avait interposé son autorité pour faire entrer ou pour garder cette femme malgré la volonté de l'épouse; ou bien, si c'était par les conseils du mari que sa concubine fût venue se faire agréer comme servante par la femme. Du reste, par maison commune, il faut entendre non pas seulement la maison où les deux époux habitent réellement, qu'ils y aient ou non leur domicile, mais aussi la maison où la femme ne résiderait pas habituellement, mais qui serait cependant celle où elle a le droit de demeurer et où le mari est obligé de la recevoir. Ainsi, quand le domicile des époux et la résidence du mari sont à Paris, dans une maison où la femme ne vient que par intervalles, parce qu'elle tient une boutique à Saint-Denis, il est clair que le fait par le mari d'installer une concubine dans sa demeure à Paris constitue bien l'injure sanglante que le Code demande. Aussi l'art. 339 C. pén., en reproduisant la même idée que notre art. 230, remplace l'expression *maison commune,* par celle de *maison conjugale,* qui nous paraît rendre mieux la pensée de la loi. (Arrêts conf. : Cassat., 21 décembre 1818; 27 janvier 1819; Agen, 27 janvier 1824; Cassat., 17 août 1825, etc.)

Quant aux deux autres causes de séparation de corps, elles sont les mêmes pour le mari que pour la femme.

III. — 2° Les excès, sévices ou injures graves d'un époux contre l'autre motivent contre lui la demande en séparation.

On entend par *excès* les actes de violence qui mettent en danger la vie ou au moins la santé de la personne. Les *sévices* sont les duretés, les mauvais traitemens de tout genre qui, sans exposer à aucun danger physique, rendent cependant la vie commune insupportable. Quant à l'*injure,* elle se présente sous des formes trop diverses, et se comprend d'ailleurs trop clairement, pour que nous cherchions à caractériser les faits qui la constituent. Nous ferons seulement remarquer que l'adultère du mari, dépouillé des trois circonstances indiquées plus haut, et qui ne peut pas dès-lors motiver la séparation, en tant qu'adultère, pourrait fort bien, s'il était accompagné d'autres circonstances, la motiver à titre d'injure grave.

Du reste, c'est aux tribunaux, bien entendu, à décider si les faits allégués revêtent vraiment le caractère d'excès ou de sévices, ou si l'injure est assez grave pour faire prononcer la séparation; et il est inutile d'ajouter que les diverses circonstances de l'affaire, par exemple, la position sociale, l'éducation et les mœurs des époux, devraient, en ce qui concerne les sévices et les injures, être prises en grande considération. Les procédés qui peuvent être indifférens à une femme de la classe ouvrière deviendront souvent des sévices, des faits rendant la vie commune insupportable, pour l'épouse élevée d'une manière délicate et appartenant à la classe distinguée de la société. Un soufflet reçu par la première sera souvent insignifiant ; pour la seconde, au contraire, il pourra constituer une très-grave injure par les circonstances dans lesquelles il sera donné.

La jurisprudence décide, avec raison, que la communication, à la femme, de la maladie vénérienne n'est jamais par elle-même une injure grave motivant la séparation ; mais qu'elle peut le devenir par les circonstances qui l'accompagnent. (Plusieurs arrêts, notamment un de la Cour de Rouen, du 30 décembre 1840.)

IV. — 3° La condamnation d'un époux à une peine infamante nous présente la troisième et dernière cause de séparation de corps.

Nous devons le dire, la loi, en portant cette règle, ou, si l'on veut, en organisant son système de peines auquel cette règle renvoie, s'est montrée bien peu philosophique, tranchons le mot, bien peu morale.

Qu'est-ce, en définitive, qu'une peine infamante ? Pourquoi la loi attache-t-elle l'infamie à telle peine et non à telle autre ? C'est ce dont il est impossible de donner une raison. Quoi qu'il en soit, les peines infamantes (autres que celles emportant mort civile, et dès-lors dissolution du mariage) sont : Les travaux forcés à temps, la détention, la réclusion, le bannissement et la dégradation civique (art. 8 C. pén.) ; l'emprisonnement, lui, n'est pas de ce nombre. Ainsi, d'après la loi, le voleur qui, successivement et par récidive, a été condamné à deux ans, cinq ans et dix ans de prison, ne serait pas infâme ; et le maire qui, par application de l'art. 130 C. pén. serait condamné à la dégradation civique, pour avoir délibéré sur le point de savoir si une loi devait être publiée, serait noté d'infamie !... Si cette théorie n'avait pas de conséquences pratique, la loi ne serait que ridicule, car il n'est pas à craindre que l'opinion publique la suive dans de pareilles idées ; mais on voit quels résultats de fait découleront de là : la femme probe et délicate, dont l'époux a subi plusieurs fois la prison pour vol, sera tenue d'habiter toujours avec lui ; et la femme du maire qui a délibéré sur la publication d'une loi pourra se séparer de corps !!!

Du reste, si mauvaise qu'on puisse trouver la loi sous ce rapport, elle est formelle ; il faudra donc l'appliquer. Mais du moins il faut bien se garder de l'étendre encore au-delà de ses termes, en admettant la séparation, comme le fait M. Duranton (t. II, 561, 562), pour une condamnation prononcée antérieurement au

mariage. C'est la condamnation *de l'un des époux* qui peut motiver la séparation de corps; et la preuve que la loi entend bien
parler d'un époux qui avait déjà cette qualité au moment de sa
condamnation, c'est qu'elle ne s'occupe pas le moins du monde
de poser une distinction qui, pour le cas de condamnation antérieure au mariage, serait indispensable. En effet, la séparation,
évidemment, ne pourrait être admise que pour l'époux qui aurait
ignoré la condamnation de son conjoint. Eh bien! où l'art. 232
fait-il allusion à cette distinction entre l'ignorance et la connaissance de l'époux?... Il est vrai que M. Duranton la fait, cette distinction; mais où la trouve-t-il dans la loi? L'art. 232 n'en dit pas
un mot, et son silence, nous le répétons, est précisément la
preuve qu'il n'entend parler que d'une condamnation postérieure
au mariage.

Mais enfin, dit M. Duranton, vous laisserez donc sans ressource l'épouse honorable qui a épousé par erreur un forçat libéré?... La raison, les principes du droit et le texte formel du
Code se réunissent pour répondre à cette objection, et pour faire
crouler les raisonnemens de l'auteur que nous combattons. La
raison et les principes du droit disent que, quand un contrat a
été engendré par l'erreur, ce n'est pas une modification dans les
effets de ce contrat qu'il faut demander, c'est sa nullité; et
l'art. 180 donne, en effet, à l'époux trompé, le droit de faire annuler le mariage. M. Duranton, qui accorde comme nous cette
action en nullité, n'a donc été amené à la doctrine que nous rejetons ici que par une étrange confusion des causes de séparation avec les causes de nullité du mariage, lesquelles ne peuvent
rien avoir de commun. Ainsi, l'époux demandera l'annulation;
et les tribunaux jugeront s'il y a vraiment eu erreur, et si cette
erreur est assez grave.

Qu'on y réfléchisse bien, et on verra qu'il y a impossibilité
absolue, radicale, d'adopter la théorie du savant professeur. La
raison se refuse également à admettre, soit des causes de séparation antérieures à la célébration du mariage, soit, réciproquement, des causes de nullité qui lui seraient postérieures. Quand
la cause capable de vicier le mariage naît après qu'il est valablement contracté, il peut bien être question de séparation de corps
ou même de dissolution, mais non pas de nullité; réciproquement,
si la cause a précédé la formation de l'union, on ne peut
plus parler de séparation ou de dissolution, mais seulement d'annulation ou même de non-existence.

N. B. — Nous avons déjà fait remarquer que d'après le texte
formel de l'article suivant, la séparation de corps ne peut jamais
avoir lieu par le seul consentement des époux. Il suit de là, que,

dans cette matière, la reconnaissance que le défendeur passerait formellement des faits à lui reprochés ne suffirait pas pour établir ces faits et motiver la condamnation. Autrement, il serait trop facile aux deux époux, par l'aveu frauduleux de faits imaginaires, d'arriver à une séparation sans cause légale et résultant, malgré la prescription de la loi, de leur seule volonté.

Mais ce n'est pas à dire que l'aveu du défenseur serait toujours insignifiant : il devra, au contraire, être pris en considération quand d'autres élémens de conviction viendront se joindre à lui.

ARTICLE 307.

Elle sera intentée, instruite et jugée de la même manière que toute autre action civile; elle ne pourra avoir lieu par le consentement mutuel des époux.

SOMMAIRE.

I. Dans quelles formes doit s'intenter et s'instruire la demande en séparation.

II. Mesures provisoires auxquelles elle peut donner lieu.

III. Fins de non-recevoir contre la demande. Renonciation de l'époux offensé.

IV. La réciprocité des torts n'est point une fin de non-recevoir. Dissentiment avec M. Duranton.

V. La mort d'un des époux empêche d'intenter l'action ; elle empêche même de la continuer. Dissentiment avec MM. Duranton et Zachariæ.

EXPLICATION.

I. — Nous venons d'expliquer la seconde proposition de cet article; il ne nous reste à parler que de la première, relative à la procédure qui doit être suivie en matière de séparation de corps.

Si l'on s'en tenait à la lettre de notre article, on dirait que l'action en séparation de corps doit s'intenter et s'instruire, sans aucune règle particulière, comme toutes les affaires civiles ordinaires. Ce serait une erreur; car quelques règles spéciales sont tracées pour cette action au Code de procédure. Notre article a seulement voulu dire qu'on ne suivra pas ici toute la procédure organisée en détail, par le Code civil, pour la demande en divorce.

L'époux qui veut intenter l'action doit présenter au président du tribunal de son domicile une requête à laquelle celui-ci répond par une ordonnance enjoignant aux parties de comparaître devant lui, à jour indiqué, sans assistance d'avoués ni de conseils. Si le président ne réussit pas à opérer un rapprochement, il rend une seconde ordonnance par laquelle il les ren-

I.

45

voie à se pourvoir devant le tribunal, en autorisant la femme à procéder, et à se retirer provisoirement dans une maison convenue entre les parties ou désignée par lui. (C. pr., art. 875 à 878.)

Une fois intentée d'après ces règles, l'action, dit l'art. 879 du Code de procédure, sera instruite dans les formes établies pour les autres demandes. Aussi croyons-nous, avec Toullier, Favart et M. Zachariæ, que ce serait violer cet article que de suivre en cas de séparation la procédure sommaire que l'art. 261 du Code civil traçait pour la demande de divorce fondée sur la condamnation à une peine infamante.

Il en est autrement de la disposition de l'art. 251 qui, par exception à la règle générale de l'art. 283 du Code de procédure, permettait d'entendre comme témoins les parens et les domestiques des époux (à l'exception des descendans). Ce n'est plus là une question sur les formes de l'instruction; la forme de l'enquête sera toujours la même, soit qu'elle contienne ou ne contienne pas les témoignages domestiques. Il n'y a donc aucune raison de rejeter ici une règle sans laquelle il deviendrait souvent impossible de découvrir la vérité, puisque les parens et les serviteurs seront souvent les seuls qui connaîtront bien les faits allégués de part et d'autre par les époux.

Nous avons dit que, d'après l'art. 875 du Code de procédure, c'est au président du tribunal du domicile commun que l'époux demandeur en séparation doit présenter sa requête; par là se trouve appliquée à la séparation de corps la pensée de l'art. 234, qui déclarait que, quels que fussent les délits qui donneraient lieu à la demande en divorce, ce serait toujours au tribunal d'arrondissement du domicile que l'action devrait être portée. Ainsi, que la demande eût été formée pour tentative de meurtre, ce n'est pas la Cour d'assises appelée à prononcer sur le crime, mais bien le tribunal d'arrondissement, le tribunal civil, qui aurait pu être saisi de la demande, et il en est de même pour la demande en séparation de corps. La loi ne veut pas qu'une action aussi grave que celle-ci, une action relative à l'état civil des personnes, soit jugée comme accessoire d'une action criminelle; et par conséquent, ce cas ne tombe pas sous la règle générale de l'aliéna 1er de l'art. 3 du Code d'instruction criminelle, qui permet de poursuivre l'action civile en même temps et devant les mêmes juges que l'action publique. On ne pouvait pas assimiler une action en séparation de corps à la simple demande des dommages-intérêts dus par suite d'un délit.

Et puisque, dans ce cas de demande en séparation fondée sur un crime ou un délit, les deux actions doivent s'intenter séparément, l'une à la Cour d'assises ou à la police correctionnelle, et l'autre au tribunal civil, il s'ensuit qu'il faudra appliquer ici le 2ᵐᵉ aliéna du même art. 3 du Code d'instruction criminelle, qui veut que, quand les deux actions sont ainsi séparées, la procédure reste suspendue au civil jusqu'à la fin de l'action criminelle intentée avant ou pendant l'action civile. Ainsi, se trouve appliquée au cas de séparation la règle que l'art. 235 traçait, en termes exprès, pour le cas de divorce.

D'après le décret du 30 mars 1808, art. 22, toute contestation relative à l'état civil doit, sur l'appel, être jugée par la Cour royale en audience solennelle, toutes chambres réunies. Mais la plupart des arrêts de Cours royales, et tous les arrêts de la Cour suprême, jusqu'en 1835, où cette Cour changea de jurisprudence, avaient décidé que les questions de séparation de corps n'étaient pas des questions d'état dans le sens du décret, et que cet art. 22 ne s'appliquait pas à elles, lorsque, le 16 mai de cette même année 1835, fut rendue une ordonnance royale qui, tout en reconnaissant que ces contestations étaient comprises dans le décret, déclara que ce décret serait désormais modifié sous ce rapport, et que les appels de séparation de corps seraient à l'avenir jugés en audience ordinaire.

II. — Voyons maintenant jusqu'à quel point les mesures provisoires ordonnées pour le cas de divorce peuvent s'appliquer à la demande en séparation de corps.

L'unanimité des auteurs, et une jurisprudence dont aucun arrêt n'est venu, jusqu'à ce jour, modifier l'uniformité, admettent que toutes les mesures provisoires indiquées pour le cas de divorce peuvent être prises aussi pour la séparation de corps, et que, par conséquent, les cinq art. 267 à 271 sont applicables à notre matière, moins la règle résultant de la disposition finale de l'art. 269. Et, en effet, il suffit de lire ces cinq articles pour partager le sentiment général.

Ils déclarent 1° que pendant l'instance la puissance paternelle, et par conséquent l'administration des enfans, restera au mari; mais que le tribunal peut l'en priver, si l'intérêt de ces enfans le réclame (267); 2° que la femme peut être autorisée à quitter le domicile conjugal pour résider dans la maison qui lui est indiquée, et, si les biens dont elle jouit sont insuffisans, obtenir du mari une pension proportionnée aux facultés de celui-ci (268); si la femme ne justifie pas de sa résidence dans la maison indiquée, le mari peut lui refuser la provision alimentaire (269); 3° que dans le cas de communauté la femme peut exiger l'apposition des scellés sur les biens meubles de la communauté (270); 4° enfin, que toute obligation à la charge de la communauté et toute aliénation des immeubles communs, consenties par le mari en fraude des droits de la femme, postérieurement à l'ordonnance qui renvoie les parties à se pourvoir, seront déclarées nulles (271).

Ces diverses règles se réduisent en définitive à des conséquences des principes généraux du droit, ou à de simples mesures conservatoires : d'ailleurs, la nécessité et la justice de ces dispositions sont les mêmes en cas de séparation ; toutes doivent donc s'y appliquer, sauf les légères modifications qui peuvent résulter des formes différentes indiquées par le Code de procédure. Ainsi, tandis que la maison où la femme doit se retirer était, d'après l'art. 268, indiquée par le tribunal, c'est par le président seul qu'elle doit l'être, d'après l'art. 878 C. pr., si les époux n'en conviennent pas entre eux.

Quant à la disposition finale de l'art. 269, qui déclarait la femme demanderesse non recevable à continuer ses poursuites, quand elle ne justifiait pas de sa résidence dans la maison indiquée, comme c'est là une règle extrêmement rigoureuse et tout-à-fait exorbitante du droit commun, on ne peut plus, dans le silence de la loi, l'étendre d'un cas à l'autre.

III. — Avant d'arriver à l'explication de ce qui concerne le jugement de séparation de corps et ses effets, ce qui fait l'objet des articles suivants, il nous reste à examiner les fins de non-recevoir qui peuvent être opposées à la demande.

Le droit de demander la séparation de corps n'étant établi que dans l'intérêt particulier de l'époux offensé, celui-ci peut donc y renoncer, soit expressément, soit tacitement. La renonciation expresse ou tacite constitue toujours un pardon plus ou moins entier, une remise plus ou moins complète de l'offense. Or, la concession du pardon rendant plus grave encore l'injure qui la suit, et détruisant tout naturellement l'effet de la réconciliation antérieure, le conjoint pourra donc faire valoir à l'appui de sa demande les faits antérieurs au pardon : d'où il suit que la séparation pourra être prononcée, quand même les faits postérieurs à la réconciliation ne seraient pas assez graves pour la motiver par eux-mêmes, si ceux accomplis antérieurement présentent la gravité nécessaire. Du reste, il est évident que pour la preuve de la réconciliation on ne pourrait pas repousser comme insuffisant l'aveu du demandeur ; car si le consentement mutuel ne peut pas être une cause de séparation, il est, au contraire, une cause parfaitement légale, ou plutôt la seule cause possible, du rapprochement des époux (art. 309). C'est donc seulement quand le demandeur niera la réconciliation qu'il sera nécessaire au défendeur d'en fournir la preuve ; et il est clair que la preuve des faits constituant la réconciliation devra se faire d'après les règles tracées pour la preuve des faits sur lesquels se fonde l'action elle-même.

Ces idées, que proclame le droit commun, sont précisément celles que consacraient, pour le cas de divorce, les art. 272, 273 et 274, lesquels, dès-lors, recevront leur complète application au cas de séparation de corps ; sous cette exception, bien entendu, laquelle découle d'ailleurs de ce qui vient d'être dit, que, pour la preuve des faits de réconciliation, ce n'est pas la forme spéciale du divorce, mais la forme ordinaire, voulue par l'art. 879 du Code de procédure, qu'il faudra suivre.

Maintenant, quels faits seront de nature à constituer la réconciliation, la renonciation tacite de l'époux offensé ? C'est là un point entièrement laissé à l'appréciation des tribunaux. Toutefois, il est évident que le fait que la femme demanderesse ou défenderesse est restée pendant l'instance au domicile conjugal, ou y est rentrée après avoir résidé d'abord dans une autre maison, ne suffirait pas par lui seul, et abstraction faite des circonstances, pour donner une preuve de réconciliation. Jusqu'à la séparation de corps prononcée, l'obligation pour la femme d'habiter avec le mari, et l'obligation de celui-ci de la recevoir, demeurent comme règle commune ; le droit pour la femme d'habiter séparément n'est qu'une exception de faveur, et le fait que la femme n'en a pas usé ou a cessé d'en user prouve tout simplement que la vie commune ne lui a pas paru, ou a cessé de lui paraître, assez dangereuse pour rompre à tout prix cette vie commune. Et, puisque la continuation ou la reprise de la vie commune ne peut donner, par elle seule, une preuve suffisante, il s'ensuit qu'on ne pourrait pas non plus déduire cette preuve absolue de la survenance d'une grossesse de la femme. On devrait seulement voir là, soit contre la femme, soit et surtout contre le mari, une légère présomption, qui pourrait se changer en preuve au moyen d'autres circonstances, mais qui ne suffirait pas seule. Tout ceci, nous le répétons, est abandonné à la discrétion du juge.

IV. — D'après l'art. 336 du Code pénal, la femme poursuivie par son mari, devant le tribunal de police correctionnelle, doit être déchargée de l'action, s'il est prouvé que le mari est lui-même coupable d'avoir entretenu une concubine dans la maison conjugale. Faut-il, comme le fait M. Duranton (t. II, 574), conclure de là que quand les deux époux sont ainsi coupables d'adultère, et même, en règle générale, toutes les fois que les deux époux sont réciproquement coupables des mêmes faits, chacun d'eux est non recevable à demander la séparation de corps ?

La négative nous paraît certaine. Quoi! quand les deux époux, aussi coupables qu'on le voudra l'un et l'autre, voient leur vie continuellement en danger, et que chacun d'eux se porte habituellement contre l'autre aux derniers excès, il faudrait dire qu'ils n'ont pas le droit de se séparer légalement, et que la vie commune restera obligatoire pour eux parce qu'il y a compensation? Mais enfin, dira-t-on, tous deux étant également coupables, comment rendre *au profit* de l'un une sentence *contre* l'autre?... Tous deux sont coupables de faits motivant une séparation, eh! bien, que tous deux demandent cette séparation; que le défendeur réponde à l'action de son conjoint par une demande réciproque; et ces deux demandes, au lieu de s'éteindre l'une l'autre par compensation, feront prononcer la séparation *contre* tous deux: tous deux seront également condamnés aux dépens; tous deux subiront les conséquences pénales auxquelles le jugement peut donner lieu, par exemple, la perte du préciput conventionnel (art. 1518).

Spécialement, pour le cas d'adultère du mari et de la femme, comment pourrait-on déduire de l'art. 336 du Code pénal la non-recevabilité de l'action en séparation de corps? De ce que l'époux qui se plaint de l'adultère de sa femme est lui-même aussi coupable qu'elle, la loi a tiré cette conséquence, qu'il ne doit pas être écouté quand il vient demander à faire punir cette femme. La sagesse de cette disposition est évidente : quand un mari, qui seul peut poursuivre sa femme pour adultère (car le ministère public lui-même ne le peut pas), est, lui aussi, coupable du même délit, ne serait-il pas ridicule qu'il vînt remplir contre elle les fonctions d'accusateur public, et la faire emprisonner? Mais quand il vient demander à rompre la vie commune, pourquoi son propre délit le rendrait-il non recevable? Est-ce que la réciprocité de torts rendra cette vie commune plus facile? Est-ce que la haine mutuelle des deux époux sera moins profonde et donnera lieu à moins de dangers? Évidemment non, et si la loi a sagement fait de refuser alors au mari l'action criminelle pour la punition de la femme, elle a sagement fait aussi de ne point enlever alors à l'un des époux l'action civile en séparation.

Sans doute, les tribunaux pourront et devront prendre en considération cette réciprocité de torts pour apprécier les faits reprochés au défendeur; ainsi, des injures adressées par la femme au mari et qui, indépendamment de circonstances spéciales, auraient dû motiver la séparation, pourraient bien être déclarées trop peu graves à cause de la provocation qui se trouverait dans certains faits du mari. Alors, on ne viole pas la loi, puisqu'on déclare que les faits reprochés au défendeur n'ont pas assez de *gravité.* Mais poser en principe général que *la réciprocité des torts doit produire une fin de non-recevoir, surtout lorsqu'ils sont de même nature*, c'est une doctrine qui nous paraît une violation complète de la loi.

⚫ Aussi M. Duranton est-il, à notre connaissance du moins, la seule autorité que cette doctrine puisse revendiquer: Merlin, Toullier, Favard, Vazeille, MM. Dalloz et Zachariæ, et les différens arrêts rendus sur cette matière, la rejettent positivement.

V. — La mort de l'un des époux rendrait évidemment non recevable l'action en séparation de corps. Elle ne pourrait être intentée ni contre les héritiers de l'époux prétendu coupable par l'autre époux, ni par les héritiers de celui-ci contre l'époux prétendu coupable. Il ne faudrait pas argumenter ici de l'art. 957, 2ᵉ alinéa, qui, tout en défendant à un donateur d'agir en révocation pour ingratitude contre les héritiers du donataire, permet cependant aux héritiers de ce donateur d'agir contre le donataire; il y a une profonde différence entre les deux cas. L'action en révocation d'une donation pour ingratitude, si elle est purement morale dans sa cause (puisqu'elle est fondée sur l'injure), est purement pécuniaire dans son objet, puisqu'elle tend uniquement, à la reprise du bien donné. L'action en séparation de corps, elle, touche à des intérêts purement moraux, aussi bien dans son objet que dans sa cause; car, ce à quoi elle tend, c'est le relâchement du lien conjugal, si, par l'admission de la séparation, des intérêts pécuniaires se trouvent remués, ce n'est que par contrecoup.

Cette considération, aussi simple qu'elle est vraie, donne la réponse à une question qui est controversée parmi les jurisconsultes; celle de savoir si l'action ne doit pas du moins se continuer, quand le décès d'un des époux n'arrive que dans le cours de l'instance. Nous n'hésitons pas à répondre non. Comment continuer à demander le relâchement du lien conjugal, quand il vient d'être brisé?... Donner une décision contraire, comme le font MM. Duranton, Zachariæ et quelques autres, c'est d'ailleurs confondre l'esprit et la matière, et ravaler les intérêts moraux au niveau des intérêts d'argent.

Dans des actions aussi sacrées que celles de séparation de corps, de divorce, de nullité de mariage, le droit est exclusivement réservé à celui en qui réside l'intérêt moral sur lequel elles sont fondées; à moins que la loi, pour assurer davantage la sanction de la morale publique, n'accorde expressément l'action à tous les intéressés, comme elle le fait dans les nullités absolues du mariage.

Donc, quand un des époux meurt pendant l'instance, il n'y a

plus lieu de prononcer la séparation ; il n'y a plus lieu (et ceci est vraiment *évident*), il n'y a plus lieu de prononcer le relâchement d'un lien qui vient de se dissoudre. À la vérité, il reste alors une question pécuniaire à résoudre, celle de savoir qui devra payer les dépens ; et pour la décider, il faudra voir si l'action était ou non bien fondée, et, par conséquent faire le même examen que s'il s'agissait de prononcer sur la séparation. Mais, après cet examen fait, on devra se borner à dire qu'il y aurait eu lieu, ou qu'il n'y aurait pas eu lieu, d'admettre la séparation, et que, dès-lors, les dépens sont à la charge de telle partie ; mais la séparation, elle, ne pourra pas être prononcée, et par conséquent les déchéances pécuniaires qui devaient la suivre, par exemple, celle du préciput de communauté, ne pourront pas avoir lieu.

Article 308.

La femme contre laquelle la séparation de corps sera prononcée pour cause d'adultère sera condamnée par le même jugement, et sur la réquisition du ministère public, à la réclusion dans une maison de correction pendant un temps déterminé, qui ne pourra être moindre de trois mois, ni excéder deux années.

SOMMAIRE.

Compétence exceptionnelle. Cas où elle n'aurait plus lieu. — Elle ne peut pas être étendue.

EXPLICATION.

Nous avons vu, sous l'article précédent, que l'adultère de la femme ne peut jamais être puni que sur la plainte du mari (C. pén., art. 336). C'est donc parce que la demande en séparation, intentée par le mari pour cette cause, se trouve contenir virtuellement cette plainte, que la loi permet au tribunal d'appliquer à la femme la peine ordinaire de ce délit, en même temps qu'il prononce la séparation. La preuve que c'est bien en vertu de la plainte implicite du mari que la peine est prononcée, c'est que celui-ci, aux termes de l'article suivant, reste le maître d'arrêter l'effet de cette condamnation en consentant à reprendre sa femme. Mais, s'il en est ainsi, cette condamnation pénale ne pourrait donc pas avoir lieu dans le cas où la plainte du mari n'est pas recevable, c'est-à-dire quand il a lui-même tenu sa concubine dans la maison conjugale.

Du reste, cette mission, donnée à un tribunal civil, d'appliquer à la femme la peine du délit d'adultère, forme une exception aux principes de compétence ; et il faudrait se garder, dès-

'lors, de l'étendre au-delà du cas prévu. Ainsi, le tribunal civil ne pourrait prononcer la peine de l'adultère, ni contre le complice de la femme, ni contre le mari pour le délit duquel la séparation serait prononcée. On a vu aussi, sous l'article précédent, nº 1, qu'un tribunal correctionnel ne serait pas compétent pour statuer sur la séparation de corps (1).

Article 309.

Le mari restera le maître d'arrêter l'effet de cette condamnation, en consentant à reprendre sa femme.

Art. 310. (*Abrogé par la loi du 8 mai 1816.*) Lorsque la séparation de corps, prononcée pour toute autre cause que l'adultère de la femme, aura duré trois ans, l'époux, qui était originairement défendeur, pourra demander le divorce au tribunal, qui l'admettra, si le demandeur originaire, présent ou dûment appelé, ne consent pas immédiatement à faire cesser la séparation.

Article 311.

La séparation de corps emportera toujours séparation de biens.

SOMMAIRE.

I. Effets de la séparation de corps. Le Code les laisse sous-entendus. Le jugement entraîne l'application de l'art. 299.
II. Controverse sur cette dernière idée.
III. Droits et devoirs que la séparation laisse subsister entre les époux.
IV. De la séparation de biens résultant de la séparation de corps.
V. La séparation de corps ne peut cesser que par le consentement des deux époux. Dissentiment avec M. Duranton.

EXPLICATION.

I. — Par une manière de procéder qui peut paraître étrange au premier coup d'œil, mais qui s'explique bientôt facilement, le Code, sans nous avoir indiqué *un seul* des effets directs de la séparation de corps, nous présente ici, en terminant cette matière, une disposition qui n'est elle-même qu'une conséquence de ces effets premiers, restés sous-entendus.

Nous disons que le Code ne nous a pas indiqué un seul des effets directs de la séparation; car la peine que l'article précédent enjoint d'appliquer à la femme, en cas d'adultère, n'est pas un effet de la séparation; mais bien, comme cette séparation même, un effet du délit d'adultère. Elle est si peu un effet de la

_____

(1) Il ne s'agit pas, dans notre article, de *la réclusion* proprement dite, mais de *l'emprisonnement* (C. pén., art. 7, 9, 21, 40, 337).

séparation, que d'une part elle peut avoir lieu sans séparation (art. 337 C. pén.), et que réciproquement la séparation a souvent lieu sans elle. Eh bien! cette absence d'indication se comprend très-bien.

En effet, la séparation de corps n'ayant été, dans la pensée du législateur, que le divorce lui-même, ramené à ce que permet le catholicisme, ce législateur a trouvé suffisant d'avoir fait connaître les effets du divorce proprement dit, lesquels, par le retranchement de ce que défendent les idées catholiques, présenteront les effets de la séparation de corps.

Les effets du divorce, indiqués dans l'art. 227, à la fin du titre *du Mariage*, et dans le chap. IV de notre titre, art. 295 à 305, consistent dans la dissolution entière du lien conjugal, puis dans certaines dispositions de détail dont les unes se rattachent intimement à cette dissolution, tandis que les autres n'ont rien d'incompatible avec le maintien de ce lien conjugal. Or, c'est précisément cette dissolution du mariage que la religion catholique prohibe rigoureusement; c'est donc cette dissolution, et avec elle tous les effets de détail qui n'en peuvent être que la conséquence, qu'il faudra rejeter; le reste nous donnera les effets légaux de la séparation de corps. Ainsi, les époux, tout en conservant cette qualité, vivront éloignés l'un de l'autre, et c'est cette cessation de la vie commune qui emportera pour eux, aux termes de notre article, distinction des intérêts pécuniaires, séparation des biens. La femme aura donc sa demeure légale à elle propre, son domicile particulier; car il n'y a là rien d'incompatible avec la qualité d'épouse (1). Ainsi encore, la disposition qui punit l'époux coupable en annulant les donations que lui avait faites son conjoint, et qui conserve à ce conjoint toutes celles qu'il avait reçues (art. 299, 300), n'ayant évidemment rien d'incompatible avec le maintien du mariage, s'appliquera également au cas de séparation de corps.

II. — Il s'en faut beaucoup pourtant que cette dernière idée soit admise par tous les jurisconsultes; et tandis que nous l'écrivons ici comme certaine d'après les principes de la matière,

---

(1) Locré et M. Zachariæ pensent que la femme mariée ne peut jamais avoir son domicile propre et que, même après la séparation de corps, elle n'a encore que celui de son mari; mais cette opinion compte peu de partisans. Et en effet, la séparation de corps brisant en droit tout rapport d'habitation entre les époux, on ne conçoit pas sur quoi se fonderait alors le maintien de la règle qui fait de la demeure légale du mari la demeure légale de la femme. Ce n'est pas sur ce que la femme reste incapable; car le mineur reste également incapable quand il est émancipé, et cependant il a alors son domicile propre (art. 108).

M. Demante, au contraire, présente la décision opposée comme ne devant pas même faire question (t. I. n° 285). Quant aux autres auteurs et aux diverses Cours, on les voit partagés en deux camps à peu près égaux. Le sentiment contraire au nôtre est professé par Merlin, Grenier, Toullier, Favard, MM. Duranton et Zachariæ, et appuyé de dix arrêts, dont cinq de la Cour suprême, et cinq de Cours royales; le nôtre soutenu par Delvincourt, Pigeau, Proudhon, Lassaulx, Chabot et Grolmann, compte pour lui onze arrêts de Cours royales, parmi lesquels deux appartiennent à la Cour de Rouen, qui a rendu, le 15 novembre 1838, sur les conclusions conformes et fort remarquables de M. l'avocat-général Rouland, la dernière décision judiciaire qui nous soit connue sur cette question.

Comme on le voit, il est peu de points aussi controversés que celui-ci, et nous devons dire un mot des principales objections que l'on fait à notre doctrine. On nous oppose d'abord une considération, fort exacte en soi, mais qui tombe complètement à faux contre nous. Il est certain, dit-on, que le Code n'a pas entendu qu'on appliquerait de plein droit à la séparation toutes celles des *règles* du divorce qui ne sont pas incompatibles avec le maintien du mariage; car le législateur a cru devoir reproduire expressément quelques-unes de ces règles, par exemple : le droit pour la femme d'habiter séparément pendant l'instance (art. 878 C. pr.); l'ordre de condamner la femme adultère à l'emprisonnement (art. 308); etc. Ceci est très-vrai; mais ceci ne signifie rien contre nous. Nous ne disons pas, en effet, qu'on doit appliquer à la séparation toutes les *règles* compatibles avec le maintien du mariage; c'est seulement des *effets* que nous parlons. Pour les *formes à* suivre, pour les *mesures provisoires* à prendre, pour quelques *règles accessoires* à appliquer, des dispositions expresses sont écrites pour la séparation de corps; donc, le législateur n'avait pas la pensée qu'on y appliquerait de plein droit toutes celles qui, dans le divorce, se trouveraient compatibles avec le maintien du mariage, et dès-lors on ne peut, quant à ces objets, transporter du divorce à la séparation de corps que les dispositions conformes aux principes généraux, au droit commun. C'est pour cela que nous avons rejeté, comme tout le monde, la disposition du divorce qui déclarait non recevable à continuer ses poursuites la femme qui a cessé de résider dans la maison à elle assignée. Mais pour *les effets* que la séparation de corps doit produire, la loi ne dit pas *un mot*, ni dans le Code civil, ni dans le Code de procédure; elle déclare seulement, en indiquant une conséquence éloignée et médiate, qu'il y aura séparation de biens à côté de la séparation de corps; mais cette séparation de corps, elle, en quoi consistera-t-elle? Quels résultats produira-t-elle? Le Code n'en parle pas. Donc, il a entendu qu'on les trouverait ailleurs. Et où donc, si ce n'est pas dans ceux des résultats du divorce que n'exclut pas le maintien du mariage?... Donc, quand nos adversaires font un choix entre ces résultats compatibles avec la nature de la séparation, et qu'ils admettent celui-ci pour rejeter celui-là, ils font de l'arbitraire.

On ajoute que le législateur n'a pas voulu attribuer à la séparation les déchéances pécuniaires attachées au divorce, et on en cite comme preuve les art. 386 et 767, qui n'enlèvent qu'à l'époux divorcé, et non à l'époux séparé de corps, l'un, l'usufruit légal des biens des enfans, et l'autre, le droit pour l'époux de succéder à son conjoint. Mais on ne fait pas attention que ces dispositions ne résultent que de la dissolution du lien conjugal, et que, dès-lors, elles sont du nombre de celles qui se trouvent incompatibles avec le maintien du mariage.

En effet, d'après l'art. 384, l'usufruit légal des biens des enfans appartient, pendant le mariage, au père, *et après la dissolution du mariage, au survivant* des père et mère. Ce changement apporté en principe, par la dissolution du mariage, à l'attribution de l'usufruit légal, présentait une difficulté dans le cas de dissolution par divorce, puisque alors, malgré la dissolution, il n'y a pas d'époux survivant, mais deux anciens époux vivans tous deux. Or, puisque l'un de ces époux était coupable et l'autre innocent, il était tout naturel de sortir de la difficulté en attribuant l'usufruit à ce dernier : c'est ce qu'a fait l'art. 386. Mais cette difficulté ne se présentait plus en cas de séparation de corps; puisqu'alors, le lien conjugal durant toujours, on restait sous le principe général de l'art. 384, qui attribue l'usufruit au père, tant que dure le mariage. Quant à l'art. 767, il donne droit de succession à celui qui est époux au moment de l'ouverture de l'hérédité, et c'est parce que le divorce brise ce titre d'époux, que le conjoint divorcé ne peut plus succéder. Aussi, le droit de succéder disparaît alors tout aussi bien pour l'époux *qui obtient* le divorce, que pour celui *contre qui* on le prononce, parce qu'en effet, l'un ne conserve pas plus que l'autre le titre d'époux.

Donc, il ne s'agissait là que d'effets découlant de la dissolution du mariage, et il y avait, dès-lors, impossibilité de les appliquer à la séparation de corps. L'argument qu'on voulait tirer de ces dispositions s'évanouit donc, ou plutôt il se retourne contre la doctrine opposée, avec une force à laquelle on ne saurait échapper.

En effet, parmi les déchéances d'avantages pécuniaires qu'entraîne le divorce, il en est une dont la loi n'avait pas non plus parlé dans notre titre et qui était de nature, elle, à ne présenter rien d'incompatible avec le maintien du mariage. Nous voulons parler de la privation de la fraction de communauté que l'époux, dans son contrat de mariage, s'était réservé de prendre par préciput, c'est-à-dire avant partage.

Cette déchéance n'étant pas une conséquence de la dissolution du mariage et pouvant se réaliser tout aussi bien pendant l'existence du lien conjugal qu'après sa rupture, c'était là qu'il fallait voir si le législateur a ou non entendu que la séparation de corps entraînerait les déchéances qui ne sont pas incompatibles avec le maintien de ce lien. Eh bien! qu'a fait le législateur? Ce que notre doctrine commandait de faire. Il a déclaré, dans l'article 1518, que la déchéance du préciput aurait toujours lieu contre l'époux coupable, aussi bien par l'effet de la séparation de corps que par l'effet du divorce. Or, comment expliquera-t-on que le législateur, qui a bien eu soin de ne parler que du divorce dans les art. 386 et 767, ait eu la pensée de remettre la séparation sur la même ligne que le divorce, dès qu'il s'agirait d'une déchéance compatible avec le maintien du mariage? On cherche à répondre en disant (Duranton, n° 629 4ᵉ alin.) que le préciput n'est pas tout-à-fait une donation, que ce n'est pas une pure libéralité, mais une convention dispensée par l'art. 1516 des formalités des donations. La réponse, en vérité, nous paraît étrange; attendu qu'elle vient précisément augmenter la force de notre argument.

En effet, s'il était vrai que le préciput n'est pas, à proprement parler, une donation; que c'est un mélange de libéralité et de convention à titre onéreux, que s'ensuivrait-il? Que sa déchéance ne devrait s'admettre que pour des causes beaucoup plus énergiques; car il est élémentaire, qu'une révocation d'acte onéreux est quelque chose de beaucoup plus grave que la révocation d'un acte gratuit. Ainsi, par exemple, on n'admettrait pas la révocation d'un acte onéreux pour ingratitude ou pour survenance d'enfant (art. 953). Ce serait donc par un argument à *fortiori* qu'il faudrait déduire de la déchéance du préciput la déchéance des donations proprement dites.

On argumente encore contre nous de l'extrême gravité de la déchéance prononcée par les art. 299 et 300, lesquels ne révoquent les donations réciproques que d'un côté, en les laissant subsister de l'autre. Mais, outre que cette gravité est la même pour le divorce que pour la séparation, et que dès-lors elle n'est pas plus étrange dans ce cas de séparation, lequel (on ne devrait pas l'oublier) ne se réalise que pour les mêmes causes; outre que cet argument ne peut pas être plus fort ici que dans le cas d'un préciput qui, lui aussi, peut être et est souvent réciproque; en outre de ces raisons, il suffirait de répondre que cette prétendue gravité plus grande n'est qu'une idée fausse, attendu que la loi ne peut pas admettre qu'une libéralité trouve sa cause dans une autre libéralité. (*Voy.* art. 202, n° IV.)

On prétend enfin (et cet argument a du moins le mérite d'attaquer notre doctrine en face), qu'au fond, la déchéance des donations faites dans le contrat de mariage est incompatible avec le maintien du lien conjugal, attendu qu'il existe un rapport intime, une connexité profonde entre l'indissolubilité de ce lien et l'irrévocabilité de ces donations. A cela nous pourrions répondre que le contraire est, non pas seulement certain, mais évident et palpable, puisqu'on touche du doigt qu'on peut enlever à un époux une donation, un avantage pécuniaire, sans lui retirer son titre d'époux; qu'on peut anéantir toutes les clauses d'un contrat de mariage, sans toucher au mariage lui-même, comme cela arrive quand la séparation de biens est substituée à la communauté ou au régime dotal, etc. Mais nous aimons mieux répondre par un fait, en disant que dans notre ancien droit, dans notre vieille France, dans cette terre classique de la séparation de corps, où la dissolubilité du lien conjugal n'avait jamais pris racine, la femme contre laquelle la séparation était prononcée pour adultère était déchue, non pas seulement de son douaire, mais encore de sa dot et de ses conventions matrimoniales! (*Voy.* Pothier, *Contr. de mariage*, n° 527.) Que devient cette prétendue incompatibilité entre la déchéance des donations et le maintien du lien conjugal?

Parlerons-nous maintenant des considérations morales qu'on nous objecte et qui, dans tous les cas, ne seraient plus du droit? Il serait imprudent, dit-on, impolitique, de révoquer les donations dont il s'agit; attendu que leur déchéance rendrait plus difficile la réconciliation des époux. Mais dans l'ancien droit, au cas même dont nous venons de parler, la loi permettait et désirait que le mari reprît sa femme (Pothier, *ibid.*). Cela avait-il empêché le législateur de prononcer la déchéance rigoureuse que nous avons indiquée? Pourquoi donc le nôtre n'aurait-il pas admis celle, beaucoup moins sévère, de l'art. 299? Et du moment que cette déchéance n'avait rien d'impossible en droit, nous demandons à notre tour comment il aurait pu ne pas l'admettre? Nous demandons pourquoi l'époux coupable aurait obtenu l'impunité parce que sa victime prouvait plus de délicatesse, et pourquoi les principes plus sévères de l'époux trahi auraient tourné à son désavantage? Nous demandons s'il eût été bien prudent, bien moral, de placer ainsi l'époux catholique entre l'inspiration de sa conscience et l'appât du gain; et si, en le supposant assez vertueux pour résister à la voix de l'intérêt, il eût été bien juste de lui faire ainsi acheter à prix d'argent le droit de rester fidèle à ses croyances....? Nous le dirons franchement : une séparation de corps sans déchéance des donations, nous la comprenons quand elle est seule ; mais en face d'un divorce qui emporte cette déchéance et qui s'obtient *pour les mêmes causes*, nous ne la concevons pas chez un législateur intelligent.

Quoi qu'il en soit de ces considérations, qui, sans doute, ont bien autant de force que celles qu'on nous oppose, c'est en droit qu'il faut décider la question. Or, en droit, nous croyons avoir suffisamment prouvé que rien ne permet de faire un choix parmi ceux des effets du divorce qui n'ont pas pour cause nécessaire la dissolution du mariage, et qu'on ne peut repousser tel ou tel de ces effets qu'en se jetant dans l'arbitraire.

III. — La séparation de corps ne dissolvant point le mariage, elle laisse donc subsister entre les deux époux les devoirs réciproques de fidélité, de secours et d'assistance. Il s'ensuit que ce n'est pas seulement à l'époux innocent, et par une exception de faveur, qu'appartient le droit d'exiger sur les biens de l'autre une pension alimentaire, comme cela avait lieu en cas de divorce, d'après l'art. 301, mais à chacun des deux époux et en vertu des principes généraux du droit.

Le maintien du mariage produit encore la continuation des règles ordinaires sur la puissance paternelle. Par conséquent, c'est au père, en vertu de l'art. 373, que les enfans restent soumis, alors même qu'il était défendeur, ce qui rend inapplicable ici la première partie de l'art. 302, d'après laquelle les enfans devaient être soumis à l'époux qui avait obtenu le divorce. Mais il est clair, et personne ne conteste en effet, que l'autorité judiciaire pourrait, conformément à la seconde partie de cet art. 302, et si l'intérêt physique ou moral des enfans l'exigeait, retirer au père, pour la confier à la mère, ou même à une tierce personne, la garde de ces enfans. Il n'est pas douteux non plus que, dans tous les cas, les père et mère conserveraient, conformément à la disposition de l'art. 303, le droit, disons mieux, le devoir de surveiller l'entretien et l'éducation de leurs enfans, et seraient toujours tenus d'y contribuer.

De ce même principe de la continuation du mariage, il résulte enfin que la puissance maritale, relâchée en ce qui concerne le droit pour la femme d'habiter séparément et d'administrer ses biens, n'est cependant pas brisée, et que par conséquent la femme ne pourrait acquérir, aliéner ni s'obliger, en dehors de ce qui concerne son droit d'administration, sans l'autorisation du mari ou de la justice.

Quant aux différens autres articles du chap. IV, *des Effets du divorce;* leur simple lecture suffit pour faire comprendre qu'ils sont inapplicables à la séparation de corps, sauf les art. 295 et 297, dont le texte présente les trois questions de savoir : 1° Si les époux divorcés avant 1816 pourraient aujourd'hui se réunir ; 2° si la femme contre laquelle le divorce aurait été prononcé, pour adultère, avant cette époque, pourrait aujourd'hui épouser son complice; 3° enfin, si l'empêchement entre la femme adultère et son complice existe aussi dans le cas de séparation de corps.

Ces trois questions ont été résolues, la première affirmativement; les deux autres, négativement, au n° IV de l'Appendice sur les empêchemens au mariage, *page* 45.

IV. — Revenons au texte de notre article. La séparation de corps, dit-il, emportera toujours séparation de biens. Les époux seront donc mis alors, quant à leurs biens, dans l'état où ils seraient s'ils avaient adopté, par leur contrat, le régime de séparations (art. 1536—1539), ou que la femme eût fait prononcer cette séparation par une action principale comme le lui permettent les art. 1443 et suivans.

Toutefois, il y aura, entre ce cas d'une séparation de biens obtenue par action principale, et celui de la séparation de biens se réalisant comme conséquence de la séparation de corps, une différence importante. C'est que , dans la première hypothèse, la séparation de biens produirait ses effets à compter du jour même de la demande; tandis qu'ici, elle ne les produira qu'à partir du jugement qui prononce la séparation de corps.

En principe, tout jugement , en matière civile, produit un effet rétroactif au jour même de la demande; parce que la sentence, en m'adjugeant mes conclusions , prouve que j'étais dans mon droit en formant cette demande ; que dès-lors le défendeur a eu tort de me refuser satisfaction, et que par conséquent il doit m'indemniser du préjudice que me cause son retard d'exécuter son obligation. Mais ce principe disparaît, évidemment, quand le défendeur est mis, de par la loi même, dans l'impossibilité d'acquiescer à la demande; or, c'est ce qui a lieu pour les séparations, soit de corps, soit de biens seulement : nous avons vu l'article 307 déclarer que « la séparation de corps ne peut avoir lieu « par consentement mutuel , » et l'art. 1443, 2e alinéa, dit que « toute séparation de biens volontaire est nulle. » Il suit de là que, pour les séparations, la règle, le droit commun, est que le jugement ne devra produire ses effets qu'à partir du moment où il est rendu. Lors donc, que l'art. 1445, 2e alinéa , déclare que « le jugement de séparation de biens remontera, quant à ses effets « au jour de la demande , » il fait une exception aux principes , une dérogation au droit commun; et cette exception n'étant pas reproduite ici, pour la séparation de biens découlant de la séparation de corps, celle-ci reste sous l'empire du droit commun.

Et, en effet, l'exception ne devait pas être admise ici.... Quand la séparation de biens est demandée par action principale, elle est fondée sur la mauvaise administration du mari, sur le désordre de ses affaires, sur le péril que court la dot de la femme (art. 1443); la cause de la séparation de biens existe nécessairement au moment de la demande, et il est urgent d'y obvier au plus tôt. Au contraire, quand c'est la séparation de corps qui est demandée, il n'est plus question d'intérêts pécuniaires; c'est la cessation de la vie commune qui amènera la séparation de biens, laquelle n'est plus qu'une conséquence de la séparation de corps; or, l'effet ne peut pas précéder sa cause. Et ce qui prouve bien que le législateur a entendu consacrer ces idées, si naturelles d'ailleurs, c'est que, pour la séparation de biens, conséquence de la séparation de corps, il ne demande, dans l'intérêt des tiers que la publication du jugement par suite duquel elle a lieu (art. 880 Cod. proc.); tandis que, pour la séparation de biens principale, cette publication du jugement, également nécessaire (art. 872; *ibid.*), doit en outre avoir été précédée, dès l'origine de l'action, de la publication de la demande elle-même (*ibid.*, art. 866, 867, 868).

Si donc une femme, ayant à se plaindre tout à la fois et de faits motivant une séparation de corps et d'une mauvaise administration de nature à fonder un jugement de séparation de biens, voulait faire remonter au jour même de sa demande l'effet de cette séparation de biens, il lui faudrait demander tout à la fois et la séparation de corps et la séparation de biens, en accomplissant les formalités voulues pour l'une et l'autre demandes.

Puisque le jugement de séparation de corps entraîne après lui la séparation de biens et touche ainsi aux intérêts pécuniaires des époux, il s'ensuit que, si des créanciers du mari voyaient leurs droits lésés par suite du concert frauduleux de deux époux, ils pourraient, d'après l'art. 1447, attaquer le jugement obtenu en fraude de leurs droits; mais seulement, bien entendu, en ce qui touche le préjudice que ce jugement leur cause relativement aux biens de la communauté. De même, ceux qui se trouveraient lésés par le défaut de la publication voulue par l'art. 880 du Code de procédure pourraient s'opposer à l'exécution du jugement non publié; toujours, bien entendu, sous le rapport seulement des effets pécuniaires de ce jugement. L'art. 66 du Code de commerce fait une application expresse de ces principes au cas de deux époux dont l'un est commerçant; mais ce que cet article dit pour ce cas, il faut le dire de tous les cas possibles, en vertu des principes généraux du droit.

Mais ces créanciers ne pourraient pas alors, comme au cas de demande en séparation de biens, intervenir dans l'instance (article 1447, 2ᵉ part.), parce que le débat n'a rien de pécuniaire et que la question d'argent ne naîtra qu'après le jugement et par une conséquence éloignée de ce jugement. Il n'en serait autrement qu'autant qu'une demande principale en séparation de biens serait jointe à la demande en séparation de corps. Dans ce cas, les deux questions pécuniaire et morale se trouvant réunies, rien n'empêche les intéressés de se mêler au débat en ce qui touche la première.

V. — Maintenant, comment cesse la séparation de corps? M. Duranton (t. II, 525 et 618), posant d'abord en principe que la séparation doit se définir · *La faculté accordée à l'un des époux de vivre séparément de son conjoint*, et la considérant, dès-lors, comme un bénéfice particulier, comme un droit propre à cet époux, en tire la conséquence que cet époux peut toujours y renoncer et rétablir les choses dans leur état primitif, sans le consentement de ce conjoint. « Pour cela, dit-il, il lui suffira de « signifier à l'autre une sommation de se soumettre à toutes les « obligations résultant du mariage. » Cette idée, partagée par quelques autres jurisconsultes, mais que M. Duranton lui-même reconnaît être très-douteuse, nous paraît en effet inadmissible.

Nous ne parlerons pas des hautes raisons de morale, d'équité, de tranquillité publique, qui s'opposent à son admission; nous nous bornerons à la discussion du droit. Or, tout jugement est un contrat judiciaire, et ses effets dès-lors ne peuvent être révoqués, comme ceux de tout autre contrat, que par le consentement mutuel des parties (art. 1134, 2ᵉ aliéna). Ici, comme partout, pour qu'une seule des parties pût, par sa renonciation, remettre les choses au même état que devant, il faudrait que le contrat judiciaire, que le jugement de séparation, n'eût engendré qu'un droit exclusif à cette partie; c'est seulement dans ce cas d'un droit unilatéral et propre à une seule personne que s'applique la règle que « chacun peut renoncer au bénéfice in- « troduit en sa faveur. » Or, en est-il ainsi? Le jugement de séparation ne fait-il naître des droits nouveaux qu'au profit du demandeur? Pendant que le mari demandeur obtient le droit de ne plus recevoir sa femme chez lui, la femme défenderesse n'obtient-elle pas celui d'habiter séparément et de ne plus suivre son mari, celui d'administrer elle-même ses biens, de toucher elle-même ses revenus?... Mais s'il naît ainsi des droits réciproques, une seule des parties ne peut donc pas, par sa seule volonté, remettre les choses en leur état primitif. Entrons un peu plus avant dans ces idées, et l'erreur que nous combattons va se toucher du doigt. Chacun, dit-on, peut, par sa seule volonté, renoncer au droit introduit en sa faveur. Oui, sans doute; mais il ne peut pas, par cette même volonté, renoncer aux droits introduits en faveur de son adversaire. Ainsi, que le mari demandeur renonce au droit qu'il a de ne plus recevoir sa femme, qu'il signifie à sa femme cette renonciation; que s'ensuivra-t-il? Que sa femme recouvre la faculté de venir habiter chez lui; mais non pas qu'elle y est forcée. Encore une fois, vous pouvez bien renoncer à vos droits, mais non pas aux droits de votre adversaire.

Aussi, la doctrine que nous combattons reçoit un démenti formel, et pour ainsi dire son brevet d'erreur, d'un des articles du Code. En effet, si la séparation n'était, dans tout son ensemble, qu'une faculté accordée au demandeur, ce demandeur, en renonçant à toutes les parties de cette faculté, et notamment à la séparation de biens qu'a entraînée le jugement, rétablirait tout sur l'ancien pied, et la communauté antérieurement existante reprendrait son cours par le seul effet de la signification de cet époux; or, l'art. 1451 déclare positivement que cette communauté ne pourra se rétablir que *par le consentement mutuel des deux parties.* Ainsi, quand la femme défenderesse, sur les instances du mari, aura consenti à rétablir la vie commune avec ses obligations, elle restera encore maîtresse, malgré la volonté contraire de l'époux, de conserver son droit d'épouse séparée de biens. Dites encore que les différens effets de la séparation de corps ne forment qu'un bénéfice introduit pour le demandeur!

--o————o--

RÉSUMÉ DU TITRE SIXIÈME.

DE LA SÉPARATION DE CORPS.

I. — La séparation de corps est l'état de deux époux entre lesquels l'obligation de la vie commune a été brisée par jugement.

Nous aurons à voir successivement:

1° Les causes qui permettent de prononcer la séparation de corps;

2° Les fins de non-recevoir qui doivent faire rejeter l'action;

3° Les formes dans lesquelles l'action doit s'intenter et s'instruire, et les mesures provisoires auxquelles elle donne lieu ;

4° Les effets médiats ou immédiats du jugement et les mesures accessoires qui l'accompagnent ;

5° Enfin, la cessation de la séparation de corps.

Des causes de la séparation de corps.

II. — La séparation de corps ne peut être prononcée que pour trois causes :

1° L'adultère de l'un des époux ; mais avec une grande différence entre le mari et la femme. En effet, l'adultère de la femme est toujours une cause de séparation par lui-même. Celui du mari, au contraire, ne produit cet effet que quand il s'agit d'une concubine, d'une maîtresse que le mari a tenue dans la maison conjugale, c'est-à-dire dans une maison dans laquelle la femme habitait, ou dans laquelle son titre d'épouse lui donnait le droit d'habiter.

III. — 2° Les excès, sévices ou injures graves d'un conjoint contre l'autre. On appelle *excès* les traitemens qui mettent en danger la vie ou la santé de la personne ; les *sévices* sont tous les actes qui, sans exposer à aucun danger physique, rendent cependant la vie insupportable ; l'*injure*, qui peut se réaliser par des faits, des paroles ou des écrits, et tout procédé qui déshonore, outrage, ou humilie la personne. Les excès sont d'une nature qui ne comporte rien de relatif ; pour les deux autres classes d'actes, au contraire, il y a toujours une appréciation à faire pour décider si les procédés constituent des sévices ou des injures, ou encore, si l'injure est suffisamment grave. Cette appréciation, bien entendu, appartient aux tribunaux, et il est clair que les circonstances d'âge, de sexe, d'éducation, de position sociale, et toutes autres, doivent être prises en considération.

IV. — 3° La condamnation d'un époux, postérieure au mariage, à l'une des cinq peines que le Code pénal déclare infamantes, mais qui ne dissolvent pas le mariage. Ce sont les Travaux forcés à temps ; la Détention ; la Réclusion ; le Banissement ; la Dégradation civique. Bien entendu, il faut que la condamnation soit irrévocable, c'est-à-dire qu'elle ne puisse plus disparaître au moyen de l'appel ou du pourvoi en cassation.

La séparation de corps ne peut jamais avoir lieu par le simple consentement des deux époux.

Des fins de non-recevoir contre la demande.

V. — L'action de séparation de corps, qu'elle soit déjà intentée ou non, s'éteint par deux causes : 1° la renonciation de l'époux offensé ; 2° la mort de l'un des deux époux.

1° La renonciation, ici comme partout ailleurs, peut être expresse ou tacite. Si, postérieurement à la remise que l'époux offensé a faite, son conjoint se rend coupable de nouveaux torts, cet époux pourra agir de nouveau en invoquant les faits déjà pardonnés. C'est aux tribunaux qu'est laissée l'appréciation des circonstances dont l'époux défendeur prétend faire résulter une renonciation tacite.

2° Le décès, soit de l'époux coupable, soit de l'époux innocent, rend impossible le jugement de séparation de corps. Mais si ce décès arrive pendant que l'instance était déjà ouverte, il faut continuer l'examen de l'affaire, pour décider si l'action était ou non fondée, et déterminer par là quelle partie doit être condamnée aux dépens.

La réciprocité de torts entre les époux doit être prise en considération pour apprécier la gravité de ceux qui sont reprochés au défendeur ; mais elle ne peut jamais être une fin de non-recevoir contre l'action.

Des formes que l'action doit suivre et des mesures provisoires auxquelles elle donne lieu.

VI. — L'époux qui veut intenter l'action doit présenter requête au président du tribunal civil, lequel y répond par une ordonnance enjoignant aux parties de se présenter devant lui, à jour indiqué, sans assistance de tiers. Le président doit faire ses efforts pour réunir les époux, et s'il n'y parvient pas, il rend une seconde ordonnance qui les renvoie à se pourvoir directement devant le tribunal. La même ordonnance autorise la femme à plaider et à se retirer dans la maison convenue entre les époux ou indiquée par le président ; elle enjoint au mari de remettre à la femme les effets à son usage journalier.

On procède ensuite d'après les règles ordinaires, sauf cette circonstance que les parens (moins les descendans) et les domestiques des époux peuvent être entendus comme témoins.

C'est toujours au tribunal civil que l'action s'intente ; elle ne pourrait pas se débattre devant un tribunal criminel comme accessoire de l'action criminel résultant des faits qui lui donnent lieu. Si l'action criminelle se trouve intentée avant ou pendant l'action civile, celle-ci reste suspendue jusqu'après la décision à intervenir sur la première.

Les appels de séparation se jugent, devant les Cours royales, en audience ordinaire.

VII. — Pendant l'instance, l'administration des enfans reste au père ; mais le tribunal doit la lui enlever, si l'intérêt de ces enfans le demande. Si les biens dont jouit la femme sont insuffisans, le tribunal peut lui adjuger une provision, c'est-à-dire une pension, proportionnée aux facultés du mari. Enfin, quand les époux sont mariés en communauté, la femme peut exiger l'apposition des scellés sur les meubles de cette communauté ; de plus, toute obligation à la charge de la communauté et toute aliénation des immeubles communs, consenties par le mari en fraude des droits de la femme, postérieurement à la seconde ordonnance dont on a parlé ci-dessus, doivent être déclarées nulles.

Effets du jugement et mesures accessoires qui l'accompagnent.

VIII. — Quand la séparation est prononcée pour l'adultère de la femme, le tribunal civil, par exception aux principes ordinaires, doit, sur la réquisition du ministère public, prononcer contre celle-ci la peine ordinaire de trois mois à deux ans d'emprisonnement. Cette condamnation pénale, émanant d'un tribunal civil, ne pourrait avoir lieu ni contre le mari adultère, ni contre le complice de l'adultère de la femme. La pénalité indiquée ici contre la femme ne pourrait plus elle-même être prononcée, si le mari de son côté était reconnu coupable d'avoir tenu une concubine dans la maison conjugale.

IX. — La séparation de corps brisant entre les époux tout rapport d'habitation, la demeure légale du mari cesse d'être la demeure légale de la femme ; et celle-ci peut avoir, non-seulement sa résidence, mais aussi son domicile propre. Le jugement de séparation révoque de plein droit les donations que l'époux innocent avait faites à l'époux coupable, ce qui n'empêche pas cet époux innocent de conserver celles que son conjoint lui avait faites réciproquement. Il fait perdre également à l'époux coupable son droit au préciput conventionnel.

X. — La séparation de corps emporte de plein droit la séparation de biens ; mais celle-ci n'a lieu qu'à partir du jugement : si la femme voulait l'obtenir avec effet rétroactif jusqu'au jour de la demande, il lui faudrait la demander par action principale. C'est parce que la séparation de corps emporte la séparation de biens que le jugement doit être rendu public. Le défaut de sa publication permettrait aux intéressés de s'opposer à son exécution, seulement, bien entendu, en ce qui touche les intérêts pécuniaires. Ces mêmes intéressés pourraient également, toujours tous le même rapport, critiquer le jugement qu'ils prouveraient avoir été obtenu en fraude de leurs droits. Mais ils ne pourraient intervenir dans l'instance, excepté quand une demande principale en séparation de biens accompagne la demande en séparation de corps, et seulement pour ce qui concerne la première.

XI. — La séparation de corps laissant subsister le mariage, la puissance paternelle reste toujours au mari, et dès-lors c'est lui qui conserve l'administration des enfans, à moins que le tribunal, dans l'intérêt de ceux-ci, ne la lui enlève, pour la confier soit à la mère, soit même à une tierce personne. De ce que le mariage continue, il suit encore que les époux se doivent toujours la fidélité conjugale, les secours pécuniaires dont l'un aurait besoin et que l'autre serait en état de fournir, et même les soins personnels que les circonstances réclameraient. Il s'ensuit enfin que la femme ne peut acquérir, aliéner ni s'obliger, sans l'autorisation du mari ou de la justice, excepté pour ce qui concerne l'administration de ses biens.

De la cessation de la séparation de corps.

XII. -- L'état de séparation de corps ne peut cesser que par le consentement mutuel des époux. Dans le cas d'adultère de la femme, le consentement du mari de la reprendre, pourvu toujours que celle-ci consente à en profiter, arrête l'emprisonnement prononcé contre elle. Du reste, la cessation de la séparation de corps ne rétablit pas de plein droit le régime sous lequel les parties se trouvaient antérieurement ; à défaut d'une déclaration spéciale, qui doit émaner également des deux époux, et être constatée par acte notarié, ces époux resteraient soumis au régime de séparation de biens.

FIN DU TOME PREMIER.

TABLE DES MATIÈRES

EXPLIQUÉES DANS LE PREMIER VOLUME.

FIN DE LA TABLE.